Rainer Warning, Hrsg.

Rezeptionsästhetik

Theorie und Praxis

Wilhelm Fink Verlag München

Redaktion: Wolfgang Matzat

ISBN 3-7705-1053-4

2. Auflage 1979
Satz und Druck: Bücherdruck Wenzlaff, Kempten
Buchbindearbeiten: Großbuchbinderei Sigloch, Stuttgart
Einbandgestaltung: Alfred Krugmann, Stuttgart

INHALT

Vorwort 7

Rainer Warning
Rezeptionsästhetik als literaturwissenschaftliche Pragmatik . . 9

THEORETISCHER TEIL

I Roman Ingarden
Konkretisation und Rekonstruktion 42

II Felix V. Vodička
Die Rezeptionsgeschichte literarischer Werke 71

III Felix V. Vodička
Die Konkretisation des literarischen Werks – Zur Problematik der Rezeption von Nerudas Werk 84

IV Hans Georg Gadamer
Wirkungsgeschichte und Applikation 113

V Hans Robert Jauß
Literaturgeschichte als Provokation der Literaturwissenschaft 126

VI Michael Riffaterre
Kriterien für die Stilanalyse 163

VII Stanley Fish
Literatur im Leser: Affektive Stilistik 196

VIII Wolfgang Iser
Die Appellstruktur der Texte 228

IX Wolfgang Iser
Der Lesevorgang 253

X Wolfgang Iser
Die Wirklichkeit der Fiktion – Elemente eines funktionsgeschichtlichen Textmodells 277

XI Repliken

1. Wolfgang Iser
Im Lichte der Kritik 325

2. Hans Robert Jauß
Zur Fortsetzung des Dialogs zwischen 'bürgerlicher' und 'materialistischer' Rezeptionsästhetik 343

APPLIKATIONEN

XII Hans Robert Jauß
Racines und Goethes Iphigenie – Mit einem Nachwort über die Partialität der rezeptionsästhetischen Methode . . . 353

XIII Hans Robert Jauß
La douceur du foyer – Lyrik des Jahres 1857 als Muster der Vermittlung sozialer Normen 401

XIV Wolfgang Iser
Die Leserrolle in Fieldings Joseph Andrews und Tom Jones 435

XV Rainer Warning
Opposition und Kasus – Zur Leserrolle in Diderots Jacques le fataliste et son maître 467

Drucknachweise 494
Personenregister 495
Sachregister 501

VORWORT

Die Textauswahl des vorliegenden Readers ist orientiert an einer bestimmten Konzeption dessen, was Literaturwissenschaft verantwortbar zur sogenannten Rezeptionsforschung beitragen kann. Diese Konzeption ist in der einleitenden Abhandlung dargelegt und begründet. Aus ihr erklärt sich, weshalb kein repräsentativer Querschnitt aller Forschungsrichtungen angestrebt wurde, die sich unter der genannten Etikette zusammenbringen lassen. So wurde insbesondere die sogenannte empirische Rezeptionsforschung nicht berücksichtigt, da sie keine literaturwissenschaftliche, sondern, sofern sie sich um Theorie bemüht, eine soziologische oder psychologische Disziplin ist. Als solche kann sie der Literaturwissenschaft im Rahmen einer kontrollierten, d. h. theoriebezogenen Interdisziplinarität, aber auch im Rahmen einer Literaturdidaktik wichtig werden. Voraussetzung für beides aber ist, daß die Literaturwissenschaft ihrerseits zunächst einmal Rezeptionsprozesse texttheoretisch beschreiben kann. Wie weit sie das kann und wie ihre Modelle aussehen müßten, ist also die Leitfrage dieses Readers.

Zu danken habe ich Jurij Striedter, der aus der von ihm betreuten Vodička-Übersetzung zwei Texte zur Verfügung stellte; Wolf Dieter Stempel, der die Einleitung kritisch las; Wolfgang Matzat, der, unterstützt von Adelheid Schramm, Ingrid Fink, Brigitte Schwämmlein und Georg Aulmann, die Redaktion übernahm; und schließlich Eva Maria Biene, die für leserliche Manuskripte Sorge trug.

München, Januar 1975 R. W.

Rainer Warning

REZEPTIONSÄSTHETIK ALS LITERATURWISSENSCHAFTLICHE PRAGMATIK

Unter der Bezeichnung 'Rezeptionsästhetik' versammelt der vorliegende Reader Beiträge einer literaturwissenschaftlichen Forschungsrichtung, die unter verschiedenen Aspekten und auf verschiedenen Wegen Bedingungen, Modalitäten und Ergebnisse der Begegnung von Werk und Adressat untersucht. In diesem Interesse an Wirkung und Aufnahme eines Kunstwerks begreift sich die Rezeptionsästhetik als Überwinderin traditioneller Formen der Produktions- und Darstellungsästhetik, die sie der Perpetuierung längst überholter Substantialismen verdächtigt. *Kein Gedicht gilt dem Leser, kein Bild dem Beschauer, keine Symphonie der Hörerschaft*, heißt es einmal bei W. Benjamin (S. 56), und bis in die Gegenwart hinein verrät sich in solcher Geringschätzung der Aufgabe und Leistung des Adressaten das Erbe klassischer Ästhetik und ihrer Konzeption von der Autonomie des Schönen. So wird z. B. selbst noch in Th. W. Adornos *Ästhetischer Theorie*, der das Verhältnis von Kunst und Gesellschaft ein zentrales Thema ist, ausdrücklich gefordert, dieses Verhältnis *nicht vorwiegend in der Sphäre der Rezeption aufzusuchen. Es ist dieser vorgängig: in der Produktion. Das Interesse an der gesellschaftlichen Dechiffrierung der Kunst muß dieser sich zukehren, anstatt mit der Ermittlung und Klassifizierung von Wirkungen sich abspeisen zu lassen, die vielfach aus gesellschaftlichem Grunde von den Kunstwerken und ihrem objektiven gesellschaftlichen Gehalt gänzlich divergieren. Kunst und Gesellschaft konvergieren im Gehalt, nicht in einem dem Kunstwerk Äußerlichen* (S. 338 f.).

Die Alternative zu einem solchen substantialistischen Denken in 'Gehalten' braucht freilich noch nicht 'Rezeptionsästhetik' zu heißen. Näher läge es, im Strukturalismus und insbesondere in der Semiotik wissenschaftstheoretische Paradigmen zu sehen, die entschiedener als alle anderen die Prämissen des klassischen Kunstbegriffs in Frage gestellt haben und dabei zugleich die rezeptions-ästhetische Antithese zur Produktionsästhetik zu unterlaufen scheinen: Die Semiotik arbeitet mit einem Basismodell, in dem neben dem 'Sender' und der 'Botschaft' auch ein 'Empfänger' immer schon vorgesehen ist. Tatsächlich hat sich nun aber die Rezeptionsästhetik historisch gerade im Anschluß und auf der Basis eines semiotisch fundierten Kunstbegriffs entwickelt, und sie ist seit diesen ihren Anfängen im Prager Strukturalismus von der stürmischen Entwicklung der Semiotik selbst nicht überholt worden. Die folgende Präsentation orientiert sich an der Frage nach den Gründen dieser bleibenden Aktualität, und sie vermutet eine Antwort darin, daß die Rezeptionsästhetik ihren Objektbereich vielleicht weniger systematisch, dafür aber adäquater konstituieren konnte als diejenigen Theorieansätze, die sie überlebte. Seit ihren Prager Anfängen bemühte sie sich nämlich um eine ausgesprochen funktionale Textbetrachtung, betrieb sie also implizit das, was heute die pragmatisch orientierte Texttheorie explizit fordert und gegenüber den Einseitigkeiten einer bloßen 'Semiotik des Codes' (U. Eco, S. 111) zur Geltung zu bringen im Begriff ist. Die von anderen bisweilen so genannte und als Begründerin der Rezeptionsästhetik apostrophierte 'Konstanzer Schule' hat sich ihrerseits immer schon in diesem größeren wissenschaftsgeschichtlichen Kontext gesehen, und wenn sie mit H. R. Jauß und W. Iser in diesem Reader am ausführlichsten vertreten ist, so nicht um irgendwelche Prioritäten für sie zu beanspruchen, sondern um zu dokumentieren, wie fruchtbar die Fragestellungen waren, die ihr vorauslagen und an die sie anknüpfen konnte.

I

Unsere Auswahl aus R. Ingardens *Vom Erkennen des literarischen Kunstwerks* (Text I) präsentiert Passagen, in denen Ingarden die Begriffe der *Konkretisation* und der *Rekonstruktion* vorstellt. Man hat gemeint, daß sich bei Ingarden um diese beiden Begriffe zwei Theorien kristallisieren: eine Theorie vom Bau des Werkes selbst und eine Theorie von seiner Aufnahme beim Adressaten (so Fieguth '71). Wenn dem so wäre, dann müßte man eine Ingardensche Theorie der Werkerfassung als Grundlegung der modernen Rezeptionsästhetik ansehen. Ingarden selbst indessen würde einer solchen Interpretation zweifelsohne nicht zustimmen. Er hat die Rezeptionsästhetik zwar mit dem Begriff der Konkretisation beerbt, würde es aber wohl ablehnen, sich mit dem zu identifizieren, was heutzutage unter Konkretisation verstanden und diskutiert wird. Gewiß unterscheidet Ingarden zwischen dem Aufbau des literarischen Kunstwerks einerseits und seinen Konkretisationen in Lektüre oder Aufführung andererseits. Diese Unterscheidung führt aber nicht zum Aufbau von zwei Theoriebereichen, sondern zur Analyse zweier Einstellungsweisen, die beide einer phänomenologischen Wesensschau zugeordnet sind. Konkretisation wird umschrieben als ästhetische

Einstellung, Rekonstruktion als thematische Objektivierung. Die Konkretisation wird ausdrücklich dem Erkennen des literarischen Kunstwerks funktional zugeordnet und muß sich vor der Rekonstruktion bewähren.

Bei seiner Theorie vom Aufbau des literarischen Werkes hat Ingarden sich bekanntlich stark leiten lassen von der Husserlschen Phänomenologie. Auf sie verweist die Konzeption des literarischen Werkes als eines mehrschichtigen Gebildes: die Schicht der sprachlichen Lautgebilde, die Schicht der Bedeutungseinheiten, die Schicht der schematisierten Ansichten und die Schicht der dargestellten Gegenständlichkeiten. Diesen dargestellten Gegenständlichkeiten eignen von Ingarden so genannte *metaphysische Qualitäten*, in deren Erkenntnis phänomenologische Wesensschau an ihr Ziel kommt. Aus der Phänomenologie übernimmt Ingarden auch die Beschreibung der Aspekthaftigkeit des intentionalen Gegenstands. Der intentionale Gegenstand ist nur in je neuen Aspekten, in Abschattungen gegeben, die allerdings gesetzmäßig geordnet sind. Diese gesetzmäßige Zuordnung von dinglicher Eigenschaft und Aspektmannigfaltigkeit leistet im Kunstwerk die Schicht der schematisierten Ansichten, d. h. der 'Skelette', mittels derer die dargestellte Gegenständlichkeit im rezipierenden Bewußtsein 'konkret' werden kann, mittels derer das rezipierende Bewußtsein den intentionalen Gegenstand *konkretisieren* kann.

Insofern nun diese Konkretisierungen über bloße Schemata, über Skelette möglich werden, sind sie auch beschreibbar als die jeweilige aspekthafte Ausfüllung dieser Schemata, dieser Skelette. In diesem Sinne faßt Ingarden Konkretisation auch als Ausfüllung von *Unbestimmtheitsstellen*, denn als bloße Schemata sind intentionale Gebilde nur teilbestimmt. Unbestimmtheit – und auch dies ist im Hinblick auf spätere Verwendungen dieses Begriffs festzuhalten – ist also bei Ingarden nicht etwa spezifisch für das literarische Kunstwerk, sondern für die Aspekthaftigkeit intentionaler Gegenstände generell. Aus diesem Grunde findet die Konkretisation, wiewohl beschreibbar als Ausfüllung von Unbestimmtheitsstellen, doch in diesen selbst nicht eine zureichende Motivation. Ein spezifisch ästhetisches Erlebnis kann für Ingarden nicht in einer generellen Eigenschaft intentionaler Gegenstände gründen, sondern es bedarf eines Auslösers, der der Ausfüllung von Unbestimmtheitsstellen vorgelagert ist. Dieser Auslöser aber ist das, was die phänomenologische Wesensschau allererst enthüllen soll, nämlich die metaphyischen Qualitäten des Kunstwerks. Was sie im Betrachter auslösen, nennt Ingarden die *Ursprungsemotion* (S. 195), ein emotionales Einfühlen, das nicht mehr weiter analysierbar ist. Ingardens phänomenologischer Ansatz wird an dieser Stelle von einer ästhetischen Metaphysik überfremdet, die nicht nur auf seine Vorstellungen von der Konkretisation, sondern auch auf die von der Rekonstruktion des literarischen Kunstwerks abfärbt.

Diese Rekonstruktion hat u.a. die Aufgabe, die Unbestimmtheitsstellen in dem betreffenden Werk zu fixieren, den Variabilitätsbereich der möglichen Ausfüllungen festzulegen, dann aber auch diejenigen Unbestimmtheitsstellen festzumachen, die unausgefüllt bleiben müssen, weil Ausfüllung in diesem Fall die metaphysischen Qualitäten nicht erschließen, sondern verdecken würde. In diesem Zusammenhang spricht Ingarden auch von einer getreuen, einer zulässigen, einer adäquaten Konkretisation (s. z.B. S. 142, 366, 411). Man hat hierin den entscheidenden Mangel, ja die versteckte Klassizität der Gesamtkonzeption erkennen zu können geglaubt – sicherlich zu Unrecht, denn auch diejenigen, die ihre Ingarden-Kritik an diesem Punkt ansetzen, kommen, ob sie sich das nun eingestehen oder nicht, ohne eine solche Unterscheidung nicht aus. Sie ist einer der wunden Punkte rezeptionsästhetischer Theoriebildung und wird uns im Rahmen dieser Präsentation noch zu beschäftigen haben. Nicht hier also verbirgt sich Ingardens ästhetische Metaphysik und ein ihr zugeordneter klassisch-klassizistischer Literaturbegriff. Dieser kommt erst dort ins Spiel, wo Ingarden die Analyse der Rekonstruktion einmünden läßt in die Frage nach dem *künstlerischen Wert* des Kunstwerks. Hier besteht eine eindeutige Tendenz, diesen ästhetischen Wert primär in den metaphysischen Qualitäten und erst sekundär in einem möglichst weiten Variabilitätsbereich der Konkretisationsmöglichkeiten anzusiedeln. Über den ästhetischen Wert entscheiden primär Bestimmtheiten, nicht Unbestimmtheiten, denn nur wenn letztere nicht überhandnehmen, kann es in der Konkretisation zu jenem *polyphonen Zusammenklang aller Schichten* kommen, zu jener *polyphonen Harmonie*, die Ingarden in seinem Begriff vom Kunstwerk voraussetzt (S. 93).

So schließen sich bei Ingarden die Begriffe der metaphysischen Qualität, der von ihr ausgelösten Ursprungsemotion und der Konkretisierung als einer Konkretisierung vorgegebener ästhetischer Werte zu einem Substantialismus zusammen, in dessen Negation Rezeptionsästhetik ihre historischen Anfänge nahm.

II

Die beiden Beiträge von F. Vodička aus den Jahren 1941/42 machen den theoretischen Bezugsrahmen deutlich, innerhalb dessen diese Negation der Ingardenschen Phänomenologie statthatte. Es ist dies der Prager Strukturalismus und hier insbesondere die semiotische Fundierung der Ästhetik durch J. Mukařovský. Während Vodičkas Schriften erst jetzt in deutscher Übersetzung zugänglich werden, liegen die wichtigsten Arbeiten Mukařovskýs bereits seit mehreren Jahren in Übersetzungen vor, so daß hier auf eine breitere Darstellung verzichtet werden kann. Für das Verständnis Vodičkas unerläßlich ist jedoch ein kurzes Resumee der semiologischen Bestimmung des ästhetischen Objekts bei Mukařoský. Sie basiert auf dem allgemeinen Kommunikationsmodell einer ternären Relation von Sender, Botschaft und Empfänger. Innerhalb dieses Modells sucht Mukařovský das sprachliche Kunstwerk zu bestimmen als ein Zeichensystem mit ästhetischer Funktion. 'Ästhetisch' wird dabei abgesetzt von den von Mukařovský so genannten 'praktischen' Funktionen (darstellend, expressiv, appellativ) aus K. Bühlers Organonmodell und als *dialektische Verneinung einer wirklichen Mitteilung* bestimmt (*Poetik* S. 51, *Ästhetik*, S. 96). Bekanntlich ist diese Definition eingegangen in die vielzitierte Bestimmung der poetischen Funktion als einer dominant selbstreferentiellen Sprachverwendung, die R. Jakobson im Rahmen seiner abermaligen Erweiterung des Bühlerschen Modells gegeben hat. Sie ist damit freilich um einen für Mukařovský und Vodička wichtigen Aspekt verkürzt worden, denn was bei Jakobson nicht mehr ausdrücklich zur Geltung kommt, für die Tschechen hingegen entscheidend blieb, ist das im Begriff der dialektischen Verneinung Implizierte. Dialektisch meint nämlich, daß die Verneinung einer pragmatischen Mitteilung nur die eine Seite der ästhetischen Funktion ausmacht. Die andere ist die vom Rezipienten zu konstituierende ästhetische Mitteilung, das '*ästhetische Objekt*', das Mukařovský definiert als *Reflex und Korrelat des materiellen Kunstgegenstands im Bewußtsein des Betrachters* (*Ästhetik* S. 106).

Mukařovský definiert also das ästhetische Zeichen einerseits nach dem Vorbild der Saussureschen Bestimmung des linguistischen Zeichens als einer konventionellen Relationierung von signifiant und signifié. Dem signifiant entspricht das *materielle Artefakt*, dem signifié das *ästhetische Objekt*. Im Unterschied zum linguistischen Zeichen ist indes beim ästhetischen Zeichen diese Relation nicht eindeutig. Insofern nämlich das ästhetische Zeichen primär sich selbst in seiner Zeichenmaterialität thematisch macht, ist es *ohne sichtbare Bestimmtheit* und verweist es folglich auf eine *unbestimmte Realität* (*Ästhetik* S. 141). Mit dieser semiotischen Rekonstruktion der Kategorien Bestimmtheit bzw. Unbestimmtheit ist nicht nur der Ingardensche Substantialismus überwunden. Entscheidend ist vielmehr, daß aufgrund dieser mangelnden kommunikativen Bestimmtheit des ästhetischen Zeichens auch der im engeren Sinne linguistische Bezugsrahmen gesprengt wird. Denn die signification, bei Saussure definiert als die konventionsbestimmte Zuordnung von signifiant und signifié, ist beim ästhetischen Zeichen eben nicht schon mit dieser sprachlichen Konventionalität gegeben, sondern sie ist angewiesen auf die außersprachlichen Konventionen, die der Rezipient an das Werk heranträgt. In diesem Sinne heißt es bei Mukařovský: *Die Unbestimmtheit der sachlichen Bezogenheit des Kunstwerks wird also dadurch kompensiert, daß das wahrnehmende Individuum auf es keineswegs nur mit einer Teilreaktion antwortet, sondern mit allen Momenten seiner Stellung zur Welt und zur Wirklichkeit* (*Ästhetik* S. 97). Diese 'Antwort' positiviert das vom Werk selbst nur im Modus dialektischer Verneinung gemachte Kommunikationsangebot, sie konkretisiert das materielle Artefakt zum ästhetischen Objekt. Letzterem wird damit wesentlich, was ihm bei Ingarden unwesentlich blieb. Zielte der Begriff der Konkretisation dort auf eine Konkretisation zeitenthobener metaphysischer Qualitäten, so wird er nunmehr historisiert im Sinne einer geschichtlichen Folge je neu konstituierter ästhetischer Objekte.

Ausdrücklich vollzogen ist diese Historisierung in Vodičkas programmatischer Abhandlung über *Die Literaturgeschichte, ihre Probleme und Aufgaben,* der die hier abgedruckten Ausführungen zur Rezeptionsgeschichte literarischer Werke (Text II) entstammen. Vodička fordert dort die Aufwertung der Rezeptionsforschung zu einer literarhistorischen Teildisziplin, und er begründet diese Forderung mit dem Zeichencharakter des Kunstwerks im Sinne der Definitionen Mukařovskýs. Gegenstand der Rezeptionsforschung ist das ästhetische Zeichen, und ihre Hauptaufgabe besteht folglich in der Rekonstruktion der literarischen Normen, die in die historische Abfolge seiner Konkretisationen eingingen. Wenn Vodička für diese Abfolge den Begriff der Entwicklung verwendet, so ist der Begriff im Sinne dessen zu verstehen, was die russischen Formalisten als die Evolution der literarischen *Reihe* beschrieben. In Vodičkas Entwicklungsbegriff ist also vorausgesetzt, daß es sich allemal handelt um die Entwicklung von Systemstrukturen und daß diese Entwicklung sodann zu denken ist als ein geschichtlich teleologiefrei sich vollziehender Wechsel systemprägender Dominanten. Vodička bezieht sich an dieser Stelle zwar nicht ausdrücklich auf die russischen Formalisten, aber ganz zweifellos hat er deren Begriff der Reihe vor Augen, wenn er davon spricht, daß man die Entwicklung der literarischen Norm strukturalistisch deuten könne.

Von den Formalisten übernimmt er auch die Skepsis gegenüber einem kausalen Subordinationsverhältnis von literarischer und nichtliterarischer Reihe. Gewiß erfordert die Rekonstruktion der literarischen Norm eine Berücksichtigung von Lesersoziologie, Buchmarkt und Reklame, aber dies bleiben für Vodička heteronome Elemente, die in keiner fixen, etwa kausal-deterministischen Relation zur immanenten Entwicklung der literarischen Norm stehen. Zugleich aber muß betont werden, daß in der Konzeption des ästhetischen Objekts als einer Begegnung von Werkstruktur und literarischer Norm anders als bei den russischen Formalisten der literarische und der nichtliterarische Bereich im Prinzip immer schon vermittelt ist. Denn über die literarische Norm ist das ästhetische Objekt eingebettet in den übergreifenden Strukturzusammenhang gesellschaftlicher Wertvorstellungen, wie auch immer diese Einbettung in den je verschiedenen Konkretisationen sich geltend macht.

Damit wird aber auch schon der Punkt sichtbar, wo der derart weit angesetzte Strukturbegriff der Prager Schule zu neuen Problemen führt. Gewiß hat Vodička gegen Ingarden leichtes Spiel, wenn er den Klassizismus der metaphysischen Qualitäten und der von ihnen ausgelösten Ursprungsemotionen ersetzt durch das semiotische Konzept eines vom Leser allererst zu konstituierenden ästhetischen Objekts. Wenn aber nicht mehr vorgegebene metaphysische Qualitäten konkretisiert werden, sondern nur historisch je neue ästhetische Objekte, dann stellt sich die Frage nach dem Relevanzkriterium einer solchermaßen dem Leser als Konstitutionsleistung überantworteten Konkretisation. Vodička hat diese Schwierigkeit gesehen, wenn er in seiner Abhandlung zur Neruda-Rezeption (Text III) ausdrücklich feststellt, daß *nicht alle Konkretisationen, die im Blick auf die individuelle Leserabsicht möglich sind, unser Erkenntnisziel sein dürfen, sondern nur diejenigen, die zeigen, wie Werkstruktur und Struktur zeitgebundener Literaturnormen einander begegnen* (hier S. 99). Vodička rechnet also offenbar mit einer limitierten Pluralität relevanter Konkretisationen. Relevanzkriterium ist ihm die literarische Norm, von der her die Werkstruktur konkretisiert wird, und als Anwalt und Garant dieser Norm erscheint der Kritiker, der ausdrücklich zum *Entwicklungsträger der literarischen Norm* ernannt wird.

Die Einführung der Instanz des Kritikers ist somit für Vodičkas Entwurf einer rezeptionsgeschichtlichen Literaturbetrachtung von zentraler Bedeutung. Der Kritiker ist Anwalt der literarischen Öffentlichkeit, er integriert das Werk ins kollektive Bewußtsein, macht es zum ästhetischen Objekt im Vollsinne eines sozialen Faktums. Ausdrücklich setzt Vodička solche kritischen Konkretisationen ab von den Methoden der wissenschaftlichen Werkanalyse, und er antizipiert damit um zwei Jahrzehnte eine Unterscheidung, die R. Barthes in der Diskussion um die sogenannte 'Nouvelle Critique' der sechziger Jahre in ähnlicher Weise vorgenommen hat: die Unterscheidung zwischen Literaturwissenschaft (science de la littérature) einerseits und Literaturkritik (critique littéraire) andrerseits. Literaturwissenschaft ist dabei verstanden als eine Wissenschaft von den Formen als den Bedingungen der Inhalte, Literaturkritik hingegen als die Instanz der Produktion von Bedeutungen mittels der 'zweiten Sprache' des Kritikers (S. 56 ff.). Wie diese Unterscheidung bei Barthes des näheren expliziert und mit welchen Prämissen eine Reihe seiner explanatorischen Begriffe belastet sein mögen, braucht hier nicht zu interessieren. Wichtig ist die Unterscheidung als solche, denn mit ihr erhält die Interpretation, die sich der 'zweiten Sprache', dem Interpretationssystem des Kritikers also verdankt, eine Kontrollinstanz in Gestalt des Werksystems. Sie bleibt damit wissenschaftlich befragbar, genauso wie – in der Terminologie der Prager Schule – die Konkretisation über das materielle Artefakt wissenschaftlich befragbar bleibt.

Man kann gewiß nicht sagen, daß diese naheliegende Unterscheidung einer wissenschaftlichen von einer kritisch-interpretatorischen Einstellung zum literarischen Text in der literaturwissenschaftlichen Grundlagendiskussion der letzten zehn Jahre die ihr gebührende Beachtung erfahren habe. Im anglistischen Bereich ist sie im Begriff des 'literary criticism' verwischt. Im germanistischen Bereich wird eine an Existentialismus oder Geschichtsphilosophie orientierte Hermeneutik nicht als die Beschreibung eines kritischen Verfahrens begriffen, die sie faktisch am ehesten noch ist, sondern als eine Grundlegung der Textanalyse, die sie sicherlich am wenigsten ist. Auf dieses fundamentale Mißverständnis – wir werden darauf zurückzukommen haben – dürfte sich weithin die chaotische Situation zurückführen lassen, die die gegenwärtige literaturwissenschaftliche Szenerie namentlich in der Bundesrepublik kennzeichnet. Kritisch orientierte, d. h. bestimmten Interpretationssystemen verpflichtete Textdeutungen, Konkretisationen im Sinne Vodičkas, sind nicht schon literaturwissenschaftliche Analysen, wohl aber können sie, wie dies bereits Vodička fordert, Gegenstand solcher Analysen werden.

Sobald das geschieht, genügt dann aber nicht mehr der Appell an die normative Instanz des Kritikers. Die historische Abfolge literarischer Normen nämlich ist potentiell unendlich und ergibt folglich kein Kriterium für die limitierte Pluralität relevanter Konkretisationen. Für dieses Kriterium bleibt vielmehr der Rekurs auf die Werkstruktur unerläßlich, und es wäre ein gravierendes Mißverständnis, in einem solchen Rekurs per se ein klassizistisches Vorurteil zu sehen. Auch eine semiotische Beschreibung des ästhetischen Zeichens kann nämlich sinnvollerweise von kommunikativer Unbestimmtheit nur in Relation zu einem mehr oder weniger großen Maß an kommunikativer Bestimmtheit reden. Schon Mukařovský selbst sah sich genötigt, dem Kunstwerk neben seiner Funktion eines autonomen Zeichens ausdrücklich auch noch die Funktion eines kommunikativen oder mitteilenden Zeichens zuzuerkennen (*Ästhetik* S. 142), und wenn er letztere auf die thematischen, inhaltlichen Künste einzuschränken sich bemüht, dann muß mit gleicher Deutlichkeit festgehalten werden, daß die gesamte Konzeption des ästhetischen Zeichens als eines das Sprachmaterial selbst thematisierenden Zeichens auf bestimmte Gattungen und insbesondere auch auf bestimmte Epochen einzuschränken wäre, so z. B. und insbesondere auf die dem russischen Formalismus und der Prager Schule zeitgenössischen postsymbolistischen Strömungen (cf. hierzu Striedter).

Gewiß also entscheidet die kommunikative Unbestimmtheit über den Spielraum der Konkretisationsmöglichkeiten eines Kunstwerks. Allemal aber ist dieser Spielraum limitiert durch ein und sei es noch so residuales Maß an kommunikativer Bestimmtheit. Entfiele sie, so würde auch die Rede vom Zeichen hinfällig, denn Zeichen ist Zeichen nur im Hinblick auf einen Code, d. h. auf ein bedeutungsgenerierendes Regelsystem. Daß dieser Sachverhalt nicht immer mit der nötigen Deutlichkeit artikuliert wurde, mag daran liegen, daß entsprechend dem weit angesetzten Strukturbegriff auch der Begriff des Zeichens in der Prager Schule bald ein Element der Werkstruktur, dann aber auch das Gesamtwerk meint, wobei das Gesamtwerk qua Zeichen auf das umfassende normative Wertsystem bezogen ist, auf das also, was Vodička – wiederum in ausdrücklicher Erweiterung einer linguistischen Kategorie – als *Kontext* (S. 99) bezeichnet. Die Impulse des Prager Strukturalismus – und die Rezeptionsästhetik ist einer dieser Impulse – gingen von derartigen Sprengungen der linguistischen Immanenz ihrer Zentralbegriffe aus. Leider ging diese Sprengung aber bisweilen auch einher mit weitgehendem Verzicht auf neue Differenzierungen und Hierarchisierungen innerhalb der solchermaßen erweiterten Begriffsfelder, womit dann ineins mit der linguistischen auch die semiotische Fundierung des Ganzen in Frage gestellt war. So läuft Vodička Gefahr, die semiotische Rekonstruktion des Konkretisationsbegriffs preiszugeben, wenn er meint, daß man die gesellschaftliche Funktion der Literatur *nicht durch die Analyse der Werkstruktur erkennen kann, sondern einzig dadurch, daß man verfolgt, wie das Werk aufgenommen wurde* (hier S. 87). Die das ästhetische Objekt mitkonstituierende literarische Norm des konkretisierenden Interpreten läßt sich nämlich schon deswegen nicht solchermaßen gegen die Werkstruktur selbst ausspielen, weil eine bestimmte historische Norm, nämlich die des vom Autor intendierten Publikums, bereits in diese Werkstruktur eingegangen ist, mit anderen Worten: weil sie nicht nur das Interpretationssystem, sondern bereits den generierenden Code des Werks selbst mitbestimmt.

Macht man also Ernst mit der Bestimmung des ästhetischen Objekts als einer dialektischen Einheit von Werkstruktur und Interpretationssystem, dann entscheidet über die limitierte Pluralität relevanter Konkretisationen nicht schon der Kritiker (an den Vodička bezeichnenderweise mehr appelliert als daß er ihn zu definieren wagte), sondern der in der Werkstruktur angelegte Spielraum an Konkretisationsmöglichkeiten. Erst damit wird dann aber, wie das Vodička ja voraussetzt, auch die kritische Konkretisation ihrerseits literaturwissenschaftlich befragbar. Eine strukturalistische Beschreibung der historischen Reihe von Konkretisationen eines Kunstwerks bedarf einer Systemreferenz, und diese muß in der Werkstruktur gesehen werden, es sei denn, man wolle der Reihe selbst Systemcharakter im Sinne einer geschichtsphilosophischen Hypothese zusprechen. Vodička will derartiges natürlich nicht, aber er begibt sich in die Nähe dieser problematischen Alternative, wenn er anläßlich seiner Überlegungen zur Autorkonkretisation und zur Epochenkonkretisation den von Mukařovský so genannten objektiven ästhetischen Wert bisweilen über die Konkretisationen zu bestimmen sucht (hier S. 106, 109 ff.), sehr im Unterschied zu Mukařovský selbst, der eindeutig festgestellt hatte, daß *der objektive ästhetische Wert, wenn es ihn gibt, im materiellen Artefakt gesucht werden muß, das allein ohne Veränderung andauert* (*Ästhetik* S. 106).

Es ist die entscheidende Leistung der Prager Strukturalisten, diesen objektiven ästhetischen Wert nicht mehr über metaphysische Qualitäten und von ihnen ausgelöste Ursprungsemotionen beschrieben zu haben, sondern über eine semiotische Relationierung von kommunikativer Bestimmtheit und kommunikativer Unbestimmtheit. Sie haben in diesem neuen Bezugsrahmen Konkretisation begriffen als Konstitutionsleistung des Adressaten. Sie haben dem Leser und mit ihm der Gesellschaft, der er angehört, ihr Recht gegeben gegenüber den Substantialismen klassizistischer Ästhetik. Sie haben aber vielleicht nicht immer hinreichend deutlich gemacht, daß gegebenenfalls auch der Text in Schutz zu nehmen ist vor Konkretisationen, die sich des Wertvollsten begeben: der Problematisierung ihrer Normen in der Auseinandersetzung mit der hermeneutischen Fremdheit des Werks.

III

Man kann sagen, daß historisch orientierte Konkretisationsforschung, wie auch immer sie im einzelnen vorgehen mag, nicht um eine klare Beantwortung dieser Frage nach der Systemreferenz von Rezeptionsprozessen herumkommt. Das zeigt sich besonders eindrucksvoll dort, wo die Geschichtlichkeit des Verstehens zum hermeneutischen Prinzip erhoben, eine geschichtsphilosophische Verortung dieser Geschichtlichkeit aber abgelehnt wird: bei H. G. Gadamer (Text IV). Gadamers philosophische Hermeneutik setzt programmatisch die 'Wahrheit' der sogenannten Geisteswissenschaften von allen Erkenntnissen ab, die sich einer bestimmten 'Methode' verdanken. Historisch-hermeneutische Wissenschaft versperre sich dem modernen Wissenschaftsbegriff generell, und wenn Dilthey sich bei seiner Entgegensetzung von Natur- und Geisteswissenschaften gleichwohl am Objektivitätsideal der ersteren orientiere, dann sei dies ein Mißverständnis, aus dem uns Heidegger befreit habe. Geisteswissenschaftliches Verstehen sei nicht im Sinne einer auf ein Objekt bezogenen Methode zu explizieren, sondern als Existenzial: *Verstehen heißt primär, sich in der Sache verstehen, und erst sekundär, die Meinung des anderen als solche abheben und verstehen* (S. 278). Hieraus folgt, daß der Interpret sein eigenes Dasein, seine eigene Geschichtlichkeit und die in ihr gründenden Vorurteile, Vormeinungen nicht auszublenden, nicht zu überwinden habe im Interesse einer möglichst objektiven Erfassung seines Gegenstandes, sondern daß er diese Vorurteile als positiven Faktor in den Verstehensprozeß einbringen müsse. Gadamers Formel von der *Geschichtlichkeit des Verstehens* zielt daher nicht allein, wie bisweilen vermeint, auf den Gegenstandsbereich geisteswissenschaftlicher Forschung, sondern vor allem auf die Geschichtlichkeit des Verstehenden selbst, der nicht etwa von seiner Position abstrahiere, sondern sie bewußt ins Spiel bringe und von ihr her den Dialog mit dem zu Verstehenden aufnehme. Daher auch sei jene Bewegung des Verstehens vom Teil zum Ganzen und vom Ganzen zurück zum Teil, welche vor allem Dilthey als den hermeneutischen Zirkel beschrieben hat, keineswegs, wie Dilthey selbst meinte, die Zentralformel einer Methode, sondern wiederum ein Existenzial: *Der Zirkel des Verstehens ist überhaupt nicht ein 'methodischer' Zirkel, sondern beschreibt ein ontologisches Strukturmoment des Verstehens* (S. 277).

Bezogen ist also für Gadamer die Geschichtlichkeit des Verstehens nicht etwa auf Wissenschaftsgeschichte, sondern auf Seinsgeschichte, und diese Bezogenheit führt unmittelbar in die für ihn zentrale Problemdimension der Hermeneutik, die er entfaltet unter dem Stichwort *Wirkungsgeschichte* und *Applikation*. Die Wirkungsgeschichte eines Werkes hat für Gadamer den gleichen Medialitätscharakter wie das Werk selbst. Auch sie ist nicht etwa ein 'Gegenstand' der Forschung, sondern, im Sinne der *wirkungsgeschichtlichen Verflechtung, in der das historische Bewußtsein selber steht* (hier S. 114), ein Prinzip geisteswissenschaftlichen Forschens selbst. Wirkungsgeschichte ist also nicht als neue, selbständige Hilfsdisziplin zu entwickeln, sondern als Selbstaufklärung des Interpreten über die Geschichtlichkeit seines Verstehens, insofern es diese Geschichtlichkeit allemal als eine wirkungsgeschichtlich bedingte zu erkennen gilt. Wirkungsgeschichte füllt den Zeitenabstand zwischen Werk und Interpret, sie setzt sich nicht aus den überwundenen Phasen einer Wissenschaftsgeschichte zusammen, sondern aus den bleibenden interpretatorischen Bemühungen, die ihrerseits bestimmend in den *Fragehorizont* des jeweils letzten Interpreten eingehen und zugleich von ihm umfangen werden. Wirkungsgeschichte ist, so besehen, eine fortgesetzte Folge interpretatorischer *Horizontverschmelzungen* (hier S. 119), eine als Horizontverschmelzung begriffene Interpretation aber ist Applikation, Anwendung des im Werk bereitliegenden Antwortpotentials auf den je geschichtlichen Fragehorizont des Interpreten.

Mit dem Begriff der Applikation zitiert Gadamer bewußt ein Erbe der theologischen Hermeneutik: die subtilitas applicandi. Tatsächlich geht es ihm um eine Neubestimmung der geisteswissenschaftlichen Hermeneutik von der theologischen und der juristischen Hermeneutik her. Einen Text verstehen heißt ihn auf die gegenwärtige Situation anwenden und in solcher Anwendung zu konkretisieren – so wie der Jurist das Gesetz und wie der Theologe die Verkündigung konkretisieren. Gadamer will die philosophische Hermeneutik damit zurückbinden an jene hermeneutischen Disziplinen, aus denen sie sich im 18. und 19. Jahrhundert gelöst hatte. Eine historische Hermeneutik nämlich, die *nicht das Wesen der historischen Frage ins Zentrum rückt und nicht nach den Motiven fragt, aus denen sich ein Historiker der Überlieferung zuwendet, hat sich um ihr eigentliches Kernstück verkürzt* (S. 322). Die Provokation einer auf dieses Kernstück zentrierten Hermeneutik ist einsichtig, die Fronten sind klar. Zu einer Zeit, da man vielerorts die Trennung von Natur- und Geisteswissenschaft als überwundenen Irrweg betrachtet, wird sie hier in einer Weise radikalisiert, die selbst Dilthey, mit dessen Namen sie unlösbar verbunden ist, zum 'Grenzverwischer' stempelt. Vielleicht wird die Provokation hierin am sinnfälligsten: Auch für Gadamer beginnt mit Dilthey ein Irrweg, der Irrweg einer Hermeneutik, die Verstehen als Methode statt als Applikation zu begründen suchte. Die Diskussion, die diese Provokation auslöste, ist bekannt und kann hier nicht referiert werden. Insoweit aber eine bestimmte Rezeptionsästhetik den Bezugsrahmen dieser Hermeneutik voraussetzt, müssen noch einige ihrer Implikate genannt werden, weil diese bisweilen unvermerkt in rezeptionsästhetische Theoriebildung eingehen und notwendige Problematisierungen verhindern.

Gadamer setzt sich vom Methodenbegriff der modernen Wissenschaften ab. Mit seinen Grundzügen einer philosophischen Hermeneutik will er demgemäß auch keine Methode vorschlagen, sondern nur *beschreiben, was ist* (S. 483). Gerade hierin aber hinterlassen sie einen zwiespältigen Eindruck. Die vorgebliche Beschreibung dessen, was ist, erhebt nämlich gleichwohl methodische Postulate. Sie fordert ein *mit methodischem Bewußtsein geführtes Verstehen*, das seine Antizipationen von Sinn *kontrolliert*, um *die wahren Vorurteile, unter denen wir verstehen, von falschen, unter denen wir mißverstehen, zu scheiden* (S. 254, 282). Eine Instanz aber, die diese Kontrollfunktion wahrnehmen könnte, wird nicht benannt. Verstehen, begriffen als Selbstvermittlung des Interpreten über Dokumente vergangener Erfahrung, wird einerseits abgehoben von romantischem Subjektivismus: Gegen die Vorstellung einer *geheimnisvollen Kommunion der Seelen* setzt Gadamer die *Teilhabe am gemeinsamen Sinn, ein Sich-in-der-Sache-Verstehen* (S. 276, 278). Andrerseits aber soll dieser 'Sinn', soll diese 'Sache' nicht etwa Gegenstand wissenschaftlicher Analyse werden, denn dazu bedürfte es ja einer Methode, einer Theorie, einer wissenschaftlichen Metasprache. Bliebe also nur ein Ausweg: die Systemreferenz dieses *Sich-in-der-Sache-Verstehens* in die Geschichte zu verlegen, also der Rekurs auf eine explizite Geschichtsphilosophie. Da Gadamer indes dieser Konsequenz erst recht sich sperrt, gerät er in ein Dilemma, das Wolfhart Pannenberg in aller Deutlichkeit formuliert hat: *Es ist ein eigentümliches Schauspiel zu erleben, wie ein scharfsinniger und tiefblickender Autor alle Hände voll damit zu tun hat, seine Gedanken davon abzuhalten, daß sie die in ihnen angelegte Richtung nehmen. Dieses Schauspiel bietet Gadamers Buch in seinem Bemühen, die Hegelsche Totalvermittlung der gegenwärtigen Wahrheit durch die Geschichte zu vermeiden. Dieses Bemühen ist, wie gesagt, sehr wohl begründet durch den Hinweis auf die Endlichkeit der menschlichen Erfahrung, die nie in ein absolutes Wissen aufzuheben ist. Aber seltsamerweise drängen die von Gadamer beschriebenen Phänomene immer wieder in die Richtung einer universalen Geschichtskonzeption, der er – das Hegelsche System vor Augen – gerade ausweichen möchte* (S. 115 f.).

Gadamer möchte ausweichen, und wenn es dafür gute Gründe gibt, so bleibt doch das Dilemma bestehen. Denn wenn gerade der Verzicht auf geschichtsphilosophische Prämissen zur Forderung nach einem mit *methodischem Bewußtsein geführten Verstehen* führt, dieses methodische Bewußtsein aber andererseits so sehr in die Seinsgeschichte eingebunden bleibt, daß es nicht etwa mit einer expliziten Methode gleichgesetzt werden darf, dann gibt es aus diesem Dilemma allenfalls den von uns in der Diskussion Vodičkas bereits angedeuteten Ausweg: eine so konzipierte Hermeneutik zu begreifen als Beschreibung kritischer Konkretisationen, die indes ihrerseits wissenschaftlich befragbar bleiben müßten. Da Gadamer selbst sich aber diesen Ausweg ausdrücklich verlegt hat, bleibt ihm selbst nur noch der Glaube an eine Instanz, die auf wundersame Weise Geschichte und Scheidemünze 'richtigen' und 'falschen' Verstehens ineins ist. Tatsächlich bekennt er sich zu solchem Glauben. Es ist der Glaube ans Klassische.

Das Klassische nämlich fungiert in Gadamers Hermeneutik als exemplarische Kontrollinstranz rechten Verstehens, insofern es von sich her, in seiner *unmittelbaren Sagkraft* (S. 274) in unsere Welt hineinspricht. Ein massiver Substantialismus also verschleiert das fundamentale Dilemma dieser amethodisch sein wollenden Hermeneutik. Das Klassische, zunächst lediglich als verdeutlichendes Beispiel eingeführt, entpuppt sich im nachhinein als Paradigma *allen historischen Verhaltens*: Verstehen, zunächst als Gewinn einer Frage an die Überlieferung definiert, ist plötzlich nicht mehr ein produktives Verhalten, sondern *Einrücken in ein Überlieferungsgeschehen* (S. 274 f.), kurz: *nicht, was wir tun, nicht, was wir tun sollten, sondern was über unser Wollen und Tun hinaus mit uns geschieht, steht in Frage* (S. XIV).

IV

Man kann sagen, daß alle rezeptionsästhetischen Ansätze, die sich explizit oder implizit auf Gadamer beziehen oder auch unabhängig von ihm einen vergleichbaren Bezugsrahmen entwickeln, eine derartige Ontologisierung der Geschichte meiden. So ist in der wohl ausdrücklichsten Anknüpfung an Gadamer, in der Apologie für eine hermeneutische Wiedergewinnung der Literaturgeschichte durch H. R. Jauß (Text V), bezeichnenderweise dem Begriff der Wirkungs- der der Rezeptionsgeschichte vorgeordnet, womit die Wirkung eines Werkes in Abhängigkeit gesehen ist von der aktiven Leistung des Rezipienten. Verstehen ist daher nicht mehr Einrücken in ein Überlieferungsgeschehen, sondern aktive Aneignung eines Werkes über die Vermittlung vorausliegender Aneignungen, das heißt seiner Rezeptionsgeschichte.

Auf solche aktive Rezeption wird ausdrücklich und gegen Gadamer sodann auch die Wirkung des Klassischen bezogen. Das Klassische solchermaßen um eine normative und sich durchhaltende 'Sagkraft' verkürzen aber heißt zugleich, auf jene Hilfskonstruktion verzichten, die in Gadamers Hermeneutik eine amethodische, im bloßen 'Hören' gründende Scheidung 'richtigen' und 'falschen' Verstehens leisten sollte. Eine entsubstantialisierte Hermeneutik bedarf der Methode. Jauß kritisiert, wie Gadamer, das Objektivitätsideal des Historismus und Positivismus, entwickelt aber desungeachtet im Blick auf sein Zentralkonzept des *Erwartungshorizontes* Methoden der Objektivierbarkeit und Rekonstruktion einschließlich empirisch-analytischer (hier S. 130f.). Es geht Jauß ganz offensichtlich darum, Rezeptionsphänomene systematisch beschreibbar machen zu können, und die hierfür vorgeschlagenen Methoden orientieren sich durchaus an jenem 'modernen Wissenschaftsbegriff', den Gadamer so affektisch ausgrenzt. Ohne ihn direkt zu zitieren, macht sich Jauß damit einen kritischen Einwand zueigen, der in der philosophischen Diskussion um Gadamer von Jürgen Habermas formuliert wurde: *Diese (d.h.) Gadamers richtige Kritik eines falschen objektivistischen Selbstverständnisses kann indessen nicht dazu führen, daß noch die methodische Verfremdung des Gegenstandes, die ein sich reflektierendes Verstehen von der kommunikativen Erfahrung des Alltags unterscheidet, suspendiert wird. Die Konfrontation von 'Wahrheit' und 'Methode' hätte Gadamer nicht verleiten dürfen, die hermeneutische Erfahrung abstrakt der methodischen Erkenntnis im ganzen entgegenzusetzen. Sie ist nun einmal der Boden der hermeneutischen Wissenschaften; und selbst wenn es anginge, die humanities aus dem Um-*

kreis von science ganz zu entfernen, so kämen die Handlungswissenschaften nicht daran vorbei, empirisch-analytische Verfahrensweisen mit hermeneutischen zu verbinden. Der Anspruch, den Hermeneutik gegen den auch praktisch folgenreichen Absolutismus einer allgemeinen Methodologie der Erfahrungswissenschaften legitim zur Geltung bringt, dispensiert nicht vom Geschäft der Methodologie überhaupt – er wird, so müssen wir fürchten, entweder in den Wissenschaften wirksam, oder gar nicht (S. 173). In der Tat hat die von Jauß unternommene literaturwissenschaftliche Applikation der amethodischen Hermeneutik Gadamers gerade als Methodenangebot gewirkt und sich gerade hierin, wie ihre breite Rezeption zeigt, bewährt.

Von diesem Methodenangebot zehren auch viele derer, die allein den mißverständlichen Punkt des Konzepts kritisch diskutieren. Methodisch ungedeckt ist nämlich just jene Position Gadamers, die auch Jauß unverzichtbar scheint: die Insistenz auf der Geschichtlichkeit allen Verstehens bei gleichzeitigem Festhalten an 'richtigem' und 'falschem' Verstehen. Jauß beschreibt die Rezeptionsgeschichte als *die sukzessive Entfaltung eines im Werk angelegten, in seinen historischen Rezeptionsstufen aktualisierten Sinnpotentials, das sich dem verstehenden Urteil erschließt, sofern es die 'Verschmelzung der Horizonte' in der Begegnung mit der Überlieferung kontrolliert vollzieht* (hier S. 138 f.). Mir scheint, man muß sich hier entscheiden: will man nicht *jede* Rezeption als *sukzessive Entfaltung* eines vorgegebenen *Sinnpotentials* rechtfertigen – und das will Jauß offenbar so wenig wie Gadamer –, dann muß man entweder mit Gadamer auf die 'Sagkraft' des Werkes und das rechte 'Hören' des Rezipienten vertrauen, oder aber man muß gegen Gadamer nicht von kontrollierter Horizontverschmelzung, sondern von Horizontverschmelzungen qua Konkretisationen einerseits und deren objektivierender Analyse andrerseits sprechen.

Diese letztere Konsequenz scheint mir bei Jauß bereits im Begriff des Erwartungshorizontes angelegt. Der Begriff subsumiert nämlich zweierlei Systeme: einmal – semiotisch gesprochen – die im Werk selbst codierten und gegebenenfalls zugleich verletzten Erwartungen, wobei das Maß der Verletzung die 'ästhetische Distanz' bestimmt (hier S. 132, 133), sodann aber auch einen lebensweltlichen Erwartungshorizont, den Erwartungshorizont der Lebenspraxis (hier S. 148), der vom Leser (dem ursprünglichen wie dem späteren) an das Werk herangetragen wird. In der Interaktion dieser beiden Horizonte konstituiert sich nach Jauß Rezeption im Vollsinne einer ästhetischen Erfahrung, die zum geschichtsbildenden Ereignis wird. Der im Werk codierte Erwartungshorizont ist fix, er ist Teil des Werksystems. Der lebensweltliche Erwartungshorizont hingegen ist variabel, er ist Teil des Interpretationssystems des je historischen Lesers.

Hieraus folgt zunächst, daß das Postulat der Rekonstruktion und Objektivation auch auf den lebensweltlichen Erwartungshorizont des jeweiligen Interpreten auszudehnen wäre. Konkretisationsforschung hätte also die Aufgabe, zunächst einmal klar zu scheiden zwischen Werksystem und Interpretationssystem und auf der Basis dieser Unterscheidung sodann zu fragen, wer warum wie versteht. Hierfür ist, wie Jauß selbst im Nachwort zu seiner Iphigenie-Abhandlung (Text XII) bereits festgestellt hat, eine soziologische Analyse des codierten Erwartungshorizonts als Teil des Werksystems weniger wichtig als eine solche des lebensweltlichen Erwartungshorizonts als Teil des Interpretationssystems. Dessen Analyse wird sich auf eine Soziologie und Psychologie des Lesers einlassen müssen. Rezeptionsforschung wird sich spätestens an diesem Punkt aber auch fragen müssen, wie weit sie das Problem, wer warum wie versteht, verantwortbar als ein literaturwissenschaftliches behandeln kann und wo sie es an eine kontrollierte Interdisziplinarität abgeben muß. Die bisherige Forschung weist hier noch empfindliche Lücken auf. In jedem Fall dürfte es sich empfehlen, nicht voreilig und ohne die entsprechende Kompetenz Lesersoziologie und Leserpsychologie zu betreiben. Damit soll nicht für eine Ausgrenzung plädiert werden, wohl aber für eine gewissenhafte Hierarchisierung der Analyseschritte, die dann automatisch zur genauen Fixierung des jeweiligen Stellenwertes innerhalb rezeptionsästhetischer Theoriebildung führen würde. Verzichtet man auf solche Hierarchisierung, d.h. treibt man Lesersoziologie oder -psychologie ohne Rückbindung an das Werksystem, so kann man einen engeren und theoretisch gesicherten Konkretisationsbegriff, wie er hier vertreten wird, nicht mehr absetzen von einem weiteren, der prinzipiell jeden Rezeptionsvorgang subsumieren würde. In der Konsequenz einer Unterscheidung von Werksystem und Interpretationssystem stellt sich damit die Frage, ob Rezeptionsästhetik nicht gut beraten wäre, vorliegende Konkretisationen und ihre Subjekte, d.h. den je historischen Leser, als Epiphänomene zu betrachten und also einer systematischen Analyse im Werk selbst vertexteter Rezeptionslenkungen nachzuordnen.

V

Die Unabweisbarkeit dieser Frage zeigt sich auch bei M. Riffaterre (Text VI). Sein Artikel läßt sich lesen als eine Abbreviatur jener Problematik, die uns bei der Analyse historisch orientierter Positionen der Rezeptionsästhetik immer wieder begegnete, zugleich aber auch als ein Versuch, diese Problematik mittels eines systematischen Ansatzes zu überwinden. Der Bezugsrahmen, in dem Riffaterre seine strukturale Stilistik entwickelt, ist Jakobsons Modell der sechs Sprachfunktionen, näherhin dessen Bestimmung der poetischen Funktion als einer Syntagierung paradigmatischer Äquivalenzen. Dieser Bezugsrahmen wird jedoch dahingehend modifiziert, daß Riffaterre die poetische Funktion bezogen wissen will auf ein wahrnehmendes Subjekt. Ein poetischer Text nämlich, so lautet seine Ausgangshypothese, ist so codiert, daß bestimmte Äquivalenzen wahrgenommen werden können und sollen, andere hingegen zwar linguistisch rekonstruierbar, stilistisch aber irrelevant sind. Aus diesem Grund ersetzt Riffaterre Jakobsons Begriff der poetischen Funktion durch den der stilistischen Funktion. Er begreift, wie Jakobson, den Stil als eine Zusatzinformation zur linguistischen Primärebene, befragt aber diese Zusatzinformation mittels horizontaler Äquivalenzrelationen auf ihre Relevanz im Hinblick auf ein wahrnehmendes Subjekt. Ziel der strukturalen Stilistik Riffaterres ist folglich eine strukturale Beschreibung des Lektüreprozesses. Diesen Prozeß sieht Riffaterre durch bestimmte Signale gesteuert, die er zu bestimmen sucht mittels des behavioristischen Schemas von *stimulus* und *response*. Ein Stilmerkmal wird bestimmt als *stylistic stimulus*, und es ist objektivierbar über den response des Lesers.

Dieser Leser nun – und hierin besteht ein grundlegender Unterschied zu allen bisher vorgestellten Positionen rezeptionsästhetischer Theoriebildung – ist für Riffaterre ein heuristisches Konstrukt. Für dieses Konstrukt wählte er zunächst den Begriff des *average-reader*, den er sodann ersetzte durch den des *super-reader* (*archilecteur* in der französischen Fassung, von dorther als Archileser in die deutsche Übersetzung übernommen). Die Begriffsersetzung soll anzeigen, daß mit diesem Konstrukt nicht ein durchschnittliches Mittel, sondern eine Summe empirisch nachweisbarer Leserreaktionen auf stilistische stimuli erfaßt werden soll. Der Archileser wird folglich definiert als *die für jeden stimulus oder für eine ganze stilistische Sequenz benutzte Informatorengruppe* (hier S. 176). Als Informanten kommen vor allem in Frage der Autor (Variantenstudium), der Analysator selbst, von ihm befragte Testpersonen, schriftlich fixierte Interpretationen und Kommentare jeglicher Art, Übersetzungen. Nach Riffaterre kann es als empirisch erwiesen gelten, daß dieser Archileser sich allemal auf bestimmte Stellen eines vorliegenden Textes konzentriert, die dann als stilistisches Merkmal gelten können.

Freilich bleibt dieser Archileser Irrtümern ausgesetzt. Er kann einerseits aufgrund historischen Abstands, und das heißt mangelnder Vertrautheit mit den textgenerierenden Codes, ursprünglich gegebene stilistische Merkmale verkennen oder aber nicht gegebene Merkmale irrtümlich hinzufügen. Riffaterre braucht also eine Kontrollinstanz für den Archileser, und mit dieser Kontrollinstanz verläßt er den behavioristischen Ansatz und die damit verbundenen Belastungen, insbesondere die Bestimmung des stilistischen stimulus als eines inhaltsleeren Signals. Denn in dem Maße, wie der Kontext als diese Kontrollinstanz des Archilesers eingeführt wird, erscheint das Stilmerkmal nicht mehr als ein isoliertes Datum, als ein bloßer stimulus, der einen response auslöst. Vielmehr kann jetzt ein solches Stilmerkmal relational beschrieben werden, nämlich als Abweichung vom Kontext.

Kontext meint dabei nicht den Gesamtkontext im Sinne des Gesamttextes, sondern, wie die zentrale Definition lautet, *ein linguistisches pattern, das von einem unvorhersehbaren Element durchbrochen wird; der sich aus dieser Interferenz ergebende Kontrast ist der stilistische stimulus* (hier S. 184). Die Stilanalyse wird damit gebunden an den Lektüreablauf. Der Text wird aufgeschlüsselt zu einer Folge von stilistischen Kontexten, wobei verschiedene Möglichkeiten derartiger syntagmatischer Kontextabfolgen durchgespielt werden. Riffaterre sucht damit ineins die Aporien der sogenannten Deviationsstilistik wie auch die in Jakobsons Beschreibung der poetischen Sprachverwendungsfunktion offengebliebene Frage nach der Relevanz horizontaler Äquivalenzrelationen zu lösen. Diese Kritik an Jakobson ließe sich in Aufnahme eines Begriffspaars von A. Nisin auch dahingehend formulieren, daß die Analyse des verifizierbaren Sinnes *(sens vérifiable)* immer dem im Lektüreprozeß erlebten Sinn *(sens vécu)* Rechnung tragen muß (Nisin S. 80, 91 ff.). Jede Relation folgt der Wahrnehmung ihrer Elemente, und sie kann also nicht, wie dies Jakobson tut, unter Absehung von dieser Wahrnehmungsfolge als relevant behauptet werden. Riffaterre sucht solchermaßen durch die Einführung eines wahrnehmenden Subjekts den hermeneutischen Fiktionen zu entgehen, die R. Posner Jakobson zu Recht vorgeworfen hat. Dieser nämlich behandelt einen Text so, *als stünden alle einmal angesprochenen inhaltlichen Vorstellungen bis auf weiteres im*

Raum, auch nachdem die Lektüre den Leser längst in neue Kontexte hineingeführt hat (S. 222).

Ob der Kontextbegriff selbst freilich trägt, was Riffaterre ihm zumutet, muß fraglich bleiben. Denn wenn dieser Kontext als ein linguistisches pattern begriffen wird, das gleichwohl nicht der grammatischen Norm entsprechen soll, dann bleibt die Frage seiner Objektivierbarkeit unbeantwortet. Von hier her erklärt sich, weshalb Riffaterre auch in späteren Arbeiten wie z. B. in der vielzitierten Analyse von Baudelaires *Les Chats* (S. 232 ff.) an der Zweigleisigkeit von Archileser und Kontextanalyse festhält. Offenbar soll nicht nur die Kontextanalyse den Archileser, sondern auch der Archileser die Kontextanalyse kontrollieren. Zwar hat Riffaterre auch versucht, den stilistischen Kontrast im Sinne des linguistischen Oppositionsbegriffs zu beschreiben, wobei er den Kontext als den unmarkierten und den diesen Kontext durchbrechenden stilistischen stimulus als den markierten Pol fassen will (S. 79). Der Begriff der Opposition setzt aber immer eine Systemreferenz voraus, kraft derer die Terme den jeweiligen Paradigmen zugewiesen werden können, und wenn nun die grammatikalischen Paradigmen hierfür ausfallen, ist wieder alles offen.

Problematischer aber bleibt am Kontextbegriff noch etwas anderes: Bei der Analyse der syntagmatischen Kontextfolge bleibt der vorgängige 'Kontext', der Erwartungshorizont im Sinne von Jauß, völlig ausgeblendet. Ein Text trifft aber nie auf ein informatorisches Vakuum, sondern allemal auf bestimmte Erwartungen, Erwartungsprogramme, die er einlösen, irritieren oder auch konterkarieren kann. An dieser Ausblendung des außertextual-situativen 'Kontexts' zeigt sich besonders deutlich, daß Riffaterre bei aller Entgegensetzung von Stilistik und Linguistik dennoch dem Immanentismus einer 'Linguistik der langue' und damit einem Paradigma verhaftet bleibt, das die Linguistik selbst auf ihrem Weg zu einer 'Linguistik der parole' preiszugeben im Begriff ist. Der Grundgedanke der Kontextstilistik freilich, die Dialektik von *sens vérifiable* und *sens vécu,* bleibt hiervon unberührt. Das zeigen die innerhalb der hier angedeuteten Grenzen durchaus reichhaltigen Applikationen der Methode (neben der Baudelaire-Analyse sei vor allem noch auf die Abhandlung zur Funktion des Klischees, S. 139 ff.) hingewiesen, die auch dann ihren Wert behält, wenn der Kontextbegriff ausdrücklich auf die Lektüre vorgängiger normativer Erwartungen literarischer und außerliterarischer Art geöffnet wird.

VI

Wie Riffaterre, so bewegt sich auch St. Fish (Text VII) auf der Grenze linguistischer und literaturwissenschaftlicher Beschreibung von Rezeptionsprozessen. Im Zentrum seines Versuchs steht die Frage, wieweit solche Prozesse nach dem Vorbild der generativen Transformationsgrammatik formalisierbar sind. Auch Fish orientiert sich damit noch an einem wissenschaftstheoretischen Paradigma, das die Linguistik selbst inzwischen in zunehmendem Maße zu problematisieren begonnen hat. Ein wichtiges Ergebnis des Beitrags ist denn auch im Aufweis der Schwierigkeiten zu sehen, mit diesem vorpragmatischen Paradigma dem von Fish so genannten *Leseakt* beizukommen.

Fishs Argumentation ist ambivalent. Auf der einen Seite findet sich eine prinzipielle Zustimmung zum Anspruch der TG, Verstehensprozesse über Tiefenstrukturen und deren Transformationen formalisierbar zu machen. Entsprechend arbeitet er mit dem Konstrukt eines idealen, eines informierten Lesers, der über dreierlei Kompetenzen verfügen müßte: eine syntaktische, ein semantische und eine literarische. Daß die Theoretisierbarkeit dieser Kompetenzen insbesondere im transphrastischen Bereich umstritten ist und daß der Begriff einer literarischen Kompetenz überhaupt nur als höchst problematische Metaphorisierung des transformationsgrammatischen Kompetenzbegriffs eingeführt werden kann, scheint für Fish den Wert des Modells selbst nicht zu schmälern. Auf der anderen Seite aber möchte er nun doch die semantische Abwertung von Oberflächenstrukturen nicht mitmachen. Wenn nämlich Chomsky behaupte, diese Oberflächenstrukturen seien oftmals irreführend und wenig informativ, so sei darin verkannt, daß derartige 'Irreführungen' einem Text bewußt einkomponiert sein könnten, daß also die temporäre Befolgung einer unangemessenen Decodierungsstrategie ggf. Teil der vom Autor beabsichtigten Textstrategie sei und also in die Bedeutungskonstitution eines Textes miteingehe.

Es scheint mir nun, daß Fish in dieser kritischen Absetzung von dem generativ-transformationellen Modellangebot viel zu zögernd ist. Denn es hat sich ja bereits in der Linguistik selbst hinreichend gezeigt, daß die semantische Entwertung von Oberflächenstrukturen in dem Moment rückgängig gemacht werden muß, wo man den Einzelsatz in seinem Kontext betrachtet, wo man also just jene oberflächenstrukturellen Sequenzen in den Blick nimmt, um deren Analysen es bei Fish wie auch bei Riffaterre geht. So hat namentlich die Psycholinguistik das Dogma der Äquivalenz von psychologischer und transformationeller Komplexität schon an so 'klassischen' Beispielen der TG wie der Passivtransformation erschüttert. Transformationelle Beschreibungen von Satzkomplexionen ergeben nicht schon eine Hypothese über transformationelle Decodierungsprozesse. Es gibt ganz offensichtlich perzeptuelle Strategien nichtgrammatischer Art, die an der Oberfläche selbst operieren, so daß man sich in der Psycholinguistik in zunehmendem Maße mit dem Gedanken vertraut macht, Verstehensprozesse mittels eines ganzen Komplexes von Strategien beschreiben zu müssen, aus dem gewiß die Funktionen von Tiefenstrukturen nicht ausgenommen werden können, der aber wahrscheinlich nicht als eine 'unified theory' im Sinne des TG-Anspruchs dargestellt werden kann (cf. Leuniger u. a., S. 55 ff. und 105 ff.).

Für die Analyse oberflächenstruktureller Sequenzen bleiben denn auch aus diesem Grunde nach wie vor all diejenigen Versuche aktuell, die unter dem Stichwort 'funktionelle Satzperspektive' Phänomene wie Wortstellung, Intonation und bestimmte syntaktische Erscheinungen nicht auf der Basis sprechsituationsunabhängiger 'statischer', sondern auf der Basis 'dynamischer' Strukturen zu beschreiben suchten, sei es mit Hilfe der Zweiteilung Thema/Rhema, sei es im Sinne gradueller Abstufungen, mittels derer zum Beispiel J. Firbas jedem Satzelement einen bestimmten Grad von 'kommunikativer Dynamik' zuzuweisen suchte. Es ist bisher nicht gelungen, derartige Topikalisierungsprobleme auf transformationeller Basis zu formalisieren, weil sie abhängig sind vom transphrastischen und außersprachlich-situativen Kontext. Wie und ob überhaupt diese Abhängigkeit formalisiert werden kann über Tiefenstrukturen, die dann nicht mehr den Status von Satz-, sondern von Text-Tiefenstrukturen haben müßten, ist zur Zeit nicht absehbar. Es steht jedoch zu vermuten, daß bei einem solchen Unternehmen die sprachliche wie außersprachliche Kontextabhängigkeit wiederum so sehr idealisiert werden müßte, daß sich auch ein auf Sprechsituationen geöffnetes TG-Modell wiederum als objektinadäquat erweisen würde. Aus diesem Sachverhalt erklärt sich nicht nur die geradezu explosive Entwicklung der linguistischen Pragmatik in jüngster Zeit, sondern vor allem auch das unabgeklärte Selbstverständnis dieser Forschungsrichtung, die nicht recht weiß, ob sie sich lediglich als notwendige Ergänzung oder aber als Überwindung des generativen Ansatzes begreifen soll.

Der Literaturwissenschaftler wird diese Entwicklung mit Interesse verfolgen, denn während alle Versuche literaturwissenschaftlicher Theoriebildung, die sich am Paradigma der generativen Transformationsgrammatik orientieren, über problemverstellende Metaphorisierungen dieses Modells nicht hinausgekommen sind, hat die pragmatisch orientierte Linguistik, wie schon jetzt absehbar ist, Fragestellungen entwickelt, die in vergleichbarer Form der Literaturwissenschaft bereits seit längerem vertraut sind und für deren Lösung sich daher ein fruchtbarer Dialog ergeben könnte.

VII

Unter dem Begriff 'Pragmatik' versteht man in der Semiotik insbesondere seit Ch. Morris eine der drei Dimensionen des Zeichenbegriffs: während sich die 'Syntaktik' mit den regelhaften Beziehungen der Zeichen untereinander und die 'Semantik' mit den Bedeutungen der Zeichen befassen, ist die 'Pragmatik' *that portion of semiotic which deals with the origin, the uses, and effects of signs within the behavior in which they occur* (S. 219). Diese Definition hinterläßt indes die Frage, ob eine so gefaßte Pragmatik tatsächlich noch als Teilsektor innerhalb der Semiotik gelten kann, oder ob nicht vielmehr das Verhältnis beider als Fundierungsrelation zu sehen ist. Diese Frage ist deshalb wichtig, weil eine pragmatisch fundierte Semiotik nur adäquat zu theoretisieren wäre im Bezugsrahmen einer allgemeinen Handlungs- und Institutionentheorie. Die pragmatisch orientierte Linguistik ist im Begriff, sich ausdrücklich auf einen solchen Bezugsrahmen zu öffnen und die daraus sich ergebenden Aufgaben zu formulieren (siehe z. B. Wunderlich '72). Die Literaturwissenschaft ist auf verschiedenen Teilgebieten immer schon, wenn auch häufig vorkritisch, pragmatisch orientiert gewesen. Eines dieser Teilgebiete ist die Rezeptionsästhetik, die sich seit ihren Prager Anfängen um eine ausgesprochen funktionale Textbetrachtung bemüht und die in jüngster Zeit versucht hat, die beiden Aspekte der Konkretisation und der Rekonstruktion, die bei Ingarden im Bezugsrahmen der Phänomenologie standen, in ein pragmatisches Textmodell einzubringen.

Bei W. Iser zeichnen sich Versuche in dieser Richtung bereits in seiner Abhandlung zur *Appellstruktur der Texte* (Text VIII) ab, in deren Mittelpunkt die Ingardensche Kategorie der Unbestimmtheit steht. Für Iser ist Unbestimmtheit nicht mehr bloße Durchgangsstation zu den metaphysischen Qualitäten, sondern *das wichtigste Umschaltelement zwischen Text und Leser* (hier S. 248). Die ästhetische Erfahrung verdankt sich nicht mehr einer von den metaphysischen Qualitäten ausgelösten Ursprungsemotion, sondern den *Leerstellen*, die es dem Leser erlauben, die Fremderfahrung der Texte an die eigene Erfahrungsgeschichte anzuschließen. Iser gibt einen ganzen Katalog formaler Bedingungen, die im Text Leerstellen entstehen lassen. Zu ihnen zählen Störungen im Aufbau der intentionalen Satzkorrelate, Schnitt-, Montage- und Segmentiertechniken, Erzählerkommentare, die die erzählte Geschichte perspektivisch auflösen, dem Leser ein breitspektriges Bewertungsangebot offerieren, Überpräzisierungen des Darstellungsrasters, die das Bedürfnis des Lesers nach Konsistenzbildung irritieren, schließlich Verfremdungstechniken im weitesten Sinn.

Die von diesen Leerstellen bewirkte Unbestimmtheit kann freilich ihre Appellwirkung nur in dem Maße entfalten, wie sie für den Leser beziehbar bleibt auf einen Hintergrund des Vertrauten. Ohne ein komplementäres Verhältnis von kommunikativer Unbestimmtheit und kommunikativer Bestimmtheit nämlich käme eine Interaktion von Text und Leser gar nicht in Gang. Den *Lesevorgang* (Text IX) sieht Iser folglich als einen permanenten Konflikt zweier Tendenzen: dem Illusions- und Identifikationsbedürfnis des Lesers auf der einen, der Ironie des Textes, der all seine Konsistenzangebote gleichzeitig auch wieder in Frage stellt, auf der anderen Seite. Alle Illusionsbildung beruht nur auf Selektionsentscheidungen des Lesers, wobei das jeweils Ausgeschlossene, das jeweils Negierte als potentieller Störfaktor der sich bildenden Konsistenz wirkt und also diese Konsistenzbildung nicht zum Abschluß kommen läßt. Wichtig sind also für Iser nicht die faktisch vollzogenen und an der Rezeptionsgeschichte ablesbaren Selektionsentscheidungen selbst, sondern das diesen Konkretisationen vorausliegende Angebot des Textes an den 'impliziten Leser', den Iser andernorts definiert hat als *den im Text vorgezeichneten Aktcharakter des Lesens* (1972, S. 9). Iser geht es also nicht um bloße 'Textrealisate', sondern um ein Textmodell, das überhaupt erst erklärt, wieso bestimmte Texte immer wieder zu neuen 'Realisaten' führen. Bestimmte Vertreter einer ausdrücklich als pragmatisch deklarierten Texttheorie scheinen nicht abzusehen, was es bedeutet, diesen 'Realisaten' die Systemreferenz eines Textmodells zu nehmen (so z. B. Breuer S. 54). Die Frage, wer weshalb wie versteht, mag soziologisch oder sozialpsychologisch höchst aufschlußreich sein, dem Literaturwissenschaftler kann sie erst und nur im Blick auf ein Textmodell interessant werden, das über die 'richtige' Lektüre Aufschluß gibt. Subjekt dieser Lektüre ist der implizite oder, um einen Begriff W. C. Booths zu gebrauchen, der vom Text geforderte Leser, der *postulated reader* (S. 157). Richtig lesen heißt also nicht vereindeutigend lesen. Es heißt, den Text vereindeutigen, wo er eindeutig ist, ihn aber auch offenzuhalten, wo er sich aller Vereindeutigung sperrt und gerade hierin provoziert.

Die Relation von kommunikativer Unbestimmtheit und kommunikativer Bestimmtheit steht denn auch im Zentrum der Überlegungen Isers zum funktionalen Verhältnis von Fiktion und Wirklichkeit (Text X), mit denen wir eine noch unveröffentlichte größere Arbeit über den *Akt des Lesens* auszugsweise vorabdrucken. Ausdrücklich unternimmt Iser hier den Versuch einer Theorie fiktionaler Rede auf pragmatischer Basis. Als direkter Anknüpfungspunkt dient ihm die Theorie der sogenannten Sprechakte und hier vor allem eine Bemerkung von J. L. Austin über den eigentümlich leeren, parasitären Charakter fiktionaler Rede. Austin spielt damit auf die von ihm nicht weiter explizierte Tatsache an, daß auch fiktionaler Rede der Charakter einer sprachlichen Handlung zuzuerkennen, ihr Gelingen aber ganz offenbar nicht dem Gelingen normaler Sprachhandlungen gleichzusetzen ist. Diese pragmatische 'Leere' der fiktionalen Sprachhandlung ist für Iser nun bereits deren erste positive Bestimmung. Die pragmatische Dimension fiktionaler Sprachhandlungen sieht er nämlich gerade in der Entpragmatisierung all derjenigen Faktoren, die nach Austin zum Gelingen der normalen Sprachhandlung beitragen.

Diese Entpragmatisierung betrifft an erster Stelle den Situationskontext. Verdankt sich das Gelingen einer Sprachhandlung vor allem dem Einvernehmen von Sprecher und Hörer über den jeweiligen situativen Kontext, so ist fiktionale Rede gerade umgekehrt durch den Entfall eines vorgegebenen Situationsbezugs gekennzeichnet. Sie ist streng genommen situationslos, und gerade in dieser *Situationslosigkeit* sieht Iser die zentrale Antriebsenergie für das, was er als die *Situationsbildung* des fiktionalen Textes bezeichnet (hier S. 288 ff.). Er meint damit die Stabilisierung der Interaktion zwischen Text und Leser über ständige Rückmeldeeffekte, die – nach dem kybernetischen Modell selbstgesteuerter Systeme – in den Wirkungsvorgang eingegeben werden. Wenn aber der Situationsrahmen fiktionaler Rede nicht mehr als vorgängiger Stabilisierungsfaktor in Anschlag gebracht werden kann, sondern dem Leser als Zusatzleistung abverlangt wird, dann muß offenbar der fiktionale Text selbst spezifische Gratifikationen bereithalten. Diese Gratifikationen gründen nun paradoxerweise wiederum in einer Entpragmatisierung der von Austin so genannten Konventionen, d. h. des Gesamtbestands der Normen, über die zwischen Sprecher und Hörer Einvernehmen besteht und die der situativen Determinierung der Sprachhandlung noch vorausliegen. Diese Konventionen beschreibt Iser unter dem Begriff des Repertoires fiktionaler Texte, wobei er zwischen Elementen der außerliterarischen Realität und solchen der literarischen Tradition selbst unterscheidet. Beide Elementklassen sieht er reduziert zu einem bloßen *Interaktionspol* (hier S. 300), womit gemeint ist, daß das in den fiktionalen Text eingezogene Repertoire nicht eine Wiederholung, ein Abbild der außertextualen Referenten darstellt, sondern eine Antwort auf diese.

In Isers Argumentationsgang ist dies insofern ein zentraler Gesichtspunkt, als hier versucht wird, die Theorie fiktionaler Rede jenseits des Bezugsrahmens von Nachahmung und insbesondere jenseits des marxistischen Bezugsrahmens einer bloßen Widerspiegelung gesellschaftlicher Verhältnisse anzusiedeln. Ersetzt wird dieser Bezugsrahmen durch einen auf der Basis der modernen Systemtheorie neukonzipierten Funktionalismus, der sich insbesondere mit den Arbeiten N. Luhmanns verbindet. Eine zentrale Forderung Luhmanns besteht darin, den Funktionsbegriff nicht mehr, wie dies der klassische Strukturalismus durchweg getan hat, dem Strukturbegriff nach-, sondern vorzuordnen. Systemfunktionen wären demnach nicht mehr in der Immanenz von Systemstrukturen aufzudecken, sondern in Umweltproblemen, auf die Strukturbildungen antworten. Funktionale Theorie ist daher für Luhmann System/Umwelt-Theorie, wobei die Umwelt wiederum als eine Umwelt von Systemen begriffen werden muß.

Innerhalb dieses Bezugsrahmens nun entwickelt Iser seine Hypothese, daß der fiktionale Text kein Abbild, sondern einen Eingriff in die Sinnsysteme darstellt, die die Umwelt des Textes konstituieren. Fiktionale Texte spiegeln ihre Umwelt nicht wider, sondern reagieren auf sie, sie sind auf den Grenzen bestehender Sinnsysteme angesiedelt, sei es um das von diesen Systemen Ausgeschlossene, Negierte, Abgeschattete zu aktualisieren und solchermaßen Problemüberhänge zu artikulieren, sei es um umgekehrt das System abzudichten vor den Gefahren, die ihm von diesem Ausgeschlossenen, diesem Negierten und Abgeschatteten her drohen. In jedem Fall bewirkt der fiktionale Text eine Ausgleichoperation, indem er die Geltungsschwäche von Systemen – abdichtend oder aufdeckend – bilanziert. Die Leistung des fiktionalen Texts besteht demnach in seiner Reaktion auf die Defizite bestimmter Umweltsysteme. Als besonders plastisches Beispiel dient die Thematisierung des Moralischen im Roman des 18. Jahrhunderts. Iser projiziert sie auf das System des philosophischen Empirismus, wo gerade diese Thematik nicht bewältigt werden konnte und folglich nur Scheinlösungen zugeführt oder aber ausgespart wurde.

Den literarischen Elementen des Repertoires kommt in diesen Ausgleichsoperationen eine besondere Bedeutung zu. Sie nämlich leisten eine bestimmte Vorstrukturierung mittels zitierter Problemlösungen, die als solche nun aber nicht mehr gemeint sind, sondern in ein je unterschiedliches Spannungsverhältnis zum Repertoire der außerliterarischen Normen gebracht werden. Iser gelangt so zu einer Skala, die von hochgradiger wechselseitiger Irritation der beiden Elementbereiche (z. B. bei James Joyce) bis hin zu ihrer vollkommenen Äquivalenz reicht, wobei letztere ein Kriterium für Trivialliteratur abgeben und die Skala als ganze zugleich auch als Skala des ästhetischen Wertes gelten könnte. Isers zentrale Hypothese jedenfalls lautet, daß die Pragmatik fiktionaler Rede in den Komplementarisierungsprozessen aufzusuchen ist, die sie in Gang setzt. Ihr Gelingen besteht in einer *imaginären Bewältigung defizitärer Realitäten* (hier S. 321), womit Isers Argumentation einmündet in einen anthropologischen Bezugsrahmen, den er hier noch nicht expliziert hat.

Im Rahmen eines Resümees wie des eben versuchten kann es allenfalls darum gehen, Problemstellung und Lösungsvorschläge dieses Theorieansatzes grob zu skizzieren. Ziel des Entwurfes ist es, das Verhältnis von Fiktion und Wirklichkeit nicht mehr ontologisch als ein *Seinsverhältnis*, sondern funktionalistisch als ein *Mitteilungsverhältnis* zu begründen (S. 277). Fiktion ist nicht das Gegenteil, sondern ein bestimmter Modus der Vermittlung von Wirklichkeit. Aus diesem Ziel erklärt sich sodann der gewählte Bezugsrahmen: zunächst die linguistische Pragmatik, sodann eine über den Sinnbegriff hermeneutisch vermittelte Systemtheorie nach dem Vorbild Luhmanns. Dieser Bezugsrahmen mag – namentlich aus der Perspektive der linguistischen Pragmatik – als wenig homogen erscheinen. Gerade deswegen sollte man vielleicht noch ausdrücklicher, als Iser selbst dies getan hat, darauf hinweisen, daß der hier unternommene Versuch einer Pragmatik der fiktionalen Sprachhandlung notwendigerweise die Grenzen der linguistischen Pragmatik überschreiten muß. Weshalb das so ist und welche Probleme sich daraus ergeben, kann im Rahmen dieser Einleitung nur noch angedeutet werden.

VIII

In einem programmatischen Artikel zur linguistischen Pragmatik hat D. Wunderlich gefordert, daß *die bisher angenommene Symmetrie von Sprecher und Hörer aufgegeben werden muß. Zur sprachlichen Kompetenz gehört nämlich auch eine Art von Meta-Kompetenz, nämlich das Vermögen, eine bereits internalisierte Grammatik neu zu organisieren, vorhandene Regeln zur Satzerzeugung und Sprachwahrnehmung abzuändern, neue Elemente in das Lexikon aufzunehmen usw. Das geschieht immer dann, wenn ein Hörer die andersgeartete sprachliche Kompetenz eines seiner Kommunikationspartner akzeptiert und sich ihm anzugleichen sucht* ('71, S. 175). Mit dem Begriff der Meta-Kompetenz zielt also auch Wunderlich auf eine Ausgleichsoperation, die indes nicht im Sinne Isers die Geltungsschwäche von Sinnsystemen bilanziert, sondern umgekehrt fundamentale Einverständnisse über die Geltung dieser Systeme zur Voraussetzung hat.

Eine Theorie fiktionaler Sprachhandlungen müßte demgegenüber, wie Isers Entwurf zeigt, selbst noch diese sprachliches Handeln unterspannenden lebensweltlichen Einverständnisse problematisieren. Wenn es aber stimmt, daß in der fiktionalen Kommunikationssituation diese Einverständnisse nicht mehr als basale Steuerungsmechanismen fungieren, sondern ihrerseits Kommunikationsgegenstand werden, dann wäre eine Theorie fiktionaler Sprachhandlungen nicht etwa aus einer allgemeinen Theorie sprachlichen Handelns auszudifferenzieren, sondern sie wäre im Gegenteil deren umfassendstes Paradigma. Es ist schon einige Jahre her, daß E. Coseriu die damals noch im Hochgefühl ihrer Möglichkeiten schwelgende Textlinguistik mit der These provozierte, *daß die dichterische Sprache die volle Funktionalität der Sprache darstellt, daß also die Dichtung der Ort der Entfaltung der funktionellen Vollkommenheit der Sprache ist* (S. 185). Es scheint, als sei diese These aktueller denn je, und so könnte man fragen, ob nicht auch die linguistische Pragmatik gut beraten wäre, wenn sie ihre Theorie so ansetzte, daß sie fiktionale Rede nicht als pragmatisch leer ausklammern müßte, sondern sie gerade umgekehrt als das umfassendste Paradigma sprachlichen Handelns wählen könnte. Es ist in diesem Zusammenhang bedenkenswert, daß J. R. Searle seinen Begriff der *constitutive rule*, d. h. der '*new forms of behaviour*' organisierenden Regel zuvörderst an Spielregeln (Schach, Fußball) zu verdeutlichen sucht (S. 33 ff.) Möglicherweise läßt sich tatsächlich gerade im Medium ausgegrenzter Spielwelten am ehesten studieren, welche konstitutiven Regeln einer Gesellschaft ihren konventionellen Realisierungen (*conventional rules* bei Searle) zugrunde liegen. Die Poetiken, angefangen mit der des Aristoteles, wären hierauf zu befragen. Möglicherweise aber läßt sich am Beispiel ausgegrenzter Spielwelten auch der Punkt des Umschlags von Konventionen in neue konstitutive Regeln besonders deutlich machen. Gerade im Medium der Fiktion könnte damit eine Dimension des pragmatischen Regelbegriffs thematisch werden, die der linguistischen Pragmatik (siehe z. B. R. Brück/

E. Kendziorra) bisher verschlossen blieb, die aber im systemtheoretischen Funktionalismus Luhmanns nachdrücklich herausgestellt wurde: der von ihm so genannte *funktionelle Primat der Negation für das sinnkonstituierende Erleben* (Habermas/Luhmann S. 75). Luhmann erläutert diesen Primat mit den Kategorien der *Generalisierung*, verstanden als *Pauschalabweisung der jeweils neutralisierten anderen* Möglichkeiten, und der *Reflexivität*, verstanden als *Aufhebbarkeit des Negierten*, als *sicherndes Begleiterleben bei allen Zuwendungen: im Zugriff auf ein bestimmtes Ding bin ich sicher, daß alles andere erhalten bleibt.* Luhmann selbst hat dabei allein pragmatische Zuwendungen im Blick, nicht fiktionale. Die Frage stellt sich, ob nicht letztere dadurch zu charakterisieren wären, daß in ihnen die Generalisierung, also die Pauschalausklammerung, zu beziehen wäre nicht auf das noch nicht Realisierte, sondern auf das bereits Realisierte. Spielwelten, fiktionale Welten, wären dann die Exposition anderer Möglichkeiten und als solche zu bestimmen in bezug auf die bereits konstituierten Sinnsysteme, in denen pragmatisches Handeln sich bewegt. Auch hierauf wären Poetiken zu befragen. Daß eine 'pragmatisch' orientierte Theorie der Fiktionalität das Problem von Negation und Negativität in sinnkonstituierendem Erleben wird entfalten müssen, ist jedenfalls eine Hypothese, die sich in jüngsten Diskussionen als aussichtsreich erwiesen hat (siehe hierzu die Beiträge bei Weinrich, Hg.) und die ja auch bereits Isers Funktionsbestimmung der Fiktion als Bilanzierung defizitärer Realitäten zugrunde liegt. Es scheint, daß gerade die pragmatische 'Leere' fiktionaler Handlungen, ihre Ausgrenzung aus pragmatischen Handlungssequenzen eine distanzierte Vergegenständlichung menschlichen Handelns generell ermöglicht.

Freilich muß auch diese ausgegrenzte Vergegenständlichung ihrerseits institutionalisiert bzw. institutionalisierbar sein, wenn sie kommunikative Relevanz beanspruchen will, und gerade über diese Institutionalisierungsformen literarischer Kommunikation wissen wir am wenigsten. Noch immer muß der Literaturwissenschaftler austragen, was H. Kuhn schon vor Jahren in seiner Abhandlung zur Typologie mündlicher Sprachdenkmäler als den *Zwiespalt zwischen Funktion und Gestalt* beschrieben hat: *Kunstform und Gebrauchsfunktion, Gestalt und Lebenstechnik – diese Pole balanciert das Leben selbst und balanciert auch die Kunst immer neu. Doch der Beobachter kann sie nie miteinander sehen, am wenigsten in frühgeschichtlichen oder primitiven Kulturen. Was als Gestalt ergriffen wird, löst sich schon dadurch von seinem Leben; was sich dem Blick als Leben bietet, zerstört schon dadurch die Ansprüche der Gestalt. Der Beobachter, der Erforscher gerade von Volkskulturen ist immer ein Eindringling – aber nicht nur psychologisch. Er findet sich in einer Situation, die der des Atomphysikers heute vergleichbar ist: Wie dieser je nach seiner Experimentanordnung – und diese ist als Nötigung zu einer Teilantwort unvermeidlich immer auch störender Eingriff in die dahinter liegende Gesamtheit – zu Vorstellungen des beobachteten atomaren Systems gelangt, die sich gegenseitig ausschließen (Welle oder Korpuskel?), die sich "komplementär" zueinander verhalten, so gerät auch der Kulturhistoriker in eine "Komplementarität" zwischen Lebensvorgang und Gestalt. Man mag einerseits die Lebensfunktionen der literarischen Gattungen noch so subtil beobachten, mag sogar polygenetisch ähnliche Gestalten aus ähnlichen Funktionen ableiten können – das Individuelle und Geschichtliche der Sprachgestalt wird sich diesem Zugriff immer entziehen, man hält sprachliche Kulturtypen in der Hand statt Gestalten, Heldensage statt Heldenlied oder -saga. Wer umgekehrt die Sprachgestalten beobachtet, z.B. das Märchen oder Heldenlied, der mag sie sogar monogenetisch verfolgen können durch viele Völker und Kulturen, Gebräuche und Situationen, die sie verändern bis zur Unkenntlichkeit, ohne den wirkenden Gestaltkern zu zerstören, – aber er bekommt ihr Leben, bekommt die Funktionswirkungen und -übertragungen, die sie begleiten, bekommt die Märchenwelt oder die Heldensage nicht in den Blick* (S. 24).

Das hier angesprochene Dilemma ist kein peripheres. Es ist das Dilemma einer systematischen Beschreibung der Institutionalisierung literarischer Kommunikation, einer systematischen Beschreibung ihrer Pragmatik. Noch keine Institutionentheorie hat hier ein brauchbares Kategorienangebot bereitgestellt, möglicherweise gerade deswegen, weil die Pragmatik literarischer Institutionen, weil ihr 'Sitz im Leben' in einer eigentümlich parasitären Existenz zu sehen ist: Was sie an lebensweltlichen Konventionen mit sich führen, verzehren sie, indem sie sie ausgrenzend vergegenständlichen. Daher auch wird man zu ihrer Beschreibung mit den von Wunderlich herausgestellten zwei Ebenen der Konventionalität von Sprache, der Ebene der Grammatik und der tieferen Ebene symbolischen Handelns ('72, S. 14 ff.) nicht auskommen. Denn wenn in der fiktionalen Sprachhandlung diese zweite Ebene ihrerseits vergegenständlicht wird, bedarf es einer sie unterspannenden dritten Ebene von Konventionen, welche in bezug auf die der beiden anderen Ebenen nur als metakommunikative zu begreifen wären: Literarische Konventionen, Gattungsregeln zumal, organisieren fiktionale Rede über Konventionen, organisieren die *Gebrauchsfunktion* einer Rede, die, wie immer sich diese Funktion jeweils bestimmen mag, stets exzentrisch zu dem bleiben wird, was schon Konvention ist. Gerade diese Exzentrizität aber kann literarische Institutionen zum Ort einer pragmatischen Meta-Kompetenz werden lassen, die nun auch die von der linguistischen Pragmatik theoretisierte, nicht aber mehr problematisierte Ebene normativer Einverständnisse umfaßt.

Wenn daher Wunderlich eine zentrale Aufgabe gegenwärtiger Sprachwissenschaft in der Klärung der Frage sucht, wie die von ihm benannten zwei Ebenen der Konventionalität von Sprache aufeinander bezogen sind, dann wäre gegenwärtiger Literaturwissenschaft die Aufgabe zu stellen, die drei genannten Ebenen der Konventionalität in ihrer Interaktion zu untersuchen. Die Lösung dieser Aufgabe wird am sinnvollsten über das Problem der literarischen Gattungen anzugehen sein. Nicht zufällig ist dieses Problem so alt wie die Literaturwissenschaft selbst, und nicht zufällig geraten alle bisherigen Theorieansätze dort an ihre Grenze, wo es um die 'Komplementarität' von Funktion und Gestalt im Sinne Kuhns geht. Die Rezeptionsästhetik hat diese Funktion nachdrücklich zum Thema gemacht, und sie versucht Wege zu zeigen, auf denen man sich ihr deskriptiv nähern könnte. Was sie bisher nicht anzubieten vermochte, ist eine konsistente Theorie dieser Funktion, eine Theorie literarischer Institutionen.

IX

Der Weg dahin mag weit sein, und man wird Obacht geben müssen, daß man auf diesem Weg nicht denjenigen aus den Augen verliert, um den es geht: den Leser von Literatur. Wer erst wieder an die Texte gehen will, wenn die Theorie fertig ist, der wird für diese Texte kaum noch Leser finden. Vor dem Hintergrund dieser sich bereits deutlich abzeichnenden Gefahr ist der zweite Teil des vorliegenden Readers zu sehen. Er soll dokumentieren, daß Rezeptionsästhetik nicht nur über Konkretisation theoretisiert, sondern ihre Theorieansätze auch eingelöst hat. Der Status dieser Einlösungen ist dem der Theorie analog: es sind Versuche.

Literaturnachweise

Die Seitenzahlen der einleitenden Abhandlung beziehen sich, sofern nicht ausdrücklich auf den vorliegenden Band verwiesen ist, auf folgende Werke:

Adorno, Th. W. (1970): Ästhetische Theorie, Frankfurt.
Barthes, R. (1966): Critique et vérité, Paris.
Benjamin, W. (1966): Die Aufgabe des Übersetzers (1923), in: Illuminationen, Frankfurt.
Booth, W. C. (1961): The rhetoric of fiction, Chicago.
Breuer, D. (1974): Einführung in die pragmatische Texttheorie, München (UTB 106).
Brück, R. / Kendziorra, E. (1972): Einige Anmerkungen zum Begriff der Regel bei Searle, in Wunderlich (1972), S. 115–122.
Bühler, K. ([2]1965): Sprachtheorie (1934), Stuttgart.
Coseriu, E. (1971): Thesen zum Thema 'Sprache und Dichtung', in: Beiträge zur Textlinguistik, hg. W. D. Stempel, München, S. 183–188.
Eco, U. (1972): Einführung in die Semiotik, München (UTB 105).
Fieguth, R. (1971): Rezeption contra falsches und richtiges Lesen? oder Mißverständnisse mit Ingarden, in: Sprache im technischen Zeitalter 38, 142–159.
Firbas, J. (1964): On defining the theme in functional sentence analysis, in: Travaux linguistiques de Prague 1, S. 267–280.
Gadamer, H. G. ([2]1965): Wahrheit und Methode – Grundzüge einer philosophischen Hermeneutik, Tübingen.
Habermas, J. (1967): Die Logik der Sozialwissenschaften, Tübingen.
Habermas, J. / Luhmann, N. (1971): Theorie der Gesellschaft oder Sozialtechnologie – Was leistet die Systemtheorie?, Frankfurt.
Ingarden, R. (1968): Vom Erkennen des literarischen Kunstwerks, Darmstadt.
Iser, W. (1972): Der implizite Leser – Kommunikationsformen von Bunyan bis Beckett, München (UTB 163).
Jakobson, R. (1960): Linguistics and poetics, in: Style in language, ed. Th. Seboek, New York, S. 350–377.
Kuhn, H. (1969): Text und Theorie, Stuttgart.
Leuninger, H. / Miller, M. H. / Müller, F. (1972): Psycholinguistik – Ein Forschungsbericht, Frankfurt.
Luhmann, N. ([2]1971): Soziologische Aufklärung – Aufsätze zur Theorie sozialer Systeme, Opladen.
Morris, Ch. ([2]1955): Signs, language and behavior (1934), New York.
Mukařovský, J. V. (1967): Kapitel aus der Poetik, Frankfurt.
– (1970): Kapitel aus der Ästhetik, Frankfurt.
Nisin, A. ([2]1960): La littérature et le lecteur, Paris.
Pannenberg, W. (1963): Hermeneutik und Universalgeschichte, in: Zeitschrift für Theologie und Kirche 60, 90–121.

Posner, R. (1969): Strukturalismus in der Gedichtinterpretation, in: Sprache im technischen Zeitalter 29, 27–58.

Saussure, F. de ([3]1969): Cours de linguistique générale (1915), Paris.

Searle, J. R. ([3]1970): Speech acts – An essay in the philosophy of language, Oxford.

Striedter, J. (1966): Transparenz und Verfremdung, in: Immanente Ästhetik – Ästhetische Reflexion, Hg. W. Iser, Poetik und Hermeneutik II, München, S. 263–296.

Weinrich, H., Hg. (1975): Positionen der Negativität, Poetik und Hermeneutik VI, München.

Wunderlich, D. (1971): Pragmatik, Sprechsituation, Deixis, in: Lili / Zeitschrift für Literaturwissenschaft und Linguistik 1, 153–190.

–, Hg. (1972): Linguistische Pragmatik, Frankfurt.

Roman Ingarden

KONKRETISATION UND REKONSTRUKTION

Grundbehauptungen über den wesenseigenen Aufbau des literarischen Kunstwerks

Folgende allgemeine Behauptungen über den wesenseigenen Aufbau des literarischen Kunstwerks werden uns bei den weiteren Betrachtungen behilflich sein:

1. Das literarische Werk ist ein mehrschichtiges Gebilde. Es enthält a) die Schicht der Wortlaute und der sprachlautlichen Gebilde und Charaktere höherer Ordnung, b) die Schicht der Bedeutungseinheiten: der Satzsinne und der Sinne ganzer Satzzusammenhänge, c) die Schicht der schematisierten Ansichten, in welchen die im Werk dargestellten Gegenstände verschiedener Art zur Erscheinung gelangen, und d) die Schicht der dargestellten Gegenständlichkeiten, welche in den durch die Sätze entworfenen intentionalen Sachverhalten dargestellt werden.

2. Aus der Materie und der Form der einzelnen Schichten ergibt sich ein wesensmäßiger innerer Zusammenhang aller Schichten miteinander und eben damit auch die formale Einheit des ganzen Werkes.

3. Neben dem Schichtenaufbau zeichnet sich das literarische Werk durch eine geordnete Aufeinanderfolge seiner Teile aus, die Sätze, Satzzusammenhänge, Kapitel usw. bilden. Infolgedessen besitzt das Werk eine eigene, quasi zeitliche 'Ausdehnung' vom Anfang bis zum Ende sowie verschiedene, sich daraus ergebende Kompositionseigenheiten, wie z.B. verschiedene Charaktere der dynamischen Entwicklung und dergleichen mehr.

Das literarische Werk hat eigentlich 'zwei Dimensionen': die eine, in welcher sich der Gesamtbestand der Schichten erstreckt, und die zweite, in welcher die Teile aufeinanderfolgen.

4. Im Gegensatz zu der überwiegenden Mehrheit der Sätze eines wissenschaftlichen Werkes, die echte Urteile sind, sind die im literarischen Kunstwerk auftretenden Aussagesätze keine echten Urteile, sondern nur Quasi-Urteile, deren Funktion darauf beruht, den im Werk dargestellten Gegenständen bloß einen Aspekt der Realität zu verleihen, ohne sie zu echten Realitäten zu stempeln. Auch Sätze anderer Typen, wie z.B. die Fragesätze, unterliegen im literarischen Kunstwerk einer entspre-

chenden Modifikation ihres Sinnes bzw. ihrer Funktion. Je nach dem Typus des Werkes – z. B. in historischen Romanen – sind noch verschiedene Abwandlungen dieser Modifikationen möglich.[1]

Das Vorhandensein der Quasi-Urteile in literarischen Kunstwerken bildet nur ein Unterscheidungsmoment zwischen ihnen und den wissenschaftlichen Werken, an das sich andere charakteristische Momente anknüpfen. Und zwar:

5. Wenn ein literarisches Werk ein wertvolles Kunstwerk ist, enthält jede seiner Schichten besondere Qualitäten: es sind wertvolle Qualitäten verschiedener Art, und zwar künstlerisch wertvolle und ästhetisch wertvolle. Die letzteren befinden sich im Kunstwerk selbst in einem eigentümlichen, potentiellen Zustand. In ihrer ganzen Mannigfaltigkeit führen sie zu einer eigentümlichen Polyphonie ästhetisch valenter Qualitäten, welche über die Qualität des sich im Werk konstituierenden Werts entscheidet.

Auch in einem wissenschaftlichen Werk können literarisch künstlerische Qualitäten auftreten, die gewisse, ästhetisch wertvolle Qualitäten bestimmen. Dies schafft aber in einem wissenschaftlichen Werk nur ein momentum ornans, das mit der wesentlichen Funktion des Werkes nur in loser oder in gar keiner Verbindung steht und es selbst nicht zu einem Kunstwerk machen kann.

6. Das literarische Kunstwerk (wie auch jedes literarische Werk überhaupt) ist seinen Konkretisationen gegenüberzustellen, welche bei den einzelnen Lesungen des Werkes (eventuell bei der Aufführung des Werkes im Theater und deren Erfassen durch den Betrachter) entstehen.

7. Im Unterschied zu seinen Konkretisationen ist das literarische Werk selbst ein schematisches Gebilde. Das heißt: manche seiner Schichten, insbesondere die Schicht der dargestellten Gegenständlichkeiten und die Schicht der Ansichten, enthält 'Unbestimmtheitsstellen' in sich. Diese werden in den Konkretisationen zum Teil beseitigt. Die Konkretisation des literarischen Werkes ist also selbst noch schematisch, aber – wenn man so sagen darf – weniger als das betreffende Werk selbst.

8. Die Unbestimmtheitsstellen werden in den einzelnen Konkretisationen auf die Weise beseitigt, daß an ihre Stelle eine nähere oder weitere Bestimmung des betreffenden Gegenstandes tritt und sie sozusagen 'ausfüllt'. Diese 'Ausfüllung' ist aber nicht durch die bestimmten Momente dieses Gegenstandes hinreichend bestimmt, kann also im Prinzip in verschiedenen Konkretisationen noch verschieden sein.

9. Das literarische Werk überhaupt ist ein rein intentionales Gebilde, das seine Seinsquelle in den schöpferischen Bewußtseinsakten seines Ver-

fassers hat und dessen physisches Seinsfundament in dem schriftlich festgelegten Text oder in einem anderen physischen Werkzeug der möglichen Reproduktion (z.B. dem Magnetophon) liegt. Vermöge der Doppelschicht seiner Sprache ist es zugleich intersubjektiv zugänglich und reproduzierbar, wodurch es zu einem auf eine Lesergemeinschaft bezogenen, intersubjektiven, intentionalen Gegenstand wird. Als solches ist es nicht psychisch und ist allen Bewußtseinserlebnissen, sowohl denen des Verfassers wie auch denen der Leser, transzendent.

Die Konkretisierung der dargestellten Gegenständlichkeiten

Ich habe schon bemerkt, daß man beim Vorgang der Objektivierung der dargestellten Gegenständlichkeiten über dasjenige, was in der gegenständlichen Schicht des Werkes effektiv enthalten ist, oft weit hinausgeht und auch hinausgehen muß, wenn man eine ästhetische Erfassung des Werkes erreichen will. Man muß diese Gegenstände wenigstens bis zu einem gewissen Grad und in den vom Werk selbst geforderten Grenzen 'konkretisieren'. Erklären wir dies näher:

Das literarische Werk, und insbesondere das literarische Kunstwerk, ist ein schematisches Gebilde (vgl. Behauptung 7). Mindestens einige seiner Schichten, und besonders die gegenständliche Schicht, enthalten in sich eine Reihe von 'Unbestimmtheitsstellen'. Eine solche Stelle zeigt sich überall dort, wo man auf Grund der im Werk auftretenden Sätze von einem bestimmten Gegenstand (oder von einer gegenständlichen Situation) nicht sagen kann, ob er eine bestimmte Eigenschaft besitzt oder nicht. Wenn etwa in den *Buddenbrooks* die Augenfarbe des Konsuls Buddenbrook nicht erwähnt wäre (was ich nicht nachgeprüft habe), dann wäre er in dieser Hinsicht überhaupt nicht bestimmt, obwohl zugleich auf Grund des Kontextes und der Tatsache, daß er ein Mensch war und der Augen nicht beraubt, implicite bekannt ist, daß er irgendeine Augenfarbe haben mußte; nur welche, das wäre nicht entschieden. Analog in vielen anderen Fällen. Die Seite oder Stelle des dargestellten Gegenstands, von der man auf Grund des Textes nicht genau wissen kann, wie der betreffende Gegenstand bestimmt ist, nenne ich eine 'Unbestimmtheitsstelle'.[2] Jedes Ding, jede Person, jeder Vorgang usw., der im literarischen Werk dargestellt wird, enthält sehr viele Unbestimmtheitsstellen. Besonders die Schicksale der Menschen und Dinge weisen sehr viele Unbestimmtheitsstellen auf. Gewöhnlich gelangen ganze Zeitbereiche des Lebens der dargestellten Menschen zu keiner expliciten Darstellung, so daß die sich wandelnden Eigenschaften dieser Menschen unbestimmt bleiben. Auf Grund von Andeutungen im Text weiß man lediglich, daß die betreffende Person in dieser Zeit existierte, was sie aber in dieser Zeit tat und erlebte, darüber schweigt der Text. Da aber fast ausschließlich die Bedeutungsschicht, und nur in einzelnen Fällen auch die Ausdrucksfunktion der Wortlaute und der Aussprache, alles bestimmt, was sich in der Schicht der dargestellten Gegenstände befindet, so ist es nicht nur so, daß wir, die Leser, nicht wissen, was in den nicht zur Darstellung gebrachten Epochen geschah, sondern die Ereignisse sind überhaupt nicht bestimmt; sie sind weder A noch Nicht-A.

Das Vorhandensein der Unbestimmtheitsstellen ist nicht zufällig, etwa die Folge eines Kompositionsfehlers. Es ist für jedes literarische Werk notwendig. Es ist nämlich nicht möglich, mit Hilfe einer endlichen Zahl Wörter, bzw. Sätze, auf eindeutige und erschöpfende Weise die unendliche Mannigfaltigkeit der Bestimmtheiten der individuellen, im Werk dargestellten Gegenstände festzulegen; immer müssen irgendwelche Bestimmtheiten fehlen. Man kann demgegenüber einwenden, daß man mit einem Wort oder einem Satz eine ganze Mannigfaltigkeit von Eigenschaften oder Tatsachen intentional bestimmen kann. Ihre Anzahl muß also nicht gleich der Anzahl der Worte, bzw. Sätze, sein. Zweitens muß nicht alles direkt bestimmt sein, vieles ergibt sich mittelbar als Folge der im Texte gegebenen, bedeutungsmäßigen Bestimmungen. Indessen sind im ersten Fall zwar die Mannigfaltigkeit, doch nicht alle zu dieser Mannigfaltigkeit gehörenden einzelnen Elemente (Bestimmtheiten, Eigenschaften, Zustände usw.) in ihrer Individualität angegeben, so daß mindestens die individuellen Einzelheiten dieser Elemente unbestimmt bleiben. Was aber das betrifft, was sich aus dem im Text Entschiedenen implicite ergibt, so können auf diesem Weg all diejenigen Eigenschaften nicht bestimmt werden, welche bei einem Bereich konstanter und notwendiger Bestimmtheiten des Gegenstandes nicht notwendig und somit variabel sind. So folgt z.B. daraus, daß C. J. Caesar ein Mensch war, daß er alle 'normalen' körperlichen Glieder besaß; doch folgt aus seinem Menschsein nicht, wie groß seine Füße waren oder wie hoch oder wie gefärbt der Klang seiner Stimme war. Wird dies im Text nicht besonders angegeben und werden auch keine anderen Tatsachen angegeben, aus denen dies tatsächlich folgen könnte, dann sind die eben angegebenen Merkmale von Caesars Körper (etwa im Shakespeareschen Drama) nicht bestimmt und infolgedessen in der Schicht dieses Dramas überhaupt nicht vorhanden. Es gibt dann besondere Gründe dafür, daß der Versuch, möglichst viele Einzelheiten der dargestellten Gegenständlichkeiten explicite anzugeben, nicht ratsam ist. Nur manche Eigenschaften oder Zustände der dargestellten Personen sind aus Rücksicht auf die künstlerische Komposition wichtig und vorteilhaft, während die anderen lieber unbestimmt gelassen oder bloß in Umrissen angedeutet werden. Sie lassen sich annäherungsweise erraten, werden aber absichtlich im dunkeln gelassen, damit sie nicht störend wirken und damit die besonders bedeutsamen Züge mehr in den Vordergrund treten. Die Wahl der Unbestimmtheitsstellen wechselt von Werk zu Werk und kann sowohl den charakteristischen Zug des betreffenden Werkes als auch eines literarischen oder überhaupt künstlerischen Stils bilden. Auch die sog. literarischen Gattungen können sich in dieser Hinsicht merklich unterscheiden. So haben etwa Untersuchungen der Grundtypen der lyrischen Gedichte, die in meinem Konservatorium im Jahre 1934/35 in Lwów durchgeführt wurden, gezeigt, daß die Rolle der Unbestimmtheitsstellen in ihnen von großer Bedeutung ist. Und je 'reiner' lyrisch das betreffende Gedicht ist, desto weniger – roh gesprochen – ist das, was im Text positiv gesagt wird, effektiv bestimmt; das meiste bleibt ungesagt.[3]

Das Vorhandensein der Unbestimmtheitsstellen in der gegenständlichen Schicht des literarischen Werkes läßt vor allem die Möglichkeit zweier verschiedener Weisen des Lesens zu: Manchmal bemüht sich der Leser, alle vorhandenen Unbestimmtheitsstellen als solche zu beachten und sie im Zustand der Unausgefülltheit zu belassen, um das Werk in seiner für es charakteristischen Struktur zu erfassen. Gewöhnlich aber lesen wir literarische Werke auf eine völlig andere Weise: wir übersehen gewissermaßen die Unbestimmtheitsstellen als solche und füllen viele von ihnen unwillkürlich mit Bestimmheiten aus, zu welchen uns der Text nicht berechtigt. Wir gehen somit bei der Lektüre in verschiedenen Punkten über den Text hinaus, ohne uns deutlich Rechenschaft davon zu geben. Wir tun es zum Teil unter der – wenn man so sagen darf – suggestiven Wirkung des Textes, zum Teil aber auch unter dem Einfluß einer natürlichen Neigung, da wir daran gewöhnt sind, individuelle Dinge und Personen für durch Momente niederster Differenz allseitig bestimmt zu halten. Der Grund dafür liegt auch darin, daß die in literarischen Kunstwerken dargestellten Gegenstände im allgemeinen den Seinscharakter der Realität an sich tragen, so daß es uns dann natürlich scheint, wenn sie ebenso wie die echten, realen, individuellen Gegenstände durch niederste Qualitäten allseitig und eindeutig bestimmt sind. Andererseits wirkt in derselben Richtung die Tendenz, literarische

Kunstwerke in ästhetischer Einstellung zu erfassen. Man kann freilich nicht sagen, daß in jeder ästhetischen Einstellung die Tendenz herrscht oder herrschen muß, mit konkreten, allseitig bestimmten Gegenständlichkeiten unmittelbar zu verkehren. Denn auch das Abstrakte als solches und auch – wie man zuletzt bemerkt hat[4] – das 'Unvollendete' kann das Objekt ästhetischer Erfahrung und ästhetischer Wertung sein. Trotzdem aber gibt es viele Werke, welche den Leser in die Einstellung bringen, die dargestellte Wirklichkeit (Welt) in einer möglichst vervollständigten Gestalt zu erfassen und somit mindestens einige Unbestimmtheitsstellen zu beseitigen. Der Leser liest dann gewissermaßen 'zwischen den Zeilen', und ergänzt unwillkürlich, durch ein – wenn man so sagen darf – 'überexplicites' Verstehen der Sätze und insbesondere der in ihnen auftretenden Namen, manche von den Seiten der dargestellten Gegenständlichkeiten, die durch den Text selbst nicht bestimmt sind. Dieses ergänzende Bestimmen nenne ich das 'Konkretisieren' der dargestellten Gegenstände. Darin kommt die eigene, mitschöpferische Tätigkeit des Lesers zu Wort: aus eigener Initiative und Einbildungskraft 'füllt' er verschiedene Unbestimmtheitsstellen mit Momenten 'aus', die sozusagen aus vielen möglichen, bzw. zulässigen gewählt werden, obwohl letzteres – wie sich noch zeigen wird – nicht notwendig ist. Gewöhnlich vollzieht sich diese 'Wahl' ohne bewußte und für sich gefaßte Absicht des Lesers. Er läßt einfach seine Phantasie frei walten und ergänzt die betreffenden Gegenstände durch eine Reihe neuer Momente, so daß sie voll bestimmt zu sein scheinen. Freilich enthalten sie in Wahrheit noch verschiedene Unbestimmtheitsstellen, aber das Bestimmte ist gleichsam dem Leser zugekehrt und verdeckt die noch vorhandenen Lücken in der Bestimmung. Wie dies im einzelnen Fall geschieht, hängt sowohl von den Eigentümlichkeiten des Werkes selbst als auch vom Leser, dem Zustand, bzw. der Einstellung ab, in der er sich gerade befindet. Infolgedessen können zwischen den Konkretisationen desselben Werkes bedeutende Unterschiede bestehen, auch dann, wenn sie vom selben Leser bei verschiedenen Lektüren vollzogen werden. Dieser Umstand bringt für das richtige Verstehen des literarischen Werkes und auch für eine getreue ästhetische Erfassung des literarischen Kunstwerks besondere Gefahren mit sich. So muß darauf eine besondere Aufmerksamkeit bei der Betrachtung der Objektivität, bzw. des Wahrseins des Erkennens eines literarischen Werkes gerichtet werden. Zu diesen letzten Fragen werden wir zurückkehren, wenn wir das Problem des Erkennens eines wissenschaftlichen Werkes aufwerfen werden, und wenn es sich darum handeln wird, auf welche Weise eine echte Erkenntnis eines (literarischen) ästhetischen Gegenstandes gewonnen werden kann.

Momentan aber ist noch die Rolle der Konkretisation der im literarischen Werk dargestellten Gegenstände für die ästhetische Erfassung des literarischen Kunstwerks zu erwägen, die Rolle also, welche diese Konkretisation beim Übergang von der schlichten, außerästhetischen (oder 'vor-ästhetischen') Erfassung des Werkes zu seiner ästhetischen Erfassung spielt.

1. Mit Ausnahme der Fälle, in denen das betreffende literarische Kunstwerk auf Grund seiner Textgestaltung vom Leser eine gewisse Enthaltsamkeit bezüglich der Ausfüllung der Unbestimmtheitsstellen fordert, ist die Erlangung einer passenden ästhetischen Erfassung eines Werkes durch eine entsprechende Konkretisierung der im Werk dargestellten Gegenstände bedingt.

2. Jede Unbestimmtheitsstelle kann im Einklang mit der Bedeutungsschicht des Werkes noch auf mehrere verschiedene Weisen ausgefüllt werden. Wenn z. B. im Text des Shakespeareschen Dramas *Hamlet* nicht angegeben wird, welche Statur Hamlet, der dänische Thronfolger, hatte oder welche Tonfarbe seine Sprache auszeichnete oder welche Stellung er einnahm, als er mit Yoricks Schädel sprach, so kann der Leser (bzw. der Darsteller im Theater – was übrigens eigene Probleme mit sich bringt) in all diesen Fällen die Gestalt 'Hamlet' so oder anders konkretisieren, sich ihn 'gut gewachsen' oder im Gegenteil etwas beleibt vorstellen. Vom Standpunkt des Zusammenstimmens der betreffenden Konkretisierung mit dem Text des Werkes sind beide nicht bloß möglich, sondern auch in gleichem Maße zulässig, sofern die Ausfüllung der betreffenden Unbestimmtheitsstelle im Bereich der betreffenden Gattung liegt, deren Einzelfall eben unbestimmt bleibt. Vom Standpunkt des ästhetischen Wertes des konkretisierten Werkes aus sind jedoch nicht alle diese 'zulässigen' Konkretisationen in gleicher Weise zu empfehlen. Dies mag bei rein äußerlichen, körperlichen Einzelheiten der betreffenden dargestellten Person in gewissen Grenzen ziemlich irrelevant sein. Viele Unbestimmtheitsstellen, etwa bezüglich des Charakters des Menschen, seines Empfindens, der Tiefe seiner Denkweise und seiner Emotionalität, dürfen aber nicht auf eine beliebige Weise ausgefüllt werden, da solche Ergänzungen von großer Bedeutung für die betreffende dargestellte Person sind. Eine bestimmte Weise des Ausfüllens kann das Werk sehr verflachen und banalisieren, während eine andere es vertiefen und z. B. viel origineller machen wird – wie man es oft bei der Aufführung eines Dramas im Theater erleben kann. Der Darsteller konkretisiert durch seine Verhaltensweise die von ihm gespielte Gestalt so,

daß sie viel interessanter und tiefer ausfällt, als man es nach dem bloßen Text vermuten würde. Obwohl diese – wie man oft sagt – 'Interpretation' vollkommen im Rahmen des vom Text Zugelassenen liegen kann, wird der Wert des (konkretisierten) Kunstwerks dadurch wesentlich modifiziert. Die verschiedenen Konkretisationen sind somit nicht gleichwertig, besonders da eine andersartige Ausfüllung gewisser Unbestimmtheitsstellen neue ästhetisch wertvolle Qualitäten in die Schicht der dargestellten Welt einführen kann.

3. Die verschiedenen Konkretisationsweisen der gegenständlichen Schicht führen notwendig zu verschiedenen Konkretisationen des ganzen Werkes. Die in die gegenständliche Schicht eingeführten ästhetisch wertvollen Qualitäten können im Ganzen des Werkes zu neuen Zusammenhängen (zu Zusammenklängen oder eventuell auch zu gewissen Widerstreitserscheinungen) zwischen den ästhetisch relevanten Qualitäten in anderen Schichten des Werkes führen. Der letzte ästhetisch wertvolle Ausklang des Werkes kann dadurch wesentlichen Modifikationen unterliegen, die für den Wert des ganzen Werkes manchmal vorteilhaft, in anderen Fällen dagegen nachteilig sein können.

4. Die Weise der Konkretisierung zeigt aber auch, inwiefern eine bestimmte Konkretisation eines Werks 'im Geist' der künstlerischen Intentionen des Verfassers ist, ihnen nahe steht oder im Gegenteil von ihnen abweicht. Entweder ist das konkretisierte Werk dem Stil gemäß oder verwandt, in welchem es – dem im Werk effektiv Vorhandenen entsprechend – geschaffen wurde, oder es hat infolge einer bestimmten Art der Konkretisation diesen Stil verloren. Solche 'stilnahen' Konkretisationen eines und desselben Werkes können auch noch verschieden sein und entweder annähernd denselben Wert haben oder in dieser Hinsicht verschieden sein. Es ist also sowohl von dem Gesichtspunkt der Richtigkeit oder Treue der Konkretisation, als auch von dem des ästhetischen Wertes aus nicht irrelevant, wie sich eine Konkretisation des Werkes tatsächlich vollzogen hat. Und im Zusammenhang damit stehen die Fragen nach der adäquaten ästhetischen Erfassung des literarischen Kunstwerks sowie – in der Folge – nach ihrer treffenden Bewertung. Sie werden gewöhnlich so behandelt, als gäbe es im Werk gar keine Unbestimmtheitsstellen und als käme es gar nicht zum Vollzug der Konkretisation. Dann sind diese Fragen überhaupt falsch gestellt und folglich kann auch ihre Lösung nicht richtig sein. Erst die Berücksichtigung der Konkretisierung des Werkes ermöglicht die richtige Fassung dieser Probleme. Andererseits stellen sich die völlig anderen Probleme bezüglich der Abhängigkeit der Konkretisationsweise des Wer-

kes von der Atmosphäre der kulturellen Epoche, in welcher sie durchgeführt wird, sowie bezüglich der Grenzen dieser Abhängigkeiten. Von da aus eröffnen sich weite Perspektiven auf die Probleme des sog. 'Lebens' eines und desselben literarischen Werkes in verschiedenen Epochen als eines geschichtlichen Prozesses, in welchem sich die Kontinuität des Seins und die Identität des Werkes trotz aller Wandlungen erhält.

Aktualisierung und Konkretisierung der Ansichten

Die Objektivierung und die Konkretisierung der im literarischen Kunstwerk dargestellten Gegenstände geht mit der Aktualisierung und Konkretisierung mindestens mancher schematisierter Ansichten Hand in Hand. Damit gehen wir zur Besprechung der Konstituierung der letzten noch zu besprechenden Schicht des literarischen Kunstwerks beim Leser über.[5]

Die Schicht der 'Ansichten' spielt im literarischen Kunstwerk eine sehr bedeutende Rolle, besonders wenn es sich um die Konstituierung seines ästhetischen Wertes in seinen Konkretisationen handelt. Infolgedessen hat die Weise, in welcher es während der Lektüre zur Aktualisierung und Konkretisierung der Ansichten kommt, eine große Bedeutung für die ästhetische Erfassung des literarischen Kunstwerks. Dabei bilden die Ansichten das Element des Werkes, welches in der Konkretisierung in einem viel höheren Maß als seine übrigen Elemente vom Leser und von der Weise, wie die Lektüre des Werkes durchgeführt wird, abhängt. Im Werk selbst verbleiben die Ansichten lediglich in potentieller Bereitschaft, sie werden im Werk nur 'parat gehalten'. Rein theoretisch sind sie freilich den durch Sachverhalte dargestellten Gegenständen zugeordnet. Sie werden aber nur in relativ unbedeutendem Maße durch diese Sachverhalte, bzw. durch die in ihnen zur Darstellung gebrachten Eigenschaften des Gegenstandes wachgerufen, sonst werden sie dem Leser durch andere, davon unabhängige Faktoren des Werkes, und zwar durch gewisse Eigentümlichkeiten der sprachlautlichen Schicht bis zu einem gewissen Grad aufgedrängt. Als das, was von einem einen bestimmten Gegenstand wahrnehmenden Subjekt erlebt wird, fordern sie zu ihrem aktuellen konkreten Erlebtwerden, daß ein Subjekt eine konkrete Wahrnehmung oder mindestens eine lebendige Vorstellung vollzieht. Erst wenn sie konkret erlebt wurden, üben sie die ihnen eigene Funktion des Zur-Erscheinung-Bringens eines bestimmten, gerade wahrgenommenen Gegenstandes aus. In der Anwendung auf unsere Problemsituation heißt das: Sollen die Ansichten dem Leser während der Lektüre eines Werkes aktuell sein und auf diesem Wege zum Bestand des gelesenen Werkes gehören, so muß er eine zum Wahrnehmen analoge Funktion vollziehen, da die im Werk durch die Sachverhalte dargestellten Gegenstände überhaupt nicht effektiv wahrnehmbar sind. Gerade diese primitive Tatsache legt den Gedanken nahe, das rein literarisch Dargestellte auf einem anderen, nicht mehr literarischen Weg – also auf der Bühne oder im Film – wenigstens quasi-wahrnehmbar zu machen. Sollen diese Gegenstände nicht bloß rein gedanklich, signitiv gemeint sein, sondern irgendwie zur Erscheinung gebracht werden, so kann dies nur durch ein lebendiges Vorstellen beim Lesen zustande gebracht werden. Und das bedeutet hier nichts anderes, als daß der Leser im lebendigen Vorstellungsmaterial anschauliche Ansichten produktiv erlebt und dadurch die dargestellten Gegenstände zur Anschauung, zur vorstellungsmäßigen Erscheinung bringt. Indem der Leser nach Erlangung einer getreuen Rekonstruktion aller Schichten des Werkes und seiner Erkenntnis strebt, bemüht er sich, für die Suggestionen, welche ihm das Werk liefert, empfänglich zu sein und gerade die Ansichten zu erleben, welche durch das Werk 'parat gehalten' werden. Indem er diese im phantasiemäßigen, anschaulichen Material aktualisierten Ansichten erlebt, kleidet er den entsprechenden dargestellten Gegenstand 'in das Gewand' anschaulicher, qualitativer Eigenschaften; er sieht ihn gewissermaßen ‚in der Phantasie', so daß er sich ihm fast in der eigenen leibhaften Gestalt zeigt. Auf diesem Weg beginnt der Leser mit den Gegenständen quasi unmittelbar zu verkehren. Diese bloß erlebten (also nicht gegenständlich gemeinten!) Ansichten spielen bei der Lektüre mit und gewinnen einen oft bedeutenden Einfluß auf den Verlauf der ästhetischen Erfassung des Werkes und auf die endgültige Gestalt, die das Werk in der Konkretisation erlangt. Ist der Leser bemüht – wie er es doch im Prinzip sein sollte! –, die eigene Gestalt des Werkes in der Konkretisation zu rekonstruieren und zu schauen, so darf er bei der Aktualisierung der Ansichten nicht willkürlich verfahren. Denn im literarischen Kunstwerk sollen nicht bloß bestimmte Dinge und Menschen mit sprachlichen Mitteln intentional entworfen werden, sondern sie sollen sich in entsprechend gewählten Ansichten dem Leser zeigen. Und die Funktion des Lesers besteht darin, sich den vom Werk ausgehenden Suggestionen und Direktiven zu fügen und keine ganz beliebigen, sondern die durch das Werk suggerierten Ansichten zu aktualisieren. Er ist freilich dabei durch das Werk selbst nie völlig gebunden. Macht er sich aber ganz frei, kümmert er sich nicht darum, mit welchen Ansichten die im Werk dargestellte Welt geschaut werden will – dann ist sein Abweichen vom Werk fast sicher, und von einer adäquaten Erfassung kann keine Rede sein. Und wenn dabei auch zufälligerweise die Konkretisation des Werkes an ästhetisch relevanten Qualitäten gewinnen und damit auch seinen ästhetischen Wert erhöhen sollte, so wird das Werk nichtsdestoweniger nicht richtig erschaut oder manchmal sogar arg verfälscht.

Aber es kommt nicht nur darauf an, welche Ansichten des betreffenden Gegenstandes aktualisiert werden, sondern auch wie sie zur Konkretion gelangen. Im Werk selbst befinden sich lediglich schematisierte Ansichten, gewisse Schemata, die sich bei verschiedenen Abwandlungen des Wahrnehmens als konstante Strukturen erhalten. Sobald sie durch den Leser aktualisiert werden, werden sie auch ganz von selbst auf diese oder jene Weise konkret gemacht. Sie werden durch konkrete Daten ergänzt, vervollständigt, und die Weise, in der dies geschieht, hängt in großem Maß vom Leser ab. Er füllt jene allgemeinen Ansichtsschemata mit Einzelheiten aus, die seinem Feingefühl, seinen Gewohnheiten des Wahrnehmens, seiner Vorliebe für gewisse Qualitäten und qualitative Zusammenhänge entsprechen und die somit je nach Leser verschieden sind oder sein können. Er knüpft dabei oft an seine bisherigen Erfahrungen an und stellt sich die dargestellte Welt unter dem Aspekt des Weltbildes vor, das er sich im Leben gebildet hat. Wenn er im Werk auf einen dargestellten Gegenstand stößt, den er in seinem Leben nicht wahrgenommen hat und von dem er nicht weiß, wie er 'aussieht', versucht er, ihn sich in der Phantasie auf seine Art 'auszumalen'. Manchmal ist das Werk so suggestiv, daß es dem Leser unter dem Einfluß des Werkes gelingt, Ansichten annähernd zu rekonstruieren. Manchmal aber bildet er unwillkürlich erfundene, fiktive Ansichten, die weniger dem Werk als seiner eigenen Phantasie entspringen. Manchmal endlich versagt er in dieser Hinsicht vollkommen und vermag überhaupt gar keine Ansichten zu erwecken. Er 'sieht' – wie er sagt – nichts von dem dargestellten Gegenstand, begreift ihn nur rein signitiv und verliert dadurch den quasiunmittelbaren Kontakt mit der dargestellten Welt. Sein Verständnis kann trotzdem in dem Sinn adäquat sein, daß er den Gegenständen im Lesen diese und nur diese Eigenschaften zuweist, die sich rein sprachlich bestimmen lassen und im Text angegeben sind. Erst dort, wo die rekonstruierten und aktualisierten Ansichten der rein sprachlichen Bestimmungsweise zu Hilfe kommen müssen, damit die Gegenstände vom Leser richtig erfaßt werden, ist der zur Rekonstruktion und Aktualisierung der Ansichten unfähige Leser auch nicht imstande, die betreffenden Gegenstände in ihrer Eigenheit zu erfassen und das Ganze des Werkes im

Grunde zu verstehen. Die Aktualisierung und Konkretisierung der Ansichten ist auch oft die relativ am schlechtesten ausgebildete Komponente der ästhetischen Erfassung des literarischen Kunstwerks, und es kommen da auch die relativ größten Abweichungen vom Gehalt des Werkes vor.

Zur Verdeutlichung nehmen wir als Beispiel eine Stelle aus einem Roman von Stefan Zeromski; die Handlung spielt an dieser Stelle in Paris, obwohl es in diesen Sätzen nicht ausdrücklich gesagt wird, aber aus dem früheren Text hervorgeht.

Er irrte durch die Straßen, ohne den Boulevard finden zu können. Er fragte einen Passanten; der lachte und zeigte ihm den Boulevard, der nur einige Schritte weit entfernt war. Seine Füße trugen ihn von selbst dorthin. Tausenderlei farbig aufleuchtende Lichtreklamen, gelb, tief rot, grün, blau und violett aufblitzende Zeichen, Kreise und Buchstaben schnitten ihm wie Glassplitter in die Augen. Ohne zu wissen, was er tat, ging er mechanisch in ein an der Ecke liegendes Café und ließ sich einen Cognac geben.

Da unser Leser diesen Roman wohl nicht kennt und somit auch nicht weiß, welche Vorfälle dieser Szene vorausgegangen sind,[6] lassen wir die ganze psychische Situation des Helden, dessen Namen auch an dieser Stelle nicht genannt und für uns hier ohne Bedeutung ist, beiseite und richten wir unser Augenmerk lediglich auf die fragmentarische Beschreibung des Boulevards und auf die Möglichkeit der Aktualisierung der entsprechenden Ansichten. Aus dem vorausgehenden Text weiß man, daß es sich um einen Pariser Boulevard handelt; es gibt aber viele Boulevards in Paris, so daß diese Angabe nicht genügt, um sich zu orientieren, wo sich die Szene abspielt. Die Bemerkung, daß an einer Ecke das Café Cardinal liegt, besagt auch nicht viel, da es in Paris viele Cafés mit dem Namen 'Cardinal' gibt. Der Leser wird sich wahrscheinlich – wenn er Paris überhaupt kennt – irgendeinen Pariser Boulevard bei abendlicher Beleuchtung visuell 'vorstellen'. Die bunten Neon-Lichter werden ihm bei der Lektüre aufblitzen und der flüchtige Anblick einer abends hell beleuchteten Straße wird sich ihm für einen Moment aktualisieren. Wenn der Leser zufällig das Innere jenes Cafés kennt, dann taucht in ihm vorübergehend der Anblick dieses Cafés wieder auf; wenn nicht, dann erscheint dem Leser in der Phantasie irgendein Pariser Café von innen, schwach beleuchtet, mit vielen Tischen und einer wogenden Menge in solcher oder anderer perspektivischer Verkürzung. Vielleicht wird dem Leser der Anblick der großen beleuchteten Fenster eines Cafés aufleuchten, und er wird auf dem Trottoir aufgestellte Tische und Stühle 'erblicken', wonach ihm auch das Innere des Cafés kurz erscheinen wird. Und an einem der Tische wird der Leser vielleicht jenen Unbekannten sehen, der mit trübem Gesichtsausdruck auf den bestellten Cognac wartet. Andere Leser werden vielleicht das Rauschen der Gespräche der im Café sitzenden Menschen oder das Klirren der Gläser an der Theke hören, obwohl darüber nichts im Text steht; das Auftreten der akustischen Phänomene ist aber trotzdem sehr wahrscheinlich, wenn man sich ein Großstadt-Café lebendig vorstellt.

An dem skizzierten Beispiel sehen wir, wie mannigfach die durch den Text suggerierten Ansichten aktualisiert werden und wie verschieden die Art ihrer Konkretisierung sein kann. Wenn der Leser mehr auf den psychischen Zustand des Helden eingestellt ist, so werden bei ihm die äußeren sinnlichen Ansichten der realen Umgebung, in welcher sich der Held befindet, vielleicht überhaupt nicht geweckt werden. Dies ist um so wahrscheinlicher, als die ganze hier gegebene Beschreibung der Straße und des Cafés einen durchaus sekundären, akzessorischen Charakter hat, während der psychische Zustand des Unbekannten das Hauptthema bildet.

Man kann natürlich viele Texte anführen, in denen die beschriebenen Szenen dem Leser z. B. visuelle Ansichten mit sehr großer Kraft und Lebendigkeit aufzwingen. Ein klassisches Beispiel liefert in der polnischen Romanliteratur Henryk Sienkiewicz. Man vergleiche hier z. B. die Beschreibung von Ursus' Kampf mit dem Stier im Zirkus *(Quo vadis)*, wo nach sehr lebhaften visuellen Ansichten dann im Moment der höchsten Spannung, als Ursus dem Stier das Genick bricht, auf einmal akustische Phänomene die Stille, die im Zirkus herrscht, zum Ausdruck bringen.[7] In allen diesen Fällen ist der Leser bei der Aktualisierung der Ansichten in viel höherem Maß durch den Text gebunden, als dies bei den in dieser Hinsicht leblosen Werken der Fall ist. Er steht unter der Macht ihm aufgezwungener Ansichten verschiedener Art und je mehr er ihnen unterliegt, desto lebendiger, deutlicher und vielfältiger erscheint ihm die dargestellte Welt.

Man soll aber nicht meinen, dem Leser zwängen sich dann lebendige und bunte Ansichten auf, wenn im Text des Werkes die Ansichten gewisser Dinge beschrieben werden. Im Gegenteil, diese Ansichten werden dann zu Objekten, die vielleicht gar nicht anschaulich faßbar sind, während es sich in unserem Fall um erlebte, nicht objektivierte, konkrete Ansichten der Dinge und Menschen handelt, welche nur dann die Funktion des Zur-Erscheinung-Bringens der Dinge ausüben, wenn der Sinn der Worte und Sätze den Blick des Lesers auf die dargestellten Dinge und Menschen richtet und wenn die bloße Nennung gewisser wahrnehmbarer Eigenschaften oder Seiten der Dinge zur Folge hat, daß dem Leser auf einmal die entsprechenden Ansichten aufgezwungen werden. Dann sieht er die Dinge, hört die Klänge, die von klingenden Sachen hervorgebracht werden usw. Man soll auch nicht meinen, daß gerade diejenigen Teile des Textes dem Leser aktualisierte Ansichten mit großer Kraft aufzwingen, welche die wahrnehmbaren Eigenschaften der Dinge mit großer ('peinlicher') Genauigkeit beschreiben. Im Gegenteil, es kommt vor, daß die Andeutung eines einzigen Zuges einer gegenständlichen Situation ausreicht, um im Leser eine lebendige Ansicht dieser ganzen Situation, bzw. der an ihr teilnehmenden Dinge und Menschen hervorzurufen. Als Beispiel kann die bereits erwähnte Szene von Ursus Kampf mit dem Stier dienen: man hört in einem bestimmten Augenblick das Fallen der Kohlestückchen von den Fackeln der Diener: so still war es im Zirkus. Zu den visuellen Ansichten des Zirkus, der Zuschauerbänke, der Arena usw. gesellt sich einerseits die Ansicht der flackernden Lichter der Fackeln, andererseits eben die 'Ansicht' der tiefen Stille des ganzen Theaters im Kontrast zu dem leisen Geräusch der fallenden kleinen Kohlestücke. Und in dieser Stille hört man auf einmal das zerbrochene Genick des Stieres krachen.

Werke, in denen dem Leser die Ansichten mit einer so großen suggestiven Kraft aufgezwungen werden, werden in ihrer Ansichtenschicht viel getreuer rekonstruiert als Werke, in welchen die Ansichten eher idealiter bestimmt und den dargestellten Dingen zugeordnet werden, ohne daß sie dem Leser aufgezwungen wären. Werke, die an anschaulichen Elementen der paratgehaltenen Ansichten aus verschiedenen Gebieten der sinnlichen Erfahrung sehr reich sind, kann der Leser insofern falsch rekonstruieren, als er der Mannigfaltigkeit der Ansichten nicht gerecht werden kann. Die Leser sind oft einseitig, sie aktualisieren z. B. visuelle, aber schon keine akustischen oder taktuellen Ansichten mehr. Wo es nötig ist, Ansichten aus sehr verschiedenen sinnlichen Gebieten, besonders aus dem Gebiet der psychischen Strukturen des Menschen zu aktualisieren, da überschreitet diese Aufgabe oft die Phantasiekraft des Lesers. Er aktualisiert dann vorwiegend Ansichten aus einem einzigen sinnlichen Gebiet und läßt viele Ansichten anderer Sinne ganz aus. Infolgedessen kann es zur Enthüllung der für das Werk wesentlichen ästhetisch relevanten Qualitäten gar nicht kommen; die ästhetische Erfassung des Werkes bleibt unvollkommen und wird dem Werk nicht gerecht.

Vermöge der aktualisierten Ansichten erlangen die dargestellten Dinge eine größere Plastizität und Deutlichkeit des Auftretens, sie werden lebendiger und konkreter, wodurch der Leser anscheinend in unmittelbaren Verkehr mit ihnen tritt. Aber nicht nur die Intensität und den Reichtum des anschaulichen Erscheinens der dargestellten Gegenstände verdanken wir den bei der Lektüre aktualisierten Ansichten. Sie führen ihrerseits in das Werk eigentümliche, ästhetisch wertvolle Momente, z. B. gewisse dekorative Momente ein. Die Wahl dieser Momente hängt öfters mit der im Werk oder in einem seiner Teile herrschenden Stimmung oder einer metaphysischen Qualität nah zusammen. Die auf diesem Weg erleichterte Erscheinung einer bestimmten metaphysischen Qualität bildet den Kulminationspunkt des Werkes und spielt bei der Konstituierung der ästhetischen Konkretisation des Werkes während der Lektüre eine große Rolle.

Angesichts der mannigfachen Weisen, in welchen die Ansichten vom Leser aktualisiert und konkretisiert werden, kann die ästhetische Erfassung eines und desselben Werkes in dieser Hinsicht sehr verschieden ausfallen. Infolgedessen treffen nur manche ästhetische Erfassungen, bzw. Konkretisationen das Werk in der ihm eigenen Gestalt. Sogar die werkgetreuen ästhetischen Konkretisationen können sich in dieser Hinsicht noch stark voneinander unterscheiden und sehr verschiedene ästhetisch wertvolle Qualitäten und damit auch verschiedene ästhetische Werte erscheinen lassen. Da stoßen wir wiederum auf einen der Gründe für die Tatsache, daß sich Leser – manchmal gerade sehr hoch gebildete und empfindliche Kritiker – bei der Bewertung desselben literarischen Kunstwerks nicht einigen können. Wir werden noch darauf zurückkommen.

Die vom Leser aktualisierten Ansichten bilden fast nie ein ganzes Kontinuum, sondern treten gewöhnlich voneinander gesondert auf; sie werden dem Leser nur von Zeit zu Zeit aufgezwungen und mehr oder weniger lebhaft von ihm erlebt. Wo die Ansichten voneinander gesondert sind, kommt es zu einer gewissen Stabilisierung ihrer Gehalte. Es bilden sich bei der Lektüre auch gewisse Stereotypen, gewisse stabilisierte Formen der Ansichten aus, mit deren Hilfe der Leser die Gegenstände zur Erscheinung bringt. Statt eine (dargestellte) Person je nach den Umständen in jeweils anderen Ansichten vorzustellen, stellen wir sie oft in immer denselben Ansichten vor, ohne auf die inzwischen veränderten Eigenschaften dieser Person zu achten. Dies kommt z. B. vor, wenn in einem Roman lange Lebensabschnitte einer bestimmten Person dargestellt werden, so daß sie z. B. sichtlich altert, bzw. altern muß. Der Leser stellt sich diese Person aber trotzdem immer wieder auf dieselbe Weise, d. h. in stereotyp gewordenen Ansichten vor. Dasselbe gilt auch für die Ansichten der Straßen einer bestimmten Stadt, die ständig von demselben Standpunkt aus vorgestellt werden, während sie in dem betreffenden Werk von verschiedenen Gesichtspunkten aus zur Darstellung gebracht werden. Darin liegt eine weitere Ursache inadäquater ästhetischer Erfassung eines literarischen Kunstwerks, eine Ursache, die in diesem Fall rein subjektiv bedingt ist, aber auf die Enthüllung oder Verdeckung einer am Werk selbst erscheinenden ästhetisch relevanten Qualität ihren Einfluß ausübt.

Diese Bemerkungen dürften ausreichen, um uns davon zu überzeugen, daß das literarische Kunstwerk in dieser Hinsicht auf sehr verschiedenartige Weise aufgenommen werden kann.

Das vor-ästhetische forschende Betrachten des literarischen Kunstwerks

Bei der Durchführung einer Konkretisation eines literarischen Werkes werden gewöhnlich einige von den Unbestimmtheitsstellen durch eine konkrete Ausfüllung beseitigt oder mindestens wird die Grenze der Variabilität der möglichen Ausfüllungen eingeengt. Jede solche Ausfüllung bildet eine Ergänzung der positiven Bestimmtheiten des Werkes, vor allem in der Schicht der dargestellten Gegenstände [8]. Diese Ergänzung kann künstlerisch belanglos sein, d.h. ohne Bedeutung für die Konstituierung der ästhetisch relevanten Qualitäten. Dann ist sie zwar unschädlich, aber von diesem Standpunkt aus entbehrlich. Sie kann aber auch künstlerisch bedeutsam sein, und zwar in doppelter Richtung: entweder positiv, indem sie zur Konstituierung gewisser ästhetisch relevanter Qualitäten irgendwie beiträgt, die mit den übrigen derartigen Qualitäten in positivem Einklang stehen, oder negativ, indem sie entweder die Konstituierung solcher Qualitäten verhindert oder zur Konstituierung einer solchen Qualität führt, die mit den übrigen ästhetisch valenten Qualitäten einen Mißklang bildet. Sie kann aber noch in zweifachem Sinn für die Gestalt des Kunstwerks schädlich sein. Erstens, weil sie eine Unbestimmtheitsstelle beseitigt, die in der Konkretisation des betreffenden Werkes unausgefüllt bleiben sollte, oder weil sie zwar direkt keinen Einfluß auf den Bestand der ästhetischen wertvollen Qualitäten ausübt und auch selbst wertneutral ist, aber mit den übrigen Bestimmtheiten der dargestellten Gegenstände nicht zusammenstimmt, z.B. nicht im Stil der dargestellten Welt ist.

Vor der analytischen Betrachtung des literarischen Kunstwerks [deren Ziel Ingarden auf S. 294 im Unterschied zur *Konkretisation* als *Rekonstruktion* bezeichnet hat] stehen im Zusammenhang damit mehrere Aufgaben, die – soviel ich weiß – bis jetzt von der Literaturwissenschaft völlig übersehen wurden und die mit der künstlerischen Funktion des literarischen Kunstwerks in engstem Zusammenhang stehen. Und zwar:

1. Vor allem ist festzustellen, welche Unbestimmtheitsstellen im betreffenden Werk vorhanden sind. Man darf natürlich nicht meinen, diese Aufgabe könne jemals vollständig erledigt werden. Dies ist aber gar nicht notwendig, da es viele Unbestimmtheitsstellen gibt, die im Aufbau des Kunstwerks keine Rolle spielen. Die Analyse der Sinne der Sätze und der Satzzusammenhänge muß so durchgeführt werden, daß sie das Ungesagte oder Verschwiegene spürbar macht und zudem darauf hinweist, welche von den Unbestimmtheitsstellen für den Aufbau des Werkes bedeutsam sind und in ihrer Art geklärt werden müssen. Die Beurteilung, welche Unbestimmtheitsstellen diese Bedeutsamkeit besitzen, ist gewiß nicht leicht und setzt ein gutes Verständnis dessen voraus, was in der sprachlichen Schicht des Werkes wirklich expliziert gesagt wird. Dann fällt auch das auf, was nicht gesagt wird, was der Leser auf Grund des Textes des Werkes allein noch nicht weiß.

2. Den nächsten Schritt bildet die Orientierung darüber, welche Unbestimmtheitsstellen beseitigt werden dürfen, welche dagegen als Unbestimmtheiten des Werkes stehenbleiben sollen. Dies läßt sich sowohl im Hinblick darauf erreichen, daß man bei der Analyse des Textes den Mangel gewisser Informationen über die dargestellten Gegenstände und ihre Schicksale empfindet, indem man nicht alles wirklich ganz versteht. Andererseits übt der Text des Werkes gewisse Suggestionen auf den Leser aus, so daß er manche Unbestimmtheitsstellen beseitigt, während dies bei anderen Unbestimmtheiten, die dann bei der Lektüre achtlos beiseite gelassen werden, nicht stattfindet. Die analytische Betrachtung soll dies nur zu klarem Bewußtsein bringen.

3. Es ist eine Orientierung darüber zu gewinnen, welcher Variabilitätsbereich der möglichen Ausfüllungen der einzelnen Unbestimmtheitsstellen durch den sie bestimmenden Kontext festgelegt wird. Diese Variabilitätsgrenze ist dabei auf doppelte Weise zu betrachten: a) mit Rücksicht auf die Bestimmungen der betreffenden Unbestimmtheitsstelle allein, ohne daß man den weiteren Kontext und die übrigen Unbestimmtheitsstellen berücksichtigt, und b) unter Beachtung dessen, wie die Variabilitätsgrenze der betreffenden Unbestimmtheitsstelle durch die Ausfüllungen der übrigen Unbestimmtheitsstellen und die Forderung der Einstimmigkeit des Textes eingeengt wird.[9] Diese Einengung kann zunächst rein mit Rücksicht auf die Vermeidung der Unstimmigkeiten und Widersprüche im ästhetisch wertneutralen Skelett des literarischen

Kunstwerks betrachtet werden. Die Berücksichtigung der Möglichkeiten der Konstituierung ästhetisch valenter Qualitäten führt zur Notwendigkeit einer weiteren Einengung der Variabilitätsgrenzen der künstlerisch zugelassenen Ausfüllungen der einzelnen Unbestimmtheitsstellen.

Bei der Betrachtung der Variabilitätsgrenze der Ausfüllungen der einzelnen Unbestimmtheitsstellen können zwei Umstände behilflich sein: Erstens, daß die Unbestimmtheitsstellen meist durch gewisse allgemeine Namen und nominale Wendungen bestimmt werden. Der Umfang dieser nominalen Ausdrücke bestimmt unter Berücksichtigung des Kontextes die Variabilitätsgrenze der betreffenden möglichen Ausfüllung. Diese Grenze V ist immer gleich oder größer als 2, denn wenn V = 1 wäre, dann wäre es gar keine Unbestimmtheitsstelle, weil dann alles, wenn auch ungenannt, eindeutig bestimmt wäre. Nicht alle Fälle aber, die innerhalb dieser Grenze liegen, sind völlig gleichartig. Der Text, wie schon bemerkt, suggeriert dem Leser bis zu einem gewissen Grad diejenigen Fälle aus dem Bereich der möglichen Ausfüllungen einer Unbestimmtheitsstelle, die naheliegend sind und deren Aktualisierung deswegen bei der Lektüre wahrscheinlicher ist. Diese Fälle müssen bei der analytischen Betrachtung des Werkes berücksichtigt und die Folgen ihrer Aktualisierung für die Gestaltung der Konkretisation durchdacht werden. Die Rolle des Lesers, besonders wenn er sich in ästhetischer Einstellung befindet, bei der Gestaltung der Konkretisation und ihr modifizierender Einfluß darf natürlich nicht vergessen werden. Bei der großen Mannigfaltigkeit der Leser und ihrer Zustände ist dieser Einfluß sehr schwer zu beurteilen. Man muß aber auch beachten, daß der Leser bei der Wahl der Konkretisation in ästhetischer Einstellung unter dem Einfluß der bereits gelesenen Teile des Werkes steht und somit sich dem Geist des Werkes in hohem Maß fügt.

4. Die schwierigste Aufgabe zeigt sich bei der analytischen Betrachtung des literarischen Werkes erst in dem Moment, in dem man erwägen soll, welche ästhetisch wertvollen Qualitäten infolge einer bestimmten Ausfüllung einer Unbestimmtheitsstelle in der Konkretisation konstituiert werden können. Es gibt da verschiedene Möglichkeiten, die vom Forscher vorauszusehen sind. Dies bedeutet, daß er genötigt ist, verschiedene ästhetische Konkretisationen des von ihm erforschten Werkes probeweise zu konstituieren, sie nach den in ihnen auftretenden ästhetisch valenten Qualitäten zu befragen und sich zugleich zu orientieren, von welchen Ausfüllungen der vorhandenen Unbestimmtheitsstellen ihre Aktualisierung abhängig ist. Er darf mit anderen Worten das betreffende Werk nicht einseitig lesen und die von ihm aktualisierte Konkre-

tisation bevorzugen. Es ist unzweifelhaft, daß diese Aufgabe gewöhnlich nur zu partiell gelöst wird, denn die Mannigfaltigkeit der sich andeutenden verschiedenen Konkretisationen ist sehr groß. Nichtsdestoweniger ist auch eine bloß partielle Lösung dieser Aufgabe für die Erkenntnis der Kunstfertigkeit eines literarischen Kunstwerks außerordentlich wichtig. Die Zusammenarbeit vieler Forscher an demselben Kunstwerk kann hier natürlich sehr wertvoll sein.

Das Studium dieses ganzen Problemzusammenhangs ist noch aus zwei Gründen wichtig: erstens nicht bloß für das Verständnis der künstlerischen Struktur eines individuellen Kunstwerks selbst, sondern auch dann, wenn es sich um die Klärung der allgemeinen Probleme der künstlerischen Leistungsfähigkeit der literarischen Werke einer bestimmten literarischen Gattung (z.B. der Romanliteratur, der Lyrik, des Dramas) oder der verschiedenen literarischen Richtungen oder Stile (z.B. der romantischen Literatur, des positivistischen Naturalismus, der modernen expressionistischen Literatur usw.) handelt. Es taucht nämlich die Frage auf, ob die Mannigfaltigkeit der Unbestimmtheitsstellen sowie die Auswahl ihrer Typen, die sich in einem literarischen Werk befinden, nicht für die betreffende literarische Gattung, bzw. für die betreffende Richtung charakteristisch ist, und ob die Erforschung dieses Problems uns nicht eine wesentliche Ergänzung zur Erfassung des Wesens dieser Gattungen bzw. literarischer Stile liefern kann, neben der Auskunft, die man auf Grund der vollbestimmten Seite des literarischen Kunstwerks gewinnt. Zu welchen Ergebnissen man dabei käme, läßt sich nicht von vornherein sagen. Es wäre aber interessant, entsprechende Untersuchungen z.B. an der modernen Romanliteratur durchzuführen und in dieser Hinsicht etwa die Romane eines Zola mit denjenigen von Proust zu vergleichen, den *Ulysses* von Joyce mit dem Romanzyklus von Galsworthy oder mit den Werken von Meredith. Und wie wäre es, wenn man z.B. die Werke Thomas Manns etwa mit den Schriften Faulkners in dieser Hinsicht vergliche? Gelänge es zu zeigen, daß man in diesen Fällen charakteristische Regelmäßigkeiten in der Behandlung der Unbestimmtheitsstellen im literarischen Kunstwerk entdecken kann, dann wäre es auch möglich, die typischen Mannigfaltigkeiten der möglichen ästhetischen Konkretisierungen der Werke der gewählten literarischen Gattung oder einer literarischen Richtung zu überblicken.

Die zweite wichtige Frage, die sich aufdrängt, bezieht sich auf diejenigen Unbestimmtheitsstellen der einzelnen literarischen Kunstwerke, die in ihren ästhetischen Konkretisationen nicht beseitigt werden sollen. Es gibt in jedem literarischen Kunstwerk und insbesondere in der echten reflexiven Lyrik Stellen des Nichtgesagten, des Verschwiegenen, des Unbestimmten, Offengelassenen, die trotz ihrer merkwürdigen Anwesenheit und ihres ebenso merkwürdigen Unbemerktseins und Unbeachtetseins doch eine wesentliche Rolle in der künstlerischen Struktur des Kunstwerks spielen. Aus ihrem Unbeachtetsein, aus ihrem Verbleiben im Dunkel der Peripherie müssen sie bei der analytischen Betrachtung der Werke hervorgeholt werden und es muß zu Bewußtsein gebracht werden, daß ihre künstlerische Funktion zerstört würde, wollte man sie beseitigen und durch solche oder andere Ausfüllungen ersetzen. Mit einer Ersetzung durch positiv bestimmte Angaben gewönne man in diesen Fällen nichts als ein unnötiges Geschwätz und zudem verursachte man noch eine wesentliche Störung des Gleichgewichts dessen im Kunstwerk, was eben bekannt und vollbestimmt ins helle Licht gerückt ist. Der feinfühlige, genügend künstlerische Kultur besitzende Leser geht über derartige Unbestimmtheitsstellen stillschweigend hinweg, und das eben ermöglicht ihm, den vom Künstler beabsichtigten ästhetischen Gegenstand wenigstens in einer gewissen Annäherung zu konstituieren. Der weniger kultivierte Leser, der künstlerische Dilettant, von dem Moritz Geiger spricht, den nur die Schicksale der dargestellten Menschen interessieren, achtet das Verbot zur Beseitigung solcher Unbestimmtheitsstellen nicht und macht durch geschwätziges Ergänzen dessen, was nicht ergänzt zu werden braucht, aus gut gestalteten Kunstwerken billige, ästhetisch irritierende Klatschliteratur. Aber hierher gehören auch diejenigen Literaturforscher, die zur feinfühligen, tiefen, aber zugleich nur andeutend reflexiven Lyrik eines Hölderlin oder Rilke oder – um etwas ganz anderes zu nehmen – eines Trakl metaphysische Traktate hinzudichten und dasjenige breit herausschwatzen, was nur als Ausblick, nur als eine Andeutung, eine Vorahnung im Kunstwerk berechtigt ist und so bleiben soll. So muß der Literaturforscher, der eine analytische Betrachtung des literarischen Kunstwerks durchführt, sich selbst Einhalt gebieten, indem er genau beachtet, wo im Werk solche Unbestimmtheitsstellen vorhanden sind, die eben als solche in der Konkretisation belassen werden sollen.

Die Behandlung dieser ganzen Problematik erlaubt dem Forscher vorauszusehen, zu welchen und in welchem Grad ästhetisch wertvollen Konkretisationen das betreffende Werk (unter der Voraussetzung eines empfänglichen und ästhetisch aktiven Lesers) führen kann. Dies erzielt man aber noch immer, ohne die Entscheidung zu treffen, welche von den möglichen Konkretisationen die 'richtige' 'Interpretation' des betreffenden Werkes bildet, und auch schon ohne gleich den Versuch seiner

'Bewertung' (d.h. der Bestimmung seines Wertes) zu unternehmen. Sobald man aber zu der Einsicht gelangt, daß ein bestimmtes Werk verschiedene ästhetisch wertvolle Konkretisationen zuläßt und manche von ihnen dem Leser suggeriert, befindet man sich bereits in derjenigen Phase des Umgangs mit dem dichterischen Werk, in welcher das Problem der Bewertung auftaucht. Wir sind aber hier noch nicht genügend vorbereitet, um dieses Problem aufzurollen und anzugreifen. Momentan ist nur wichtig, uns klar zu Bewußtsein zu bringen, daß diese Bewertung in zwei durchaus verschiedenen Richtungen unternommen werden kann: in bezug auf das literarische Kunstwerk selbst und bezüglich auf seine einzelnen, in ästhetischer Einstellung gewonnenen Konkretisationen. Und zugleich muß man auch klar sehen, daß es sich in jedem dieser Fälle um Werte einer völlig anderen Art handelt, beim Werk selbst um künstlerische Werte und bei den ästhetischen Konkretisationen um ästhetische. Da aber das Werk selbst im konkreten Leib der Konkretisation als Skelett enthalten ist, so kann man sagen, daß in der Konkretisation selbst sowohl die künstlerischen Werte dieses Skeletts als auch die ästhetischen Werte des konkretisierten Ganzen zur Gegebenheit gebracht werden können[10]. Es ist nützlich, den radikalen Unterschied zwischen diesen Werten wenigstens in einigen Worten anzudeuten. Der künstlerische Wert kommt einem Kunstwerk zu, wenn es in sich selbst die unentbehrliche, aber nicht hinreichende Bedingung der Aktualisierung eines von seiner Natur verschiedenen Wertes enthält, nämlich eines ästhetischen Wertes, der an einer Konkretisation des betreffenden Kunstwerks zur Erscheinung kommt. Der künstlerische Wert ist der Wert eines Mittels, eines – wenn man so sagen darf – Werkzeugs, das die Fähigkeit besitzt, unter günstigen Umständen einen ästhetischen Wert zur Erscheinung zu bringen. Diese ergänzende Bedingung der Aktualisierung des betreffenden ästhetischen Wertes – diesen 'günstigen' Umstand – seiner Aktualisierung bildet der Betrachter des Kunstwerks, der die Fähigkeiten des Kunstwerks auszunutzen weiß, um seine entsprechende Konkretisation zu aktualisieren, an welcher jener ästhetische Wert seine erscheinungsmäßige Gegenwart erlangt. Er ist in seiner Erscheinungsgegenwart auf doppelte Weise fundiert: in dem entsprechenden Kunstwerk, das mit entsprechenden künstlerischen Werten ausgestattet ist, und in dem Betrachter, der ihn an der Konkretisation unter Mithilfe des Kunstwerks und insbesondere seiner künstlerischen Werte zur phänomenalen Selbstgegenwart bringt. Während der künstlerische Wert ein ausgesprochen relationaler Wert ist, dessen Wertigkeit eben darin liegt, daß dasjenige, zu dessen Aktualisierung er ein unentbehrliches Mittel ist, in sich selbst und für sich selbst – also in diesem Sinn absolut – werthaft ist und dem ihn Mitbedingenden als solchem einen Wert verleiht. Dieser in sich absolute Wert ist eben der ästhetische Wert, dessen Materie (Wertqualität) seinem Wesen nach nur 'zu schauen' ist, sich also in einer erscheinungsmäßigen Selbstgegenwart erschöpft.

Bei jedem künstlerischen Wert liegt eine ganz eigentümliche Situation vor: Einerseits scheint es einleuchtend zu sein, daß er, wenn er einem literarischen Kunstwerk zukommen soll, in dessen effektiven Einzelheiten fundiert sein muß, so daß man auf die Rolle des bewertenden Lesers (insbesondere des 'Kritikers') nicht einzugehen brauchte. Andererseits aber ist dieser Wert durch die ästhetischen Werte der möglichen Konkretisationen des betreffenden Werkes mitbedingt. Diese Möglichkeit wird durch das betreffende Werk freilich auf eine unentbehrliche, aber doch nicht hinreichende Weise bestimmt. Die Realisierung dieser Konkretisationen hängt in hohem Maß vom Leser ab, der im allgemeinen nicht gezwungen ist, überhaupt eine Konkretisation des Werkes zu bilden (er kann es z.B. ablehnen, es zu lesen) und sie im individuellen Fall gerade in solchen Bestimmtheiten zu gestalten, daß der vom künstlerischen Wert des Werkes angedeutete ästhetische Wert zur Erscheinung gebracht wird. Ob dem Werk der künstlerische Wert effektiv zukommt, ist somit durch das Verhalten des Lesers bedingt. Andererseits – davon wird gleich die Rede sein – ist der Leser auch nicht ganz unabhängig von den Bestimmtheiten des Kunstwerks, wodurch das Maß der Fundierung des künstlerischen Wertes im Kunstwerk vergrößert wird. Der künstlerische Wert beruht darauf, daß im betreffenden Kunstwerk ein gewisser Tatbestand an Eigenschaften vorhanden ist, der in einer bestimmten Konkretisation des Kunstwerks die unentbehrliche ontische Basis für die Konstituierung einer Auswahl von ästhetisch valenten Qualitäten (oder auch formalen Momenten) ist, die ihrerseits das Fundament des in sich qualitativ bestimmten ästhetischen Wertes sind. Den zur hinreichenden Basis des zu konstituierenden ästhetischen Wertes noch fehlenden Faktor muß seinerseits der Leser liefern. Er kann dies manchmal ganz unabhängig vom Kunstwerk tun, er kann aber in dieser Hinsicht von gewissen Eigenschaften des Kunstwerks dazu angeregt werden. Der künstlerische Wert des Kunstwerks liegt also in denjenigen seiner Eigenschaften, vermöge welcher es auf den ästhetischen Betrachter einwirkt und ihn in der Konkretisation zur Konstituierung der noch fehlenden Bestände des ontischen Fundaments des ästhetischen Wertes anregt. Fehlt im Kunstwerk der Bestand an Eigenschaften, welcher ihm diese auf den Betrachter gerichtete Aktivität erlaubt, so ist die Konstituierung des ästhetischen Wertes in einer bestimmten Konkretisation – sofern es zu ihr überhaupt kommt – der Fähigkeit des Betrachters allein überlassen, obwohl die unentbehrliche rein ontische Basis des zu konstituierenden ästhetischen Wertes im Kunstwerk vorhanden ist. Fehlt aber auch diese Basis und kommt es trotzdem zur Konstituierung eines ästhetischen Wertes, so ist er eine reine Schöpfung des Betrachters, so sehr er auch an dem ästhetischen Gegenstand erscheinen mag. Er ist auf keine Weise im Kunstwerk fundiert und in diesem Sinn nicht 'objektiv'.[11]

Es kann natürlich auch Fälle geben, wo im Kunstwerk die unentbehrliche und in dem Sinn hinreichende Bedingung der Konstituierung eines ästhetischen Wertes enthalten ist, daß die Eigenschaften des Kunstwerks auf eine eindeutige Weise den vollen Bestand der ästhetisch relevanten Qualitäten, die einen ästhetischen Wert konstituieren, bestimmen und auch auf eine genügende Weise auf den Betrachter einwirken, so daß dieser im Umgang mit dem betreffenden Kunstwerk gezwungen ist, den durch das Werk vorausbestimmten ästhetischen Wert zu konkretisieren und damit auch zur Erscheinung zu bringen. Dann ist dieser Wert, ungeachtet dessen, daß seine Aktualisierung von der Aktivität des Betrachters abhängt, im Kunstwerk fundiert und ist in diesem Sinn 'objektiv'.

Nun, der erste Schritt zur Bewertung eines Kunstwerks hinsichtlich seines künstlerischen Wertes besteht darin, in der forschenden Betrachtung unter Berücksichtigung einer Reihe seiner Konkretisationen denjenigen Bestand an Eigenschaften zu suchen, in welchem die Basis für einen möglichen ästhetischen Wert enthalten sein kann. Und wenn man diesen Bestand bereits gefunden hat, so ist noch zu fragen, welchen Charakter dieser Bestand als Fundierung des Wertes hat, d.h. welche von den soeben unterschiedenen Möglichkeiten besteht. Es unterliegt keinem Zweifel, daß sich vor dem Forscher sehr mannigfache Sachlagen eröffnen, die sehr schwierig zu behandeln sind, insbesondere deswegen, weil sehr viele verschiedene Situationen in bezug auf den Charakter der Fundierung des Wertes zu beurteilen sind. Es ist große Vorsicht und auch große Geduld geboten, sich voreiliger Entscheidungen zu enthalten. Denn wenn man die Frage nach dem Wert und nach dessen Begründung aufwirft, erhebt sich gewöhnlich ein lauter Schrei nach den sogenannten 'Kriterien' des Wertes, bzw. des Wertvollseins. Man fordert, daß man solche ganz allgemeinen 'Kriterien' der 'Objektivität' des Wertes angibt. Und zugleich behauptet man von vornherein, daß es keine solchen unfehlbaren Kriterien gäbe, daß sie sich von einer Epoche zur anderen, von einem Kulturkreis zum anderen, ja sogar von einem Menschen zum anderen änderten und daß es somit keine gültigen Kriterien und auch keine 'objektiven' Werte gäbe usw. Ich möchte hier keine Zeit damit verlieren, gegen diese weit verbreiteten Meinungen zu polemisieren. Ich glaube, daß wir sachlich noch viel zu wenig vorbereitet sind, und zwar sowohl in den verschiedenen Kunstgattungen, als auch in der Kenntnis der einzelnen Kunstwerke sowie endlich der an ihnen erscheinenden Werte, um die Frage nach den materialen 'Kriterien' überhaupt anzuschneiden. Ich glaube, daß man ein immer genaueres und tieferes analytisches Erkennen der Kunstwerke und insbesondere der literarischen Kunstwerke gewinnen muß, um in dieser schwierigen Frage vorwärts kommen zu können.

Ein anderes Problem, auf das ich hier noch hinweisen möchte, bezieht sich auf den Grund der Bestimmung der Höhe des künstlerischen Wertes eines literarischen Kunstwerks. Wovon hängt sie ab? Es handelt sich natürlich nicht um eine willkürliche Entscheidung darüber, welchen Wert man für höher oder niedriger halten will oder zu halten habe. Es handelt sich darum, welcher objektive, im Werk selbst oder mit den von ihm bestimmten möglichen Konkretisationen verbundene Tatbestand über die Höhe des künstlerischen Wertes entscheidet. Dann liegen verschiedene mögliche Beantwortungen dieser Frage nahe. Sollte man nicht meinen, der künstlerische Wert eines bestimmten literarischen Kunstwerks sei desto höher, je zahlreicher und wertvoller die möglichen, 'richtigen' ästhetischen Konkretisationen desselben sind? Das Werk birgt dann im Keim die Mannigfaltigkeit hoher ästhetischer Werte, und die Fähigkeit, alle diese Werte vorauszubestimmen und ihnen zu ihrer erscheinungsmäßigen Aktualisierung zu verhelfen, scheint mit ihrer Mannigfaltigkeit zu wachsen. Und dieses Vermögen ist ja nichts anderes als der künstlerische Wert selbst. Man sagt auch gewöhnlich: wirklich 'große' literarische Werke seien eben diejenigen, die in verschiedenen kulturellen Epochen immer wieder aufs neue auflebten und neue Erfolge erlebten. Die großen griechischen Tragiker, die *Ilias*, die Werke Shakespeares, die Lyrik Goethes usw. – das sind Werke, die in immer neuen Kulturepochen andere Konkretisationen erleben, an denen auch neue ästhetische Werte zur Erscheinung gelangen, wobei diese Neuheit die Identität der Werke nicht bedroht. Indessen ruft gerade der Umstand gewisse Bedenken gegen diese Auffassung des künstlerischen Wertes hervor, daß je zahlreicher die Mannigfaltigkeit solcher möglichen verschiedenartigen Konkretisationen eines Kunstwerks wird, es desto weniger in sich selbst eindeutig bestimmt zu sein scheint und desto zahlreichere Unbestimmtheitsstellen und potentielle Elemente in sich zu enthalten scheint.

Seine Beteiligung an der Bildung der Konkretisationen und der in ihnen konstituierten ästhetischen Werte wird dann unbedeutend und sinkt immer mehr herab. Die Verantwortung für die Aktualisierung dieser Werte lastet aber in hohem Maß auf den Lesern, bzw. auf den Betrachtern des Werkes.[12] So scheint auch die Höhe der künstlerischen Werte, die in derartigen Werken auftreten, nicht besonders groß zu sein. Man muß aber hier die doppelte Rolle des künstlerischen Wertes beachten, einerseits in der ontischen Fundierung der ästhetisch valenten Qualitäten und der in ihnen gründenden ästhetischen Werte, andererseits in der Ausübung der Einwirkung auf den Leser, um ihm eine Konkretisation zu suggerieren. Insofern also im Hinblick auf das erste zugegeben werden kann, daß die 'großen' Kunstwerke einen relativ kleinen Anteil an der Konstituierung der ästhetischen Werte haben, die in ihren mannigfachen Konkretisationen erscheinen, so muß doch ihre künstlerische Bedeutsamkeit in der Weckung des Interesses und der Aktivität der Leser in der Gestaltung immer neuer Konkretisationen hoch eingeschätzt werden.

Die Meisterschaft mancher literarischer Kunstwerke kann auch darin liegen, daß sie eben nur sehr wenige ästhetisch hochwertige Konkretisationen zulassen. Das Kunstwerk ist in seiner Struktur innerlich so geschlossen, daß es nur relativ wenig Unbestimmtheitsstellen und potentielle Momente hat, an denen es ergänzt und aktualisiert werden kann. Es ist auch innerlich so streng gebaut, daß die Variabilitätsgrenze der Ausfüllungen einzelner Unbestimmtheitsstellen sich gegenseitig bedingen und einengen, so daß die Zahl der zugelassenen wertvollen Konkretisationen stark absinkt. Es können nur sehr wenige Veränderungen in den Konkretisationen vorgenommen werden, wenn der hohe ästhetische Wert des Ganzen nicht darunter leiden soll. In der innigen Geschlossenheit des Aufbaus liegt zugleich der hohe künstlerische Wert des Kunstwerks sowie auch der ästhetische Wert seiner wenigen Konkretisationen. Und dieser Wert ist dann nicht niedriger als der Wert jener Werke, die sehr viele verschiedene wertvolle Konkretisationen zulassen.

Im Zusammenhang mit dem eben Gesagten eröffnet sich die Möglichkeit einer anderen Auffassung von der Höhe des künstlerischen Wertes. Und zwar soll man sie nicht in der Relativierung auf die durch das betreffende Werk bedingten ästhetischen Werte suchen, sondern im Hinblick auf die eigene Kunstfertigkeit des Werkes, auf die Vollkommenheit der künstlerischen Technik, woraus sich dann seine eventuelle Wirksamkeit auf den Leser oder seine Fundierungsfähigkeit der ästhetisch wertvollen Qualitäten ergibt. Diese Kunstfertigkeit ist als ein besonderes Gepräge des Aufbaus des Kunstwerks zu bewundern.

Wir sehen also, daß die Höhe des künstlerischen Wertes eines literarischen Kunstwerks auf verschiedene Weise verstanden werden kann und daß sie auch bei verschiedenen Werken anders bestimmt ist. Es handelt sich nur darum, daß man immer klar weiß, welcher Art der Wert im betreffenden Fall ist und worin er gründet. Auch dieser Umstand muß uns dazu bewegen, keine allgemeinen 'Kriterien' von vornherein aufzustellen, sondern die einzelnen Kunstwerke ganz vorurteilslos zu betrachten und sich von ihnen belehren zu lassen. Dann wird sich auch der Zusammenhang zwischen den künstlerischen Werten und ihrem ontischen Grund, der in verschiedenen Fällen verschieden sein kann, langsam klären.

Das ist eine Sachlage, mit welcher der literarische Kunstwerke analytisch betrachtende Forscher rechnen muß. Es steht ihm zu, in dem gerade untersuchten Kunstwerk einerseits diejenigen Elemente und Momente zu suchen, welche die Mannigfaltigkeit der ästhetisch wertvollen 'richtigen' Konkretisationen intentional bestimmen, andererseits aber auch diejenigen Eigenheiten des Werkes zu entdecken, in welchen die Art und die Kraft des Einwirkens auf den Leser, im Geist bestimmt geartete Konkretisationen zu aktualisieren, ihren Grund haben. So wie die Rücksicht auf die möglichen Konkretisationen den Forscher über das literarische Kunstwerk selbst zu einem Ausblick auf diese Konkretisationen hinführt, so führt ihn andererseits die Rücksicht auf die Wirkungsfähigkeiten des Kunstwerks in Richtung auf den möglichen Leser und seine verschiedenen Verhaltensweisen dem literarischen Kunstwerk gegenüber hin, sosehr der Forscher in beiden Fällen auf bestimmte Seiten und Gestaltungen des Kunstwerks selbst konzentriert sein mag. Und diese Konzentration ist am größten dort, wo wir die 'Kunstfertigkeit' des Kunstwerks enthüllen und sie in ihrer Eigenheit erfassen wollen. Das ist die komplizierte Situation, vor welcher die analytische, vorästhetische Betrachtung literarischer Kunstwerke steht, wenn sich für sie die Frage nach der Entdeckung des künstlerischen Wertes des Kunstwerks abzuzeichnen beginnt. In den zahlreichen Studien zur sog. 'literarischen Wertung', die in den letzten Jahren erschienen sind, hat – wie mir scheint – niemand diese Situation klar gesehen. Sie muß sowohl ganz allgemein als auch im Einzelfall zuerst analysiert werden, b e v o r man an die Durchführung einer 'literarischen Wertung' eines Werkes selbst herantritt. Wie aus den zuletzt angestellten Erwägungen hervorgeht, sind wir noch nicht genügend vorbereitet, an das Problem der 'literarischen' und auch der 'ästhetischen' Wertung literarischer Kunstwerke schon jetzt heranzutreten. Momentan müssen wir sogar die Frage offen lassen, ob jene 'literarische Wertung' eine besondere Erkenntnisoperation oder eine Verhaltensweise ist, die über die Sphäre des Erkennens hinausgeht und in das Gebiet eines besonderen Fühlens führt. Es kann damit – wie es scheint – noch eine verschiedene Bewandtnis haben. Es gibt möglicherweise verschiedene Typen und Weisen der 'Wertung'. Die einen fallen in das Gebiet einer besonderen Art des Erkennens, während die anderen in völlig anderen Verhaltensweisen des ästhetischen Empfängers bestehen. Sobald wir aber an das Problem der Wertung, bzw. des Werterfassens eines literarischen Kunstwerks herantreten, können wir uns mit dem bloß vorästhetischen analytischen (eventuell auch synthetischen) Betrachten des Werkes nicht zufrieden geben und müssen das Problem der Erfassungsweise der ästhetischen Konkretisationen des literarischen Kunstwerks angreifen.

Anmerkungen

1 Es ist ein besonderes Problem, ob die Aussagesätze, welche im Text nur angeführt werden, wie z. B. die von den dargestellten Personen ausgesprochenen Sätze, auch einer solchen Modifikation unterliegen. Dies hat insbesondere für das Drama eine Bedeutung. Ein anderes Problem bildet die Frage, durch welche sprachlichen, eventuell auch außersprachlichen Mittel dieser Charakter der Quasi-Urteile hervorgebracht wird. Das ist das Problem, das Käte Hamburger untersuchte. Ich werde noch im Zusammenhang mit der Frage darauf zurückkommen, woran der Leser erkennen kann, daß er es z. B. in einem Roman nur mit Quasi-Urteilen und nicht mit echten Urteilen zu tun hat.

2 Vgl. dazu *Das literarische Kunstwerk*, § 38.

3 Dieses Thema kann hier nicht näher behandelt werden. Eine systematische Durchforschung verschiedener Typen literarischer Kunstwerke kann sehr interessante Ergebnisse bezüglich der Rolle der Unbestimmtheitsstellen sowie der Beziehung zwischen dem, was explicite bestimmt wird, und dem Unbestimmten liefern.

4 Vgl. den Vortrag H. Lützelers über das Unvollendete in der Kunst des Ostens beim V. Internationalen Ästhetik-Kongreß in Amsterdam 1964.

5 Den Ausdruck 'Ansicht' verwende ich hier – wie es bereits im *Literarischen Kunstwerk* angedeutet wurde – in einem sehr erweiterten Sinn, in dem er nicht bloß alle Ansichten, die vom sinnlich wahrnehmenden Subjekt erlebt werden, umfaßt, sondern auch 'Ansichten', die Eigenschaften und Strukturen realer psycho-physischer Individuen zur Erscheinung bringen, und zwar unabhängig davon, ob sie in der sog. 'inneren' Wahrnehmung oder in der Erfassung fremden Seelenlebens erlebt werden.

6 Die zitierte Stelle kann uns zugleich als Beispiel für die schon früher angedeutete Situation dienen. Es handelt sich nämlich um die Modifikation des Sinnes der Sätze unter dem Einfluß anderer Sätze, die den ersteren vorangehen. Fallen diese vorausgehenden Sätze aus irgendeinem Grunde weg (weil sie etwa, wie in unserem jetzigen Beispiel, einfach fortgelassen werden), dann versteht der Leser die angegebenen Sätze allein auf Grund der in ihnen auftretenden Wörter und ihrer syntaktischen Funktionen. Der Nachklang der früheren Sätze, welcher im Kontext ihren Sinn ergänzt oder auch modifiziert, fällt hier fort. So weiß unser Leser nicht, um wen es sich eigentlich handelt, in welchem psychischen Zustand er sich eigentlich befindet. Unser Leser spürt nur, daß der Unbekannte eben schon bekannt ist und daß er sich in irgendeinem verstörten Zustand befindet, weil ihn – anscheinend – etwas Erschütterndes getroffen hat, aber was es war, aus welchem Lebensgebiet (Liebe, Mißerfolg oder sonst etwas) und in welcher Lage – das alles ist unbekannt und wird auch vom Leser als etwas Unbekanntes empfunden, als etwas, was deutlich fehlt und was als Manko verschwände, sobald man den vorangehenden Text kennenlernte. Im Zusammenhang damit werden auch die da auftretenden Ansichten wesentlich beeinträchtigt und eigentlich auf das Visuelle reduziert.

7 Man lese auch etwa die folgende Szene aus *Lord Jim* von Joseph Conrad: *Jim wanderte quer über die Kommandobrücke, und die eigenen Schritte tönten ihm laut in der großen Stille, als wenn sie von den wachenden Sternen zurückgeworfen würden; seine Augen irrten an der Linie des Horizonts entlang und schienen nach etwas Unerreichbarem gierig zu greifen. Sie bemerkten aber den Schatten des sich nähernden Unfalls nicht. Der einzige Schatten auf dem Meere war der Schatten des schwarzen Rauches, der vom Schornstein immerfort wie eine ungeheure Fahne auf das Meer fiel, deren Ende in der Luft zerfloß. Zwei Malaien – stumm und fast unbeweglich – steuerten an beiden Seiten des Steuerrades stehend, dessen Messingrand von Zeit zu Zeit im Oval des Lichtes leuchtete, das vom Deckel des Kompasses fiel. Manchmal erschien an dem beleuchteten Teile des Steuerrades eine Hand mit schwarzen Fingern, während sie nacheinander die Radspeichen faßte und freiließ. Die Kettenringe knirschten laut in den Riefen der Steuerröhre ... Jim warf von Zeit zu Zeit den Blick auf den Kompaß ...*

8 Sie wird normalerweise implicite vorgenommen, d. h. ohne eine explizierte Erweiterung oder Änderung der sprachlichen Doppelschicht, obwohl das ergänzende Moment irgendwie durch den Leser mitgemeint sein muß.

9 Die Struktur des Textes des betreffenden Werkes ist es, die diese Forderung und ihre Grenzen aufstellt. Nicht alle literarischen Texte müssen streng einstimmig sein, aber dann gibt es – in literarisch gut konstruierten Werken – eine gewisse 'Logik' (Konstanz) dieser Unstimmigkeit.

10 Es muß zugegeben werden, daß das konkretisierte literarische Kunstwerk noch andere Werte verkörpern, oder besser, zur Erscheinung bringen kann, z. B. moralische und pädagogische Werte, Werte sozialer oder allgemein kul-

tureller Art, und daß es dann im Hinblick darauf andere Funktionen im menschlichen und sozialen Leben erfüllt. Alle diese eventuellen Werte sind aber für das Kunstwerk sekundärer Natur und kommen hier überhaupt nicht in Betracht. Merkwürdigerweise werden aber gewöhnlich diese außerkünstlerischen und außerästhetischen Werte vom Leser und auch von den Kritikern in erster Linie in Erwägung gezogen. Dies hat sehr verschiedene Gründe, die hier nicht behandelt werden können. Nicht zuletzt spielt hier auch der Umstand eine sehr schwerwiegende Rolle, daß sowohl die Leser als auch die sog. Kritiker nicht genügend zum angemessenen Umgang mit der Kunst und mit den ästhetischen Gegenständen erzogen sind. Sie bringen sich das Spezifische der ästhetischen Werte und das Eigentümliche der Kunst nicht klar zu Bewußtsein und retten sich angesichts der zu überwindenden Schwierigkeiten durch eine Flucht vor der Kunst in andere Gebiete, wo es anscheinend nicht so schwierig ist, die Werte zu erkennen und auch anzuerkennen. Aber das ist nur eine scheinbare Rettung.

11 Vgl. dazu meinen Artikel "Betrachtungen zum Problem der Objektivität", *Zeitschrift für philosophische Forschung*, 1967, Heft I und II.

12 Wenn man die heutige Lyrik liest, hat man den Eindruck, daß die Dichter der Meinung sind, ihr Werk, soweit es nur möglich ist, unbestimmt sein lassen zu müssen, damit der Leser erst einen möglichst weiten Bereich zugelassener Konkretisationen zur Verfügung hat, die er nach seinem Willen so oder anders gestalten kann. Dies fing in Deutschland bereits mit Stephan George an, als er in seinen Gedichten alle Interpunktionszeichen wegließ, um ja den Leser in seiner Freiheit, das Gedicht zu deuten, nicht zu beschränken. Die jetzige Lyrik geht in dieser Richtung unvergleichlich weiter, indem man z. B. auf die Ausbildung korrekter, voller Sätze oft verzichtet, um dem Leser die Freiheit einer ihm genehmen Ergänzung des Gedichtes zu belassen. Der schematische Charakter des literarischen Werkes wird da manchmal bis an die Grenze des Absurden getrieben.

Felix Vodička

DIE REZEPTIONSGESCHICHTE LITERARISCHER WERKE

In das Zentrum der literarhistorischen Forschung haben wir das Werk gestellt und die Möglichkeiten verfolgt, es unter dem Gesichtspunkt der Entwicklung der literarischen Struktur und dem Gesichtspunkt seiner Entstehung zu untersuchen. Wir gehen jetzt auf die dritte Hauptaufgabe des literarhistorischen Studiums ein. Das literarische Werk wird von der strukturalen Ästhetik als ästhetisches Zeichen begriffen, das für die Öffentlichkeit bestimmt ist. Wir müssen also ständig nicht nur seine Existenz im Auge behalten, sondern auch seine Rezeption; wir müssen berücksichtigen, daß es von der Lesergemeinde ästhetisch wahrgenommen, interpretiert und gewertet wird. Erst dadurch, daß ein Werk gelesen wird, kommt es zu seiner ästhetischen Realisierung, erst damit wird es im Bewußtsein der Leser zum ästhetischen Objekt. Mit der ästhetischen Wahrnehmung steht jedoch die W e r t u n g in enger Verbindung. Wertung setzt Wertmaßstäbe voraus, die jedoch nicht stabil sind, so daß auch der Wert eines Werkes vom Standpunkt historischer Quellen aus keine feste und unveränderliche Größe ist. Gerade weil sich die Wertmaßstäbe und die literarischen Werte in der geschichtlichen Entwicklung ständig wandeln, ist es die natürliche Aufgabe einer historischen Wissenschaft, diese Veränderungen zu erfassen.

Sobald ein literarisches Werk veröffentlicht oder verbreitet ist, wird es Eigentum der Öffentlichkeit, die es vom Standpunkt ihres aktuellen künstlerischen Empfindens aufnimmt. Dieses Empfinden im Bereich der Literatur zu erkennen, ist eine der vornehmsten Aufgaben des Historikers, damit er die Rezeption von Werken und ihre aktuelle Wertung verstehen kann. Bei der Untersuchung der literarischen Entwicklung haben wir das Werk – ohne Rücksicht darauf, wie es tatsächlich ästhetisch wirkte und wie es gewertet wurde – als ein Glied einer Entwicklungsreihe behandelt, mit dem Ziel, seinen evolutionären Stellenwert zu erfassen. Jetzt verschiebt sich unsere Aufmerksamkeit auf Werke als ästhetische Objekte und als ästhetische Werte. Wir müssen zu diesem Zweck die Entwicklung des ästhetischen Bewußtseins studieren, insofern es überindividuelle Eigenschaften hat und einen zeitgebundenen Bezug zur Wortkunst in sich einschließt. Subjektive Wertungselemente, die sich aus der momentanen psychischen Disposition des Lesers oder seinen persönlichen Sympathien und Antipathien ergeben, muß die historische Quellenkritik von der literarischen Zeitnorm unterscheiden, weil das Ziel unserer Erkenntnis gerade jene Züge sind, die den Charakter historischer Allgemeinheit tragen. Es geht uns eigentlich um die Restitution der literarischen Norm in der historischen Entwicklung, um so die Beziehungen zwischen dieser Entwicklungsreihe und der eigentlichen Entwicklung der literarischen Struktur verfolgen zu können. Es ist natürlich, daß einige Elemente dieser Norm ins Werk bei seiner Entstehung eingehen. Mukařovský charakterisierte das literarische Werk unter diesem Gesichtspunkt als "dynamisches Gleichgewicht verschiedenartiger Normen, die teils positiv, teils negativ angewandt worden sind" ("La norme esthétique", *Travaux du IXe congrès international de philosophie* XII, 3, S. 75 [tschechisch in: J. Mukařovský, *Studie z estetiky*, Prag [1]1966, S. 74–77, [2]1971, S. 94–100]).

In dieser Hinsicht haben wir diese Beziehung schon im Abschnitt über die Werkgenese untersucht. Aber darüber hinaus bestimmt gerade die Existenz eines Komplexes von Zeitnormen, in welcher Weise sich ein Werk in die Literatur einfügt. Mukařovský hat in dem erwähnten Artikel die grundlegenden Eigenschaften der ästhetischen Norm beschrieben: ihr Verhältnis zu neuen Werken wird durch eine dynamische Spannung bestimmt, wobei ein Werk oft die Fähigkeit hat, der Norm eine neue, von der ursprünglichen abweichende Richtung zu geben; daher muß ein Werk nicht immer positiv bewertet werden, wenn es mit der Norm übereinstimmt, weil sich die ästhetische Erwartung auf etwas Neues, Normabweichendes richten kann. Wenn wir nun die so verstandenen Normen in ihrer Evolutionskontinuität beobachten, haben wir die Möglichkeit, auch die Wechselbeziehungen zwischen dieser historischen Reihe von Normen und der historischen Reihe der bestehenden literarischen Werke, also der Entwicklung der literarischen Struktur, zu verfolgen. Immer herrscht zwischen ihnen eine gewisse parallele Wechselbeziehung, weil die Bildung einer Norm und die Bildung einer neuen literarischen Wirklichkeit von einer gemeinsamen Grundlage, der literarischen Tradition, ausgehen, die sie zu überwinden versuchen. Dennoch kann man beide Reihen nicht miteinander identifizieren, denn die ganze Lebensvielfalt literarischer Werke entspringt gerade der dynamischen Spannung zwischen Werk und Norm. Der gängigste Fall ist, daß die literarische Entwicklung dem literarischen Geschmack voraus ist, so daß die literarische Norm hinter der literarischen Entwicklung nachhinkt (z. B. der Fall Máchas oder Nerudas). Es kann jedoch geschehen, daß der umgekehrte Fall eintritt, besonders wenn die Kritiker – die die Funktion von Entwicklungsträgern der literarischen Norm übernehmen – Forderungen stellen, welche erst nachträglich im literarischen Schaffen verwirklicht werden (bei uns der Fall Šaldas). Wir müssen nämlich im Blick behalten, daß die ästhetische Wahrnehmung nicht nur durch traditionelle Konventionen bestimmt wird, sondern auch durch das Verlangen nach neuen konkreten Werken, die unbestimmten, eher innerlich empfundenen als formulierbaren Vorstellungen von einer bisher nicht verwirklichten literarischen Schönheit entsprechen könnten. Basis der Wertnorm einer Epoche ist natürlich ein bestimmter Zustand der literarischen Struktur, jedoch unter der Voraussetzung, daß er Gegenstand ständiger Überwindungsversuche ist, so daß die literarische Norm nur ausnahmsweise in strenger Stabilisierung erstarrt. Es kommt jedoch vor, daß eine literarische Theorie als Norm existiert, ohne auf einer literarischen Realität zu basieren, und zwar entweder als historische Anomalie (verschiedene dogmatische Poetiken), oder als utopisches Programm bzw. als ein Normpostulat, das nicht in vollem Umfang verwirklicht wird.

Literarische Normen und Postulate bilden den Ausgangspunkt für die Wertung. Die Literatur einer gegebenen Epoche dürfen wir uns nicht nur als den Komplex vorhandener literarischer Werke denken, sondern müssen sie uns ebenso sehr als Komplex literarischer Werte vorstellen. Der Interessen- und Kenntnishorizont des literarischen Publikums eines bestimmten Volkes oder einer bestimmten Gesellschaftsschicht umfaßt eine gewisse Menge von Werken, die in einer bestimmten Werthierarchie organisiert sind. Jedes neue Werk fügt sich in irgendeiner Weise in diese Literatur ein und wird von seinen Lesern einer ganz instinktiven Wertung unterzogen. Diese Wertung hat für die Stabilität der Rangfolge literarischer Werte natürlich erst dann Bedeutung, wenn sie veröffentlicht wird – daher die wichtige Funktion des Kritikers.

So wie es die Aufgabe der Literaturgeschichte ist, den ganzen Reichtum der Beziehungen zu erfassen, die sich aus der Polarität von Werk und Wirklichkeit ergeben, muß auch die Dynamik, die durch die Polarität von Werk und Leserpublikum bestimmt wird, Gegenstand der historischen Beschreibung werden. So erfassen wir im wahren Sinne des Wortes das literarische Leben, in dem Werke Gegenstände der ästhetischen Wahrnehmungen werden und einen Wert annehmen, der oft nicht nur im ästhetischen Bereich, sondern auch im ganzen gesellschaftlichen Leben eines gegebenen Leserkollektivs eine große Bedeutung hat.

Wenn wir nun die Hauptaufgaben der Literaturgeschichte im Bereich der Polarität, die durch das Werk und die Art seiner Wahrnehmung gegeben ist, zusammenfassen, dann lassen sie sich folgendermaßen aufzählen:

1. Rekonstruktion der literarischen Norm und des Komplexes literarischer Postulate einer Zeit.

2. Rekonstruktion der Literatur einer Epoche, d.h. der Werkmenge, die Gegenstand der lebendigen Wertung ist, und Beschreibung der Hierarchie der literarischen Werte einer Zeit.

3. Studium der Konkretisationen literarischer Werke (zeitgenössischer und vergangener), d.h. Studium der Form eines Werkes, auf die wir im Verständnis der gegebenen Zeit stoßen (namentlich in der kritischen Konkretisation).

4. Studium des Wirkungsbereichs eines Werkes im literarischen und außerliterarischen Bereich.

Alle diese Teilaufgaben stehen freilich in einem wechselseitigen Verhältnis und durchdringen sich gegenseitig. Es geht natürlich nicht nur um eine Registrierung aller Fakten, welche mit den genannten Aufgaben zusammenhängen, sondern um die Ermittlung der grundlegenden Tendenzen des Entwicklungsprozesses. Die Natur dieses auf ständige Variabilität ausgerichteten Prozesses verhindert natürlich, daß wir zu Gesetzen im naturwissenschaftlichen Sinne gelangen, weil insbesondere zu berücksichtigen ist, daß im gesellschaftlichen Organismus, dem die Rezipienten literarischer Produkte angehören, mehrere Schichten nebeneinander existieren, die sich immer auf eine andere Norm hin orientieren – mag es sich hier nun um eine generationsmäßig bestimmte Differenzierung (die literarische Norm der Söhne, Väter, Großväter) handeln oder um eine vertikale Gliederung des literarischen Publikums (die literarästhetisch gebildete Leserschaft, die breite Lesergemeinde, die Leserschaft peripherer literarischer Produkte). Gerade deshalb wird eine sorgfältige literarhistorische Analyse Generalisierungen vermeiden, die die reiche Gliederung der literarischen Norm nicht berücksichtigen. Das Bewußtsein der Existenz einer lokalen, generationsmäßigen und vertikalen Aufgliederung des Leserpublikums fordert zum Studium der Wechselbeziehung des literarischen Geschmacks dieser gesellschaftlichen Leserschichten auf.

Mit dem Studium der Aufgaben, die wir oben aufgezählt haben, tauchen jedoch weitere methodologische Probleme auf. Wir können hier nur die wichtigsten andeuten.

1. Rekonstruktion der literarischen Norm

Welche Quellen stehen uns für die Untersuchung der literarischen Norm zur Verfügung?

1. Normen sind in der Literatur selbst enthalten, d. h. in den Werken, die gelesen werden, populär sind und an denen neue oder die übrigen literarischen Werke gemessen und gewertet werden.

2. Normative Poetiken oder literarische Theorien einer Zeit ermöglichen es uns, die "Regeln" zu erkennen, nach denen sich die Literatur einer gegebenen Epoche richten "soll".

3. Äußerungen einer kritischen Wertung der Literatur, die Gesichtspunkte und Methoden dieser Wertung und kritische Forderungen an das literarische Schaffen sind die ergiebigste Quelle. Die Aufmerksamkeit des Historikers richtet sich namentlich auf diese kritische Tätigkeit, weil sie sozusagen das einzige Relikt der aktiven und wertenden Beziehung des Lesers zum Werk darstellt. Der Kritiker hat in der Gesellschaft derjenigen, die am literarischen Leben teilnehmen und sich auf das Werk hin orientieren, seine festgelegte Funktion. Seine Pflicht ist es, sich über ein Werk als ästhetisches Objekt auszusprechen, die Konkretisation des Werks, d. h. seine Gestalt vom Standpunkt des ästhetischen und literarischen Empfindens seiner Zeit festzuhalten und sich über dessen Wert im System der gültigen literarischen Werte zu äußern, wobei er durch sein kritisches Urteil bestimmt, in welchem Maße das Werk die Forderungen der literarischen Entwicklung erfüllt. Es ist die Aufgabe des Literarhistorikers zu beobachten, wie die Kritiker diese Funktion wahrnehmen, und gleichfalls zu beurteilen, wie die Dichter ihre Funktion hinsichtlich der gegebenen literarischen Aufgaben erfüllen. Es gibt Epochen, in denen die Kritik ein eher hemmendes Element der Entwicklung ist, in anderen ist sie wiederum die Triebfeder der Entwicklung; es gibt Epochen, wo sie dem Publikum bei der Änderung seines literarischen Geschmacks behilflich ist, während sie in anderen über die Bewahrung der traditionellen Werte der Vergangenheit wacht. Es gibt jedoch auch Zeiten, in denen sie manche ihrer Funktionen vernachlässigt, z. B. die Wertung oder die Beschreibung der Konkretisation von Werken, was natürlich seine Konsequenzen für das Wertsystem einer Zeit hat: die Hierarchie der Werte kommt ins Schwanken und der literarische Geschmack gerät ins Stadium konturloser Vieldeutigkeit.

Der Kritiker geht von gewissen Postulaten aus und benutzt eine bestimmte Methode, welche der Historiker zu erkennen sucht. Kritische Methoden dürfen wir nicht mit den Methoden der wissenschaftlichen

Werkanalyse oder dem literarhistorischen Vorgehen gleichsetzen. So ist zum Beispiel der stark betonte psychologisierende Standpunkt in der Kritik der Jahrhundertwende (etwa Hennequins Ästhopsychologie) nicht nur eine Folge der wissenschaftlichen Erkenntnis von der Wichtigkeit psychischer Momente im Werk, sondern steht im Zusammenhang mit der literarischen Norm, die psychische Elemente als Postulat im literarischen Schaffen betont. Kritische Methoden helfen, ein Werk unter dem Gesichtspunkt gegebener Postulate zu konkretisieren und zu werten, literarhistorische Methoden ermöglichen es, ein Werk im Zusammenhang mit den übrigen historischen Erscheinungen zu verstehen und zu interpretieren. Es ist in der Vergangenheit natürlich oft vorgekommen, daß die Grenzen beider Bereiche in der Praxis überschritten wurden, daß der Kritiker unwillkürlich zum Historiker wurde (F. X. Šalda) und der Historiker zum Kritiker (A. Novák). Daher können bis zu einem gewissen Grade auch literarhistorische Werke zur Quelle für die Erkenntnis der Norm werden, und zwar besonders Werke aus Abschnitten der Literaturgeschichte, in denen sie das wertende Urteil betonte, welches unabhängig von historischen Gegebenheiten, aber vom Standpunkt gegebener Postulate her ausgesprochen wird. Hier muß man freilich behutsam und in jedem Falle individuell vorgehen.

Wenn wir von einer Norm und von Postulaten sprechen, so muß betont werden, daß Postulate nicht nur die Art der Anordnung des Materials vom technischen Gesichtspunkt aus (Regeln) betreffen müssen. Mukařovský reiht in dem erwähnten Aufsatz auch ethische, soziale, religiöse, philosophische usw. Postulate unter die Normen ein, also solche, die ideologisch-thematische Fragen der Literatur betreffen. Unter diesem Gesichtspunkt erscheinen jene Postulate als Aufgaben, die durch Vermittlung eines literarischen Werkes mit ästhetischer Funktion gelöst werden. Man kann auch umgekehrt verfolgen, wie sich die Wahrnehmung eines Werks im Bereich der ideologischen und Lebenspostulate einer Zeit bewegt, welche auch auf seine ästhetische Wertung Einfluß nehmen. Bei der Wahrnehmung eines beliebigen Kunstwerks mit thematischen Elementen setzt sich immer der Bezug zwischen der Lebensrealität und ihren Werten auf der einen und der durch Kunstmittel vermittelten Realität auf der anderen Seite durch, so daß auch die Wertung das Ergebnis eines komplizierten Prozesses ist, der durch die ganze zeitgegebene Struktur des Lebens und seiner Werte bedingt ist, wie das Mukařovský in seiner Studie "Estetická funce, norma a hodnota jako sociální fakty" [Die ästhetische Funktion, die ästhetische Norm und der ästhetische Wert als soziale Fakten; deutsch in J. Mukařovský, *Kapitel aus der Ästhetik*, Frankfurt 1970, S. 7–112] dargelegt hat. Jedes Werk, welches Gegenstand einer Wertung wird, stößt auch in diesen Zusammenhängen auf die Gewohnheiten und konventionellen Vorstellungen des wahrnehmenden Kollektivs, so daß auf ihrem Hintergrund die zeitgegebene Konkretisation des Werkes stattfindet, mag die Wertung nun positiv oder negativ sein. Ein Werk mit einem ungewöhnlichen und von der literarischen und gesellschaftlichen Tradition nicht gestützten Thema wird ebenso als Normbruch aufgefaßt wie die neue künstlerische Bewältigung einer normkonformen Thematik.

Die Beurteilung literarischer Werke unter dem Gesichtspunkt religiöser, sozialer, ethischer usw. Ideen kann in der literarischen Norm so stark betont werden, daß die ästhetische Funktion des Werks nur dort lebendig empfunden wird, wo sie durch eine übereinstimmende ideologische Zielrichtung unterstützt wird (wir erinnern an den religiösen Standpunkt in der mittelalterlichen Literatur). Es gibt jedoch gewisse Grenzen zwischen der ästhetischen Wahrnehmung eines Werks und seiner ideologischen Beurteilung; sobald die Wertung eines Werks sich nur an der Wirklichkeit orientiert, über die es etwas mitteilt, und aufhört, sich für das Werk selbst und seinen Aufbau zu interessieren, sobald das Werk nur unter dem Gesichtspunkt der Wahrheitstreue seiner Mitteilung beurteilt wird und nicht auch vom Standpunkt der Beschaffenheit der dichterischen Äußerung im gegebenen Text, so wird hier gerade jenes wesentliche Element aus dem Beobachtungsfeld ausgeschlossen, welches das ästhetische Zeichen so markant von den übrigen Zeichenkomplexen unterscheidet, die lediglich Mitteilungsfunktion haben. Ein solches nur auf die Mitteilung gerichtetes Interesse gehört nicht mehr in den Bereich der literarhistorischen Forschung, es kann jedoch Gegenstand kulturhistorischer Studien werden, die sich auf das literarische Werk als Quelle stützen. Vom methodologischen Gesichtspunkt aus müssen wir jedoch immer im Auge behalten, daß ein literarisches Werk hinsichtlich seiner ästhetischen Funktion nur mit gewisser Vorsicht und unter Respektierung seiner Funktion als historische Quelle beurteilt werden kann, weil dieser Funktion auch die Mitteilung des gegebenen Werkes unterworfen sein kann, besonders da ein Werk sehr oft auf Mehrdeutigkeit abzielt und mehrere Bedeutungsinterpretationen ermöglicht.

2. *Die Rekonstruktion der Werthierarchie in der Literatur einer bestimmten Epoche*

Schon im Wesen der menschlichen Beziehung zu den uns umgebenden Fakten und Erscheinungen ist angelegt, daß diese gewertet werden und unter dem Gesichtspunkt ihres Werts in ganze Systeme geltender Werte eingeordnet werden. In dieser Wertung ist das Verlangen nach Überwindung der Unsicherheit und Unbestimmtheit in der Beziehung des Individuums und der ganzen menschlichen Gesellschaft zu den Erscheinungen enthalten, und diese Wertung wird auch von der ästhetischen Wahrnehmung begleitet. Vom literarischen Standpunkt aus geht es hier um den ständigen Ausgleich der Spannung, die sich aus der Existenz literarischer Werke auf der einen und dem Gesamtmechanismus ihrer Wahrnehmung durch den Leser auf der anderen Seite ergibt, mit anderen Worten: im Wertungsakt trifft die Struktur des Werkes auf die Struktur der literarischen Norm.

Die Aufmerksamkeit des Literarhistorikers richtet sich darauf, was den Umfang und Inhalt einer Literatur im gegebenen Entwicklungsmoment ausmacht. Wir haben hier die lebendige Literatur im Sinn, sofern sie Bestandteil des Leserbewußtseins ist, es geht nicht um historische literarische Werte, die nicht Gegenstand des intensiven Leserinteresses sind und die deshalb dauernd oder zeitweise ohne aktive ästhetische Wirkung bleiben. Eine solche Rekonstruktion des lebendigen literarischen Repertoires hat seine eigene Bedeutung für die Erkenntnis der literarischen Norm einer Epoche und für das Studium der Wandelbarkeit der literarischen Wirkkraft einzelner Werke und Autoren. Wir untersuchen, welche Werke zeitgenössischer und älterer Autoren populär waren und welche Beziehungen zu zeitgenössischen und vergangenen literarischen Richtungen bestanden. Wir sind uns bewußt, daß nicht jedes Werk, das publiziert wird, seine Einordnung in die Zeitnormen findet, obwohl es z.B. später einen unbezweifelbaren Wert darstellen kann (Máchas *Máj* [Der Mai]); es gibt natürlich Werke, die gleich bei ihrer Entstehung zu ausschließlich historischen Werten werden. Umgekehrt kommt es vor, daß in die lebendige Literatur Werke eingegliedert werden, die aus der "hohen" Literatur schon lange ausgemustert oder als Werke niederen literarischen Geschmacks überhaupt nicht in sie aufgenommen waren (Kult des Volksliedes, Kult des Bänkelgesangs). Beim Studium des literarischen Bewußtseins gilt es als methodologisches Gebot, die soziale Basis der Differenzierung des literarischen Geschmacks besonders sorgfältig zu berücksichtigen. Man kann untersuchen, in welchem Verhältnis das Repertoire der breiten Leserschichten zum Repertoire der Leser der "hohen" Literatur steht, wie weit die Spannweite der Leserinteressen reicht, ob die Lesergemeinde in ihren literarischen Vorlieben kompakt und homogen ist oder ob sie in mehrere geschlossene Gruppen zerfällt usw. Wir gelangen hier zu Aufgaben, die soziologischen Charakter haben. Dennoch würde sich der Forscher eines Irrtums schuldig machen, der die Entstehung der literarischen Norm einzelner gesellschaftlicher Gruppen nur aus den Lebensbedingungen dieser Gruppen interpretierte und die Kraft der literarischen Konvention und der traditionellen literarischen Verfahren, die sich aus der Beschaffenheit des Materials ergeben, außer acht ließe. Daß hier gewisse Beziehungen zwischen dem literarischen Geschmack und den Lebensbedingungen einer bestimmten Gesellschaftsschicht bestehen, läßt sich nicht bezweifeln, aber es gibt keine ausreichenden objektiven Bedingungen für eine Interpretation im Sinne eines kausalen Subordinationsverhältnisses. Ähnlich wie in der Entwicklung der literarischen Struktur die hauptsächlichen kausalen Entwicklungsmomente immanent im früheren Stadium der Literatur enthalten sind, so wird auch die Entwicklung der literarischen Norm vor allem durch Ursachen bestimmt, die ihren Ursprung in der Organisation der Strukturelemente der literarischen Norm haben, denn eine neue Entwicklungsetappe stellt gerade jene Komponenten in den Vordergrund, die in der vorhergegangenen Norm vernachlässigt wurden. Man kann also auch die Entwicklung der literarischen Norm strukturalistisch deuten. Trotzdem kann jedoch auch hier bei der Bildung einer Norm und eines historischen Wertes in gewissem Maße der Eingriff heteronomer Elemente zur Geltung kommen. Der Verleger, der Buchmarkt, die Reklame – das sind Faktoren, die auf die Wertung einwirken können, aber ähnlich können auch plötzliche Umschwünge im politischen Geschehen oder politischer Druck zur Änderung der Norm beitragen. Der Historiker verfolgt die Beziehung dieser heteronomen Elemente zu den immanenten Bedingungen der neuen Organisation der literarischen Norm und beobachtet, ob diese äußeren Eingriffe die autonome Entwicklung beschleunigen oder verlangsamen, oder wie neue Normen und neue Wertungen trotz der störenden Eingriffe von außen ihre Deuter und Interpreten finden oder wie man sich bemüht, dem Druck so auszuweichen, daß er unwirksam wird. Nicht immer ist die wirkliche Norm das, was sich für sie ausgibt. Äußere Eingriffe können auch dazu beitragen, daß sich die Wege der literarischen Produktion und der literarischen Norm voneinander entfernen. Dennoch kann dieser Konflikt nicht so weit gehen, daß alle Berührungspunkte verschwinden, denn die literarische Norm, auch wenn sie selbst auf das entstehende Werk Einfluß nimmt, ist doch mehr oder weniger vom vorhandenen literarischen Schaffen abhängig. Literarische Postulate können zwar zeitweilig sehr wesentlich von den Möglichkeiten gegebener literarischer Situationen abweichen, aber wenn sich die Vorstellung davon, wie die Literatur auszusehen habe, nicht unaufhörlich im Bereich der Fiktion bewegen soll, muß sie von der literarischen Wirklichkeit als Grundlage weiteren Bemühens ausgehen.

3. *Die Rezeption literarischer Werke und ihre Konkretisationen*

Wenn die Literaturgeschichte die wesentlichen Züge des literarischen Lebens ergründen will, kommt es für sie nicht nur darauf an, die positive oder negative Wertung eines literarischen Werkes festzustellen oder zu bestimmten Schlüssen über den Geschmack der Leserschaft zu gelangen, sondern ihr liegt viel mehr daran, die konkrete Form literarischer Werke, so wie sie sich bei der ästhetisch ausgerichteten Lektüre herausbildet, im historischen Zeitablauf zu verfolgen. In älterer Zeit arbeitete die Literaturgeschichte mit einzelnen Werken als mit gegebenen Werten und untersuchte, wie ein solcher Wert von der Kritik und Leserschaft verstanden und entdeckt wird. Die Unterschiede und Unstimmigkeiten in der Wertung wurden als Fehler und Mängel des literarischen Geschmacks interpretiert auf Grund der Voraussetzung, daß eine einzige "richtige" ästhetische Norm existiert. Literarhistoriker, Ästhetiker und Kritiker haben sich jedoch niemals auf eine solche einheitliche und "richtige" Norm geeinigt. Weil es also keine richtige und einheitliche ästhetische Norm gibt, gibt es auch keine einheitliche Wertung, und ein Werk kann Gegenstand einer mehrfachen Wertung werden, wobei sich seine Form im Bewußtsein des Wahrnehmenden (seine Konkretisation) unaufhörlich wandelt. Den Terminus "Konkretisation" hat als erster Roman Ingarden in seinem Buch *Das literarische Kunstwerk* gebraucht. Er hat auch die Forderung ausgesprochen, das Leben literarischer Werke in ihren Konkretisationen zu erforschen. Ingarden sieht die Werkstruktur isoliert und statisch, ohne die Dynamik der Entwicklung der übergeordneten literarischen Struktur zu berücksichtigen. Daher meint er, ein Werk könne so konkretisiert werden, daß alle seine ästhetischen Qualitäten zur Geltung kommen; Unterschiede in der Konkretisation bezögen sich nur auf die Komponenten des Werks, welche schon ihrem Wesen nach unvollständig seien und eine Ergänzung durch die Vorstellungskraft des

Lesers verlangten (z. B. Beschreibungsschemata). Wenn wir jedoch den historischen, im Werk eingeschlossenen Strukturzustand auf der einen Seite und die Entwicklungsreihe der sich wandelnden literarischen Norm auf der anderen Seite betrachten, dann wird uns klar, daß nicht nur ergänzungsbedürftige Stellen, sondern die ästhetische Wirksamkeit des ganzen Werkes und damit auch seine Konkretisation ständigen Veränderungen unterworfen sind. Sobald ein Werk bei der Wahrnehmung in neue Zusammenhänge eingeschaltet wird (veränderter Sprachzustand, neue literarische Postulate, veränderte Gesellschaftsstruktur, ein neues System geistiger und praktischer Werte usw.), können im Werk gerade jene Eigenschaften als ästhetisch wirksam empfunden werden, die vorher so nicht empfunden worden waren, so daß eine positive Wertung auf gänzlich konträre Gründe gestützt sein kann. Gerade deshalb ist es Aufgabe der Literaturgeschichte, jene Veränderungen der Konkretisationen in der Rezeption literarischer Werke und die Beziehungen zwischen der Struktur des Werkes und der sich entwickelnden literarischen Norm zu untersuchen, weil wir so unsere Aufmerksamkeit immer dem Werk als ästhetischem Objekt widmen und die gesellschaftliche Tragweite seiner ästhetischen Funktion verfolgen. Wenn wir beim Studium der literarischen Entwicklung die Betonung auf die Erkenntnis dessen gelegt haben, was das Werk in der Reihe existierender Werke darstellt, legen wir beim Studium des literarischen Lebens die Betonung darauf, was das Werk bei der ästhetischen Wahrnehmung im Bewußtsein derer, die die literarische Öffentlichkeit bilden, tatsächlich geworden ist. Die *Lebenskraft eines Werkes* hängt davon ab, welche Eigenschaften es hinsichtlich der Entwicklung der literarischen Norm potentiell enthält. Wenn ein literarisches Werk auch bei einem Normwandel positiv gewertet wird, bedeutet dies, daß es eine größere Lebenskraft hat als ein Werk, dessen ästhetische Wirksamkeit sich mit dem Untergang einer Zeitnorm erschöpft. Die Rezeption eines Werkes wird auch von seiner Konkretisation begleitet und ein Normwandel verlangt auch eine neue Konkretisation des Werkes. Vom methodologischen Gesichtspunkt aus muß betont werden, daß uns vor allem kritische Konkretisationen als Quellen dienen, weil sich diese mit dem Werk vom Standpunkt des ganzen Wertsystems auseinandersetzen und zur Eingliederung des Werks in die Literatur beitragen; in kritischen Urteilen werden auch Gefallen oder Mißfallen mit Argumenten belegt. Ein Nachteil ist, daß uns über die Konkretisationen nur Aufzeichnungen zur Verfügung stehen und unsere Quellen nicht immer gleichwertig sind, so daß das historische Bild vom Leben eines literarischen Werkes notwendig vom Reichtum und der

Qualität der Quellen abhängig ist (vgl. *SaS* 7, 1941 *Struktura vývoje*, Prag 1969, S. 193 f.).

Besondere methodische Probleme entstehen, wenn wir die Rezeption eines Werkes in einem fremden literarischen Milieu verfolgen. Schon eine Übersetzung ist in gewissem Sinne eine Konkretisation, die der Übersetzer vornimmt. Das Echo bei Leserschaft und Kritik, welches ein Werk in fremder Umgebung hervorruft, ist oft ganz unterschiedlich vom Echo in seiner heimischen Umgebung, weil auch die Norm eine andere ist.

4. *Die literarische und außerliterarische Wirksamkeit literarischer Werke*

Bisher haben wir von der Wirksamkeit eines literarischen Werkes gesprochen, wie sie sich beim Leser und besonders bei den typischen Vermittlern zwischen Werk und Leser, den Kritikern, äußert, und zwar dann, wenn das Werk Objekt der ästhetischen Wahrnehmung ist. Aber ein Werk, welches in bestimmter Form auf den Leser einwirkt, kann auch auf sein Handeln, Denken und Fühlen Einfluß nehmen, denn es wird Bestandteil seines psychischen Lebens. Vor allem hat es Einfluß auf den literarischen Geschmack der Dichter unter den Lesern und kann daher auf ihr literarisches Schaffen einwirken, auch ohne daß sie sich dessen bewußt sind. Wir gelangen hier zum Problem des Einflusses, das wir oben bereits unter genetischen Gesichtspunkten verfolgt haben. Dort sind wir vom fertigen Werk ausgegangen und haben die Umstände untersucht, die auf seine Entstehung und Form einwirkten, so daß sich ein anderes literarisches Werk als Quelle enthüllen konnte oder als Faktor, der dazu beitrug, daß das Werk seine tatsächliche Gestalt annahm. Jetzt wollen wir das umgekehrte Verfahren anwenden: im Zentrum der Aufmerksamkeit steht nicht mehr das beeinflußte, sondern das beeinflussende Werk, und unsere Aufgabe ist es, alle diejenigen literarischen Erscheinungen zu erfassen, deren Entstehung oder ästhetische Wirksamkeit von der Existenz des untersuchten Werks abhängig sind. Wenn wir von der literarischen Wirksamkeit eines Werkes sprechen, dürfen wir außer den Fällen eines direkten bewußten oder unbewußten Einflusses auch jene Fälle nicht vergessen, in denen sich neue literarische Werke nur vor dem Hintergrund älterer Werke, von denen sie sich als ihr Gegensatz abheben, ästhetisch voll durchsetzen können. Das pflegt dort zu geschehen, wo z. B. der Stoff gleichbleibt, aber seine Auffassung verschieden ist, oder die Fabel erhalten ist, die Ausdrucksmittel sich jedoch ändern (Zeyers "erneuerte Bilder") oder wo es um eine künstlerisch neue Bewältigung älterer Kunst geht (z.B. Horas *Máchovské variace* [Variationen über Mácha]).

Neben der literarischen Wirksamkeit eines Werkes können wir auch seine Wirksamkeit im außerliterarischen Bereich verfolgen, besonders wenn das Aufrollen eines Problems mit literarästhetischen Mitteln zu seiner Lösung in der Lebenspraxis beitrug. Es ist allgemein bekannt, daß gerade die ästhetischen Qualitäten einer Dichtung den Leser so mächtig erregen können, daß die Art, in der Realitätsbezüge erfaßt oder angedeutet werden, auch auf sein Verhalten Einfluß nehmen kann. Erinnern wir nur an die bekannten Fälle, wie literarische Personentypen auf die Stilisierung gesellschaftlicher Modetypen einwirken, wie die Moral eines Werkes die Moral der Gesellschaft beeinflußt, wie die Gesellschaft dem Werk Funktionen im Kampf um die Verwirklichung bestimmter sozialer, wirtschaftlicher und nationaler Forderungen zuspricht etc. Einen besonderen Platz nimmt in dieser Hinsicht die Tendenzliteratur oder die sogenannte didaktische Dichtung ein, in der die Rücksicht auf außerliterarische Wirksamkeit Bestandteil der Absicht des Autors ist. Bei einer solchen Untersuchung geraten wir jedoch schon auf ein Terrain, auf dem die Literaturgeschichte mit den Interessen anderer historischer Wissenschaften kollidiert, welche von ihrem Standpunkt aus das Ausmaß dieser außerliterarischen Wirksamkeit oft besser beurteilen können als der Literarhistoriker, der sich auf den Bereich literarischer Phänomene konzentriert.

Felix Vodička

DIE KONKRETISATION DES LITERARISCHEN WERKS

Zur Problematik der Rezeption von Nerudas Werk

In diesem Aufsatz geht es uns darum, einer literarhistorischen Untersuchung über die Rezeption (ohlas) literarischer Werke methodologisch den Boden zu bereiten. Es gilt, die theoretischen Erkenntnisse, zu denen der Strukturalismus vorgedrungen ist, dem Literarhistoriker für seine konkreten Aufgaben in der Weise verfügbar zu machen, daß mögliche Fehlerquellen ausgeschaltet werden. Denn wo man nicht voll durchreflektierte, wie künstlerische Werke in der Zeit wirken, wurden häufig Urteile ausgesprochen, die nicht den Charakter wissenschaftlicher Erfahrungstatsachen und Erkenntnisse hatten. Die Grundsätze des Strukturalismus werden demnach für unsere Überlegungen besonders auch in solchen Fällen Ausgangspunkt sein, in denen manche Probleme schon früher genauer ausgeführt oder wenigstens angedeutet worden sind; wir wollen hier die Frage der Rezeption jedoch nicht im Hinblick auf die allgemeine Kunsttheorie verfolgen, sondern unter dem Gesichtspunkt literarhistorischer Aufgaben. Dort, wo es nötig sein wird, Einzelfragen an konkreten Beispielen zu erläutern, verwenden wir dazu vor allem Material, das zur Erforschung der literarischen Rezeption von Nerudas Werk ausgewählt wurde.

Die Frage der Rezeption in der literarhistorischen Praxis und in der Theorie des Strukturalismus

F. X. Šalda, der sich mit der Frage der Rezeption eines Werks bereits in der Studie "O takzvané nesmrtelnosti díla básnického" [Über die sogenannte Unsterblichkeit des dichterischen Werks, 1928] beschäftigt hat, schrieb im Jahre 1936 in dem Artikel "Hořčičné semeno Máchovo" [Das Senfkorn, das Mácha säte]: "Die Literaturgeschichte beschränkt sich sehr zu Unrecht darauf, daß sie uns nur über die *Genesis* eines Werks unterrichtet, worunter sie seine Hervorbringung von den ersten Anregungen und Anstößen bis zu seiner materiellen Vollendung versteht. Der zweite, oft größere und kompliziertere Teil ihrer Aufgabe wartet noch auf sie: die Beschreibung nämlich, wie das Werk sich im Sinne der folgenden Generationen verwandelte, die sich mit ihm beschäftigten, die aus ihm lebten, die sich an ihm sättigten und mit ihm ernährten. Dies ist der zweite Teil des Lebenslaufes eines Werks – und dieser pflegt oft, ja in der Regel, vernachlässigt zu werden." [1] Im ganzen läßt sich leicht erklären, warum sich die Literaturgeschichte bislang nur in Ausnahmefällen mit der sich wandelnden Bewertung eines Werks beschäftigte. Die Ursache liegt in der unterschiedlichen wissenschaftlichen Orientierung der einzelnen Epochen der Literaturgeschichte. Die philologische Orientierung führte zur Untersuchung des Textes, die Orientierung an Taine richtete ihre Aufmerksamkeit auf das Werk als ein Produkt, die an Hettner auf die Entfaltung von Ideen in literarischen Werken, psychologisierende Richtungen konzentrieren ihre Aufmerksamkeit auf den Autor, während das Werk für sie nur ein Dokument ist, in dem das psychische Leben des Dichters Ausdruck findet; soziologische Methoden verfolgen zumeist in außerhalb des Werks liegenden Zusammenhängen die Beziehung des Autors zu sozialen Problemen oder die gesellschaftliche Determiniertheit eines Werks. Komplizierte Methoden wurden entwickelt, wie man den stofflichen Bereich im Werk untersuchen sollte, und schließlich Methoden zur Erforschung der Ausdrucksmittel, die im Werk wirksam werden. Der Untersuchung des Werks jedoch, das sich vom Autor gelöst hat und sich in seiner Wirkung auf die Leser und in der Gestalt, in der es in der Literatur lebt, wandelt, ist bislang in der Literaturgeschichte nicht genügend Aufmerksamkeit gewidmet worden, ja es war natürlich nicht einmal methodologisch klar, wie man ein Problem erklären und beherrschen sollte, dessen Kompliziertheit vor allem darin zum Ausdruck kommt, daß das Werk in seiner Entfaltung in der Zeit sehr häufig völlig gegensätzlichen Urteilen ausgesetzt ist. Es ist üblich geworden, die Wandlungen des Stoffs oder die Wandlungen literarischer Gattungen anhand verschiedener Kunstwerke zu verfolgen, den Wandlungen des Werks aber, die sich in der ästhetischen Rezeption realisieren, ist man bislang nur in Ausnahmefällen nachgegangen. Den Literarhistorikern schien es häufig, daß diese Frage eigentlich Gegenstand der Kulturgeschichte ist, die unter anderem die Entwicklung des allgemeinen Geschmacks untersucht, denn einzelne Zeugenberichte von literarischen Werken galten als Ausdruck dieses Geschmacks. Lanson, der die Aufgaben der Literaturgeschichte aufzählt, fordert unter anderem auch, daß Erfolg und Einfluß eines Werks untersucht werden, doch Ziel ist dabei nicht die Untersuchung der Wandlungen eines Werks, sondern eine

Sammlung aller Angaben darüber, wie "das Buch aufgenommen wurde und was in den Sinnen erhalten blieb". Gleichzeitig war sich Lanson jedoch dessen bewußt, daß der Literaturhistoriker bei der Rezeption eines Werks von seiner Zeit gelenkt wird; er bezweifelte, daß es – auch bei noch so großem Bemühen um Objektivität – möglich ist, jene subjektiven und zeitgebundenen Elemente in allen ihren Konsequenzen zu eliminieren; grundsätzlich aber stellte er die Forderung auf, das Werk sei historisch zu beurteilen, d.h. im Hinblick auf den Autor und seine Zeit. Wie hilflos man dem ganzen Problem der Rezeption gegenübersteht, sofern man sich nicht ausschließlich auf die historische Beschreibung von äußeren Zeugnissen über Erfolg oder Mißerfolg eines Werks (d.h. Berichte über seine Auflagenzahl, Zahl der verkauften Exemplare, Lob oder Tadel usw.) beschränken will, davon zeugt auch die entsprechende Stelle bei Julius Petersen im ersten Band des Buches *Die Wissenschaft von der Dichtung* (Berlin 1939, S. 268): "Jedes einzelne Werk, jeder Dichter, jede Dichtungsepoche hat ihre Wirkungsgeschichte, in der sich zunächst weniger ihr eigenes Wesen kundgibt als die wechselnde Richtung der Zeiten in den Widersprüchen ihrer Beurteilung. Nur indirekt, insofern das Verstehen eine Verwandtschaft, das Mißverstehen ein Abgewandtsein des jeweiligen Zeitgeistes gegenüber Werk und Dichter offenbaren, sind Rückschlüsse aus der Wirkung auf die Wesensart eines Werkes möglich. Vielleicht kann man aus der Spannweite der Pendelschwingung kontrastierender Urteile etwas über Sicherheit oder Unsicherheit des Wertes erschließen. Die Wirkungsgeschichte bietet der Geschmacksgeschichte kaum nennenswertes Material, wenn sie keine unbegreiflichen Widersprüche aufweisen kann. Je überschwenglicher dagegen Lob und Tadel auseinandergehen, desto weniger ist ein objektiver, fester Wert zu erkennen, und desto mehr dienen die Urteile zur Charakteristik derer, die sie aussprachen, so daß Wirkungsgeschichte mit Geschmacksgeschichte gleichzusetzen ist. Je geringer die zeitlichen Gegensätze ausschwingen, desto mehr kann die Wirkungsgeschichte zur Wertbestimmung beitragen. Wenn sich die Schätzung des Werkes geschichtlichen Schwankungen entzieht, nähert sie sich jener unerschütterlichen Wertbeständigkeit, die Nicolai Hartmann das 'Stehenbleiben des Monumentalen' nennt."

Petersen steht demnach den Ergebnissen rezeptionsgeschichtlicher Untersuchungen skeptisch gegenüber, weil gegensätzliche Beurteilungen seiner Meinung nach nur wenig Material zum Verständnis des Wesens eines Werks vermitteln. Er meint, daß diese Art Erforschung der Frage nach dem Wert eines Werks mehr Verwirrung stiftet, als daß sie zu ihrer

Klärung beiträgt. Jedes literarische Werk erfüllt jedoch in der Literatur eine bestimmte gesellschaftliche Funktion; *wie* es nun diese Funktion erfüllt, kann man allerdings nicht durch die Analyse der Werkstruktur erkennen, sondern einzig dadurch, daß man verfolgt, wie das Werk aufgenommen wurde, welche Werte man ihm zuschrieb, in welcher Gestalt es sich denen darbot, die das Werk ästhetisch erlebten. Man muß untersuchen, welche Bedeutungsverknüpfungen es hervorruft, in welchem gesellschaftlichen Umkreis das Werk lebt und in welcher hierarchischen Eingliederung. Die Literaturgeschichte als Wissenschaft, die der Entwicklung der literarischen Struktur nachgeht, kann sich, wenn sie die Wandlungen der ästhetischen Norm in den einzelnen Epochen erfassen will, nicht damit begnügen, ihre ganze Aufmerksamkeit der Werkanalyse zu widmen, weil nicht das Werk selbst von der wirklichen literarischen Atmosphäre Zeugnis ablegt, sondern die Vorstellung und die Wirkung, die das Werk beim Leser hervorruft, und die Weise, in der es sich in die Literatur eingliedert.

Die übliche literarhistorische Praxis beruhte, was die Frage der Rezeption angeht, darin, kritische Stimmen zusammenzustellen und zu bewerten, wobei der Erfolg, gegebenenfalls der Mißerfolg eines Werks bei den Kritikern konstatiert wurde. Der Literarhistoriker nahm die Stellung eines Richters zwischen Autor und Kritiker ein, entweder verteidigte er den Autor, oder aber er verteidigte den Kritiker. Man registrierte Rezeptionsvorgänge, bei denen ein Werk beurteilt oder analysiert wurde, und an ihnen wurde das jeweilige Verständnis- und Erkenntnisverfahren verdeutlicht. Hiermit hing zusammen, daß kritische Stimmen nicht von wissenschaftlichen Urteilen unterschieden wurden, obwohl sie ihrer Art und Funktion nach ganz anderen Charakter haben. Gegenstand der literarhistorischen Untersuchung war nicht die Rezeption eines literarischen Werks, vielmehr handelte es sich um einen kritischen Überblick, der die Ergebnisse der Betrachtung eines Werks, Autors oder Problems reflektierte. (...)

Wir denken hier allerdings an die Rezeption im engeren Sinne des Wortes. Den Einfluß eines Werks oder Autors auf andere Schriftsteller lassen wir vorerst beiseite, ebenso die Frage nach der Übersetzung eines Werks in andere Sprachen, die Frage der Propagierung eines Werks, die Tatsache, daß ein Werk zur Inspirationsquelle für andere Künste wird usw. Vorerst werden wir uns nur darauf konzentrieren, das Leben eines Werks in der Literatur zu verfolgen, d. h. auf die Rezeption, die aus der aktiven Beziehung der literarischen Öffentlichkeit zu einem literarischen Werk, das als ästhetisches Objekt aufgenommen wird, hervorgeht. Im ganzen ist die Frage einer derart eingegrenzten Rezeption bislang in der literarhistorischen Praxis durch zwei Standpunkte charakterisiert: durch ästhetischen Dogmatismus und extremen Subjektivismus. Der Dogmatismus suchte im Werk ewige unveränderliche ästhetische Werte, oder er betrachtete die Geschichte der Rezeption als einen Weg zur endgültigen und richtigen Erkenntnis. Der extreme Subjektivismus sah demgegenüber in allen Rezeptionsvorgängen Zeugnisse einer individuellen Rezeptions- und Verständnisweise und versuchte nur in Ausnahmefällen diesen Subjektivismus und seine zeitgebundene Determination zu überwinden.

Die literarhistorische Lösung des Problems "Rezeption" erfährt durch den Strukturalismus neue Anregungen. Wir wollen hier vor allem kurz die bekannten Hauptthesen von Mukařovský rekapitulieren, der in der Frage der Wirkung eines Kunstwerks von der älteren Theorie des "ästhetischen Objekts" ausgeht. In seiner Studie "Polákova *Vznešenost přírody*" [Poláks *Erhabenheit der Natur*] wandte sich Mukařovský grundsätzlich gegen Literarhistoriker, die ältere Werke der Literatur vom Gesichtspunkt ihres eigenen ästhetischen Fühlens bewerten; ein Literarhistoriker kann die ästhetische Wirksamkeit eines Werks höchstens für eine bestimmte Zeit rekonstruieren, vor allem jedoch für den Zeitraum, der den Eintritt des Werks in die Literatur kennzeichnet; sein Ziel muß es dabei sein, den Entwicklungswert des betrachteten Werks festzustellen. Im Bewußtsein derer, die ein Werk rezipieren, existiert dieses als ästhetisches Objekt, das der Betrachter den eigenen oder zeitgebundenen ästhetischen Wertvorstellungen anpaßt. Das Werk als ästhetisches Objekt ist in bestimmter Weise fixiert, während der Literarhistoriker "die dichterische Struktur in ständiger Bewegung als unaufhörliche Umgruppierung von Komponenten und als einen unaufhörlichen Wandel ihrer Beziehungen sehen muß" [2].

Allgemeiner betrachtet Mukařovský die ästhetische Wirksamkeit des Werks in der Zeit in seinem Buch *Estetická funkce, norma a hodnota jako sociální fakty* [Die ästhetische Funktion, die ästhetische Norm und der ästhetische Wert als soziale Fakten. Eine vollständige deutsche Übersetzung liegt vor in: J. Mukařovský, *Kapitel aus der Ästhetik*, Üb. W. Schamschula, Frankfurt a. M. 1970 (es 428), S. 7–112]. "Vor allem ist zu betonen, daß das Kunstwerk keineswegs eine unveränderliche Größe darstellt: durch jede Verschiebung in der Zeit, im Raum und in der sozialen Umwelt verändert sich die aktuelle künstlerische Tradition, durch deren Prisma das Werk wahrgenommen wird, und unter dem Eindruck dieser Verschiebungen verändert sich auch das ästhetische Objekt, das im Bewußtsein der Mitglieder des jeweiligen Kollektivs dem materiellen Artefakt, der Schöpfung des Künstlers entspricht. Ein bestimmtes Werk, mag es auch in zwei voneinander entfernten Perioden gleichermaßen positiv gewertet worden sein, ist dennoch jedesmal ein anderes ästhetisches Objekt, also in bestimmtem Sinne ein anderes Werk. Es ist natürlich, daß sich bei diesen Verschiebungen des ästhetischen Objekts oftmals auch der ästhetische Wert verändert." Nach Mukařovský unterliegen auch Werke sogenannter "ewiger Werte" Wandlungen der ästhetischen Bewertung; als Beweis hierfür dient z.B. die Entwicklung des szenischen Verständnisses von Shakespeares Stücken. An der Ausbildung des ästhetischen Werts hat auch der soziale Charakter der Kunst Anteil, der Zustand der künstlerischen Umwelt, die Kritik, Verlagswesen, Reklame usw. "Der ästhetische Wert ist also ein Prozeß, dessen Verlauf einerseits durch die immanente Entwicklung der Struktur selbst bestimmt wird (vgl. die aktuelle Tradition, vor deren Hintergrund jedes Werk gewertet wird), andererseits durch die Bewegung und die Verschiebungen der Struktur des gesellschaftlichen Zusammenlebens." Von den weiteren Ausführungen Mukařovskýs ist für unser Thema seine Deutung des Kunstwerks als eines Zeichens wichtig. Das literarische Kunstwerk lehnt sich zwar "eng an den Bereich der mitteilenden Zeichen an, doch auf die Weise, daß sie die dialektische Verneinung einer wirklichen Mitteilung bildet". "Die sachliche Bezogenheit ist hier vielfältiger Art und weist auf Wirklichkeiten hin, die dem Betrachter bekannt sind, die jedoch keinesfalls im Werk selbst ausgedrückt und angedeutet sind und sein können, denn sie bilden einen Bestandteil der intimen Erfahrung des Betrachters." Mukařovský nimmt jedoch nicht an, daß dieses Verständnis, das auf die intime Erfahrung des Betrachters verweist, zum ästhetischen Subjektivismus führen könnte, sondern "die Haltung, die das Individuum gegenüber der Wirklichkeit einnimmt, ist kein exklusiver persönlicher Besitz, sondern sie ist in beträchtlichem Maße – bei weniger starken Persönlichkeiten sogar fast ganz – durch die sozialen Beziehungen vorgegeben, in die das Individuum eingespannt ist" [3].

Dies sind die wesentlichsten Thesen, die wir zur Lösung jener literarhistorischen Aufgaben verwenden können, die mit Fragen der Rezeption verknüpft sind. Betont wird hier vor allem die Wandelbarkeit des ästhetischen Verständnisses eines Werks, die durch Tatsachen bestimmt wird, die Einfluß auf die Betrachtungsweise eines Kunstwerks ausüben, ob sie nun bereits aus der aktuellen Situation der sich entwickelnden künstlerischen Tradition hervorgehen oder andere Ursachen gesellschaftlichen Charakters haben. Die Ursachen dieser Wandelbarkeit sind jedoch nicht nur im Betrachter zu suchen, sondern ebenso in dem besonderen Charakter des Kunstwerks, das Eigenschaften einer Struktur besitzt und eine Gesamtheit von Zeichen darstellt; dabei wird die kommunikative Bestimmtheit dieser Zeichen jedoch durch die ästhetische Funktion so sehr aufgelockert, daß dadurch verschiedene Bedeutungsverknüpfungen angeregt werden können. Man muß demnach allgemein mehrere ästhetische und bedeutungsbezogene Interpretationen des betrachteten Werks gelten lassen, wobei jede im Prinzip die gleiche Gültigkeit und Überzeugungskraft besitzt, die allerdings zeitlich, gesellschaftlich und in bestimmtem Maße auch individuell begrenzt ist. Wenn wir daher die Rezeption untersuchen, so wird unsere Aufmerksamkeit vom eigentlichen Werk auf das ästhetische Objekt gelenkt, mit dem das Werk im vorliegenden Fall im Bewußtsein des Betrachters identifiziert wird.

Nach dem Leben eines literarischen Werks bei seiner Rezeption durch den Leser fragt auch der Phänomenologe Roman Ingarden in seinem Werk *Das literarische Kunstwerk* (1931) sowie in seinen späteren Arbeiten. Ingarden gelangte in diesen Arbeiten zu mehreren Grundthesen, die den Bau des literarischen Werks betreffen. Im literarischen Werk, dessen Einheit struktural verstanden wird und auch durch seine ästhetische Ausrichtung gegeben ist, sieht er vier Schichten: die lautliche Schicht, die Bedeutungsschicht, die Schicht schematisierter Ansichten, auf der die im Werk dargestellten Gegenständlichkeiten erscheinen, und die Schicht der dargestellten Gegenständlichkeiten (d.h. die Thematik). "Das literarische Werk (z.B. *Die Göttliche Komödie* von Dante) ist von seinen einzelnen Konkretisationen zu trennen, die beim jeweiligen Lesen des gleichen Werkes (gegebenenfalls szenische Aufführung) entstehen. Das literarische Werk selbst ist im Gegensatz zu seinen Konkretisationen ein schematisches Gebilde. Das heißt, daß einige Schichten, besonders die Schicht der schematisierten Ansichten und die Schicht der dargestellten Gegenständlichkeiten Unbestimmtheitsstellen enthalten. In den Konkretisationen des literarischen Werkes vollendet sich die 'Ausfüllung' der Unbestimmtheitsstellen, jedoch werden nicht alle gefüllt und auch nicht immer in gleicher Weise. Die Konkretisation des literarischen Werkes ist deshalb ebenfalls ein schematisches Gebilde, aber in geringerem Maße als das Werk selbst." Vergleicht man Ingardens Thesen mit denen von Mukařovský und läßt man dabei die Frage nach den Schichten im Kunstwerk beiseite, so wird deutlich, daß sie sich in manchen Punkten unterscheiden.

Der Prager Strukturalismus begreift die Werkstruktur als Bestandteil der höheren Struktur der literarischen Entwicklung. Die übergeordnete Struktur der literarischen Tradition ist hierbei immer präsent als ein Faktor, der die ästhetische Wirksamkeit des Werks organisiert, wenn dieses zum ästhetischen Objekt wird. Deshalb wird das Werk als Zeichen verstanden, dessen Bedeutung und ästhetischer Wert nur auf der Grundlage der literarischen Konvention einer bestimmten Zeit zu erfassen sind. Demgegenüber sieht Ingarden die Ursache für die Unterschiedlichkeit von Konkretisationen vor allem im schematischen und nicht ganz zu Ende geführten Charakter mancher Werkschichten, während andere Werkschichten sich ihre Identität erhalten und das Werk selbst mit seiner "polyphonen Harmonie ästhetischer Wertqualitäten" den Charakter einer Struktur hat, deren ästhetischer Wert unabhängig von der Entwicklung der zeitgebundenen literarischen Norm ist. Ingarden ist sich zwar dessen bewußt, daß eine zeitgebundene Weise des Lesens existiert, die der literarischen Gesamtatmosphäre entspricht[4], doch die Verwandlungen eines Werks in seinen Konkretisationen dürfen die Identität des Werks in den nicht-schematischen Teilen nicht verletzen, andernfalls wäre die künstlerische Substanz des Werkes selbst verletzt. Ingarden setzt als ideale Möglichkeit eine Konkretisation voraus, die den adäquaten Ausdruck des Werks darstellen würde, d.h. die es ermöglichen würde, alle ästhetischen Qualitäten im Werk deutlich werden zu lassen (vgl. *Das literarische Kunstwerk*, S. 399). Dagegen kann man einwenden, daß der ästhetische Wert keine absolute Gültigkeit besitzt. Er steht immer in enger Beziehung zur Entwicklung der ästhetischen Norm, mit der er sich entweder identifiziert oder von der er sich absetzt, so daß nur einige Eigenschaften des jeweils vorliegenden Werks als ästhetisch wirksam empfunden werden.

Wenn wir bei unseren weiteren Ausführungen Ingardens Terminus der *Konkretisation* übernehmen, so werden wir ihn in etwas abgewandelter Bedeutung verwenden. Wir werden mit diesem Terminus allgemein die Widerspiegelung des Werks im Bewußtsein derjenigen bezeichnen, für die das Werk ein ästhetisches Objekt darstellt. Der Terminus "ästhetisches Objekt" bleibt somit der allgemeinen Kunsttheorie vorbehalten, während der Terminus Konkretisation andeutet, daß es sich um die konkrete Gestalt eines bestimmten Werks handelt, das Gegenstand ästhetischer Rezeption geworden ist. Natürlich kann das Werk auf vielfältige Weise konkretisiert werden. Konkretisiert sind jedoch nicht nur schematisierte Stellen, vielmehr gewinnt die Struktur des Gesamtwerks dadurch, daß sie auf dem Hintergrund der Struktur der aktuellen literarischen Tradition betrachtet wird, unter veränderten zeitlichen, örtlichen, gesellschaftlichen und in bestimmtem Maß auch individuellen Begleitumständen einen immer neuen Charakter.

Das Problem der Rezeption eines literarischen Werks setzt vor allem eine Untersuchung seiner Konkretisationen voraus. Die Notwendigkeit, diese Konkretisationen literarhistorisch zu untersuchen, braucht wahrscheinlich nicht betont zu werden. Die Schwierigkeiten der eigentlichen Untersuchung liegen jedoch im Charakter des Materials begründet. Zeugnisse über Konkretisationen, ob sie nun in Tagebüchern, Erinnerungen, Briefen, Kritiken oder kritischen Studien aufgezeichnet sind, bilden, je nach der Art, wie sie die Konkretisation erfassen, ein außerordentlich vielfältiges Material. Nicht einmal bei dramatischen Texten sind wir in einer besseren Lage; dort bedeutet zwar die Inszenierung selbst die Konkretisation, doch von der Konkretisation der Theateraufführung als eines künstlerischen Werks bei den Zuhörern erfahren wir wiederum nur aus Beschreibungen und indirekten Nachrichten. Daher ist es notwendig, in jedem Einzelfall eine Kritik des untersuchten Materials vom Gesichtspunkt des verfolgten Ziels her durchzuführen. Und gerade diesen methodologischen Fragen sind die folgenden Bemerkungen gewidmet, die sich auf das "Material" Jan Neruda stützen.

Das literarische Werk als künstlerischer Wert und die Absicht des Autors

Vor allem wollen wir an dieser Stelle darauf hinweisen, daß das literarhistorische Interesse sich nicht so sehr auf einzelne Eindrücke von Lesern konzentriert als vielmehr auf die, die eine bestimmte Konkretisation festigen oder dazu vorherbestimmt sind, zu ihrer Festigung beizutragen. Das literarische Werk reiht sich nämlich in die literarische Tradition, d. h. in die Gesamtheit der gültigen ästhetischen Normen und Werte nicht dadurch ein, daß es schlicht existiert, sondern dadurch, daß seine Konkretisation in ihren Hauptumrissen fixiert ist. Praktisch bedeutet dies, daß das Werk nach einer bestimmten Zeit der Unschlüssigkeit, die durch seine Neuheit verursacht ist, in einer bestimmten Konkretisationsgestalt in die Literatur aufgenommen wird. Die so gefestigte Konkretisation hat natürlich nur eine zeitlich begrenzte Gültigkeit. Ein Werk existiert in der Literatur in neuer Gestalt erst dann, wenn eine neue Konkretisation registriert und veröffentlicht ist und – sofern sie gewissen Anklang findet – in das System der literarischen Werte einer Zeit aufgenommen wird. Es kann natürlich geschehen, daß zwei oder drei

Fixierungen von Konkretisationen nebeneinander vorhanden sind, und zwar beruht dies darauf, daß im betreffenden Augenblick zwei oder drei Normen in der Literatur nebeneinander existieren, unterschieden z. B. durch Generationszugehörigkeit.

Die Konkretisationen von literarischen Werken haben demnach ihren festen Platz in der Literatur, durch sie gliedern sich zeitgenössische oder in der Vergangenheit verfaßte literarische Werke in die aktuelle literarische Tradition als Werte ein. Sobald sich ein Werk auf diese Weise in die Literatur eingereiht hat, wird es selbst Bestandteil dieser Tradition und selbst zur Norm, an der andere Werke gemessen und bewertet werden; zur Norm wird es allerdings in der Gestalt, die ihm die Konkretisation verliehen hat. Natürlich handelt es sich hierbei um diejenige Konkretisation, die am treffendsten wiedergibt, was ein Werk dem Leser einer bestimmten Zeit bietet. Aus dem eigentlichen Wesen literarischer Wirklichkeit geht demnach hervor, daß innerhalb der Gesamtheit derjenigen, die das literarische Leben und die literarische Gesellschaft bilden, neben dem Autor und dem Leser ein besonderer Platz auch dem Kritiker gebührt. Es ist gerade die Funktion des Kritikers, die Konkretisationen literarischer Werke zu fixieren, sie in das System literarischer Werte einzugliedern. Nicht nur, daß der Kritiker die Leserkonkretisation beschreibt, vielmehr wird er bereits durch seine Funktion zu einer Wertung geführt, die die Konfrontation der Eigenschaften des Werks mit den literarischen Forderungen der Zeit notwendig macht. Es ist daher verständlich, daß besonders bei der Untersuchung der literarischen Rezeption Urteile der Kritiker die Aufmerksamkeit auf sich lenken. Kritische Werke sind für uns allerdings nicht nur solche, die sich dafür ausgeben, sondern auch Studien, die ungeachtet dessen, daß sie ein wissenschaftliches und literarhistorisches Ziel verfolgen, in sich kritisch vorgehen. Wenn z. B. Jakubec das Motiv der sechs Farben auf dem Körper der gemarterten Heiligen Katharina in der *Legende von der Heiligen Katharina* als "geschmacklos" (*Dějiny lit.*, Bd. I, S. 157) bezeichnete, so verband er hier mit seinem Argumentationsverfahren eine ästhetische Wertung und konkretisierte das Werk unter dem Gesichtspunkt realistischer Nüchternheit und Wahrscheinlichkeit. Nováks *Jan Neruda* aus dem Jahre 1910 ist in allen Teilen, die Nerudas Werk betreffen, eine kritische Arbeit, die darauf abzielt, das Werk Nerudas neu zu konkretisieren und ästhetisch zu bewerten.

Wir haben bereits angeführt, daß ein Werk sich nur dann fest in die Gesamtheit literarischer Werte einer aktuellen literarischen Tradition einfügt, sofern seine Konkretisation beschrieben worden ist, d. h. kritisch bewertet worden ist. Wenn es nicht zu einer kritischen Bewertung und zu einer Fixierung der Konkretisation kommt, so wirkt das Werk zwar durch seine Eigenschaften in der immanenten Entwicklung der literarischen Struktur, doch seine Stellung in der Gesamtheit der Werte einer bestimmten literarischen Epoche ist nicht festgelegt. So blieben z. B. Nerudas *Hřbitovní kvítí* [Friedhofsblüten] lange Jahre ohne eine Konkretisation, die dieses Werk in die Gesamtheit der literarischen Werte eingeordnet hätte. Uns sind zwar viele negative private Urteile bekannt, doch die erste Kritik wurde erst im Jahre 1864 publiziert, d. h. 7 Jahre nach dem Erscheinen des Werks, und sie bewegt sich so deutlich im Rahmen überlebter literarischer Normen, daß ihre Überzeugungskraft für die Máj-Generation minimal sein mußte. Trotzdem blieben *Hřbitovní kvítí* viele Jahre, nämlich bis 1896, als Vrchlický sich über sie äußerte – mit stärker historischer als ästhetischer Akzentuierung –, ohne publizierte und fixierte Konkretisation. Und doch handelt es sich um ein Werk, das eine kritische Bewertung, gegebenenfalls eine negative, offensichtlich unmittelbar herausforderte. Wir werden hier die Frage nach der Konkretisation von Nerudas *Hřbitovní kvítí* etwas weitläufiger ausführen, um deutlich zu machen, wie der gesamte Plan des Autors, der auf der Voraussetzung einer kritischen Konkretisation basierte, ohne diese zusammenbrach.

Nerudas Buch war bewußt revolutionär, und Neruda selbst provozierte die Kritik zu negativer Beurteilung.

Však znám ten lid, jenž nožem pitvy hnusné
si chléb a slávu potem dobývá,
snad zpěv můj klada ne své váhy nuzné,
juž znak mu svého soudu v čelo vyrývá.

Doch kenne ich das Volk, das mit dem Messer ekler Sezierung
sich Brot und Ruhm im Schweiß erobert,
das meine Lieder vielleicht auf seine dürftge Waage legt
und so das Zeichen seines Urteils ihnen in die Stirn graviert.

Nach den Studien von Šalda, Mukařovský und Arne Novák sieht man die historische Bedeutung von Nerudas Auftreten allgemein in der Prosaisierung der dichterischen Sprache. Doch in den *Hřbitovní kvítí* ging Neruda noch weiter. Die ganze Sammlung ist eine bewußte Kritik an einer früheren Poetik, die Poesie mit Idealisierung identifizierte. Traditionelle Begriffe wie der Wert des Lebens, die Liebe, das Ideal, der Sinn des Geschehens, die Ewigkeit, der Glaube, das Vaterland, die

Erde, die Tugend, die soziale Harmonie, die Armut werden in einer Weise beschrieben, die sie demaskiert, ihnen den idealistischen und illusionistischen Glanz nimmt und sie einer strengen Analyse unterwirft. Arne Novák stellte bei seiner Analyse der sprachlichen Mittel des jungen Neruda fest, daß dieser häufig Fragesätze verwendet (*Slovo a slovesnost* I, 1935, S. 93). Wenn wir diese Tatsache vom Gesichtspunkt der Funktion her beurteilen, so stellen wir fest, daß die Frageform hier Ausdruck des analytischen Verfahrens ist. Wenn Neruda die Frage stellt "Was ist Liebe?" (II, 26), so ist es sein Ziel, dem Wort Liebe, dem in der Poesie traditionell ein idealisierender Inhalt zugeschrieben wird, den poetischen Charakter zu nehmen und es auf untraditionelle Weise der Realität anzunähern im Sinne von Schopenhauer:

Aby nevymřelo člověčenstvo,
kdy se osud zvrátí větrnatý,
tvoří příroda ty sličné tváře,
sličné tváře, a ty – pěkné šaty.

Damit das Menschengeschlecht nicht aussterbe,
wenn das Schicksal umschlägt gleich dem Wind,
schuf die Natur jene hübschen Angesichter,
hübsche Angesichter, und jene – schönen Kleider.

Mácha sah die Welt in Gegensätzen, stellte dem Ideal und Traum, die ihren eigenen Wert behielten, die Wirklichkeit gegenüber, demgegenüber reduzierte Neruda mit seiner ironisierenden Methode die konventionellen Poetismen auf ihren Wirklichkeitsgehalt, deckte die Inhaltslosigkeit, die tatsächliche Unwahrhaftigkeit von poetischen Worten auf, versah die Poesie mit einer Bedeutung, die sich auf die unmittelbare Beziehung zur Wirklichkeit stützt. In ganz untraditioneller Weise verband er z. B. das Bild von Mutter und Prostituierter (II, 36).

Im Sinne traditioneller poetischer Normen war Nerudas gesamtes Verfahren eigentlich eine Negierung der Poesie. Er selbst sagt darüber:

Poezie žila, dokud každý
snům svým víc než pravdě uvěřil,
dokud věci nám ted malicherné
obrovským měřítkem vyměřil.
Dokud bájím věřil zastaralým,
ježto zrodil zpráchnivělý věk,
dokud v palmách dryadky se kryly –
a ne ságo našich polívek.

Die Dichtkunst lebte, solang jeder
seinen Träumen mehr als der Wahrheit glaubte,
solang er Dinge, die uns nun klein erscheinen,
an gewaltigem Maßstab maß.
Solang er an überkommene Sagen glaubte,
die ein zu Staub zerfallenes Zeitalter gebar,
solang Dryaden sich in Palmen versteckten –
und nicht Sago für unsere Suppen.

Im Gedicht Nr. 22 läßt sich der Dichter sogar in einem fantastischen Traum zum Grab der Poesie führen. Belege dieser Art könnte man beliebig vermehren, ich führe sie zur Erhärtung meiner These an, daß das gesamte Werk unmittelbar provokativ auf die Reaktion bei Leser und Kritik abzielte. Zu einer solchen Reaktion kam es zwar in privaten Äußerungen (vgl. die negativen Urteile nicht nur von Palacký und Mikovec, sondern auch von Frič, Pflegr und Šmilovský), eine Konkretisation von *Hřbitovní kvítí* – auch wenn sie negativ gewesen wäre – wurde jedoch nicht publiziert[5]. Der so gearteten Wirklichkeit verdankt Nerudas Satire *U nás* [Bei uns] ihr Entstehen. Hiervon zeugen nicht nur Anspielungen auf den *Lumír* und die *Pražské noviny* (Prager Zeitung), die zwar Kritiken versprechen, doch das Versprechen nicht halten (dies war der Fall bei *Hřbitovní kvítí*), nicht nur die Situation der Hauptgestalt Voláček, der eine Sammlung von Gedichten herausgegeben hat, sondern vor allem der Schluß der ganzen Satire, er ist äußerlich gegen Jakub Malý gerichtet, in Wirklichkeit jedoch legt Neruda hier dem Kritiker Worte oder Urteile in den Mund, die Jakub Malý im konkreten Kampf niemals ausgesprochen hat, die aber ganz offensichtlich die Absichten von Nerudas *Hřbitovní kvítí* erläutern. Der Kritiker meint zum Dichter:

Vy podřizujete řeč myšlénce!
Nač pokračovat také v řeči s časem,
nač obnovit chtít mluvu pěvců hlasem,
nač vůbec myšlének, když národ v plence?
Ta vaše řeč, a to mne tuze leká,
je předce příliš málo středověká!
Jen římskou periodou může lid
náš za nos ještě trochu veden být:
když periodám vašim nerozumí,
tot také sotva posoudit nás umí!

Ihr ordnet die Sprache dem Gedanken unter!
Wozu auch in der Sprache mit der Zeit gehen,
wozu die Rede mit der Stimme der Sänger erneuern wollen,
wozu überhaupt Gedanken, wenn das Volk in den Windeln liegt?
Eure Sprache aber, und das erschrickt mich sehr,
ist doch allzu wenig altertümelig!
Nur mit römischer Periode kann man unser Volk
noch ein wenig an der Nase führen:
wenn es eure Perioden nicht versteht,
so wird es auch uns kaum zu beurteilen wissen!

Neruda konnte sein Bemühen in *Hřbitovní kvítí* nicht besser ausdrücken als dadurch, daß er sich mit einer Richtung identifizierte, die "die Rede mit der Stimme der Sänger erneuern" will, ganz abgesehen davon, daß hier und anderweitig Nerudas Bemühen um eine sprachliche und thematische Prosaisierung der Literatur zum Ausdruck kommt. Dies alles hat jedoch die Kritik nicht erfaßt, auch nicht negativ, die Absicht des Dichters wurde weder als negativer noch als positiver Wert konkretisiert. Deshalb führte Neruda hier in seiner Satire die Konkretisation selbst durch, vielleicht um sein Mißlingen zu rechtfertigen. Zur Veröffentlichung von *U nás* konnte zwar die abweisende Kritik am Almanach *Máj* durch die *Pražské noviny* den Anlaß gegeben haben, durch die die Aufmerksamkeit einer breiteren Öffentlichkeit geweckt wurde, doch der eigentliche Gegenstand war Nerudas Interesse am Schicksal von *Hřbitovní kvítí* in der aktuellen künstlerischen Tradition und an der Art ihrer Konkretisation.

Dieses Beispiel deutet darauf hin, daß vor allem der Dichter selbst Interesse an einer Konkretisation hat, daß es sich für ihn darum handelt, die Konkretisation so durchgeführt zu sehen, wie er sie sich vorgestellt hatte. Neruda, der im Falle von *Hřbitovní kvítí* einen solchen Mißerfolg erleben mußte, hatte Zweifel, ob die *Písně kosmické* [Kosmische Lieder] in der Weise konkretisiert würden, wie er sie konzipiert hatte. Er fürchtete, daß die fachlichen Exkurse bei der Erläuterung des Kosmos dem Werk die Popularität nehmen könnten. Arbes nahm er die Bemerkung übel, es handle sich um ein unübliches Thema, und bereitete auf die Lektüre durch ein besonderes "kosmisches Feuilleton" in den *Národní listy* [Nationalblätter] vor, das den Leser auf humorvolle Weise mit dem kosmischen Thema vertraut machen sollte. Aus dem Feuilleton geht zugleich hervor, daß ihm daran lag, daß die Lieder nicht nur als komische (vgl. Arbes, "Arabesky literární" [Literarische Arabesken], in: *Spisy* [Werke], herausgegeben von Kočí, Bd. XVI, S. 253–285) bewertet würden. Gerade der Blick auf die Konkretisation bewirkte, daß sich Neruda in den *Písně kosmické* ständig auf der Grenze zwischen Ernstem und Komischem bewegte. Mit derselben angestrengten Aufmerksamkeit verfolgte Neruda auch die Konkretisation der *Prosté motivy* [Schlichte Motive], insbesondere bedrückte ihn die Kritik, die die reflexiven Elemente hervorhob, obgleich der Autor diesen keinen Wert beimaß (vgl. Quis, *Kniha vzpomínek* [Buch der Erinnerung], S. 387). Hier sehen wir uns nun allerdings dem bekannten Paradoxon gegenüber, daß ein Werk in der Literatur häufig in einer Gestalt existiert, die der Vorstellung des Autors grundlegend widerspricht. Von Interesse dürfte hierfür die Anmerkung sein, die sich darüber V. Dyk elegisch notierte: "Wir wissen niemals, was wir geschaffen haben, und unser Werk hängt nicht von uns ab. Die Zeit ist die zweite Komponente, die alles verändern kann, ohne daß wir es wollen" (*Vzpomínky a komentáře* [Erinnerungen und Kommentare] I, S. 103). Analog auch F. X. Šalda: "Und das dichterische oder künstlerische Werk beginnt nun ein Leben voller Wandlungen, sozusagen seinen Abenteuerroman: es hat sich von seinem Urheber gelöst, inspiriert das Leben um sich herum und knetet und formt es, doch wird es auch selbst von ihm geformt" (*O takzvané nesmrtelnosti díla básnického* [Über die sogenannte Unsterblichkeit des dichterischen Werks], S. 22).

Wir haben untersucht, wie das Werk durch die Konkretisation seinen Platz im Komplex der Werte einer Zeit findet. Vorstellbar ist allerdings auch der extreme Fall, daß ein Werk, vor allem innerhalb einer homogenen ästhetischen Kultur, ohne publizierte Konkretisation in festgelegter Gestalt existiert. Neben der schriftlich fixierten Kritik gibt es nämlich nach einem Terminus von Thibaudet auch die "spontane" mündliche Kritik, zu der es im gesellschaftlichen Rahmen, in den Salons (*Physiologie de la critique*, 1930) kommt. Dennoch kann man an Belegen, wie wir sie angeführt haben, zeigen, daß auch dem Autor so sehr an einer publizierten Konkretisation liegt, daß sie nicht nur zum Bestandteil seiner Intention wird, sondern er sich sogar bemüht, auf bestimmte Weise auf sie einzuwirken. Methodologisch notwendig bei der Erforschung der Rezeption ist es sicherlich auch, die Beziehung zwischen der Intention des Autors – soweit sie im Werk Ausdruck findet – und der Konkretisation sowie auch die Beziehung zwischen dem Entwicklungswert eines Werks und seiner Konkretisation zu untersuchen.

Die Beschreibung der Konkretisation Subjektive Elemente und der Zeitkontext

Weil es uns bei der Untersuchung der Rezeption vor allem um das verwandelte Bild eines Werks geht, wie es vor dem Hintergrund der literarischen Entwicklung erscheint, muß die literarhistorische Kritik des Materials aus methodologischen Gründen subjektive Elemente isolieren und festlegen, was in der vorliegenden Konkretisation konstante Zeitgültigkeit besitzt. Nicht alle Konkretisationen, die im Blick auf die individuelle Leserabsicht möglich sind, dürfen unser Erkenntnisziel sein, sondern nur diejenigen, die zeigen, wie Werkstruktur und Struktur zeitgebundener Literaturnormen einander begegnen.

Die Beschreibung einer Konkretisation ist nur außerordentlich selten synthetisierend. Gerade die ununterbrochene Konfrontation eines Werks mit den wirklichen oder den angestrebten Werten der Literaturnorm führt zu jenem analytischen Verfahren, bei dem einzelne Komponenten ästhetisch aktualisiert, einzelne als nicht wirksam empfunden werden, während andere wiederum vollkommen der vorliegenden Norm widersprechen. In Übereinstimmung damit wird auch das Werk als Ganzes organisiert, so wie es in der Konkretisation erscheint. Die Art und Weise der Beschreibung ist verschieden, sie kann impressionistisch oder auch intellektualistisch, gegebenenfalls auch ideologisch sein. In jedem Fall enthält die Beschreibung eine bestimmte Argumentation, auf die sich die Bewertung des vorliegenden Werks stützt. Weil dieser Rahmen der Beschreibung einer Konkretisation in engem Bezug einerseits zur Bewertung des Werks, andererseits zur Gesamtheit der zeitgebundenen Literaturnormen steht, wollen wir ihn hier allgemein mit einem Terminus aus der Linguistik als *Kontext* bezeichnen. Der Kontext enthält die Gesamtheit der Zusammenhänge, die es uns möglich machen, ein Werk ästhetisch zu betrachten und zu bewerten, die Wandlungen der Bewertung am sichersten an den Wandlungen des Kontextes zu untersuchen. Die Einheit des ästhetischen Empfindens ist in bestimmten literarischen Epochen oftmals nicht nur durch die Eigenart der literarischen Struktur gegeben (diese pflegt stets dialektisch zu sein) und beruht nicht einmal auf einer einheitlichen Bewertung, sondern geht weitaus stärker aus den gemeinsamen Eigenschaften des Kontextes hervor, der bei der Betrachtung von literarischen Werken in einem bestimmten Zeitraum die Gesamtbedingungen bestimmt. Die Untersuchung des Kontextes ermöglicht es uns auch am leichtesten, subjektive Elemente von zeitgebundenen Zeichen zu scheiden.

Die Urteile von Karásek, Šalda, F. V. Krejčí über Neruda und seine einzelnen Werke, Urteile, die aus der Zeit um 1901 stammen, unterscheiden sich deutlich in ihren Ergebnissen. Alle diese Studien haben jedoch im ganzen denselben Kontext, sie betrachten Nerudas Werk im Rahmen der psychischen Entwicklung seiner Persönlichkeit. Sie betrachten Nerudas Werk so, als handle es sich um ein Problem, das ihrer Generation nahestände. F. V. Krejčí geht im Verhältnis am wissenschaftlichsten und in der Beschreibung objektiv vor, doch stellt er alle Werke in einen psychologisch begründeten Entwicklungsrahmen. Karásek versteht Nerudas Werke in dem Maße, in dem Neruda sich dazu durchgerungen hatte, die (vom Kritiker vorausgesetzte) Krankhaftigkeit seiner Seele aufzudecken. F. X. Šalda sieht Neruda im Kontext als modernen Dichter voller innerer Widersprüche, die er durch bewußte Einfachheit überwunden hat. Bereits in den Jahren 1895 und 1896 kam es ebenfalls zu einer dreifachen Bewertung von Nerudas Werken durch Eliška Krásnohorská, Jaroslav Vrchlický und Eduard Albert. Dort war der gesamte Kontext bei der Beurteilung von Nerudas Werken vollständig anders, keineswegs auf die Persönlichkeit und ihre Probleme gerichtet, sondern auf eine objektiv gegebene Problematik: auf das Problem der Nationalkunst, auf Fragen von Schlichtheit und von Künstlichkeit bei der Bearbeitung, auf die Frage des Verhältnisses von Thema und Stil; es ging um Kontexte, die von der Voraussetzung ausgehen, daß das Kunstwerk Ausdruck der objektiven Beziehung des Autors zum Thema und ebenso zu Fragen künstlerischer Formgebung ist, und das auch dann, wenn es sich um Poesie intimen Charakters handelt. (...)

Der Kontext führt auch dazu, daß die Bedeutungsinterpretation des vorliegenden Werks sich auf eine völlig neue Bedeutungsebene verschiebt, obgleich der Text selbst keinen Anlaß dazu gibt. So gewinnen für A. Novák, der in das betrachtete Werk beständig die Persönlichkeit einbezieht, auch die *Balady a romance* [Balladen und Romanzen] Bedeutungen, die mit dem Kommunikationsgehalt des sprachlichen Konstrukts dieses Gedichts nichts gemein haben. Der balladisch und episch geschlossene Kreis *Ballada stará – stará* [Alte – alte Ballade] wird so z. B. folgendermaßen interpretiert: "Verschleiert stellt der Lyriker, der sich selbst anschuldigt, er habe die Liebe vor der Erfüllung verraten und in der "alten – alten Ballade" durch feige Kälte hingemordet, die tragisch reife, bis hin zu furchtbaren Konsequenzen zu Ende gedachte Metastase seines erotischen Romans dar." (*J. Neruda,* S. 77). – (Das bekannteste Beispiel einer solchen Bedeutungsverschiebung stellt die kirchliche Exegese des Hoheliedes dar.)

Der traditionelle Kontext macht es demgegenüber vollständig unmöglich, manche Eigenschaften des Werks zu begreifen. So fand Jakub Malý, der die gesamte Poesie der Mitglieder der *Máj*-Schule im Zusammenhang mit der kritischen Konkretisation von Máchas *Máj* aus dem Jahre 1836 beurteilte, in allen Werken, die seinem Geschmack nicht entsprachen, nur Subjektivismus und Pessimismus, während erst Neruda diese Polemik auf der Basis der Probleme sah, um die es wirklich ging, d. h. von der Frage der Entpoetisierung des Themas und der Prosaisierung der literarischen Aussage her (so in den Artikeln *Škodlivé směry* [Schädliche Tendenzen], in den *Obrazy života* [Lebensbilder], wo er dies anhand der Themen von Frau und Armut zeigte, die bis zu diesem Zeitpunkt traditionell idealisiert wiedergegeben worden waren).

Die Wandlungen der Struktur des "Autors" in der aktuellen Bewertung

Neben dem literarischen Werk, das ein Objekt der Bewertung und des ästhetischen Erlebnisses ist, wird oftmals auch zwischen dem "Autor" und der sich entwickelnden literarischen Struktur eine Beziehung hergestellt. Wir denken hier nicht an den Autor als ein psycho-physisches Wesen, sondern an den Autor in metonymischer Bedeutung, an die Einheit, die die Werke eines bestimmten Autors in ihrer Gesamtheit bilden. Komponenten dieser Struktur, die ebenfalls verschiedenen Bewertungen unterliegt und ebenfalls konkretisiert werden muß, sind Einzelwerke genauso wie bestimmte Konstanten, die sich aus dem Vorgehen des Autors bei der Bearbeitung seines Materials ergeben. Der Gesamtcharakter der zeitgebundenen Literaturnorm hat auch auf diese Konkretisation des Autors Einfluß, und auch hier müssen Verständnis und Interpretation in einen zeitlich gegebenen Kontext eingegliedert werden.

Die Neigung, das Werk eines einzelnen Autors als Gesamtheit zu betrachten, entspricht einer schlichten Lesererfahrung. Wenn wir ein neues Werk eines Autors lesen, der uns bereits aus manchen seiner früheren Werke bekannt ist, so nehmen wir ganz instinktiv übereinstimmende oder auch von früherer Erfahrung abweichende Zeichen wahr, und alle erfaßten Eigenschaften – positive oder negative Werte im Hinblick auf unser ästhetisches Empfinden – bilden eine verallgemeinerte, aus dem Werk hervorgehende, jedoch außerhalb des Werks existierende Autor-Konkretisation. Den Autor als literarisches Faktum erfassen wir auch dann als Gesamtheit, wenn diese nur auf einem einzigen Werk beruht, auch dann, wenn der Autor nicht alle seine Pläne verwirklichen konnte.

Wenn man vom fragmentarischen Charakter spricht, so erscheint dieser als charakteristische Komponente, als qualitative Bestimmung, jedoch keineswegs in dem Sinn, als könne er auf irgendeine Art und Weise die Vorstellung von der Ganzheitlichkeit des Autors einschränken (z. B. bei Mácha). Einzelne Komponenten der Autor-Struktur könnten wir objektiv feststellen und in dieser Hinsicht sind sie schon seit langem Gegenstand wissenschaftlicher Untersuchung, wichtig ist jedoch, daß man die Autor-Struktur ebensowenig wie die Struktur eines Einzelwerks als Summe von Komponenten begreifen darf, vielmehr muß man sie als dynamisch organisiertes System mit einer dominanten Tendenz verstehen. Diese Struktur-Organisation ist jedoch nicht fest vorhergegeben, sie entsteht erst durch die Konkretisation. Man kann sie dadurch rekonstruieren, daß man die Autor-Struktur in einen bestimmten Augenblick der Literaturentwicklung projiziert, doch ihre wirkliche Konkretisierung in der lebendigen Literatur können wir nur dann verfolgen, wenn wir über Zeugnisse dieser Konkretisation verfügen.

Wir führen einige Beispiele dafür an, wie unterschiedlich ein Autor konkretisiert werden kann. Es ist allgemein bekannt, wie verschiedenartig die Beziehung zwischen Neruda als Feuilletonisten, bzw. Prosaiker, und Dichter bewertet wurde. In den Konkretisationen von Neruda zeigt sich bis zum Ende der siebziger Jahre die Tendenz, den Feuilletonisten, gegebenenfalls den Erzähler hervorzuheben, während die dichterischen Werke in den Hintergrund treten. Seit dem Erscheinen der *Kosmischen Lieder* tritt Neruda in den zeitgenössischen Konkretisationen als Prosaiker und Dichter hervor, in der Generation der neunziger Jahre sodann vor allem als Dichter und Lyriker. Dieses Bild ergab sich nicht nur aus Nerudas Werk, in dessen Schlußphase dichterische Sammlungen im Vordergrund stehen, sondern natürlich auch durch einen Wandel der literarischen Atmosphäre. Es handelt sich hier um eine ständige Bewegung von Werten, die man allerdings vor dem Hintergrund der Entwicklung der literarischen Norm erklären kann. Die unterschiedliche Konkretisation des Autors Neruda tritt nicht nur in der abweichenden Bewertung literarischer Gattungen zutage, sondern auch darin, was in einer bestimmten Zeit den Autor am typischsten repräsentiert, was man als typisch für ihn, Neruda, betrachtet. Von den dichterischen Werken Nerudas schätzte man aufgrund des literarischen Geschmacks der achtziger Jahre, der durch Schulz, Arbes und Eliška Krásnohorská repräsentiert wurde, die *Kosmischen Lieder* am höchsten ein. (Auch Machar war von ihnen in seiner Jugend begeistert, vgl. die *Konfese literáta* [Die Konfession eines Literaten] I, 1927, S. 101). Die Anhänger der Lumír-Gruppe (Vrchlický, Albert) bewerteten am höchsten die *Balladen und Romanzen*, F. V. Krejčí im Gegensatz zu Vrchlický wiederum die *Kosmischen Lieder*, während die meisten Mitglieder der Generation der neunziger Jahre die *Freitagsgesänge* wegen ihres Mystizismus schätzten (F. X. Šalda, Karásek) und die Generation zu Anfang des Jahrhunderts, repräsentiert durch A. Novák, den Höhepunkt von Nerudas Schaffen in den *Schlichten Motiven* sah. Wir werden uns hier nicht mit den Motiven beschäftigen, die zu einer derartigen Bewertung führten. Wichtig ist für uns, daß solche unterschiedlichen Bewertungen, in denen stets eine andere Sammlung eine dominante Stellung erlangt, auch die wechselseitige Beziehung der Komponenten bei der Konkretisation des Autors auf neue Weise regeln.

Bei der Kritik des Materials, das dazu beiträgt, die einzelnen Konkretisationen eines Autors zu erschließen, muß man die Quellen, die objektiv zur Erkenntnis von grundlegenden Werkkomponenten beitragen, gegebenenfalls Studien, die sich bemühen, die historische Bedeutung eines Autors zu rekonstruieren, von solchen Aufzeichnungen oder Untersuchungen deutlich unterscheiden, die es sich zur Aufgabe gemacht haben, einen Autor aus dem Blickwinkel der zeitgenössischen Literatur zu konkretisieren.

So enthält z. B. Šaldas berühmte Studie "Alej snu a meditace ku hrobu Jana Nerudy" [Eine Allee von Traum und Meditation zum Grabe Jan Nerudas] aus dem Jahre 1901, die den Weg zu immer größerer Schlichtheit als Hauptcharakteristikum von Nerudas Entwicklung betont, beide Tendenzen; einerseits rekonstruiert Šalda in ihr ganz bewußt die literarische Situation zur Zeit von Nerudas Wirken. "Was neu und kühn in der Konzeption und im Ausdruck dieser Verse war, was hier mutig riskiert wurde, kann man nach vierzig oder fünfzig Jahren schwerlich ermessen, ähnlich wie heute, da Nachahmer bereits Gold in Flitterwerk verwandeln, nur schwerlich die weiße, volle und reif aufgebrochene Schönheit eines Verses wie die des folgenden aus jüngerer Schaffensperiode ermessen werden kann: zoraná pole krásně jako čerstvý chleba voní [die gepflügten Felder duften schön wie frisches Brot]. Wenn unsere Literaturhistoriker und Kritiker, die bislang zumeist nach den Vorlagen und Schemata von Hettner, Taine oder Hennequin mit Ausdauer und gutem Willen nur Handarbeiten flechten, erst begreifen, daß es neben Literatur auch so etwas wie Kunst und auch so etwas wie Poesie gibt und worin diese beruht, so werden sie zu allererst die Chronik der Rittertaten, Entdeckungen, Züge und Märsche von Neruda schreiben müssen, die uns der Staub und Sand ausgefahrener

Wege zugeweht hat und noch jeden Tag zuweht und die immer flacher und undeutlicher mit der Fläche des übrigen Bodens verschwimmen, denn die Furche, die von starker Hand in der Welt des Geistes gezogen wird, verheilt ebenso schnell wie die Furche auf dem Feld, sobald das Getreide gekeimt hat und wächst" (*Boje o zítřek* [Kampf ums Morgen], ²1915, S. 69). Šalda, der gerade in diesem Zusammenhang seine These über Nerudas Prosaisierung der dichterischen Sprache "mit ungewaschenen und ungekämmten Worten" vorgetragen hat, versucht hier offensichtlich eine Rekonstruktion des ästhetischen Effekts in der Entstehungszeit von Nerudas Werk oder kurz darauf, konstatiert jedoch zugleich ausdrücklich, daß das Neue an diesem Verfahren in der gegenwärtigen literarischen Norm bereits nicht mehr lebendig empfunden wird.

Im zweiten Teil bemüht sich F. X. Šalda, die literarische Gestalt von Neruda auf der Basis der zeitgenössischen Literatur zu konkretisieren, Beziehungen zu suchen, die es möglich machen würden, in Neruda auch in der Gegenwart einen literarischen Wert zu erblicken. Wir haben bereits betont, daß der Kontext eine Eingliederung möglich macht, die aus der zeitgenössischen Problematik hervorgeht, in die man ein Werk oder einen Autor der Vergangenheit stellen kann. F. X. Šalda konstatiert in der genannten Studie, daß "das Problem von Neruda im Kern identisch ist mit dem Problem der stärksten Geister und Herzen unseres Zeitalters. Sein Name ist Leiden am kühlen Verstand, am Egoismus und an der Einsamkeit, Leiden an einer unfruchtbaren und zerrissenen Kultur" (S. 72). "Neruda hat sich selber und auf seine Weise im engen Rahmen eines kleinen Volkes aus dem Leiden und der Öde des modernen Menschen losgekauft: er hat sich Fesseln angelegt, sich in den Dienst des Tages und des Augenblicks gestellt, ihrer Forderung mit derselben Achtung und Innigkeit entsprochen, als handelte es sich um Jahrhunderte, er hat sich von ihnen belehren lassen und war ihnen gehorsam, ganz als säße er nicht in einer billigen Kneipe, sondern an der Krönungstafel eines Fürsten" (S. 73). – Das Problem des Schlicht- und Einfachwerdens, das nach dekadenter und symbolistischer Kultiviertheit lebendig wurde, wird hier in Šaldas kritischer Abhandlung als Grundlage des Kontextes begriffen, der eine neue Betrachtung von Nerudas Werk nach sich ziehen kann.

Auf diese Weise konkretisiert Šalda Neruda im Jahre 1901, wobei sein Verständnis so neu und ungewöhnlich war, daß Viktor Dyk in der *Moderní revue* [Moderne Revue] von 1902 eine kritische Glosse dazu schrieb. Vergleichen wir diese Konkretisation mit Šaldas Studie "Neruda poněkud nekonvenční" [Neruda einigermaßen unkonventionell] aus dem Jahre 1934, so sehen wir, daß hier im Verständnis von Neruda grundlegende Unterschiede vorhanden sind. Auch hier gibt es Erkenntnisse, die die Komponenten und Eigenschaften des Werks durchaus objektiv beleuchten, auch hier werden Probleme aufgeworfen, die eine strenge Analyse erfordern. Doch daneben wird Neruda in seiner literarischen Wirksamkeit im Hinblick auf die Gegenwart neu begriffen. Es genügt, wenn wir einige Zitate von beiden Konkretisationen Šaldas nebeneinanderstellen.

Zitat aus dem Jahre 1901: "Die Welt wird in seiner Interpretation erstaunlich nahe, greifbar, selbstverständlich, herzlich und sicher. Wenn man den Neruda der Mannesjahre liest, so hat man alles fest in der Hand, ist sich sicher in allem. Hatte man noch vor einem Augenblick Zweifel am Universum und ahnte in ihm List und Tücke, so ist man nunmehr ruhig und vertrauensselig, als hätte man in einen stillen Brunnen geschaut, der einen freundlichen, lichten Mai-Himmel spiegelt, nahe und niedrig aufgehängt wie ein Spielzeug und Geschenk für ein Kind, mit den Händen greifbar. Man ist in diesem Moment überzeugt, daß nichts auf der Welt und im Leben geschehen kann, was wirklich der Rede wert wäre. So erstaunlich arglos, herzlich und vertrauenswürdig ist die Welt in Nerudas Version." (S. 65)

Zitat aus dem Jahre 1934: "Neruda ist ein Dichter inneren Zwiespalts. Er hat in sich niemals vollständig den Gegensatz von Romantik und Realismus, von Lyrismus und Anekdote, von Barock und Impressionismus, von Kritizismus und Enthusiasmus ausgeglichen; wohin man greift, klagt und stöhnt etwas, das der Befreiung harrt, auch wenn eine auf den ersten Blick feste Brücke effektvoll oder bravourös darübergeschlagen sein sollte. Diese Widersprüche rufen nach Gewölbe und Schlußstein; diese aber konnte Neruda im kritischen Rationalismus nicht finden, denn er zerfraß ihn nur innerlich und zerstörte – wie Neruda selbst ganz deutlich fühlte – seinen besten dichterisch produktiven Kern. In dieser Enge bildet er sich seine nationale Mystik von der Nation als einem absoluten Wert, einem Wert aller Werte, außerhalb jeder Diskussion, jenseits von jedem Zweifel" ... "Nationalität wird ihm zum Ersatz für die verlorene Religion" ... "Bei Neruda erlebe ich Augenblicke, in denen mich sein Nationalismus erstarren läßt – so lebendig fühle ich, daß er das Opium oder Morphium eines Kranken war" (Zeitschrift *Šaldův Zápisník* VI, S. 344/345).

Im ersten Falle werden die Komponenten von Nerudas Poesie betont, die es möglich machen, ihn als Autor zu begreifen, der Widersprüche zu überwinden und zu Klarheit vorzudringen versucht, im zweiten Falle wird die Antinomie von Nerudas Typ hervorgehoben, die nur künstlich und unvollständig überwunden wurde. Diese zweite Konkretisation stellt das Gegenteil der älteren Konkretisation dar. Auch hier basiert die neue Konkretisation auf einem neuen Kontext, auf der Kunstproblematik ihrer Zeit. Dort, wo man früher Sicherheit, Klarheit, Durchsichtigkeit erblickte, zeigt sich nun eine Spannung, die sich aus neuen Zusammenhängen ergibt, die Šalda konstatiert. Er stellt sich neue Fragen, wie z.B. die Frage nach Sex und Eros oder die Frage nach barocken Stilelementen im Werk von Neruda. Diese Fragen werden hier nicht nur als Probleme wissenschaftlicher Untersuchung gestellt, sondern bilden den Ausgangspunkt für eine neue Konkretisation. Der Vergleich beider, im Kern einander widersprechender Bewertungen von Nerudas Werk durch Šalda kann uns den Weg zu vielerlei Aspekten des objektiven Werts von Nerudas Werk weisen. Über den Charakter dieses objektiven ästhetischen Werts im künstlerischen Werk urteilt Mukařovský allgemein in seinem Buch *Estetická funkce, norma a hodnota jako sociální fakty* [Die ästhetische Funktion, die ästhetische Norm und der ästhetische Wert als soziale Fakten] folgendermaßen: "Wir werden uns unschwer darüber einigen, daß Werke mit starken inneren Widersprüchen – gerade wegen ihrer Spannung und der daraus sich ergebenden Bedeutungsvielfalt – eine weit weniger geeignete Grundlage für eine mechanische Anwendung des ganzen Systems der praktisch gültigen Werte bieten als Werke ohne innere Widersprüche oder mit schwachen Widersprüchen. Auch hier erweist sich also die Vielgestalt, die Differenzierung und die Bedeutungsvielfalt des materiellen Kunstgebildes als potentieller ästhetischer Vorzug" (*Studie z estetiky*, S. 53; dtsch. *op. cit.*, S. 108).

Gerade die letzte Studie von Šalda über Neruda, die bereits im Titel den unkonventionellen Charakter betont, d. h. die Widersprüche zu den praktisch gültigen Werten, ist sozusagen eine Illustration zu dem genannten Zitat von Mukařovský und zugleich Zeugnis des inneren – allerdings wandelbaren und nicht näher definierbaren – Werts von Nerudas Werk. Man kann sagen, daß die Tatsache, daß Nerudas Werk im zeitlichen Rahmen von 50 Jahren mehrmals konkretisiert wurde, eine Garantie dafür ist, daß die Geschichte der ästhetischen Wirksamkeit seines Werks bei weitem noch nicht abgeschlossen ist.

Die Widersprüchlichkeit beider Studien von Šalda ist um so interessanter, als es sich hier um denselben Kritiker handelt. Sie sind – wie mir scheint – ein Beweis dafür, daß Šaldas Studien vor allem kritischen

Charakter haben, auch wenn man in ihnen wichtige wissenschaftliche Erkenntnisse findet. Šalda selbst war sich sehr wohl dessen bewußt, daß dieser Widerspruch beider Studien natürlich aus dem Wesen der literarischen Evolution hervorgeht, auf Grund deren ein Werk Gegenstand einer andersartigen Betrachtung und auch Bewertung werden kann, wenn man von einem neuen individuellen oder zeitgebundenen Kontext ausgeht. Er selber sagt darüber: "Nun habe ich natürlich meinen Neruda nach Abschluß dieser Abhandlung nicht in die Moldau geworfen, noch ihn im Antiquariat verkauft; ich habe ihn oftmals in verschiedenartiger geistiger Stimmung mit immer neu entfachter Wissensbegierde gelesen, mit dem Willen, zu seinem Lebensnerv vorzudringen, denn ein Dichter ist eine wandelbare und komplizierte Erscheinung und pflegt nicht, wie Taine meinte, eine einzige 'faculté maîtresse' zu haben. Und dieser Neruda meiner neuen Wissensbegierde ähnelt nun allerdings nicht in allem dem literarhistorischen Klischee, wie es in der Öffentlichkeit, in Schulen und in Zeitungen gepflegt wird." (S. 320).

Šalda stellt hier seine neue Konkretisation den automatisierten Konkretisationen gegenüber, die durch die Schule und in populären Handbüchern verbreitet werden. Schon diese Betonung der Notwendigkeit eines neuen Verständnisses veranschaulicht uns eine der Ursachen, warum neue Konkretisationen von älteren Autoren entstehen. Ähnlich wie in der poetischen Sprache automatisierte sprachliche Mittel ihre ästhetische Wirksamkeit einbüßen, so daß bereits hierdurch die Tendenz erklärt werden kann, neue sprachliche Mittel, die ästhetisch aktualisierbar sind, zu suchen, ebenso ergibt sich auch das Entstehen der neuen Konkretisation eines Werks oder Autors nicht nur durch die Tatsache, daß die literarische Norm sich wandelt, sondern auch dadurch, daß ältere Konkretisationen durch beständige Wiederholung langsam ihre Überzeugungskraft einbüßen. Eine neue Konkretisation bedeutet in einem bestimmten Sinn des Wortes stets das Wiederaufleben eines Werks, das Werk wird von neuem in lebendiger Gestalt in die Literatur aufgenommen. Im Gegensatz dazu zeugt die Tatsache, daß eine alte Konkretisation wiederholt wird (z. B. in der Schule), ohne daß eine neue Konkretisation entstanden wäre, davon, daß das Werk aufhört, lebendiger Bestandteil der Literatur zu sein. Es gibt tatsächlich Autoren, die die Schultradition in festgelegter Weise bewertet, da sie zum Bestandteil der literarhistorischen Erziehung der Gebildeten geworden sind; für die zeitgenössische Literatur sind sie jedoch oftmals tot, die ihnen zugeschriebenen Werte besitzen eine historische Gültigkeit, die durch die zeitgenössische literarische Norm in keiner Weise untermauert wird.

Die Initiative zu neuen Konkretisationen wollen wir jedoch nicht nur in der Existenz von automatisierten Konkretisationen suchen; auch Entwicklungstendenzen innerhalb der Literatur führen zu neuen Konkretisationen von älteren Autoren. Bereits mehrfach wurden Versuche unternommen, den Begriff der Generation wissenschaftlich zu erläutern, und hierbei sah man, daß es eine bestimmte Tendenz gibt, Vorläufer des jeweiligen zeitgenössischen Verständnisses von Literatur in der Vergangenheit zu suchen. Das ist der Grund, warum das literarische Auftreten einer neuen Generation gewöhnlich mit der Rehabilitierung eines älteren, neu konkretisierten Autors verbunden ist. In der tschechischen Literatur gibt es hierfür zwei Beispiele: die Máj-Generation rehabilitiert Mácha, obgleich der Máj-Kreis in der literarischen Entwicklung eine ganz andere Bedeutung hat als Mácha. Das zweite Beispiel wäre der Streit um Hálek, in dem Machar Neruda als seinen Vorgänger rehabilitierte. In diesem zweiten Fall nähert sich jedoch die historische Bedeutung, die das Auftreten Nerudas hat, weit mehr der Bedeutung von Machars literarischer Stellung. In beiden Fällen werden neue literarische Tendenzen vor allem deshalb durch die Vergangenheit begründet, weil eine neue Richtung die Notwendigkeit fühlt, sich in die Literatur einzugliedern, d.h. an manche derjenigen Werke anzuknüpfen, die Bestandteil des literarischen Bewußtseins sind, und so zumindest scheinbar eine Kontinuität von Vergangenheit und Gegenwart herzustellen. Jede neue Richtung nämlich übt auf die existierende literarische Norm Druck aus, dieser Kampf um neue literarische Positionen wird jedoch erleichtert, sofern die neu aktualisierten Eigenschaften bei Autoren gefunden werden, die sich bereits ihren Platz in der Literatur erkämpft haben. So ist es nur natürlich, daß der Impressionismus der *Prosté motivy* [Schlichte Motive] erst im Zusammenhang mit dem literarischen Impressionismus zu Beginn des 20. Jahrhunderts (F. X. Šalda, Arne Novák) entdeckt wurde und daß erst die Surrealisten Máchas Surrealismus aufdeckten. In beiden Fällen handelt es sich um eine neue Konkretisation von Autoren, die dadurch zu Vorläufern und Teilhabern einer zeitgenössischen literarischen Bewegung wurden, wobei die Initiative beim Konkretisationsverfahren nicht nur durch die Automatisierung älterer Konkretisationen bestimmt ist, sondern sich ganz offenkundig aus den Notwendigkeiten neuer literarischer Richtungen ergibt. Beide Tendenzen berühren sich oftmals derart, daß man sie nicht voneinander trennen kann.

Höhere literarische Einheiten als Gegenstand der ästhetischen Wertung

Wenn wir betrachten, was den Inhalt der Literatur bildet, d.h. was in einer bestimmten Zeit als literarisches Objekt akzeptiert und beurteilt wird, so kommen wir nicht mit den Begriffen literarisches Kunstwerk und "Autor" aus. Das literarische Kunstwerk ist selbstverständlich eine grundlegende Struktur, die auf der materiellen Existenz des Werks basiert. Der Autor bildet eine Ganzheit, die bereits eine gewisse Abstraktion voraussetzt, man fühlt zwar die ununterbrochene Beziehung der materiellen Grundlage der Einzelwerke, die Bestandteile der übergeordneten Struktur des Autors sind, aber diese Beziehung ist im ganzen lockerer; hieraus ergibt sich die Möglichkeit, Konkretisationen in größerer Mannigfaltigkeit vorzunehmen. Das Abstraktionsverfahren, das bei der Beurteilung von Kunstwerken üblich ist, macht jedoch beim Autor als dem Repräsentanten einer Einheit von vielen Werken, die im Autor ihren gemeinsamen Nenner haben, nicht halt, sondern natürlich bilden auch die höheren Struktureinheiten literarische Gruppen, die literarische Epoche, die Nationalliteraturen eine solche Abstraktion. Ihrem Ursprung nach sind diese höheren Einheiten eigentlich literarhistorische Begriffe. Die Literaturgeschichte strebt danach, die Literaturentwicklung zu erfassen, die in der Zeit unter bestimmten Tendenzen und Bedingungen verläuft, und deshalb werden diese höheren literarischen Strukturen zum Ziel ihrer Untersuchungen. Jene höheren Einheiten jedoch sind nicht nur Gegenstand wissenschaftlicher Untersuchung, sondern stellen eine Beziehung zur lebendigen Literatur dadurch her, daß sie ästhetisch auf der Basis der zeitgenössischen Norm bewertet werden. Nur literarische Werke können ästhetisch erlebt werden, doch werden sie auf den Hintergrund einer umfassenderen Einheit projiziert, so daß in der Literatur Begriffe wie Klassik, Romantik, Barock o. ä. als Struktureinheiten fungieren, die nach den ästhetischen und allgemeinliterarischen Normen der Gegenwart beurteilt werden. Auch hier werden wir demnach von der Rezeption und der Konkretisation dieser höheren Strukturen im zeitgenössischen literarischen Geschehen sprechen müssen. Es handelt sich hier eigentlich um die Struktur älterer literarischer Normen, die vom Gesichtspunkt der zeitgenössischen literarischen Norm bewertet werden, also um die Beziehung zweier Ganzheiten, die sich beide durch ihre innere Wandlungsfähigkeit, Unabgegrenztheit und Vieldeutigkeit auszeichnen. Von ihnen heben sich literarische Richtungen der Vergangenheit ab, die als Abstraktion zu bestimmten konkreten Werken konstruiert sind, so daß sie von ihnen jene Fiktionen bilden, die im Bewußtsein der literarischen Öffentlichkeit in Gestalt außerordentlich vereinfachter Schemata existieren. In Wirklichkeit schafft auch die literarische Epoche eine reich abschattierte dynamische Spannung zwischen den Komponenten, so daß das aktuelle Verständnis nur eine der möglichen Weisen erfaßt, eine vorliegende Struktur zu konkretisieren. Wiederum ist es notwendig, zu betonen, daß es uns bei der Betrachtung der Rezeption älterer Prinzipien künstlerischen Schaffens in der Gegenwart nicht um eine wissenschaftliche Beschreibung literarischer Epochen der Vergangenheit geht, sondern um die Weise, wie sich ihr Bild in der Perspektive des aktuellen literarischen Geschehens und Wertens wandelt.

Der Ausgangspunkt für dieses Interesse ist in den Notwendigkeiten der zeitgenössischen Entwicklung der literarischen Norm zu suchen. So weckten z.B. die künstlerischen Tendenzen der modernen Literatur, die im Expressionismus ihren Ausdruck fanden, auch das Interesse an der Barock-Literatur; diese wurde nunmehr nicht nur positiv bewertet, sondern auch zum Gegenstand neuer wissenschaftlicher Untersuchungen. Die Aktualisierung des Barockprinzips fällt um so deutlicher aus, wenn wir uns vergegenwärtigen, daß noch B. Croce im Barock eine Epoche erblickte, die grundlegende Kunstprinzipien negierte, oder wenn wir uns daran erinnern, wie das Barock in den tschechischen Literaturgeschichten der Zeit Vlčeks beurteilt wurde. Hier zeigt sich sehr nachdrücklich, wie die Literaturgeschichte sich mit ihren Werturteilen oftmals im Banne zeitgebundener Anschauungen befindet, gleich ob sie sich von ästhetischen, ideologischen oder sozialen Gesichtspunkten leiten läßt.

Betrachten wir nun, wie sich einzelne höhere literarische Einheiten in der literarischen Tradition wandeln, wie ihre Resonanz stets einen anderen Charakter oder eine andere Reichweite gewinnt. So werden z.B. die klassischen Literaturen zumeist als eine Einheit begriffen, die der geistigen Struktur der Antike entspricht. Viele spätere Literaturbewegungen entwickelten eine aktive Beziehung zu den antiken Literaturen, antike Werke waren ununterbrochen Bestandteil der Literatur. Oftmals erblickte man in ihnen Normen ästhetischer Vollendung, doch die Vorstellung der antiken Literaturen als eines Ganzen war verschiedenen Veränderungen unterworfen. Für den Klassizismus der Epoche Boileaus verschob sich der Schwerpunkt der antiken Literatur zu den Römern, zur Dichtungstheorie von Horaz, so daß auch Homer als ein Autor erscheint, der ewige poetische Regeln verkörpert. Demgegenüber betont bereits Perrault, daß Homer sich ihnen entziehe und daß ihn deshalb die Klassiker der Zeit Ludwig XIV. überträfen. Der vorromantische Homer – im Verständnis von Klopstock und Herder – wird zum Ausdruck der Theorie des nationalen Barden, und dementsprechend verschiebt sich auch die Vorstellung der antiken Literatur zu den Griechen. Anders wird die Antike im Verständnis von Goethe bewertet, anders im Verständnis der Romantik, die die Schicksalstragödie hervorhebt. Schon hieraus ergibt sich klar, daß die antike Literatur nur aus der Perspektive eines bestimmten Kontextes als nicht dialektisch differenzierte Einheit erscheint und daß sie in Wirklichkeit eher Komponenten enthält, von denen manche von den Klassizisten, andere von den Romantikern akzeptiert und hervorgehoben werden konnten. Die Vielfalt bei der Bewertung der höheren literarischen Ganzheiten wird im lebendigen literarischen Geschehen auch dadurch verursacht, daß es keine festgefügte Terminologie gibt, so daß einzelne Wörter wie Klassizismus, Romantik nicht nur in verschiedenem Sinn benutzt werden, sondern sich auch auf einen ganz unterschiedlichen Bereich existierender Werke und Autoren beziehen, die sie repräsentieren sollen. Das, was man in Deutschland als Klassik (Goethe, Schiller) bezeichnet, erscheint in Frankreich in einem Lichte, das den grundlegenden klassizistischen Tendenzen widerspricht. Es geht dies so weit, daß Termini, die ursprünglich zeitlich umgrenzte historische Einheiten bezeichnen sollten, diese zeitgebundene Determiniertheit verlieren und in der Literatur als Schemata weiterexistieren, die ein bestimmtes Prinzip literarischen Schaffens ohne zeitliche Eingrenzung bezeichnen. So verhält es sich mit den Begriffen Klassik, Romantik, Realismus, Barock. Hier sollte man sehr häufig nicht einmal von Rezeption sprechen, weil die Beziehung zu den eigentlichen Werken, deren Eigenschaften durch Abstraktion jene höheren Einheiten entstehen ließ, verlorengegangen ist, hier handelt es sich einfach um Termini, die eher allgemeine Bedeutung haben und die Prinzipien der Dichtkunst betreffen. Im Falle der Romantik und der Klassik sind auch manche Wissenschaftler davon ausgegangen, in diesen Begriffen eine historische Terminologie zu sehen, sie betrachten sie als poetische Grundprinzipien, so z. B. Strich in seinem Buch *Deutsche Klassik und Romantik* (4Bern 1949). Die Untersuchung der Konkretisationen von höheren literarischen Einheiten erscheint demnach in der lebendigen Literatur als das möglicherweise komplizierteste Problem, weil es nämlich notwendig ist, die Reichweite einer vorliegenden Einheit in jedem Fall gesondert zu untersuchen, sofern man es sich zum Ziel setzt und als seine Aufgabe betrachtet, den Wandel dieser Einheit in der aktuellen Bewertung zu verfolgen.

Wir haben hier in den Hauptzügen die Frage nach der Konkretisation von Werk, Autor und höheren literarischen Einheiten behandelt. In diesem Zusammenhang wäre es möglich, auch manche Fragen zu betrachten, die mit diesem Problem eng zusammenhängen, so z. B. Fragen der Übersetzung, die nichts anderes ist als Konkretisation im Kontext einer anderen Sprache und einer anderen literarischen Tradition, oder Fragen des sogenannten Einflusses. Hierfür wären jedoch umfassendere Ausführungen notwendig. In den vorliegenden Betrachtungen ging es uns darum, im Einklang mit den Erkenntnissen der strukturalen Ästhetik und Literaturtheorie die methodologischen Hauptprobleme zu überblicken und an konkreten Beispielen zu erläutern, wie sie der Literarhistoriker bei der Untersuchung der Rezeption von literarischen Werken findet. Das Material der Rezeption und vor allem die Aufzeichnungen über die Konkretisationen sind so beschaffen, daß der Literarhistoriker nur Tendenzen einer vorliegenden Entwicklung wird verfolgen können. Sein Hauptaugenmerk wird dahin gehen, das Material derart zu beherrschen, daß er das Werk als ästhetisches Objekt untersuchen kann, daß er in der Lage ist, die Eingliederung des Werks in das System aktueller literarischer Werte zu verfolgen, sowie den Kontext zu erkennen, der, von eindeutig subjektiven Elementen befreit, Zeugnis ablegt von der zeitgebundenen Betrachtung eines Werks. Sein Ziel wird weiterhin sein, die Lebensfähigkeit eines Werks zu untersuchen, die Eigenschaften eines Werks, die diese Lebensfähigkeit innerhalb einer bestimmten historischen Entwicklung ermöglichten, und die Beziehung zwischen dem Entwicklungswert eines Werks und seinen späteren Konkretisationen. So wird es möglich sein, sowohl ästhetischen Dogmatismus als auch extremen Subjektivismus zu überwinden, Erscheinungen, denen wir bislang in der literarhistorischen Praxis bei Untersuchungen über die Rezeption nicht selten begegnet sind.

Anmerkungen

1 *Listy pro umění a kritiku* 1936, S. 1; siehe auch *Šaldův zápisník* 8, S. 155.

2 *Kapitoly z české poetiky*, Bd. 2, [2]Prag 1948, S. 100.

3 "Estetická funkce ...", in *Studie z estetiky*, Prag 1966, S. 41, 43, 49. Dtsch. *op. cit.*, S. 74, 81, 96 f.

4 Vgl. Roman Ingarden, *Das literarische Kunstwerk*, [2]Tübingen 1960, Kap. 13 "Das 'Leben' des literarischen Werkes", S. 353–380; d. Red.

5 Erst 1954 wurde Sabinas Kritik der *Friedhofsblüten* entdeckt und erstmals abgedruckt (in dem Band Čeští radikální demokraté o literatuře [Tschechische Radikaldemokraten über Literatur], herausgegeben von R. Grebeníčková, Prag 1954, S. 125–131).

Hans Georg Gadamer

WIRKUNGSGESCHICHTE UND APPLIKATION

Das Prinzip der Wirkungsgeschichte

Daß das historische Interesse sich nicht allein auf die geschichtliche Erscheinung oder das überlieferte Werk richtet, sondern in einer sekundären Thematik auch auf deren Wirken in der Geschichte (die schließlich auch die Geschichte der Forschung einschließt), gilt im allgemeinen als eine bloße Ergänzung der historischen Fragestellung, die von Hermann Grimms Raffael an bis zu Gundolf und über ihn hinaus eine Fülle wertvoller historischer Einsichten erbracht hat. Insofern ist Wirkungsgeschichte nichts Neues. Daß es aber einer solchen wirkungsgeschichtlichen Fragestellung immer bedarf, wenn ein Werk oder eine Überlieferung aus dem Zwielicht zwischen Tradition und Historie ins Klare und Offene seiner eigentlichen Bedeutung gestellt werden soll, das ist in der Tat eine neue Forderung – nicht an die Forschung, aber an das methodische Bewußtsein derselben – die sich aus der Durchreflexion des historischen Bewußtseins zwingend ergibt.

Es ist freilich keine hermeneutische Forderung im Sinne des traditionellen Begriffes der Hermeneutik. Denn die Meinung ist nicht die, als solle die Forschung eine solche wirkungsgeschichtliche Fragestellung entwickeln, die neben die auf das Verständnis des Werkes unmittelbar gerichtete trete. Die Forderung ist vielmehr theoretischer Art. Das historische Bewußtsein soll sich bewußt werden, daß in der vermeintlichen Unmittelbarkeit, mit der es sich auf das Werk oder die Überlieferung richtet, diese andere Fragestellung stets, wenn auch unerkannt und entsprechend unkontrolliert, mitspielt. Wenn wir aus der für unsere hermeneutische Situation im ganzen bestimmenden historischen Distanz eine historische Erscheinung zu verstehen suchen, unterliegen wir immer bereits den Wirkungen der Wirkungsgeschichte. Sie bestimmt im voraus, was sich uns als fragwürdig und als Gegenstand der Erforschung zeigt, und wir vergessen gleichsam die Hälfte dessen, was wirklich ist, ja mehr noch: wir vergessen die ganze Wahrheit dieser Erscheinung, wenn wir die unmittelbare Erscheinung selber als die ganze Wahrheit nehmen.

In der vermeintlichen Naivität unseres Verstehens, in der wir dem Maßstab der Verständlichkeit folgen, zeigt sich das Andere so sehr vom Eigenen her, daß es gar nicht mehr als Eigenes und Anderes zur Aussage kommt. Der historische Objektivismus, indem er sich auf seine kritische Methodik beruft, verdeckt die wirkungsgeschichtliche Verflechtung, in der das historische Bewußtsein selber steht. Er entzieht zwar der Willkür und Beliebigkeit aktualisierender Anbiederungen mit der Vergangenheit durch die Methode seiner Kritik den Boden, aber er schafft sich selbst damit das gute Gewissen, die unwillkürlichen und nicht beliebigen, sondern alles tragenden Voraussetzungen, die sein eigenes Verstehen leiten, zu verleugnen und damit die Wahrheit zu verfehlen, die bei aller Endlichkeit unseres Verstehens erreichbar wäre. Der historische Objektivismus gleicht darin der Statistik, die eben deshalb ein so hervorragendes Propagandamittel ist, weil sie die Sprache der Tatsachen sprechen läßt und damit eine Objektivität vortäuscht, die in Wahrheit von der Legitimität ihrer Fragestellungen abhängt.

Es wird also nicht gefordert, daß man die Wirkungsgeschichte als eine neue selbständige Hilfsdisziplin der Geisteswissenschaften entwickeln solle, sondern daß man sich selber richtiger verstehen lerne und anerkenne, daß in allem Verstehen, ob man sich dessen ausdrücklich bewußt ist oder nicht, die Wirkung dieser Wirkungsgeschichte am Werke ist. Wo sie in der Naivität des Methodenglaubens verleugnet wird, kann übrigens auch eine tatsächliche Deformation der Erkenntnis die Folge sein. Wir kennen sie aus der Wissenschaftsgeschichte als die unwiderlegliche Beweisführung für etwas evident Falsches. Aber aufs Ganze gesehen, hängt die Macht der Wirkungsgeschichte nicht von ihrer Anerkennung ab. Das gerade ist die Macht der Geschichte über das endliche menschliche Bewußtsein, daß sie sich auch dort durchsetzt, wo man im Glauben an die Methode die eigene Geschichtlichkeit verleugnet. Die Forderung, sich dieser Wirkungsgeschichte bewußt zu werden, hat gerade darin ihre Dringlichkeit – sie ist eine notwendige Forderung für das wissenschaftliche Bewußtsein. Das bedeutet aber keineswegs, daß sie in einem schlechthinnigen Sinne erfüllbar wäre. Daß Wirkungsgeschichte je vollendet gewußt werde, ist eine ebenso hybride Behauptung wie Hegels Anspruch auf absolutes Wissen, in dem die Geschichte zur vollendeten Selbstdurchsichtigkeit gekommen und daher auf den Standpunkt des Begriffs erhoben sei. Vielmehr ist das wirkungsgeschichtliche Bewußtsein ein Moment des Vollzugs des Verstehens selbst, und wir werden sehen, wie es schon im *Gewinnen der rechten Frage* wirksam ist.

Wirkungsgeschichtliches Bewußtsein ist zunächst Bewußtsein der hermeneutischen *Situation*. Die Gewinnung des Bewußtseins einer Situation ist aber in jedem Falle eine Aufgabe von eigener Schwierigkeit. Der Begriff der Situation ist ja dadurch charakterisiert, daß man sich nicht ihr gegenüber befindet und daher kein gegenständliches Wissen von ihr haben kann [1]. Man steht in ihr, findet sich immer schon in einer Situation vor, deren Erhellung die nie ganz zu vollendende Aufgabe ist. Das gilt auch für die hermeneutische Situation, d. h. die Situation, in der wir uns gegenüber der Überlieferung befinden, die wir zu verstehen haben. Auch die Erhellung dieser Situation, d. h. die wirkungsgeschichtliche Reflexion ist nicht vollendbar, aber diese Unvollendbarkeit ist nicht ein Mangel an Reflexion, sondern liegt im Wesen des geschichtlichen Seins, das wir sind. *Geschichtlichsein heißt, nie im Sichwissen aufgehen.* Alles Sichwissen erhebt sich aus geschichtlicher Vorgegebenheit, die wir mit Hegel Substanz nennen, weil sie alles subjektive Meinen und Verhalten trägt und damit auch alle Möglichkeit, eine Überlieferung in ihrer geschichtlichen Andersheit zu verstehen, vorzeichnet und begrenzt. Die Aufgabe der philosophischen Hermeneutik läßt sich von hier aus geradezu so charakterisieren: sie habe den Weg der Hegelschen Phänomenologie des Geistes insoweit zurückzugehen, als man in aller Subjektivität die sie bestimmende Substanzialität aufweist.

Alle endliche Gegenwart hat ihre Schranken. Wir bestimmen den Begriff der Situation eben dadurch, daß sie einen Standort darstellt, der die Möglichkeiten des Sehens beschränkt. Zum Begriff der Situation gehört daher wesenhaft der Begriff des *Horizontes.* Horizont ist der Gesichtskreis, der all das umfaßt und umschließt, was von einem Punkte aus sichtbar ist. In der Anwendung auf das denkende Bewußtsein reden wir dann von Enge des Horizontes, von möglicher Erweiterung des Horizontes, von Erschließung neuer Horizonte usw. Insbesondere hat der philosophische Sprachgebrauch seit Nietzsche und Husserl [2] das Wort verwendet, um die Gebundenheit des Denkens an seine endliche Bestimmtheit und das Schrittgesetz der Erweiterung des Gesichtskreises dadurch zu charakterisieren. Wer keinen Horizont hat, ist ein Mensch, der nicht weit genug sieht und deshalb das ihm Naheliegende überschätzt. Umgekehrt heißt Horizont haben: Nicht-auf-das-Nächste Eingeschränktsein, sondern über es Hinaussehen können. Wer Horizont hat, weiß die Bedeutung aller Dinge innerhalb dieses Horizontes richtig einzuschätzen nach Nähe und Ferne, Größe und Kleinheit. Entsprechend bedeutet die Ausarbeitung der hermeneutischen Situation die Gewinnung des rechten Fragehorizontes für die Fragen, die sich uns angesichts der Überlieferung stellen.

Freilich reden wir im Bereich des historischen Verstehens auch gern von Horizonten, insbesondere, wenn wir den Anspruch des historischen Bewußtseins meinen, jede Vergangenheit in ihrem eigenen Sein zu sehen, nicht von unseren zeitgenössischen Maßstäben und Vorurteilen aus, sondern in ihrem eigenen geschichtlichen Horizont. Die Aufgabe des historischen Verstehens schließt die Forderung ein, jeweils den historischen Horizont zu gewinnen, damit sich das, was man verstehen will, in seinen wahren Maßen darstellt. Wer es unterläßt, derart sich in den historischen Horizont zu versetzen, aus dem die Überlieferung spricht, wird die Bedeutung der Überlieferungsinhalte mißverstehen. Insofern scheint es eine berechtigte hermeneutische Forderung, daß man sich in den andern versetzen muß, um ihn zu verstehen. Indessen fragt es sich, ob eine solche Parole nicht gerade das Verständnis schuldig bleibt, das von einem verlangt wird. Es ist genauso wie im Gespräch, das wir mit jemandem nur zu dem Zwecke führen, um ihn kennenzulernen, d. h. um seinen Standort und seinen Horizont zu ermessen. Das ist kein wahres Gespräch, d. h. es wird darin nicht die Verständigung über eine Sache gesucht, sondern alle sachlichen Inhalte des Gespräches sind nur ein Mittel, um den Horizont des anderen kennenzulernen. Man denke etwa an das Prüfungsgespräch oder bestimmte Formen der ärztlichen Gesprächsführung. Das historische Bewußtsein tut offenbar Ähnliches, wenn es sich in die Situation der Vergangenheit versetzt und dadurch den richtigen historischen Horizont zu haben beansprucht. So wie im Gespräch der andere, nachdem man seinen Standort und Horizont ermittelt hat, in seinen Meinungen verständlich wird, ohne daß man sich deshalb mit ihm zu verstehen braucht, so wird für den, der historisch denkt, die Überlieferung in ihrem Sinn verständlich, ohne daß man sich doch mit ihr und in ihr versteht.

In beiden Fällen hat sich der Verstehende gleichsam aus der Situation der Verständigung zurückgezogen. Er selber ist nicht antreffbar. Indem man den Standpunkt des anderen von vornherein in das miteinrechnet, was er einem zu sagen beansprucht, setzt man seinen eigenen Standpunkt in eine sichere Unerreichbarkeit. Wir haben bei der Entstehung des historischen Denkens gesehen, daß es in der Tat diesen zweideutigen Übergang vom Mittel zum Zweck nimmt, d. h. das, was nur Mittel ist, zum Zweck macht. Der Text, der historisch verstanden wird, wird aus dem Anspruch, Wahres zu sagen, förmlich herausgedrängt. Indem man die Überlieferung vom historischen Standpunkt aus sieht, d. h. sich in die historische Situation versetzt und den historischen Horizont zu rekonstruieren sucht, meint man zu verstehen. In Wahrheit hat man den Anspruch grundsätzlich aufgegeben, in der Überlieferung für einen selber gültige und verständliche Wahrheit zu finden. Solche Anerkennung der Andersheit des anderen, die dieselbe zum Gegenstande objektiver Erkenntnis macht, ist insofern eine grundsätzliche Suspension seines Anspruchs.

Es ist aber nun die Frage, ob diese Beschreibung das hermeneutische Phänomen wirklich trifft. Gibt es denn hier zwei voneinander verschiedene Horizonte, den Horizont, in dem der Verstehende lebt, und den jeweiligen historischen Horizont, in den er sich versetzt? Ist die Kunst des historischen Verstehens dadurch richtig und zureichend beschrieben, daß man lerne, sich in fremde Horizonte zu versetzen? Gibt es überhaupt in diesem Sinne geschlossene Horizonte? Man erinnere sich an Nietzsches Vorwurf gegen den Historismus, er löse den von Mythen umschlossenen Horizont auf, in dem allein eine Kultur leben könne[3]. Ist der Horizont der eigenen Gegenwart jemals ein derart geschlossener, und läßt sich eine historische Situation denken, die einen solchen geschlossenen Horizont hätte?

Oder ist das eine romantische Rückspiegelung, eine Art Robinsonade der historischen Aufklärung, die Fiktion einer unerreichbaren Insel, die ebenso künstlich ist wie Robinson selbst als das angebliche Urphänomen des solus ipse? Wie der Einzelne nie ein Einzelner ist, weil er sich immer schon mit anderen versteht, so ist auch der geschlossene Horizont, der eine Kultur einschließen soll, eine Abstraktion. Es macht die geschichtliche Bewegtheit des menschlichen Daseins aus, daß es keine schlechthinnige Standortgebundenheit besitzt und daher auch niemals einen wahrhaft geschlossenen Horizont. Der Horizont ist vielmehr etwas, in das wir hineinwandern und das mit uns mitwandert. Dem Beweglichen verschieben sich die Horizonte. So ist auch der Vergangenheitshorizont, aus dem alles menschliche Leben lebt und der in der Weise der Überlieferung da ist, immer schon in Bewegung. Es ist nicht erst das historische Bewußtsein, das den umschließenden Horizont in Bewegung bringt. In ihm ist sich diese Bewegung nur ihrer selbst bewußt geworden.

Wenn sich unser historisches Bewußtsein in historische Horizonte versetzt, so bedeutet das nicht eine Entrückung in fremde Welten, die nichts mit unserer eigenen verbindet, sondern sie insgesamt bilden den einen großen, von innen her beweglichen Horizont, der über die Grenzen des Gegenwärtigen hinaus die Geschichtstiefe unseres Selbstbewußtseins umfaßt. In Wahrheit ist es also ein einziger Horizont, der all das umschließt, was das geschichtliche Bewußtsein in sich enthält. Die eigene und fremde Vergangenheit, der unser historisches Bewußtsein zugewendet ist, bildet mit an diesem beweglichen Horizont, aus dem menschliches Leben immer lebt und der es als Herkunft und Überlieferung bestimmt.

Eine Überlieferung verstehen verlangt also gewiß historischen Horizont. Aber es kann sich nicht darum handeln, daß man diesen Horizont gewinnt, indem man sich in eine historische Situation versetzt. Man muß vielmehr immer schon Horizont haben, um sich dergestalt in eine Situation versetzen zu können. Denn was heißt Sichversetzen? Gewiß nicht einfach: Von-sich-absehen. Natürlich bedarf es dessen insoweit, als man die andere Situation sich wirklich vor Augen stellen muß. Aber in diese andere Situation muß man sich selber gerade mitbringen. Das erst erfüllt den Sinn des Sichversetzens. Versetzt man sich z.B. in die Lage eines anderen Menschen, dann wird man ihn verstehen, d.h. sich der Andersheit, ja der unauflöslichen Individualität des Anderen gerade dadurch bewußt werden, daß man *sich* in seine Lage versetzt.

Solches Sichversetzen ist weder Einfühlung einer Individualität in eine andere, noch auch Unterwerfung des anderen unter die eigenen Maßstäbe, sondern bedeutet immer die Erhebung zu einer höheren Allgemeinheit, die nicht nur die eigene Partikularität, sondern auch die des anderen überwindet. Der Begriff Horizont bietet sich hier an, weil er der überlegenen Weitsicht Ausdruck gibt, die der Verstehende haben muß. Horizont gewinnen meint immer, daß man über das Nahe und Allzunahe hinaussehen lernt, nicht um von ihm wegzusehen, sondern um es in einem größeren Ganzen und in richtigeren Maßen besser zu sehen. Es ist keine richtige Beschreibung des historischen Bewußtseins, wenn man mit Nietzsche von den vielen wechselnden Horizonten spricht, in die es sich zu versetzen lehrt. Wer derart von sich selber wegsieht, hat gerade keinen historischen Horizont, und Nietzsches Aufweis des Nachteils der Historie für das Leben trifft in Wahrheit nicht das historische Bewußtsein als solches, sondern die Selbstentfremdung, die ihm widerfährt, wenn es die Methodik der modernen historischen Wissenschaft für sein eigentliches Wesen hält. Wir betonten es schon: Ein wahrhaft historisches Bewußtsein sieht die eigene Gegenwart immer mit, und zwar so, daß es sich selbst wie das geschichtliche Andere in den richtigen Verhältnissen sieht. Es bedarf gewiß einer eigenen Anstrengung, sich historischen Horizont zu erwerben. Wir sind immer von dem uns Nächsten hoffend und fürchtend eingenommen und treten in solcher Voreingenommenheit dem Zeugnis der Vergangenheit entgegen. Daher ist es eine beständige Aufgabe, die voreilige Angleichung der Vergangenheit an die eigenen Sinnerwartungen zu hemmen. Nur dann wird man die Überlieferung so hören, wie sie sich in ihrem eigenen anderen Sinne hörbar zu machen vermag.

Wir haben oben gezeigt, daß das als ein Vorgang der Abhebung sich vollzieht. Beachten wir, was im Begriff der Abhebung liegt. Abhebung ist immer eine Wechselbeziehung. Was zur Abhebung kommen soll, muß sich von etwas abheben, das umgekehrt sich selber von ihm abheben muß. Alle Abhebung läßt daher das, wovon etwas sich abhebt, mit sichtbar sein. Wir haben das oben als das Ins-Spiel-Bringen der Vorurteile beschrieben. Wir waren davon ausgegangen, daß eine hermeneutische Situation durch die Vorurteile bestimmt wird, die wir mitbringen. Insofern bilden sie den Horizont einer Gegenwart, denn sie stellen das dar, über das hinaus man nicht zu sehen vermag. Nun gilt es aber, den Irrtum fernzuhalten, als wäre es ein fester Bestand von Meinungen und Wertungen, die den Horizont der Gegenwart bestimmen und begrenzen, und als höbe sich die Andersheit der Vergangenheit dagegen wie gegen einen festen Grund ab.

In Wahrheit ist der Horizont der Gegenwart in steter Bildung begriffen, sofern wir alle unsere Vorurteile ständig erproben müssen. Zu solcher Erprobung gehört nicht zuletzt die Begegnung mit der Vergangenheit und das Verstehen der Überlieferung, aus der wir kommen. Der Horizont der Gegenwart bildet sich also gar nicht ohne die Vergangenheit. Es gibt so wenig einen Gegenwartshorizont für sich, wie es historische Horizonte gibt, die man zu gewinnen hätte. *Vielmehr ist Verstehen immer der Vorgang der Verschmelzung solcher vermeintlich für sich seiender Horizonte.* Wir kennen die Kraft solcher Verschmelzung vor allem aus älteren Zeiten und ihrem naiven Verhalten zu sich selbst und zu ihrer Herkunft. Im Walten der Tradition findet ständig solche Verschmelzung statt. Denn dort wächst Altes und Neues immer wieder zu lebendiger Geltung zusammen, ohne daß sich überhaupt das eine oder andere ausdrücklich voneinander abheben.

Wenn es nun diese voneinander abgehobenen Horizonte gar nicht gibt, warum reden wir dann überhaupt von Horizontverschmelzung und nicht einfach von der Bildung des einen Horizonts, der seine Grenze in die Tiefe der Überlieferung zurückschiebt? Die Frage stellen heißt, sich die Besonderheit der Situation eingestehen, in der Verstehen zur wissenschaftlichen Aufgabe wird, und daß es gilt, diese Situation als hermeneutische Situation erst einmal auszuarbeiten. Jede Begegnung mit der Überlieferung, die mit historischem Bewußtsein vollzogen wird, erfährt an sich das Spannungsverhältnis zwischen Text und Gegenwart. Die hermeneutische Aufgabe besteht darin, diese Spannung nicht in naiver Angleichung zuzudecken, sondern bewußt zu entfalten. Aus diesem Grunde gehört notwendig zum hermeneutischen Verhalten der Entwurf eines historischen Horizontes, der sich von dem Gegenwartshorizont unterscheidet. Das historische Bewußtsein ist sich seiner eigenen

Andersheit bewußt und hebt daher den Horizont der Überlieferung von dem eigenen Horizont ab. Andererseits aber ist es selbst nur, wie wir zu zeigen versuchen, wie eine Überlagerung über einer fortwirkenden Tradition, und daher nimmt es das voneinander Abgehobene sogleich wieder zusammen, um in der Einheit des geschichtlichen Horizontes, den es sich so erwirbt, sich mit sich selbst zu vermitteln.

Der Entwurf des historischen Horizontes ist also nur ein Phasenmoment im Vollzug des Verstehens und verfestigt sich nicht zu der Selbstentfremdung eines vergangenen Bewußtseins, sondern wird von dem eigenen Verstehenshorizont der Gegenwart eingeholt. Im Vollzug des Verstehens geschieht eine wirkliche Horizontverschmelzung, die mit dem Entwurf des historischen Horizontes zugleich dessen Aufhebung vollbringt. Wir bezeichneten den kontrollierten Vollzug solcher Verschmelzung als die Aufgabe des wirkungsgeschichtlichen Bewußtseins. Während von dem ästhetisch-historischen Positivismus im Gefolge der romantischen Hermeneutik diese Aufgabe verdeckt worden war, liegt hier in Wahrheit das zentrale Problem der Hermeneutik überhaupt. Es ist das Problem der *Anwendung*, die in allem Verstehen gelegen ist.

Das hermeneutische Problem der Anwendung

In der älteren Tradition der Hermeneutik, die dem geschichtlichen Selbstbewußtsein der nachromantischen Wissenschaftslehre ganz entschwunden war, hatte dieses Problem noch seinen systematischen Ort. Das hermeneutische Problem gliederte sich dort folgendermaßen: Man unterschied eine subtilitas intelligendi, das Verstehen, von einer subtilitas explicandi, dem Auslegen, und im Pietismus fügte man dem als drittes Glied die subtilitas applicandi, das Anwenden, hinzu (z. B. bei J. J. Rambach). Diese drei Momente sollen die Vollzugsweise des Verstehens ausmachen. Alle drei heißen bezeichnenderweise 'subtilitas', d. h. sie sind nicht so sehr als Methoden verstanden, über die man verfügt, wie als ein Können, das besondere Feinheit des Geistes verlangt[4].

Nun hat das hermeneutische Problem, wie wir sahen, seine systematische Bedeutung dadurch erhalten, daß durch die Romantik die innere Einheit von intelligere und explicare erkannt wurde. Auslegung ist nicht ein zum Verstehen nachträglich und gelegentlich hinzukommender Akt, sondern Verstehen ist immer Auslegung, und Auslegung ist daher die explizite Form des Verstehens. Mit dieser Einsicht hängt zusammen, daß die auslegende Sprache und Begrifflichkeit ebenfalls als ein inneres Strukturmoment des Verstehens erkannt wird und damit überhaupt das Problem der Sprache aus seiner okkasionellen Randposition ins Zentrum der Philosophie rückt. Darauf wird noch zurückzukommen sein.

Die innere Verschmelzung von Verstehen und Auslegen führte aber dazu, daß das dritte Moment am hermeneutischen Problem, die *Applikation*, ganz aus dem Zusammenhang der Hermeneutik herausgedrängt wurde. Die erbauliche Anwendung, die etwa der Heiligen Schrift in der christlichen Verkündigung und Predigt zuteil wird, schien etwas ganz anderes als das historische und theologische Verständnis derselben. Nun haben uns unsere Überlegungen zu der Einsicht geführt, daß im Verstehen immer so etwas wie eine Anwendung des zu verstehenden Textes auf die gegenwärtige Situation des Interpreten stattfindet. Wir werden also gleichsam einen Schritt über die romantische Hermeneutik hinaus genötigt, indem wir nicht nur Verstehen und Auslegen, sondern dazu auch Anwenden als in einem einheitlichen Vorgang begriffen denken. Wir kehren damit nicht etwa zu der traditionellen Unterscheidung der drei gesonderten Subtilitäten zurück, von denen der Pietismus sprach. Denn wir meinen im Gegenteil, daß Anwendung ein ebenso integrierender Bestandteil des hermeneutischen Vorgangs ist wie Verstehen und Auslegen.

Der bisherige Stand der hermeneutischen Diskussion gibt uns Anlaß, diesen Gesichtspunkt in seiner prinzipiellen Bedeutung hervorzukehren. Wir können uns dabei zunächst auf die vergessene Geschichte der Hermeneutik berufen. Ehedem galt es als ganz selbstverständlich, daß die Hermeneutik die Aufgabe hat, den Sinn eines Textes der konkreten Situation anzupassen, in die hinein er spricht. Der Dolmetsch des göttlichen Willens, der die Sprache des Orakels auszulegen weiß, ist dafür das ursprüngliche Modell. Aber noch jeder Dolmetsch hat bis zum heutigen Tage nicht die Aufgabe einer bloßen Wiedergabe dessen, was der Verhandlungspartner, den er verdolmetscht, wirklich gesagt hat, sondern er muß dessen Meinung so zur Geltung bringen, wie es ihm aus der echten Gesprächssituation nötig scheint, in der er sich als der Kenner beider Verhandlungssprachen allein befindet.

Ebenso lehrt uns die Geschichte der Hermeneutik, daß es neben der philologischen eine theologische und eine juristische Hermeneutik gab, die gemeinsam mit der philologischen Hermeneutik erst den vollen Begriff der Hermeneutik ausfüllten. Es ist erst eine Folge der Entfaltung des historischen Bewußtseins im 18. und 19. Jahrhundert, daß sich die philologische Hermeneutik und Historik aus dem Verbande der übrigen hermeneutischen Disziplinen löste und als Methodenlehre der geisteswissenschaftlichen Forschung ganz für sich stellte.

Die enge Zusammengehörigkeit, die ursprünglich die *philologische* Hermeneutik mit der *juristischen* und *theologischen* verband, beruhte aber auf der Anerkennung der Applikation als eines integrierenden Momentes allen Verstehens. Sowohl für die juristische Hermeneutik wie für die theologische Hermeneutik ist ja die Spannung konstitutiv, die zwischen dem gesetzten Text – des Gesetzes oder der Verkündigung – auf der einen Seite und auf der anderen Seite dem Sinn besteht, den seine Anwendung im konkreten Augenblick der Auslegung erlangt, sei es im Urteil, sei es in der Predigt. Ein Gesetz will nicht historisch verstanden werden, sondern soll sich in seiner Rechtsgeltung durch die Auslegung konkretisieren. Ebenso will ein religiöser Verkündigungstext nicht als ein bloßes historisches Dokument aufgefaßt werden, sondern er soll so verstanden werden, daß er seine Heilswirkung ausübt. Das schließt in beiden Fällen ein, daß der Text, ob Gesetz oder Heilsbotschaft, wenn er angemessen verstanden werden soll, d.h. dem Anspruch, den der Text erhebt, entsprechend, in jedem Augenblick, d.h. in jeder konkreten Situation, neu und anders verstanden werden muß. Verstehen ist hier immer schon Anwenden.

Nun gingen wir von der Erkenntnis aus, daß auch das in den Geisteswissenschaften geübte Verstehen ein wesenhaft geschichtliches ist, d.h. daß auch dort ein Text nur verstanden wird, wenn er jeweils anders verstanden wird. Das kennzeichnete gerade die Aufgabe einer historischen Hermeneutik, daß sie das Spannungsverhältnis durchreflektiert, das zwischen der Selbigkeit der gemeinsamen Sache und der wechselnden Situation besteht, in der dieselbe verstanden werden soll. Wir waren davon ausgegangen, daß die von der romantischen Hermeneutik an den Rand geschobene geschichtliche Bewegtheit des Verstehens das wahre Zentrum der hermeneutischen Fragestellung darstellt, die dem geschichtlichen Bewußtsein angemessen ist. Unsere Betrachtungen über die Bedeutung der Tradition im geschichtlichen Bewußtsein knüpften an die von Heidegger gegebene Analyse der Hermeneutik der Faktizität an und suchten sie für eine geisteswissenschaftliche Hermeneutik fruchtbar zu machen. Wir hatten gezeigt, daß das Verstehen nicht so sehr eine Methode ist, durch die sich das erkennende Bewußtsein einem von ihm gewählten Gegenstande zuwendet und ihn zu objektiver Erkenntnis bringt, als vielmehr das Darinstehen in einem Überlieferungsgeschehen zur Voraussetzung hat. *Verstehen erwies sich selber als ein Geschehen*, und die Aufgabe der Hermeneutik besteht, philosophisch gesehen, darin, zu fragen, was das für ein Verstehen was für einer Wissenschaft ist, das in sich selbst vom geschichtlichen Wandel fortbewegt wird.

Es ist uns ständig bewußt, daß damit dem Selbstverständnis der modernen Wissenschaft etwas Ungewohntes zugemutet wird. Unsere Überlegungen waren im ganzen bestrebt, diese Zumutung dadurch zu erleichtern, daß sie sich als das Ergebnis der Konvergenz einer großen Zahl von Problemen erwies. In der Tat fällt die bisherige Theorie der Hermeneutik in Unterscheidungen auseinander, die sie selber nicht aufrechterhalten kann. Das wird gerade dort sichtbar, wo eine allgemeine Theorie der Interpretation angestrebt wird. Wenn man etwa kognitive, normative und reproduktive Auslegung unterscheidet, wie das E. Betti in seiner auf bewundernswerter Kenntnis und Überschau aufgebauten "Allgemeinen Theorie der Interpretation" getan hat [5], so gerät man bei der Zuordnung der Phänomene zu dieser Einteilung in Schwierigkeiten. Das gilt zunächst für die in den Wissenschaften geübte Auslegung. Wenn man die theologische Auslegung mit der juristischen zusammenstellt und entsprechend der normativen Funktion zuordnet, so ist demgegenüber an Schleiermacher zu erinnern, der umgekehrt die theologische Auslegung aufs engste an die allgemeine, d. h. für ihn die philologisch-historische Auslegung, anschließt. In der Tat geht der Riß zwischen kognitiver und normativer Funktion mitten durch die theologische Hermeneutik und läßt sich schwerlich dadurch schließen, daß man die wissenschaftliche Erkenntnis von nachfolgender erbaulicher Anwendung unterscheidet. Der gleiche Riß geht offenkundig auch mitten durch die rechtliche Auslegung, sofern Erkenntnis des Sinnes eines Rechtstextes und Anwendung desselben auf den konkreten Rechtsfall nicht zwei getrennte Akte sind, sondern ein einheitlicher Vorgang.

Aber selbst diejenige Auslegung, die von den bisher behandelten Arten der Auslegung am weitesten entfernt scheint, ich meine die reproduktive Auslegung, in der Dichtung und Musik zur Aufführung kommen – und erst im Gespieltwerden haben sie ihre eigentliche Existenz [6] –, ist schwerlich eine selbständige Weise der Auslegung. Auch durch sie geht der Riß zwischen kognitiver und normativer Funktion. Niemand wird ein Drama inszenieren, eine Dichtung vorlesen oder eine Komposition zur Aufführung bringen können, ohne den ursprünglichen Sinn des Textes zu verstehen und in seiner Reproduktion und Auslegung zu meinen. Aber ebenso wird niemand diese reproduktive Auslegung leisten können, ohne in der Umsetzung des Textes in die sinnliche Erscheinung jenes andere normative Moment zu beachten, das die Forderung einer stilgerechten Wiedergabe durch den Stilwillen der eigenen Gegenwart begrenzt. Wenn wir vollends daran denken, wie die Übersetzung fremdsprachlicher Texte oder gar ihre dichterische Nachbildung, aber auch das richtige Vorlesen von Texten mitunter die gleiche Erklärungsleistung von sich aus übernehmen wie die philologische Auslegung, so daß beides ineinander übergeht, dann läßt sich dem Schluß nicht ausweichen, daß die sich aufdrängende Unterscheidung kognitiver, normativer und reproduktiver Auslegung keine grundsätzliche Geltung hat, sondern ein einheitliches Phänomen umschreibt.

Wenn das richtig ist, so stellt sich die Aufgabe, *die geisteswissenschaftliche Hermeneutik von der juristischen und theologischen her neu zu bestimmen.* Dazu bedarf es freilich der durch unsere Untersuchung erworbenen Erkenntnis, daß die romantische Hermeneutik und ihre Krönung in der psychologischen Auslegung, d.h. dem Enträtseln und Ergründen der anderen Individualität, das Problem des Verstehens viel zu einseitig faßt. Unsere Überlegungen verwehren uns, die hermeneutische Problemstellung auf die Subjektivität des Interpreten und die Objektivität des zu verstehenden Sinnes aufzuteilen. Ein solches Verfahren ginge von einem falschen Gegenüber aus, das auch nicht durch die Anerkennung der Dialektik des Subjektiven und Objektiven überbrückt werden kann. Die Unterscheidung einer normativen Funktion von einer kognitiven Funktion reißt vollends auseinander, was offenkundig zusammengehört. Der Sinn des Gesetzes, der sich in seiner normativen Anwendung beweist, ist nichts prinzipiell anderes als der Sinn der Sache, die sich im Verstehen eines Textes zur Geltung bringt. Es ist ganz abwegig, die Möglichkeit des Verstehens von Texten auf die Voraussetzung der 'Kongenialität' zu gründen, die Schöpfer und Interpret eines Werkes vereinigen soll. Wäre das wirklich so, dann stünde es schlecht um die Geisteswissenschaften. Das Wunder des Verstehens besteht vielmehr darin, daß es keiner Kongenialität bedarf, um das wahrhaft Bedeutsame und das ursprünglich Sinnhafte in der Überlieferung zu erkennen. Wir vermögen uns vielmehr dem überlegenen Anspruch des Textes zu öffnen und der Bedeutung verstehend zu entsprechen, in der er zu uns spricht. Die Hermeneutik im Bereich der Philologie und der historischen Geisteswissenschaften ist überhaupt nicht 'Herrschaftswissen' [7], d.h. Aneignung als Besitzergreifung, sondern ordnet sich selbst dem beherrschenden Anspruch des Textes unter. Dafür aber ist die juristische und die theologische Hermeneutik das wahre Vorbild. Auslegung des gesetzlichen Willens, Auslegung der göttlichen Verheißung zu sein, das sind offenkundig nicht Herrschafts-, sondern Dienstformen. Im Dienste dessen, was gelten soll, sind sie Auslegungen, die Applikation einschließen. Die

These ist nun, daß auch die historische Hermeneutik eine Leistung der Applikation zu vollbringen hat, weil auch sie der Geltung von Sinn dient, indem sie ausdrücklich und bewußt den Zeitenabstand überbrückt, der den Interpreten vom Texte trennt und die Sinnentfremdung überwindet, die dem Texte widerfahren ist.

Anmerkungen

1 Der Begriff der Situation ist vor allem von K. Jaspers *(Die geistige Situation der Zeit)* und Erich Rothacker in seiner Struktur aufgehellt worden.
2 Vgl. oben [*Wahrheit und Methode*] S. 231 ff.
3 Nietzsche, *Unzeitgemäße Betrachtungen* II am Anfang.
4 Rambachs *Institutiones hermeneuticae sacrae* (1723) sind mir durch die Zusammenfassung von Morus bekannt, dort heißt es: *Solemus autem intelligendi explicandique subtilitatem (soliditatem vulgo vocant) tribuere ei, qui cum causis et accurate* (genau und gründlich) *intelligit atque explicat* (Betti: *Allgemeine Auslegungslehre*, 1967).
5 Vgl. die Abhandlung Bettis *Zur Grundlegung einer allgemeinen Auslegungslehre* und sein monumentales Hauptwerk: *Allgemeine Auslegungslehre*, 1967.
6 Vgl. im ersten Teil unserer Untersuchung die Analyse der Ontologie des Kunstwerks (S. 97 ff.).
7 Vgl. die Unterscheidungen bei Max Scheler, *Wissen und Bildung* (1927), S. 26.

Hans Robert Jauß

LITERATURGESCHICHTE ALS PROVOKATION DER LITERATURWISSENSCHAFT

I

Die aktuelle Herausforderung der Literaturwissenschaft sehe ich darin, das im Streit der marxistischen und der formalistischen Methode offengebliebene Problem der Literaturgeschichte wieder aufzugreifen[1]. Mein Versuch, die Kluft zwischen Literatur und Geschichte, historischer und ästhetischer Erkenntnis zu überbrücken, kann an der Grenze ansetzen, vor der beide Schulen stehengeblieben sind. Ihre Methoden begreifen das *literarische Faktum* im geschlossenen Kreis einer Produktions- und Darstellungsästhetik. Sie verkürzen die Literatur damit um eine Dimension, die unabdingbar zu ihrem ästhetischen Charakter wie auch zu ihrer gesellschaftlichen Funktion gehört: die Dimension ihrer Rezeption und Wirkung. Leser, Zuhörer und Zuschauer, kurzum: der Faktor des Publikums spielt in beiden Literaturtheorien eine äußerst beschränkte Rolle. Die orthodoxe Ästhetik des Marxismus behandelt den Leser – wenn überhaupt – nicht anders als den Autor: sie fragt nach seiner sozialen Stellung, oder sie sucht ihn in der Schichtung einer dargestellten Gesellschaft wiederzuerkennen. Die formalistische Schule benötigt den Leser nur als wahrnehmendes Subjekt, das, den Anweisungen des Textes folgend, die Unterscheidung der Form oder die Aufdeckung des Verfahrens zu leisten hat. Sie mutet dem Leser das theoretische Verständnis des Philologen zu, der in Kenntnis der Kunstmittel über diese zu reflektieren vermag, wie umgekehrt die marxistische Schule die spontane Erfahrung des Lesers geradezu mit dem wissenschaftlichen Interesse des historischen Materialismus gleichsetzt, der am literarischen Werk Beziehungen zwischen Überbau und Basis aufdecken will. Nun ist aber – wie Walther Bulst formulierte – *kein Text je verfaßt worden, um philologisch von Philologen* oder – wie ich hinzusetze – historisch von Historikern *gelesen und interpretiert zu werden.*[2] Beide Methoden verfehlen den Leser in seiner genuinen, für die ästhetische wie für die historische Erkenntnis gleich unabdingbaren Rolle – als den Adressaten, für den das literarische Werk primär bestimmt ist. Denn auch der Kritiker, der sein Urteil über eine Neuerscheinung fällt, der Schriftsteller, der sein Werk angesichts der positiven oder negativen Normen eines vorangegangenen

Werkes konzipiert, und der Literarhistoriker, der ein Werk in seine Tradition einordnet und geschichtlich erklärt, sind erst einmal Leser, bevor ihr reflexives Verhältnis zur Literatur selbst wieder produktiv werden kann. Im Dreieck von Autor, Werk und Publikum ist das letztere nicht nur der passive Teil, keine Kette bloßer Reaktionen, sondern selbst wieder eine geschichtsbildende Energie. Das geschichtliche Leben des literarischen Werks ist ohne den aktiven Anteil seines Adressaten nicht denkbar. Denn erst durch seine Vermittlung tritt das Werk in den sich wandelnden Erfahrungshorizont einer Kontinuität, in der sich die ständige Umsetzung von einfacher Aufnahme in kritisches Verstehen, von passiver in aktive Rezeption, von anerkannten ästhetischen Normen in neue, sie übersteigende Produktion vollzieht. Die Geschichtlichkeit der Literatur wie ihr kommunikativer Charakter setzen ein dialogisches und zugleich prozeßhaftes Verhältnis von Werk, Publikum und neuem Werk voraus, das sowohl in der Beziehung von Mitteilung und Empfänger wie auch in den Beziehungen von Frage und Antwort, Problem und Lösung erfaßt werden kann. Der geschlossene Kreis einer Produktions- und Darstellungsästhetik, in dem sich die Methodologie der Literaturwissenschaft bisher vornehmlich bewegt, muß daher auf eine Rezeptions- und Wirkungsästhetik geöffnet werden, wenn das Problem, wie die geschichtliche Folge literarischer Werke als Zusammenhang der Literaturgeschichte zu begreifen sei, eine neue Lösung finden soll.

Die rezeptionsästhetische Perspektive vermittelt nicht allein zwischen passiver Aufnahme und aktivem Verstehen, normbildender Erfahrung und neuer Produktion. Sieht man die Geschichte der Literatur derart im Horizont des kontinuitätsbildenden Dialogs von Werk und Publikum, so wird auch der Gegensatz ihres ästhetischen und ihres historischen Aspekts ständig vermittelt und ineins damit der Faden von der vergangenen Erscheinung zu der gegenwärtigen Erfahrung der Dichtung weitergeknüpft, den der Historismus durchschnitten hatte. Das Verhältnis von Literatur und Leser hat sowohl ästhetische als auch historische Implikationen. Die ästhetische Implikation liegt darin, daß schon die primäre Aufnahme eines Werkes durch den Leser eine Erprobung des ästhetischen Wertes im Vergleich mit schon gelesenen Werken einschließt [3]. Die historische Implikation wird daran sichtbar, daß sich das Verständnis der ersten Leser von Generation zu Generation in einer Kette von Rezeptionen fortsetzen und anreichern kann, mithin auch über die geschichtliche Bedeutung eines Werkes entscheidet und seinen ästhetischen Rang sichtbar macht. In diesem rezeptionsgeschichtlichen Prozeß, dem sich der Literarhistoriker nur um den Preis entziehen kann, die sein

Verstehen und Urteilen leitenden Voraussetzungen unbefragt zu lassen, vollzieht sich mit der Wiederaneignung von Werken der Vergangenheit zugleich die ständige Vermittlung von vergangener und gegenwärtiger Kunst, von traditioneller Geltung und aktueller Erprobung der Literatur. Der Rang einer rezeptionsästhetisch fundierten Literaturgeschichte wird davon abhängen, inwieweit sie an der fortwährenden Totalisierung des Vergangenen durch die ästhetische Erfahrung aktiv teilzunehmen vermag. Das erfordert einerseits – dem Objektivismus der positivistischen Literaturhistorie gegenüber – eine bewußt angestrebte Kanonbildung, die andererseits – dem Klassizismus der Traditionsforschung gegenüber – eine kritische Revision, wenn nicht Destruktion des überkommenen literarischen Kanons voraussetzt. Das Kriterium einer solchen Kanonbildung und immer wieder notwendigen Umerzählung der Literaturgeschichte ist durch die Rezeptionsästhetik klar vorgezeichnet. Der Weg von der Rezeptionsgeschichte des einzelnen Werks zur Geschichte der Literatur müßte dazu führen, die geschichtliche Folge der Werke so zu sehen und darzustellen, wie sie den für uns bedeutsamen Zusammenhang der Literatur als Vorgeschichte ihrer gegenwärtigen Erfahrung bedingt und erhellt.[4]

Auf diesen Prämissen soll nun die Frage, wie heute Literaturgeschichte methodisch begründet und neu geschrieben werden könnte, in den folgenden sieben Thesen (II–VIII) beantwortet werden.

II

Eine Erneuerung der Literaturgeschichte erfordert, die Vorurteile des historischen Objektivismus abzubauen und die traditionelle Produktions- und Darstellungsästhetik in einer Rezeptions- und Wirkungsästhetik zu fundieren. Die Geschichtlichkeit der Literatur beruht nicht auf einem post festum erstellten Zusammenhang 'literarischer Fakten', sondern auf der vorgängigen Erfahrung des literarischen Werkes durch seine Leser. Dieses dialogische Verhältnis ist auch die primäre Gegebenheit für die Literaturgeschichte. Denn der Literarhistoriker muß selbst immer erst wieder zum Leser werden, bevor er ein Werk verstehen und einordnen, anders gesagt: sein eigenes Urteil im Bewußtsein seines gegenwärtigen Standorts in der historischen Reihe der Leser begründen kann.

Das Postulat, das R. G. Collingwood in seiner Kritik an der herrschenden Objektivitätsideologie für die Historie aufgestellt hat: "history is nothing but the re-enactment of past thought in the historian's mind"[5], gilt für die Literaturgeschichte in noch höherem Grade. Denn die positivistische Auffassung von Geschichte als der 'objektiven' Beschreibung einer Ereignisfolge in einer abgeschiedenen Vergangenheit verfehlt sowohl den Kunstcharakter als auch die spezifische Geschichtlichkeit der Literatur. Das literarische Werk ist kein für sich bestehendes Objekt, das jedem Betrachter zu jeder Zeit den gleichen Anblick darbietet.[6] Es ist kein Monument, das monologisch sein zeitloses Wesen offenbart. Es ist vielmehr wie eine Partitur auf die immer erneuerte Resonanz der Lektüre angelegt, die den Text aus der Materie der Worte erlöst und ihn zu aktuellem Dasein bringt: "parole qui doit, en même temps qu'elle lui parle, créer un interlocuteur capable de l'entendre".[7] Dieser dialogische Charakter des literarischen Werkes begründet auch, warum das philologische Wissen nur in der fortwährenden Konfrontation mit dem Text bestehen kann und nicht zum Wissen von Fakten gerinnen darf.[8] Philologisches Wissen bleibt stets auf Interpretation bezogen, die sich zum Ziel setzen muß, mit der Erkenntnis ihres Gegenstandes den Vollzug dieser Erkenntnis als Moment eines neuen Verstehens mit zu reflektieren und zu beschreiben.

Geschichte der Literatur ist ein Prozeß ästhetischer Rezeption und Produktion, der sich in der Aktualisierung literarischer Texte durch den aufnehmenden Leser, den reflektierenden Kritiker und den selbst wieder produzierenden Schriftsteller vollzieht. Die unabsehbar wachsende Summe literarischer 'Fakten', wie sie sich in den konventionellen Literaturgeschichten niederschlägt, ist ein bloßes Residuum dieses Prozesses, nur angesammelte und klassifizierte Vergangenheit und darum keine Geschichte, sondern Pseudogeschichte. Wer eine Reihe solcher literarischer Fakten schon für ein Stück Geschichte der Literatur ansieht, verwechselt den Ereignischarakter eines Kunstwerks mit dem einer historischen Tatsächlichkeit. Der *Perceval* von Chrétien de Troyes ist als literarisches Ereignis nicht im gleichen Sinne 'historisch' wie zum Beispiel der etwa gleichzeitige dritte Kreuzzug.[9] Er ist keine 'Tatsache', die aus einer Reihe von situationshaften Voraussetzungen und Anlässen, aus der rekonstruierbaren Absicht einer historischen Handlung und aus deren notwendigen und beiläufigen Folgen kausal erklärbar wäre. Der geschichtliche Zusammenhang, in dem ein literarisches Werk erscheint, ist keine faktische, für sich selbst bestehende Ereignisfolge, die auch unabhängig von einem Betrachter existierte. Zum literarischen Ereignis wird der *Perceval* nur für seinen Leser, der dieses letzte Werk Chrétiens mit der Erinnerung an seine früheren Werke liest, seine Besonderheit im Vergleich mit diesen und anderen schon bekannten Werken wahrnimmt und damit einen neuen Maßstab gewinnt, an dem er künftige Werke messen kann. Das literarische Ereignis hat im Unterschied zum politischen nicht für sich weiterbestehende unausweichliche Folgen, denen sich keine nachfolgende Generation mehr entziehen könnte. Es vermag nur weiterzuwirken, wo es bei den Nachkommenden noch oder wieder rezipiert wird – wo sich Leser finden, die sich das vergangene Werk neu aneignen oder Autoren, die es nachahmen, überbieten oder widerlegen wollen. Der Ereigniszusammenhang der Literatur wird primär im Erwartungshorizont der literarischen Erfahrung zeitgenössischer und späterer Leser, Kritiker und Autoren vermittelt. Von der Objektivierbarkeit dieses Erwartungshorizontes hängt es darum ab, ob es möglich sein wird, Geschichte der Literatur in der ihr eigenen Geschichtlichkeit zu begreifen und darzustellen.

III

Die Analyse der literarischen Erfahrung des Lesers entgeht dann dem drohenden Psychologismus, wenn sie Aufnahme und Wirkung eines Werks in dem objektivierbaren Bezugssystem der Erwartungen beschreibt, das sich für jedes Werk im historischen Augenblick seines Erscheinens aus dem Vorverständnis der Gattung, aus der Form und Thematik zuvor bekannter Werke und aus dem Gegensatz von poetischer und praktischer Sprache ergibt.

Diese These wendet sich gegen die verbreitete, besonders von René Wellek gegen die Literaturtheorie von I. A. Richards geltend gemachte Skepsis, ob eine wirkungsästhetische Analyse überhaupt an die Bedeutungssphäre eines Kunstwerks heranreiche und nicht bestenfalls eine simple Soziologie des Geschmacks bei solchen Versuchen herauskomme. Wellek argumentiert damit, daß weder der individuelle Bewußtseinszustand, da er etwas Augenblickliches, nur Persönliches an sich habe, noch eine kollektive Bewußtseinslage, wie sie J. Mukařovský als Effekt des Kunstwerks annehme, mit empirischen Mitteln bestimmt werden könnten.[10] Roman Jakobson wollte die "kollektive Bewußtseinslage" durch eine "kollektive Ideologie" in Gestalt eines Systems von Normen ersetzen, das für jedes literarische Werk als *langue* existiere und vom Rezipierenden als *parole* – obschon unvollkommen und nie als Ganzes – aktualisiert werde.[11] Diese Theorie schränkt zwar den Subjektivismus der Wirkung ein, läßt aber nach wie vor die Frage offen, mit welchen Daten die Wirkung eines einmaligen Werkes auf ein bestimmtes Publikum erfaßt und in ein Normensystem eingebracht werden kann. Es gibt indes empirische Mittel, an die bisher noch nicht gedacht wurde – literarische Daten, aus denen sich für jedes Werk eine spezifische Disposition des Publikums ermitteln läßt, die der psychologischen Reaktion wie auch dem subjektiven Verständnis des einzelnen Lesers noch vorausliegt. Wie bei jeder aktualen Erfahrung gehört auch zu der literarischen Erfahrung, die ein bisher unbekanntes Werk zum ersten Male zur Kenntnis bringt, ein "Vorwissen, das ein Moment der Erfahrung selbst ist und aufgrund dessen das Neue, das wir zur Kenntnis nehmen, überhaupt erfahrbar, und das heißt: in einem Erfahrungskontext gleichsam lesbar wird".[12]

Ein literarisches Werk, auch wenn es neu erscheint, präsentiert sich nicht als absolute Neuheit in einem informatorischen Vakuum, sondern prädisponiert sein Publikum durch Ankündigungen, offene und versteckte Signale, vertraute Merkmale oder implizite Hinweise für eine ganz bestimmte Weise der Rezeption. Es weckt Erinnerungen an schon Gelesenes, bringt den Leser in eine bestimmte emotionale Einstellung und stiftet schon mit seinem Anfang Erwartungen für 'Mitte und Ende', die im Fortgang der Lektüre nach bestimmten Spielregeln der Gattung oder Textart aufrechterhalten oder abgewandelt, umorientiert oder auch ironisch aufgelöst werden können. Der psychische Vorgang bei der Aufnahme eines Textes ist im primären Horizont der ästhetischen Erfahrung keineswegs nur eine willkürliche Folge nur subjektiver Eindrücke, sondern der Vollzug bestimmter Anweisungen in einem Prozeß gelenkter Wahrnehmung, der nach seinen konstituierenden Motivationen und auslösenden Signalen erfaßt und auch textlinguistisch beschrieben werden kann. Bestimmt man den vorgängigen Erwartungshorizont eines Textes mit W.D. Stempel als paradigmatische Isotopie, die sich in dem Maße, wie die Aussage anwächst, in einen immanenten, syntagmatischen Erwartungshorizont umsetzt, so wird der Rezeptionsprozeß in der Expansion eines semiologischen Systems beschreibbar, die sich zwischen Systementfaltung und Systemkorrektur vollzieht.[13] Ein entsprechender Prozeß fortgesetzter Horizontstiftung und Horizontveränderung bestimmt auch das Verhältnis vom einzelnen Text zur gattungsbildenden Textreihe. Der neue Text evoziert für den Leser (Hörer) den aus früheren Texten vertrauten Horizont von Erwartungen und Spielregeln, die alsdann variiert, korrigiert, abgeändert oder auch nur reproduziert werden. Variation und Korrektur bestimmen den Spielraum, Abänderung und Reproduktion die Grenzen einer Gattungsstruktur.[14] Die interpretierende Rezeption eines Textes setzt den Erfahrungskontext der ästhetischen Wahrnehmung immer schon voraus: die Frage nach der Subjektivität oder Interpretation und des Geschmacks verschiedener

Leser oder Leserschichten kann erst sinnvoll gestellt werden, wenn zuvor geklärt ist, welcher transsubjektive Horizont des Verstehens die Wirkung des Textes bedingt.

Der Idealfall der Objektivierbarkeit solcher literarhistorischen Bezugssysteme sind Werke, die den durch eine Gattungs-, Stil- oder Formkonvention geprägten Erwartungshorizont ihrer Leser erst eigens evozieren, um ihn sodann Schritt für Schritt zu destruieren, was durchaus nicht nur einer kritischen Absicht dienen, sondern selbst wieder poetische Wirkungen erbringen kann. So läßt Cervantes aus den Lektüren des *Don Quijote* den Erwartungshorizont der so beliebten alten Ritterbücher erstehen, die das Abenteuer seines letzten Ritters sodann tiefsinnig parodiert.[15] So evoziert Diderot zu Beginn des *Jacques le Fataliste* mit den fiktiven Fragen des Lesers an den Erzähler den Erwartungshorizont des modischen Romanschemas der 'Reise' mitsamt den (aristotelisierenden) Konventionen der romanesken Fabel und der ihr eigenen Providenz, um dem versprochenen Reise- und Liebesroman sodann provokativ eine gänzlich unromaneske *vérité de l'histoire* entgegenzusetzen: die bizarre Wirklichkeit und moralische Kasuistik seiner eingelegten Geschichte, in denen die Wahrheit des Lebens fortgesetzt die Lügenhaftigkeit dichterischer Fiktion dementiert.[16] So zitiert, kombiniert und vermischt Nerval in den *Chimères* eine Quintessenz bekannter romantischer und okkulter Motive und erstellt daraus den Erwartungshorizont mythischer Weltverwandlung, nun aber um seine Abkehr von der romantischen Poesie zu bedeuten: die dem Leser vertrauten oder erschließbaren Identifikationen und Beziehungen des mythischen Zustands lösen sich in dem Maße in ein Unbekanntes auf, als der versuchte private Mythus des lyrischen Ich mißlingt, das Gesetz der zureichenden Information durchbrochen wird und die expressiv gewordene Dunkelheit selbst eine poetische Funktion gewinnt.[17]

Die Möglichkeit, den Erwartungshorizont zu objektivieren, ist aber auch bei historisch weniger profilierten Werken gegeben. Denn die spezifische Disposition für ein bestimmtes Werk, mit der ein Autor bei seinem Publikum rechnet, kann beim Fehlen expliziter Signale auch aus drei allgemein voraussetzbaren Faktoren gewonnen werden: erstens aus bekannten Normen oder der immanenten Poetik der Gattung, zweitens aus den impliziten Beziehungen zu bekannten Werken der literarhistorischen Umgebung und drittens aus dem Gegensatz von Fiktion und Wirklichkeit, poetischer und praktischer Funktion der Sprache, der für den reflektierenden Leser während der Lektüre als Möglichkeit des Vergleichs immer gegeben ist. Der dritte Faktor schließt ein, daß der Leser ein neues Werk sowohl im engeren Horizont seiner literarischen Erwartung als auch im weiteren Horizont seiner Lebenserfahrung wahrnehmen kann. Auf diese Horizontstruktur und ihre Objektivierbarkeit mittels der Hermeneutik von Frage und Antwort komme ich bei der Frage nach dem Verhältnis von Literatur und Lebenspraxis zurück (siehe VIII).

IV

Der so rekonstruierbare Erwartungshorizont eines Werkes ermöglicht es, seinen Kunstcharakter an der Art und dem Grad seiner Wirkung auf ein vorausgesetztes Publikum zu bestimmen. Bezeichnet man den Abstand zwischen dem vorgegebenen Erwartungshorizont und der Erscheinung eines neuen Werkes, dessen Aufnahme durch Negierung vertrauter oder Bewußtmachung erstmalig ausgesprochener Erfahrungen einen "Horizontwandel" zur Folge haben kann, als ästhetische Distanz, so läßt sich diese am Spektrum der Reaktionen des Publikums und des Urteils der Kritik (spontaner Erfolg, Ablehnung oder Schockierung; vereinzelte Zustimmung, allmähliches oder verspätetes Verständnis) historisch vergegenständlichen.

Die Art und Weise, in der ein literarisches Werk im historischen Augenblick seines Erscheinens die Erwartungen seines ersten Publikums einlöst, übertrifft, enttäuscht oder widerlegt, gibt offensichtlich ein Kriterium für die Bestimmung seines ästhetischen Wertes her. Die Distanz zwischen Erwartungshorizont und Werk, zwischen dem schon Vertrauten der bisherigen ästhetischen Erfahrung und dem mit der Aufnahme des neuen Werkes geforderten "Horizontwandel"[18], bestimmt rezeptionsästhetisch den Kunstcharakter eines literarischen Werks: in dem Maße wie sich diese Distanz verringert, dem rezipierenden Bewußtsein keine Umwendung auf den Horizont noch unbekannter Erfahrung abverlangt wird, nähert sich das Werk dem Bereich der 'kulinarischen' oder Unterhaltungskunst. Die letztere läßt sich rezeptionsästhetisch dadurch charakterisieren, daß sie keinen Horizontwandel erfordert, sondern Erwartungen, die eine herrschende Geschmacksrichtung vorzeichnet, geradezu erfüllt, indem sie das Verlangen nach der Reproduktion des gewohnten Schönen befriedigt, vertraute Empfindungen bestätigt, Wunschvorstellungen sanktioniert, unalltägliche Erfahrungen als 'Sensation' genießbar macht oder auch moralische Probleme aufwirft, aber nur, um sie als schon vorentschiedene Fragen im erbaulichen Sinne zu 'lösen'.[19] Wenn umgekehrt der Kunstcharakter eines Werkes an der ästhetischen Distanz zu bemessen ist, in der es der Erwartung seines ersten Publikums entgegentritt, so folgt daraus, daß diese Distanz, die zunächst als neue Sehweise beglückend oder auch befremdlich erfahren wird, für spätere Leser in dem Maße verschwinden kann, wie die ursprüngliche Negativität des Werkes zur Selbstverständlichkeit geworden und selbst als nunmehr vertraute Erwartung in den Horizont künftiger ästhetischer Erfahrung eingegangen ist. Unter diesen zweiten Horizontwandel fällt insbesondere die Klassizität der sogenannten Meisterwerke;[20] ihre selbstverständlich gewordene schöne Form und ihr scheinbar fragloser 'ewiger Sinn' bringen sie rezeptionsästhetisch in die gefährliche Nähe der widerstandslos überzeugenden und genießbaren 'kulinarischen' Kunst, so daß es der besonderen Anstrengung bedarf, sie 'gegen den Strich' der eingewöhnten Erfahrung zu lesen, um ihres Kunstcharakters wieder ansichtig zu werden (siehe VI).

Die Beziehung von Literatur und Publikum geht nicht darin auf, daß jedes Werk sein spezifisches, historisch und soziologisch bestimmbares Publikum hat, daß jeder Schriftsteller vom Milieu, dem Anschauungskreis und der Ideologie seines Publikums abhängig ist und daß der literarische Erfolg ein Buch voraussetzt, "das zum Ausdruck bringt, was die Gruppe erwartete, ein Buch, welches der Gruppe ihr eigenes Bild offenbart" [21]. Diese objektivistische Festlegung des literarischen Erfolgs auf die Kongruenz von Absicht des Werkes und Erwartung einer sozialen Gruppe bringt die Literatursoziologie immer dann in Verlegenheit, wenn eine Spät- oder Dauerwirkung zu erklären ist. Darum will R. Escarpit für die "Illusion der Dauerhaftigkeit" eines Schriftstellers eine "kollektive Grundlage im Raum oder in der Zeit" voraussetzen, was im Falle Molières zu einer erstaunlichen Prognose führt: "Molière ist für den Franzosen des 20. Jahrhunderts noch jung, weil seine Welt noch lebt und uns mit ihm noch ein Kultur-, ein Anschauungs- und ein Sprachkreis verbindet [...]. Aber der Kreis wird immer kleiner, und Molière wird altern und sterben, wenn das stirbt, was unser Kulturtypus noch mit dem Frankreich Molières gemeinsam hat." [22] Als ob Molière nur die 'Sitten seiner Zeit' gespiegelt habe und nur durch diese vermeintliche Absicht erfolgreich geblieben sei! Wo die Kongruenz zwischen Werk und sozialer Gruppe nicht oder nicht mehr existiert, wie z. B. bei der Rezeption eines Werkes in einem fremden Sprachkreis, weiß sich Escarpit dadurch zu helfen, daß er einen "Mythus" dazwischenschaltet: "Mythen, die von einer Nachwelt erfunden wurden, der die Wirklichkeit, an deren Stelle sie getreten sind, fremd geworden ist." [23] Als ob alle Rezeption über das erste, sozial bestimmte Publikum eines Werkes hinaus nur "entstellter Widerhall", nur eine Folge "subjektiver Mythen" sei und nicht selbst wieder im rezipierten Werk ihr objektives a priori als Grenze und Möglichkeit des späteren Verstehens habe! Die Soziologie der Literatur sieht ihren Gegenstand nicht dialektisch genug, wenn sie den Kreis von Schriftsteller, Werk und Publikum so einseitig determiniert.[24] Die Determination ist umkehrbar: es gibt Werke, die im Augenblick ihres Erscheinens noch auf kein spezifisches Publikum zu beziehen sind, sondern den vertrauten Horizont literarischer Erwartungen so völlig durchbrechen, daß sich ein Publikum für sie erst allmählich heranbilden kann.[25] Wenn dann der neue Erwartungshorizont allgemeinere Geltung erlangt hat, kann sich die Macht der veränderten ästhetischen Norm daran erweisen, daß das Publikum bisherige Erfolgswerke als veraltet empfindet und ihnen seine Gunst entzieht. Erst im Blick auf solche Horizontwandel gelangt die Analyse der literarischen Wirkung in die Dimension einer Literaturgeschichte des Lesers[26], und vermitteln die statistischen Kurven der Bestseller historische Erkenntnis.

Dafür kann als Beispiel eine literarische Sensation des Jahres 1857 dienen. Neben der inzwischen weltberühmten *Madame Bovary* Flauberts erschien die heute vergessene *Fanny* seines Freundes Feydeau. Obschon Flauberts Roman einen Prozeß wegen Verletzung der öffentlichen Moral nach sich zog, wurde *Madame Bovary* durch Feydeaus Roman zunächst in den Schatten gestellt: *Fanny* erreichte in einem Jahr 13 Auflagen und damit einen Erfolg, wie ihn Paris seit Chateaubriands *Atala* nicht mehr erlebt hatte. Von der Thematik her kamen beide Romane der Erwartung eines neuen Publikums entgegen, das – nach Baudelaires Analyse – aller Romantik abgeschworen hatte und das Große wie das Naive in den Leidenschaften gleichermaßen verachtete[27]: sie behandelten ein triviales Sujet – den Ehebruch in einem bürgerlichen und provinziellen Milieu. Beide Autoren verstanden es, dem konventionell erstarrten Dreiecksverhältnis über die erwartbaren Details der erotischen Szenen hinaus eine sensationelle Wendung zu geben. Sie brachten das abgegriffene Thema der Eifersucht in eine neue Beleuchtung, indem sie das zu erwartende Verhältnis der drei klassischen Rollen umkehrten: Feydeau läßt den jugendlichen Liebhaber der *femme de trente ans*, obschon am Ziel seiner Wünsche, auf den Ehemann seiner Geliebten eifersüchtig werden und an dieser qualvollen Situation zugrunde gehen; Flaubert gibt den Ehebrüchen der Arztfrau in der Provinz, die Baudelaire als eine sublime Form des *dandysme* auslegt, den überraschenden Ausgang, daß gerade die lächerliche Figur des betrogenen Charles Bovary am Ende erhabene Züge annimmt. In der offiziellen zeitgenössischen Kritik finden sich Stimmen, die *Fanny* wie *Madame Bovary* als

Produkt der neuen Schule des *réalisme* aburteilen, der sie vorwerfen, daß sie alles Ideale verleugne und die Ideen angreife, auf denen die Ordnung der Gesellschaft im zweiten Kaiserreich gegründet sei.[28] Der hier nur mit wenigen Strichen skizzierte Erwartungshorizont des Publikums von 1857, das sich nach dem Tode Balzacs vom Roman nichts Großes mehr versprach[29], erklärt den unterschiedlichen Erfolg der beiden Romane aber erst, wenn auch die Frage nach der Wirkung ihrer Erzählform gestellt wird. Flauberts formale Neuerung,- sein Prinzip des 'unpersönlichen Erzählens' *(impassibilité)*, das Barbey d'Aurevilly mit dem Vergleich angriff, wenn man eine Erzählmaschine aus englischem Stahl schmieden könnte, würde sie nicht anders als Monsieur Flaubert funktionieren[30], mußte dasselbe Publikum schockieren, das den erregenden Inhalt der *Fanny* im eingängigen Ton eines Bekenntnisromans dargeboten bekam. Auch konnte es in Feydeaus Beschreibungen modische Ideale und versagte Lebenswünsche einer tonangebenden Gesellschaftsschicht verkörpert finden[31] und sich an der lasziven Gipfelszene, in der *Fanny* (ohne zu ahnen, daß ihr Liebhaber vom Balkon aus zuschaut) ihren Ehemann verführt, ungehemmt delektieren – denn die moralische Entrüstung war ihm durch die Reaktion des unglücklichen Zeugen schon abgenommen. Als dann aber die erste, nur von einem kleinen Kreis von Kennern verstandene und als Wendepunkt in der Geschichte des Romans gewürdigte *Madame Bovary* zum Welterfolg wurde, sanktionierte das an ihr gebildete Publikum von Romanlesern den neuen Kanon von Erwartungen, der die Schwächen Feydeaus: seinen blumigen Stil, seine modischen Effekte, seine lyrisch-bekenntnishaften Klischees unerträglich werden und *Fanny* zum Bestseller von gestern vergilben ließ.

V

Die Rekonstruktion des Erwartungshorizontes, vor dem ein Werk in der Vergangenheit geschaffen und aufgenommen wurde, ermöglicht andererseits, Fragen zu stellen, auf die der Text eine Antwort gab, und damit zu erschließen, wie der einstige Leser das Werk gesehen und verstanden haben kann. Dieser Zugang korrigiert die meist unerkannten Normen eines klassischen oder modernisierenden Kunstverständnisses und erspart den zirkelhaften Rekurs auf einen allgemeinen Geist der Epoche. Er bringt die hermeneutische Differenz zwischen dem einstigen und dem heutigen Verständnis eines Werkes vor Augen, macht die – beide Positionen vermittelnde – Geschichte seiner Rezeption bewußt und stellt damit die scheinbare Selbstverständlichkeit, daß im literarischen Text

Dichtung zeitlos gegenwärtig und ihr objektiver, ein für allemal geprägter Sinn dem Interpreten jederzeit unmittelbar zugänglich sei, als ein platonisierendes Dogma der philologischen Metaphysik in Frage.

Die rezeptionsgeschichtliche Methode[32] ist für das Verständnis lange vergangener Literatur unentbehrlich. Wo der Verfasser eines Werkes unbekannt, seine Absicht nicht bezeugt, sein Verhältnis zu Quellen und Vorbildern nur indirekt zu erschließen ist, kann die philologische Frage, wie der Text 'eigentlich', das heißt 'aus seiner Intention und Zeit heraus' zu verstehen sei, am ehesten beantwortet werden, wenn man ihn vom Hintergrund der Werke abhebt, deren Kenntnis der Autor bei seinem zeitgenössischen Publikum explizit oder implizit voraussetzte. Der Dichter der ältesten Branchen des *Roman de Renart* rechnet – wie sein Prolog bezeugt – zum Beispiel damit, daß seine Hörer Romane wie die Trojageschichte und den *Tristan*, Heldenepen *(chansons de geste)* und Versschwänke *(fabliaux)* kennen und darum auf den "unerhörten Krieg der beiden Barone, Renart und Ysengrin" gespannt sind, der alles Bekannte in den Schatten stellen soll. Die evozierten Werke und Gattungen werden hernach im Verlauf der Erzählung allesamt ironisch gestreift. Aus diesem Horizontwandel erklärt sich wohl auch der weit über Frankreich hinausreichende Publikumserfolg dieses rasch berühmt gewordenen Werkes, das erstmalig die Gegenposition zu aller bislang herrschenden heroischen und höfischen Dichtung bezog.[33]

Die philologische Forschung hat die ursprünglich satirische Intention des mittelalterlichen *Reineke Fuchs* und damit auch den ironisch-lehrhaften Sinn der Analogie von tierischem Wesen und menschlicher Natur lange Zeit verkannt, weil sie seit Jakob Grimm der romantischen Vorstellung von reiner Naturpoesie und naivem Tiermärchen verhaftet blieb. So konnte man auch – um noch ein zweites Beispiel für modernisierende Normen anzuführen – der französischen Epenforschung seit Bédier zu Recht vorhalten, daß sie – ohne es zu bemerken – von Kriterien der Poetik Boileaus lebe und eine nicht-klassische Literatur nach den Normen der Einfachheit, der Harmonie von Teil und Ganzem, der Wahrscheinlichkeit und anderem mehr beurteile.[34] Die philologisch-kritische Methode ist durch ihren historischen Objektivismus offensichtlich nicht davor geschützt, daß der sich selbst ausklammernde Interpret nicht doch sein eigenes ästhetisches Vorverständnis zur uneingestandenen Norm erhebt und den Sinn des vergangenen Textes unreflektiert modernisiert. Wer glaubt, daß sich der 'zeitlos wahre' Sinn einer Dichtung dem Interpreten gleichsam auf einem Standort außerhalb der Geschichte über alle 'Irrtümer' seiner Vorgänger und der historischen Rezeption hinweg unmittelbar und ganz durch bloße Versenkung in den Text erschließen müsse, "verdeckt die wirkungsgeschichtliche Verflechtung, in der das historische Bewußtsein selber steht". Er verleugnet "die unwillkürlichen und nicht beliebigen, sondern alles tragenden Voraussetzungen, die sein eigenes Verstehen leiten", und vermag nur eine Objektivität vorzutäuschen, "die in Wahrheit von der Legitimität ihrer Fragestellungen abhängt".[35]

Hans Georg Gadamer, dessen Kritik am historischen Objektivismus ich hier übernehme, hat in *Wahrheit und Methode* das Prinzip der Wirkungsgeschichte, die im Verstehen selbst die Wirklichkeit der Geschichte aufzuweisen sucht[36], als eine Anwendung der Logik von Frage und Antwort auf die geschichtliche Überlieferung beschrieben. In Weiterführung der These Colligwoods, daß "man einen Text nur verstehen kann, wenn man die Frage verstanden hat, auf die er eine Antwort ist"[37], legt Gadamer dar, daß die rekonstruierte Frage nicht mehr in ihrem ursprünglichen Horizont stehen kann, weil dieser historische Horizont immer schon vom Horizont unserer Gegenwart umfaßt ist: "Verstehen [ist] immer der Vorgang der Verschmelzung solcher vermeintlich für sich seiender Horizonte"[38]. Die historische Frage kann nicht für sich bestehen, sie muß in die Frage übergehen, "die die Überlieferung für uns ist"[39]. Damit lösen sich die Fragen, mit denen René Wellek die Aporie des literarischen Urteils beschrieben hat: soll der Philologe ein literarisches Werk nach der Perspektive der Vergangenheit, nach dem Standpunkt der Gegenwart oder nach dem 'Urteil der Jahrhunderte' bewerten?[40] Die tatsächlichen Maßstäbe einer Vergangenheit könnten so eng sein, daß ihre Benutzung ein Werk, das in der Geschichte seiner Wirkung ein reiches Bedeutungspotential entfaltet hat, nur ärmer machen würde. Das ästhetische Urteil der Gegenwart würde einen Kanon von Werken bevorzugen, die modernem Geschmack entsprechen, alle anderen Werke aber ungerecht einschätzen, nur weil ihre Funktion zu ihrer Zeit nicht mehr zutage liegt. Und die Geschichte der Wirkung selbst, so instruktiv sie auch sein möge, sei "als Autorität den gleichen Einwänden ausgesetzt wie die Autorität der Zeitgenossen des Dichters".[41] Welleks Fazit: es gebe keine Möglichkeit, unser eigenes Urteil zu umgehen, man müsse dieses nur so objektiv wie möglich machen, indem man das tut, was jeder Wissenschaftler tue, nämlich "den Gegenstand isolieren"[42], ist keine Lösung der Aporie, sondern ein Rückfall in den Objektivismus. Das 'Urteil der Jahrhunderte' über ein literarisches Werk ist mehr als nur "das angesammelte Urteil anderer Leser, Kritiker, Zuschauer und sogar Professoren"[43], nämlich die sukzessive Entfaltung eines im Werk angelegten, in seinen historischen Rezeptionsstufen aktualisierten Sinnpotentials, das sich dem verstehenden Urteil erschließt, sofern es die "Verschmelzung der Horizonte" in der Begegnung mit der Überlieferung kontrolliert vollzieht.

Die Übereinstimmung der von mir versuchten rezeptionsästhetischen Grundlegung einer möglichen Literaturgeschichte mit H. G. Gadamers Prinzip der Wirkungsgeschichte hat indes dort ihre Grenze, wo Gadamer den Begriff des Klassischen zum Prototyp aller geschichtlichen Vermittlung der Vergangenheit mit der Gegenwart erheben will. Seine Bestimmung: "was 'klassisch' heißt, ist nicht erst der Überwindung des historischen Abstandes bedürftig – denn es vollzieht selber in beständiger Vermittlung diese Überwindung" [44], fällt aus dem für alle geschichtliche Überlieferung konstitutiven Verhältnis von Frage und Antwort heraus. Für den klassischen Text wäre nicht erst die Frage zu suchen, auf die er eine Antwort gibt, wenn klassisch ist, "was der jeweiligen Gegenwart etwas so sagt, als sei es eigens ihr gesagt" [45]. Ist mit dem Klassischen, das solchermaßen "sich selbst bedeutet und sich selber deutet" [46], nicht lediglich das Ergebnis dessen beschrieben, was ich den "zweiten Horizontwandel" nannte: die fraglose Selbstverständlichkeit des sogenannten 'Meisterwerks', das im retrospektiven Horizont einer vorbildhaften Tradition seine ursprüngliche Negativität verbirgt und uns nötigt, gegen die verbürgte Klassizität erst wieder den "rechten Fragehorizont" zurückzugewinnen? Auch dem klassischen Werk gegenüber ist das rezipierende Bewußtsein der Aufgabe nicht enthoben, das "Spannungsverhältnis zwischen Text und Gegenwart" zu erkennen.[47] Der von Hegel übernommene Begriff des Klassischen, das sich selber deutet, muß zur Verkehrung des geschichtlichen Verhältnisses von Frage und Antwort führen [48] und widerspricht dem Prinzip der Wirkungsgeschichte, daß Verstehen "kein nur reproduktives, sondern auch ein produktives Verhalten ist" [49].

Dieser Widerspruch ist offenbar daher bedingt, daß Gadamer an einem Begriff klassischer Kunst festgehalten hat, der über die Epoche seiner Herkunft, die des Humanismus, hinaus als allgemeine Grundlage einer Rezeptionsästhetik nicht tragfähig ist. Es ist der Begriff der *Mimesis,* verstanden als "Wiedererkennung", wie Gadamer in seiner ontologischen Erklärung der Erfahrung der Kunst darlegt: "Was man eigentlich an einem Kunstwerk erfährt und worauf man gerichtet ist, ist vielmehr, wie wahr es ist, das heißt, wie sehr man etwas und sich selbst darin erkennt und wiedererkennt." [50] Dieser Kunstbegriff kann für die humanistische Kunstperiode geltend gemacht werden, nicht aber für die ihr vorangehende mittelalterliche und schon gar nicht für die ihr nachfolgende Epoche unserer Modernität, in der die Ästhetik der Mimesis wie die sie begründende substantialistische Metaphysik ('Erkenntnis des Wesens') ihre Verbindlichkeit eingebüßt hat. Die Erkenntnisbedeutung der Kunst ist mit dieser epochalen Wendung aber nicht zu Ende gekommen[51], woraus erhellt, daß sie keineswegs an die klassische Funktion des Wiedererkennens gebunden war. Das Kunstwerk kann auch Erkenntnis vermitteln, die sich nicht in das platonische Schema fügt, wenn es Wege zukünftiger Erfahrung antizipiert, noch unerprobte Anschauungs- und Verhaltensmodelle imaginiert oder eine Antwort auf neugestellte Fragen enthält.[52] Gerade um diese virtuelle Bedeutung und produktive Funktion im Prozeß der Erfahrung wird die Wirkungsgeschichte der Literatur verkürzt, wenn man die Vermittlung von vergangener Kunst und Gegenwart unter den Begriff des *Klassischen* bringen will. Wenn das Klassische nach G. *selber* in beständiger Vermittlung die Überwindung des historischen Abstands vollziehen soll, muß es als eine Perspektive der hypostasierten Tradition den Blick darauf verstellen, daß klassische Kunst zur Zeit ihrer Hervorbringung noch nicht 'klassisch' erschien, vielmehr selbst einmal neue Sehweisen eröffnet und neue Erfahrungen präformiert haben kann, die erst aus historischer Distanz – im Wiedererkennen des nunmehr Bekannten – den Anschein erwekken, daß sich im Kunstwerk eine zeitlose Wahrheit ausspreche.

Die Wirkung auch der großen literarischen Werke der Vergangenheit ist weder ein sich selbst vermittelndes Geschehen noch einer Emanation zu vergleichen: auch die Tradition der Kunst setzt ein dialogisches Verhältnis des Gegenwärtigen zu dem Vergangenen voraus, demzufolge das vergangene Werk erst antworten und uns 'etwas sagen' kann, wenn der gegenwärtige Betrachter die Frage gestellt hat, die es aus seiner Abgeschiedenheit zurückholt. Wo in *Wahrheit und Methode* Verstehen – analog zu Heideggers 'Seinsgeschehen' – als "Einrücken in ein Überlieferungsgeschehen, in dem sich Vergangenheit und Gegenwart beständig vermitteln"[53], begriffen wird, muß das "produktive Moment, das im Verstehen liegt"[54], zu kurz kommen. Diese produktive Funktion des fortschreitenden Verstehens, das notwendig auch Kritik der Tradition und Vergessen einschließt, soll im folgenden den rezeptionsästhetischen Entwurf einer Literaturgeschichte begründen. Dieser Entwurf muß die Geschichtlichkeit der Literatur in dreifacher Hinsicht berücksichtigen: diachronisch im Rezeptionszusammenhang der literarischen Werke (siehe VI), synchronisch im Bezugssystem der gleichzeitigen Literatur wie in der Abfolge solcher Systeme (siehe VII) und schließlich im

Verhältnis der immanenten literarischen Entwicklung zum allgemeinen Prozeß der Geschichte (siehe VIII).

VI

Die rezeptionsästhetische Theorie erlaubt nicht allein, Sinn und Form des literarischen Werks in der geschichtlichen Entfaltung seines Verständnisses zu begreifen. Sie erfordert auch, das einzelne Werk in seine 'literarische Reihe' einzurücken, um seine geschichtliche Stelle und Bedeutung im Erfahrungszusammenhang der Literatur zu erkennen. Im Schritt von einer Rezeptionsgeschichte der Werke zur ereignishaften Geschichte der Literatur zeigt sich diese als ein Prozeß, in dem sich die passive Rezeption des Lesers und Kritikers in die aktive Rezeption und neue Produktion des Autors umsetzt oder in dem – anders gesehen – das nächste Werk formale und moralische Probleme, die das letzte Werk hinterließ, lösen und wieder neue Probleme aufgeben kann.

Wie kann das einzelne Werk, das die positivistische Literaturhistorie in einer chronologischen Reihe determiniert und damit zum 'Faktum' veräußerlicht hat, in sein geschichtliches Folgeverhältnis zurückgebracht und damit wieder als 'Ereignis' verstanden werden? Die Theorie der formalistischen Schule will dieses Problem – wie schon erwähnt – durch ihr Prinzip der 'literarischen Evolution' lösen, demzufolge das neue Werk gegen den Hintergrund vorangegangener oder konkurrierender Werke entsteht, als erfolgreiche Form den 'Höhenkamm' einer literarischen Epoche erreicht, bald reproduziert und damit fortschreitend automatisiert wird, um schließlich, wenn sich die nächste Form durchgesetzt hat, als abgegriffene Gattung im Alltag der Literatur weiterzuvegetieren. Würde man nach diesem Programm, das bisher kaum in Angriff genommen wurde[55], eine Epoche der Literatur analysieren und beschreiben, so wäre eine Darstellung zu erwarten, die der konventionellen Literarhistorie in verschiedener Hinsicht überlegen wäre. Sie würde die in sich abgeschlossenen Reihen, die dort unverbunden nebeneinander stehen und allenfalls von einer Skizze der allgemeinen Geschichte umrahmt werden, nämlich: Reihen der Werke eines Autors, einer Schulrichtung oder Stilerscheinung, wie auch die Reihen verschiedener Gattungen, zueinander in Beziehung setzen und das *evolutionäre Wechselverhältnis der Funktionen und Formen aufdecken.*[56] Die dabei herausragenden, korrespondierenden und sich ablösenden Werke würden als Momente eines Prozesses erscheinen, der nicht mehr auf einen Zielpunkt hin konstruiert werden müßte, weil er als *dialektische Selbst-*

erzeugung neuer Formen keiner Teleologie bedarf. Die so gesehene Eigendynamik der literarischen Evolution wäre ferner dem Dilemma der Auswahlkriterien enthoben: zu Buche schlägt hier das Werk als neue Form in der literarischen Reihe, nicht aber die Selbstreproduktion abgesunkener Formen, Kunstmittel und Gattungen, die in den Hintergrund rücken, bis sie durch einen neuen Moment der Evolution wieder "wahrnehmbar" gemacht werden. Schließlich würde im formalistischen Entwurf einer Literaturgeschichte, die sich als 'Evolution' versteht und gegen den üblichen Sinn dieses Begriffs jedweden gerichteten Verlauf ausschließt, der geschichtliche Charakter eines Werkes mit seinem Kunstcharakter gleichbedeutend: die 'evolutionäre' Bedeutung und Charakteristik einer literarischen Erscheinung setzt – nicht anders als der Satz, daß das Kunstwerk gegen den Hintergrund anderer Kunstwerke wahrgenommen werde – Innovation als entscheidendes Merkmal voraus.[57]

Die formalistische Theorie der 'literarischen Evolution' ist gewiß einer der bedeutendsten Ansätze für eine Erneuerung der Literaturgeschichte. Die Erkenntnis, daß sich geschichtliche Veränderungen auch im Bereich der Literatur innerhalb eines Systems abspielen, die versuchte Funktionalisierung der literarischen Entwicklung und nicht zuletzt die Theorie der Automatisierung sind Errungenschaften, an denen festzuhalten ist, auch wenn die einseitige Kanonisierung der Veränderung einer Korrektur bedarf. Die Kritik hat die Schwächen der formalistischen Evolutionstheorie schon zur Genüge aufgezeigt: daß die bloße Gegensätzlichkeit oder ästhetische Variation nicht ausreiche, um das Wachstum der Literatur zu erklären, daß die Frage nach der Richtung des Wandels der literarischen Formen unbeantwortbar bleibe, daß die Innovation für sich allein noch nicht den Kunstcharakter ausmache und daß die Beziehung zwischen literarischer Evolution und gesellschaftlicher Veränderung durch ihre bloße Negierung nicht aus der Welt geschafft sei.[58] Auf die letzte Frage antwortet meine These VIII, die Problematik der übrigen Fragen erfordert, die deskriptive Literaturtheorie der Formalisten rezeptionsästhetisch auf die Dimension geschichtlicher Erfahrung zu öffnen, die auch den historischen Standort des gegenwärtigen Betrachters, alias Literarhistorikers, einschließen muß.

Die Beschreibung der literarischen Evolution als unaufhörlichen Kampf des Neuen mit dem Alten oder als Wechsel von Kanonisierung und Automatisierung der Formen verkürzt den geschichtlichen Charakter der Literatur auf die eindimensionale Aktualität ihrer Veränderungen und beschränkt das geschichtliche Verstehen auf deren Wahrnehmung. Die Veränderungen der literarischen Reihe werden indes erst dann zu einer geschichtlichen Folge, wenn der Gegensatz von alter und neuer Form auch deren spezifische Vermittlung erkennen läßt. Diese Vermittlung, die den Schritt von der alten zur neuen Form in der Interaktion von Werk und Rezipient (Publikum, Kritiker, neuer Produzent) wie von vergangenem Ereignis und sukzessiver Rezeption umgreift, kann methodisch in dem formalen wie inhaltlichen Problem erfaßt werden, "das jedes Kunstwerk als Horizont der nach ihm möglichen 'Lösungen' stellt und hinterläßt"[59]. Die bloße Beschreibung der veränderten Struktur und der neuen Kunstmittel eines Werkes führt nicht notwendig auf dieses Problem und damit auf seine Funktion in der historischen Reihe zurück. Um diese zu bestimmen, das heißt, um das hinterlassene Problem zu erkennen, auf welches das neue Werk in der historischen Reihe die Antwort ist, muß der Interpret seine eigene Erfahrung ins Spiel bringen, weil der vergangene Horizont von alter und neuer Form, Problem und Lösung nur in seiner weiteren Vermittlung, am gegenwärtigen Horizont des rezipierten Werkes, wiedererkennbar ist. Literaturgeschichte als 'literarische Evolution' setzt den geschichtlichen Prozeß ästhetischer Rezeption und Produktion bis zur Gegenwart des Betrachters als Bedingung der Vermittlung aller formalen Gegensätze oder "Differenzqualitäten"[60] voraus.

Die rezeptionsästhetische Fundierung gibt der 'literarischen Evolution' dabei nicht allein die verlorene Richtung zurück, insofern der Standort des Literaturhistorikers zum Fluchtpunkt – aber nicht Ziel! – des Prozesses wird. Sie öffnet auch den Blick in die Zeitentiefe der literarischen Erfahrung, indem sie den variablen Abstand zwischen der aktuellen und der virtuellen Bedeutung eines literarischen Werkes erkennen läßt. Damit ist gemeint, daß der Kunstcharakter eines Werks, dessen Bedeutungspotential der Formalismus auf die Innovation als einziges Wertkriterium reduziert, im Horizont seines ersten Erscheinens keineswegs immer sogleich wahrnehmbar werden muß, geschweige denn im puren Gegensatz zwischen der alten und der neuen Form auch schon ausgeschöpft werden kann. Der Abstand zwischen der aktuellen ersten Wahrnehmung eines Werks und seinen virtuellen Bedeutungen, oder anders gesagt: der Widerstand, den das neue Werk der Erwartung seines ersten Publikums entgegensetzt, kann so groß sein, daß es eines langen Prozesses der Rezeption bedarf, um das im ersten Horizont Unerwartete und Unverfügbare einzuholen. Dabei kann es geschehen, daß eine virtuelle Bedeutung des Werks so lange unerkannt bleibt, bis die 'literarische Evolution' mit der Aktualisierung einer jüngeren Form den

Horizont erreicht hat, der nun erst den Zugang zum Verständnis der verkannten älteren Form finden läßt. So hat erst die dunkle Lyrik Mallarmés und seiner Schule den Boden für die Rückwendung zu der seit langem nicht mehr geachteten und darum vergessenen Barockdichtung und im besonderen für die philologische Neuinterpretation und 'Wiedergeburt' Gongoras bereitet. Beispiele dafür, wie eine neue literarische Form den Zugang zu vergessener Dichtung wieder eröffnen kann, ließen sich reihen; darunter fallen die sogenannten 'Renaissancen' – sogenannt, weil die Wortbedeutung den Anschein der selbsttätigen Wiederkehr erweckt und oft verkennen läßt, daß literarische Tradition sich nicht selbst tradieren, eine literarische Vergangenheit also auch nur wiederkehren kann, wo eine neue Rezeption sie in die Gegenwart zurückholt, sei es, daß eine veränderte ästhetische Einstellung sich Vergangenes im gewollten Rückgriff wieder aneignet, sei es, daß von dem neuen Moment der literarischen Evolution auf vergessene Dichtung ein unerwartetes Licht zurückfällt, das etwas in ihr finden läßt, was man zuvor nicht in ihr suchen konnte.[61]

Das Neue ist also nicht nur eine *ästhetische* Kategorie. Es geht nicht in den Faktoren der Innovation, Überraschung, Überbietung, Umgruppierung, Verfremdung auf, denen die formalistische Theorie ausschließlich Bedeutung zumaß. Das Neue wird auch zur *historischen* Kategorie, wenn die diachronische Analyse der Literatur zu der Frage weitergetrieben wird, welche historischen Momente es eigentlich sind, die das Neue einer literarischen Erscheinung erst zum Neuen machen, in welchem Grade dieses Neue im historischen Augenblick seines Hervortretens schon wahrnehmbar ist, welchen Abstand, Weg oder Umweg des Verstehens seine inhaltliche Einlösung erfordert hat, und ob der Moment seiner vollen Aktualisierung so wirkungsmächtig war, daß er die Perspektive auf das Alte und damit die Kanonisierung der literarischen Vergangenheit zu ändern vermochte.[62] Wie sich in diesem Lichte das Verhältnis von poetischer Theorie und ästhetisch produktiver Praxis darstellt, ist in anderem Zusammenhang schon diskutiert worden.[63] Gewiß sind die Möglichkeiten des Ineinandergreifens von Produktion und Rezeption im geschichtlichen Wandel der ästhetischen Einstellung mit diesen Darlegungen bei weitem nicht erschöpft. Sie sollen hier vor allem verdeutlichen, in welche Dimension eine diachronische Betrachtung der Literatur führt, die sich nicht mehr damit begnügen will, eine chronologische Reihe literarischer 'Fakten' schon für die geschichtliche Erscheinung der Literatur zu halten.

VII

Die Ergebnisse, die in der Sprachwissenschaft mit der Unterscheidung und methodischen Verbindung von diachronischer und synchronischer Analyse erzielt wurden, geben Anlaß, auch in der Literaturgeschichte die bisher allein übliche diachronische Betrachtung zu überwinden. Wenn schon die rezeptionsgeschichtliche Perspektive bei Veränderungen der ästhetischen Einstellung immer wieder auf funktionale Zusammenhänge zwischen dem Verständnis neuer und der Bedeutung älterer Werke stößt, so muß es auch möglich sein, durch einen Moment der Entwicklung einen synchronen Schnitt zu legen, die heterogene Vielfalt der gleichzeitigen Werke in äquivalente, gegensätzliche und hierarchische Strukturen zu gliedern und so ein übergreifendes Bezugssystem in der Literatur eines historischen Augenblicks aufzudecken. Daraus ließe sich das Darstellungsprinzip einer neuen Literaturgeschichte entwickeln, wenn weitere Schnitte im Vorher und Nachher der Diachronie so angelegt werden, daß sie den literarischen Strukturwandel historisch in seinen epochebildenden Momenten artikulieren.

Den Primat der diachronischen Betrachtung in der Historiographie hat wohl am entschiedensten Siegfried Kracauer in Frage gestellt. Seine Abhandlung *Time and History*[64] bestreitet den Anspruch der allgemeinen Geschichtsschreibung (General History), Ereignisse aller Lebensbereiche im homogenen Medium der chronologischen Zeit als einen einheitlichen, in jedem historischen Augenblick konsistenten Prozeß begreifbar zu machen. Dieses Geschichtsverständnis, immer noch im Banne von Hegels Begriff des 'objektiven Geistes' stehend, setze voraus, daß alles, was sich gleichzeitig ereignet, gleichermaßen von der Bedeutung dieses Moments geprägt sei, und verdecke damit die faktische Ungleichzeitigkeit des Gleichzeitigen.[65] Denn die Vielfalt der Ereignisse eines historischen Augenblicks, die der Universalhistoriker als Exponenten eines einheitlichen Gehalts zu begreifen glaubt, seien de facto Momente ganz verschiedener Zeitkurven, von den Gesetzlichkeiten ihrer besonderen Geschichte (Special History) bedingt[66], wie an den Interferenzen der verschiedenen 'Geschichten' der Künste, der Rechts-, Wirtschafts- oder politischen Geschichte und so fort unmittelbar evident werde: "The shaped times of the diverse areas overshadow the uniform flow of time. Any historical period must therefore be imagined as a mixture of events which emerge at different moments of their own time.[67]

Ob dieser Befund eine primäre Inkonsistenz der Geschichte voraussetzt, so daß die Konsistenz der allgemeinen Historie immer erst retrospektiv aus der einheitsstiftenden Sicht und Darstellung der Geschichtsschreiber zustandekäme, und ob der radikale Zweifel an der 'historischen Vernunft', den Kracauer von dem Pluralismus chronologischer und morphologischer Zeitabläufe zu der Grundantinomie des Allgemeinen und des Besonderen in der Geschichte weiterführt, in der Tat Universalhistorie heute als philosophisch illegitim erweist, steht hier nicht zur Frage. Für den Bereich der Literatur jedenfalls kann gesagt werden, daß Kracauers Einsichten in die "Koexistenz des Gleichzeitigen und des Ungleichzeitigen"[68], weit entfernt, die historische Erkenntnis in eine Aporie zu führen, vielmehr die Notwendigkeit und Möglichkeit sichtbar machen, die geschichtliche Dimension literarischer Erscheinungen in synchronen Schnitten aufzudecken. Denn aus diesen Einsichten folgt, daß die chronologische Fiktion des alle gleichzeitigen Erscheinungen prägenden Augenblicks so wenig der Geschichtlichkeit der Literatur entspricht wie die morphologische Fiktion einer homogenen literarischen Reihe, in der alle Erscheinungen im Nacheinander nur immanenten Gesetzlichkeiten folgen. Die rein diachronische Betrachtung, so schlüssig sie etwa in Gattungsgeschichten Veränderungen nach der immanenten Logik von Innovation und Automatisierung, Problem und Lösung zu erklären vermag, gelangt doch erst in die eigentlich geschichtliche Dimension, wenn sie den morphologischen Kanon durchbricht, das wirkungsgeschichtlich bedeutsame Werk mit den historisch versunkenen, konventionellen Stücken der Gattung konfrontiert und auch sein Verhältnis zu der literarischen Umgebung nicht außer acht läßt, in der es sich neben Werken anderer Gattungen durchsetzen mußte. Die Geschichtlichkeit der Literatur tritt gerade an den Schnittpunkten von Diachronie und Synchronie zutage. Also muß es auch möglich sein, den literarischen Horizont eines bestimmten historischen Augenblicks als dasjenige synchrone System faßbar zu machen, auf welches bezogen die gleichzeitig erscheinende Literatur diachronisch in Relationen der Ungleichzeitigkeit, das Werk als aktuell oder unaktuell, als modisch, gestrig oder perennierend, als verfrüht oder verspätet aufgenommen werden konnte.[69] Denn wenn die gleichzeitig erscheinende Literatur – produktionsästhetisch gesehen – in eine heterogene Vielfalt des Ungleichzeitigen, das heißt der von verschiedenen Momenten der "shaped time" ihrer Gattung geprägten Werke zerfällt (wie der scheinbar gegenwärtige Sternenhimmel astronomisch in Punkte verschiedenster zeitlicher Ferne auseinandertritt), rückt diese Vielheit der literarischen Erscheinungen – rezeptionsästhetisch gesehen – doch wieder für das Publikum, das sie als Werke *seiner* Gegenwart wahrnimmt und aufeinander bezieht, in die Einheit eines gemeinsamen und bedeutungsstiftenden Horizonts literarischer Erwartungen, Erinnerungen und Antizipationen zusammen.

Da jedes synchrone System seine Vergangenheit und seine Zukunft als untrennbare Strukturelemente mit enthalten muß[70], impliziert der synchrone Schnitt durch die literarische Produktion eines historischen Zeitpunkts notwendig weitere Schnitte im Vorher und Nachher der Diachronie. Dabei werden sich analog zur Sprachgeschichte konstante und variable Faktoren ergeben, die sich als Systemfunktionen lokalisieren lassen. Denn auch der Literatur ist eine Art von Grammatik oder Syntax mit relativ festen Beziehungen eigen: das Gefüge der traditionellen und der nicht kanonisierten Gattungen, Aussageweisen, Stilarten und rhetorischen Figuren; dem steht der stärker variable Bereich einer Semantik gegenüber: die literarischen Sujets, Archetypen, Symbole und Metaphern. Darum kann man versuchen, für die Literaturgeschichte ein Analogon zu dem zu erstellen, was Hans Blumenberg für die Geschichte der Philosophie postuliert, an Beispielen des Epochenwandels und im besonderen des Folgeverhältnisses von christlicher Theologie und Philosophie erläutert und mit seiner historischen Logik von Frage und Antwort begründet hat: ein "formales System der Welterklärung [...], in dessen Struktur sich die Umbesetzungen lokalisieren lassen, die den Prozeßcharakter der Geschichte bis zur Radikalität der Epochenwenden ausmachen".[71] Wenn die substantialistische Vorstellung einer sich selbst fortzeugenden literarischen Tradition erst einmal durch eine funktionale Erklärung des prozeßhaften Verhältnisses von Produktion und Rezeption überwunden ist, muß es auch möglich sein, hinter der *Umwandlung* literarischer Formen und Gehalte jene *Umbesetzungen* in einem literarischen System des Weltverständnisses zu erkennen, die den Horizontwandel im Prozeß der ästhetischen Erfahrung erfaßbar machen.

Aus diesen Prämissen könnte das Darstellungsprinzip einer Literaturgeschichte entwickelt werden, die weder dem allzu bekannten Höhenkamm der traditionellen Gipfelwerke folgen noch sich in den Niederungen der historisch nicht mehr artikulierbaren Vollständigkeit aller Texte verlieren müßte. Das Problem der Auswahl des für eine neue Geschichte der Literatur Bedeutsamen ließe sich mit Hilfe der synchronischen Betrachtung auf eine noch nicht versuchte Weise lösen: ein Horizontwandel im geschichtlichen Prozeß der 'literarischen Evolution' braucht nicht erst an dem Gewebe aller diachronischen Fakten und Filiationen verfolgt, sondern kann auch am veränderten Bestand des synchronen literarischen Systems festgestellt und an weiteren Querschnittsanalysen abgelesen werden. Prinzipiell wäre eine Darstellung der Literatur in der geschichtlichen Abfolge solcher Systeme an einer Reihe von beliebigen Schnittpunkten zwischen Diachronie und Synchronie möglich. Die geschichtliche Dimension der Literatur, ihre im Traditionalismus wie im Positivismus verloren gegangene ereignishafte Kontinuität, läßt sich indes erst wiedergewinnen, wenn der Literaturhistoriker Schnittpunkte auffindet und Werke ins Licht rückt, die den Prozeßcharakter der 'literarischen Evolution' in ihren geschichtsbildenden Momenten und epochalen Zäsuren artikulieren. Über diese historische Artikulation aber entscheidet weder die Statistik noch die subjektive Willkür des Literarhistorikers, sondern die Wirkungsgeschichte: das, 'was aus dem Ereignis hervorging' und was aus der Perspektive des gegenwärtigen Standorts den Zusammenhang der Literatur als Vorgeschichte ihrer gegenwärtigen Erscheinung konstituiert.

VIII

Die Aufgabe der Literaturgeschichte ist erst dann vollendet, wenn die literarische Produktion nicht allein synchron und diachron in der Abfolge ihrer Systeme dargestellt, sondern als besondere Geschichte *auch in dem ihr eigenen Verhältnis zu der* allgemeinen Geschichte *gesehen wird. Dieses Verhältnis geht nicht darin auf, daß sich in der Literatur aller Zeiten ein typisiertes, idealisiertes, satirisches oder utopisches Bild gesellschaftlichen Daseins auffinden läßt. Die gesellschaftliche Funktion der Literatur wird erst dort in ihrer genuinen Möglichkeit manifest, wo die literarische Erfahrung des Lesers in den Erwartungshorizont seiner Lebenspraxis eintritt, sein Weltverständnis präformiert und damit auch auf sein gesellschaftliches Verhalten zurückwirkt.*

Der funktionale Zusammenhang von Literatur und Gesellschaft wird von der herkömmlichen Literatursoziologie zumeist in den engen Grenzen einer Methode demonstriert, die das klassische Prinzip der *imitatio naturae* nur äußerlich durch die Bestimmung ersetzt hat, Literatur sei Darstellung einer vorgegebenen Wirklichkeit, und die darum einen epochal bedingten Stilbegriff, den 'Realismus' des 19. Jahrhunderts, zur literarischen Kategorie par excellence erheben mußte. Aber auch der jetzt modische literarische 'Strukturalismus', der sich mit oft zweifelhaftem Recht auf die archetypische Kritik von Northrop Frye oder auf die strukturale Anthropologie von Claude Lévi-Strauss beruft, bleibt noch ganz dieser im Grunde klassizistischen Darstellungsästhetik und ihren Schematismen der 'Widerspiegelung' und 'Typisierung' verhaftet.

Indem er die Befunde der strukturalistischen Sprach- und Literaturwissenschaft als archaische, im literarischen Mythus verkleidete anthropologische Konstanten auslegt, was ihm nicht selten erst mit Hilfe einer offensichtlichen Allegorisierung der Texte gelingt[72], reduziert er einerseits das geschichtliche Dasein auf Strukturen einer urtümlichen gesellschaftlichen Natur, die Dichtung andererseits auf deren mythischen oder symbolischen Ausdruck. Damit wird aber gerade die eminent gesellschaftliche, nämlich gesellschafts*bildende* Funktion der Literatur verfehlt. Der literarische Strukturalismus fragt nicht danach – so wenig wie vor ihm die marxistische und die formalistische Literaturwissenschaft –, wie die Literatur "die Vorstellung von Gesellschaft, die ihre Voraussetzung ist, (...) selbst wiederum mitprägt" und im Prozeßcharakter der Geschichte mitgeprägt hat. Mit diesen Worten hat Gerhard Hess in seinem Vortrag über *Das Bild der Gesellschaft in der französischen Literatur* (1954) das offen gebliebene Problem einer Verbindung von Literaturgeschichte und Soziologie formuliert und sodann erläutert, inwiefern die französische Literatur im Gang ihrer neuzeitlichen Entwicklung für sich beanspruchen könne, bestimmte Gesetzlichkeiten des gesellschaftlichen Daseins zuerst aufgedeckt zu haben.[73] Die Frage nach der gesellschaftsbildenden Funktion der Literatur rezeptionsästhetisch zu beantworten, überschreitet die Kompetenz der herkömmlichen Darstellungsästhetik. Der Versuch, die Kluft zwischen literarhistorischer und soziologischer Forschung durch die rezeptionsästhetische Methode zu schließen, wird dadurch erleichtert, daß der von mir in die literarhistorische Interpretation eingeführte[74] Begriff des *Erwartungshorizonts* auch in der Axiomatik der Sozialwissenschaft seit Karl Mannheim eine Rolle spielt.[75] Er steht gleichfalls im Mittelpunkt eines methodologischen Aufsatzes über *Naturgesetze und theoretische Systeme* von Karl R. Popper, der die wissenschaftliche Theoriebildung in der vorwissenschaftlichen Erfahrung der Lebenspraxis verankern will. Popper entwickelt hier das Problem der Beobachtung aus der Voraussetzung eines "Horizontes von Erwartungen" und bietet damit eine Vergleichsbasis für meinen Versuch, die spezifische Leistung der Literatur im allgemeinen Prozeß der Erfahrungsbildung zu bestimmen und gegenüber anderen Formen gesellschaftlichen Verhaltens abzugrenzen.[76]

Nach Popper hat der Fortschritt der Wissenschaft mit der vorwissenschaftlichen Erfahrung gemein, daß jede Hypothese wie jede Beobachtung immer bereits Erwartungen voraussetzt, "nämlich jene, die den Erwartungshorizont konstituieren, der erst jene Beobachtungen bedeutsam macht und ihnen damit den Rang von Beobachtungen gibt".[77] Für den Fortschritt der Wissenschaft wie für den der Lebenserfahrung ist die "Enttäuschung von Erwartungen" das bedeutsamste Moment: "Sie gleichen der Erfahrung eines Blinden, der gegen ein Hindernis läuft und dadurch von dessen Existenz erfährt. Durch die Falsifikation unserer Annahmen bekommen wir tatsächlich Kontakt mit der 'Wirklichkeit'. Die Widerlegung unserer Irrtümer ist die positive Erfahrung, die wir aus der Wirklichkeit gewinnen." [78] Dieses Modell, das zwar den Prozeß der wissenschaftlichen Theoriebildung noch nicht zureichend erklärt [79], aber doch wohl für den "produktiven Sinn der negativen Erfahrung" in der Lebenspraxis einstehen kann [80], vermag zugleich die spezifische Funktion der Literatur im gesellschaftlichen Dasein in ein schärferes Licht zu rücken. Denn der Leser ist vor dem (hypothetischen) Nichtleser dadurch privilegiert, daß er – um im Bilde von Popper zu bleiben – nicht erst auf ein neues Hindernis stoßen muß, um eine neue Erfahrung der Wirklichkeit zu gewinnen. Die Erfahrung der Lektüre vermag ihn aus Adaptationen, Vorurteilen und Zwangslagen seiner Lebenspraxis freizusetzen, indem sie ihn zu neuer Wahrnehmung der Dinge nötigt. Der Erwartungshorizont der Literatur zeichnet sich vor dem Erwartungshorizont der geschichtlichen Lebenspraxis dadurch aus, daß er nicht allein gemachte Erfahrungen aufbewahrt, sondern auch unverwirklichte Möglichkeit antizipiert, den begrenzten Spielraum des gesellschaftlichen Verhaltens auf neue Wünsche, Ansprüche und Ziele erweitert und damit Wege zukünftiger Erfahrung eröffnet.

Die Vororientierung unserer Erfahrung durch das kreative Vermögen der Literatur beruht nicht allein auf ihrem Kunstcharakter, der vermöge einer neuen Form dazu verhilft, den Automatismus der alltäglichen Wahrnehmung zu durchbrechen. Die neue Form der Kunst wird nicht nur "gegen den Hintergrund anderer Kunstwerke und durch Assoziation mit ihnen wahrgenommen". Viktor Šklovskij bleibt mit diesem berühmten Satz, der zum Kern des formalistischen Credos gehört [81], nur dort im Recht, wo er sich gegen das Vorurteil der klassizistischen Ästhetik wendet, die das Schöne als *Harmonie von Form und Inhalt* definierte und dementsprechend die neue Form auf die sekundäre Funktion reduzierte, einem vorgegebenen Inhalt Gestalt zu geben. Die neue Form tritt aber nicht nur auf, "um die alte Form abzulösen, die schon nicht mehr künstlerisch ist". Sie kann auch dadurch eine neue Wahrnehmung der Dinge ermöglichen, daß sie den Inhalt einer Erfahrung präformiert, der in der Form der Literatur zuerst ans Licht gebracht wird. Das Verhältnis von Literatur und Leser kann sich sowohl im sensorischen Bereich als Anreiz zur ästhetischen Wahrnehmung wie auch im ethischen Bereich als Aufforderung zu moralischer Reflexion aktualisieren.[82] Das neue literarische Werk wird sowohl gegen den Hintergrund anderer Kunstformen als auch vor dem Hintergrund der alltäglichen Lebenserfahrung aufgenommen und beurteilt. Seine gesellschaftliche Funktion im ethischen Bereich ist rezeptionsästhetisch gleichermaßen in den Modalitäten von Frage und Antwort, Problem und Lösung zu fassen, unter denen es in den Horizont seiner geschichtlichen Wirkung eintritt.

Wie eine neue ästhetische Form zugleich moralische Konsequenzen haben oder, anders gesagt, wie sie einer moralischen Frage die denkbar größte gesellschaftliche Wirkung verleihen kann, demonstriert auf eindrucksvolle Weise der Kasus der *Madame Bovary* im Spiegel des Prozesses, der nach dem Vorabdruck des Werkes in der *Revue de Paris* 1857 gegen den Autor Flaubert angestrengt wurde. Die neue literarische Form, die das Publikum Flauberts zu einer ungewohnten Wahrnehmung der 'abgegriffenen Fabel' nötigte, war das Prinzip des unpersönlichen (oder unbeteiligten) Erzählens in Verbindung mit dem von Flaubert virtuos und perspektivisch konsequent gehandhabten Kunstmittel der sogenannten 'erlebten Rede'. Was damit gemeint ist, kann an einer Beschreibung verdeutlicht werden, die der Staatsanwalt Pinard in seiner Anklage als in höchstem Maße moralwidrig inkriminierte. Sie folgt im Roman auf den ersten 'Fehltritt' Emmas und gibt wieder, wie sie sich nach dem Ehebruch im Spiegel erblickt: "En s'apercevant dans la glace, elle s'étonna de son visage. Jamais elle n'avait eu les yeux si grands, si noirs, ni d'une telle profondeur. Quelque chose de subtil épandu sur sa personne la transfigurait. Elle se répétait: J'ai un amant! un amant! se délectant à cette idée comme à celle d'une autre puberté qui lui serait survenue. *Elle allait donc enfin posséder ces plaisirs de l'amour, cette fièvre de bonheur dont elle avait désespéré. Elle entrait dans quelque chose de merveilleux, où tout serait passion, extase, délire* [...]." Der Staatsanwalt nahm die letzten Sätze für eine objektive, das Urteil des Erzählers mit einschließende Schilderung und erregte sich über die *glorification de l'adultère*, die er für noch viel gefährlicher und unmoralischer halte als den Fehltritt selbst.[83] Doch Flauberts Ankläger erlag dabei einem Irrtum, wie ihm der Verteidiger gleich ankreidete. Denn die inkriminierten Sätze sind keine objektive Feststellung des Erzählers, der der Leser Glauben schenken kann, sondern eine subjektive Meinung der Person, die damit in ihren nach Romanen gebildeten Gefühlen charakterisiert werden soll. Das Kunstmittel besteht darin, eine meist innere Rede der dargestellten Person ohne die Signale der direkten

Rede *(Je vais donc enfin posséder ...)* oder der indirekten Rede *(Elle se disait qu'elle allait donc enfin posséder ...)* zu bringen, mit dem Effekt, daß der Leser selbst zu entscheiden hat, ob er den Satz als wahre Aussage hinnehmen oder als eine für diese Person charakteristische Meinung verstehen soll. Emma Bovary wird in der Tat "durch bloße deutliche Bezeichnung ihrer Existenz, aus ihren eigenen Empfindungen heraus, gerichtet".[84] Dieses Ergebnis einer modernen Stilanalyse stimmt genau mit dem Gegenargument des Verteidigers Sénard überein, der betont, die Desillusion beginne für Emma schon vom zweiten Tage an: *Le dénouement pour la moralité se trouve à chaque ligne du livre*[85] – nur daß Sénard das zu dieser Zeit noch nicht registrierte Kunstmittel selbst noch nicht benennen konnte! Die konsternierende Wirkung der formalen Neuerungen in Flauberts Erzählstil wird im Prozeß offenkundig: die unpersönliche Erzählform nötigte seine Leser nicht allein, die Dinge anders – 'photographisch genau', nach dem Urteil der Zeit – wahrzunehmen, sondern stieß sie zugleich in eine befremdende Unsicherheit des Urteils. Da das neue Kunstmittel eine alte Konvention des Romans: das in der Beschreibung stets eindeutige und verbürgte moralische Urteil über die dargestellten Personen durchbrach, vermochte der Roman Fragen der Lebenspraxis zu radikalisieren oder neu aufzuwerfen, die während der Verhandlung den ersten Anlaß der Anklage, das vermeintliche Laszive, ganz in den Hintergrund treten ließen. Die Frage, mit der der Verteidiger zum Gegenangriff überging, kehrt den Vorwurf, der Roman bringe nichts anderes als die *Histoire des adultères d'une femme de province,* gegen die Gesellschaft: ob denn der Untertitel der *Madame Bovary* gerechterweise nicht lauten müsse: *Histoire de l'éducation trop souvent donnée en province?*[86] Die Frage, in der der Staatsanwalt sein *Réquisitoire* gipfeln ließ, ist damit indes noch nicht beantwortet: "Qui peut condamner cette femme dans le livre? Personne. Telle est la conclusion. Il n'y a pas dans le livre un personnage qui puisse la condamner. Si vous y trouvez un personnage sage, si vous y trouvez un seul principe en vertu duquel l'adultère soit stigmatisé j'ai tort."[87]

Wenn im Roman keine der dargestellten Personen den Stab über Emma Bovary brechen könnte und wenn kein Moralprinzip geltend gemacht wird, in dessen Namen sie zu verurteilen wäre, ist dann mit dem 'Prinzip der ehelichen Treue' nicht zugleich auch die herrschende 'öffentliche Meinung' und ihr Fundament im 'religiösen Gefühl' in Frage gestellt? Vor welche Instanz soll der Fall *Madame Bovary* gebracht werden, wenn die bisher geltenden Normen der Gesellschaft: *opinion publique, sentiment religieux, morale publique, bonnes mœurs* nicht mehr hinreichen, über diesen Fall zu befinden?[88] Diese offenen und impliziten Fragen bekunden keineswegs ein ästhetisches Unverständnis und moralisierendes Banausentum auf seiten des Staatsanwalts. In ihnen kommt vielmehr die ungeahnte Wirkung einer neuen Kunstform zur Sprache, die den Leser der *Madame Bovary* durch eine neue *manière de voir les choses* aus der Selbstverständlichkeit seines moralischen Urteils herauszustoßen vermochte und eine vorentschiedene Frage der öffentlichen Moral wieder zu einem offenen Problem machte. Insofern handelte das Gericht angesichts des Ärgernisses, daß Flaubert dank der Kunst seines unpersönlichen Stils keine Handhabe bot, seinen Roman wegen Unmoral des Verfassers zu verbieten, nur konsequent, wenn es Flaubert als Schriftsteller freisprach, die von ihm vermeintlich repräsentierte literarische Schule, in Wahrheit aber das noch unregistrierte Kunstmittel verdammte: "Attendu qu'il n'est pas permis, sous prétexte de peinture de caractère ou de couleur locale, de reproduire dans leurs écarts les faits, dits et gestes des personnages qu'un écrivain s'est donné mission de peindre; qu'un pareil système, appliqué aux œuvres de l'esprit aussi bien qu'aux productions des beaux-arts, *conduit à un réalisme qui serait la négation du beau et du bon* et qui, enfantant des œuvres également offensantes pour les regards et pour l'esprit, commettrait de continuels outrages à la morale publique et aux bonnes mœurs."[89]

So kann ein literarisches Werk die Erwartungen seiner Leser durch eine ungewohnte ästhetische Form durchbrechen und sie zugleich vor Fragen stellen, deren Lösung ihnen die religiös oder staatlich sanktionierte Moral schuldig blieb. Statt weiterer Beispiele sei hier nur daran erinnert, daß nicht erst Bertolt Brecht, sondern schon die Aufklärung das konkurrierende Verhältnis von Literatur und kanonisierter Moral proklamiert hat, wie nicht zuletzt Friedrich Schiller bezeugt, der für das bürgerliche Schauspiel ausdrücklich den Anspruch erhob: *Die Gesetzlichkeit der Bühne fängt an, wo das Gebiet der weltlichen Gesetze sich endigt.*[90] Das literarische Werk kann aber auch – und diese Möglichkeit kennzeichnet in der Geschichte der Literatur die jüngste Epoche unserer Modernität – das Verhältnis von Frage und Antwort umkehren und den Leser im Medium der Kunst mit einer neuen, 'opaken' Realität konfrontieren, die sich nicht mehr aus einem vorgegebenen Erwartungshorizont verstehen läßt. So präsentiert sich etwa die jüngste Gattung des Romans, der vieldiskutierte *Nouveau roman*, als eine Form moderner Kunst, die – nach einer Formulierung von Edgar Wind – den paradoxen Fall darstellt, "daß die Lösung gegeben, das Problem aber aufgegeben ist, damit die Lösung als Lösung begriffen werden kann" [91]. Hier wird der Leser aus der Situation des nächsten Adressaten ausgeschlossen und in die Lage eines uneingeweihten Dritten versetzt, der angesichts einer noch bedeutungsfremden Realität selbst die Fragen finden muß, die ihm entschlüsseln, auf welche Wahrnehmung der Welt und auf welches zwischenmenschliche Problem die Antwort der Literatur gerichtet ist.

Aus alledem ist zu folgern, daß die spezifische Leistung der Literatur im gesellschaftlichen Dasein gerade dort zu suchen ist, wo Literatur nicht in der Funktion einer *darstellenden* Kunst aufgeht. Sieht man in ihrer Geschichte auf die Momente, in denen literarische Werke Tabus der herrschenden Moral zum Einsturz brachten oder dem Leser neue Lösungen für die moralische Kasuistik seiner Lebenspraxis anboten, die hernach durch das Votum aller Leser von der Gesellschaft sanktioniert werden konnten, so eröffnet sich dem Literarhistoriker ein noch wenig erschlossenes Forschungsgebiet. Die Kluft zwischen Literatur und Geschichte, zwischen ästhetischer und historischer Erkenntnis, wird überbrückbar, wenn die Literaturgeschichte nicht einfach den Prozeß der allgemeinen Geschichte im Spiegel ihrer Werke ein weiteres Mal beschreibt, sondern wenn sie im Gang der 'literarischen Evolution' jene im eigentlichen Sinn *gesellschaftsbildende* Funktion aufdeckt, die der mit anderen Künsten und gesellschaftlichen Mächten konkurrierenden Literatur in der Emanzipation des Menschen aus seinen naturhaften, religiösen und sozialen Bindungen zukam.

Wenn es sich für den Literaturwissenschaftler verlohnt, um dieser Aufgabe willen über seinen ahistorischen Schatten zu springen, liegt darin wohl auch eine Antwort auf die Frage, zu welchem Ende und mit welchem Recht man heute noch – oder wieder – Literaturgeschichte studieren kann.

Anmerkungen

[1] Von den jüngeren Arbeiten zum Problem der Literaturgeschichte (im folgenden nur mit Angabe der Jahreszahl zitiert) sind mir bekannt geworden: R. Jakobson, *Über den Realismus in der Kunst* (1921), in: *Texte der russischen Formalisten* I, ed. J. Striedter, München 1969, pp. 373–391; W. Benjamin, *Literaturgeschichte und Literaturwissenschaft* (1931), in: *Angelus Novus,* Frankfurt 1966, pp. 450–456; R. Wellek, *The Theory of Literary*

History, in: *Etudes dédiées au quatrième Congrès de linguistes. Travaux du Cercle Linguistique de Prague,* 1936, pp. 173–191; id., *Der Begriff der Evolution in der Literaturgeschichte,* in: *Grundbegriffe der Literaturkritik,* Stuttgart/Berlin/Köln/Mainz 1965; U. Leo, *Das Problem der Literaturgeschichte* (1939), in: *Sehen und Wirklichkeit bei Dante,* Frankfurt 1957; W. Krauss, *Literaturgeschichte als geschichtlicher Auftrag* (1950), in: *Studien und Aufsätze,* Berlin 1959, pp. 19–72; J. Storost, *Das Problem der Literaturgeschichte,* in: *Dante-Jahrbuch* 38 (1960), pp. 1–17; E. Trunz, *Literaturwissenschaft als Auslegung und als Geschichte der Dichtung,* in: *Festschrift J. Trier,* Meisenheim 1954; H. E. Hass, *Literatur und Geschichte,* in: *Neue deutsche Hefte* 5 (1958), pp. 307–318; R. Barthes, *Histoire ou littérature* (1960), in: *Literatur oder Geschichte,* Frankfurt 1969; F. Sengle, *Aufgaben der heutigen Literaturgeschichtsschreibung,* in: *Archiv für das Studium der neueren Sprachen* 200 (1964), S. 241–264.

2 *Bedenken eines Philologen,* in: *Studium generale* 7, pp. 321–323. – Der neue Zugang zur literarischen Tradition, den R. Guiette mit der ihm eigenen Methode, ästhetische Kritik mit historischer Erkenntnis zu verknüpfen, in einer Reihe von wegweisenden Aufsätzen gesucht hat (zum Teil in: *Questions de littérature,* Gent 1960), entspricht seinem fast gleichlautenden (nicht publizierten) Grundsatz: "Le plus grand tort des philologues, c'est de croire que la littérature a été faite pour des philologues". Siehe dazu auch sein *Eloge de la lecture,* in: *Revue générale belge,* Janvier 1966, pp. 3–14.

3 Diese These ist ein Kernstück der *Introduction à une esthétique de la littérature* von G. Picon, Paris 1953, cf. p. 90 sqq.

4 Entsprechend formulierte W. Benjamin (1931): "Denn es handelt sich ja nicht darum, die Werke des Schrifttums im Zusammenhang ihrer Zeit darzustellen, sondern in der Zeit, da sie entstanden, die Zeit, die sie erkennt – das ist die unsere – zur Darstellung zu bringen. Damit wird die Literatur ein Organon der Geschichte, und sie dazu – nicht das Schrifttum zum Stoffgebiet der Historie – zu machen ist die Aufgabe der Literaturgeschichte" (p. 456).

5 *The Idea of History,* New York/Oxford 1956, p. 228.

6 Hier folge ich A. Nisin in seiner Kritik an dem latenten Platonismus der philologischen Methoden, d. h. an ihrem Glauben an eine zeitlose Substanz des literarischen Werks und an einen zeitlosen Standpunkt seines Betrachters: "Car l'œuvre d'art, si elle ne peut incarner l'essence de l'art, n'est pas non plus un objet que nous puissions regarder, selon la règle cartésienne, 'sans y rien mettre de nous-mêmes que ce qui se peut appliquer indistinctement à tous les objets'"; *La littérature et le lecteur,* Paris 1959, p. 57 (s. dazu meine Rezension in: *Archiv für das Studium der neueren Sprachen* 197, 1960, pp. 223–225).

7 G. Picon, *Introduction . . .,* op. cit., p. 34. Diese Auffassung von der dialogischen Seinsweise des literarischen Kunstwerks findet sich bei Malraux *(Les*

voix du silence) wie bei Picon, Nisin und Guiette – einer in Frankreich lebendigen Tradition der Literarästhetik, der ich mich besonders verpflichtet weiß; sie geht letztlich auf einen berühmten Satz von Valérys Poetik zurück: *C'est l'exécution du poème qui est le poème.*

8 P. Szondi, *Über philologische Erkenntnis,* in: *Hölderlin-Studien,* Frankfurt 1967, sieht darin zu Recht den entscheidenden Unterschied zwischen Literatur- und Geschichtswissenschaft, vgl. p. 11: "Kein Kommentar, keine stilkritische Untersuchung eines Gedichts darf sich das Ziel setzen, eine Beschreibung des Gedichts herzustellen, die für sich aufzufassen wäre. Noch deren unkritischster Leser wird sie mit dem Gedicht konfrontieren wollen, sie allererst verstehen, wenn er die Behauptungen wieder in die Erkenntnisse aufgelöst hat, aus denen sie hervorgegangen." Ganz entsprechend R. Guiette, *Eloge de la lecture,* op. cit.

9 Auch auf J. Storost, 1960, p. 15, bezogen, der dort das historische und das literarische Ereignis ("Das Kunstwerk ist zunächst ... eine künstlerische Tat, also historisch wie die Schlacht von Issos") kurzerhand gleichsetzt.

10 R. Wellek, 1936, p. 179.

11 In: *Slovo a slovenost,* I, 192, zit. von Wellek, 1936, p. 179 sqq.

12 G. Buck, *Lernen und Erfahrung,* Stuttgart 1967, p. 56, der hier an Husserl (*Erfahrung und Urteil,* bes. § 8) anknüpft, im weiteren aber zu einer über Husserl hinausführenden Bestimmung der Negativität im Prozeß der Erfahrung gelangt, die für die Horizontstruktur der ästhetischen Erfahrung bedeutsam ist (vgl. Anm. 52).

13 W. D. Stempel, *Pour une description des genres littéraires,* in: Actes du XIIe congrès internat. de linguistique Romane, Bukarest 1968, ferner in: *Beiträge zur Textlinguistik,* ed. W. D. Stempel, München 1970.

14 Hierzu kann ich auf meine Abhandlung: *Littérature médiévale et théorie des genres,* in: *Poétique* 1 (1970), pp. 79–101, verweisen, die demnächst in erweiterter Form auch im Band I des *Grundriß der romanischen Literaturen des Mittelalters,* Heidelberg erscheinen wird.

15 Nach der Deutung von H. J. Neuschäfer, *Der Sinn der Parodie im Don Quijote,* Heidelberg 1963 (*Studia romanica,* 5).

16 Nach der Deutung von R. Warning, *Tristram Shandy and Jacques le Fataliste,* München 1965 (*Theorie und Geschichte der Literatur und der schönen Künste,* 4), bes. p. 80 sqq.

17 Nach der Deutung von K. H. Stierle, *Dunkelheit und Form in Gérard de Nervals 'Chimères',* München 1967 (*Theorie und Geschichte der Literatur und der schönen Künste,* 5), bes. pp. 55 und 91.

18 Zu diesem Husserlschen Begriff siehe G. Buck, *Lernen und Erfahrung,* p. 64 sqq.

19 Hier nehme ich Ergebnisse der Diskussion über das Kitschige als Grenzerscheinung des Ästhetischen auf, die auf dem III. Kolloquium der Forschungsgruppe *Poetik und Hermeneutik* geführt wurde (jetzt in dem Band: *Die nicht mehr schönen Künste – Grenzphänomene des Ästhetischen,* ed.

H. R. Jauß, München 1968). Für die 'kulinarische' Einstellung, die bloße Unterhaltungskunst voraussetzt, gilt wie für den Kitsch, daß hier die "Forderungen der Konsumenten a priori befriedigt werden" (P. Beylin), daß "die erfüllte Erwartung zur Norm des Produkts wird" (W. Iser) oder daß "sein Werk, ohne ein Problem zu haben und zu lösen, den Habitus einer Problemlösung aufweist" (M. Imdahl), op. cit., pp. 651–667.

20 Wie auch das Epigonentum, siehe dazu B. Tomaševskij (in: *Théorie de la littérature. Textes des formalistes russes réunis, présentés et traduits par* T. Todorov, Paris 1965, p. 306): "L'apparition d'un génie équivaut toujours à une révolution littéraire qui détrône le canon dominant et donne le pouvoir aux procédés jusqu'alors subordonnés. [...] Les épigones répètent une combinaison usée des procédés, et d'originale et révolutionnaire qu'elle était, cette combinaison devient stéréotypée et traditionelle. Ainsi les épigones tuent parfois pour longtemps l'aptitude des contemporains à sentir la force esthétique des exemples qu'ils imitent: ils discréditent leurs maîtres."

21 R. Escarpit, *Das Buch und der Leser: Entwurf einer Literatursoziologie*, Köln/Opladen 1961 (erste deutsche erweiterte Ausgabe von: *Sociologie de la littérature*, Paris 1958), p. 116.

22 Ib., p. 117.

23 Ib., p. 111.

24 Welcher Schritt notwendig ist, um über diese einseitige Determination hinauszugelangen, zeigt K. H. Bender, *König und Vasall: Untersuchungen zur Chanson de Geste des XII. Jahrhunderts*, Heidelberg 1967 (*Studia romanica*, 13). In dieser Geschichte der frühen französischen Epik stellt sich die scheinbare Kongruenz von feudaler Gesellschaft und epischer Idealität als ein Prozeß dar, der durch eine ständig wechselnde Diskrepanz zwischen 'Realität' und 'Ideologie', d. h. zwischen den historischen Konstellationen der feudalen Konflikte und den poetischen Antworten der Epen im Gang gehalten wird.

25 Diese Aspekte hat die ungleich anspruchsvollere Literatursoziologie Erich Auerbachs in der Vielfalt epochaler Brechungen des Verhältnisses von Autor und Publikum ans Licht gerückt, s. dazu die Würdigung von F. Schalk (Ed.), in: E. Auerbach, *Gesammelte Aufsätze zur romanischen Philologie*, Bern/München 1967, p. 11 sqq.

26 S. dazu H. Weinrich, *Für eine Literaturgeschichte des Lesers* (*Mercur*, November 1967) – ein aus der gleichen Absicht heraus entstandener Versuch, der analog zu der Ersetzung der früher üblichen Linguistik des Sprechers durch eine Linguistik des Hörers nunmehr für eine methodische Berücksichtigung der Perspektive des Lesers in der Literaturhistorie plädiert und damit meiner Absicht auf das glücklichste entgegenkommt. H. Weinrich zeigt vor allem auch, wie die empirischen Methoden der Literatursoziologie durch die linguistische und literarische Interpretation der Leserrolle, die im Werk implizit enthalten ist, zu ergänzen sind.

[27] In: *Madame Bovary par Gustave Flaubert, Œuvres complètes*, Paris 1951, p. 998: *Les dernières années de Louis-Philippe avaient vu les dernières explosions d'un esprit encore excitable par les jeux de l'imagination; mais le nouveau romancier se trouvait en face d'une société absolument usée, – pire qu'usée, – abrutie et goulue, n'ayant horreur que de la fiction, et d'amour que pour la possession.*

[28] Cf. ibid. p. 999, sowie Anklage, Verteidigungsrede und Urteil des *Bovary*-Prozesses, in: Flaubert, *Œuvres*, éd. de la Pléiade, Paris 1951, vol. I, 649–717, bes. 717; ferner zu *Fanny* E. Montégut, *Le roman intime de la littérature réaliste*, in: *Revue des deux mondes* 18 (1858), pp. 196–213, bes. 201 und 209 sqq.

[29] Wie Baudelaire bezeugt, cf. op. cit., p. 996: *[...] car depuis la disparition de Balzac [...] toute curiosité, relativement au roman, s'était apaisée et endormie.*

[30] Zu diesen und anderen zeitgenössischen Urteilen s. Vf., *Die beiden Fassungen von Flauberts 'Education Sentimentale'*, in: *Heidelberger Jahrbücher* 2 (1958), pp. 96–116, bes. 97.

[31] S. dazu die ausgezeichnete Analyse des zeitgenössischen Kritikers E. Montégut, der ausführlich darlegt, warum Wunschwelt und Gestalten in Feydeaus Roman typisch für die Publikumsschicht in den Quartiers *entre la Bourse et le boulevard Montmartre* sei (op. cit., p. 209), die einen *alcool poétique* gebrauche, sich darin gefalle *de voir poétiser ses vulgaires aventures de la veille et ses vulgaires projets du lendemain* (p. 210) und einer *idolâtrie de la matière* huldige, worunter Montégut die Ingredienzien der 'Traumfabrik' des Jahres 1858 versteht – *une sorte d'admiration béate, presque dévotionneuse, pour les meubles, les tapisseries, les toilettes, s'échappe, comme un parfum de patchouli, de chacune de ces pages* (p. 201).

[32] Beispiele dieser Methode, die nicht nur Erfolg, Nachruhm und Einfluß eines Dichters durch die Geschichte verfolgen, sondern die historischen Bedingungen und Veränderungen seines Verständnisses untersuchen, sind noch selten. Dafür wären zu nennen: G. F. Ford, *Dickens and his readers*, Princeton 1955; A. Nisin, *Les œuvres et les siècles*, Paris 1960 (behandelt werden *Virgile, Dante et nous*, Ronsard, Corneille, Racine); E. Lämmert, *Zur Wirkungsgeschichte Eichendorffs in Deutschland*, in: *Festschrift für Richard Alewyn*, ed. H. Singer und B. v. Wiese, Köln/Graz 1967. – Das methodische Problem des Schritts von der Wirkung zur Rezeption eines Werkes hat F. Vodička mit der Frage nach den Veränderungen des Werkes, die sich in seiner sukzessiven ästhetischen Wahrnehmung verwirklichen, schon 1941 in seiner Abhandlung: *Die Problematik der Rezeption von Nerudas Werk* am schärfsten bezeichnet (jetzt in: *Struktura vývoje*, Praha 1969) [vgl. S. 84 ff. in diesem Band].

[33] S. dazu Vf., *Untersuchungen zur mittelalterlichen Tierdichtung*, Tübingen 1959, bes. Kap. IV A und D.

[34] A. Vinaver, *A la recherche d'une poétique médiévale*, in: *Cahiers de civilisation médiévale* 2 (1959), pp. 1–16.
[35] H. G. Gadamer, *Wahrheit und Methode*, Tübingen 1960, pp. 284–285.
[36] Ibid. p. 283.
[37] Ibid. p. 352.
[38] Ibid. p. 289.
[39] Ibid. p. 356.
[40] Wellek, 1936, p. 184; id., 1965, pp. 20–22.
[41] Wellek, 1965, p. 20.
[42] Ibid.
[43] Ibid.
[44] *Wahrheit und Methode*, p. 274.
[45] Ibid.
[46] Ibid.
[47] Ibid. p. 290.
[48] Diese Verkehrung wird in dem Kapitel: *Die Logik von Frage und Antwort* (pp. 351–360) offensichtlich.
[49] Ibid. p. 280.
[50] Ibid. p. 109.
[51] Vgl. p. 110.
[52] Das ist auch aus der formalistischen Ästhetik und im besonderen aus V. Šklovskijs Theorie der 'Entautomatisierung' zu folgern, vgl. in der Wiedergabe V. Erlichs, *Russischer Formalismus*, München 1964, p. 84: "Da die 'gewundene, bewußt gehemmte Form' künstliche Hindernisse zwischen dem wahrnehmenden Subjekt und dem wahrgenommenen Objekt aufbaut, wird die Kette gewohnheitsmäßiger Verknüpfungen und automatischer Reaktionen gebrochen: auf diese Weise werden wir fähig, die Dinge überhaupt zu *sehen*, anstatt sie bloß *wiederzuerkennen*."
[53] Op. cit., p. 275.
[54] Ibid. p. 280.
[55] In dem 1927 entstandenen Artikel *Über literarische Evolution* von J. Tynjanov (*Die literarischen Kunstmittel und die Evolution in der Literatur*, Frankfurt 1967, pp. 37–60) ist dieses Programm am prägnantesten aufgestellt. Es wurde – wie mir J. Striedter mitteilt – nur partiell bei der Behandlung von Problemen des Strukturwandels in der Geschichte literarischer Gattungen erfüllt, wie z. B. in dem Sammelband *Russkaja proza*, Leningrad 1926 (*Voprosy poètiki*, VIII) oder in J. Tynjanov, *Die Ode als rhetorische Gattung* (1922), jetzt in *Texte der russischen Formalisten* II, ed. J. Striedter, München 1970.
[56] J. Tynjanov, *Über literarische Evolution*, op. cit., p. 59.
[57] "Ein Kunstwerk wird als ein positiver Wert erscheinen, wenn es die Struktur der vorangegangenen Periode verwandelt, es wird als negativer Wert erscheinen, wenn es die Struktur übernimmt, ohne sie zu verwandeln" (J. Mukařovský, zitiert von R. Wellek, 1965, p. 42).

58 Siehe dazu V. Erlich, *Russischer Formalismus*, op. cit., pp. 284–287, R. Wellek, 1965, p. 42 sqq., und J. Striedter, *Texte der russischen Formalisten* I, München 1969, Einl. Abschnitt X.

59 H. Blumenberg, in: *Poetik und Hermeneutik III*, l. c., p. 692.

60 Nach V. Erlich, op. cit., p. 281, bedeutete dieser Begriff für die Formalisten dreierlei: "auf der Ebene der Wirklichkeitsdarstellung stand die 'Differenzqualität' für das 'Abweichen' vom Wirklichen, also für die schöpferische Deformierung. Auf sprachlicher Ebene bedeutete der Ausdruck das Abweichen vom geläufigen Sprachgebrauch. Auf der Ebene der literarischen Dynamik schließlich [...] eine Veränderung der vorherrschenden künstlerischen Norm."

61 Für die erste Möglichkeit kann die (antiromantische) Revalorisation Boileaus und der klassischen *contrainte*-Poetik durch Gide und Valéry, für die zweite die verspätete Entdeckung von Hölderlins Hymnen oder von Novalis' Begriff zukünftiger Poesie angeführt werden (zum letzteren s. Vf. in: *Romanische Forschungen* 77, 1965, pp. 174–183).

62 So wurden seit der Aufnahme des 'kleinen Romantikers' Nerval, dessen *Chimères* erst mit der Wirkung Mallarmés Aufsehen erregten, die kanonisierten 'großen Romantiker' Lamartine, Vigny, Musset, und ein guter Teil der 'rhetorischen' Lyrik Victor Hugos mehr und mehr in den Hintergrund gerückt.

63 *Poetik und Hermeneutik II* (*Immanente Ästhetik – Ästhetische Reflexion*, ed. W. Iser, München 1966, bes. pp. 395–418).

64 In: *Zeugnisse – Theodor W. Adorno zum 60. Geburtstag*, Frankfurt 1963, pp. 50–64, ferner in dem Beitrag *General History and the Aesthetic Approach* zu *Poetik und Hermeneutik III* (s. Anm. 19), jetzt in *History: The last things before the Last*, New York 1969 (vgl. dort Kap. 6: *Ahasverus, or the riddle of Time*, pp. 139–163).

65 "First, in identifying history as a process in chronological time, we tacitly assume that our knowledge of the moment at which an event emerges from the flow of time will help us to account for its appearance. The date of the event is a value-laden fact. Accordingly, all events in the history of a people, a nation, or a civilization which take place at a given moment are supposed to occur then and there for reasons bound up, somehow, with that moment" (*History* ..., p. 141).

66 Dieser Begriff geht zurück auf H. Focillon, *The Life of Forms in Art*, New York 1948, und G. Kubler, *The Shape of Time: Remarks on the History of Things*, New Haven/London 1962.

67 *Time and History*, op. cit., p. 53.

68 *Poetik und Hermeneutik III* (s. Anm. 19), p. 569. Die Formel der "Gleichzeitigkeit des Verschiedenen", mit der F. Sengle (1964, p. 247 sqq.) dasselbe Phänomen im Blick hat, faßt das Problem um eine Dimension verkürzt, wie auch daraus erhellt, daß Sengle glaubt, diese Schwierigkeit der Literaturgeschichte sei einfach durch eine Verbindung von komparatistischer Me-

thode und moderner Interpretation ("das heißt also, vergleichende Interpretationen auf breiter Basis durchzuführen", p. 249) lösbar.

69 Diese Forderung hat auch R. Jakobson 1960 in einem Vortrag, der jetzt das Kap. XI: *Linguistique et poétique* seines Buches: *Essais de linguistique générale*, Paris 1963, bildet, erhoben, vgl. ib. p. 212: "La description synchronique envisage non seulement la production littéraire d'une époque donnée, mais aussi cette partie de la tradition littéraire qui est restée vivante ou a été ressuscitée à l'époque en question. [...] La poétique historique, tout comme l'histoire du langage, si elle se veut vraiment compréhensive, doit être conçue comme une superstructure, bâtie sur une série de descriptions synchroniques successives."

70 J. Tynjanov und R. Jakobson, *Probleme der Literatur- und Sprachforschung* (1928), in: *Kursbuch* 5 (1966), p. 75: "Die Geschichte des Systems stellt ihrerseits wieder ein System dar. Die reine Synchronie erweist sich jetzt als illusorisch: jedes synchrone System hat seine Vergangenheit und seine Zukunft als untrennbare Strukturelemente dieses Systems."

71 Zuerst in *Epochenschwelle und Rezeption*, in: *Philosophische Rundschau* 6 (1958), p. 101 sqq., zuletzt in *Die Legitimität der Neuzeit*, Frankfurt 1966, vgl. besonders p. 41 sqq.

72 Das bezeugt unfreiwillig, aber höchst eindrucksvoll C. Lévi-Strauss selbst in seinem Versuch, eine von R. Jakobson erstellte linguistische Beschreibung von Baudelaires Gedicht *Les chats* mit Hilfe seiner strukturalen Methode zu 'interpretieren', cf. in: *L'Homme*, 2 (1962), pp. 5–21.

73 Jetzt in: *Gesellschaft – Literatur – Wissenschaft: Gesammelte Schriften 1938–1966*, ed. H. R. Jauß und C. Müller-Daehn, München 1967, 1–13, bes. pp. 2 und 4.

74 Zuerst in *Untersuchungen zur mittelalterlichen Tierdichtung*, Tübingen 1959, vgl. pp. 153, 180, 225, 271; ferner *Archiv für das Studium der neueren Sprachen* 197 (1961), pp. 223–225.

75 K. Mannheim, *Mensch und Gesellschaft im Zeitalter des Umbaus*, Darmstadt 1958, p. 212 sqq.

76 In: *Theorie und Realität*, ed. H. Albert, Tübingen 1964, pp. 87–102.

77 Ibid. p. 91.

78 Ibid. p. 102.

79 Poppers Exempel des Blinden unterscheidet nicht zwischen den beiden Möglichkeiten eines nur reaktiven Verhaltens und eines experimentierenden Handelns unter bestimmten Hypothesen. Wenn die zweite Möglichkeit das reflektierte wissenschaftliche Verhalten im Unterschied zu dem unreflektierten Verhalten in der Lebenspraxis kennzeichnet, wäre der Forscher seinerseits 'kreativ', also über den 'Blinden' zu stellen und eher dem Dichter als Schöpfer neuer Erwartungen zu vergleichen.

80 G. Buck, *Lernen und Erfahrung*, p. 70, und weiter: "(Die negative Erfahrung) wirkt nicht lediglich dadurch belehrend, daß sie uns veranlaßt, den Kontext unserer seitherigen Erfahrung so zu revidieren, daß das Neue in

die korrigierte Einheit eines gegenständlichen Sinnes hineinpaßt. [...] Nicht nur der Gegenstand der Erfahrung stellt sich anders dar, sondern das erfahrende Bewußtsein selbst kehrt sich um. Das Werk der negativen Erfahrung ist ein Sich-seiner-bewußt-Werden. Wessen man sich bewußt wird, das sind die in der seitherigen Erfahrung leitenden und als leitende unbefragt gebliebenen Motive. Die negative Erfahrung hat so primär den Charakter der Selbsterfahrung, die frei macht für eine qualitativ neue Art der Erfahrung." Aus diesen Prämissen hat G. Buck den Begriff einer Hermeneutik entwickelt, die als ein "lebenspraktisches Verhältnis, das vom höchsten Interesse der Lebenspraxis geleitet ist: der Selbstverständigung von Handelnden" die spezifische Erfahrung der sogenannten Geisteswissenschaften gegenüber der naturwissenschaftlichen Empirie legitimiert, vgl. *Bildung durch Wissenschaft*, in: *Wissenschaft, Bildung und pädagogische Wirklichkeit*, Heidenheim 1969, p. 24.

81 *Der Zusammenhang der Mittel des Sujetbaus mit den allgemeinen Stilmitteln* (*Poetik*, 1919), zitiert nach B. Eichenbaum, *Aufsätze zur Theorie und Geschichte der Literatur*, Frankfurt 1965, p. 27.

82 J. Striedter hat darauf aufmerksam gemacht, daß in den Tagebuchaufzeichnungen und Beispielen aus der Prosa Leo Tolstojs, auf die sich Šklovskij bei seiner ersten Erläuterung des Verfahrens der Verfremdung bezog, der rein ästhetische Aspekt noch mit einem erkenntnistheoretischen und ethischen verbunden war. "Šlovskij interessiert allerdings – im Gegensatz zu Tolstoj – primär das künstlerische 'Verfahren' und nicht die Frage nach seinen ethischen Voraussetzungen und Wirkungen" (*Poetik und Hermeneutik II*, s. Anm. 63, p. 288 sq.).

83 Flaubert, *Œuvres*, Paris 1951, vol. I, p. 657: "ainsi, dès cette première faute, dès cette première chute, elle fait la glorification de l'adultère, sa poésie, ses voluptés. Voilà, messieurs, qui pour moi est bien plus dangereux, bien plus immoral que la chute elle-même!"

84 E. Auerbach, *Mimesis: Dargestellte Wirklichkeit in der abendländischen Literatur*, Bern 1946, p. 430.

85 Op. cit., p. 673.

86 Ibid. p. 670.

87 Ibid. p. 666.

88 Vgl. ibid., pp. 666/7.

89 Ibid. p. 717 (zitiert aus dem *Jugement*).

90 *Die Schaubühne als eine moralische Anstalt betrachtet*, Säkular-Ausgabe, Bd. XI, p. 99. Siehe dazu R. Koselleck, *Kritik und Krise*, Freiburg/München 1959, p. 82 sq.

91 *Zur Systematik der künstlerischen Probleme*, in: *Jahrbuch für Ästhetik*, 1925, p. 440; zur Anwendung dieser Formel auf Erscheinungen der gegenwärtigen Kunst siehe M. Imdahl, *Poetik und Hermeneutik III* (s. Anm. 19), pp. 493–505, 663/4.

Michael Riffaterre

KRITERIEN FÜR DIE STILANALYSE

Programm

0.1. Linguistik und Stilistik

Der subjektive Impressionismus, die normative Rhetorik und die apriorische ästhetische Wertung haben lange Zeit die Entwicklung der Stilistik als Wissenschaft von den literarischen Stilen beeinträchtigt. Angesichts der Verwandtschaft zwischen Sprache und Stil darf man erwarten, daß die linguistischen Methoden auf die exakte und objektive Beschreibung des literarischen Gebrauchs der Sprache anwendbar sind. Dieser nämlich, der die spezialisierteste und komplexeste linguistische Funktion verkörpert, kann von den Linguisten nicht vernachlässigt werden.

Eine linguistische, strukturale Beschreibung des Stils bedarf allerdings einer sorgfältigen Klärung: einerseits *sind die stilistischen Fakten nur in der Sprache greifbar, denn diese ist ihr Vehikel;* andererseits *besitzen sie notwendigerweise einen spezifischen Charakter, denn sonst könnte man sie von den linguistischen Fakten nicht unterscheiden.* Eine rein linguistische Analyse eines literarischen Werkes wird nur linguistische Elemente hervorheben; in ihrer Bechreibung wird sie Elemente der Wortfolge, denen ein stilistischer Wert zukommt, mit solchen vermischen, die neutral sind; sie wird lediglich ihre linguistischen Funktionen isolieren, ohne anzugeben, welche Merkmale aus ihnen auch stilistische Einheiten machen. Bei Anwendung der linguistischen Methoden auf solche Einheiten erhielte man demzufolge eine objektive Kenntnis ihrer doppelten Rolle als Elemente sowohl des linguistischen Systems als auch des stilistischen Systems. Dies aber impliziert eine vorherige Auswahl. Man muß zuerst alle Elemente sammeln, die stilistische Merkmale aufweisen, und sie dann – und zwar nur sie – der linguistischen Analyse unterziehen, wobei alle anderen (die stilistisch nicht relevanten) ausgeschlossen bleiben. Dann und nur dann wird die Verwechslung von Sprache und Stil vermieden. Um mit diesem vor der Analyse liegenden Schritt zu beginnen, brauchen wir spezifische Kriterien, um die distinktiven Merkmale des Stils zu bestimmen.[2]

0.2. Grenzen

Ich werde versuchen, in großen Zügen einige distinktive Merkmale des Kommunikationsvorgangs in der Literatur aufzuzeigen und sie bei der Einführung von Kriterien, die sich ausschließlich auf den Stil beziehen, zu berücksichtigen. Unter literarischem Stil verstehe ich jede *individuelle schriftliche Form mit literarischer Absicht*, d. h., den Stil eines Autors oder besser eines isolierten literarischen Werkes bzw. Textes oder auch eines isolierbaren Textabschnittes.

(Diese Definition ist zu eng: *schriftliche Form* ist besser durch *dauerhafte Form* zu ersetzen, so daß die Stile der mündlichen Literaturen miteinbegriffen werden. Die Dauerhaftigkeit ist nicht einfach Resultat der materiellen Erhaltung und der physischen Integrität des Textes, sondern vor allem des Vorkommens formaler Zeichen im Text, die bewirken, daß seine Entschlüsselung – der einer Partitur vergleichbar – kontrollierbar, konstant und wiedererkennbar ist, trotz der Variationen oder selbst der Irrtümer in der Art und Weise, wie die verschiedenen Leser diese Partitur "spielen". Bei der *Absicht* handelt es sich hier nicht um das, "was der Autor sagen wollte", und *literarisch* bedeutet keine Gegenüberstellung von Literatur und Sub-Literatur und erst recht nicht von guter und schlechter Literatur. Mit dieser Formulierung sollte die Tatsache ausgedrückt werden, daß bestimmte Zeichen des Textes angeben, daß man ihn als Kunstwerk und nicht einfach als Wortfolge ansehen muß: typographische Form, metrische Form, Gattungsmerkmale (wie "es war einmal" in den Märchen oder "sagt er" als Abschluß der Personenrede in der epischen Dichtung), Untertitel (Erzählung, Roman, Bericht usw.). Es scheint mir heute einfacher, literarisch jede Schrift zu nennen, die die Merkmale eines Denkmals besitzt, d. h., die durch ihre Form die Aufmerksamkeit auf sich lenkt.) [Nachträglicher Zusatz Riffaterres zur französischen Originalausgabe.]

Der *Stil* wird als Emphase (expressiver, affektiver oder ästhetischer Natur) verstanden, die zu der durch die linguistische Struktur übertragenen Information hinzukommt, ohne den Sinn zu verändern.

(Ungeschickte Definition, da sie eine Grundbedeutung – eine Art Nullpunkt – vorauszusetzen scheint, bezüglich derer man Intensivierungen messen könnte. Eine solche Bedeutung ließe sich nur durch eine Art Übersetzung erhalten (die den Text als Gegenstand zerstören würde) oder durch eine Interpretation der Absicht (die das Faktum Schrift durch Hypothesen über den Autor ersetzen würde). Ich dachte daran, diese Intensität zu messen, und zwar für jeden Punkt der Aussage (syntagmatische Achse) auf der paradigmatischen Achse, wo das im Text vorkommende Wort mehr oder minder "stark" als seine möglichen Synonyme oder Substituten ist: was den Sinn anbelangt, besteht kein Unterschied. Aber der Sinn, welcher er auf der Ebene der Sprache auch immer sein mag, wird notwendigerweise im Text durch das, was vorangeht, und durch das, was folgt, verändert (Rückkopplungseffekt). Es ist klarer und ökonomischer, den Stil als eine Hervorhebung zu bezeichnen, die der Aufmerksamkeit des Lesers bestimmte Elemente der Wortfolge aufnötigt, derart, daß dieser sie nicht unterschlagen kann, ohne den Text zu verstümmeln, und sie nicht entschlüsseln kann, ohne sie bedeutungsvoll und charakteristisch zu finden; dies rationalisiert er, indem er ihnen eine Kunstform, eine Persönlichkeit, eine Absicht usw. zuerkennt.) [Nachträglicher Zusatz Riffaterres zur französischen Originalausgabe.]

Das bedeutet letztlich, daß die Sprache ausdrückt und der Stil hervorhebt, wobei klar ist, daß die speziellen, auf diese Art zur Kommunikation hinzukommenden Werte an sich von meinem Vorhaben nicht betroffen werden; sie werden im deskriptiven Stadium der Stilforschung untersucht oder besser in einem metastilistischen (beispielsweise ästhetischen) Stadium. Dieses Kapitel beschränkt sich darauf, die Kriterien und die Existenzweisen solcher Werte oder Akzentuierungen aufzustellen; die methodologische Einstellung ist hier ausschließlich *heuristisch*.

0.3. Bedeutung von 'individuell'

Träten die stilistischen Phänomene zufällig, ohne Referenz-Code auf, so würde man sie nicht bemerken. Selbst wenn der Stil nur eine metalinguistische Randerscheinung wäre, müßte es in seiner Beziehung zu den linguistischen Fakten Konstanten geben, ohne die der Stil mit diesen Fakten identisch wäre: folglich ist es wahrscheinlich und möglich, ein allgemeines Modell des Stils zu erstellen.[3] In diesem Falle sind die individuellen Formen für den Stil das, was die Sprachverwendung für das Sprachsystem ist. Ihr Studium dürfte uns die Grundlagen eines zukünftigen Systems liefern. Deshalb schließe ich in diesem Essai jegliche Betrachtung literarischer 'Dialektologie' aus[4]: sobald der Autor die Elemente einer literarischen Sprache für eine bestimmte Wirkung benutzt, werden sie Einheiten seines Stils; und genau diese besondere Aktualisierung ihres Wertes ist relevant, nicht ihr potentieller Wert in einem Standardsystem. Werden sie nicht im Hinblick auf eine bestimmte Wirkung eingesetzt, so können wir lediglich sagen, daß sie für einen Individualstil einen kontextuellen Hintergrund bilden, der spezialisierter ist, als die Umgangssprache es wäre. Aber für sich selbst genommen, sind sie nicht Stil.

Was die gesprochenen Individualstile anbelangt, so sind sie schwer zu beschreiben, da sie leicht stereotyp und deshalb weniger differenziert sind als die schriftlichen Stile, sowohl untereinander als auch in bezug auf die Standardsprache. Die literarischen Stile sind komplexer, aber gerade deswegen besitzen sie Merkmale, die eine klare Differenzierung erlauben. Aus diesem Grund habe ich sie für diesen heuristischen Versuch ausgewählt.

Distinktives Merkmal der sprachlichen Kommunikation im Fall der Literatur

1.0. Die Merkmale, die ich nannte, kennzeichnen nicht jede Reduktion von Sprache auf Schrift[5]; es sind solche, die von einem Autor mit einer literarischen Absicht benutzt werden können (die Zweidimensionalität z. B. könnte darunter fallen; sie wird jedoch vor allem in den technischen Sprachen benutzt und ist bisher in der Literatur, wie es scheint, extralinguistisch geblieben, so z. B. im Falle der konkreten Poesie, wo der Text oft die Form des beschriebenen Gegenstands annimmt). Ich werde mich bemühen, eine kurze Beschreibung von dem zu geben, was ich als zwei distinktive Merkmale der literarischen Kommunikation ansehe, und dann zu zeigen, daß diese Merkmale zur Erarbeitung von Kriterien für das Auffinden stilistischer Fakten dienen können.

1.1. Der Verschlüsseler

Die Aufgabe des Autors als Verschlüsseler der Nachricht ist zwingender als die des Sprechers. Ein Sprecher muß die Trägheit des Empfängers, seine Zerstreuung, den abweichenden oder widerstrebenden Gang seiner Gedanken überwinden; er muß oft unterstreichen, und diese Verstärkung konzentriert sich auf die wichtigsten Punkte der Rede.[6] Der Schriftsteller dagegen muß mehr tun, damit seine Nachricht ankommt, denn er kann nicht über linguistische oder außerlinguistische Ausdrucksmittel wie Intonation, Gestik usw. verfügen; er muß sie durch Verfahren des Nachdrucks ersetzen: Hyperbel, Metapher, ungewöhnliche Wortfolge usw.; außerdem kann der Sprecher seine Rede den Bedürfnissen und

Reaktionen des Empfängers anpassen, der Schriftsteller dagegen muß potentielle Unaufmerksamkeit oder Uneinigkeiten aller Art einplanen und seinem Verfahren eine maximale, für eine unbegrenzte Zahl von Empfängern geltende Effizienz verleihen. Ferner muß die Komplexität des Spielraums zwischen der reinen Kommunikation und den expressiven, affektiven und ästhetischen Konnotationen berücksichtigt werden (diese sind auch in der Rede vorhanden, aber die Kombinationen können hier nicht den gleichen Grad von Komplexität erreichen, wie etwas schriftlich, mit Ruhe und Überlegung Konstruiertes; außerdem spielen die ästhetischen Absichten eine wesentlich geringere Rolle).[7] Die Kombination der Konnotationen hängt natürlich sowohl von der Persönlichkeit des Autors als auch von seinen Intentionen ab.[8]

1.2. Kontrolle der Entschlüsselung

All dies mag selbstverständlich scheinen, ich möchte nun jedoch auf die Frage zu sprechen kommen, wie der Verschlüsseler dieses Problem löst. Da der Schriftsteller gezwungen ist, sich mit mehr Kraft auszudrücken, mehr zu manipulieren als der Sprecher, und erst entwerfen, dann korrigieren muß, ist er sich seiner Nachricht *bewußter*. Dieses größere Bewußtsein des Autors ist nicht einfach die auf die Verschlüsselungsoperationen verwendete Aufmerksamkeit, die eine künftige Entschlüsselung ermöglichen soll: solche Aufmerksamkeit ist eine Minimalbedingung für jede beliebige schriftliche Nachricht (private Briefe, militärische Befehle usw., bei denen man vom Empfänger in seinem eigenen Interesse eine richtige Lektüre erwartet; der Romanleser dagegen kann die Lektüre abbrechen, wenn sie ihn nicht mehr interessiert, ohne daß ihm daraus ein Nachteil entstünde). Der Autor ist sich seiner Tätigkeit sehr bewußt, denn ihn beschäftigt vor allem *die Art und Weise, in der er seine Nachricht entschlüsselt haben will;* es ist also nicht nur ihre Bedeutung, sondern seine eigene Einstellung gegenüber dieser Nachricht, die dem Leser übermittelt wird; der Leser ist gezwungen zu verstehen – das ist selbstverständlich – aber auch, die Einstellungen des Autors bei dem, was an seiner Nachricht wichtig und bei dem, was daran unwichtig ist, zu teilen.

Dies impliziert, daß das natürliche Verhalten des Empfängers anvisiert wird. Wir wissen, daß die Übertragung der gesprochenen Kette meist elliptisch vor sich geht, denn "der Kontext und die Situation erlauben uns, einen wichtigen Teil der Merkmale, Phoneme und Sequenzen in der Elementenfolge der Nachricht zu vernachlässigen, ohne ihr

Verständnis zu gefährden".[9] Ebenso ist es mit einem schriftlichen Text; der Leser deduziert die Wörter aus fragmentarischen Komponenten ihrer Orthographie und rekonstruiert den gesamten Satz aus den wenigen Wörtern, die er wirklich wahrnimmt. Da die Wahrscheinlichkeit des Auftretens in der schriftlichen Kette in Funktion der verschiedenen Komponenten variiert, "ist es möglich, nach einem Element des Satzes mit mehr oder weniger großer Genauigkeit die folgenden Komponenten vorauszusehen." Unter diesen Umständen bleibt die Entschlüsselung notwendigerweise unberechenbar, mehr noch als in der gesprochenen Kette, da man fehlende Aufmerksamkeit immer durch eine erneute Lektüre ausgleichen kann; die Interpretationen des Lesers werden freier sein, und den Absichten des Autors kann widersprochen werden. Will dieser sichergehen, daß man sie respektiert, so muß er die Entschlüsselung derart kontrollieren, daß er an den Stellen, wo er es für wichtig hält, entlang der gesamten schriftlichen Kette, die Komponenten verschlüsselt, die trotz aller Nachlässigkeit des Lesers nicht übersehen werden können. Und da die Voraussehbarkeit bewirkt, daß dem Leser eine elliptische Entschlüsselung genügt, *müssen die Elemente, die der Aufmerksamkeit nicht entgehen dürfen, unvorhersehbar sein.*

Bei der mündlichen Vermittlung kann der Sprecher anstelle einer doppeldeutigen Form auf eine Form der expliziten Sprache zurückgreifen. Dieser Rekurs ist bei der schriftlichen Vermittlung freilich nicht möglich, da die orthographische Konvention und die grammatikalische Korrektheit dem Leser bereits etwas Explizites aufnötigen. Das einzige Verfahren, das dem Verschlüsseler bleibt, wenn er seine eigene Interpretation seines Kunstwerks durchsetzen will, besteht darin, zu verhindern, daß der Leser irgendein wichtiges Merkmal durch Überlegung ableitet oder voraussieht. Die Vorhersehbarkeit nämlich kann zu einer oberflächlichen Lektüre führen, die Unvorhersehbarkeit hingegen erzwingt die Aufmerksamkeit: die Intensität der Rezeption wird der Intensität der Nachricht entsprechen.[10]

Da eine solche Kontrolle der Entschlüsselung das Differenzierungsmerkmal zwischen expressiver und gewöhnlicher Schrift ist (letztere ist gegenüber der Art der Entschlüsselung indifferent, wichtig ist ihr nur, daß diese stattfindet), und da diese Differenzierung dem Nachrichtenkomplex des Autors entspricht, können wir darin den *spezifischen Mechanismus des Individualstils* sehen.

Daraus folgt, daß eine allein auf den relevanten Merkmalen basierende Stilanalyse auf diesen Grundmechanismus zentriert werden muß. Im deskriptiven Stadium werden wir die Informationstheorie heranziehen müssen, wobei besonderer Nachdruck auf den Codierungsverfahren liegt.[11] Im heuristischen Stadium besteht unsere Aufgabe darin, die zu analysierenden Fakten zu sammeln, besonders *die Elemente, die beim Entschlüsselungsprozeß die Freiheit der Wahrnehmung einschränken.*

Wenn die linguistische Analyse außerstande ist, diese Elemente von den irrelevanten zu unterscheiden, dann deshalb, weil ihr Potential nicht in der Nachricht selbst, sondern im Empfänger verwirklicht wird: die wirkliche Wahrnehmung der Elemente könnte also das Kriterium ihrer Identifizierung sein, und es scheint, daß die Stilistik sich genauso des Lesers bedient, wie die Sprachanalyse es mit dem Hörer tut.

1.3.0. Dauerhaftigkeit der Nachricht

Die Schrift garantiert die physische Erhaltung der literarischen Nachricht, so wie der Autor sie entworfen hat: die für die Entschlüsselungskontrolle vorgeschlagenen *pattern* bleiben unverändert, aber der linguistische Referenzrahmen des Entschlüsselers verändert sich im Laufe der Zeit: man kann sogar bis zu dem Punkt gelangen, wo es nichts Gemeinsames mehr zwischen dem Code, auf den die Nachricht sich bezieht, und dem von den Lesern benutzten Code gibt. In dieser Zeit gibt die Entschlüsselung der im literarischen Werk enthaltenen Nachricht an, in welchem Maße die Kontroll-*pattern* durch die Evolution des Code verändert werden. Dieses Phänomen wurde vernachlässigt, weil seine beiden Seiten getrennt betrachtet wurden (bei der Verschlüsselung und Kontrolle wurde die Dauerhaftigkeit des Code benutzt, bei der Entschlüsselung seine Nicht-Dauerhaftigkeit); dies zerstört sein eigentliches Wesen. Der Linguist z. B. sieht im *Text* eine Fundgrube von Fakten, die der Rekonstruktion eines vergangenen Sprachzustands dienen können. Der Stilforscher versucht, die Wirkung zu rekonstruieren, die der Stil eines *Textes* zur Zeit seiner Abfassung hatte, und die Reaktionen der modernen Leser entsprechend dieser Rekonstruktion zu 'korrigieren'. Das gilt für den synchronischen Aspekt; man betrachtet ihn aus der Perspektive des Archäologen. Andere (Kritiker und Historiker) widmen sich der Aufgabe, die Evolution der Leserreaktionen aufzuzeigen und die Art und Weise, wie jene dem Text einen vergänglichen, ewigen oder neu entstehenden Wert verleihen. Diese Veränderungen jedoch gehören zur Evolution der ästhetischen Normen oder zum Werkinhalt. Die wesentliche Rolle der Formwahrnehmung wird kaum beachtet.

1.3.1. Ich stelle also die Forderung auf, daß die spezifische Perspektive der Stilistik diese Simultaneität der Dauer und des Wechsels miteinbeziehen muß. Sie muß *Synchronie und Diachronie verbinden,* was die Dichotomie zwischen Verschlüsseler und Entschlüsseler möglich macht. Auf der einen Seite ein Sprachzustand, der seine Struktur vollkommen bewahrt hat, ebenso wie seine von der Schrift festgehaltenen stilistischen *pattern* der Entschlüsselungskontrolle. Auf der anderen Seite die verschiedenen Aktualisierungen des Textpotentials, die von aufeinanderfolgenden Generationen von Entschlüsselern vorgenommen wurden, und zwar in den von den *pattern* des Textes und den Codes der Leser gesteckten Grenzen – mit oder ohne Konflikt zwischen beiden. Wenn wir diese Kombinationen studieren, werden wir die Geschichte des Überlebens dieser Wirkungen erhalten, trotz des graduellen Verschwindens des Referenzcodes, für den sie vorgesehen waren. Gleichzeitig erhalten wir für alle nacheinander betrachteten Synchronien eine Beschreibung des aufeinander Abstimmens zweier einander anachronistischer Systeme (das des Verschlüsselers und das des späteren Entschlüsselers), die in synchronischem Kontakt miteinander stehen. Vom linguistischen Standpunkt aus ist das Problem ein völlig anderes, als das des Konservatismus des schriftlichen Stils im Vergleich zur Evolution des mündlichen Sprachgebrauchs. Das hat nichts mit Teilwiderständen gegen die Evolution zu tun; es geht darum, zu erfahren, in welchem Maß und auf welche Weise ein unveränderliches System wirkungsvoll bleiben kann, obwohl die Referenzen sich verändern und der Graben zwischen dem Code des Autors und dem des Lesers immer breiter wird (während sonst, bei der Evolution eines normalen Sprachsystems, die Verschlüsseler und die Entschlüsseler einen gemeinsamen Code beibehalten). Vom stilistischen Standpunkt aus betrachtet, können wir im Überleben stilistischer Prozesse als Wirkungseinheiten eine experimentelle Bestätigung für die Expressivität finden, die sonst durch andere Forschungsmethoden hervorgehoben wird.

(*Expressivität* ist ein Wort, das zu oft mit ästhetischen Begriffen assoziiert wird, vor allem in Frankreich, wo es oft die Konnotation von Klarheit und frappierender Übereinstimmung hat. Besonders dort, wo das Adjektiv *expressiv* in Verbindung mit *Bündigkeit (concision), Redewendung (tour de phrase)* oder *Bild (image)* zum Klischee geworden ist: jedesmal wird folglich die Existenzaussage implizit und verfrüht in ein Werturteil umgewandelt; jedesmal wird der Begriff des Stils mit dem des Verfahrens verbunden. Es ist also besser, von *Wirkung* und *Wirksamkeit* zu sprechen.) [Nachträglicher Zusatz Riffaterres zur französischen Originalausgabe.]

1.3.2. Die Kombination Synchronie–Diachronie erscheint in einer weiteren Form, dieses Mal innerhalb des Textes: im Gebrauch der Archaismen als stilistischen Verfahren. Ihre stilistische Spezifizität besteht darin, daß sie einen speziellen, dem Verschlüsseler und Entschlüsseler gemeinsamen Code voraussetzen, der durch das Bewußtsein der vergangenen Sprachzustände gekennzeichnet wird.[12] Werden in einen Kontext Formen eingeführt, die einem in bezug auf den Kontext früheren Sprachzustand angehören, so schaffen sie einen Kontrast, der die Aufmerksamkeit des Lesers lenkt. Der Archaismus funktioniert gut im System des Kontextes (eine synchronische Beschreibung desselben würde allerdings diesen archaischen Charakter vernachlässigen), seine Funktion ist jedoch doppelter Art: als linguistische Einheit besitzt er in der Gesamtheit der gleichzeitigen Beziehungen einen festen Platz; als stilistische Einheit jedoch wird er mit Bezug auf ein zweites System entschlüsselt, einen Zustand der Vergangenheit, von dem er herrührt, wie der Leser weiß (eine diachronische Beschreibung würde ihn folglich als funktionales Element der Synchronie vernachlässigen). Das Phänomen des Archaismus ist gewiß nicht neu, aber die oben vorgetragene neue Formulierung hat den Vorteil, auf stilistischen Begriffen zu beruhen. Eine Neuformulierung in diesem Sinne wird mittels einiger mechanischer Prinzipien Phänomene wie dieses erhellen oder ihre Erklärung erlauben. Die Kombination Diachronie–Synchronie, die den Archaismus definiert, ist im System des Textes enthalten und ist materiell ebenso unveränderlich wie die anderen Komponenten des Systems. Allerdings wird die innere Kombination – sofern sie in die äußere Kombination, Synchronie-Diachronie, integriert ist, die die Verlängerung des literarischen Werkes in der Zeit darstellt – durch die äußere Kombination verändert. In dem Maße, in dem der unveränderte Text mit der Zeit altert, d. h., von Lesern aktualisiert wird, die mehr und mehr von seinem Entstehungszeitpunkt entfernt sind, wird die verschlüsselte Abweichung zwischen dem Archaismus und seinem Kontext und das daraus resultierende stilistische Verfahren zu einer undifferenzierten Sequenz, die global als normal oder archaisch aufgenommen wird.

Auch hier also, sowohl während des Fortdauerns des Textes als auch zu seiner Entstehungszeit, sind es seine reale Wahrnehmung durch den Leser und die geplanten Verfahren, sich ihrer zu versichern, welche die wesentlichen Merkmale der linguistischen Kommunikation mit literarischer Absicht ausmachen.

Wahrnehmung und Stilanalyse

2.0. Der oben definierte stilistische Typ der Kommunikation muß nun im Hinblick auf die Komponenten der schriftlichen Kette situiert werden, mittels Kriterien, die den Eigenschaften dieses Typs angepaßt sind. Da diese Kommunikation anfangs die Antwort des Autors auf eine außergewöhnliche Herausforderung ist, könnte man den Versuch machen, von seinen Absichten auszugehen, um dann zu beobachten, wie sie im Text verwirklicht werden. Hat der Linguist die relativ leichte Aufgabe, alle Merkmale der Rede seines Informanten zu sammeln, ohne ein einziges auszulassen, so darf der Stilforscher nur diejenigen auswählen, die die bewußtesten Absichten des Autors vermitteln (was nicht bedeutet, daß das Bewußtsein des Autors alle Merkmale umfaßt). Freilich ist es oft unmöglich, diese Absichten zu erkennen, ohne die Nachricht zu analysieren, man kommt also zu einem Zirkelschluß; selbst wenn sie durch andere Verfahren (philologische Forschung, Aussagen des Autors usw.) bekannt wurden, besitzen sie gewöhnlich einen allgemeinen Charakter und nützen der Kritik einzelner Textabschnitte nicht. Schließlich impliziert die Bewertung der Verwirklichung von Absichten eines Autors Werturteile metastilistischer Art.

(Die Unterscheidung zwischen bewußt und unbewußt, die ich in meinem Buch *Le Style des Pléiades* (1955 verfaßt, 1957 veröffentlicht) zu benutzen versuchte, ist nur für das Studium der Entstehung des Stils von Nutzen, nicht für das Studium des Stils als Phänomen, als Wirkung auf seinen Empfänger. Selbst in der genetischen Stilistik kommt man in diesem Punkt nicht zu abschließenden Gewißheiten. Im Rahmen der gegenwärtigen Beschreibung genügt es, von der künstlerischen Absicht im allgemeinen zu sprechen, die die schöpferische Anstrengung definiert und die, bewußt oder nicht, je nach den Punkten der Aussage, zu einer Über-Codierung führt.) [Nachträglicher Zusatz Riffaterres zur französischen Originalausgabe.]

2.1. Die Verwendung des Entschlüsselers bei der Analyse

Wir erhalten eine bessere Annäherung durch Zwischenschalten des Lesers. Denn er ist die vom Autor bewußt gewählte Zielscheibe; das stilistische Verfahren ist derart geplant, daß der Leser weder daran vorbei noch es lesen kann, ohne dadurch auf das Wesentliche gelenkt zu werden. Parallel dazu hängen sowohl die Verlängerung der stilistischen Wirkungen in der Zeit als auch die Wahrnehmung des literarischen Werkes zu jedem beliebigen Zeitpunkt gänzlich vom Leser ab. Diese Interdependenz zwischen dem stilistischen Verfahren und seiner Wahrnehmung trifft meines Erachtens derart den Kern des Problems, daß wir Grund haben, uns dieser Wahrnehmung zu bedienen, um die stilistischen Fakten im literarischen Text zu lokalisieren.

Leider wechselt der Geschmack, und jeder Leser hat seine Vorurteile. Unser Problem besteht darin, eine grundsätzliche subjektive Reaktion auf den Stil in ein objektives Analyseinstrument umzuwandeln, um hinter der Vielfalt der Urteile Konstanten (verschlüsselte Möglichkeiten) zu finden, kurz, Werturteile in Existenzaussagen umzuwandeln. Aber wie? Meiner Meinung nach einfach dadurch, daß man den Inhalt des Werturteils völlig vernachlässigt und es *wie ein einfaches Signal* behandelt.

2.2. *Analyseverfahren*

Unser Verfahren basiert auf dem Axiom: "Kein Rauch ohne Feuer." Welcher Art auch immer ihre Grundlage sei, die Werturteile des Lesers werden durch einen im Text liegenden Stimulus verursacht. In der Funktion Sender–Empfänger, die der Text aktualisiert, kann das Verhalten des Empfängers subjektiv und variabel sein, aber es besitzt eine invariable Ursache. In der mehr oder weniger wahrgenommenen linguistischen Nachricht ist der Übergang vom potentiellen zum realen Stileffekt ein doppeltes Phänomen: zuerst die stilistische Einheit, dann das Erwachen der Aufmerksamkeit des Lesers. Daraus folgt, daß die Stilforschung *Informanten* heranziehen muß. Diese liefern uns Reaktionen auf den Text: es liest z. B. jemand, für den der Text muttersprachlich ist, und der ein Bewußtsein der Objektsprache besitzt; der Stilforscher sammelt seine Reaktionen. Die Textabschnitte, die Reaktionen hervorrufen, werden vom Informanten bald als schön, bald als unästhetisch, gut oder schlecht, expressiv oder fade bezeichnet, dem Forscher dienen diese Bezeichnungen als einfache Indizien für die relevante Struktur. Er stellt sich nicht die Frage, ob sie in ästhetischer Hinsicht berechtigt sind oder nicht. Außerdem wird man – im Gegensatz zu den Bloomfield'schen Regeln der Verwendung von Informanten in der linguistischen Forschung [13] – gebildete Informanten bevorzugen, die instinktiv den Text als Vorwand benutzen, um ihr Wissen zu zeigen: sie werden mehr Fakten feststellen in ihrem Eifer, zahlreiche Kommentare abzugeben und den Unterschied zwischen dem, was sie Stil nennen und dem, was sie als eine 'normalere' Ausdrucksform empfinden, zu übertreiben. Solche in zweiter Linie in Betracht kommenden Antworten, die in der Linguistik trügerisch sind [14] und von vorübergehenden Moden oder ästhetischen Vorurteilen abhängen können, werden der Objektivität der Untersuchung nicht schaden, denn, ich wiederhole, sie werden nur als Signale für das, was sie hervorruft, benutzt. Bislang sind die Stilanalytiker von ihren eigenen Werturteilen ausgegangen; sie haben sie im allgemeinen mit den stilistischen Fakten verwechselt, was seinen Grund in der normativen Rhetorik hat; auf der Grundlage dieser Verwechslung haben sie argumentiert, haben sie Gründe dafür gefunden oder sich auf die Eindeutigkeit des gesunden Menschenverstandes berufen. Dagegen möchte ich betonen, daß der Stimulus, auf den man verwiesen wird und der die Reaktion hervorrief, zwar vorhanden ist, daß er aber unabhängig von der Reaktion betrachtet werden muß, sobald diese es ermöglicht, ihn zu lokalisieren. *Die sekundäre Antwort wird, wenn man von ihrer wertenden Formulierung absieht, zu einem objektiven Kriterium für das Vorhandensein ihres stilistischen Stimulus.*[15]

2.2.1. Das Hauptelement des hier vorgeschlagenen Verfahrens besteht darin, daß eine klare Trennung zwischen dem Wahrnehmungsstimulus einerseits und andererseits den Prozessen und dem kulturellen Kontext, die sie bedingen, vorgenommen wird. Das genügt, um diese Methode von der Spitzerschen zu unterscheiden; sein Impressionismus wird hier durch ein objektives Vorgehen ersetzt. Spitzer schließt von einem Detail auf die Psyche des Autors, eine Hypothese, die er im folgenden kontrolliert, indem er andere auffällige Details untersucht, die im gleichen Text auftreten. Spitzer baut also auf dem ersten Indiz auf, das sich seiner Aufmerksamkeit aufdrängt, und natürlich auf der Interpretation, die er selber davon gibt. Dieser Interpretation wiederum liegt das Postulat zugrunde, daß zwischen einem gegebenen Merkmal des Textes und einer Geistesverfassung eine Beziehung besteht. Wir haben auf diese Weise einen isolierten Ausgangspunkt für eine Konstruktion, die die Gesamtheit der Fakten umfaßt, eine offene Tür für die Subjektivität. In dem von mir vorgeschlagenen Verfahren enthält der Analytiker sich sorgfältig jeder Hypothese über die hervorgehobenen Fakten und wartet, bevor er seine Struktur konstruiert, bis alle gesammelten Signale ihm durch ihre Interferenz und ihre Konvergenz eine Interpretation nahelegen, die sie alle berücksichtigt. Noch beunruhigender an der Spitzerschen Methode ist das Risiko, daß die angebliche Kontrolle durch andere auffällige Details den Analytiker dazu führen kann, unbewußt Fakten zu verdrängen, die ihm auffallen könnten, aber in seine vorgefaßte Konstruktion nicht hineinpassen. Nicht nur hat man dabei den stilistischen Stimulus mit dem Werturteil verwechselt, sondern man übt außerdem die Kontrolle, die man auf die Wertung und nicht auf ihre Quelle anwendete, eher auf die Kohärenz der Antwort des Analytikers aus, als auf den Text, wie es sein müßte.

2.2.2. *Über den Informator*

Das eben Gesagte impliziert nicht, daß die Spitzer'schen Reaktionen unbrauchbar wären, wenn man sie auf ihre Stimuli reduziert. Und ebenso ist jeder schon formulierte Stilkommentar benutzbar, mit der folgenden doppelten Einschränkung: 1) die kritischen Kommentare, Werturteile oder Anwendungen irgendeines beliebigen Systems müssen in bezug auf genau angegebene Textabschnitte formuliert sein; 2) ihren Sinn berücksichtigen wir in keiner Weise.[16] Dies ist besonders wichtig für die literarischen Werke der Vergangenheit: denn der Stilforscher hat die Möglichkeit, eventuelle stilistische Verfahren immer dann festzustellen, wenn er in seiner Untersuchung vorangehenden Kommentaren oder in kritischen Apparaten eine Anmerkung zum Text findet; es spielt kaum eine Rolle, wenn die Absicht dieser Anmerkung darin bestand, dem uneingeweihten Leser eine grammatikalische Schwierigkeit, eine poetische Willkür oder eine Sinnschwierigkeit klarzumachen. Allen Antworten dieser Art – ungeachtet ihrer Terminologie oder ihres Gesichtspunktes – liegen Stimuli zugrunde; und es ist möglich, daß diese stilistisch sind. Ob ein Irrtum oder ein Vorurteil vorliegt, ist unwichtig: eine schlechte Interpretation der Fakten gibt trotz allem die Fakten an. Selbst die Tatsache, einem beliebigen Element jeglichen stilistischen Wert abzusprechen, kann einen stilistischen Wert implizieren. (Dies ist hingegen nicht auf die linguistische Beschreibung anwendbar, die definitionsgemäß total ist und jedes einzelne Element der festgestellten Folge definiert, ohne Trennung der wirklich wahrgenommenen und der nicht wahrgenommenen.)

Der Analytiker selbst kann die Rolle des Informators spielen; aber es wird ihm natürlich schwerer fallen als anderen Informatoren, seine eigenen sekundären Antworten von den Stimuli zu trennen, und das immer mehr bei jeder erneuten Lektüre. Als Informator wäre auch ein Übersetzungsversuch in eine andere Sprache denkbar: ein Beispiel 'freier' Übersetzung könnte uns als Hinweis dienen, daß genau an dieser Stelle ein stilistisches Verfahren vorliegt, das eine wortwörtliche Übersetzung in Frage stellt. Allerdings können die strukturellen Unterschiede zwischen den Sprachen und auch zwischen den stilistischen Verfahren zum Gebrauch der freien Übersetzung bewegen; das Problem würde dann noch komplexer, da eine zweite Stilanalyse der Übersetzung erforderlich wäre.

Diese verschiedenen Typen von Informatoren werden uns Hinweise auf die im Text verschlüsselten Stimuli liefern. Was die in einem Text der Vergangenheit verschlüsselten Stimuli anbelangt, so kann das Verfahren für jede Lesergeneration wiederholt werden. Die für jeden Stimulus oder für eine ganze stilistische Sequenz benutzte Informatorengruppe nennen wir *Archileser*.[17]

Der Archileser hat mit dem gewöhnlichen Leser nur sein Vorgehen gemeinsam[18], ein Element, auf das man nicht verzichten kann, ohne das Verständnis des Textes zu fälschen: so wie dieser, entschlüsselt auch jener den Text, indem er der Wortkette in derselben Richtung folgt, von links nach rechts, von Anfang bis Ende. Der Archileser ist ein Werkzeug zum Herausarbeiten der Stimuli eines Textes, nicht mehr und nicht weniger. Die Ausschaltung des Inhalts der Leserreaktionen ist wesentlich: sie schützt vor Vorurteilen bei der Klassifizierung (wie der der Rhetorik), sie ermöglicht, daß das Hervorgehobene transhistorisch, transideologisch bleibt, erlaubt es, Fakten einzubeziehen, deren Interpretation sich manchmal grundlegend veränderte, und selbst negative Reaktionen zu berücksichtigen. Vor allem aber schließt sie die Subjektivität dieser Reaktionen aus[19], eine Subjektivität (Zustimmung, Ablehnung, Interpretation der Absicht, ästhetische, philosophische Interpretation usw.), die ausschließlich zum Inhalt gehört. Man sage mir nicht nach, ich ersetzte den Autor und den Text durch den Leser und seine Psychologie: vom Autor bleibt freilich nur der Text, und was den Leser anbelangt, so sind seine Reaktionen zwar psychologische Vorgänge, aber den Archileser geht ausschließlich das an, was sie auslöst, d. h. die Komponenten des Textes. Die Verwendung des Archilesers ist nur das erste, das heuristische Stadium der Analyse: dies schaltet natürlich nicht die Interpretation und das Werturteil im hermeneutischen Stadium aus. Es garantiert lediglich, daß die spätere Interpretation sich mit der Gesamtheit der relevanten Fakten befaßt, und nicht mit einem durch die Subjektivität des Lesers gefilterten Text oder mit einem Restbestand dessen, was im Text zu seinem Geschmack und zu seiner Philosophie paßt oder was er über den Geschmack, die

Weltanschauung oder die Intentionen des Autors zu wissen glaubt.

Von den von Textanfang bis -ende gesammelten relevanten Stilfakten kommen für die Gesamtanalyse nur die Punkte in Frage, bei denen die Aufmerksamkeit von *n* Lesern, Kritikern, Analytikern usw. konvergiert. Wenn in einem fortgeschritteneren Analysestadium der Archileser ersetzt werden kann durch die Festlegung der Minimalbedingungen für die Kontrastwahrnehmung im Kontext, werden alle die Punkte hervorgehoben, die diese Bedingungen erfüllen. Die Erhebung ist vollständig, was allerdings nicht heißt, daß sie alles, was im Text als Trope definiert werden könnte, erfaßt. Da nur die im Kontext wirklich aktivierten Formen gesammelt werden, nur die also, die sich der Wahrnehmung aufdrängen, wäre es richtiger, nicht bloß von Vollständigkeit, sondern auch von Relevanz zu sprechen. Das Problem, das ein langes Werk zu stellen scheint, ist in Wirklichkeit nicht so groß: die Analyse stellt schnell die Konstanten in der Schrift des Textes fest. Diese Konstanten sind keine statistischen Fakten, sondern Strukturen. Die Erhebung der Fakten führt stufenweise, wie bei der normalen Lektüre, zur Wahrnehmung einzelner unter ihnen als Varianten von Strukturen. Sind sie einmal identifiziert und definiert (siehe z.B. die im Kapitel "Poetisierung des Wortes" untersuchten Fälle), so hat man das, was das Werk charakterisiert.[20]

2.2.3. *Die Metasprache des Archilesers*

Obgleich wir die Interpretation, die der Archileser seiner Reaktion gibt, außer acht lassen, ist es nützlich, seine fachlichen Begriffe beizubehalten, die z. T. eine Metasprache bilden, die in erheblichem Maße den Kategorien der Rhetorik entstammt (Metapher, Hyperbel usw. oder ihren Entsprechungen in der Umgangssprache[21]). Solche Etikettierungen können berechtigt oder unberechtigt sein, ebenso wie die Werturteile, die sie begleiten; sie informieren uns über das sprachliche Bewußtsein des historischen Zeitraums, in dem der Archileser lebte, und vermitteln uns eine Idee von der Wirkung der stilistischen Verfahren in bezug auf dieses Sprachgefühl. So z.B. benutzten die französischen Symbolisten eine Vielzahl von Substantiven auf *-ance*; mit einer solchen Häufigkeit, daß diese Substantive zu einem Merkmal ihres Stils wurden; Archaismen besaßen für jene Schriftsteller die Anziehungskraft des Altmodischen, des Vergangenen. Einer der poetischsten war *assouvissance* (Stillung), ein von Flaubert wirkungsvoll benutztes Wort; als ein halbes Jahrhundert später die nachsymbolistische Bewegung das stilistische Potential dieses

Morphems populär machte, wurde der Archaismus Flauberts wiederentdeckt und bewundert, diesmal als Neologismus.[22] Die Konnotation des Wortes wird nicht betroffen, selbst wenn die historische Sprachwissenschaft zeigt, daß dieses dem Sprachzustand fremde und als Neologismus interpretierte Element in Wirklichkeit ein Archaismus ist (Irrtümer für den Linguisten – Fakten für den Stilforscher).

Der Gegenstand der Stilanalyse ist also nicht einfach der Text, sondern die Illusion, die der Text im Geist des Lesers schafft. Diese Illusion ist natürlich weder reine Phantasie noch bare Vorstellung: sie wird durch die Strukturen des Textes bedingt und durch die Mythologie oder Ideologie der Generation oder der sozialen Klasse des Lesers. Es ist also möglich, die Konstanten dieser Beeinflussung herauszuarbeiten, wie groß auch immer die Verschiedenheit der Leser sei. Es ist also z. B. durchaus möglich, die formalen Merkmale zu definieren, die es nahelegen, ein bestimmtes Wort als Neologismus zu interpretieren, selbst wenn es das auf der Ebene der Sprachgeschichte nicht ist; oder die Merkmale zu definieren, die den neologistischen Aspekt eines Wortes im Text bewahren, selbst wenn es im Code kein Neologismus mehr ist. Damit nun ist es möglich – entsprechend den Kontexttypen, bezüglich derer der Archaismus oder der Neologismus abweichend wäre – die verschiedenen Richtungen festzulegen, die das Vorhandensein dieses Abweichungsfaktors für die Entschlüsselung des Textes angeben kann.

Die metalinguistischen Verzeichnungen können von der diachronischen Ausdehnung der Stilwirkungen zeugen.

2.3. Wirksamkeit des Archilesers

Neben der Fähigkeit des Archilesers, den spezifischen Charakter des Stils zu erkennen, ist er besonders nützlich als heuristisches Element, da seine Wahrnehmung das beobachtete Phänomen (Entschlüsselung der literarischen Nachricht) wiedergibt – genau gesagt, ist sie selbst der Prozeß – und den Analytiker in die Lage des Entschlüsselers versetzt, ohne daß er von dessen Subjektivität angesteckt würde. Anstatt von einer willkürlichen Segmentierung des Textes auszugehen, die von der kulturellen Umgebung abhängig ist oder vom gesunden Menschenverstand, oder aber nicht genau die Sache trifft (z. B. eine linguistische Segmentierung), wird der Analytiker in die Lage versetzt, die Elemente zu definieren, die im Text die Freiheit des Entschlüsselers einschränken (oberflächliche Lektüre z. B.) und die Wahrscheinlichkeit der Wahrnehmung steigern.

Dank des Archilesers kann der Analytiker untersuchen, wie sehr die Wirksamkeit der stilistischen Verfahren trotz der linguistischen Evolution erhalten bleibt. Auf diese Weise können wir parallel zueinander den Stil sowohl in seiner Entstehung und in seinem ursprünglichen Kontext als auch in seinem Weiterleben studieren, mit all dem, was uns das betreffs der aufeinanderfolgenden Synchronien einer Sprache geben kann.

Vom Standpunkt der eigentlichen Stilanalyse aus müßte der Archileser einen direkten und schnellen Zugang erlauben, der auf andere Weise unmöglich wäre: das ist evident, wenn es sich um schwer zu beobachtende Tatsachen handelt, wie etwa die emotive Konnotation des Genus in fr. *mer* (weiblich) oder *océan* (männlich). Nehmen wir einfachere Fälle, wie etwa die Expressivität der Umschreibung, ein sehr gängiges stilistisches Verfahren; seine stilistische Wirksamkeit beruht auf dem Gefühl des Lesers, daß es sich um einen ungewöhnlichen Ersatz handelt. Für den Linguisten unterscheidet sich die für die Umschreibung benutzte Struktur in keiner Weise von der Norm; nur eine komplexe Wahrscheinlichkeitsrechnung über das Auftreten des Phänomens könnte hier etwas Außergewöhnliches entdecken, und selbst in diesem Fall gäbe es keine Garantie dafür, daß etwas wahrgenommen wurde. Auch hier würden die Reaktionen des Archilesers das Phänomen sofort lokalisieren.

Der stilistische Kontext

3.0. Grenzen des zum Kriterium erhobenen Archilesers

So praktisch und objektiv es sein mag, unterliegt das Kriterium des Archilesers einer doppelten Beschränkung.

3.0.1. Die Verschiedenartigkeit der Entschlüsseler kann zu einer derartigen Atomisierung der Textstruktur führen, daß die sich ergebende Segmentierung in stilistische Einheiten zu komplex ist, um in gültiger Form interpretiert werden zu können. (Tatsächlich zeigen selbst eine oberflächliche Beobachtung der Lesermeinungen über die Bücher und ein Durchblättern der über bestimmte literarische Werke veröffentlichten Kritiken, daß diese gefährliche Zerstreuung nicht vor dem Stadium der Interpretation auftritt: sobald man die am weitesten auseinanderstrebenden Werturteile ausschaltet, bemerkt man, daß sie alle lediglich von einigen präzisen Teststellen herrühren.)

(Seit der Veröffentlichung dieses noch programmatischen Aufsatzes haben verschiedene Erfahrungen und Experimente die Berechtigung dieser ersten Beobachtung bestätigt. Die Meinungen und Beobachtungen, deren Gesamtheit den Archileser ausmacht, gruppieren sich weder zufällig, noch erstrecken sie sich in gleicher Weise über die Gesamtheit der Wortfolge: an Knotenstellen des Textes treffen sie zusammen. Es ist wesentlich, den Informator nicht durch einen Fragebogen zu orientieren; man soll von ihm nur verlangen, im Text das, was seine Aufmerksamkeit erregt oder seine Lektüre verlangsamt, zu unterstreichen. Eine Anwendung dieser Methode erfolgt in dem Baudelaires "Katzen"-Gedicht gewidmeten Kapitel; vgl. außerdem eine Anwendung auf Mallarmé in J.-Cl. Chevalier "Quelques remarques sur le vocabulaire du Toast funèbre", *Cahiers de l'Association internationale des études françaises* 16 (1964), 11–19, und Eberhard Frey, *Franz Kafkas Erzählstil*, Bern 1970, eine Dissertation, die ursprünglich begonnen wurde, um die Wirksamkeit und Nützlichkeit des Archilesers zu prüfen.) [Nachträglicher Zusatz Riffaterres zur französischen Originalausgabe.]

3.0.2. Die Antworten des Archilesers gelten nur für den Sprachzustand, den er kennt: sein Sprachgefühl, das seine Reaktionen bedingt, betrifft nur einen begrenzten Zeitabschnitt innerhalb der Evolution der Sprache. Deshalb können zwei Arten von Irrtümern auftreten: 1) Additionsirrtümer: linguistische Elemente, die für einen vergangenen Sprachzustand normal waren und folglich nicht als relevant gelten, werden als stilistische Einheiten angesprochen (z. B. Archaismen), weil sie aus dem vom Leser benutzten linguistischen System verschwunden sind und ihm als nicht normale Elemente auffallen; 2) Auslassungsirrtümer (die, das sei hinzugesagt, der linguistischen Analyse entgehen): stilistisch relevante Elemente eines Textes werden mit der Zeit vom normalen Gebrauch assimiliert; sie werden normalen, stilistisch nicht relevanten Redeeinheiten in einem späteren Sprachzustand ähnlich und hören darum auf, vom Leser wahrgenommen zu werden; sie haben also ihre Wirkung verloren.

Ein Beispiel für eine derartige Auslassung ist das französische *réussite* (Gelingen), das keine stilistische Wirkung mehr hervorruft; kein moderner Informator ist imstande, die Wirkung zu spüren, die es in einem Text des 17. Jh. auf einen Leser des 17. Jh. besaß; *réussite* stand im Gegensatz zu *heureux succès* (Erfolg – ein Synonym ohne stilistischen Wert) und war eine kühne Neuerung: damals spürte jeder, daß es dem italienischen *riuscita* entlehnt worden war. Nun kann wiederum ein Additionsirrtum geschehen, da *réussite* seine ursprüngliche Ausdruckskraft verloren hat und *succès* das Adjektiv *heureux* nicht mehr braucht, um Synonym von *réussite* zu sein. Folglich wird *heureux succès* als Archaismus empfunden und heutzutage als expressives Äquivalent von *réussite* benutzt. Der Informator, der ihm diesen expressiven Wert in einem Text des 17. Jh. zuerkennt, irrt sich, denn damals war es eine normale Wendung.

Solche Reaktionen des Archilesers gehören zu den interessanten Folgen des Fortlebens des literarischen Werkes in der Zeit. Die Auslassungsfehler (die sich natürlich von den Additionsirrtümern unterscheiden, die den Stil dort sehen, wo er nie existierte) betreffen einfach die *Synchronie,* in der das Werk entstand: ihre Identifizierung ist Sache des Literarhistorikers, des Stilforschers nur dann, wenn er die Konstanten der literarischen Sprache jenes Zeitalters und ihre Rolle als Hintergrund für den Stil studiert. In der diachronischen Verlängerung dieser Synchronie sind es keine Fehler, sondern stilistische Fakten; sie entsprechen den unveränderlichen Elementen des starren Systems des Werkes, Elementen, deren codebezogene Referenz sich mit den Veränderungen dieses Code verändert, d.h., mit den aufeinanderfolgenden Sprachzuständen, die ihrerseits den aufeinanderfolgenden Lesergenerationen entsprechen.

3.1.0. Irrelevanz der linguistischen Norm

Die vorangehend aufgezeigten Beschränkungen machen die Heranziehung neuer Kriterien erforderlich, um die Resultate des Archilesers zu ergänzen und zu kontrollieren. Die stilistischen Verfahren sind, wie gesagt, unvorhersehbar für den Entschlüsseler, gegenüber den Grund-*pattern* der Voraussehbarkeit des linguistischen Korpus. Wäre es unter diesen Umständen möglich, das stilistische Verfahren in jeder Abweichung von der linguistischen Norm zu erkennen? Die Mehrzahl der Stilforscher glaubt das [23], aber es ist schwer zu begreifen, wie man sich dieser Abweichung als Kriterium bedienen kann oder wie man sie beschreiben kann.

Gegen die Anwendung dieses Kriteriums hat Juilland (op. cit., 1.6.–1.7.) starke Einwände erhoben, die hauptsächlich seine beschränkte Tragweite betreffen: wenn wir damit einverstanden sind, den Stil auf der Abweichung von einer Norm zu begründen, müssen wir den Stil auf das beschränken, was von der gesprochenen Wortkette übrigbleibt, nachdem wir alle die Elemente ausgeschlossen haben, die wir dank der linguistischen Analyse in ihrer Totalität beschreiben können und daher als normal definieren müssen. Der Einwand besteht darin, daß wir damit der Tatsache, daß das jetzt ausgeschlossene Material in einem anderen Bezugssystem eine stilistische Rolle spielen kann, nicht gerecht werden können.[24] Mehr noch: jedesmal wird die Analyse dadurch verfälscht, daß das Ausgehen von der Norm den Gebrauch eines doppeldeutigen Faktors bedeutet, der zwischen dem Bewußtsein (Stil) und dem Automatismus (unbewußter Fehler, mechanische Imitation oder Selbstimitation) oszilliert. Immerhin könnte von den schwachen Punkten dieses Kriteriums der erste durch die Benutzung der Reaktionen des Archilesers ausgeglichen werden, aber das bedeutet, gerade auf das Kriterium zurückzugreifen, das wir zu ergänzen versuchen. Deshalb würden uns, wenn wir die linguistische Norm benutzen müßten, diese Beschränkungen zwingen, ein komplexes und wenig praktisches System von Vorsichtsregeln zur Hilfe zu nehmen.

In der Tat kann man meines Erachtens gegen diesen Gebrauch der Norm einen grundsätzlicheren Einwand als die oben genannten erheben, nicht so sehr, daß es unmöglich sei, die linguistische Norm zu entdekken[25], sondern die Tatsache, daß sie nicht die Sache trifft. Deshalb nicht, weil die Leser ihre Urteile (und die Autoren ihre Verfahren) nicht auf eine ideale Norm gründen, sondern auf ihre persönlichen Auffassungen von dem, was als Norm akzeptiert wird (z. B. das, was der Leser anstelle des Autors "gesagt hätte"). Diese vielfältigen Normen haben einige gemeinsame Merkmale, die uns die normative Grammatik liefert.[26]

Können wir sie zumindest mit einiger Genauigkeit abschätzen? Eine globale Norm, selbst wenn sie einen kurzen historischen Zeitraum oder eine einzige soziale Kategorie betrifft, wird nicht helfen, denn selbst ein relativ fester Sprachzustand ist Schauplatz von Veränderungen, die wahrscheinlich der Stil widerspiegelt.[27] Ohne vom Milieu des Autors zu sprechen, müssen wir doch seine Lektüren berücksichtigen, seine Verbindung mit dieser oder jener literarischen Schule und wahrscheinlich einen zweiten Standard, die schriftliche Norm. Das genügt aber noch nicht: die modernen Literaturen enthalten zahlreiche Beispiele eines dritten Standards (den ich als *schriftliche mimetische Norm* bezeichnen will), der ein fragmentarisches System darstellt, das der Schriftsteller benutzt, um den gesprochenen Substandard zu suggerieren.[28]

Alle diese Normen wären zu berücksichtigen, und die Arbeit müßte für jede Generation von Lesern von neuem geleistet werden. Wenn der Begriff der Norm auch im Interpretationsstadium notwendig bleibt, ist er dennoch im heuristischen Stadium unbrauchbar.

3.1.1. Der Kontext als Norm

Im heuristischen Stadium gibt es jedoch ein Mittel, mit dem man vermeidet, auf den Text eine vage *Koiné* oder ein wechselndes Sprachgefühl anzuwenden: es besteht darin, die Norm durch den Kontext zu ersetzen.[29] Jedes vorweg vom Leser identifizierte stilistische Verfahren besitzt als Kontext einen konkreten, dauernden Hintergrund; eins existiert nicht ohne das andere. Die Hypothese, daß der Kontext die Rolle der Norm spielt und der Stil durch eine Abweichung davon entsteht, ist fruchtbar. Wenn wir in dem Bezugssystem Stil-Norm den Pol Norm als universell setzen (dies wäre der Fall bei der linguistischen Norm) könnten wir nicht verstehen, wie eine Abweichung in bestimmten Fällen ein stilistisches Verfahren sein kann und in anderen nicht. Denn wenn die Veränderung in bezug auf die allgemeine Norm konstant ist, dann muß auch die Wirkung konstant sein. Ein Beispiel: eine ungewöhnliche Wortfolge, wie im heutigen Französisch die Anordnung Verb–Subjekt (VS), ist – sofern sie weder Frageform ist, noch ein Adverb vorangeht – immer unnormal und bildet eine konstante Abweichung: wir würden erwarten, daß sie konstant expressiv sei; jedoch ist sie *ceteris partibus* bald ein Verfahren zur Hervorhebung eines Verbs, bald eine stilistisch irrelevante Folge. Es wäre uns auch nicht leichter verständlich, daß eine linguistische Einheit, deren Rolle in einem bestimmten Bezugssystem rein funktional ist, an anderer Stelle zu einem stilistischen Verfahren werden kann; und ebensowenig wäre uns einsichtig, daß ein abgenutztes stilistisches Verfahren, das zum wirkungslosen Klischee geworden ist, verjüngt werden und vor dem Hintergrund gewöhnlicher Rede Ausdruckskraft wiedererlangen kann; und schließlich ebenfalls nicht, daß ein schlichter Stil, wie der Voltaires, der von den einfachsten Formen des täglichen Gebrauchs sich nicht zu unterscheiden scheint, distinktive Merkmale haben kann. Die Veränderlichkeit der Wirkung einer konstanten Anomalie erklärt sich hingegen sofort, wenn der Oppositionspol sich gleichzeitig verändert; und dieser Pol verändert sich definitionsgemäß, wenn er mit dem Kontext identisch ist. In dem oben erwähnten Beispiel ist die anormale Folge VS 1) vom linguistischen Standpunkt aus konstant anormal; 2) expressiv in einem Kontext, wo die vorangehenden Sätze die normale Anordnung SV aufweisen; 3) nicht mehr expressiv, wenn sie in einem durch hohe Frequenz der Folge VS gekennzeichneten Kontext erscheint. Aufgrund dieser Häufigkeit wird das Sprachgefühl des Lesers, das ihn normalerweise auf die Anomalie hinweist, gedämpft; das Auftreten einer neuen Einheit wird in hohem Grade wahrscheinlich, mit anderen

Worten, es wird zur Norm. Es gibt keinen den Stil schaffenden Kontrast mehr. Eine Bestätigung dieser Interpretation kann man in der stilistischen Evolution der letzten dreißig Jahre finden: die Anordnung VS ist als stilistisches Verfahren dermaßen Allgemeingut geworden, daß sie nach und nach ihre Ausdruckskraft in Kontrastkontexten verliert und nun größtenteils als konventionelle Einheit der schriftlichen Standardsprache benutzt wird.[30]

Der Gebrauch des Kontextes als Kriterium und als Korrektiv für die Unzulänglichkeit des Archilesers ist einfach: wenn es keinen kontextuellen Kontrast dort gibt, wo die Reaktion des Archilesers das wahrscheinliche Vorkommen eines stilistischen Stimulus anzeigt, d.h., wenn das hypothetische stilistische Verfahren und sein Kontext keinen Widerspruch aufweisen (z.B. einen Unterschied im sozialen Niveau der Wörter, Konnotationen, die einen Konflikt zwischen Konnotationen bewirken, verschiedene Wortfolge, Übergang von der Parataxe zur Hypotaxe usw.), können wir behaupten, daß seitens des Archilesers eine übertriebene Reaktion auf den Text vorliegt oder ein Additionsirrtum (vgl. 3.0.). In diesem Falle können wir mit Sicherheit das Anfangsindiz ausschließen.

3.2.1. Definition des stilistischen Kontextes

Da die stilistische Intensivierung Resultat der Einführung eines unerwarteten Elements in ein *pattern* ist, setzt sie eine abrupte, den Kontext verändernde Wirkung voraus, was einen wesentlichen Unterschied in die gängige Auffassung von 'Kontext' und stilistischem Kontext einbringt. Ein stilistischer Kontext ist nicht assoziativ, ist nicht der verbale Kontext, der die Polysemie reduziert oder ein Wort mit zusätzlichen Konnotationen versorgt.[31] Der stilistische Kontext ist ein *linguistisches pattern, das von einem unvorhersehbaren Element durchbrochen wird;* der sich aus dieser Interferenz ergebende Kontrast ist der stilistische Stimulus. Die Durchbrechung darf nicht als Trennungsprinzip interpretiert werden. Der stilistische Wert des Kontrastes besteht in dem Bezugssystem, das er zwischen den beiden aufeinandertreffenden Elementen schafft; ohne ihre Assoziierung in einer Sequenz würde keine Wirkung entstehen. Mit anderen Worten: die stilistischen Kontraste schaffen – so wie die anderen nützlichen Oppositionen in der Sprache – eine Struktur.[32] Aus diesem Kontrastprinzip ergibt sich für uns die Möglichkeit, zwischen einem persönlichen Stil und einer literarischen Sprache zu trennen: literarische Sprache in einem literarischen Werk braucht keinen Kontrast; es handelt sich um ein vorhersehbares *pattern*, dessen linguistische Elemente aus der einfachen Tatsache ihrer Zugehörigkeit zur literarischen Sprache keinen stilistischen Wert erhalten (z. B. ist das lateinische *letum* ein Äquivalent der poetischen Sprache für *mors*, und im poetischen Kontext ist es nicht mehr als der vorhersehbare Ersatz für *mors*); würden dieselben Elemente in einem Kontext erscheinen, wo man solche konventionellen Wörter nicht erwartet, so werden sie zu stilistischen Verfahren (z. B. hat *letum* in umgangssprachlicher Dichtung eine ironische Wirkung; Horaz, *Sat.* 2, 6, 95, legt es seiner Stadtratte, die den Philosophen darstellt, in den Mund).

3.2.2. Sehen wir uns den stilistischen Kontext genauer an. Die Bildung des *pattern*, das die Überraschung des Lesers bedingt, folgt notwendigerweise dem Ablauf der Sequenzen. Der Kontext könnte als lineares Segment dargestellt werden, das im gleichen Sinne verläuft wie die Bewegung des Auges, das eine Zeile liest.

Diese Definition des Textes als Vektor muß verbessert und ergänzt werden, indem man sie durch den Begriff der *Rückkoppelung* vervollständigt: der Sinn und der Wert bestimmter schon entschlüsselter Stilfakten werden retrospektiv verändert durch das, was der Leser entdeckt, in dem Maße, in dem er in seiner Lektüre fortschreitet. Ein bestimmtes wiederholtes Wort z. B. wird durch die Tatsache seiner Wiederholung hervorgehoben: es bildet einen Kontrast mit den Wörtern seines Kontextes, die nicht wie es selbst durch eine Identitätsbeziehung mit einem 'Prototyp' gekennzeichnet sind. Aber dieser Prototyp selbst (das erste Auftreten des Wortes) drängt sich, wenn er zuerst nicht bemerkt wurde, dem Leser von neuem auf, und zwar oft mit einer verschiedenen Bewertung.[33] Entlang dieses Vektors werden sich Informationen, Formen und Erinnerungen an die vorangehenden Sequenzen ansammeln. Je klarer das *pattern* gezeichnet ist, desto stärker wird der Kontrast sein (z. B. ein erzählender Kontext mit Verben in der Vergangenheitsform, der einen Kontrast mit einem isoliert stehenden historischen Präsens vorbereitet; eine Reihe periodischer und rhetorischer Sätze, die zu einem Kontrast mit einer Sequenz kurzer, asyndetischer Nominalsätze führen).

Man kann diese Definition durch zwei aus ihr sich ergebende Sätze erweitern. Erstens hat der stilistische Kontext eine eng begrenzte Ausdehnung; die Grenzen werden von der Erinnerung an das, was man gelesen hat, und von der Wahrnehmung dessen, was man gerade liest, gesteckt; der Kontext folgt sozusagen dem Leser und erstreckt sich über alle Sequenzen des Textes. Dies erklärt die Polyvalenz des stilistischen Verfahrens, d. h., seine Möglichkeit, mehrere Wirkungen hervorzurufen (z. B. kann eine gegebene Wortfolge stilistisch eine ganze Gruppe von Wörtern markieren, oder die Wortfolge kann variieren, ohne den unterstrichenen Sinn zu berücksichtigen).[34] Zweitens kann man eine gegenseitige Beeinflussung der stilistischen Einheiten beobachten: wenn wir diese Einheiten als Kontext + stilistisches Verfahren definieren, kann es geschehen, daß das stilistische Verfahren ein neues Muster schafft und auf diese Weise zum Ausgangspunkt eines Kontextes wird, der das erste Element einer neuen stilistischen Einheit ist. Außer dem Typ Kontext → stilistisches Verfahren → Rückkehr zum Kontext können wir z.B. den Typ Kontext → stilistisches Verfahren, das einen neuen Kontext schafft → stilistisches Verfahren haben (z.B. für den ersten Typ: normale Aussage → Hyperbel → normale Aussage; für den zweiten Typ: normale Aussage → Hyperbel → hyperbolischer Kontext → Litotes). Dieses Vorkommen impliziert, daß es kein immanent stilistisches Verfahren geben kann (z.B. wird eine Hyperbel in einem hyperbolischen Kontext überlesen).

Der Grenzfall tritt ein, wenn eine stilistische Wirkung weniger aus einem Kontrast, sondern vielmehr aus einer Gruppierung stilistischer Verfahren herzurühren scheint. Das Vorkommen solcher Gruppierungen kann dem Analytiker ein zusätzliches Kriterium liefern.

3.2.3. *Kontext und Konvergenz*

Wenn ich von stilistischen Gruppierungen spreche, meine ich nicht Phänomene wie die Sonderfälle phonischer Expressivität, wo die Klänge das Echo der Wortbedeutung zu sein scheinen (Lautmalerei). Die Wirkung des stilistischen Verfahrens setzt eine semantische und phonische Wertkombination voraus; das eine ohne das andere bleibt potentiell. Wovon ich sprechen will, ist die Akkumulation mehrerer unabhängiger stilistischer Verfahren an einem gegebenen Punkt. Alleinstehend wäre jedes für sich expressiv. Zusammenstehend mit den anderen fügt jedes stilistische Verfahren seine Expressivität zu der der anderen hinzu. Im allgemeinen konvergieren die Wirkungen dieser stilistischen Verfahren zu einer besonders starken Hervorhebung. Beispielsweise bei Melville, *Moby Dick*, Kapitel 51: *And heaved and heaved, still unrestingly heaved the black sea, as if its vast tides were a conscience.* Hier liegt eine Akkumulation vor: 1) ungewöhnliche Wortfolge VS; 2) Wiederholung des Verbs, durch die dreifache Wiederholung geschaffener Rhythmus (außerdem Kombination dieses phonischen Verfahrens mit der Bedeutung: das Auf- und Abschwellen der Wogen wird durch den Rhythmus, den die Koordination *and ... and* schafft, 'wiedergegeben'; 3) ein eigens für diese Schilderung geschaffenes Wort *(unrestingly)*, das naturgemäß in jedem beliebigen Kontext eine Überraschung hervorriefe; 4) die durch die Vergleichsbeziehung unterstrichene Metapher, die – im Gegensatz zu dem häufigeren Fall – vom Konkreten *(tides)* zum Abstrakten *(conscience)* übergeht. Eine solche Häufung stilistischer Merkmale, die zusammenwirken, ist genau das, was ich *Konvergenz* nennen will.[35]

(So wie hier beschrieben, berücksichtigt die Akkumulation nur für den Stil relevante Elemente; man könnte sich einer den linguistischen *Ebenen* entlehnten Terminologie bedienen, wie Roger Fowler es tat, der meine Darstellung in eine andere Metasprache übersetzt hat: *Essays on Style and Language*, London, 1966, S. 255.) [Nachträglicher Zusatz Riffaterres zur französischen Originalausgabe.]

Wir sehen an diesem Beispiel, in welchem Maße der Autor die Entschlüsselung kontrollieren kann. Im obigen Fall ist es wirklich schwer, auch nur ein bedeutungsvolles Element der Aufmerksamkeit entgehen zu lassen. Die Entschlüsselung kann nicht auf einer Minimalbasis stattfinden, wegen der Initialstellung des Verbs, die im normalen englischen Satz unvorhersehbar ist; das gleiche gilt für seine Wiederholung. Die Wiederholung selbst hat eine doppelte Rolle, unabhängig von ihrer Unvorhersehbarkeit: sie schafft den Rhythmus, und ihre Gesamtwirkung ist der der expliziten Rede ebenbürtig. Die Nachstellung des Subjekts steigert die Unvorhersehbarkeit maximal; der Leser muß das Prädikat im Kopf behalten, bevor er das Subjekt identifizieren kann. Die Umkehrung der Metapher ist ein weiteres Beispiel für den Kontrast mit dem Kontext. Diese Hindernisse erschweren eine eilige Lektüre, die Aufmerksamkeit verhält bei dieser Darstellung, die stilistische Wirkung ist geschaffen.

3.2.4. Die Konvergenz setzt aufgrund der kumulativen Natur des stilistischen Verfahrens die Wahrnehmungsschwelle dafür herab; sie kann auch als semantischer Kontext funktionieren, indem sie die Polysemie des Wortes, auf das sie sich bezieht, begrenzt; auf diese Weise werden die Absichten des Autors klarer wiedergegeben. Andererseits ist die Konvergenz das einzige Verfahren, das wir mit Gewißheit als bewußtes Verfahren beschreiben können; selbst wenn die Konvergenz anfangs unbewußt entstand oder zufällig ist, kann sie den Augen des Autors nicht entgehen, wenn er den Text erneut liest. Ob sie einfach beibehalten oder ausgearbeitet wird, sie ist ein Beispiel hochgradigen Bewußtseins des Sprachgebrauchs und sicher die komplexeste stilistische Form.

Die Nützlichkeit der Konvergenz als Kriterium ist einleuchtend. Nehmen wir an, daß der Archileser ein stilistisches Verfahren bemerkt, das aber gegenüber dem vorangehenden Kontext keinen klaren Kontrast aufweist; wenn an dieser Stelle eine Konvergenz existiert, kann man seine stilistische Realität nachweisen. Außerdem kann die Konvergenz uns Gelegenheit geben, die Auslassungsfehler des Archilesers zu korrigieren: selbst wenn es keinen für den Autor und für den Leser gemeinsamen Code mehr gibt, wie im Falle mittelalterlicher Literatur, kann man von der auf den Text angewandten Analyse erwarten, daß sie konvergente Elemente identifiziert, deren Vorkommen ein Verfahren aufzeigt, das nicht mehr gespürt wird.

Die Konvergenzen können in der Tat der stilistische Faktor sein, der das Weiterleben des im Gedicht verschlüsselten Systems garantiert. Wenn Generationen von Lesern bestimmte stilistische Verfahren, die eine Konvergenz bilden, nicht mehr bemerken, weil diese in den neuen Referenzcodes keine Kontraste mehr schaffen (z.B. wenn ein Neologismus sich dem gewöhnlichen Vokabular angeglichen hat, wenn eine Metapher zum Klischee der literarischen Standardsprache geworden ist usw.), dann besteht eine gute Möglichkeit, daß zumindest eine der Komponenten als Expressivitätsstimulus fortbesteht und weiterhin die Gesamtheit der Kontrollverfahren für die Entschlüsselung repräsentiert, die vom Autor dort angelegt waren.

Zusammenfassung

Um die Stilistik zu einer Wissenschaft zu machen oder um jenes Gebiet der Linguistik abzugrenzen, das sich mit dem literarischen Gebrauch der Sprache beschäftigt, darf man sich nicht damit zufriedengeben, von einem subjektiven Aufgreifen der Stilelemente auszugehen. Es schien also einleuchtend, daß ein heuristisches Stadium jedem Beschreibungsversuch vorausgehen müßte. Die von mir vorgetragenen Kriterien müßten es gestatten, die Fakten objektiv zu bestimmen: in ihrer Funktion als Kriterien verlangen Kontext und Konvergenz lediglich, daß die Formen beobachtet werden, ohne vorgefaßte Meinungen über ihren Inhalt oder ihren Wert; was den Archileser betrifft, so werden die Werturteile nur insofern benutzt, als sie Stimuli aufzeigen.

Es sind spezifische Kriterien, da sie den distinktiven Merkmalen des literarischen Werkes entsprechen. Ich habe versucht, diese literarischen Merkmale als Sonderfall der linguistischen Kommunikation zu beschreiben, der durch eine Veränderung des Verschlüsselungsverfahrens und durch die Dauerhaftigkeit der literarischen Nachricht gekennzeichnet ist. Wenn diese neue Formulierung als nützlich angesehen wird, dann deshalb, weil sie einen Versuch darstellt, auf ökonomische Weise den Fakten Rechnung zu tragen, ohne künstliche Trennung von Sprache und Stil. Sind die stilistischen Fakten einmal identifiziert, dann ist die linguistische Analyse an der Reihe, um ausschließlich sie zu betrachten; solange aber diese Identifizierung nicht geleistet wird, ist sie allein außerstande, diese Fakten herauszuarbeiten.

Anmerkungen

1 Anmerkung des Übersetzers: Dieser Aufsatz erschien erstmalig in *Word, Journal of the Linguistic Circle of New York* 15 (1960), 154–174, unter dem Titel "Criteria for Style Analysis". Im Falle dieses Artikels, wie auch bei allen anderen, wo ursprünglich ein englisches Original zugrunde liegt, ist auf ausdrückliche Information von Michael Riffaterre hin der französische, in ausführlicher Diskussion mit Daniel Delas, dem Herausgeber der Originalausgabe der *Essais* . . ., erarbeitete Text der maßgebliche.
Riffaterre benutzte damals drei Abkürzungen: *AR* – "average reader", *SD* – "stylistic device" und *poem* – "literary work of art". Riffaterre und Delas kamen überein, auf die Abkürzungen zu verzichten und die englischen Begriffe im Französischen wie folgt wiederzugeben (in Klammern die von mir vorgenommene deutsche Übertragung): *AR* – *archilecteur* (Archileser), *SD* – *procédé stylistique* und *fait de style* (stilistisches Verfahren bzw. stilistisches Faktum), *poem* – *poème* und *texte* (literarisches Werk bzw. Text).

2 Die Gefahren der Übertragung linguistischer Methoden auf die literarischen Fakten, ohne einen spezifisch stilistischen Gesichtspunkt, sind von A. G. Juilland betont worden in seinem Bericht über Ch. Bruneau, *Histoire de la langue française*, vol. 13, in *Language* 30 (1954), 313–338. In diesem Bericht legt Juilland das Problem klar auseinander, schlägt aber keinerlei praktische Lösung vor; er liefert jedoch nützliche bibliographische Hinweise zur Untersuchung des linguistischen Standpunkts zu dieser Frage. Für die eigentliche stilistische Methode ist H. Hatzfelds *Bibliografia critica de la nueva estilistica aplicada a las literaturas romanicas*, Madrid 1955,

vollständiger als die englische Ausgabe von 1953; sie ist deutlich zugunsten der Spitzer'schen Methoden ausgerichtet (s. *Romanic Review* 40 (1955), 49–52). P. Guiraud, *La Stylistique,* Paris 1964, ist ein Überblick über die wichtigsten Richtungen der Stilstudien, ebenso der Aufsatz von Hatzfeld, "Methods of Stylistic Investigation", *Literature and Science: Proceedings of the 6th Congress of the International Federation for Modern Languages and Literatures,* Oxford 1955, 44–51. Diese verschiedenen Werke betreffen vor allem die Stilstudien in den romanischen Literaturen, wo sie ihre erste Systematisierung erfuhren. Über die russischen Forscher und ihre theoretischen Anwendungen auf die slawische Literatur, s. V. Erlich, *Russian Formalism: History – Doctrine,* The Hague 1955; ferner: "Discussion of Problems of Stylistics" in *Voprosy jazykoznanija* 1954, Nr. 4, 76–100; A. B. Stepanov, "Probleme der Stilistik des literarischen Gebrauchs in den *Učenye zapiski* und *Trudy* [sowjetischer Universitäten], 1955–1957" (auf russisch), *Voprosy jazykoznanija* 1958, Nr. 4, 108–115. In den USA wurden verschiedene Versuche, die linguistischen Methoden oder Techniken auf die Stilistik anzuwenden, von A. A. Hill, S. Chatman und anderen unternommen. Der grundlegende Unterschied zwischen ihren Methoden und der hier vorgeschlagenen besteht darin, daß sie keine spezifischen Kriterien einführen; ich habe die Absicht, ihren Bemühungen demnächst eine Studie zu widmen [Anm. d. Ü.: vgl. Kap. 4 "Auf dem Weg zur linguistischen Definition des Stils"]. Trotz ihres verheißungsvollen Titels "Language and Style" untersucht die Einleitung S. Ullmanns zu seinem *Style in the French Novel,* Cambridge 1957, S. 1–39, nicht das Wesen der Beziehung zwischen Sprache und Stil. Siehe zu diesem Problem, vom literarischen Standpunkt aus betrachtet, R. A. Sayce, "Literature and Language", *Essays in Criticism* 7 (1957), 119–133. Außerhalb der strukturalistischen Schule ergreifen die Linguisten Partei für die Stilforscher, ohne die Stilistik in deutlicher Weise innerhalb oder außerhalb der Linguistik zu lokalisieren (s. Marouzeau, "Langue et Style", *Conférences de l'Institut de Linguistique de Paris,* 1945). Die aus der Differenzierung zwischen Sprache und Stil zu ziehenden theoretischen Schlußfolgerungen und die daraus sich ergebenden methodologischen Implikationen bleiben ein weithin unerschlossenes Feld.

[Wir haben hier nicht die Absicht, diese elf Jahre alten bibliographischen Angaben in wenigen Zeilen auf den neuesten Stand zu bringen. Aber die in den letzten Jahren von verschiedenen französischen Zeitschriften gegebenen Listen *(Communications,* passim; *Langue française* 3; *La Nouvelle critique,* mit einer Spezialnummer: *Linguistique et littérature)* bleiben unvollständig und sind für den Nicht-Spezialisten schwer zu benutzen. Nützlicher als der oben zitierte Hatzfeld wird für ihn Louis T. Milic, *Style and Stylistics: An Analytical Bibliography,* New York 1967, sein sowie R. W. Bailey und D. M. Burton, *English Stylistics: A Bibliography,* Cambridge/Mass. 1968. N. E. Enkvist gibt eine ausgezeichnete Gesamtdarstellung der Probleme des Stils in "On Defining Style" in John Spencer, *Linguistics and Style,* London 1964, S. 1–56; siehe ferner, in jüngster Zeit, Karl D. Uitti, *Linguistics and Literary History*, London 1969 und T. Todorov, "Les études du style, bibliographie selective", *Poétique* 2 (1970), 224–232.]

3 Die Möglichkeit einer Stilstruktur wurde z. B. von R. L. Wagner, *Supplément bibliographique à l'introduction à la linguistique française*, Genf 1955, S. 8–11, in Frage gestellt.

4 Der Unterschied zwischen Stil und literarischer Sprache wurde von Yuri Šerech klar gesehen, "Toward a Historical Dialectology: its Delimination of the History of Literary Language", *Orbis* 3 (1954), 43–57, aber im wesentlichen bezieht er sich auf die literarische Sprache.

5 Z. B. die von C. F. Hockett definierten Merkmale, *Course in Modern Linguistics*, New York 1958, § 62.5; um nur ein einziges Beispiel zu nennen: jedesmal, wenn ein literarischer Stil die Umgangssprache wiederzugeben versucht, werden die Grenzen von Hocketts "writing style" überschritten. Man kann Beispiele für literarische Zweidimensionalität finden in Mallarmés "Un coup de dés", in Apollinaires *Calligrammes*, in der Poesie von Cummings usw.

6 Immer dann z. B., wenn das persönliche Interesse eine Rolle spielt, wie bei der Verneinung; ein gutes Beispiel für stilistische Variation findet sich bei H. Spitzbard, "Negationsverstärkungen im Englischen", *Die Neueren Sprachen* 2 (1957), 73–83. Zu dieser Verstärkung siehe J. Marouzeau, *Traité de stylistique latine*, Paris 1946, S. 155 ff.

7 Der Begründer der modernen Stilistik, Ch. Bally, begrenzte den Stil auf den "Ausdruck der Empfindungen mittels der Sprache" (*Traité de Stylistique*, 1902; ed. 1951, I, Nr. 19), aber er schloß den literarischen Stil aus. In neuerer Zeit hat Herbert Seidler versucht, den literarischen Stil auf die "Gemüthaftigkeit" der Sprache zu begrenzen; s. seine *Allgemeine Stilistik*, Göttingen 1953, S. 62, 70, 76 usw.

8 Das ist dermaßen evident, daß es vergebliche Mühe scheint, "zwei grundsätzlich verschiedene Verfahren des Stils" zu unterscheiden, indem man einmal den Stil als eine individuelle Ausdrucksform betrachtet, die das Siegel der Persönlichkeit trägt, und man ihn das andere Mal ansieht als "ein Mittel, unsere Gedanken mit einem Maximum an Effizienz zu formulieren", wie es immer noch S. Ullmann tut, *Style in the French Novel*, Cambridge 1957, S. 2 ff., der darin mit P. Guiraud, *La Stylistique*, Paris 1954, übereinstimmt.

9 Roman Jakobson und Moris Halle, *Fundamentals of Language*, The Hague 1956, § 1.5.

10 Die stilistische Annullierung der normalen Vorhersehbarkeit schafft die Ausdruckskraft durch ein ähnliches Verfahren wie das, welches die Tests über die Verständlichkeit der Rede hervorheben. Ein Sprecher nennt Wurzeln von Wörtern, und ein Hörer versucht, sie zu erkennen, ohne daß ihm bei seiner Aufgabe des Unterscheidens irgendein Kontext oder irgendeine Situation zur Hilfe käme; das Wort, "jedes subjektiven, verbalen

oder nicht-verbalen Kontextes entledigt (...), kann vom Hörer nur aufgrund seiner klanglichen Konturen erkannt werden. Folglich übermitteln in diesem Falle die Laute der Rede die maximale Menge an Information" (Roman Jakobson, C. Gunnar, M. Fant, Morris Halle, *Preliminaries to Speech Analysis*, Technical Report No. 13, MIT Acoustics Lab., [2]1955, S. 1).

11 Dies erfordert eventuell eine Änderung der von Joshua Whatmough, *Poetic, Scientific and Other Forms of Discourse*, New York 1956, S. 219, vorgeschlagenen Adaptation des Kommunikationsdiagramms auf die Literatur.

12 Siehe L. Flydal, "Remarques sur certains rapports entre le style et l'état de langue", *Norsk Tidsskrift for Sprogvidenskap* 16 (1952), 241–258, insbesondere S. 244–248 (gegen Saussure, der dem Sprecher das Bewußtsein der vergangenen Sprachzustände absprach, s. *Cours de linguistique générale*, Paris [4]1949, S. 117 u. 127; vgl. Ch. Bally, *Traité de stylistique*, I, Nr. 24). Flydal schwächt seinen Beweis jedoch, indem er den Begriff des *Archaismus* ausdehnt auf die im modernen Französisch normal verwendeten stereotypen Ausdrücke (z. B. *à son corps défendant* – 'widerstrebend'), die weder als Archaismen aufgefaßt, noch als solche stilistisch gebraucht werden. Ferner behandelt Flydal – um seine Art der Verwendung der Diachronie zu rechtfertigen – die Archaismen als Teilsysteme (S. 244) innerhalb der untersuchten Synchronie. Er tut dies, indem er unversehens in seiner Definition von *Systemteil* übergeht zu *Teilsystem*. Dies ist eine grobe Verwechslung. Ganz offensichtlich existieren vollständige archaische Systeme, die sich über die Gesamtheit eines Gedichts erstrecken können (z. B. Balzacs *Contes drôlatiques*, in 'rekonstruiertem' Mittelfranzösisch verfaßt), es sind jedoch künstliche Systeme. Außerdem handelt es sich nicht um einen Stil, sondern um eine Art literarischer Sprache, die eine Art Hintergrund für den Stil darstellt, einen vollständig mimetischen schriftlichen Standard (vgl. 3.1.0. und Anm. 28); solche Systeme erscheinen in den Fragmenten, in der Personenrede, in den historischen Romanen (z. B. in W. Scotts *Kenilworth*).

13 *Outline Guide for the Practical Study of Foreign Languages*, Baltimore 1942, S. 2–4.

14 Wie Bloomfield in seiner Kontroverse mit Spitzer gezeigt hat: L. Bloomfield, "Secondary and Tertiary Responses to Language", *Language* 20 (1944), 45–55.

15 Ich habe dieses Kriterium angewendet – ohne seine Theorie zu entwikkeln – in meinem Buch *Le Style des Pléiades de Gobineau; essai d'application d'une méthode stylistique*, vervielfältigter Text, New York 1955; durchgesehen und gedruckt, New York und Genf 1957. Hatzfeld, *Romanic Review* 48 (1957), S. 219, versucht, meinen Informanten mit dem kritischen Leser von Damaso Alonso auf einen Nenner zu bringen. Dies ist ein großer Irrtum in einem wesentlichen Punkt; insofern nämlich, als ich die Kritik des Lesers als solche vernachlässige. Ich untersuche sie als Verhaltensweise. Die Subjektivität dieses Verhaltens spielt kaum eine Rolle (vgl.

G. Gougenheim, *Revue des Sciences humaines* 87, S. 344), seine Bezugnahme auf eine Ursache ist eine objektive Tatsache.

16 Tatsächlich entwickelt dieses Verfahren das Spitzer'sche weiter und formuliert es objektiv (vgl. Juilland, loc. cit., S. 321, Anm. 7). S. meinen Aufsatz "Réponse à M. Léo Spitzer: sur la méthode stylistique", *Modern Language Notes* 72 (1958), 474–480, besonders 475–476 u. 478. Zu Spitzers Methode s. sein Buch *Linguistics and Literary History,* New York 1948, S. 11–39, oder seine Zusammenfassung (mit einer Replik auf Wellek und Warren) in "Explication de texte", *Archivum linguisticum* 3 (1951), S. 1, Anm. 1; s. auch J. Hytier, *Romanic Review* 41 (1950), 42–59.

17 Durch diesen Begriff habe ich den ursprünglichen Terminus *Durchschnittsleser* (Average Reader) ersetzt, den ich in meinem *Style des Pléiades* ausprobierte und den ich seit 1959 ausdrücklich aufgegeben habe.

18 Der Archileser sieht nicht mehr, als ein Leser normalerweise im Text sieht; er sieht nicht mehr, als das, was der Text dem Leser aufnötigt.

19 Und nicht den Akkumulationsprozeß der Informanten, wie E. Dehennin meinte, *Revue belge de philologie et d'histoire* 42 (1964), S. 899.

20 In keinem Fall liegt eine Musterauswahl vor, die von mehr oder weniger verborgenen Werturteilen ausginge, so wie David Lodge, *The Language of Fiction,* London 1966, S. 60, und Éliane Jacques, *Critique* 266 (1969), S. 650, glauben wollen.

21 Es wäre unzulässig, diesen Begriff auf die Verwendung der Begriffe der traditionellen Grammatik seitens des Informanten auszudehnen. Die stilistische Wirkung überschneidet sich oft mit den linguistischen Einheiten. Ein grammatischer Begriff wie *Adjektiv* kann auf verschiedene stilistische Verfahren verweisen: Metapher, Anordnung der expressiven Wörter, Rhythmus usw. Selbst wenn der Stil mit den grammatischen Einheiten zusammenfällt, läuft man – wenn man von der Grammatik ausgeht – Gefahr, einer linguistischen Einheit einen fortdauernden stilistischen Wert zuzuschreiben, ohne den Kontext zu berücksichtigen.

22 Alex. François, *La Désinence – ance dans le vocabulaire français,* Genf 1950, S. 36.

23 L. Spitzer, *Linguistics and Literary History,* S. 11; J. Mukařovský, "Standard Language and Poetic Language" in P. L. Garvin ed., *A Prague School Reader,* Washington 1955, 19–35, bes. S. 20, 25, 31, 33; Wellek u. Warren, *Theory of Literature,* Harvest Books, 1956, S. 166, 169, 171; R. A. Sayce, *Style in French Prose,* Oxford 1953, S. 1, 88, 131; Ch. Bruneau, "La Stylistique", *Romance Philology* 5 (1951–1952), 1–14, bes. S. 6; P. Guiraud, "Stylistiques", *Neophilologus* 38 (1954), 1–12, bes. S. 7–8.

24 Die Aussortierung aller stilistischen Merkmale, die ich unter 0.1. vorgeschlagen habe, hat nicht diesen Nachteil. Ich wähle ein Element nur aufgrund seines realen Wertes in einem präzisen Kontext aus; außerhalb dieses Kontextes ist es neutral und kann beliebig Teil einer stilistischen Assoziierung werden oder auch nicht.

25 Wie Juilland zeigt, loc. cit., S. 318, Anm. 5; es scheint jedoch, daß er vor der radikalen Schlußfolgerung gezögert hat, die Norm völlig auszuschalten. Seine Argumente logischer Art gegen die Möglichkeit, eine Norm aufzustellen, kann man durch ein weiteres Argument ergänzen, das auf der Wichtigkeit der Wahrnehmung in Sachen Stil basiert: wenn die linguistische Norm in Form von Häufigkeit und Wahrscheinlichkeit des Auftretens vorhanden ist, so muß man wohl zugeben, daß eine Kluft besteht zwischen einer quantitativ ausgedrückten Divergenz und der Schwelle ihrer wirklichen Wahrnehmung durch den Leser; eine Divergenz, die nicht tief ist, wird selten wahrgenommen. Es gibt Abweichungen mit stilistischer Wirkung und andere ohne.

26 Diese ist ihrerseits zu konservativ, um wirklich als Norm dienen zu können. Freilich respektieren bestimmte Länder die Erlasse der Grammatiker mehr als andere. Im französischen Stil kann man den Einfluß einer künstlich erlassenen grammatikalischen Norm erkennen (s. L. C. Harmer, *The French Language Today*, London 1954, 11–46). Dies ist jedoch eine Ausnahme. Die deutsche Literatur liefert das Beispiel für eine völlig verschiedene Situation.

27 Vgl. C. F. Hockett, "The Terminology of Historical Linguistics", *Studies in Linguistics* 12 (1957), 57–73, bes. 63–64.

28 Ich denke dabei nicht an die zusammenhängenden Bemühungen, wirklich den gesprochenen Substandard nachzuahmen, sondern an die konventionelle Reproduktion einiger typischer Formen des gesprochenen Substandards mittels orthographischer Veränderungen, die eine bestimmte Aussprache anzeigen sollen. (Ein gutes Beispiel für eine solche Nachahmung und für mimetische schriftliche Norm finden wir im 1. Akt von G. B. Shaws *Pygmalion*.) Da das System unvollständig ist, bleibt der Mangel an Übereinstimmung zwischen der Erzählung selbst und der Personenrede relativ klein; dieses unvollständige System weist jedoch trotzdem ein regelmäßiges pattern auf, z. B. in der modernen französischen Konjugation die Höflichkeitsform in der 1. und 2. Person.

Substandard-Rede	mimetische schriftliche Norm	schriftliche Norm
[ʃsɛpɑ] [ʃʃɛpɑ]	je sais pas	je ne sais pas
[vusavɛpɑ]		vous ne savez pas

Ich übernehme die Beispiele von Bj. Ulvestad, *An Approach to Describing Usage of Language Variants* (Indiana University Publications in Anthropology and Linguistics 12, 1956), S. 43; er unterscheidet keine mimetische schriftliche Norm. Ich korrigiere hier seine Hypothesen, was die Fakten des Französischen anbelangt, die eine dritte Norm verlangen. Es gibt noch eine weitere Möglichkeit: ein Autor kann eine mimetische Norm schaffen, um eher eine Person besonders zu kennzeichnen als eine Gesellschaft; man könnte sie *Standard des Umstands* nennen: es wäre interessant, zu untersuchen, wie weit man gehen kann, ohne daß die Entschlüsselung unmöglich gemacht wird. (Ein gutes Beispiel für den Standard des Umstands ist die Rede des Shylock: O. Jespersen, *Growth and Structure of the English Language*, London [9]1938, § 231.)

29 Mit diesem neuen, parallel zur Methode des Archilesers benutzten Kriterium und dem sich daraus ergebenden mechanischen Kontrast zum Kontext braucht man kaum mehr auf ein subjektives *Sprachgefühl* zurückzugreifen.

30 Zu diesem typischen Beispiel s. R. Le Bidois, *L'Inversion du sujet dans la prose contemporaine*, Paris, 1952, S. XVII u. 448 ff.; die Fakten werden vom Standpunkt eines Grammatikers dargestellt, was manchmal die stilistische Realität verdunkelt.

31 Siehe S. Ullmann, *Principles of Semantics*, Oxford [2]1957, S. 60–63 u. 109.

32 Vgl. H. J. Pos, "La notion d'opposition en linguistique", *Onzième Congrès International de Psychologie*, Paris 1938, S. 245.

33 [H. Mitterand hat das Wort *Rückkopplung (rétroaction)* benutzt. ("Corrélations lexicales et organisation du récit", *Linguistique et littérature, La Nouvelle Critique* 1968, S. 27), aber mit einer umgekehrten Bedeutung ("Rückwirkung des bereits Gelesenen auf das noch zu Lesende"), die meines Erachtens einen anderen Begriff verlangt. Die Bedeutung, die ich dem Begriff Rückkoppelung gebe, wird durch den kumulativen Aspekt jeder Lektüre gerechtfertigt: das, was gerade gelesen wird, wirkt zurück auf das, was man gelesen hat. Jede Wahrnehmung von Beziehungen zwischen drei oder mehreren Elementen des Textes geschieht notwendigerweise nach der Wahrnehmung der späteren Elemente und nicht schon im voraus, von der Entschlüsselung des ersten Elementes an (zumindest dann, wenn keine, dem Text vorangehende Konvention angibt, daß das erste Element Anfang einer Reihe ist; dagegen läßt die Konvention des Reims uns eine Rekurrenz bestimmter Versenden vom ersten Vers eines Gedichtes an erwarten).]

34 Zum Mechanismus der *Polyvalenz* s. meinen *Style des Pléiades*, S. 211 u. passim; S. Ullmann, *Style in the French Novel*, S. 9 u. 20.

35 Die Konvergenz als stilistisches Verfahren wurde von Marouzeau kurz vermerkt, *Traité de stylistique latine* (1946), S. 339–340, der ihren heuristischen Wert wohl gesehen hat, aber ihre Bedeutung für das Fortleben des literarischen Kunstwerks nicht ahnte.

Stanley Fish

LITERATUR IM LESER: AFFEKTIVE STILISTIK

Bedeutung als Ereignis

Wenn in diesem Augenblick jemand fragte: "Was tun Sie gerade?", könnten Sie antworten: "Ich lese", und damit zugeben, daß Lesen eine Tätigkeit ist, etwas, was man *tut*. Niemand würde behaupten, daß der Leseakt in der Abwesenheit desjenigen stattfinden könne, der liest – wie kann man den Tanz vom Tänzer unterscheiden? –, aber wenn es dazu kommt, über das Endprodukt des Lesens (Bedeutung oder Verstehen) analytische Aussagen zu machen, wird seltsamerweise der Leser meist vergessen oder nicht beachtet. Tatsächlich ist in der jüngsten Literaturgeschichte sein Ausschluß zum Gesetz erhoben worden. Ich beziehe mich hier natürlich auf die Ex-cathedra-Verkündungen von Wimsatt und Beardsley in ihrem ungemein einflußreichen Aufsatz "The Affective Fallacy": "Der 'affektive Irrtum' besteht in einer Verwechslung des Gedichtes mit den Auswirkungen des Gedichtes (was es *ist*, und was es *tut*) ... Er beginnt mit dem Versuch, die Wertmaßstäbe der Kritik von den psychologischen Wirkungen des Gedichtes abzuleiten und endet in impressionistischer und relativistischer Aussage. Das Ergebnis ... ist, daß das Gedicht als Objekt einer spezifisch kritischen Beurteilung zu verschwinden droht" [1]. Ich werde zu gegebener Zeit diese Argumente wieder aufgreifen, weniger um ihre Fehlerhaftigkeit zu zeigen, als vielmehr um sie zu bestätigen und zu integrieren; doch zuvor möchte ich gerne die Erklärungsleistung einer Methode der Textanalyse vorstellen, die den Leser als aktive Vermittlungsinstanz voll miteinbezieht und die sich daher auf die "psychologischen Wirkungen" der Aussage konzentriert. Und ich möchte gerne mit einem Satz beginnen, der sich unseren gewöhnlichen Fragen nicht erschließt:

That Judas perished by hanging himself, there is no certainty in Scripture: though in one place it seems to affirm it, and by a doubtful word hath given occasion to translate it; yet in another place, in a more punctual description, it maketh it improbable and seems to overthrow it [2].

Normalerweise würden wir mit der Frage beginnen: "Welche Bedeutung hat dieser Satz?", oder: "Worum handelt es sich?", oder: "Was wird gesagt?" Alle diese Fragen lassen die Objektivität der Äußerung unangetastet. Für meine Absichten jedoch hat gerade dieser Satz den Vorzug, gar nichts auszusagen. Das heißt, man kann ihm keine Tatsache entnehmen, die als eine Antwort auf irgendeine dieser Fragen passen könnte. Natürlich ist diese Schwierigkeit selbst eine Tatsache – eine Tatsache der Reaktion; und dies bedeutet, zumindest für mich, daß das, was als Aussage einen problematischen Sinn hat, als Strategie vollkommen sinnvoll wird; daß die Aussage als 'Aktion' verstanden wird, die einen Leser zum Ziel hat und nicht als ein Behälter, dem der Leser eine Botschaft entnimmt. Die vorliegende Strategie oder 'Aktion' ist die der fortschreitenden Verunsicherung. Dadurch, daß er einfach den ersten Satzteil der Periode übernimmt, bindet sich der Leser an die Behauptung, *that Judas perished by hanging himself.* (In Konstruktionen dieser Art ist *that* verstanden als Kurzform von *the fact that.*) Dies ist nicht sosehr eine bewußte Entscheidung, sondern stellt eher eine vorgreifende Anpassung an seine Vorstellung vom weiteren Verlauf des Satzes dar. Er weiß (ohne dieses Wissen in kognitiver Form zu fassen), daß dieser erste Satzteil einer umfassenderen Behauptung vorangeht (es handelt sich um ein Vorwissen), und er muß ihn beherrschen, wenn er sich leicht und zuversichtlich durch das Folgende bewegen soll, und im Kontext dieses 'Wissens' ist er für irgendeine von verschiedenen Konstruktionen vorbereitet, und wieder, ohne daß es ihm voll bewußt wird:

That Judas perished by hanging himself, is (an example for us all).
That Judas perished by hanging himself, shows (how conscious he was of the enormity of his sin).
That Judas perished by hanging himself, should (give us pause).

Die Zahl dieser Möglichkeiten (und es gibt natürlich mehr als ich aufgezählt habe) verringert sich merklich, wenn die nächsten drei Worte gelesen werden: *there is no.* An dieser Stelle kann der Leser ein einziges Wort erwarten und sogar voraussagen – *doubt* –; aber statt dessen findet er *certainty;* in diesem Augenblick wird der Status des Sachverhalts unsicher, der eben noch als Bezugspunkt gedient hatte. (Ist es nicht eine gelungene Ironie, daß das Auftreten des Wortes *Gewißheit* Gelegenheit zum Zweifel gibt, während das Wort *Zweifel* zur Gewißheit des Lesers beigetragen hätte.) Dies führt dazu, daß die Art der Beziehung des Lesers zum Satz einem tiefgreifenden Wandel unterliegt. Anstatt dem hellerleuchteten Pfad einer Argumentation zu folgen (ein Licht ist allerdings schon erloschen), muß er sich jetzt seinen Weg suchen. Sowohl im Leben als auch in der Literatur ist es eine ganz natürliche Reaktion in einer

Situation wie dieser, voranzuschreiten in der Hoffnung, daß das, was unklar geworden ist, wieder klar werden wird; aber in diesem Fall verstärkt das Weiterlesen beim Leser nur noch den Eindruck der Desorientierung. Die Prosa öffnet sich immer wieder für Möglichkeiten der Verifikation in der einen oder anderen Richtung, doch dann werden diese Möglichkeiten wieder verschlossen. Es gibt zwei Wortbereiche im Satz; der eine bietet das Versprechen der Klärung – *place, affirm, place, punctual, overthrow* – während der andere dies Versprechen stets enttäuscht – *though, doubtful, yet, improbable, seems;* der Leser wird zwischen den jeweiligen Alternativen hin- und hergeschoben – ob Judas sein Leben endete, indem er sich aufhängte, oder ob er es nicht tat –, die noch in der Schwebe sind (eigentlich ist es der Leser, der unentschieden ist), wenn der Satz endet (ausläuft? aufhört?). Die Unbestimmtheit dieser Erfahrung kommt durch den Überfluß von Pronomen zustande. Es wird immer schwieriger zu sagen, worauf sich *it* bezieht, und wenn der Leser sich die Mühe macht, seine Schritte zurückzuverfolgen, stößt er nur wieder auf *that Judas perished by hanging himself;* kurz, er tauscht ein unbestimmtes Pronomen gegen eine noch weniger bestimmte (d. h. gesicherte) Feststellung.

Was auch immer an dieser Analyse überzeugt und einleuchtet (und sie ist auf keinen Fall erschöpfend), ist das Ergebnis meiner Substitution der einen Frage – Was bedeutet dieser Satz? – durch eine andere, mehr praktische Frage: Was tut dieser Satz? Die Antwort auf diese Frage lautet: der Satz gibt dem Leser etwas und nimmt es dann fort, er zieht ihn fort mit dem nichteingelösten Versprechen es zurückzugeben. Die Betrachtung des Satzes als Aussage – seine Weigerung, eine klare Feststellung hervorzubringen – wurde in einen Bericht über eine Leseerfahrung mit ihm verwandelt (man war nicht in der Lage, ihm ein Faktum zu entnehmen). Er ist kein Objekt mehr, kein Ding-an-sich, sondern ein Ereignis, etwas, das geschieht, und zwar mit Beteiligung des Lesers. Und es ist dieses Ereignis, dieses Geschehen – in seiner Gesamtheit und nicht irgend etwas, das sich über den Satz sagen ließe, oder irgendeine Information, die man mitnehmen könnte, worin meiner Meinung nach die Bedeutung des Satzes besteht (natürlich gibt es in diesem Fall keine Information zu entnehmen).

Dies ist eine provokative These, deren Ausarbeitung und Verteidigung das Anliegen der folgenden Seiten sein wird, doch bevor ich dazu übergehe, würde ich gerne eine andere Äußerung untersuchen, die (passenderweise) auch gar nichts aussagt: *Nor did they not perceive the evil plight*[3]. Das erste Wort dieser Zeile aus dem *Paradise Lost* (I, 335) erzeugt eine ziemlich genaue (wenn auch abstrakte) Erwartung von dem, was folgen wird: eine negative Aussage, die zu ihrer Vervollständigung ein Subjekt und ein Verbum benötigen wird. Es warten also noch zwei 'offene Stellen' im Leserbewußtsein auf ihre Auffüllung. Diese Erwartung wird verstärkt (wenn auch nur, weil sie nicht in Frage gestellt wird) durch das Hilfsverb *did* und das Pronomen *they*. Vermutlich läßt das Verbum nicht mehr lange auf sich warten. Aber statt dessen wird dem Leser eine zweite Negation angeboten, die sich nicht mehr mit seiner Vorstellung von der Gestalt der Aussage vereinbaren läßt. Seine Vorwärtsbewegung durch die Zeile ist gestoppt, und er ist gezwungen, sich mit dem eingedrungenen (weil unerwarteten) *not* zu arrangieren. Was der Leser an dieser Stelle wirklich tut oder gezwungen ist zu tun, ist, eine Frage zu stellen – taten sie es oder taten sie es nicht? –, und auf der Suche nach einer Antwort wiederholt er entweder den Lesevorgang – d. h. er wiederholt lediglich die Folge der Bewußtseinsakte – oder er schreitet voran – worauf er dann das antizipierte Verbum findet, doch in beiden Fällen bleibt die syntaktische Unsicherheit ungelöst.

Man könnte einwenden, daß man zur Lösung dieser Schwierigkeit einfach die Regel der doppelten Verneinung anrufen muß; die eine lösche die andere und die 'korrekte' Lesart sei daher: *they did perceive the evil plight*. Aber wie zufriedenstellend dies auch für die interne Logik grammatischer Aussagen sein mag (und sogar diese Logik ist nicht ohne Probleme) [4], so hat es doch nichts mit der Logik der Leseerfahrung zu tun oder, worauf ich bestehen würde, mit ihrer Bedeutung. Diese Erfahrung ist zeitlich, und in ihrem Verlaufe verbinden sich die Negationen nicht zu einer affirmativen Aussage, sondern halten den Leser von dem einfachen (deklarativen) Sinn ab, der das Ziel logischer Analyse wäre. Die Zeile grammatisch 'aufzuräumen' hieße, ihr ihren hervorstechendsten und bedeutendsten Effekt zu nehmen – die Unentschiedenheit des Lesers zwischen den Alternativen, die die Syntax des Satzes vorübergehend anbietet. Was ein Problem darstellt, wenn die Zeile als Objekt angesehen wird, als Ding-an-sich, wird in ihrer Behandlung als Ereignis zum Faktum. Des Lesers Unfähigkeit zu sagen, ob *sie* erkennen oder nicht, und seine unfreiwillige Frage (oder ihr psychologisches Äquivalent) sind Ereignisse in seiner Begegnung mit der Zeile und sind als Ereignisse Bestandteile der *Bedeutung* der Zeile, auch wenn sie im Bewußtsein stattfinden und nicht auf dem Papier. Daran anschließend entdecken wir, daß die Antwort auf die Frage: Taten sie es oder taten sie es nicht? lautet: Sie taten es und sie taten es nicht! Milton erforscht (und richtet unsere Aufmerksamkeit auf) die zwei Bedeutungen von *perceive*: sie (die gefallenen Engel) erkennen das Feuer, den Schmerz, das Dunkel: physisch sehen sie es, sie sind jedoch blind für die moralische Bedeutung ihrer Situation; und in dem Sinne erkennen sie den Jammer ihrer Lage nicht. Doch das ist eine andere Geschichte.

Diesen zwei Analysen liegt eine Methode zugrunde, die im Entwurf ziemlich einfach ist, doch in der Anwendung komplex oder zumindest kompliziert wird. Der Entwurf besteht einfach in der rigorosen und unbeteiligten Frage: Was wird von diesem Wort, Satzteil, Satz, Absatz, Kapitel, Roman, Stück, Gedicht bewirkt?; und die Anwendung verlangt *eine Analyse der sich an den zeitlich aufeinanderfolgenden Wörtern entwickelnden Reaktionen des Lesers.* Jedes Wort in dieser Aussage trägt eine besondere Betonung in sich. Die Analyse muß sich mit der Entwicklung der Reaktionen des Lesers bekräftigen, um sich vom Atomismus eines Großteils der herkömmlichen Stilkritik zu unterscheiden. Die Reaktion des Lesers auf das fünfte Wort einer Zeile oder eines Satzes ist weitgehend bestimmt vom Ergebnis der Reaktionen auf das erste, zweite, dritte und vierte Wort. Und mit Reaktion meine ich mehr als die Skala der Gefühle (was Wimsatt und Beardsley 'reine Gefühlsberichte' nennen). Die Kategorie der Reaktion umfaßt jede Art von Tätigkeit, die von einer Wortfolge hervorgerufen wird: die Projektion syntaktischer und/oder lexikalischer Möglichkeiten; ihr Auftreten oder Nichtauftreten im folgenden; Einstellungen zu Personen oder Gegenständen oder Ideen, auf die Bezug genommen wird; die Umkehrung oder Befragung dieser Haltungen; und vieles mehr. Dies ist offensichtlich eine schwere Belastung für den Analysierenden, da er ja bei seinen Beobachtungen zu jedem Moment des Leseerlebnisses alles, was in vorhergehenden Momenten (im Leserbewußtsein) geschehen ist, in Betracht ziehen muß, wobei jeder einzelne dieser Momente seinerseits dem zunehmenden Druck durch seine Vorgänger ausgesetzt war. (Auch muß er die dem eigentlichen Leseerlebnis zeitlich vorausliegenden Einflüsse und Bestimmungen in Betracht ziehen – Aspekte der Gattung, Geschichte, etc. – Fragen, die wir später betrachten werden.) All dies ist in der Formulierung 'zeitlich aufeinanderfolgend' eingeschlossen. Die Grundlage dieser Methode ist eine Einbeziehung des *zeitlichen* Flusses des Leseerlebnisses, und es wird angenommen, daß der Leser entsprechend den Bedingungen dieses Flusses reagiert und nicht auf die Aussage in ihrer Gesamtheit. Das heißt, daß es in einer Aussage von beliebiger Länge jeweils einen Punkt gibt, an dem der Leser nur das erste Wort aufgenommen hat, und dann das zweite, und dann das dritte und so weiter, und daß ein Bericht über das, was im Leser geschieht, immer nur ein Bericht ist über das bis *zu diesem Punkt* Geschehene. (Zu diesem Bericht gehört alles, was der Leser für künftige Erlebnisse bereithält, aber nicht diese Erlebnisse selbst.)

Die Bedeutung dieses Prinzips wird erhellt, wenn wir die ersten beiden Teile des Judas-Satzes umkehren: *There is no certainty that Judas perished by hanging himself.* Hier ist der Status der Aussage niemals zweifelhaft, denn der Leser weiß von Anfang an, daß sie unsicher ist; der Leser erhält eine Perspektive zur Einschätzung dieser Aussage und diese Perspektive wird durch das Folgende eher bestätigt als in Frage gestellt; nicht einmal die Verwirrung der Pronomina im zweiten Teil des Satzes wird ihn durcheinanderbringen, weil sie leicht in den Kontext seiner Anfangsreaktion gestellt werden kann. Es gibt keinen Unterschied hinsichtlich der von diesen beiden Sätzen vermittelten (oder nicht vermittelten) Information oder hinsichtlich ihrer syntaktischen und lexikalischen Komponenten[5], sie unterscheiden sich nur in der Art, wie sie aufgenommen werden. Aber gerade auf diesen einen Unterschied kommt es an – auf den Unterschied zwischen einem unbequemen, beunruhigenden Erlebnis, in dem sich der schrittweise zunehmenden Unschärfe des Faktums ein Mißlingen der Erkenntnis zugesellt, und einem vollkommen befriedigenden Erlebnis, in dem Unsicherheit angenehm sicher ist, und das Vertrauen des Lesers in seine eigenen Fähigkeiten unerschüttert bleibt, da er immer Herr der Lage ist. Es ist, wie ich betonen muß, ein Unterschied in der Bedeutung.

Meine beiden Beispiele zeigen hinlänglich, wenn auch nicht erschöpfend, welche Resultate (später werde ich sie Vorzüge nennen) diese Methode verspricht. Diese Methode besteht im wesentlichen darin, das Leseerlebnis so zu verlangsamen, daß 'Ereignisse', die bei normaler Geschwindigkeit nicht bemerkt werden, die sich aber wirklich ereignen, unseren analytischen Bemühungen zugänglich werden. Es ist also als ob eine Zeitlupenkamera mit automatischem Aufnahmestopp-Effekt unsere linguistischen Erfahrungen aufnähme und sie uns zur Betrachtung darböte. Natürlich gründet sich der Wert eines solchen Verfahrens auf der Vorstellung von *Bedeutung als Ereignis*, als etwas, das sich zwischen den Worten und dem Bewußtsein des Lesers zuträgt, das dem bloßen Auge unsichtbar ist, aber das sichtbar gemacht werden kann (oder zumindest greifbar) durch die beständige Einführung einer 'Zielfrage' (Was wird hier bewirkt?). Normalerweise nimmt man an, daß Bedeutung eine Funktion der Aussage sei und daß sie mit der gelieferten Information (Botschaft) oder der zum Ausdruck gebrachten Einstellung gleichzusetzen sei. Das heißt, daß die Komponenten einer Aussage entweder zueinander oder zu einer Situation in der Lebenswelt oder zum Bewußtseinszustand des Sprecher-Autors in Beziehung gesetzt werden. In allen diesen Variationen wird Bedeutung in der Aussage lokalisiert (wird angenommen, daß sie in ihr eingebettet ist) und die Erfassung von Bedeutung als eine Form des Hervorholens bestimmt[6]. Kurz gesagt, es gibt wenig Verständnis für das Prozeßhafte und sogar noch weniger für die aktualisierende Teilnahme des Lesers an diesem Prozeß.

Diese Konzentration auf das Wort als Objekt, als Ding-an-sich und als Aufbewahrungsort von Bedeutung zeitigt viele theoretische und praktische Konsequenzen. Zunächst schafft sie eine ganze Klasse von Aussagen, die wegen ihrer angeblichen Transparenz zu uninteressanten Analyseobjekten erklärt werden. Sätze oder Satzteile, die unmittelbar ‚Sinn ergeben' *(make sense)* – eine gründlich entlarvende Formulierung, wenn man darüber nachdenkt –, sind Beispiele für Normalsprache; es sind neutrale und anspruchslose Feststellungen, die 'einfach' auf etwas Bezug nehmen oder 'einfach' berichten. Aber wendet man die Frage: Was bewirken sie? auf eine solche Aussage an (was unter der Annahme getan wird, daß *immer* etwas geschieht), dann wird offenkundig, daß bei ihrer Herstellung und Aufnahme sehr viel geschieht *(jede sprachliche Erfahrung übt Einfluß und Druck aus)*, jedoch geschieht das meiste davon so hautnah, auf einer so grundlegenden, 'vorbewußten' Ebene des Erlebens, daß wir dazu neigen, es zu übersehen. Daher wird die (schriftliche oder mündliche) Aussage 'dort ist ein Stuhl' sofort verstanden als Beschreibung entweder einer gegebenen Situation oder eines Wahrnehmungsaktes (ich sehe einen Stuhl). In jedem dieser beiden Bezugsrahmen ergibt sie sofort einen Sinn. Mich jedoch interessiert an einer Aussage die *sub rosa* Botschaft, die sie *kraft* ihrer leichten Verstehbarkeit hervorbringt. Weil sie die Information direkt und schlicht gibt, bestätigt sie (stillschweigend aber effektvoll) die Möglichkeit, Information auf direkte und schlichte Weise zu geben; und sie ist somit eine Erweiterung der ordnenden Tätigkeit, die wir an der Erfahrung vollziehen, sobald sie den Filter unseres räumlich-zeitlichen Bewußtseins passiert. Kurz, sie schafft auf genau die gleiche Weise Sinn, in der wir all das, was außerhalb von uns existiert, angenommen es existiert, mit Sinn versehen (d. h. ihn herstellen); und da sich der Sinn hier leicht herstellen läßt, teilt sie uns mit, daß er leicht hergestellt werden kann, und daß wir in der Lage sind, ihn leicht herzustellen. Ein ganzes Dokument, das aus solchen Aussagen besteht – ein Text aus der Chemie oder ein Telefonbuch –, wird uns dies ständig mitteilen: und *dies*, eher als irgendein 'berichtender' Inhalt, wird ihre wirkliche Bedeutung sein. Solche Sprache kann man nur deshalb 'Normalsprache' nennen, weil sie unser gewöhnliches Verständnis der Welt und unsere Stellung in ihr bestätigt und spiegelt, aber gerade aus diesem Grunde ist sie 'außergewöhnlich' (außer wir akzeptieren eine naive Epistemologie, die uns einen unvermittelten Zugang zur Realität zugesteht); ließen wir sie unanalysiert, riskierten wir, viel von dem auszulassen, was uns und durch uns geschieht, wenn wir lesen und (wie wir glauben) verstehen.

Kurz gesagt besteht das Problem einfach darin, daß die meisten Methoden der Analyse auf einer so hohen Ebene der Abstraktion arbeiten, daß dadurch die grundlegenden Fakten des *Bedeutungserlebnisses* vernachlässigt und/oder verwischt werden. Auf dem Gebiet der Literaturwissenschaft können die Konsequenzen einer naiven Theorie der Aussagebedeutung und der dazugehörigen Setzung einer Normalsprache am bekanntermaßen traurigen Zustand der Literaturkritik des Romans und der Prosa allgemein abgelesen werden. Er wird gewöhnlich mit Bezug auf eine Unterscheidung zwischen Prosa und Poesie erklärt, die eigentlich eine Unterscheidung zwischen Normalsprache und poetischer Sprache ist. Poetische Sprache, so wird behauptet, sei durch ein häufiges Vorkommen von Abweichungen von normalen syntaktischen und lexikalischen Gewohnheiten charakterisiert. Daher biete sie dem Analytiker-Kritiker eine Vielzahl von Ansatzpunkten. Auf der anderen Seite sei Prosa (außer bei barocken Exzentrikern wie Thomas Browne und James Joyce) nur einfach Prosa und mehr nicht. Mir geht es darum, diese Hilflosigkeit gegenüber allen nicht besonders auffälligen Effekten zu beseitigen; jedoch waren die beiden Beispiele, mit denen dieser Essay einsetzte, in einer Hinsicht schlecht gewählt, da sie Analysen von Aussagen waren, die auf offenkundige und problematische Weise vom Normalgebrauch abwichen. Dies war natürlich ein Mittel, um Ihre Aufmerksamkeit zu gewinnen. In der Annahme, daß mir das gelungen ist, möchte ich unterstreichen, daß diese Methode ihre größten Vorzüge zeigt, wenn das Material wenig Erfolg verspricht. Betrachten wir zum Beispiel diesen Satz (eigentlich den Teil eines Satzes) aus Walter Paters Schlußkapitel zu *The Renaissance,* das wohl kaum im Stil eines alltäglichen Gesprächs gehalten ist, das aber dennoch auf den ersten Blick nicht viel Raum für das analytische Geschick des Kritikers läßt:

That clear perpetual outline of face and limb is but an image of ours[7].

Was kann man über einen Satz wie diesen sagen? Der Stilanalytiker würde ihn, fürchte ich, betrüblich geradlinig und normal finden, ihn für eine einfache Aussage der Form X ist Y halten. Auch wenn er ihn zufällig interessierte, würde er doch dem ersten Wort – *That* – nicht sehr viel Aufmerksamkeit widmen. Es ist einfach da. Aber natürlich ist es nicht nur einfach da; es ist auf tätige Weise vorhanden, es bewirkt etwas, und was es bewirkt, kann durch die Frage "Was tut es?" aufgedeckt werden. Die Antwort ist offenkundig, liegt direkt vor unseren Augen, obwohl wir sie vermutlich nicht sehen, bis wir diese Frage gestellt haben. *That* ist ein Demonstrativum, ein Wort, das *hinweist,* und indem man es aufnimmt, wird ein Gefühl von seinem (noch nicht bestimmten) Referenten vermittelt. Was auch immer *that* sein mag, es ist immer außerhalb, in einer Entfernung vom Betrachter-Leser; man kann auf es hinweisen (die Leistung des Wortes *that* besteht im Hinweisen), es ist etwas Substantielles und Solides. Im Hinblick auf die Reaktion des Lesers begründet *that* eine Erwartung, die ihn vorantreibt, die Erwartung, herauszufinden, worum es sich bei *that* handelt. Das Wort und seine Wirkung sind die Ausgangsdaten für das Bedeutungserlebnis und sie werden unsere Beschreibung dieses Erlebnisses leiten, denn sie bestimmen den Leser.

Das Adjektiv *clear* wirkt auf doppelte Weise; es verspricht dem Leser, daß er, wenn der durch *that* angekündigte Gegenstand auftritt, ihn ohne weiteres wird erkennen können und, umgekehrt auch, daß er unschwer erkannt werden kann. *Perpetual* stabilisiert die Sichtbarkeit des von *that* versprochenen Gegenstandes, noch bevor er gesehen wird, und *outline* gibt ihm die potentielle Gestalt, wobei dieses Wort zugleich eine Frage aufwirft. Diese Frage – ein Umriß wovon? – wird bereitwillig von dem Satzglied *of face and limb* beantwortet, das nun damit den Umriß ausfüllt. Wenn der Leser endlich das behauptende Verbum *is* erreicht – welches das Siegel der objektiven Realität auf das Vorausgegangene setzt –, ist er vollständig und gesichert orientiert in einer Welt präzise erfaßter Objekte und genau erfassender Beobachter, zu denen auch er gehört. Aber dann wendet sich der Satz gegen den Leser und nimmt ihm die Welt fort, die er gerade selbst geschaffen hat. Mit *but* wird das mühelose Voranschreiten durch den Satz behindert (es dauert den Bruchteil einer Sekunde, bevor dem Leser klar wird, daß *but* hier die Wirkung von 'nur' hat); die behauptende Kraft des 'ist' wird geschwächt und der Status der sicher gezogenen Umrißlinie, die der Leser gezwungenermaßen akzeptierte, wird plötzlich unsicher; *image* klärt diese Unsicherheit, doch in Richtung auf eine Substanzlosigkeit; und die jetzt unscharfe Gestalt verschwindet gänzlich, wenn das Satzglied *of ours* die Unterscheidung zwischen dem Leser und dem, was außerhalb von ihm ist (oder war), zusammenfallen läßt. Pater gibt und Pater nimmt. Auch hier wieder ist diese Beschreibung des Leseerlebnisses eine Analyse der Bedeutung des Satzes, und wenn jemand fragen sollte: "Aber was bedeutet er?", würde ich einfach die Beschreibung wiederholen.

Was für diesen Satz zutrifft, trifft meiner Meinung nach auch auf vieles zu, was in unserem Zuständigkeitsbereich als Kritiker und Literaturlehrer liegt. Es steckt mehr in ihm, das heißt, in unserer Erfahrung mit ihm, als sich bei einer oberflächlichen Betrachtung feststellen läßt. Was wir brauchen, ist also eine Methode, eine Maschine, wenn man so will, die durch ihr Vorgehen beobachtbar oder zumindest zugänglich macht, was unterhalb der Ebene der voll-bewußten Reaktion vor sich geht. Jeder wird zugeben, daß etwas 'Merkwürdiges' in dem Judas-Satz aus Brownes *Religio Medici* geschieht und daß in der Zeile aus dem *Paradise Lost* zwischen Lesen und Verstehen eine Erschwerung eingebaut ist; manch einer neigt aber doch zu der Annahme, daß der Satz von Pater eine einfache Aussage sei (was auch immer das sein mag). In Wirklichkeit ist er natürlich nichts dergleichen. Eigentlich ist er überhaupt keine Aussage, obwohl eine Aussage (das Versprechen einer Aussage) einer seiner Bestandteile ist. Er ist ein Erlebnis, er geschieht; er bewirkt etwas; er veranlaßt uns, etwas zu tun. Ich würde sogar soweit gehen und – in direktem Widerspruch zu Wimsatt-Beardsley – sagen, daß das, was er bewirkt, ist, was er bedeutet.

Die Logik und Struktur der Reaktion

Ich behaupte hier nichts anderes, als daß es keine direkte Beziehung gibt zwischen der Bedeutung eines Satzes (Kapitels, Romans, Gedichts) und dem, was seine Wörter bedeuten. Oder, um dies weniger provokativ auszudrücken, die Information, die eine Aussage liefert, ihre Botschaft, ist zwar ein Bestandteil der Bedeutung, aber keineswegs identisch mit ihr. Die Bedeutung ist das Erlebnis einer Aussage – *das ganze Erlebnis* – und nicht nur irgend etwas, das darüber gesagt werden könnte, einschließlich dessen, was ich selbst sage. Daraus folgt dann, daß es unmöglich ist, die gleiche Sache auf zwei (oder mehr) verschiedene Weisen auszudrücken, obwohl wir zu der Annahme neigen, daß dies ständig geschieht. Wir tun dies, indem wir für unser spontanes Spracherlebnis eine Interpretation oder Abstraktion einsetzen, in der es zwangsläufig kompromittiert wird. Wir tun alles, um zu vergessen, was für Erfahrungen wir in unserem Leben mit Sprache gemacht haben, und distanzieren uns so weit wie möglich vom sprachlichen Erlebnis, bevor wir eine Aussage darüber machen. So sagen wir zum Beispiel, daß 'das Buch des Vaters' und 'Vaters Buch' dasselbe bedeute und vergessen dabei, daß 'Vater' und 'Buch' unterschiedlich betonte Positionen in unseren Erlebnissituationen einnahmen; und schreitet dieser Prozeß des Vergessens fort, dann sind wir sogar fähig zu glauben, daß so verschiedene Sätze wie diese äquivalente Bedeutungen besitzen:

This fact is concealed by the influence of language, moulded by science, which foists on us exact concepts as though they represented the immediate deliverances of experience[8]. A. N. Whitehead

And if we continue to dwell in thought on this world, not of objects in the solidity with which language invests them, but of impressions unstable, flickering, inconsistent, which burn and are extinguished with our consciousness of them, it contracts still further[9]. Walter Pater

Man ist (buchstäblich) geneigt zu sagen, daß diese Sätze dasselbe darlegen wollen: daß die Sprache in ihrem Streben nach Exaktheit darauf hinarbeitet, den Fluß und die ungeordnete Bewegung ursprünglicher Erfahrung zu verschleiern. Und natürlich sagen die Sätze dasselbe, wenn man sie auf einer ausreichend hohen Stufe der Verallgemeinerung betrachtet. Doch als individuelle Erfahrungen, die ein Leser durchlebt, sind sie sich überhaupt nicht ähnlich, noch sind sie es daher in ihren Bedeutungen.

Behandeln wir den Satz von Whitehead zuerst: er bedeutet einfach nicht das, was er aussagt: denn indem der Leser ihn durchgeht, erlebt er die Stabilität einer Welt, die der Satz angeblich leugnet. Das Wort *fact* selbst legt die Vorstellung von Ungenauigkeit durch einen genauen Begriff fest; und wenn man zurückgeht, um den Bezugspunkt zu finden – *the radically untidy ill-adjusted character of . . . experience*[10] –, führt der Leser die charakteristische Handlung aus, die dieser Satz von ihm verlangt, nämlich die Dinge auf ihren Bezugspunkt festzulegen.

Weder in dem Satz, noch in unserem Erleben dieses Satzes ist etwas Ungeordnetes. Jeder Satzteil ist logisch auf seine Vorgänger bezogen und bereitet den Weg für das Folgende: Da unsere Aufmerksamkeit nur für die Verbindungspunkte gebraucht wird, teilen *wir* den Satz in eine Folge von gegeneinander abgegrenzten Bereichen auf, deren jeder von der Sprache der Gewißheit beherrscht wird. Sogar der Satzteil *as though they represented* fällt in diese Kategorie, da seine betonte Stelle auf *they represented* fällt, die uns dann zu den wartenden *deliverances of experience* vorwärtsstößt. Zusammengefaßt heißt dies, daß der Satz durch seine Wirkung auf uns zu verstehen gibt, tatsächliche Erfahrung habe einen klaren, wohlgeordneten Charakter, und dies ist seine eigentliche Bedeutung.

Der Satz Paters unterläuft sich zuerst auf die gleiche Weise. Das schwächste Wort der ersten zwei Satzteile ist *not;* es wird von den Wörtern, die es umgeben, buchstäblich überwältigt – *world, objects, solidity, language;* und ehe noch der Leser das *but* in *but of impressions* erreicht hat, hat er sich schon in einer 'Welt' gesicherter und 'greifbarer' Dinge eingerichtet. Natürlich ist es eine Welt, die aus Worten besteht und zum größten Teil vom Leser selbst hergestellt wird, indem er grammatikalische Operationen durchführt, die die Stabilität ihrer Phänomene verstärken. Indem er *them* auf *objects* rückbezieht, räumt der Leser den Objekten einen Ort im Satz und in seinem Bewußtsein ein. (Alles, worauf man sich rückbeziehen kann, muß irgendwo seinen Ort haben.) Gerade diese Welt wird jedoch in der zweiten Hälfte des Satzes abgebaut. Zwar hat das Leseerlebnis noch eine Stütze im Vorangegangenen, doch der Bezugspunkt ist das Wort *impressions;* und die Reihe, die darauf folgt – *unstable, flickering, inconsistent* –, dient nur dazu, seine Instabilität zu betonen. Genauso wie Whitehead macht sich Pater gerade jener Täuschung schuldig, vor der er warnt, doch dies ist nur ein Teil seiner Strategie. Der andere besteht darin, die Kohärenz der Illusion, die er geschaffen hat, zusammenbrechen zu lassen (auszulöschen). Jeder folgende Abschnitt im Satz ist weniger exakt (in den Worten Whiteheads) als seine Vorläufer, denn in jedem folgenden Abschnitt wird dem Leser weniger und weniger als Anhaltspunkt gegeben; und wenn die Körperlichkeit dieser 'Welt' ausgezehrt ist bis zu einem *it (it contracts still further),* bleibt ihm überhaupt nichts mehr.

Man könnte, meine ich, sagen, daß diese beiden Sätze zumindest auf dieselbe Einsicht verweisen; doch sogar diese minimale Aussage macht mich unsicher, denn Einsicht ist auch ein Wort, mit dem man 'hier ist es, ich hab's' verbindet. Und dies ist genau der Unterschied zwischen beiden Sätzen: Whitehead läßt uns sie bekommen *(the neat, trim, tidy, exact world),* wohingegen Pater uns das Erlebnis gibt, wie sie uns zwischen den Fingern zerschmilzt. Nur wenn man diese Sätze aus der Distanz betrachtet, erscheinen sie irgendwie äquivalent; dieses Betrachten aus der Entfernung läßt aber keine Analyse der Tätigkeiten und Ereignisse zu.

Die Analyse des Satzes von Pater erhellt ein anderes Kennzeichen der Methode, ihre Unabhängigkeit von linguistischer Logik. Wenn man von einem gewöhnlichen Leser verlangte, auf das wichtigste Wort im zweiten Satzabschnitt hinzuweisen – *not of objects in the solidity with which language invests them* – würde er vermutlich das *not* nennen, denn *not* kontrolliert als logisches Zeichen alles, was ihm folgt. Aber als einzelne Komponente in einem Erlebnis kontrolliert es kaum etwas; denn während sich der Satz entfaltet, findet das *not* immer weniger Halt in unserer Aufmerksamkeit und Erinnerung; eine ununterbrochene Folge von stärkeren Wörtern arbeitet, wie wir gesehen haben, dagegen an und überwältigt es schließlich. Mein Argument läuft natürlich darauf hinaus, daß in einer Analyse des Satzes als einer Wortfolge, die ein logisch-syntaktisches Beziehungsgefüge darstellt, *not* eine hervorgehobene Rolle spielen würde, während es in einer Erlebnisanalyse vor allem wegen seiner Schwäche erwähnenswert wäre.

Der Fall wird durch den folgenden Satz aus Donnes Predigten klarer und vielleicht auch noch interessanter:

And therefore, as the mysteries of our religions are not the objects of our reason, but by faith we rest on God's decree and purpose, (it is so, O God, because it is thy will it should be so) so God's decrees are ever to be considered in the manifestation thereof[11].

Hier wird *not* – das wiederum logisch gesehen beherrschend ist – schon durch die Konstruktion, in die es eingebettet ist, unterlaufen; denn diese Konstruktion zwingt den Leser auf unauffällige, aber nicht weniger wirksame Weise, genau jene Denkvorgänge auszuführen, deren Angemessenheit die Aussage des Satzes – was er sagt – in Frage stellt. Das heißt, eine Paraphrase des Materials vor der Parenthese könnte lauten: Angelegenheiten des Glaubens und der Religion sind keine Gegenstände der Beurteilung für unsere Vernunft; doch der schlichte Akt des Lesens der Worte *And therefore* verwickelt uns unvermeidlich in eine Argumentation über Angelegenheiten des Glaubens und der Religion; die Anziehungskraft dieser Worte ist tatsächlich so stark, daß die erste Reaktion auf diesen Teil des Satzes eine Erwartung des Kommenden ist; wir warten auf einen 'so'-Satz, um die logisch aufgebaute Sequenz aufzufüllen, die mit *And therefore* begann. Aber wenn das 'so' erscheint, ist es durchaus nicht das, welches wir erwartet hatten, sondern das 'so' des *divine fiat – it is so, O God, because it is thy will it should be so –*, einer Kausalität, die realer ist als jede Kausalbeziehung, die in der Natur beobachtet werden oder in natürlicher (menschlicher) Sprache beschrieben werden kann. Der Sprecher jedoch vollendet seine 'erklärende' und 'ordnende' Behauptung so, als stünde ihr stiller Anspruch, ein Fenster zur Wirklichkeit zu sein, noch außer Frage. Als Folge davon wird der

Leser auf die Inadäquatheit eben des Vorganges, in den er verwickelt ist, aufmerksam gemacht (durch die Syntax) und er akzeptiert zur gleichen Zeit die Notwendigkeit für den Menschen in seiner Unzulänglichkeit, im Rahmen der jetzt diskreditierten Voraussetzungen dieses Vorgangs fortzufahren.

Natürlich würde eine formale Analyse dieses Satzes mit Sicherheit die Spannung zwischen den beiden 'so' entdeckt haben, das eine als Synonym für 'daher', das andere als Kurzfassung für 'so geschehe es', und vielleicht wäre sie sogar zu der Überzeugung gelangt, daß die Beziehung zwischen ihnen Spiegel der Beziehung zwischen den Mysterien des Glaubens und der Tätigkeit der Vernunft sei. Ich bezweifle jedoch, ob eine formale Analyse uns zu dem Punkt gebracht haben würde, an dem wir den Satz und die Redeweise, die er repräsentiert, als sich selbst entlarvenden Scherz erkennen (*thereof* treibt sein Spiel mit *therefore*), auf den der Leser reagiert und dessen Opfer er ist. Noch einmal kurz zusammengefaßt heißt das, daß eine von dem sie rezipierenden Bewußtsein getrennte Betrachtung der Aussagen das Risiko birgt, einen Großteil des Sachverhalts auszulassen. Es ist ein Risiko, welches eine Analyse in den Kategorien von 'Tätigkeiten und Ereignissen' *(doings and happenings)*[12] zu verkleinern trachtet.

Der Irrtum des Affektiven Irrtums

Auf den vorhergehenden Seiten habe ich das Anliegen einer analytischen Methode vertreten, die sich eher auf den Leser als auf das Artefakt richtet, und in dem übrigen Teil dieses Essays möchte ich gerne einige der besonders hervorstechenden Einwände gegen diese Methode betrachten. Der Haupteinwand besteht natürlich darin, daß eine Kritik der Wirkungen vom 'Gegenstand an sich' in all seiner Dinghaftigkeit fortführt, hin zu den bruchstückhaften Impressionen unterschiedlicher und nicht einmal mit sich selbst identisch bleibender Leser. Dieses Argument enthält mehrere Dimensionen und verlangt deshalb eine Antwort, die in mehrere Richtungen zielt.

Zunächst ist, wie ich hoffe, der Vorwurf des Impressionismus durch einige meiner Beispielanalysen schon beantwortet worden. Die Unterscheidungsmerkmale, die die Methode benötigt und hervorbringt, sind wirklich sehr exakt, sogar für hohe analytische Ansprüche. Das liegt zum großen Teil daran, daß zu den Reaktionskategorien, die ich einschließe, nicht nur 'Tränen, Prickeln' und andere psychologische 'Symptome' zählen, sondern auch alle exakten Bewußtseinstätigkeiten, die zum Lesen gehören, einschließlich der Formulierung ganzer Gedankengänge, der Durchführung (und dem Verweigern) von Akten der Beurteilung, dem Nachvollziehen und Erstellen von logischen Sequenzen; dazu kommt außerdem, daß mein Betonen der sich kumulierenden Anforderungen des Leseerlebnisses den möglichen Reaktionen auf ein Wort oder einen Satz Restriktionen auferlegt.

Der Haupteinwand bleibt jedoch bestehen. Selbst wenn die Reaktionen des Lesers mit einiger Präzision beschrieben werden können, bleibt fraglich, weshalb man sich mit ihnen beschäftigen soll, wenn die greifbarere Objektivität des Textes direkt verfügbar ist ("das Gedicht als Objekt einer spezifisch kritischen Beurteilung droht zu verschwinden"). Meine Antwort darauf ist einfach. Die Objektivität des Textes ist eine Illusion, und mehr noch, sie ist eine gefährliche Illusion, weil seine materiale Gegenwart so überzeugend ist. Es ist die Illusion der Selbständigkeit und der Vollständigkeit. Eine Druckzeile oder eine Seite oder ein Buch sind so offensichtlich *da* – man kann sie in die Hand nehmen, photographieren oder wieder fortlegen –, so daß es scheint, in ihnen seien alle Werte und Bedeutungen enthalten, die wir mit ihnen verbinden. So lautet natürlich die unausgesprochene Annahme, die sich hinter dem Wort 'Inhalt' verbirgt. Die Zeile oder Seite oder das Buch 'beinhalten' – alles.

Der große Vorzug (von diesem Gesichtspunkt aus betrachtet) kinetischer Kunstwerke ist der Zwang, sie als sich verändernde Objekte zu sehen – und daher überhaupt nicht als 'Objekt' – und dementsprechend der Zwang für den Betrachter, sich gleichermaßen ständig in Veränderung begriffen zu verstehen. Kinetische Kunst eröffnet sich keiner statischen Interpretation, weil sie sich weigert stillzuhalten und dies auch dem Betrachter unmöglich macht. In ihrer Wirkungsweise macht sie die aktualisierende Rolle des Betrachters unvermeidlich. Literatur ist eine kinetische Kunst, aber ihre angenommene physische Gestalt hält uns davon ab, ihren wahren Charakter zu erkennen, obwohl wir ihn doch erleben. Die manuelle Verfügbarkeit eines Buches, seine Gegenwart auf dem Regal, seine Signatur im Bibliothekskatalog – all dies ermuntert uns, es für ein statisches Objekt zu halten. Wenn wir ein Buch weglegen, vergessen wir, daß *es* sich bewegte, während wir lasen (Seitenumblättern, das Zurückbleiben der Zeilen in der Vergangenheit) und wir vergessen, daß auch *wir* uns mit ihm bewegt haben.

Eine Kritik, die "das Gedicht als Objekt einer spezifisch kritischen Beurteilung" betrachtet, weitet dieses Vergessen zu einem Prinzip aus;

sie verwandelt ein zeitliches Erlebnis in ein räumliches; sie tritt zurück, und mit einem Blick vereinnahmt sie als Ganzes (Satz, Seite, Werk), was der Leser (wenn überhaupt) nur Stück für Stück, Augenblick für Augenblick kennenlernt. Es ist eine Kritik, die sich (durch eigene Beschränkung) auf den Bereich der materiellen Dimensionen des Kunstwerks bezieht und innerhalb dieser Dimensionen Anfang, Mitte und Ende kennzeichnet, Häufigkeiten des Auftretens entdeckt, Bildverknüpfungen nachspürt, Komplexitätsebenen (natürlich vertikal) skizziert, all dies, ohne jemals die Beziehung zu berücksichtigen, die doch wohl zuallererst zwischen den Daten und ihrer affektiven Kraft besteht. Hier wird eher danach gefragt, was in das Werk eingegangen ist als worauf es sich einläßt. Sie ist auf genau die falsche Weise 'objektiv', weil sie entschlossen ignoriert, was an der Tätigkeit des Lesens objektiv wahr ist. Auf der anderen Seite ist die Analyse der Bedingungen der Tätigkeiten und Geschehnisse wirklich objektiv, weil sie den Fluß, 'die Bewegtheit' des Bedeutungserlebnisses erkennt und weil sie uns dorthin führt, wo die Wirkung stattfindet – im aktiven und aktivierenden Bewußtsein des Lesers.

Doch welcher Leser ist das? Wenn ich über die Reaktionen 'des Lesers' spreche, rede ich dann nicht eigentlich über mich selbst und mache ich mich nicht selbst zu einem Surrogat für alle Millionen Leser, die durchaus nicht wie ich sind? Ja und nein. Ja, in dem Sinne, daß es unter uns keine zwei Menschen gibt, deren Reaktionsmechanismen exakt gleich sind. Nein, wenn man sagt, daß wegen der Einzigartigkeit des Individuums Generalisationen über Reaktionen unmöglich seien. An diesem Punkte kann die Methode die Erkenntnisse der modernen Linguistik verwenden, besonders die Vorstellung einer "linguistischen Kompetenz", "die Annahme, daß es möglich sei, ein linguistisches System zu charakterisieren, an dem jeder Sprecher Anteil hat" [13]. Wenn man versuchte, diese Charakterisierung zu realisieren, würde sich ein "Kompetenzmodell" ergeben, das mehr oder weniger den internen Mechanismen entspräche, die uns das Verarbeiten (Verstehen) und Produzieren von Sätzen erlauben, denen wir niemals zuvor begegnet sind. Es würde ein räumliches Modell in dem Sinne sein, daß es ein Regelsystem reflektierte, das schon vorher existierte, und das dadurch jedes wirkliche sprachliche Erleben ermöglichte.

Mich interessiert daran die Bedeutung, die dies für das Problem der Spezifizierung von Reaktionen hat. Wenn die Sprecher einer Sprache an einem Regelsystem teilhaben, das jeder von ihnen irgendwie internalisiert hat, wird das Verstehen in gewisser Weise uniform sein; das heißt, es vollzieht sich gemäß den Bedingungen des Regelsystems, das alle teilen. Und soweit diese Regeln die Produktion beschränken – indem sie Grenzen festlegen, innerhalb derer Aussagen gekennzeichnet sind als 'normal', 'abweichend', 'unmöglich' und so weiter – werden sie auch Einengungen des Spielraums und sogar der Richtung der Reaktion sein; das heißt, sie werden die Reaktion zu einem gewissen Maße vorhersagbar und normativ machen. Das ist der Hintergrund der Floskel, die so häufig in der linguistischen Literatur auftaucht: "Jeder 'native speaker' wird bemerken ..."

Eine weitere 'regulierende' Einengung des Bereiches der Reaktion wird durch das nahegelegt, was Ronald Wardhaugh im Anschluß an Katz und Fodor 'semantische Kompetenz' nennt, etwas, das weniger aus einem abstrakten Regelapparat besteht, sondern eher aus einem Niederschlag sprachlicher Erfahrung, der die Wahrscheinlichkeit der Wahl und damit auch der Reaktion bestimmt. "Das semantische Wissen eines Sprechers", behauptet Wardhaugh, "... ist ebensowenig zufällig wie sein syntaktisches Wissen ...; daher erscheint es sinnvoll, die Möglichkeit zu überlegen, für semantisches Wissen ein Regelsystem zu entwerfen, das der Form jenes Regelsystems ähnelt, das zur Charakterisierung syntaktischer Regeln gebraucht wird. Wie genau solch ein Regelsystem formuliert werden müßte und was es erklären sollte, ist noch in beträchtlichem Maße unsicher. Zumindest müssen die Regeln eine Art von Norm charakterisieren; nämlich jene Form des semantischen Wissens, welches ein idealer Sprecher in einer idealen Umgebung vermutlich vorweisen würde – kurz, seine semantische Kompetenz. Auf diese Weise würden die Regeln gerade jenes System charakterisieren, das im Bereich der englischen Sprache alle Sprecher internalisiert haben und auf das sie zurückgreifen können, wenn sie Wörter in neuen Verbindungen interpretieren. Wenn man also einen neuen Satz hört oder liest, erstellt man aus diesem Satz eine Bedeutung, indem man auf beides zurückgreift, auf das syntaktische und das semantische Wissen. Durch das semantische Wissen wird man befähigt zu erkennen, was die einzelnen Wörter bedeuten und wie man diese Bedeutungen miteinander verbinden muß, damit sie vereinbar werden. Als Ergebnis der Beschreibung könnte dann eine Wiedergabe jenes Systems bezeichnet werden, das die Sprecher einer Sprache irgendwie internalisiert haben und auf das sie zurückgreifen, wenn sie Sätze interpretieren." (S. 90, 92)

Wardhaugh räumt ein, daß das "Ergebnis der Beschreibung" dem wirklichen internalisierten System wohl nur ähnlich und nicht äquivalent sein würde, doch er betont: "Was wirklich von Bedeutung bleibt, ist das Grundprinzip, welches das gesamte Bemühen bestimmt, nämlich das Prinzip, so explizit wie möglich das semantische Wissen zu formalisieren zu versuchen, welches ein erwachsener Hörer oder Leser zu seiner Verstehensaufgabe mitbringt und das seinem tatsächlichen Verhalten im Verstehensprozeß unterliegt" (S. 92). (Interessanterweise ist dies eine gute Beschreibung dessen, was Empson, weniger systematisch natürlich, in *The Structure of Complex Words* zu tun versucht.) Offenbar würde der Schnittpunkt der beiden Wissenssysteme es möglich machen, den Rahmen möglicher Reaktionen weiter einzugrenzen (d.h. vorhersagbar zu machen und zu normieren), so daß man anfangen könnte (wie ich es getan habe), ein Leseerlebnis zu beschreiben unter Bedingungen, die für alle Sprecher gelten würden, die im Besitze beider Kompetenzen wären. Die Schwierigkeit ist, daß wir diese beiden Systeme im Moment nicht besitzen. Das syntaktische Modell wird noch immer konstruiert und für das semantische Modell sind bisher kaum Vorschläge gemacht worden. (Eigentlich werden wir nicht nur ein Modell benötigen, sondern mehrere, da das "semantische Wissen, das ein erwachsener Leser ... zu seiner Verstehensaufgabe mitbringt", sich mit jedem Jahrhundert oder jedem längeren historischen Zeitabschnitt verändert.[14]) Nichtsdestoweniger sollte uns die Unvollständigkeit unseres Wissens nicht davon abhalten, Analysen auf der Grundlage unserer augenblicklichen Einsichten in unseren Wissensstand zu wagen.

Folgende Beschreibung meiner Methode habe ich auf den vorigen Seiten angeboten: "eine Analyse der sich an den zeitlich aufeinanderfolgenden Wörtern entwickelnden Reaktionen des Lesers". Es sollte jetzt klar sein, daß die Entwicklung dieser Reaktionen innerhalb der regulierenden und organisierenden Mechanismen jener (und anderer) Kompetenzen stattfindet, die bereits vor dem verbalen Erlebnis existieren. In der Nachfolge Chomskys betonen die meisten Psychologen und Psycholinguisten, daß Verstehen mehr als ein lineares Verarbeiten von Informationen sei[15]. Dies bedeutet, wie Wardhaugh aufzeigt, "daß Sätze nicht einfach geradlinige Sequenzen von Elementen sind", und daß "Sätze nicht zu verstehen sind als Ergebnis der Addition der Bedeutung des zweiten zu der des ersten Elements, der des dritten zu denen der ersten beiden und so weiter" (S. 54). Kurz formuliert heißt dies, daß etwas anderes als der Satz selbst, etwas, das außerhalb seines Bezugsrahmens liegt, des Lesers Leseerlebnis eines Satzes regulieren muß[16]. Alles, was der Leser mit einbringt durch seine Kompetenzen, kontrolliert und strukturiert in meiner Analysemethode den zeitlichen Fluß; und dadurch, daß ich diese Kompetenzen so in Betracht ziehe, wie sie mit der Rezeption der verbalen Kette in zeitlichem Ablauf von links nach rechts interagieren, ist es mir möglich, die Reaktion in ihrer Entwicklung aufzuzeichnen und vorherzusehen.

Es sollte jedoch angemerkt werden, daß meine Kategorie der Reaktion, und besonders die der bedeutungstragenden Reaktion, mehr einschließt, als die Transformationsgrammatiker zulassen würden, die glauben, daß Verstehen eine Funktion der Perzeption der Tiefenstruktur sei. Es gibt eine Tendenz, zumindest in den Arbeiten mancher Linguisten, die Oberflächenstruktur – die wirkliche Form der Sätze – mit dem Wert einer Schale, einer Bedeckung, eines Schleiers zu niedrig zu bewerten; sie sei eine Schicht von Auswüchsen, die abgeschält, durchdrungen oder fortgeworfen werden muß zugunsten des Kerns, der unter ihr liegt. Dies ist eine verständliche Konsequenz von Chomskys Beschreibung der Oberflächenstruktur als "irreführend" und "uninformativ" [17] und seiner Behauptung (kürzlich etwas verändert), daß allein die Tiefenstruktur die Bedeutung bestimmt. So schreibt Wardhaugh zum Beispiel: "Jede Oberflächenstruktur ist nur durch Bezug auf ihre Tiefenstruktur interpretierbar" (S. 49), und: "Die Oberflächenstruktur des Satzes liefert zwar Hinweise für seine Interpretation, doch die Interpretation selbst hängt davon ab, ob es zu einer korrekten Verarbeitung dieser Hinweise für die Rekonstruktion aller Elemente und Beziehungen der Tiefenstruktur kommt." Vermutlich ist "die korrekte Verarbeitung", das heißt Aufdeckung der Tiefenstruktur und Hervorholen der Tiefenbedeutung, das einzige Ziel, und alles, was zu diesem Aufdecken nichts beiträgt, sollte toleriert werden, ohne daß man ihm jedoch einen endgültigen Wert beimißt. Hinweise seien schließlich manchmal irreführend und Grund für das Entstehen von 'Fehlern'. "Zum Beispiel antizipieren wir manchmal Wörter in einer Konversation oder in einem Text nur, um herauszufinden, daß wir im Irrtum sind, oder wir warten nicht darauf, daß Sätze vervollständigt werden, weil wir im voraus zu wissen glauben, wie sie enden werden ... Viele Fehler, die Studenten beim Lesen machen, entstehen, weil die Studenten unangemessene Strategien der Verarbeitung von Oberflächenstrukturen angenommen haben" (S. 137–138).

In meiner Darstellung des Lesevorganges ist jedoch die zeitweilige Annahme dieser unangemessenen Strategien schon selbst eine Reaktion auf die Strategie des Autors; und die resultierenden Fehler sind Bestandteil des Leseerlebnisses, bedingt durch des Autors Sprache, und damit Bestandteil der Bedeutung des Erlebnisses. Tiefenstrukturtheoretiker leugnen natürlich, daß Unterschiede in der Bedeutung an Oberflächenbildungen wahrgenommen werden können. Und dies macht für mich die Arbeit Richard Ohmanns unbrauchbar, der zwar den zeitlichen Verlauf beachtet, doch nur insoweit, als er darunter die Tiefenstruktur aufdecken kann, die, wie er annimmt, die wirkliche Arbeit leistet.

Das Schlüsselwort ist natürlich Leseerlebnis. Für Wardhaugh ist der Lesevorgang (und Verstehen im allgemeinen) ein Prozeß des Hervorholens. "Es wird vom Leser verlangt, die Bedeutung des vor ihm liegenden Gedruckten herauszufinden" (S. 139). Für mich ist der Lesevorgang (und Verstehen im allgemeinen) ein Ereignis, von dem kein Bestandteil aufgegeben werden kann. In diesem Ereignis, das die Aktualisierung von Bedeutung ist, spielt die Tiefenstruktur eine bedeutende Rolle, doch sie ist nicht alles; denn wir verstehen nicht allein gemäß den Bedingungen, die die Tiefenstruktur vorgibt, sondern im Rahmen einer *Beziehung* zwischen der sich in der Zeit entfaltenden Oberflächenstruktur und ihrer ständigen Überprüfung auf dem Hintergrund unserer Vorstellung (natürlich in Form von Oberflächenstrukturen) von der zu erwartenden Tiefenstruktur; und wenn die endgültige Entdeckung gemacht worden ist und *die* Tiefenstruktur erkannt worden ist, werden doch nicht alle 'Fehler' ausgelöscht werden, die entstanden waren durch die auf noch unvollständigem Faktenmaterial beruhenden Vorstellungen von Tiefenstrukturen, die dann nicht eingelöst wurden. Sie sind erlebt worden; sie haben im Bewußtsein des Lesers existiert; *sie bedeuten.* (Dies ist offensichtlich der Fall in unserem Leseerlebnis der Zeile *Nor did they not perceive the evil plight.)*

All dies führt zu der Anfangsfrage zurück. Wer ist der Leser? Mein Leser ist offensichtlich ein Konstrukt, ein idealer oder idealisierter Leser; etwa wie Wardhaughs "erwachsener Leser" oder Miltons "tauglicher" *(fit)* Leser, oder, um einen eigenen Begriff zu verwenden, der Leser ist der *informierte* Leser. Der informierte Leser ist jemand, der

1. ein kompetenter Sprecher der Sprache ist, aus der der Text aufgebaut ist;
2. in vollem Besitz des "semantischen Wissens ist, ... das ein erwachsener Leser ... zu seiner Verstehensaufgabe mitbringt." Dies schließt ein Wissen ein (erprobt durch die Erfahrung sowohl als Sprecher als auch als Verstehender) von lexikalischen Einheiten, Zusammensetzungsmöglichkeiten, idiomatischen Ausdrücken, fachspezifischen Dialekten, etc.;
3. über literarische Kompetenz verfügt.

Das bedeutet, er ist ausreichend erfahren als Leser, um die Bereiche der Literatur und Literaturkritik von ganz speziellen Techniken (rhetorische Figuren etc.) bis hin zu ganzen Gattungen internalisiert zu haben. In dieser Theorie werden dann die Arbeitsgebiete anderer Schulen der

Literaturkritik – Fragen der Gattung, der Konventionen, des intellektuellen Hintergrunds – *neudefiniert*, und zwar *unter dem Aspekt möglicher und wahrscheinlicher Leserreaktion;* so z. B. das Gewicht und der Wert, den ein Leser der Idee 'Epos' erwartungsgemäß beimessen könnte, oder dem Gebrauch von archaischer Sprache usw.

Der Leser, von dessen Reaktion ich spreche, ist also dieser informierte Leser, er ist weder eine Abstraktion, noch ein tatsächlich lebender Leser, sondern eine Kreuzung von beiden, – ein wirklicher Leser (ich selbst), der alles in seiner Macht Stehende tut, um sich zu informieren. Dies soll bedeuten, daß ich mit einiger Berechtigung meine eigenen Reaktionen in die *des Lesers* projizieren kann, weil diese von den Einschränkungen bestimmt sind, die mir von den Voraussetzungen und Arbeitsweisen der Methode auferlegt wurden: 1. der bewußte Versuch, ein informierter Leser zu werden, indem ich mein Bewußtsein zum Ort der (möglichen) Reaktion mache, die ein gegebener Text hervorrufen könnte, und 2. das dazugehörige Zurückhalten, soweit dies eben möglich ist, von allem was persönlich, meinem Wesen besonders zu eigen und was an meiner Reaktion historisch bedingt ist. Kurz, der informierte Leser wird in gewissem Maße durch die Methode bestimmt, die ihn zur Kontrolle benutzt. Jeder von uns kann, wenn er genügend verantwortungsbewußt und seiner selbst sicher ist, durch den Gebrauch dieser Methode zum informierten Leser werden und damit zu einem verläßlicheren Berichterstatter seines Leseerlebnisses.

(Natürlich würde es für jemanden einfach sein, darauf hinzuweisen daß ich auf den Vorwurf des Solipsismus nicht geantwortet habe, sondern lediglich die logische Basis für ein solipsistisches Verfahren vorgestellt habe; aber ein solcher Vorwurf würde nur treffen, wenn eine bessere Verfahrensweise verfügbar wäre. Die eine, gewöhnlich angebotene, ist, das Werk als Ding-an-sich, als Objekt zu betrachten, aber wie ich schon weiter oben argumentiert habe, ist dies eine falsche und auf gefährliche Weise zirkulär abgeleitete Objektivität. Ich nehme an, daß ich damit sage, daß ich es lieber mit einer zugegebenen und kontrollierten Subjektivität zu tun habe, als mit einer Objektivität, die letztlich doch eine Täuschung ist.)

Offensichtlich wird meine Methode in ihrer Arbeitsweise radikal historisch sein. Der Kritiker hat die Verpflichtung, nicht nur ein Leser, sondern eine Anzahl von informierten Lesern zu werden, deren jeder durch eine Matrix politischer, kultureller und literarischer Determinanten bestimmt sein wird. Der informierte Leser Miltons wird nicht der informierte Leser Whitmans sein, obwohl der letztere den vorigen notwendigerweise einschließen wird. Diese Vielzahl von informierten Lesern impliziert eine Vielzahl von Ästhetiken dieser informierten Leser oder überhaupt keine Ästhetik. Eine Methode der Analyse, die eine (strukturierte) Beschreibung von Reaktion hervorbringt, besitzt ein eingebautes *operationales* Kriterium. Die Frage lautet nicht, wie gut die Methode ist, sondern wie sie funktioniert; und sowohl Frage als auch Antwort werden speziell für die jeweilige Situation formuliert und schließen die dazugehörigen Vorstellungen über literarischen Wert mit ein.

Dies wirft das Problem auf, wie speziell zeitlich gebundene Vorstellungen als mögliche Basis der Reaktion in Betracht zu ziehen seien. Wenn ein Leser das zentrale Anliegen eines Textes nicht teilt, wird er dann in der Lage sein, darauf angemessen zu antworten? Wayne Booth hat diese Frage gestellt: "Aber ist es wirklich wahr, daß ein ernsthafter Katholik oder Atheist, wie empfindsam, tolerant, sorgfältig und gutinformiert er auch Miltons Glaubensvorstellungen betrachten mag, in demselben Maße am *Paradise Lost* Gefallen findet, wie einer von Miltons Zeitgenossen und Mitgläubigen von gleicher Intelligenz und Sensibilität?" [18] Die Antwort, so scheint mir, ist nein. Es gibt Formen des Glaubens, die nicht zeitweise aufgehoben oder angenommen werden können. Heißt dies dann, das *Paradise Lost* ist ein geringeres Kunstwerk, weil es einen eng definierten (i. e. "tauglichen") Leser verlangt? Doch nur, wenn wir an einer universalen Ästhetik festhalten, in deren Kontext Wert irgendwie mit der Zahl der Leser zusammenhängt, die das Werk voll erleben, ungeachtet der historischen Bezüge. Meine Methode läßt keine solche Ästhetik und keine solchen Wertfestsetzungen zu. Tatsächlich orientiert sie sich weg von einer Wertbestimmung und hin zu einer Beschreibung. Auf der Grundlage ihrer Ergebnisse ist es schwer zu sagen, ob ein Werk besser ist als ein anderes, oder sogar, daß ein einzelnes Werk gut oder schlecht ist. Und noch grundlegender gesagt, sie erlaubt keine Bewertung von Literatur als Literatur in Abhebung von Werbung, Predigt, Propaganda oder 'Unterhaltung'. Als Beschreibung einer (sehr komplexen) *stimulus-response*-Beziehung liefert sie keine Möglichkeit der Unterscheidung zwischen literarischen und anderen Wirkungen, außer vielleicht durch die Komponenten, die in die eine oder andere eingehen; und niemand, meine ich, wird einer rezeptartigen Theorie der literarischen Unterscheidung beistimmen. Für manche wird dies als fatale Einschränkung der Methode erscheinen. Ich begrüße es, weil es scheint, daß wir viel zu lange und ohne nennenswerte Ergebnisse versucht haben, zu bestimmen, was Literatur von Alltagssprache unterscheidet. Wenn wir 'Sprache' in ihren Konstituenten und Arbeitsweisen verstünden, wären wir eher in der Lage, ihre Subkategorien zu verstehen. Die Tatsache, daß die Methode nicht mit der Annahme der Überlegenheit literarischer Texte beginnt und mit ihrer Bestätigung endet, ist, wie ich meine, eine ihrer stärksten Empfehlungen.

Dies soll nicht heißen, daß ich nicht werte. Die Auswahl der Texte für eine Analyse ist selbst schon ein Anzeichen der Hierarchie meines Geschmacks. Gewöhnlich fühle ich mich zu Werken hingezogen, die dem Leser die Sicherheit seiner normalen Denk- und Glaubensschemata verweigern. Es würde, glaube ich, möglich sein, einen Wertstandard auf der Basis dieser Bevorzugung aufzubauen – eine Tabelle, nach der das beunruhigendste Literaturerlebnis das beste wäre (vielleicht Literatur als das gesehen, was unser Gefühl der Selbstgenügsamkeit persönlich und sprachlich stört) – aber das Ergebnis würde vermutlich eher eine Reflektion eines persönlichen psychologischen Bedürfnisses sein, als eine universell gültige Ästhetik.

Andere Versionen, andere Leser

Abschließend komme ich zu Michael Riffaterre, auf dessen Werk ich erst vor kurzem aufmerksam gemacht wurde. Riffaterre beschäftigt sich wirklich mit den sich entwickelnden Reaktionen des Lesers, und er betont die Lenkung der Reaktion durch die Abfolge eines zeitlichen Flusses von links nach rechts und er wendet sich wie ich gegen Methoden der Analyse, die Beschreibungen der beobachtbaren Merkmale einer Aussage ergeben, ohne sich auf ihre Rezeption durch den Leser zu beziehen. In einer Antwort auf die Interpretation von *Les Chats* von Baudelaire durch Jakobson und Claude Lévi-Strauss stellt Riffaterre seine Meinung zu diesen Ansichten überzeugend klar dar.[19] Die Beziehungssysteme, die eine strukturalistische Analyse hervorbringt, werden vom Leser durchaus nicht immer erkannt und bemerkt; und die sich ergebenden Daten, die, wie es so oft der Fall ist, in wunderbare räumliche Schematisierungen verpackt sind, verwehren es uns oft zu sehen, was im Vollzug des Verstehens vorgeht. Die Frage, die Riffaterre betont, ist, "ob die strukturale Linguistik als solche, d.h. in unveränderter Form, für dic Analyse von Poesie überhaupt relevant ist" (S. 234). Die Antwort, so scheint mir, lautet ja und nein. Deutlich müssen wir alle Behauptungen zurückweisen, die für eine direkte Beziehung zwischen struktural abgeleiteten Beschreibungen und Bedeutung plädieren; aber für mich folgt daraus nicht wie für Riffaterre, daß die Daten, aus denen sich solche Beschreibungen zusammensetzen, deshalb irrelevant seien: "Die Methode der Autoren basiert auf der Annahme, daß jedes strukturale System, daß sie in der Lage sind, im Gedicht zu definieren, notwendigerweise eine poetische Struktur ist. Können wir nicht im Gegenteil annehmen, daß das Gedicht bestimmte Strukturen enthalten kann, die für seine Funktion und seine Rolle als literarisches Kunstwerk keine Rolle spielen, und daß die strukturale Linguistik vielleicht nicht in der Lage ist, zwischen diesen unmarkierten Strukturen und den literarisch aktiven zu unterscheiden? Umgekehrt können sehr wohl ausschließlich poetische Strukturen vorhanden sein, die nicht als solche erkannt werden können mittels eines Analyseverfahrens, das der Spezifität der poetischen Sprache nicht angepaßt ist" (S. 235).

Hier ist die Basis für beides, meine Übereinstimmung und meine Nichtübereinstimmung mit Riffaterre, klar dargelegt. Er glaubt an die Existenz zweier Sprachen, einer Alltagssprache und einer poetischen Sprache, und daher glaubt er an zwei Strukturen der Rede und an zwei Strukturen der Reaktion; daraus glaubt er folgern zu können, daß sich die Analyse mit dem 'Herausarbeiten' von Merkmalen in Sprache, Struktur und Reaktion beschäftigen sollte, die spezifisch poetisch und literarisch sind: "Poesie ist Sprache, aber sie schafft Wirkungen, die die Alltagssprache üblicherweise nicht hervorbringt; man ist berechtigt anzunehmen, daß die linguistische Analyse eines Gedichts spezifische Merkmale aufdecken sollte und daß eine kausale Beziehung zwischen dem Vorkommen dieser Merkmale im Text und unserer empirischen Empfindung besteht, daß wir ein Gedicht vor uns haben ... In der Alltagssprache, die zu praktischen Zwecken benutzt wird, richtet sich die Aufmerksamkeit gewöhnlich auf den Kontext, bzw. auf die Situation, auf die angesprochene geistige oder physische Realität ... Im Falle der Wortkunst wird der Akzent auf die Nachricht als Selbstzweck gesetzt und nicht einfach als ein Mittel ... (S. 232)."

Hier vertritt er die uns leider zu sehr vertraute Deviationstheorie mit deutlichen Wurzeln in Mukařovskýs Unterscheidung zwischen Normalsprache und poetischer Sprache und in Richards' Unterscheidung zwischen wissenschaftlicher und emotiver Sprache. Riffaterres Entwurf des Verhältnisses zwischen Alltagssprache und poetischer Sprache ist flexibler und höher entwickelt als bei den meisten anderen, doch seine Methode teilt die Schwäche ihrer theoretischen Grundlagen, nämlich die *a priori* Annahme, daß ein Großteil des Satzes keine Bedeutung beisteuere. Deviationstheorien engen immer den Bereich bedeutungstragender Reaktion ein, indem sie Merkmale oder Wirkungen aus der Betrachtung ausschließen, die nicht poetisch sind; in Riffaterres Version ist der Bereich poetischer Wirkungen, wie wir sehen werden, erschreckend eng, weil er sich nur auf das beschränkt, was die Aufmerksamkeit des Lesers in der spektakulärsten Weise auf sich lenkt.

Für Riffaterre bedeuten Stiluntersuchungen das Studium von SD's *(stylistic devices)* oder stilistischer Verfahren, die als jene Mechanismen im Text definiert sind, die "verhindern, daß der Leser irgendein wichtiges Merkmal durch Überlegung ableitet oder voraussieht. Die Vorhersehbarkeit nämlich kann zu einer oberflächlichen Lektüre führen, die Unvorhersehbarkeit hingegen erzwingt die Aufmerksamkeit: die Intensität der Rezeption wird der Intensität der Nachricht entsprechen." [20] Über Stil zu sprechen heißt dann, über Momente im Leseerlebnis zu reden, in denen Aufmerksamkeit erzwungen ist, weil eine Erwartung durch das Auftreten eines unvorhersehbaren Elementes enttäuscht worden ist. Die Beziehung zwischen solchen Momenten und andern Momenten in der Abfolge des Satzes, die dazu dienen sie hervorzuheben, ist das, was Riffaterre unter "stilistischem Kontext" versteht: "Der stilistische Kontext ist ein linguistisches *pattern*, das von einem unvorhersehbaren Element durchbrochen wird; der sich aus dieser Interferenz ergebende Kontrast ist der stilistische Stimulus. Die Durchbrechung darf nicht als Trennungsprinzip interpretiert werden. Der stilistische Wert des Kontrastes besteht in dem Beziehungssystem, das er zwischen den beiden aufeinandertreffenden Elementen schafft; ohne ihre Assoziierung in einer Sequenz würde keine Wirkung entstehen. Mit andern Worten: Die stilistischen Kontraste schaffen – so wie die andern nützlichen Oppositionen in einer Sprache – eine Struktur" (S. 53).

Riffaterre ist interessanter als die andern Vertreter einer 'kontrastiven Stilistik', weil er das durchbrochene *pattern* im Kontext lokalisiert und nicht in einer schon vorher bestehenden und außerhalb liegenden Norm. Denn "wenn wir in dem Beziehungssystem Stil-Norm den Pol Norm universell setzen (dies wäre der Fall bei der linguistischen Norm), könnten wir nicht verstehen, wie eine Abweichung in bestimmten Fällen ein stilistisches Verfahren sein kann und in andern nicht" (S. 52). Dies bedeutet, wie er in "Der stilistische Kontext" [21] aufzeigt, daß man das *pattern* haben kann: *Kontext – stilistisches Verfahren als Ausgangspunkt eines neuen Kontexts – stilistisches Verfahren:* "Das stilistische Verfahren schafft eine Reihe stilistischer Verfahren der gleichen Art (z. B. Reihen von Archaismen im Anschluß an ein durch einen Archaismus entstandenes Verfahren); die sich daraus ergebende Saturation führt dazu, daß diese stilistischen Verfahren ihren Kontrastwert verlieren, hebt ihre

Fähigkeit auf, einen besonderen Punkt des Textes zu akzentuieren, und reduziert sie auf die Rolle von Komponenten eines neuen Kontextes; dieser Kontext seinerseits erlaubt neue Kontraste." Im selben Artikel (S. 62) wird diese flexible und sich verändernde Beziehung mit den Begriffen Mikrokontext ("ein Kontext, der die zur Entstehung eines stilistischen Verfahrens notwendige Opposition schafft") und Makrokontext ("ein Kontext, der diese Opposition im Sinne einer Verstärkung oder Abschwächung verändert") neudefiniert. Dies macht es Riffaterre möglich, über die Beziehungen zwischen einzelnen Wirkungen und einer Reihe von einzelnen Wirkungen zu sprechen, die in ihrer Gesamtheit oder Dauer in gewissem Maße die Bedeutung der einzelnen Elemente bestimmt; aber das Prinzip der kontextuellen Norm und seine Vorzüge bleiben bestehen.

Diese Vorzüge sind wirklich handfest; die Aufmerksamkeit wird von der Nachricht auf ihre Rezeption gelenkt und daher vom Objekt zum Leser. (In einem späteren Artikel fordert Riffaterre dann wirklich eine "besondere Linguistik des Entschlüsselers" und behauptet, daß die stilistische Funktion, die Wirkung auf den Leser, "immer Vorrang gegenüber der referentiellen Funktion besitzt", vor allem bei fiktionalen Texten [22]. Eine fixierte und willkürlich geschaffene Inventarisierung von stilistischen Verfahren ist nicht möglich, da auf der Basis der kontextuellen Norm alles zu einem stilistischen Verfahren werden kann. Der zeitliche Fluß des Leseerlebnisses ist zentral und bildet die Kontrollinstanz; mit Hilfe des Lesers lokalisiert er buchstäblich die Objekte der Analyse. Der Blick auf Sprache und auf Verstehen ist nicht statisch; der Kontext und die stilistischen Verfahren bewegen und verändern sich; der Leser bewegt sich mit ihnen und schafft sie durch seine Reaktionen, und auch der Kritiker bewegt sich und bewegt seinen Apparat der Analyse mal hierhin, mal dorthin.

All dies wird jedoch für mich durch die Sprach- und Stiltheorie unbrauchbar gemacht, in deren Kontext (schon wieder dieses Wort) die Methodologie arbeitet. Ich beziehe mich natürlich auf die Voraussetzung von zwei Arten von Sprache und auf die daraus resultierende Einschränkung der bedeutungstragenden und interessanten Reaktion auf Wirkungen der Überraschung und Durchbrechung. Riffaterre sagt dies sehr deutlich: "Einerseits sind die stilistischen Fakten nur in der Sprache greifbar, denn diese ist ihr Vehikel; andererseits besitzen sie notwendigerweise einen spezifischen Charakter, denn sonst könnte man sie nicht von den linguistischen Fakten unterscheiden ... Man muß zuerst alle Elemente sammeln, die stilistische Merkmale aufweisen und sie dann

– und zwar nur sie – der linguistischen Analyse unterziehen, wobei alle anderen (die nicht stilistisch relevanten) ausgeschlossen bleiben. Dann und nur dann wird die Verwechslung von Sprache und Stil vermieden. Zu dieser Sichtung, die der Analyse vorausgehen muß, brauchen wir spezifische Kriterien, um die distinktiven Merkmale des Stils zu bestimmen... Der Stil wird als Hervorhebung (expressiver, affektiver oder ästhetischer Natur) verstanden, die zu der durch die linguistische Struktur übertragenen Information hinzukommt, ohne den Sinn zu verändern. Das bedeutet letztlich, daß die Sprache ausdrückt und der Stil hervorhebt..." [23].

"Stilistische Fakten" – "linguistische Fakten", "stilistisch irrelevant", "distinktive Stilmerkmale", "Emphase..., die zu der Information hinzukommt..., ohne den Sinn zu verändern". Dies ist offensichtlich mehr als eine Unterscheidung, es ist eine Hierarchie, in der die untere der beiden Klassen uninteressant genannt und, was noch wichtiger ist, für nicht aktiv gehalten wird. Das heißt, die Hervorhebung durch den Stil veranlaßt etwas und ist demgemäß das geeignete Objekt der Zuwendung, während das Ausdrücken, das Verschlüsseln und Entschlüsseln von Information, einfach da ist und nicht allzu genau betrachtet werden muß. (Sprache drückt aus, Stil hebt hervor.) Man könnte hiergegen bereits Einwände erheben aufgrund der radikalen Trennung von Stil und Bedeutung und der naiven Gleichsetzung von Bedeutung mit Information; aber für meine Zwecke ist es ausreichend, auf die Implikationen hinzuweisen, die sich für die Spezifizierung und Analyse der Reaktion ergeben. Riffaterres Theorie liegt die Annahme zugrunde, daß für weite Bereiche der Sprache, sowohl in normaler als auch in literarischer Rede, keine nennenswerte Reaktion vorliegt, weil sich nicht viel ereigne. (Minimale Entschlüsselung, minimale Reaktion.)

Diese Annahme spiegelt sich in jedem Schritt seines Vorgehens. Sie ist die Grundlage seiner Unterscheidung zwischen dem, was eine literarische Struktur ist und dem, was keine ist. Sie ist auch die Grundlage der Beziehung zwischen dem Kontext und dem stilistischen Verfahren, eine Beziehung, die Geltung gewinnt, sobald eine literarische Struktur identifiziert worden ist. Jene Beziehung ist, wie Riffaterre sagt, eine "binäre Opposition", in der "die Pole nicht getrennt werden können" [24]. Natürlich sind diese Pole variabel und nicht unveränderlich; aber innerhalb ihrer individuellen Beziehungen ist der eine immer untätig, bereitet aber (auf passive Weise) den Weg für den andern, für den 'großen Moment', wenn das kontextuelle *pattern* durchbrochen und Aufmerksamkeit erzwungen wird (i.e. Reaktion eintritt). Und letztlich ist sie die

Basis von Riffaterres Verwendung des Lesers als lokalisierendes Hilfsmittel. Da alle Merkmale, die eine linguistische Analyse hervorbringt, nicht poetisch tätig sind, muß es einen Weg geben, jene zu isolieren, die es sind; da dies die Merkmale sind, die das *pattern* durchbrechen und Aufmerksamkeit erzwingen, lokalisieren wir sie, indem wir uns den Reaktionen der wirklichen Leser zuwenden, sei es, daß sie Leser in unseren Seminarräumen sind, oder Leser, die uns einen Bericht ihres Erlebnisses in Fußnoten oder Aufsätzen hinterlassen haben. Riffaterres Leser ist ein zusammengesetzter Leser (entweder "Durchschnitts"- oder "Super-Leser"), nicht unähnlich meinem informierten Leser. Der Unterschied ist natürlich, daß sein Erlebnis nur dann für relevant erachtet wird, wenn es ungewöhnlich oder 'mühevoll' ist. "Jeder Textstelle, die den 'Super-Leser' aufhält, wird versuchsweise als eine Komponente der poetischen Struktur betrachtet. Die Erfahrung zeigt, daß solche Einheiten immer von mehreren Informanten hervorgehoben werden, die gewöhnlich voneinander abweichende Rationalisierungen angeben." [25]

Die Vorstellung eines Super-Lesers bekümmert mich weniger als der Gedanke, was mit seinem Erlebnis im Verlauf einer Riffaterreschen Analyse geschieht. Auch dies wird in seiner Struktur binär werden, eine Folge von Höhepunkten, die durch Intervalle kontextueller Norm geschaffen werden und sich mit ihnen abwechseln, mehr zyklisch als linear, und natürlich wird auf weiten Strecken nichts geschehen. An einer Stelle seiner Interpretation von *Les Chats* kommt Riffaterre zu der Zeile *Ils cherchent le silence* und hat dies dazu zu sagen: "Alle Informanten ignorieren *Ils cherchent le silence.* Zweifelsohne ist *cherchent* ein poetischer oder in gehobenem Tone verfaßter Ersatz für *recherchent* oder *aiment*, aber es liegt nicht mehr vor als die gewöhnliche Umformung von Prosa in einen Vers: das Verfahren kennzeichnet die Gattung ebenso wie der Vers oder die Strophe, bildet ebenso wie sie einen Kontext, der sich vom alltäglichen Kontext unterscheidet." [26] Mit andern Worten, niemand hat es bemerkt oder Schwierigkeiten damit gehabt; es ist vollkommen normal; folglich setzt es nichts in Bewegung und es gibt auch nichts darüber zu sagen.

Selbst wenn Riffaterre etwas Behandelnswertes findet, erlaubt es ihm seine Methode nicht, daraus etwas zu machen. Diese Analyse eines Satzes aus *Moby Dick* ist ein Exempel dafür: *And heaved and heaved, still unrestingly heaved the black sea, as if its vast tides were a conscience . . .* "Wir sehen an diesem Beispiel, in welchem Maße der Autor die Decodierung kontrollieren kann. Im obigen Fall ist es wirklich schwer, auch nur ein bedeutungsvolles Element der Aufmerksamkeit entgehen zu lassen. Die Entschlüsselung kann nicht auf einer Minimalbasis stattfinden wegen der Initialstellung des Verbs, die im normalen englischen Satz unvorhersehbar ist; das gleiche gilt für seine Wiederholung. Die Wiederholung selbst hat eine doppelte Rolle, unabhängig von ihrer Unvorhersehbarkeit: sie schafft den Rhythmus und ihre Gesamtwirkung ist der der expliziten Rede ebenbürtig. Die Nachstellung des Subjekts steigert die Unvorhersehbarkeit maximal; der Leser muß das Prädikat im Kopf behalten, bevor er das Subjekt identifizieren kann. Die Umkehrung der Metapher ist ein weiteres Beispiel für den Kontrast mit dem Kontext. Diese Hindernisse erschweren eine eilige Lektüre, die Aufmerksamkeit verhält bei dieser Darstellung, die stilistische Wirkung ist geschaffen."[27]

"Stilistische Wirkung ist geschaffen". Aber wozu? Was fängt man mit den stilistischen Verfahren an oder mit ihrer Konvergenz, wenn sie einmal vom Informanten-Leser lokalisiert worden sind? Man kann nicht von dort zur Bedeutung übergehen, weil die Bedeutung unabhängig von ihnen ist; sie sind Hervorhebungen ('Hervorhebung' besetzt in Riffaterres Katalog von Einwirkungen die gleiche Stelle wie bei Richards die 'Impulse', und sie stellen die gleiche Einschränkung des Reaktionsbereichs dar.) Es bleibt uns nur eine Kollektion stilistischer Wirkungen (von eingeschränkter Art); Riffaterre behauptet zwar nicht, daß sie übertragbar sind, aber er behauptet eben auch sonst nichts. Und ihr Nutzen ist, für mich zumindest, noch immer eine offene Frage. (Ich sollte hinzufügen, daß Riffaterres Analyse von *Les Chats* brillant und überzeugend ist, ebenso wie seine Zurückweisung der Position, die Jakobson und Lévi-Strauss einnehmen. Es ist jedoch eine Analyse, die von Einsichten abhängt, die seine eigene Methode nicht geschaffen haben könnte. Er wird sich bei mir nicht für diese Äußerung bedanken, aber Riffaterre ist ein besserer Kritiker, als seine Methode es zulassen würde.)

Der Unterschied zwischen Riffaterre und mir kann sehr leicht in der Vorstellung vom 'Stil' gefunden werden. Der Leser mag sich gewundert haben, warum in einem Essay mit dem Untertitel "Affektive Stilistik" das Wort 'Stil' so wenig gebraucht worden ist. Grund dafür ist meine Behauptung, daß alles mitbedeutet, und daß etwas (Analysierbares und Signifikantes) immer geschieht. Dies macht es unmöglich, zwischen 'linguistischen Fakten' und 'stilistischen Fakten' zu unterscheiden, wie Riffaterre es tut. Für mich ist ein stilistisches Faktum ein Faktum der Reaktion, und da meine Kategorie der Reaktion alles einschließt, angefangen vom kleinsten und am wenigsten auffälligen bis zum umfangreichsten und am stärksten durchbrechenden aller linguistischen Erlebnisse, wird alles zum stilistischen Faktum, und wir mögen das Wort ebensogut fallenlassen, da es so viele binäre Vorbelastungen mit sich herumschleppt (Stil und – –).

Dies führt mich natürlich zu einer monistischen Theorie von Bedeutung; und gewöhnlich wird gegen solche Theorien eingewendet, daß sie der Analyse keinen Raum gäben. Aber mein Monismus läßt die Analyse zu, weil er ein Monismus der Wirkungen ist, in dem Bedeutung (teilweise) das Produkt der Aussage des Objekts ist, aber nicht damit identifiziert werden darf. In dieser Theorie ist die Botschaft, die die Aussage mit sich führt, – sonst ein Pol der binären Beziehung, in der der andere Pol der Stil ist – bei ihrem Wirken (etwas, das jemand wie Richards abstreiten würde) eine zusätzliche Kraft, ein weiterer Reaktionsauslöser, eine weitere Konstituente im Bedeutungserlebnis. Sie ist einfach nicht *die* Bedeutung. Nichts ist das.

Vielleicht sollte dann der Begriff Bedeutung auch fallengelassen werden, da er mit sich den Verweis auf Nachricht oder Argument trägt. Die Bedeutung einer Aussage, ich wiederhole es, ist ihr Erlebnis – in seiner Gesamtheit –, und dies Erlebnis ist sofort gefährdet, sobald man darüber spricht. Daraus würde man folgern, daß wir überhaupt nicht versuchen sollten, Sprache zu analysieren. Das menschliche Bewußtsein scheint jedoch nicht fähig zu sein, dem Impuls zu widerstehen, die Prozesse der eigenen Tätigkeit zu erforschen; aber das mindeste (und vermutlich das meiste), was wir tun können, ist, dabei so vorzugehen, daß die Verzerrung so gering wie möglich bleibt.

Anmerkungen

1 *The Verbal Icon* (Lexington, Ky., 1954), S. 21.

2 *Daß Judas sein Ende fand, indem er sich aufhängte, darüber besteht keine Gewißheit in der Heiligen Schrift: zwar scheint sie es an einer Stelle zu bestätigen und ein mehrdeutiges Wort gab Anlaß, es so zu interpretieren; doch an anderer Stelle, in einer genaueren Beschreibung, hält sie es für unwahrscheinlich und scheint es zu widerlegen.*

3 *Wohl sahen sie ihrer Lage Jammer ein,* Übertr., B. Schuhmann.

4 Danach würde die Zeile heißen: *They did not not perceive,* was nicht das gleiche ist, wie wenn man sagt: *they did perceive.* (Die Frage bleibt offen.) Man könnte auch behaupten, daß *not* eigentlich keine Negation sei.

5 Natürlich wird *That* nicht mehr als *the fact that* gelesen, doch dies nur deshalb, weil die Satzstellung den Ausschluß dieser Möglichkeit ergeben hat.

6 Dies trifft nicht zu für die Oxforder Schule der Sprachphilosophie der Alltagssprache (Austin, Grice, Searle), die in Begriffen wie Hörer-Sprecher Beziehungen und Intention-Reaktion Konventionen, i. e. Bedeutung in der Situation, den Bedeutungsbegriff zu diskutieren sucht.

7 *Dieser deutliche, ewige Umriß von Gesicht und Gliedmaßen ist nur ein Abbild von uns.*

8 *Diese Tatsache wird durch den Einfluß der Sprache verdeckt, die durch die Naturwissenschaft geformt wird, und uns exakte Begriffe aufdrängt, als ob diese die unmittelbaren Ergebnisse von Erfahrung repräsentierten.*

9 *Und wenn wir länger in Gedanken bei jener Welt verweilen, die nicht aus Dingen von jener Greifbarkeit besteht, womit die Sprache sie kleidet, sondern aus Eindrücken, schwankend, flackernd, unbeständig, die mit dem Bewußtsein, das wir von ihnen haben, aufleuchten und erlöschen, schrumpft sie immer mehr.*

10 *der äußerst ungenaue und grob gefügte Charakter, der der Erfahrung eignet.*

11 *Und da ja die Mysterien unserer Religionen nicht Gegenstände der Beurteilung unserer Vernunft sind, sondern da wir im Glauben an Gottes Ratschluß und Willen gegründet sind, (es ist so, O Herr, weil es Dein Wille ist, daß es so geschehe) so sollen die Ratschlüsse Gottes immer nur als Zeugnis dafür angesehen werden.*

12 Ich entnehme diese Formulierung P. W. Bridgmans Buch *The Way Things Are.*

13 Ronald Wardhaugh, *Reading: A Linguistic Perspective* (New York, 1969), S. 60.

14 Das soll heißen, daß es einen großen Unterschied zwischen beiden Kompetenzen gibt. Die eine ist gleichbleibend im Verlauf der menschlichen Geschichte, die andere zu verschiedenen Zeiten verschieden.

15 Noam Chomsky, *Syntactic Structures* (The Hague, 1957), S. 21–24.

16 Dazu Wardhaugh, S. 55: "Sätze verfügen über eine gewisse 'Tiefe', eine Tiefe, die grammatische Modelle, wie Satzstrukturmodelle und generativ-transformationelle Modelle darzustellen versuchen. Diese Modelle legen nahe, daß, wenn das Prinzip der Bewegung von links nach rechts für die Interpretation eines Satzes relevant ist, es ein links-rechts Bewegungsprinzip höchst entwickelter Art sein muß, das die Interpretation gleichzeitig auf verschiedenen Ebenen ablaufen läßt, von denen manche in hohem Maße abstrakt sind: phonologisch oder graphologisch, struktural und semantisch."

17 Noam Chomsky, *Language and Mind* (New York, 1968), S. 32.

18 *The Rhetoric of Fiction* (Chicago, 1961), S. 139.

19 "Describing Poetic Structures", *Yale French Studies,* XXXVI–XXXVII (1966). [Die Deutsche Fassung dieses Aufsatzes findet sich in dem Sammelband M. Riffaterre, *Strukturale Stilistik,* München 1973, S. 232–282, dem alle folgenden Zitate entnommen sind. Alle Stellenangaben im Text beziehen sich auf diesen Band.]

20 "Criteria for Style Analysis", *Word*, XV (1959). – *Strukturale Stilistik*, S. 35 [in diesem Band S. 163–195].
21 *Word*, XVI (1960). – *Strukturale Stilistik*, S. 60–83.
22 "The Stylistic Function", *Proceedings of the 9th International Congress of Linguistics* (Cambridge, 1962). – *Strukturale Linguistik*, S. 132.
23 "Criteria for Style Analysis". – *Strukturale Linguistik*, S. 29–31.
24 "Stylistic Context". – *Strukturale Linguistik*, S. 61.
25 "Describing Poetic Structures". – *Strukturale Linguistik*, S. 251.
26 Ebenda, S. 259.
27 "Criteria for Style Analysis". – *Strukturale Linguistik*, S. 56–57.

Wolfgang Iser

DIE APPELLSTRUKTUR DER TEXTE

Unbestimmtheit als Wirkungsbedingung literarischer Prosa

"In place of a hermeneutics we need an erotics of art"[1]. Mit dieser ironisch zugespitzten Forderung zielt Susan Sontag in ihrem Essay *Against Interpretation* auf jene Form der Textauslegung hin, die sich seit je um die Ermittlung der in literarischen Texten enthaltenen Bedeutungen bemüht. Was ursprünglich sinnvoll war, indem verderbte Texte wieder lesbar gemacht wurden, hat sich – wie Susan Sontag meint – mehr und mehr zu einem Mißtrauen gegen die wahrnehmbare Textgestalt ausgewachsen, deren Hintersinn offenbar allein durch die Interpretation aufgedeckt werden kann.[2] Daß Texte Inhalte haben, die ihrerseits Träger von Bedeutungen sind, ließ sich bis zum Anbruch moderner Kunst schwer bestreiten, so daß eine Interpretation stets legitimiert war, wenn sie die Texte auf Bedeutungen reduzierte. Wiesen diese doch anerkannte Konventionen und damit jenen Betrag an Bekanntem auf, der als akzeptiert galt oder wenigstens einsehbar war. Der klassifikatorische Eifer dieser Art der Interpretation beruhigte sich in der Regel erst dann, wenn die Bedeutung des Textinhalts ermittelt und ihre Geltung durch das immer schon Gewußte ratifiziert worden war. Das Zurückholen der Texte auf bereitstehende Bezugsrahmen bildete ein nicht unwesentliches Ziel dieser Interpretationsweise, durch das die Texte zwangsläufig entschärft wurden. Wie aber läßt sich dann Aufregendes beschreiben? Texte haben ohne Zweifel stimulierende Momente, die beunruhigen und damit jene Nervosität verursachen, die Susan Sontag als die Erotik der Künste bezeichnen möchte. Besäßen die Texte wirklich nur jene von der Interpretation hergestellten Bedeutungen, dann bliebe für den Leser nicht mehr viel übrig. Er könnte sie nur annehmen oder verwerfen. Doch zwischen Text und Leser spielt sich ungleich mehr als nur die Aufforderung zu einer Ja/Nein-Entscheidung ab. Allerdings ist es schwierig, in diesen Vorgang hineinzublicken, und es fragt sich, ob man über die höchst verschiedenartigen Interaktionen, die zwischen Text und Leser ablaufen, überhaupt Aussagen machen kann, ohne in Spekulationen abzugleiten. Zugleich wird man sagen müssen, daß ein Text überhaupt erst zum Leben erwacht, wenn er gelesen wird. Daraus ergibt sich die Notwendigkeit, die Entfaltung des Textes durch die Lektüre zu betrachten.

Was aber ist der Lesevorgang? Besteht er doch einerseits aus der Gegegebenheit einer komponierten Textgestalt, die andererseits erst durch die im Leser verursachten Reaktionen zur Wirkung gelangt. Bestimmt man einmal den Lesevorgang als die Aktualisierung des Textes, so fragt es sich, ob eine solche Aktualisierung überhaupt beschreibbar ist, ohne daß man sogleich zur Psychologie des Lesens Zuflucht nehmen muß. Wenn man einen Text von den Formen seiner möglichen Aktualisierung unterscheidet, so setzt man sich dem Vorwurf aus, seine Identität zu leugnen und ihn in die Willkür subjektiven Begreifens aufzulösen. Ein Text, so sagt man, stelle doch etwas dar, und die Bedeutung des Dargestellten existiere unabhängig von den verschiedenartigsten Reaktionen, die eine solche Bedeutung auszulösen vermag. Demgegenüber sei jedoch hier schon der Verdacht geäußert, daß die scheinbar von jeder Aktualisierung des Textes so unabhängige Bedeutung ihrerseits vielleicht nichts weiter ist als eine bestimmte Realisierung des Textes, die nun allerdings mit dem Text identifiziert wird. So hat es eine auf die Ermittlung von Bedeutung gerichtete Interpretation immer gehalten und daher die Texte konsequenterweise verarmt. Gott sei Dank hat man solchen Bedeutungen von Zeit zu Zeit widersprochen, meistens jedoch nur mit dem Ergebnis, eine andere, letztlich ebenso begrenzte Bedeutung an die Stelle der soeben demontierten zu setzen. Die Rezeptionsgeschichte literarischer Werke weiß davon zu berichten.

Wenn es wirklich so wäre, wie uns die 'Kunst der Interpretation' glauben machen möchte, daß die Bedeutung im Text selbst verborgen ist, so fragt es sich, warum Texte mit den Interpreten solche Versteckspiele veranstalten; mehr noch aber, warum sich einmal gefundene Bedeutungen wieder verändern, obgleich doch Buchstaben, Wörter und Sätze des Textes dieselben bleiben. Beginnt da nicht eine nach dem Hintersinn der Texte fragende Interpretationsweise diese zu mystifizieren und damit ihr erklärtes Ziel, Klarheit und Licht in die Texte zu tragen, selbst wieder aufzuheben? Sollte am Ende die Interpretation nichts weiter als ein kultiviertes Leseerlebnis und damit nur eine der möglichen Aktualisierungen des Textes sein? Verhält es sich so, dann heißt dies: Bedeutungen literarischer Texte werden überhaupt erst im Lesevorgang generiert; sie sind das Produkt einer Interaktion von Text und Leser und keine im Text versteckten Größen, die aufzuspüren allein der Interpretation vorbehalten bleibt. Generiert der Leser die Bedeutung eines Textes, so ist es nur zwangsläufig, wenn diese in einer je individuellen Gestalt erscheint.

Der Fragenkatalog an die 'Kunst der Interpretation' ließe sich verlängern; das Problem, das er aufwirft, ist aber schon jetzt formulierbar. Es lautet: Wäre ein literarischer Text wirklich auf eine bestimmte Bedeutung reduzierbar, dann wäre er Ausdruck von etwas anderem – von eben dieser Bedeutung, deren Status dadurch bestimmt ist, daß sie auch unabhängig vom Text existiert. Radikal gesprochen heißt dies: Der literarische Text wäre die Illustration einer ihm vorgegebenen Bedeutung. So wurde denn auch der literarische Text bald als Zeugnis des Zeitgeistes, bald als Ausdruck von Neurosen seiner Verfasser, bald als Widerspiegelung gesellschaftlicher Zustände und als anderes mehr gelesen. Nun soll gar nicht geleugnet werden, daß literarische Texte ein historisches Substrat besitzen. Doch allein die Art, in der sie dieses konstituieren und mitteilbar machen, scheint nicht mehr ausschließlich historisch determiniert zu sein. Deshalb ist es auch möglich, daß wir bei der Lektüre von Werken vergangener Epochen oft das Gefühl haben, uns in historischen Zuständen so zu bewegen, als ob wir dazugehörten oder als ob das Vergangene wieder Gegenwart sei. Die Bedingungen dieses Eindrucks liegen sicherlich im Text, doch am Zustandekommen eben dieses Eindrucks sind wir als Leser nicht unbeteiligt. Wir aktualisieren den Text durch die Lektüre. Offensichtlich aber muß der Text einen Spielraum von Aktualisierungsmöglichkeiten gewähren, denn er ist zu verschiedenen Zeiten von unterschiedlichen Lesern immer ein wenig anders verstanden worden, wenngleich in der Aktualisierung des Textes der gemeinsame Eindruck vorherrscht, daß die von ihm eröffnete Welt, so historisch sie auch sein mag, ständig zur Gegenwart werden kann.

An diesem Punkt können wir unsere Aufgabe formulieren. Sie lautet: Wie ist das Verhältnis von Text und Leser beschreibbar zu machen? Die Lösung soll in drei Schritten versucht werden. In einem ersten Schritt gilt es, die Besonderheit des literarischen Textes durch Abgrenzung von anderen Textarten kurz zu skizzieren. In einem zweiten Schritt sollen elementare Wirkungsbedingungen literarischer Texte benannt und analysiert werden. Dabei gilt unsere besondere Aufmerksamkeit den verschiedenen Unbestimmtheitsgraden im literarischen Text sowie den Spielarten ihres Zustandekommens. In einem dritten Schritt müssen wir das seit dem 18. Jahrhundert beobachtbare Anwachsen der Unbestimmtheitsgrade in literarischen Texten zu klären versuchen. Unterstellt man, daß Unbestimmtheit eine elementare Wirkungsbedingung verkörpert, so fragt es sich, was ihre Expansion – vor allem in moderner Literatur – besagt. Sie verändert ohne Zweifel das Verhältnis von Text und Leser. Je mehr die Texte an Determiniertheit verlieren, desto stärker ist der Leser in den Mitvollzug ihrer möglichen Intention eingeschaltet. Wenn die Unbestimmtheit gewisse Toleranzgrenzen übersteigt, wird sich der Leser in einem bisher nicht gekannten Ausmaß strapaziert fühlen. Er kann gegebenenfalls Reaktionen zeigen, die zu einer ungewollten Diagnose seiner Einstellung führen. An diesem Punkt ergibt sich dann die Frage, welche Einsichten die Literatur in die menschliche Situation zu eröffnen vermag. Diese Frage aufzuwerfen heißt aber zugleich, das hier zu diskutierende Verhältnis zwischen Text und Leser als eine mögliche Vorgeschichte zu diesem Problem zu verstehen.

I

Kommen wir zum ersten Schritt. Wie läßt sich der Status eines literarischen Textes beschreiben? Zunächst wird man sagen müssen, daß er sich von allen jenen Textarten unterscheidet, die einen Gegenstand vorstellen oder mitteilbar machen, der eine vom Text unabhängige Existenz besitzt. Wenn ein Text von einem Gegenstand spricht, den es außerhalb seiner mit der gleichen Bestimmtheit gibt, dann liefert er nur eine Exposition dieses Gegenstandes. Er ist, in der Formulierung von Austin, "language of statement" – im Gegensatz zu jenen Texten, die "language of performance" sind,[3] das heißt solchen, die ihren Gegenstand erst konstituieren. Es versteht sich, daß literarische Texte zur zweiten Gruppe gehören. Sie besitzen keine genaue Gegenstandsentsprechung in der 'Lebenswelt', sondern bringen ihre Gegenstände aus den in der 'Lebenswelt' vorfindbaren Elementen erst hervor. Diese vorläufig noch grobe Unterscheidung von Texten als Exposition des Gegenstandes beziehungsweise als Hervorbringung des Gegenstandes müssen wir noch weiter differenzieren, um den Status des literarischen Textes zu erreichen. Denn es gibt durchaus Texte, die etwas hervorbringen, ohne dadurch schon literarisch zu sein. So schaffen beispielsweise alle Texte, die Forderungen stellen, Ziele angeben oder Zwecke formulieren, ebenfalls neue Gegenstände, die jedoch erst durch das vom Text entwickelte Maß an Bestimmtheit ihren Gegenstandscharakter gewinnen. Gesetzestexte bilden den paradigmatischen Fall solcher Formen der Sprachlichkeit. Das von ihnen Gemeinte gibt es dann als verbindliche Verhaltensnorm im menschlichen Umgang. Im Gegensatz dazu vermag ein literarischer Text niemals solche Sachverhalte zu schaffen. Kein Wunder also, daß man diese Texte als Fiktionen bezeichnet, denn Fiktion ist Form ohne Realität. Ist aber Literatur wirklich so bar jeder Realität, oder besitzt sie eine Realität, die sich von der der expositorischen Texte genauso unterscheidet wie von jener, die Gegenstände erzeugt, sofern diese allgemein anerkannte Verhaltensregulative formulieren? Ein literarischer Text bildet weder Gegenstände ab noch erschafft er solche in dem beschriebenen Sinne, bestenfalls wäre er als die Darstellung von Reaktionen auf Gegenstände zu beschreiben.[4] Dies ist auch der Grund dafür, weshalb wir in der Literatur so viele Elemente wiedererkennen, die in unserer Erfahrung ebenfalls eine Rolle spielen. Sie sind nur anders zusammengesetzt, das heißt, sie konstituieren eine uns scheinbar vertraute Welt in einer von unseren Gewohnheiten abweichenden Form. Deshalb besitzt die Intention eines literarischen Textes in unserer Erfahrung nichts vollkommen Identisches. Wenn er Reaktionen auf Gegenstände zu seinem Inhalt hat, dann offeriert er Einstellungen zu der von ihm konstituierten Welt. Seine Realität gründet nicht darin, vorhandene Wirklichkeit abzubilden, sondern darin, Einsichten in diese parat zu halten. Es gehört zu den schier unaustilgbaren Naivitäten der Literaturbetrachtung zu meinen, Texte bildeten Wirklichkeit ab. Die Wirklichkeit der Texte ist immer erst eine von ihnen konstituierte und damit Reaktion auf Wirklichkeit.

Wenn ein literarischer Text keine wirklichen Gegenstände hervorbringt, so gewinnt er seine Wirklichkeit erst dadurch, daß der Leser die vom Text angebotenen Reaktionen mit vollzieht. Dabei kann der Leser sich allerdings weder auf die Bestimmtheit gegebener Gegenstände noch auf definierte Sachverhalte beziehen, um festzustellen, ob der Text den Gegenstand richtig oder falsch dargestellt hat. Diese Möglichkeit des Überprüfens, die alle expositorischen Texte gewähren, wird vom literarischen Text geradezu verweigert. An diesem Punkt entsteht ein Unbestimmtheitsbetrag, der allen literarischen Texten eigen ist, denn sie lassen sich auf keine lebensweltliche Situation so weit zurückführen, daß sie in ihr aufgingen beziehungsweise mit ihr identisch würden. Lebensweltliche Situationen sind immer real, literarische Texte hingegen fiktional; sie sind daher nur im Lesevorgang, nicht aber in der Welt zu verankern. Wenn der Leser die ihm angebotenen Perspektiven des Textes durchläuft, so bleibt ihm nur die eigene Erfahrung, an die er sich halten kann, um Feststellungen über das vom Text Vermittelte zu treffen. Wird die Welt des Textes auf die eigene Erfahrung projiziert, so kann sich eine sehr differenzierte Skala der Reaktionen ergeben, auf der die Spannung ablesbar wird, die aus der Konfrontation der eigenen Erfahrung mit einer potentiellen Erfahrung entsteht. Zwei extreme Möglichkeiten der Reaktion sind denkbar: Entweder erscheint die Welt des Textes als phantastisch, weil sie allen unseren Gewohnheiten widerspricht, oder aber als banal, weil sie so vollkommen mit diesen zusammenfällt. Damit ist nicht nur angezeigt, wie stark unsere Erfahrungen bei der Realisierung des Textes im Spiele sind, sondern auch, daß in diesem Vorgang immer etwas mit unseren Erfahrungen geschieht.

Daraus ergibt sich die erste Einsicht in den Status des literarischen Textes. Er unterscheidet sich einerseits von anderen Textarten dadurch, daß er weder bestimmte reale Gegenstände expliziert noch solche hervorbringt, und er unterscheidet sich andererseits von den realen Erfahrungen des Lesers dadurch, daß er Einstellungen anbietet und Perspektiven eröffnet, in denen eine durch Erfahrung gekannte Welt anders erscheint. So läßt sich der literarische Text weder mit den realen Gegenständen der 'Lebenswelt' noch mit den Erfahrungen des Lesers vollkommen verrechnen. Die mangelnde Deckung erzeugt ein gewisses Maß an Unbestimmtheit. Diese allerdings wird der Leser im Akt der Lektüre 'normalisieren'. Auch dafür ließen sich schematische Grenzpunkte auf der Skala sehr differenzierter Reaktionen angeben. Unbestimmtheit läßt sich 'normalisieren', indem man den Text so weit auf die realen und damit verifizierbaren Gegebenheiten bezieht, daß er nur noch als deren Spiegel erscheint. In der Widerspiegelung verlischt dann seine literarische Qualität. Die Unbestimmtheit kann aber auch mit solchen Widerständen ausgestattet sein, daß eine Verrechnung mit der realen Welt nicht möglich ist. Dann etabliert sich die Welt des Textes als Konkurrenz zur bekannten, was nicht ohne Rückwirkungen auf die bekannte bleiben kann. Die reale Welt erscheint nur noch als eine Möglichkeit, die in ihren Voraussetzungen durchschaubar geworden ist. Unbestimmtheit läßt sich jedoch auch im Hinblick auf die jeweils individuellen Erfahrungen des Lesers 'normalisieren'. Er kann einen Text auf die eigenen Erfahrungen reduzieren. Durch diese Selbstbestätigung fühlt er sich vielleicht erhoben. Bedingung dafür ist, daß die Normen des eigenen Selbstverständnisses in den Text projiziert werden, wenn die von ihm verfolgte Absicht realisiert werden soll. Auch das ist 'Normalisierung' von Unbestimmtheit, die dann verschwindet, wenn die privaten Normen des Lesers die Orientierung im Text verbürgen. Es ist aber auch der Fall denkbar, daß ein Text so massiv den Vorstellungen seiner Leser widerspricht, daß Reaktionen ausgelöst werden, die vom Zuschlagen des Buches bis zur Bereitschaft einer reflexiven Korrektur der eigenen Einstellung reichen können. Dadurch erfolgt ebenfalls ein Abbau von Unbestimmtheit. Sie bildet in jedem Falle die Möglichkeit, den Text an die eigenen Erfahrungen beziehungsweise die eigenen Weltvorstellungen anzuschließen. Geschieht dies, dann verschwindet sie; denn ihre Funktion besteht darin, die Adaptierbarkeit des Textes an höchst individuellen Leserdispositionen zu ermöglichen. Daraus ergibt sich die Eigenart des literarischen Textes. Er ist durch eine eigentümliche Schwebelage charakterisiert, die zwischen der Welt realer Gegenstände und der Erfahrungswelt des Lesers gleichsam hin und her pendelt. Jede Lektüre wird daher zu einem Akt, das oszillierende Gebilde des Textes an Bedeutungen festzumachen, die in der Regel im Lesevorgang selbst erzeugt werden.

II

Doch damit haben wir den literarischen Text nur von außen beschrieben. Wir müssen nun in einem zweiten Schritt wichtige formale Bedingungen benennen, die im Text selbst Unbestimmtheit hervorbringen. Dabei drängt sich sogleich die Frage auf, wie es überhaupt um den Gegenstand eines solchen Textes bestellt ist, denn er besitzt doch im Bereich empirisch vorhandener Gegenstände keinerlei Entsprechung. Nun, literarische Gegenstände kommen dadurch zustande, daß der Text eine Mannigfaltigkeit von Ansichten entrollt, die den Gegenstand schrittweise hervorbringen und ihn gleichzeitig für die Anschauung des Lesers konkret machen. Wir nennen diese Ansichten im Anschluß an einen von Ingarden geprägten Begriff "schematisierte Ansichten" [5], weil eine jede von ihnen den Gegenstand nicht in einer beiläufigen oder gar zufälligen, sondern in einer repräsentativen Weise vorstellen möchte. Wie groß aber muß nun die Zahl solcher Ansichten sein, damit der literarische Gegenstand ganz deutlich wird? Offensichtlich bedarf es vieler solcher Ansichten, um den literarischen Gegenstand mit zureichender Deutlichkeit vorstellbar zu machen. Damit stoßen wir auf das uns hier interessierende Problem. Jede einzelne Ansicht bringt in der Regel nur einen Aspekt zur Geltung. Sie bestimmt daher den literarischen Gegenstand genauso, wie sie eine neue Bestimmungsbedürftigkeit zurückläßt. Das aber heißt, daß ein sogenannter literarischer Gegenstand nie an das Ende seiner allseitigen Bestimmtheit gelangt. Daß dies so ist, merken wir oft an den Romanschlüssen, die – weil es nun einmal zu Ende gehen muß – vielfach etwas Forciertes besitzen. Der mangelnden Bestimmbarkeit wird dann zum Schluß eine ideologische oder eine utopische Antwort zuteil. Es gibt jedoch auch Romane, die diese Offenheit am Ende eigens artikulieren.

Diese elementare Beschaffenheit des literarischen Textes bedeutet, daß die "schematisierten Ansichten", durch die der Gegenstand entrollt werden soll, oftmals unvermittelt aneinander stoßen. Der Text besitzt dann einen Schnitt. Die häufigste Verwendung dieser Schnittechnik findet sich dort, wo mehrere Handlungsstränge gleichzeitig ablaufen, aber nacheinander erzählt werden müssen. Die Beziehungen, die zwischen solchen übereinander gelagerten Ansichten bestehen, werden in der Regel vom Text nicht ausformuliert, obgleich die Art, in der sie sich zueinander verhalten, für die Intention des Textes wichtig ist. Mit anderen Worten: Zwischen den "schematisierten Ansichten" entsteht eine Leerstelle, die sich durch die Bestimmtheit der aneinander stoßenden Ansichten ergibt.[6] Solche Leerstellen eröffnen dann einen Auslegungsspielraum für die Art, in der man die in den Ansichten vorgestellten Aspekte aufeinander beziehen kann. Sie sind durch den Text selbst überhaupt nicht zu beseitigen. Im Gegenteil, je mehr ein Text seinen Darstellungsraster verfeinert, und das heißt, je mannigfaltiger die "schematisierten Ansichten" sind, die den Gegenstand des Textes hervorbringen, desto mehr nehmen die Leerstellen zu. Klassische Beispiele dafür wären etwa die letzten Romane von Joyce, *Ulysses* und *Finnegans Wake*, wo sich durch eine Überpräzisierung des Darstellungsrasters die Unbestimmtheit proportional erhöht. Wir werden darauf noch zurückkommen. Die Leerstellen eines literarischen Textes sind nun keineswegs, wie man vielleicht vermuten könnte, ein Manko, sondern bilden einen elementaren Ansatzpunkt für seine Wirkung. Der Leser wird sie in der Regel bei der Lektüre des Romans nicht eigens bemerken. Dies läßt sich für die meisten Romane bis etwa zur Jahrhundertwende sagen. Dennoch sind sie auf seine Lektüre nicht ganz ohne Einfluß, denn im Lesevorgang werden die "schematisierten Ansichten" kontinuierlich gemacht. Das aber heißt: Der Leser wird die Leerstellen dauernd auffüllen beziehungsweise beseitigen. Indem er sie beseitigt, nutzt er den Auslegungsspielraum und stellt selbst die nicht formulierten Beziehungen zwischen den einzelnen Ansichten her. Daß dies so ist, läßt sich an der einfachen Erfahrungstatsache ablesen, daß die Zweitlektüre eines literarischen Textes oftmals einen von der Erstlektüre abweichenden Eindruck produziert. Die Gründe dafür mögen in der jeweiligen Befindlichkeit des Lesers zu suchen sein, dennoch muß der Text die Bedingungen für unterschiedliche Realisierungen enthalten. Bei einer Zweitlektüre ist man mit ungleich größerer Information über den Text ausgestattet, vor allem dann, wenn der zeitliche Abstand relativ kurz ist. Diese zusätzliche Information bildet die Voraussetzung dafür, daß nun die unformulierten Beziehungen zwischen den einzelnen Textsituationen sowie die dadurch gewährten Zuordnungsmöglichkeiten anders, vielleicht sogar intensiver genutzt werden können. Das Wissen, das nun den Text überschattet, gewärtigt Kombinierbarkeiten, die in der Erstlektüre oftmals dem Blick noch verschlossen waren. Bekannte Vorgänge rücken nun in neue, ja sogar wechselnde Horizonte und erscheinen daher als bereichert, verändert und korrigiert. Von alledem ist im Text selbst nichts formuliert; vielmehr produziert der Leser selbst diese Innovationen. Das aber wäre unmöglich, enthielte der Text nicht einen gewissen Leerstellenbetrag, der den Auslegungsspielraum und die verschiedenartige Adaptierbarkeit des Textes überhaupt erst ermöglichte. In dieser Struktur hält der Text ein Beteiligungsangebot an seine Leser bereit. Sinkt der Leerstellenbetrag in einem fiktionalen Text, dann gerät er in Gefahr, seine Leser zu langweilen, da er sie mit einem steigenden Maß an Bestimmtheit – sei dieses nun ideologisch oder utopisch orientiert – konfrontiert. Erst die Leerstellen gewähren einen Anteil am Mitvollzug und an der Sinnkonstitution des Geschehens. Räumt ein Text diese Chance ein, so wird der Leser die von ihm komponierte Intention nicht nur für wahrscheinlich, sondern auch für real halten. Denn wir sind im allgemeinen geneigt, das von uns Gemachte als wirklich zu empfinden. Damit aber erwiese sich der Leerstellenbetrag eines Textes als die elementare Bedingung für den Mitvollzug.

Dieser Sachverhalt läßt sich schon an relativ einfachen Beispielen beobachten, von denen wir wenigstens eines herausgreifen wollen. Es gibt eine Publikationsform literarischer Prosa, von der sich sagen ließe, daß sie Unbestimmtheit auf eine besondere Weise nutzt. Gemeint ist der Fortsetzungsroman, dessen Text dem Leser in dosierten Abschnitten geliefert wird. Wenn heute Fortsetzungsromane in Zeitungen erscheinen, so spielt für diese Art der Veröffentlichung der Werbeeffekt eine gewisse Rolle: Der Roman soll eingeführt werden, um ihm ein Publikum zu gewinnen. Im 19. Jahrhundert stand diese Absicht ganz im Vordergrund des Interesses. Die großen realistischen Erzähler warben durch diese Erscheinungsweise um Leser für ihre Romane.[7] Charles Dickens gar schrieb seine Romane nur von Woche zu Woche, und zwischendurch versuchte er, soviel wie möglich darüber zu erfahren, wie sich seine Leser den Fortgang der Handlung dachten.[8] Dabei machte schon das Leserpublikum des 19. Jahrhunderts eine für unseren Zusammenhang aufschlußreiche Erfahrung: Es hielt den in Fortsetzungen gelesenen Roman oftmals für besser als den identischen Text in Buchform.[9] Diese Erfahrung ist wiederholbar, man muß sich nur die Mühe machen, das Experiment durchzustehen. In der Regel erscheint heute in den Zeitungen eine Romanauswahl, die die Grenze zur Trivialliteratur immer wieder überschreitet, denn es soll ja ein größeres Publikum gewonnen werden. Liest man solche Romane abschnittweise, so können sie bisweilen erträglich sein; liest man sie als Buch, so werden sie unerträglich.

Doch nun zum Sachverhalt, der die Bedingung für solche Unterschiede bildet. Der Fortsetzungsroman arbeitet mit einer Schnittechnik. Er unterbricht im allgemeinen dort, wo sich eine Spannung gebildet hat, die nach einer Lösung drängt, oder wo man gerne etwas über den Ausgang des soeben Gelesenen erfahren möchte.[10] Das Kappen beziehungsweise Verschleppen der Spannung bildet die Elementarbedingung für den Schnitt. Ein solcher Suspens-Effekt aber bewirkt, daß wir uns die im Augenblick nicht verfügbare Information über den Fortgang des Geschehens vorzustellen versuchen. Wie wird es weitergehen? Indem wir diese und ähnliche Fragen stellen, erhöhen wir unsere Beteiligung am Vollzug des Geschehens. Dickens hat von diesem Sachverhalt schon gewußt; seine Leser wurden ihm zu 'Mitautoren'.

Nun ließe sich ein ganzer Katalog von solchen Schnittechniken entwickeln, die zum großen Teil ungleich raffinierter sind als der recht primitive, aber doch sehr wirksame Suspens-Effekt. Eine andere Form zum Beispiel, den Leser zu einer größeren Kompositionsleistung anzureizen, besteht darin, mit einzelnen Schnitten unvermittelt neue Personen einzuführen, ja, ganz andere Handlungsstränge beginnen zu lassen, so daß sich die Frage nach den Beziehungen zwischen der bisher vertrauten Geschichte und den neuen, unvorhersehbaren Situationen aufdrängt. Daraus ergibt sich dann ein ganzes Geflecht möglicher Verbindungen, deren Reiz darin besteht, daß nun der Leser die unausformulierten Anschlüsse selbst herstellen muß. Angesichts des temporären Informationsentzugs wird sich die Suggestivwirkung selbst von Details steigern, die wiederum die Vorstellung von möglichen Lösungen mobilisieren. In jedem Falle entstehen in solchen Schnitten ständig bestimmte Erwartungen, die, wenn der Roman etwas taugen soll, nicht restlos eingelöst werden dürfen. Damit drängt der Fortsetzungsroman dem Leser eine bestimmte Form der Lektüre auf. Die Unterbrechungen sind kalkulierter als jene, die beim Lesen eines Buches oftmals aus ganz äußerlichen Gründen veranlaßt werden. Im Fortsetzungsroman entspringen sie einer strategischen Absicht. Der Leser wird gezwungen, durch die ihm verordneten Pausen sich immer etwas mehr vorzustellen, als dies bei kontinuierlicher Lektüre in der Regel der Fall ist. Wenn daher ein Text als Fortsetzungsroman einen anderen Eindruck hinterläßt als in Buchform, so nicht zuletzt deshalb, weil er einen zusätzlichen Betrag an Unbestimmtheit einführt beziehungsweise durch die Pause bis zur nächsten Fortsetzung eine vorhandene Leerstelle eigens akzentuiert. Sein Qualitätsniveau ist keineswegs höher. Er bringt nur eine andere Form der Realisierung zustande, an der der Leser durch das Auffüllen zusätzlicher Leerstellen stärker beteiligt ist. In einem solchen Vorgang zeigt sich bereits, in welchem Maße der Unbestimmtheitsbetrag literarischer Texte die notwendigen Freiheitsgrade schafft, die dem Leser im Kommunikationsakt gewährt werden müssen, damit die 'Botschaft' entsprechend empfangen und verarbeitet werden kann. Steigert ein Roman bereits dadurch seine Wirkung, so wird deutlich, welches Gewicht den Leerstellen für die Kommunikation zwischen Text und Leser zukommt.

An diesem Punkt stellt sich nun eine Aufgabe, die wir im Rahmen dieser Diskussion nur benennen, nicht aber lösen können. Es käme zunächst einmal darauf an, das Repertoire von Strukturen sichtbar zu machen, durch das im Text Unbestimmtheit entsteht; ferner gälte es, elementare Aktivitäten beschreibbar zu machen, die der Leser bei der Lektüre zwar nicht bewußt wahrnimmt, die sich aber dennoch vollziehen. Von den vielen Möglichkeiten, Leserreaktionen zu steuern, wollen wir nur eine kurz beleuchten; sie ist gewiß die allereinfachste, kommt aber dafür am häufigsten vor. Gemeint ist folgendes: Wir alle machen bei der Romanlektüre die Beobachtung, daß die erzählte Geschichte mit Betrachtungen des Autors über das Geschehen durchsetzt ist. In solchen Bemerkungen spricht sich vielfach eine Bewertung der erzählten Vorgänge aus. Wir bezeichnen solche vom Autor angestellten Überlegungen als Kommentar. Offensichtlich besitzt die erzählte Geschichte Stellen, an denen sie solcher Erläuterungen bedarf. Im Blick auf unsere bisherige Diskussion ließe sich sagen: Der Autor selbst beseitigt Leerstellen, denn er möchte mit seinen kommentierenden Bemerkungen die Auffassung der Erzählung einheitlich machen. Solange dies jedoch die einzige Funktion des Kommentars bleibt, muß die Beteiligung des Lesers am Vollzug der in der Geschichte liegenden Absicht sinken. Der Autor selbst sagt ihm, wie seine Erzählung zu verstehen sei. Dem Leser bleibt dann bestenfalls noch die Möglichkeit, einer solchen Auffassung zu widersprechen, wenn er aus der erzählten Geschichte andere Eindrücke zu gewinnen glaubt. Nun aber gibt es sehr viele Romane, die zwar mit solchen kommentierenden und bewertenden Bemerkungen durchsetzt sind, ohne jedoch die Geschichte von einem bestimmten, immer durchgehaltenen Standpunkt aus zu interpretieren. Dies läßt sich schon seit Beginn des 18. Jahrhunderts beobachten und findet sich in vielen Romanen, deren historisches Substrat für uns heute relativ uninteressant ist, ohne daß unser Vergnügen bei der Lektüre leidet. Bei solchen Romanen ist der Autor offensichtlich nicht ausschließlich davon geleitet, durch die kommentierenden Partien seines Textes dem Leser das Verstehen der Geschichte vorzuschreiben. Die großen englischen Romane des 18. und 19. Jahrhunderts, denen heute noch eine ungebrochene Lebendigkeit bescheinigt wird, gehören zu diesem Typ. Bei diesen Texten gewinnt man den Eindruck, als ob der Autor mit seinen kommentierenden Hinweisen sich eher von den erzählten Vorgängen distanzieren als ihren Sinn verdolmetschen wollte. Die Kommentare wirken wie bloße Hypothesen und scheinen Bewertungsmöglichkeiten zu implizieren, die sich von den aus den erzählten Vorgängen unmittelbar ableitbaren unterscheiden. Dieser Eindruck wird durch die Tatsache unterstützt, daß die Kommentare zu verschiedenen Situationen wechselnde Standpunkte des Autors erkennen lassen. Soll man dann dem Autor noch trauen, wenn er kommentiert?[11] Oder müßte man besser prüfen, was er zu den erzählten Vorgängen noch eigens bemerkt? Denn oftmals hinterlassen bestimmte Situationen der Romangeschichte einen anderen Eindruck, als ihn die kommentierende Beleuchtung nahezulegen scheint. Hat man da vielleicht unaufmerksam gelesen, oder soll man gar aufgrund des Gelesenen den Kommentar des Autors korrigieren, um die Bewertung der Vorgänge selbst zu finden? Unversehens hat es der Leser dann nicht mehr ausschließlich mit den Romanfiguren zu tun, sondern auch noch mit einem Autor, der sich in der Rolle eines Kommentators zwischen Geschichte und Leser drängt. Nun beschäftigt er den Leser genauso, wie dieser von der Geschichte beschäftigt wird. Die Kommentare provozieren vielfältige Reaktionen. Sie verblüffen, sie reizen zum Widerspruch und decken doch häufig viele unerwartete Seiten am Erzählvorgang auf, die man ohne diese Hinweise nicht wahrgenommen hätte. So liefern solche Kommentare zwar keine verbindlichen Bewertungen des Geschehens, sie stellen aber ein Bewertungsangebot dar, das Wahlmöglichkeiten bereithält. Statt mit einer einheitlichen Optik versehen sie den Leser mit gewissen Einstellungen, die er nachvollziehen muß, um sich das Geschehen entsprechend zu erschließen; sie überziehen die Geschichte mit Beobachterperspektiven, deren Orientierung allerdings wechselt. So eröffnen diese Kommentare einen Bewertungsspielraum, der neue Leerstellen im Text entstehen läßt. Diese liegen nun nicht mehr in der erzählten Geschichte, sondern zwischen der Geschichte und den Möglichkeiten ihrer Beurteilung. Sie lassen sich nur beseitigen, indem Urteile über die zur Rede stehenden Vorgänge gefällt werden. Für die Provokation des Urteilsvermögens sorgt der Kommentar auf zweierlei Weise: Indem er die eindeutige Bewertung des Geschehens ausspart, schafft er Leerstellen, die eine Reihe von Erfüllungsvariablen zulassen; da er aber zugleich Möglichkeiten der Bewertung anbietet, sorgt er dafür, daß diese Leerstellen nicht beliebig aufgefüllt werden. So bewirkt diese Struktur zum einen die Beteiligung des Lesers an der Bewertung, zum anderen aber die Kontrolle derjenigen Reaktionen, denen die Bewertung entspringt.

Diese Art der Leserlenkung sei wenigstens ganz kurz an einem interessanten Beispiel solcher Steuerungsvorgänge erläutert. Gesetzt den Fall, ein Autor möchte durch seine Situationsbemerkungen nicht nur den Spielraum der Leserreaktionen kontrollieren, sondern die Reaktion selbst eindeutig machen; wie verfährt er dann? Wenn unsere bisherigen Beobachtungen richtig sind, werden wir nicht erwarten dürfen, daß der Kommentar die gewünschte Reaktion des Lesers detailliert oder sie ihm gar vorschreibt. Der Leser würde dann auf das ihm Vorgeschriebene, nicht aber im Sinn der gehegten Absicht reagieren. Nun das Beispiel: Es ist jene bekannte Stelle aus Dickens' *Oliver Twist,* wo sich das ausgehungerte Kind im Armenhaus mit dem Mut der Verzweiflung aufrafft, eine zweite Portion Suppe zu verlangen. Die Aufsichtspersonen des Armenhauses sind über die ungeheuerliche Frechheit entsetzt.[12] Was macht der Kommentator? Er pflichtet ihnen nicht nur bei, sondern liefert dafür auch noch die Begründung.[13] Die Reaktion der Leser ist eindeutig, denn der Autor hat seinen Kommentar so angelegt, daß sie ihn verwerfen müssen. Nur so läßt sich die Anteilnahme am Schicksal des Kindes bis zum Eingreifen steigern: Die Leser sollen aus ihren Sesseln gerissen werden. Hier geht es nicht mehr um das Auffüllen einer Leerstelle hinsichtlich der Beurteilung der Situation, sondern um die Totalkorrektur einer falschen Beurteilung. Soll die Aktivität des Lesers am Vollzug des Geschehens gesteigert und eindeutig gemacht werden, so darf das im Text Gesagte nicht so gemeint sein, wie es formuliert ist. In dieser Hinsicht bildet die Dickens-Stelle einen interessanten Grenzfall von Unbestimmtheit. Denn auch hier gilt, was sonst für die Unbestimmtheit als Wirkungsbedingung zutrifft: Das Formulierte darf die Intention des Textes nicht ausschöpfen. – Literarische Texte sind reich an Strukturen der besprochenen Art. Viele davon sind komplizierter als das hier berührte Zusammenspiel zwischen Kommentar und Leser. Zu denken wäre etwa an die Tatsache, daß wir als Leser auf die Figuren eines Romans ständig reagieren, ohne daß diese ihrerseits auf unsere Einstellungen zu ihnen reagierten. Im Leben ist das bekanntlich anders. Was aber machen wir mit der vom Roman gewährten Freiheit von den alltäglichen Reaktionszwängen? Welche Funktion besitzt diese Form der Unbestimmtheit, die unser Verhalten zu den Figuren herauskehrt und dann alles Weitere uns selbst zu überlassen scheint?

Hier müßten vor allem die technischen Bedingungen zur Sprache kommen, die für die Steuerung der Leserreaktionen verantwortlich sind. Dabei käme es in erster Linie darauf an, die Konstitutionsweisen fiktionaler Texte zu analysieren. Denn für ihre Appellstruktur ist es nicht unerheblich, das Verfahren zu kennen, nach dem sie gebaut sind. Zeigen solche Texte beispielsweise eine Schnitt-, Montage- oder Segmentiertechnik, so heißt dies, daß sie eine verhältnismäßig hohe Freigabe hinsichtlich der Anschließbarkeit ihrer Textmuster aneinander gewähren. Sind sie dagegen mehr nach einem Kontrast- oder Oppositionsprinzip organisiert, so ist die Anschließbarkeit der Textmuster relativ stark vorgeschrieben. In dem einen Falle herrscht dann ein relativ hoher Grad von Performanz bei geringer Präskription für die dem Leser abgeforderte Aktivität; im anderen Falle verhält es sich umgekehrt. Ferner wäre es wichtig festzustellen, in welcher Textebene die Leerstellen sitzen und wie es um die jeweilige Frequenz bestellt ist. Sie werden sich im Kommunikationsvorgang anders auswirken, wenn sie vermehrt in den Erzählstrategien und vermindert in der Handlung beziehungsweise im Zusammenspiel der Personen liegen. Sie werden ganz andere Konsequenzen nach sich ziehen, wenn sie sich in der vom Text dem Leser zugeschriebenen Rolle finden. Aber auch für eine andere Art der Klassifikation von Textebenen kann die Frequenz der Leerstellen bedeutsam sein. Sind sie vorwiegend auf die Textsyntax, das heißt auf das im Text erkennbare Regelsystem seines Aufbaus beschränkt, oder sitzen sie verstärkt in der Textpragmatik, das heißt in dem vom Text verfolgten Zweck, oder mehr in der Textsemantik, das heißt in der im Leseakt zu generierenden Bedeutung? Sie werden sich in jedem Falle unterschiedlich auswirken. Wie immer es um ihre Verteilung bestellt sein mag, ihre jeweiligen Folgen für die Steuerung der Leserreaktion ist in erheblichem Ausmaß von der textspezifischen Ebene ihres Vorkommens abhängig. Dieser Sachverhalt indes kann hier nur benannt, nicht aber ausdiskutiert werden.

III

Denn unser dritter und letzter Schritt der Betrachtung muß dem historisch beachtenswerten Phänomen gelten, daß die Unbestimmtheit in literarischen Texten seit dem 18. Jahrhundert ständig im Wachsen begriffen ist. Die sich daraus ergebenden Implikationen seien an drei Beispielen kurz veranschaulicht, die der englischen Literatur des 18.,

19. und 20. Jahrhunderts entnommen sind. Es besteht kein Zweifel, daß sich die gleichen Phänomene auch an verwandten Texten anderer Literaturen zeigen lassen. Ich beziehe mich auf Fieldings *Joseph Andrews* (1741/42), Thackerays *Vanity Fair* (1848) und Joyces *Ulysses* (1922).

Fieldings *Joseph Andrews* begann als Parodie auf Richardsons *Pamela,* in der die menschliche Natur und ihre Verhaltensformen durch ein ideales Maß an Tugendhaftigkeit bestimmt waren. Richardson ist für uns heute ein weithin toter Text, Fielding aber können wir noch mit Vergnügen lesen. Die Bestimmbarkeit der menschlichen Natur zu bezweifeln und dennoch eine Vorstellung von ihr zu entwerfen, bildet den paradoxen Anstoß zu Fieldings Roman. Die Anlage ist denkbar einfach. Wir haben auf der einen Seite den Helden, der mit allen Tugenden der Aufklärung ausgestattet ist, auf der anderen eine Wirklichkeit, die ihm beträchtlich zusetzt. Aus dem Blickpunkt des Helden erscheint die Welt als schlecht, aus dem der Welt wirkt der Held eigensinnig und borniert. Nun kann es aber nicht die Intention dieses Romans sein, den Repräsentanten moralischer Prinzipien als einen eigensinnigen Menschen darzustellen. Gleichzeitig hat die dargestellte Welt ihren traditionellen Charakter verloren, die eintönige Folie für die Abenteuer des Helden zu bilden; sie hat eine Selbständigkeit erlangt, die allein von den Prinzipien moralischen Verhaltens nicht mehr geordnet, geschweige denn beherrscht werden kann. Es kommt nun zu einer ständigen Interaktion dieser Positionen, in der eine wechselseitige Korrektur zu geschehen scheint. Die Art der Korrektur indes ist im Text selbst nicht ausformuliert. Wir stoßen lediglich auf ein Spiel der Beziehungen, das längst nicht jene Bestimmtheit besitzt, wie sie die beiden Grundpositionen Held und Wirklichkeit erkennen lassen. Die wechselseitige Korrektur zielt auf einen Ausgleich und nicht auf Sieg oder Niederlage der einen oder anderen Position hin. Wiederum ist die Art des Ausgleichs im Text nicht formuliert, dennoch läßt sie sich vorstellen. Ja, vielleicht gelingt dies nur, weil sie sprachlich nicht fixiert ist. Indem die Positionen aufeinander einwirken, machen sie weniger ihre Gegebenheit als vielmehr ihr Potential sichtbar. So bietet der Text dem Leser lediglich ein Ensemble von Positionen, das er in wechselseitigen Beziehungen vorführt, ohne den archimedischen Punkt zu formulieren, in dem sie konvergieren. Daraus ergibt sich die Struktur eines Lesevorgangs, den Northrop Frye einmal wie folgt beschrieben hat: "Whenever we read anything, we find our attention moving in two directions at once. One direction is outward or centrifugal, in which we keep going outside our reading, from the individual words to the things they mean, or, in practice, to our memory of the conventional association between them. The other direction is inward or centripetal, in which we try to develop from the words a sense of the larger verbal pattern they make".[14] Diese 'hermeneutische Operation' des Lesens intensiviert sich in dem Maße, in dem der Roman darauf verzichtet, seine Intention zu formulieren. Dies bedeutet nicht, daß er keine hat. Wenn er sie aber nicht ausspricht, wo wäre sie dann zu suchen? Die Antwort müßte lauten: in der aus der wechselseitigen Korrektur der Positionen entstehenden Dimension. Diese aber ist in der tatsächlichen Textgestalt nicht gegeben, sondern ist das Produkt der Lektüre. Wenn sie erst im Lesevorgang entsteht, so hat sie bestenfalls virtuellen Charakter, denn das Zusammenschauen konträrer Positionen sowie die sich daraus ergebende wechselseitige Beeinflussung ist der Aktivität des Lesers überantwortet. Er sieht den Helden ständig vor dem Hintergrund einer niederträchtigen Wirklichkeit, aber ebenso die Welt aus der Sicht des Helden. Solche Gegenüberstellungen provozieren Ausgleichsoperationen, und da diese im Text selbst nicht formuliert sind, wird die Sinnkonstitution zu einem Akt der Lektüre. Ihr Ort ist die Einbildungskraft des Lesers, denn erst dort entsteht der Sinn des entworfenen Zusammenspiels der Positionen. Als virtueller Sinn bleibt er der verschiedenartigsten Nuancierung bei erneuter Lektüre fähig. Fielding scheint sich über diese Anlage des Textes durchaus im klaren gewesen zu sein, denn die dem Leser von ihm zugedachte Rolle ist durch eine Aufgabe bestimmt: der Leser soll entdecken.[15] Diese Aufforderung läßt sich sowohl historisch als auch strukturell verstehen. Historisch würde sie bedeuten, daß der Leser, indem er den Sinn selbst entdeckt, in ein Prinzip der Aufklärung eingeübt wird. Strukturell würde sie bedeuten, daß der Roman seine Wirkung erhöht, wenn er den Konvergenzpunkt seiner Positionen und Schemata nicht formuliert und diese Unbestimmtheit durch den Leser beseitigen läßt.

Unser zweites Beispiel ist ein Roman des 19. Jahrhunderts, in dem die Unbestimmtheit deutlich zugenommen hat: Thackerays *Vanity Fair*. Wenn Unbestimmtheit die graduelle Beteiligung des Lesers am Vollzug der Textintention reguliert, so fragt es sich, was eine gesteigerte Beteiligung bedeuten kann. *Vanity Fair* besteht zum einen aus einer Geschichte, in der die sozialen Ambitionen zweier Mädchen in der viktorianischen Gesellschaft gezeigt werden, und zum anderen aus dem Kommentar eines sich als Theaterdirektor vorstellenden Erzählers, dessen Ausführungen fast genauso umfangreich sind wie die erzählte Geschichte selbst. Der Kommentator eröffnet ein ganzes Panorama von Blickpunkten auf die erzählte gesellschaftliche Wirklichkeit, die nun von nahezu allen sozialen Positionen sowie einer Anzahl menschlicher Grundbefindlichkeiten her gesehen werden kann. Indem der Leser mit einer Vielzahl variierender und alternativer Betrachtungsmöglichkeiten konfrontiert wird, fühlt er sich nahezu ständig zu Entscheidungen gedrängt. Diese aber sind insofern kompliziert, als es ja nicht allein darum geht, zur gesellschaftlichen Welt der erzählten Geschichte eine Einstellung zu beziehen, sondern noch einmal darum, diese Einstellung über das reich differenzierte Perspektivenangebot des Kommentators zu gewinnen. Es besteht kein Zweifel, daß der Autor seine Leser zu einer Kritik an der dargestellten Wirklichkeit veranlassen möchte. Gleichzeitig aber stellt er den Leser vor die Alternative, entweder eine der angebotenen Perspektiven zu übernehmen oder selbst eine eigene zu entwickeln. Diese Alternative ist nicht ohne Risiko. Indem man sich für einen Blickpunkt entscheidet, werden andere ausgeklammert. Geschieht dies, so entsteht in diesem Roman der Eindruck, als ob man mehr in einen Spiegel als auf das Geschehen schaue.[16] Da allen Blickpunkten eine unmißverständliche Begrenztheit eingezeichnet ist, sind solche Spiegelbilder alles andere als schmeichelhaft. Wechselt der Leser dann gar die Blickpunkte, um solchen Festlegungen zu entgehen, dann macht er die zusätzliche Erfahrung, daß sein Verhalten schon erheblich der immer erneuten Anpassung der beiden um sozialen Aufstieg bemühten Mädchen gleicht. Ihnen aber sollte doch seine Kritik gelten. Ist am Ende der Roman gar so angelegt, daß die im Leser aktivierte Kritik am Opportunismus gesellschaftlichen Verhaltens sich ständig auf ihn zurückbiegt? Davon ist zwar im Roman nichts erwähnt, obgleich es häufig geschieht. Statt die Gesellschaft zu kritisieren, entdeckt sich der Leser selbst als Gegenstand der Kritik. Thackeray hat einmal gesagt, daß die ungeschriebenen Teile eines Romans die eigentlich interessanten seien.[17] Nimmt man diesen Satz ernst, so besagt er, daß der Roman seinen Konstitutionsgrund verschweigt. Der geschriebene Text wäre dann nur als eine Abschattung dieses nicht formulierten Grundes zu verstehen. Das würde bedeuten: Die Strukturen des Textes sind so beschaffen, daß sie den Leser im Vorgang der Lektüre ständig zum Finden des Grundes provozieren. Diese aber beziehen sich keineswegs auf untergeordnete Aspekte, sondern gelten der zentralen Intention des Textes selbst. Wo immer dies geschieht, läßt sich beobachten, daß der Autor den Leser nicht etwa deswegen stärker mobilisiert, weil er selbst mit seinem Geschäft nicht zurande käme, sondern weil erhöhte Beteiligung am Mitvollzug des Textes den Leser zu einem größeren Einsatz dessen zwingt, was er ist. Wenn nun der Leser von *Vanity Fair* die vielen im Text gegebenen Positionen aufeinander bezieht, so entdeckt er weniger den idealen kritischen Ort, von dem aus alles zu lösen wäre; er sieht sich vielmehr des öfteren selbst in der Gesellschaft der Figuren, denen seine Kritik gelten sollte. – Hatte der Fieldingsche Leser noch zwei konträre Positionen aufeinander abzustimmen, durch die ihm letztlich nur zugemutet wurde, die richtige der möglichen Korrekturen zu finden, so macht die Vermehrung der Leerstellen in *Vanity Fair* deutlich, daß nun der Leser sehr viel von sich selbst zeigt, wenn er den Spielraum des Verstehens nutzt.

Auf dem Hintergrund von *Vanity Fair* erscheint die Unbestimmtheit von Joyces *Ulysses* so, als ob sie außer Kontrolle geraten sei. Dabei versucht dieser Roman doch nur, einen gewöhnlichen Alltag darzustellen. Das Thema ist also erheblich geschrumpft, wenn man bedenkt, daß Thackeray noch ein Bild viktorianischer Gesellschaft und Fielding gar ein solches der menschlichen Natur vermitteln wollte. Es hat beinahe den Anschein, als ob die Dominanz großer Themen und der Betrag an Unbestimmtheit in einem Verhältnis zueinander stünden. Was aber fängt man dann mit der Tatsache an, daß nahezu alle Darstellungs- und Erzählstrategien, die der Roman in seiner verhältnismäßig jungen Geschichte entwickelt hat, in Joyces *Ulysses* versammelt sind, und das bloß zu dem Zweck, das Geschehen eines gewöhnlichen Alltags vorzuführen? Kommt es vielleicht gar nicht so sehr auf die Darstellung des Alltags als vielmehr auf die Bedingung seiner Erfahrbarkeit an?[18] Dann wäre das Thema nur Anstoß für die Versuche seiner Bewältigung, denn dieser Alltag ist nicht repräsentatives Abbild einer Bedeutung, die hinter ihm verborgen wäre. Idealistische Hinterwelten gibt es in *Ulysses* nicht mehr. Statt dessen entfaltet der Text einen bis dahin ungekannten Reichtum an Blickpunkten und Darstellungsmustern, die den Leser zunächst verwirren. Die unzähligen Facetten dieses Alltags wirken so, als ob sie dem Leser für seine Beobachtungen nur vorgeschlagen seien. Die angebotenen Perspektiven stoßen unvermittelt aneinander, überlagern sich, sind segmentiert und beginnen gerade durch ihre Dichte den Blick des Lesers zu überanstrengen. Dabei fehlt der helfende Wink des Autors. Denn dieser hat sich, wie Joyce selbst einmal sagte, einem *deus absconditus* gleich hinter sein Werk zurückgezogen, um sich dort die Fingernägel zu schneiden.[19] Die Dichte des Darstellungsrasters, die Montage und Interferenz der Perspektiven, das Angebot an den Leser, identische Vorkommnisse aus vielen, einander gänzlich widerstreitenden Blickpunkten zu sehen, macht die Orientierung zu einem Problem.

Wenn der Roman das Zusammenspiel seiner Blickpunkte verweigert, zwingt er den Leser zu einer eigenen Konsistenzbildung. Der Leser wird immer wieder versucht sein, die vielen Facetten zu ordnen. Geschieht dies, "consistent reading suggests itself and illusion takes over".[20] Eine solche Illusionsbildung ist nicht ganz folgenlos: Der Lesevorgang vollzieht sich hier als ein ständiger Selektionsprozeß aus der Fülle der angebotenen Aspekte, wofür die jeweilige Vorstellungswelt des Lesers die Auswahlkriterien liefert. So muß in jede Lektüre sehr viel eingebracht werden, damit eine Sinnkonfiguration entsteht. Der Text des *Ulysses* hält nur die Bedingungen für die Vorstellbarkeit dieses Alltags parat, die jeder Leser auf seine Weise einlöst. Ja, es ließe sich sagen, daß sich der Roman eher als Widerstand gegen das Gruppierungsbedürfnis bietet, das wir im Verlauf der Lektüre unentwegt zur Geltung bringen. Dabei ist eine ganze Skala möglicher Reaktionen denkbar. Wir können uns über den hohen Unbestimmtheitsbetrag, den der Text gerade durch die Überpräzisierung seines Darstellungsrasters erzeugt, ärgern. Das aber käme schon einer Selbstcharakteristik gleich, denn es würde bedeuten, daß wir eigentlich lieber vom Text festgelegt werden wollen. Offensichtlich erwarten wir dann von Literatur eine von Widersprüchen gereinigte Welt.[21] Versuchen wir, die Unstimmigkeiten des Textes abzubauen, so wird das Bild, das wir uns formen, gerade wegen seiner Stimmigkeit illusionäre Züge tragen. Diese der Harmonisierung entsprungene Illusion ist aber ein Produkt des Lesers. Damit ist etwas Wichtiges geschehen. War der realistische Roman des 19. Jahrhunderts noch darauf angelegt, seinen Lesern eine Illusion der Wirklichkeit zu vermitteln, so bewirkt der hohe Leerstellenbetrag in *Ulysses*, daß alle dem Alltag zugeschriebene Bedeutung zur Illusion wird. Die Unbestimmtheit des Textes schickt den Leser auf die Suche nach dem Sinn. Um diesen zu finden, muß er seine Vorstellungswelt mobilisieren. Geschieht dies, so hat er die Chance, sich seine eigenen Dispositionen bewußt zu machen, indem er erfährt, daß seine Sinnprojektionen sich niemals mit den Möglichkeiten des Textes vollkommen verrechnen lassen. Denn alle Bedeutung hat partialen Charakter, und alles, was wir wissen, setzt sich gerade deshalb, weil wir es wissen, der Wahrscheinlichkeit aus, überholt zu werden. – Wenn daher in modernen Texten jede repräsentative Bedeutung getilgt ist, so gewähren sie durch ihren Rezeptionsvorgang die Chance, daß der zur Reflexion angestoßene Leser in ein Verhältnis zu seinen Vorstellungen gelangt.

In manchen Texten der modernen Literatur läßt sich dieser Sachverhalt beinahe unter Experimentbedingungen studieren. Dies gilt vor allem für die Texte Becketts, die auf den ersten Blick den Eindruck hinterlassen, als ob sie den Leser aussperren wollten. Dabei gewährt doch gerade der Unbestimmtheitsbetrag eines Textes die Einlaßmöglichkeiten für den Leser. Wenn diese hier verstellt erscheinen, so offensichtlich deshalb, weil der Unbestimmtheitsgrad eine Toleranzgrenze überschritten hat, die eingehalten werden muß, soll das gewohnte Maß an Orientierung im Text noch gewährleistet sein. Nun aber zeigt die Diskussion um Beckett, wie wenig sich die Beckett-Leser mit diesem Ausgesperrtsein zufrieden geben. Dem hohen Unbestimmtheitsgrad wird mit einer massiven Bedeutungsprojektion geantwortet, deren Geltung noch dadurch unterstrichen wird, daß die den Texten unterlegten Bedeutungen allegorischen Charakter annehmen. Was immer diese Allegorisierung im einzelnen bezwecken mag: Ihr Ziel, die dem Werk zugeschriebene Bedeutung möglichst eindeutig zu machen, ist unverkennbar.

So zeigt die Beckett-Allegorese, daß hohe Unbestimmtheitsgrade ganz offenbar Bedeutungen provozieren, die auf Eindeutigkeit hin tendieren. Wenn aber fiktionale Texte eindeutig gemacht werden sollen, so bleibt nichts anderes übrig, als zu entscheiden, von welcher Art ihre Bedeutung zu sein hat. Solche Entscheidungen allerdings bringen die Dispositionen und die 'Vorzugsgestalten' (Scheler) derer, die sie fällen, mit der gleichen Deutlichkeit zum Vorschein. Ja, vielleicht verlangen die Texte Becketts immer den ganzen Einsatz ihrer Leser. Sie mobilisieren unsere Vorstellungswelt total, allerdings nicht, um in einer gefundenen Bedeutung Beruhigung zu gewähren, sondern eher, um den Eindruck zu vermitteln, daß sich ihre Eigenart erst dann entfaltet, wenn sich unsere Vorstellungswelt als überschritten erfährt. Kein Wunder also, daß man zunächst solche Texte durch eine massive Bedeutungsprojektion in den gewohnten Horizont zurückholt.

Dabei macht man allerdings die Erfahrung, daß solche den Texten oktroyierten Bedeutungen dann um so trivialer erscheinen, je eindeutiger diese sind. Dic Texte Becketts verlangen vom Leser, daß er alle seine Vorstellungen in die Lektüre einbringt, denn nur sie vermögen angesichts der Beschaffenheit solcher Texte den notwendigen Redundanzbetrag zur Verfügung zu stellen, damit Innovation erfahrbar werden kann. Diese Texte werden dann in dem Maße kommunikationsfähig, in dem sich unsere Vorstellungen und 'Vorzugsgestalten' verändern. Erst in der Krise unserer Verstehens- und Wahrnehmungsschemata gelangen sie zur Wirkung und vermögen dadurch die Einsicht zu eröffnen, daß wir unsere Freiheit nicht betätigen, solange wir uns selbst in unsere private Vorstellungswelt einsperren.

IV

Brechen wir hier ab, denn wir sind im Begriff, aus der historischen Dimension der Unbestimmtheit in eine anthropologische zu wechseln. Welche Folgerungen ergeben sich nun aus dem skizzierten Sachverhalt, der zwangsläufig durch den hier abgesteckten Diskussionsrahmen nur in groben Umrissen sichtbar werden konnte? Zunächst dürfen wir sagen, daß der Unbestimmtheitsbetrag in literarischer Prosa – vielleicht in Literatur überhaupt – das wichtigste Umschaltelement zwischen Text und Leser darstellt. Als Umschaltstelle funktioniert Unbestimmtheit insofern, als sie die Vorstellungen des Lesers zum Mitvollzug der im Text angelegten Intention aktiviert. Das aber heißt: Sie wird zur Basis einer Textstruktur, in der der Leser immer schon mitgedacht ist. Darin unterscheiden sich literarische Texte von solchen, die eine Bedeutung oder gar eine Wahrheit formulieren. Texte dieser Art sind ihrer Struktur nach von möglichen Lesern unabhängig, denn die Bedeutung oder die Wahrheit, die sie formulieren, gibt es auch außerhalb ihres Formuliertseins. Wenn aber ein Text das Gelesenwerden als wichtigstes Element seiner Struktur besitzt, so muß er selbst dort, wo er Bedeutung und Wahrheit intendiert, diese der Realisierung durch den Leser überantworten. Nun ist zwar die in der Lektüre sich einstellende Bedeutung vom Text konditioniert, allerdings in einer Form, die es erlaubt, daß sie der Leser selbst erzeugt. Aus der Semiotik wissen wir, daß innerhalb eines Systems das Fehlen eines Elements an sich bedeutend ist. Überträgt man diese Feststellung auf den literarischen Text, so muß man sagen: Es charakterisiert diesen, daß er in der Regel seine Intention nicht ausformuliert. Das wichtigste seiner Elemente also bleibt ungesagt. Wenn dies so ist, wo hat dann die Intention des Textes ihren Ort? Nun, in der Einbildungskraft des Lesers. Indem der literarische Text seine Realität nicht in der Welt der Objekte, sondern in der Einbildungskraft seiner Leser besitzt, gewinnt er einen Vorzug vor all den Texten, die eine Aussage über Bedeutung oder Wahrheit machen wollen; kurz, über jene, die apophantischen Charakter haben. Bedeutungen und Wahrheiten sind prinzipiell nicht gegen ihre Geschichtlichkeit gefeit. Zwar sind auch literarische Texte davon nicht frei, doch indem ihre Realität in der Einbildungskraft des Lesers liegt, besitzen sie prinzipiell eine größere Chance, sich ihrer Geschichtlichkeit zu widersetzen. Daran läßt sich der Verdacht anknüpfen, daß literarische Texte wohl in erster Linie nicht deshalb als geschichtsresistent erscheinen, weil sie ewige Werte darstellen, die vermeintlicherweise der Zeit entrückt sind, sondern eher deshalb, weil ihre Struktur es dem Leser immer wieder von neuem erlaubt, sich auf das fiktive Geschehen einzulassen.

Für diesen Vorgang bilden die Leerstellen des Textes die zentrale Voraussetzung. Durch sie wird die Anschließbarkeit der einzelnen Textmuster beziehungsweise Textelemente aneinander zunächst ausgespart, doch mit dem Erfolg, daß der Leser selbst diese Anschlüsse herstellen kann. Die Leerstellen machen den Text adaptierfähig und ermöglichen es dem Leser, die Fremderfahrung der Texte im Lesen zu einer privaten zu machen. Privatisierung von Fremderfahrung heißt, daß es die Textbeschaffenheit erlaubt, bisher Ungekanntes an die eigene 'Erfahrungsgeschichte' (S. J. Schmidt) anzuschließen. Dies geschieht durch das Generieren von Bedeutung im Leseakt. Zugleich entsteht für den Text in diesem Akt eine jeweils individuelle Situation. Fiktionale Texte sind bekanntlich mit wirklichen Situationen nicht identisch; sie verfügen nicht über eine reale Deckung. In dieser Hinsicht wären sie trotz ihres historischen Substrats, das sie mit sich führen, beinahe situationslos zu nennen. Doch gerade diese Offenheit befähigt sie dazu, viele Situationen zu bilden, die jeweils in der Lektüre durch den Leser hergestellt werden. Nur im Leseakt ist die Offenheit der fiktionalen Texte festzumachen.

Was aber verleitet nun den Leser immer wieder dazu, sich auf die Abenteuer der Texte einzulassen? Diese Frage zu beantworten hieße, anthropologische Überlegungen anzustellen. Immerhin bleibt das Phänomen zu registrieren, daß offenbar eine ungebrochene Neigung besteht, als Leser die fiktionalen Risiken der Texte mitzumachen, die eigenen Sicherheiten zu verlassen, um in andere Denk- und Verhaltensweisen einzutreten, die keineswegs erbaulicher Natur sein müssen. Der Leser kann aus seiner Welt heraustreten, unter sie fallen, katastrophale Veränderungen erleben, ohne in Konsequenzen verstrickt zu sein. Denn die Konsequenzlosigkeit der fiktionalen Texte ermöglicht es, jene Weisen der Selbsterfahrung zu gewärtigen, die von den Handlungszwängen des Alltags immer wieder verstellt werden. Sie geben uns jene Freiheitsgrade des Verstehens zurück, die durch das Handeln immer wieder verbraucht, vertan, ja oftmals auch verschenkt werden. Zugleich halten fiktionale Texte Fragen und Probleme parat, die sich ihrerseits aus dem Zwang des täglichen Handelns ergeben. So machen wir mit jedem Text nicht nur Erfahrungen über ihn, sondern auch über uns. Damit solche Erfahrungen wirksam werden können, darf sie der Text selbst nicht benennen. ... *the Poet ... never affirmeth*[22], hatte schon Sir Philip Sidney gesagt, und das heißt, daß die fiktionalen Texte so konstruiert sind, daß sie keine der ihnen von uns zugeschriebenen Bedeutungen restlos bestätigen, obgleich sie uns durch ihre Struktur ständig zu solchen Sinngebungsakten verleiten. Wenn wir sie vereindeutigen, dann scheinen sie uns deutlich zu machen, daß Sinn ständig überholbar ist. In dieser Hinsicht sind fiktionale Texte unserer Lebenspraxis immer schon voraus. Doch das merken wir meistens erst dann, wenn wir ihre Unbestimmtheit durch Bedeutung ersetzen.

Anmerkungen

1 Susan Sontag, *Against Interpretation and Other Essays,* New York (Delta Book) [4]1964, p. 14.

2 Vgl. ibid., pp. 6 f.

3 Vgl. J. L. Austin, *How to do Things with Words.* Ed. by J. O. Urmson, Cambridge/Massachusetts 1962, pp. 1 ff.

4 Diesen Sachverhalt berührt auch Susanne K. Langer, *Feeling and Form.* London [4]1967, p. 59: "The solution of the difficulty lies, I think, in the recognition that what art expresses is *not* actual feeling, but ideas of feeling; as language does not express actual things and events but ideas of them."

5 Vgl. R. Ingarden, *Das literarische Kunstwerk,* Tübingen [2]1960, pp. 261 ff.

6 An dieser Stelle müßte eine Auseinandersetzung mit dem von Ingarden gebrauchten Begriff der "Unbestimmtheitsstellen" erfolgen, damit die hier vorgetragene Auffassung von einer scheinbar verwandten Problemstellung deutlich unterschieden werden kann. Eine solche Diskussion würde jedoch den Rahmen eines Vortrags sprengen; deshalb soll sie später bei einer ausführlichen Darstellung der hier nur skizzenhaft entwickelten Überlegungen zum Problem literarischer Kommunikation nachgeholt werden. Dafür wären die folgenden Gesichtspunkte maßgebend: Ingarden benutzt den Begriff der "Unbestimmtheitsstellen", um literarische Gegenstände von realen, aber auch idealen abzugrenzen. Die "Unbestimmtheitsstellen" bezeichnen daher nur, was den literarischen Gegenständen fehlt: ihre allseitige Definiertheit beziehungsweise die Vollkommenheit ihres Konstituiertseins. Demzufolge kommt es für Ingarden im Kunstwerk vorwiegend darauf an, "unerfüllte Ansichten" in "erfüllte" umzusetzen, und das heißt, so viele "Unbestimmtheitsstellen" wie möglich durch den Kompositionsakt zu beseitigen. Damit wird nicht nur das latente Manko sichtbar, das ihnen anhaftet, sondern auch ihre deutliche Einschränkung auf den Darstellungsaspekt des Kunstwerks. Unbestimmtheit aber ist eine Rezeptionsbedingung des Textes und daher ein wichtiger Faktor für den Wirkungsaspekt des Kunstwerks.

Für Ingarden spielt jedoch diese Funktion kaum eine Rolle, wie es sich seinem Buch *Vom Erkennen des literarischen Kunstwerks,* Tübingen 1968, entnehmen läßt, in dem die Rezeptionsbedingungen des Werkes analysiert werden. Hier sind es nicht etwa die Unbestimmtheitsstellen, die die "Konkretisierung" des Kunstwerks bewirken, vielmehr ist es die "Ursprungsemotion", die die "Konkretisierung" des Textes ermöglicht. Der Wirkungsaspekt wird letztlich hier mit modifizierten Kategorien der Einfühlungsästhetik erklärt, so daß das Problem literarischer Kommunikation nicht in den Blick gerät. Folglich sind "Unbestimmtheitsstellen" als das Weglassen von Nebensächlichem, meistens aber als Ergänzung definiert, wofür Ingarden oft recht triviale Beispiele gibt (vgl. p. 49, in diesem Band p. 44). "Unbestimmtheitsstellen" brauchen aber auch gar nicht aufgefüllt zu werden; gelegentlich stören sie den künstlerischen Wert, ja, sie vernichten das Kunstwerk, wenn sie, wie in modernen Texten, entsprechend zunehmen. Darüber hinaus fordern für Ingarden die "Unbestimmtheitsstellen" nur eine einzige Aktivität vom Leser: die der Ergänzung. Das aber heißt: Das Auffüllen der "Unbestimmtheitsstellen" tendiert auf eine Komplettierung der polyphonen Harmonie, die für Ingarden eine Grundbedingung des Kunstwerks verkörpert. Bestimmt sich die Ergänzung als Vervollständigung des Weggelassenen, so wird ihr undynamischer Charakter sichtbar. Offensichtlich vermag die polyphone Harmonie richtige und falsche Ergänzungen voneinander zu sondern und damit die Ergänzung durch den Leser zu bestätigen oder entsprechend zu korrigieren. Hinter einer solchen Auffassung steht die klassische Konzeption des Kunstwerks, so daß es konsequenterweise für Ingarden richtige und falsche "Konkretisierungen" gibt.

7 Vgl. dazu Kathleen Tillotson, *Novels of the Eighteen-Forties*, Oxford (Paperback) 1962, pp. 28 ff. u. 33 und George H. Ford, *Dickens and his Readers*, Princeton 1955, p. 6.

8 Vgl. Tillotson, pp. 34 f. u. 36 f.

9 Als Dickens die erste, sehr billige Ausgabe seiner Romane veranstaltete, war ihr Erfolg mit demjenigen, den die späteren Ausgaben erzielten, überhaupt nicht zu vergleichen. Die erste Ausgabe von 1846/47 fiel noch in eine Zeit, in der Dickens in Fortsetzungen publizierte; vgl. dazu John Forster, *The Life of Charles Dickens I*. Ed. by A. J. Hoppé, London 1966, p. 448. – Aufschlußreich sind in diesem Zusammenhang zwei weitere Beispiele für die Reaktionen der Leser. *Martin Chuzzlewit*, von Dickens selbst als einer seiner großen Romane bezeichnet, erwies sich bei der Erstveröffentlichung als Fehlschlag. Forster I, p. 285 sowie Ford, p. 43 sind der Meinung, daß dies durch die Umstellung des Publikationsmodus bedingt war; statt wie bisher wöchentlich, erschien dieser Roman in monatlichen Fortsetzungen. Die Pause erwies sich als zu lang. Von Crabb Robinson wissen wir, daß er die in Fortsetzungen veröffentlichten Dickens-Romane so aufregend fand, daß er sich gelegentlich entschloß, lieber auf die Buchform zu warten, um den "Ängsten" zu entgehen, die das noch unabsehbare Geschehen in ihm verursachte; vgl. Ford, pp. 41 f. – Darüber hinaus zeigten die von Woche zu Woche komponierten Abschnitte, selbst dann, wenn sie sorgfältiger durchdacht waren, als dies anfänglich der Fall war, wie sehr sie auf Wirkung hin organisiert waren. In der Buchform kam diese Kompositions-

weise dann entsprechend zum Vorschein und führte zu kritischen Urteilen der Leser; vgl. Ford, pp. 123 f. – Zum besonderen Kontakt zwischen Autor und Leser im Fortsetzungsroman vgl. auch Tillotson, pp. 26 ff. und 33. Trollope war der Meinung, daß der Fortsetzungsroman die "long succession of dull pages" vermeidet, die in der Buchform eines Romans nicht gänzlich zu umgehen sind; vgl. Tillotson, p. 40.

[10] Vgl. Tillotson, pp. 25 f.

[11] Wayne C. Booth, *The Rhetoric of Fiction*, Chicago 1961, pp. 211 ff. unterscheidet zwischen einem "reliable" und einem "unreliable narrator", ohne jedoch diesen Sachverhalt für das Kommunikationsproblem auszuwerten. Der "unreliable narrator" bildet dafür natürlich den interessanteren Typ, denn seine 'Unzuverlässigkeit' besitzt eine strategische Absicht, die sich auf die Steuerung des Lesers durch den Text bezieht.

[12] Vgl. Charles Dickens, *Oliver Twist* (The New Oxford Illustrated Dickens), Oxford 1959, pp. 12 f.

[13] Ibid., pp. 14 f.

[14] Northrop Frye, *Anatomy of Criticism*, New York [5]1967, p. 73.

[15] Henry Fielding, *Joseph Andrews*, Author's Preface (Everyman's Library). London 1948, p. XXXI schreibt: *From the discovery of this affectation arises the Ridiculous, which always strikes the reader with surprise and pleasure; and that in a higher and stronger degree when the affectation arises from hypocrisy, than when from vanity; for to discover anyone to be the exact reverse of that he affects, is more surprising, and consequently more ridiculous, than to find him a little deficient in the quality he desires the reputation of.* Vgl. dazu ähnliche Äußerungen in *The History of Tom Jones I* (Everyman's Library), London 1962, p. 12.

[16] Zu Einzelheiten vgl. Wolfgang Iser, "Der Leser als Kompositionselement im realistischen Roman · Wirkungsästhetische Betrachtung zu Thackerays *Vanity Fair*", in: *Der implizite Leser* (UTB 163), München 1972, pp. 168–193.

[17] W. M. Thackeray, *The Letters and Private Papers III*. Ed. by Gordon N. Ray, London 1945, p. 391 äußerte in einem Brief: *I have said somewhere it is the unwritten part of books that would be the most interesting.*

[18] Zu Einzelheiten vgl. Wolfgang Iser, "Der Archetyp als Leerform · Erzählmodalitäten und Kommunikation in Joyces *Ulysses*", in: *Der implizite Leser* (UTB 163), München 1972, pp. 300–358.

[19] James Joyce, *Portrait of the Artist as a Young Man*, London 1966, p. 219.

[20] E. H. Gombrich, *Art and Illusion*, London [2]1962, p. 287. Obgleich dieses Zitat im Zusammenhang einer Constable-Diskussion steht, so bildet es doch einen zentralen Gesichtspunkt der von Gombrich entwickelten These, die nicht nur für die Malerei Gültigkeit besitzt.

[21] Vgl. dazu Reinhard Baumgart, *Aussichten des Romans oder Hat Literatur Zukunft?* Neuwied und Berlin 1968, p. 79.

[22] Sir Philip Sidney, *The Defence of Poesie. The Prose Works III*. Ed. by Albert Feuillerat, Cambridge 1962, p. 29.

Wolfgang Iser

DER LESEVORGANG

Eine phänomenologische Perspektive *

I

Die phänomenologische Kunsttheorie hat mit allem Nachdruck darauf aufmerksam gemacht, daß die Betrachtung eines literarischen Werks nicht allein der Gegebenheit der Textgestalt, sondern in gleichem Maße den Akten seiner Erfassung zu gelten hat. Roman Ingarden stellte daher dem Schichtenaufbau des literarischen Werks die Weisen seiner Konkretisation gegenüber.[1] Der Text als solcher hält nur verschiedene "schematisierte Ansichten" [2] parat, durch die der Gegenstand des Werks hervorgebracht werden kann, während das eigentliche Hervorbringen zu einem Akt der Konkretisation wird. Daraus ließe sich folgern: Das literarische Werk besitzt zwei Pole, die man den künstlerischen und den ästhetischen Pol nennen könnte, wobei der künstlerische den vom Autor geschaffenen Text und der ästhetische die vom Leser geleistete Konkretisation bezeichnet. Aus einer solchen Polarität folgt, daß das literarische Werk weder mit dem Text noch mit dessen Konkretisation ausschließlich identisch ist. Denn das Werk ist mehr als der Text, da es erst in der Konkretisation sein Leben gewinnt, und diese wiederum ist nicht gänzlich frei von den Dispositionen, die der Leser in sie einbringt, wenngleich solche Dispositionen nun zu den Bedingungen des Textes aktiviert werden. Dort also, wo Text und Leser zur Konvergenz gelangen, liegt der Ort des literarischen Werks, und dieser hat zwangsläufig einen virtuellen Charakter, da er weder auf die Realität des Textes noch auf die den Leser kennzeichnenden Dispositionen reduziert werden kann.

Dieser Virtualität des Werks entspringt seine Dynamik, die ihrerseits die Bedingung für die von ihm hervorgerufene Wirkung bildet. Der Text gelangt folglich erst durch die Konstitutionsleistung eines ihn rezipierenden Bewußtseins zu seiner Gegebenheit, so daß sich das Werk zu seinem eigentlichen Charakter als Prozeß nur im Lesevorgang zu entfalten vermag. Deshalb soll im folgenden immer nur dann vom Werk gesprochen werden, wenn sich dieser Prozeß in dem vom Leser geforderten und durch den Text ausgelösten Konstitutionsvorgang erfüllt. Das Werk ist das Konstituiertsein des Textes im Bewußtsein des Lesers.

Indem der Leser die vom Text parat gehaltenen "schematisierten Ansichten" als Bedingung dafür begreift, den imaginären Gegenstand hervorzubringen, entfaltet er den Text zu einem Prozeß dynamischer Wechselwirkungen. Eine solche Auffassung läßt sich durch relativ frühe Belege in der Literatur stützen. Laurence Sterne bemerkte schon in *Tristram Shandy*: "... no author, who understands the just boundaries of decorum and good-breeding, would presume to think all: The truest respect which you can pay to the reader's understanding, is to halve this matter amicably, and leave him something to imagine, in his turn, as well as yourself. For my own part, I am eternally paying him compliments of this kind, and do all that lies in my power to keep his imagination as busy as my own." [3] Autor und Leser also teilen sich in das Spiel der Phantasie, das überhaupt nicht in Gang käme, beanspruchte der Text, mehr als nur Spielregel zu sein. Denn das Lesen wird erst dort zum Vergnügen, wo unsere Produktivität ins Spiel kommt, und das heißt, wo Texte eine Chance bieten, unsere Vermögen zu betätigen. Für eine solche Produktivität gibt es ohne Zweifel Toleranzgrenzen, die überschritten werden, wenn uns alles deutlich gesagt wird – worauf schon Sterne aufmerksam macht – oder wenn das Gesagte in Diffusion zu verschwimmen droht, so daß Langeweile und Strapaziertwerden Grenzpunkte verkörpern, die in der Regel unser Ausscheiden aus der Beteiligung anzeigen.

In welchem Maße das Nicht-Gesagte den eigentlichen Produktivitätsreiz in der Lektüre auslöst, hat Virginia Woolf einmal in ihrer Betrachtung von Jane Austen wie folgt umrissen: "Jane Austen is thus a mistress of much deeper emotion than appears upon the surface. She stimulates us to supply what is not there. What she offers is, apparently, a trifle, yet is composed of something that expands in the reader's mind and endows with the most enduring form of life scenes which are outwardly trivial. Always the stress is laid upon character ... The turns and twists of the dialogue keep us on the tenterhooks of suspense. Our attention is half upon the present moment, half upon the future ... Here, indeed, in this unfinished and in the main inferior story, are all the elements of Jane Austen's greatness." [4] Das Verschwiegene in scheinbar trivialen Szenen und die Leerstellen in den Gelenken des Dialogs ziehen den Leser nicht nur in das Geschehen hinein, sondern verleiten ihn dazu, die vielen Abschattungen der formulierten Situationen so zu beleben, daß diese – wie es scheint – eine ganz neue Dimension erhalten. Je mehr solche Abschattungen von der Phantasie des Lesers erfüllt werden, desto unverkennbarer beginnt ihre ursprüngliche Schattenhaftigkeit auf das tatsächlich Gesagte zurückzuwirken. Daraus entspringt ein dynamischer Vorgang, denn das Gesagte scheint erst dann wirklich zu sprechen, wenn es auf das verweist, was es verschweigt. Da aber das Verschwiegene nur die Kehrseite des Gesagten ist, gewinnt es gerade dadurch seine Konturen. Zugleich aber bringt es das Gesagte vor einen Hintergrund, der es – wie Virginia Woolf meint – nun eigentlich bedeutsamer erscheinen läßt, als es die bloße Gegebenheit des Gesagten je vermuten ließe. Es entsteht ein Spielraum der Suggestionen, durch den nun triviale Szenen plötzlich den Umriß einer "enduring form of life" gewinnen. Diese ist im Text selbst nicht benannt, geschweige denn ausgeführt; vielmehr ergibt sie sich als das Produkt aus der Verschränkung von Text und Leser. Der Kommunikationsprozeß wird durch diese Dialektik von Zeigen und Verschweigen in Gang gesetzt und reguliert. Das Verschwiegene bildet den Antrieb der Konstitutionsakte, zugleich aber ist dieser Produktivitätsreiz durch das Gesagte kontrolliert, das sich seinerseits wandeln muß, wenn das zur Erscheinung kommt, worauf es verwiesen hat.

II

Es fragt sich nun, inwieweit ein solcher Vorgang der Beschreibung überhaupt zugänglich ist. Wir wählen dafür in einem ersten Schritt zunächst das Schema der phänomenologischen Reduktion. Schränkt man zu diesem Zweck einmal den Blick auf die Satzoperationen literarischer Texte ein, so wird man bedenken müssen, daß diese keine empirisch gegebenen Gegenstände denotieren und – wo immer dies geschieht – daß die Denotationsabschwächung zugunsten eines Konnotationsaufbaus ihre Zielrichtung bildet. Folglich gilt in literarischen Texten dem Satzkorrelat das vorwiegende Interesse. Denn die dargestellte Welt literarischer Texte baut sich aus diesen intentionalen Satzkorrelaten auf. "Die Sätze verbinden sich auf verschiedene Weise miteinander zu Sinneinheiten höherer Stufe, die eine sehr verschiedene Struktur aufweisen, wodurch solche Ganzheiten, wie z.B. eine Erzählung, ein Roman, ein Gespräch, ein Drama, eine wissenschaftliche Theorie entstehen. Andererseits bilden sich nicht nur die den einzelnen Sätzen entsprechenden Sachverhalte, sondern auch ganze Systeme von Sachverhalten sehr verschiedener Typen, wie gegenständliche Situationen, komplizierte Prozesse zwischen den Dingen, Konflikte und Übereinstimmungen zwischen ihnen usw. Letzten Endes entsteht eine gewisse Welt mit so oder anders bestimmten Bestandteilen und den sich in ihnen vollziehenden Wandlungen – all dies als ein rein intentionales Korrelat eines Satzzusammenhangs. Bildet dieser Zusammenhang schließlich ein literarisches Werk, dann nenne ich den ganzen Bestand an zusammenhängenden intentionalen Satzkorrelaten die im Werk 'dargestellte Welt'." [5]

Wie sind nun die Beziehungen dieser Korrelate zu denken, zumal diese nicht jenen Bestimmtheitsgrad besitzen, der den Aussagen und Behauptungen der jeweils einzelnen Sätze zukommt? Wenn Ingarden von intentionalen Satzkorrelaten spricht, so sind die Aussagen, Behauptungen und Informationen der Sätze bereits in einem bestimmten Sinne qualifiziert, weil jeder Satz mit dem, was er besagen will, dieses nur zu erreichen vermag, wenn er auf etwas hinzielt. Da dies für alle Sätze in literarischen Texten gilt, strahlen ihre Korrelate ständig ineinander, wodurch die von ihnen visierte semantische Erfüllung angezeigt ist. Diese Erfüllung indes findet nicht im Text, sondern im Leser statt, der das in der Satzfolge vorstrukturierte Zusammenspiel der Korrelate 'betätigen' muß. Die Sätze selbst sind als Aussagen und Behauptungen immer Anweisungen auf Kommendes, das durch ihren jeweils konkreten Inhalt vorentworfen wird. Sie bringen einen Prozeß in Gang, aus dem der imaginäre Gegenstand des Textes schließlich hervorgeht. Husserl hat einmal bei der Beschreibung des inneren Zeitbewußtseins bemerkt: "Jeder ursprünglich konstituierende Prozeß ist beseelt von Protentionen, die das Kommende als solches leer konstituieren und auffangen, zur Erfüllung bringen." [6] Husserls Bemerkung hebt ein dialektisches Moment heraus, das auch im Lesevorgang eine zentrale Rolle spielt. Der semantische Richtungsstrahl einzelner Sätze impliziert immer eine Erwartung, die auf Kommendes zielt. Husserl nennt solche Erwartungen Protentionen. Da diese Struktur allen Satzkorrelaten in literarischen Texten eigentümlich ist, wird ihr Zusammenspiel weniger eine Einlösung ihrer jeweils erzeugten Erwartung, sondern viel eher deren unausgesetzte Modifikation zur Folge haben.

Dieser Vorgang läßt sich wie folgt schematisieren. Mit jedem einzelnen Satzkorrelat wird ein bestimmter Horizont vorgezeichnet, der sich aber sogleich in eine Projektionsfläche für das folgende Korrelat wandelt und dadurch zwangsläufig eine Veränderung erfährt. Da das einzelne Satzkorrelat immer nur in einem begrenzten Sinne auf Kommendes zielt, bietet sich der von ihm erweckte Horizont als eine Anschauung, die bei aller Konkretheit gewisse Leervorstellungen enthält, die insofern den Charakter der Erwartung besitzen, als sie ihre Auffüllung antizipieren. Jedes Satzkorrelat besteht daher aus gesättigter Anschauung und Leervorstellung zugleich. Für die Satzfolge ergeben sich daraus zwei prinzipiell verschiedene Entfaltungsmöglichkeiten. Beginnt das folgende Korrelat die Leervorstellung des vorangegangenen im Sinne der Antizipation aufzufüllen, dann geschieht eine zunehmende Sättigung der evozierten Erwartung. Verläuft die Satzfolge in einer solchen Reihe, dann entwickelt sie sich als eine zunehmende Bestätigung der von den jeweiligen Leervorstellungen der Korrelate erzeugten Erwartungen. In der Tendenz werden Texte, die einer Objektbeschreibung dienen, eine solche Struktur haben, denn ihnen kommt es auf eine bestimmte Individualisierung des zu beschreibenden Gegenstandes an.

Anders entfalten sich jene Satzfolgen, in denen die Korrelate die ihnen vorausliegenden Erwartungen modifizieren oder gar enttäuschen. Wekken die Leervorstellungen der einzelnen Korrelate zunächst einmal die Aufmerksamkeit für das Kommende, so wird die Modifikation der Erwartung durch die Satzfolge nicht ohne Rückwirkung auf das vorher Gelesene bleiben. Denn dieses nimmt sich nun im Blick auf solche Modifikationen ein wenig anders aus, als es im jeweiligen Augenblick der Lektüre erschienen war. Was wir gelesen haben, sinkt in die Erinnerung, verkürzt sich zu Perspektiven und bleicht über wachsende Grade der Deutlichkeit in einen Leerhorizont aus, der nur noch einen ganz allgemeinen Rahmen für das in der Erinnerung Festgehaltene bildet. Nun aber kommt es im Fortgang der Lektüre zu einer oft vielfältigen Wekkung dessen, was wir nur noch in Retention besitzen, und das heißt, daß Erinnertes vor einen neuen Horizont gestellt wird, den es noch nicht gab, als es selbst erfaßt wurde. Dadurch wird zwar das Erinnerte nicht wieder volle Gegenwart – denn dies würde bedeuten, daß Erinnerung und Wahrnehmung zusammenfielen. Dennoch wird sich das Erinnerte wandeln, da der neue Horizont es nun anders zu sehen erlaubt. Das Erinnerte wird neuer Beziehungen fähig, die ihrerseits nicht ohne Einfluß auf die Erwartungslenkung der einzelnen Sätze in der Satzfolge bleiben. So spielen im Lesevorgang ständig modifizierte Erwartungen und erneut abgewandelte Erinnerungen ineinander. Da aber der Text selbst weder die Modifikationen der Erwartung noch die Beziehungsfähigkeit des Erinnerten formuliert, ließe sich das Produkt, das sich aus dieser Verspannung ergibt, als die virtuelle Dimension des Textes bezeichnen. Ihre Eigenart besteht darin, daß sie der Leser hervorbringt, obwohl sie der potentielle Gegenstand des Werks ist. In dieser eigentümlichen Konvergenz wird zugleich die hermeneutische Grundstruktur des Lesens deutlich. Im Text enthält jedes Satzkorrelat durch seine Leervorstellungen einen Vorblick auf den nächsten und bildet durch seine gesättigte Anschauung den Horizont für den vorhergehenden Satz. Daraus folgt:

Jeder Augenblick der Lektüre ist eine Dialektik von Protention und Retention, indem sich ein noch leerer, aber zu füllender Zukunftshorizont einem kontinuierlich ausbleichenden Vergangenheitshorizont so vermittelt, daß die beiden Innenhorizonte des Textes miteinander verschmelzen können. In dieser Dialektik aktualisiert sich das unformulierte Potential des Textes.

Dieses allgemeine Schema indes gibt lediglich die Rahmenbedingung für die vielfältigen Konstitutionsweisen der virtuellen Dimension ab. Denn die aufgezeigte Dialektik entfaltet sich keineswegs als eine glatte Wechselwirkung von Protention und Retention. Ingarden hat auf diesen Sachverhalt schon einmal hingewiesen, wenngleich er ihm eine recht problematische Interpretation gibt: "Wenn wir ... einmal in den Fluß des Satzdenkens versetzt sind, sind wir bereit, nach dem Vollzug des Denkens des einen Satzes, auch die 'Fortsetzung' wiederum in der Form eines Satzes zu denken, und zwar als eines Satzes, der mit dem soeben gedachten Satz in Zusammenhang steht. So schreitet der Vorgang des Lesens eines Textes mühelos fort. Wenn aber der darauf folgende Satz zufälligerweise mit dem soeben gedachten Satz in gar keinem fühlbaren Zusammenhang steht, dann kommt es im Strom des Denkens zu einer Hemmung. Dieser Hiatus ist mit einer mehr oder weniger lebhaften Verwunderung oder mit Unwillen verbunden. Diese Hemmung muß überwunden werden, soll es aufs neue zu fließendem Lesen kommen." [7]

Der Hiatus als Hemmung im Fluß der Sätze ist für Ingarden ein Produkt des Zufalls und ein Ärgernis zugleich. Darin zeigt sich zunächst, inwieweit Ingarden auch dem Lesevorgang seine organologische Konzeption des Kunstwerks als polyphoner Harmonie unterlegt. Denkt man die Satzfolge als ein kontinuierliches Fließen, so heißt dies, daß der Vorblick des einen Satzes vom folgenden weithin eingelöst wird, weshalb dann auch die ausbleibende Einlösung der erweckten Erwartung Unwillen erzeugt. Nun aber sind literarische Texte voll von unerwarteten Wendungen, die zunächst einmal dadurch angezeigt werden, daß der Vorblick der Sätze und die dadurch von ihnen gebildeten Erwartungen sich niemals vollkommen erfüllen. Ja selbst in der einfachsten Geschichte gibt es bereits den Konsistenzbruch aus dem schlichten Grunde, weil kein Geschehen vollständig erzählt werden kann. Geschichten erhalten gerade durch ihre notwendigen Auslassungen erst ihr dynamisches Moment. Wenn daher in der Satzfolge Störungen oder gar das Weggleiten in Unvorhersehbares erfolgt, so wird in solchen Augenblicken ein Spielraum der Beziehungsmöglichkeiten entstehen, der nur schwach determiniert ist. Dies ist immer dort der Fall, wo sich im Text eine Leerstelle findet, sei es, daß die Sinnverbindung der Satzkorrelate nicht geknüpft oder der Zusammenhang von Ereignissträngen nicht formuliert ist.[8]

Daraus ergeben sich Auswirkungen auf die Dialektik von Vorblick und Rückkoppelung und die damit hergestellte Sinngestalt, wie sie in der Lektüre entsteht. Denn die Unterbrechungen des Satzflusses bzw. die Leerstellen in der Organisation der Textmuster bedeuten, daß die ausgesparten Anschlüsse in nuancierter, vielleicht sogar in verschiedener Weise hergestellt werden können. Dadurch fächert sich der Text zu potentiell mehreren Realisationsmöglichkeiten aus, weshalb die jeweilige Lektüre niemals alle Möglichkeiten auszuschöpfen vermag, die der Text gerade durch die unformulierten Verbindungen seiner Satzfolgen bzw. durch die Leerstellen beim Ineinanderstrahlen der intentionalen Satzkorrelate gewinnt. Jede Lektüre wird daher zu einer individuellen Aktualisierung des Textes, indem der Spielraum schwach determinierter Beziehungsmöglichkeiten differenzierte Sinngestalten herzustellen erlaubt. Denn die Sinngestalt hat für jeden einzelnen Leser einen hohen Bestimmtheitsgrad, und dieser entspringt den vielen Selektionsentscheidungen, die in der Lektüre über die Art der Beziehung fallen, durch die wir die aufeinander hinweisenden Satzkorrelate miteinander verbinden. Darin gründet zugleich die spezielle schöpferische Aktivität, zu der uns das Lesen literarischer Texte immer wieder verlockt. Wenn sich im Vorgang des Lesens Modifikationen der Erwartung einstellen, die das Gelesene wiederum vor einen anderen Horizont rücken und dadurch das Erinnerte verändern, so sind wir es, die diese Beziehungsvielfalt des Textes eröffnen, aber auch in gewisser Hinsicht wieder schließen. In jedem Falle aber läßt sich sagen, daß die Form der Lektüre literarischer Texte als ein ständiger Auswahlvorgang verläuft, in dem die Beziehungsmöglichkeiten des Textes immer nur selektiv zu realisieren sind. So produziert das Lesen selbst bis zu einem gewissen Grade die Unausschöpfbarkeit des Textes, die ihrerseits zur Bedingung dafür wird, daß wir im Lesen ständig Selektionsentscheidungen fällen, um den imaginären Gegenstand konstituieren zu können. Folglich überschießt das Potential des Textes jede im Lesen erfolgende individuelle Realisierung.

Dieser Sachverhalt drängt sich vor allem bei der Zweitlektüre eines Textes auf; denn es entspricht unserer Erfahrung, daß der wiedergelesene Text nicht vollkommen mit dem Eindruck zusammenfällt, der sich in der Erstlektüre gebildet hat. Die Gründe dafür mögen zu einem nicht geringen Teil in der jeweiligen Befindlichkeit des Lesers zu suchen sein. Dennoch muß der Text Bedingungen für seine unterschiedlichen Realisierungen enthalten.

Jeder Text besitzt einen Zeitrahmen; denn es ist unmöglich, selbst einen kurzen Text in einem einzigen Augenblick aufzunehmen. Deshalb verläuft auch die Lektüre als ein wandernder Blickpunkt, der die Phasen des Textes miteinander verbindet. Ist ein solcher Zeitrahmen einmal realisiert, dann überschattet er die Zweitlektüre und bringt in diese etwas ein, das es beim ersten Lesen nicht gegeben hatte. Die erneute Zuwendung ist daher nicht gänzlich frei von einer Orientierung, die der Text selbst nicht formuliert, die es uns aber nun erlaubt, Entdeckungen zu machen, die vordem nicht gemacht werden konnten. Daraus entspringt die aufschlußreiche Tatsache, daß das Lesen im Wiederlesen des gleichen Textes selbst Innovationen zu erzeugen vermag. Eine nicht unwesentliche Bedingung für die vom Lesen hervorgebrachte Innovation besteht darin, daß sich in der Zweitlektüre der Ablaufmodus nicht wiederholt, durch den die Sinngestalt ursprünglich realisiert worden ist. Dafür muß man noch nicht einmal die subjektiven Befindlichkeiten des Lesers verantwortlich machen, die sich gewiß beim erneuten Zuwenden zum gleichen Text verändert haben. Der Ablaufmodus indes wandelt sich allein schon dadurch, daß die Erinnerung an das Gelesene nicht vollkommen auszulöschen ist und daher als Optik für neue Zuordnungen wirkt. Da der Ablaufmodus einer jeden Lektüre mit dieser verbunden bleibt, ist er in seiner Individualität nicht wiederholbar. Lediglich das von ihm erzeugte Wissen überschattet die wiederholte Lektüre. So minimal die Innovationen dabei auch sein mögen, strukturell sind sie durch die Unwiederholbarkeit des jeweiligen Ablaufmodus immer gegeben.

III

In der bisherigen Betrachtung des Lesevorgangs stand die Auffächerung des Textes in Protentionen und Retentionen im Vordergrund des Interesses. Daraus ergaben sich Erwartung und Erinnerung als wechselseitige Projektionsflächen im Lektürevorgang. Der Text selbst indes ist weder Erwartung noch Erinnerung, so daß die Dialektik von Vorblick und Rückkoppelung zum Anstoß wird, das Produkt dieser Synthese sich vorstellen zu müssen. Es ist eine Erfahrungstatsache, daß beim Lesen – vor allem von erzählender Prosa – ein ständiger Bilderstrom unser Bewußtsein durchzieht. Dieser begleitet jedoch unsere Lektüre und wird nicht selbst Gegenstand unserer Aufmerksamkeit. Das gilt selbst dort noch, wo sich solche Bilderfolgen zu einem ganzen Panorama zusammenzuschließen scheinen. Die konstitutiven Bedingungen solcher Bilder hat Gilbert Ryle in seiner Analyse der Einbildungskraft einmal wie folgt beschrieben. Auf die Frage: "How can a person fancy that he sees something, without realizing that he is not seeing it?" gibt er die folgende Antwort: "Seeing Helvellyn (Name eines Berges, den Ryle zur Exemplifizierung seines Sachverhalts benutzt) in one's mind's eye does not entail, what seeing Helvellyn and seeing snapshots of Helvellyn entail, the having of visual sensations. It does involve the thought of having a view of Helvellyn and it is therefore a more sophisticated operation than that of having a view of Helvellyn. It is one utilization among others of the knowledge of how Helvellyn should look, or, in one sense of the verb, it is thinking how it should look. The expectations which are fulfilled in the recognition at sight of Helvellyn are not indeed fulfilled in picturing it, but the picturing of it is something like a rehearsal of getting them fulfilled. So far from picturing involving the having of faint sensations, or wraiths of sensations, it involves missing just what one would be due to get, if one were seeing the mountain." [9]

Das Bildersehen in der Einbildungskraft ist kein optisches Sehen, sondern der Versuch, sich gerade das vorzustellen, was man nicht sehen kann. Der eigentümliche Charakter solcher Bilder besteht darin, daß sie eine Ansicht vermitteln, die sich im unmittelbaren Wahrnehmen des Sachverhalts überhaupt nicht einstellen könnte. So setzt das Bildersehen die faktische Abwesenheit dessen voraus, was in den Bildern zur Anschauung gelangt. Daraus folgt, daß wir zwischen Wahrnehmung und Vorstellung als zwei getrennten Vermögen unterscheiden müssen, da für die Wahrnehmung immer ein Objekt vorgegeben sein muß, während die konstitutive Bedingung für die Vorstellung gerade darin besteht, daß sie sich auf ein Nicht-Gegebenes oder Abwesendes bezieht.[10] In der Lektüre literarischer Texte müssen wir uns deshalb immer Vorstellungen bilden, weil die "schematisierten Ansichten" uns nur ein Wissen davon bieten, über welche Voraussetzungen der imaginäre Gegenstand vorgestellt werden soll. Es sind die sprachlich nicht manifestierten Implikationen des Textes sowie seine Unbestimmtheitsgrade und seine Leerstellen, die die Einbildungskraft mobilisieren, damit der imaginäre Gegenstand als Korrelat des Vorstellungsbewußtseins erzeugt werden kann.

Dieser Sachverhalt läßt sich dort besonders deutlich fassen, wo man die Verfilmung eines gelesenen Romans sieht. Der spontane Eindruck, der sich etwa bei der Verfilmung von *Tom Jones* nach Fieldings gleichnamigem Roman einstellt, beinhaltet eine gewisse Enttäuschung über die relative Armut der Figur im Vergleich zu jenem Bild, das man sich von ihr in der Lektüre gemacht hatte. Wie immer sich ein solcher Eindruck im einzelnen auch ausnimmt, die unmittelbare Reaktion, daß man sich diese Figur anders vorgestellt hat, ist allgemein und verweist auf die für die Vorstellung geltenden Besonderheiten. Der Unterschied zwischen den beiden Bildtypen besteht zunächst darin, daß ich im Film eine optische Wahrnehmung habe, der ein Objekt vorgegeben ist. Objekte haben im Gegensatz zu Vorstellungen einen höheren Bestimmtheitsgrad. Doch es ist diese Bestimmtheit, die man als Enttäuschung, wenn nicht gar als Verarmung empfindet. Rufe ich angesichts einer solchen Erfahrung meine Vorstellungsbilder von Tom Jones wieder hervor, so wirken sie nun im Zustand reflexiver Betrachtung eigentümlich diffus, ohne daß mich dieser Eindruck dazu veranlassen würde, die optische Wahrnehmung des Films als das bessere Bild von der Figur zu übernehmen. Befrage ich daraufhin mein Vorstellungsbild, ob Tom Jones groß oder klein, blauäugig oder schwarzhaarig ist, so werde ich die optische Kargheit solcher Vorstellungsbilder gewärtigen. Denn diese zielen nicht darauf ab, die Romanfigur leibhaftig sehbar zu machen, vielmehr zeigt die optische Kargheit solcher Bilder an, daß durch sie die Figur nicht als Gegenstand, sondern als Bedeutungsträger zur Erscheinung kommen soll. Das gilt auch dort noch, wo uns eine relativ detaillierte Beschreibung von Romanfiguren gegeben wird, die wir in der Regel nicht als pure Beschreibung der Personen lesen; vielmehr richten wir uns bereits durch Vorstellungen darauf, was durch sie bedeutet werden soll. Wahrnehmungsbild und Vorstellungsbild unterscheiden sich aber nicht bloß dadurch voneinander, daß sich das eine auf ein vorgegebenes, das andere auf ein vorenthaltenes Objekt bezieht. Gilbert Ryle hat in der oben zitierten Stelle bereits angemerkt, daß man in der Vorstellung eines Gegenstandes etwas 'sieht', was überhaupt nicht in den Blick kommt, wenn uns der Gegenstand in Wahrnehmung gegeben ist. Folglich macht die Abwesenheit des Objekts noch nicht den ganzen Unterschied zwischen Vorstellen und Wahrnehmen aus.

Wenn wir uns Tom Jones während der Romanlektüre vorstellen, so sind uns im Gegensatz zum Film – wo wir die Figur in jeder Situation immer als ganze gewärtigen – lediglich Facetten gegeben, die wir zu einem Bild von ihr zusammensetzen müssen. Das geschieht jedoch nicht als additiver Vorgang. In den jeweiligen Facetten sind immer Verweisungen auf andere enthalten, und jede Ansicht von Tom Jones gewinnt ihre Signifikanz erst durch die Verbindung mit jenen anderen, die sie überlagern, einschränken oder modifizieren. Daraus folgt, daß das Bild des Tom Jones nicht an einer bestimmten Ansicht festzumachen ist, denn jede durch eine Facette vorstellbar gemachte Ansicht unterliegt latenten Modifikationen, wenn die Verweisungen in der folgenden dominant werden. Das Bild von Tom Jones ist daher während der Lektüre in ständiger Bewegung, und diese manifestiert sich darin, daß die Folge der Facetten die jeweils gebildete Vorstellung durch neue Nuancierungen umstrukturiert. Am deutlichsten verspüren wir einen solchen Vorgang immer dort, wo der Held unerwartetes Verhalten zeigt; die Facetten kollidieren, und wir sind gehalten, eine solche Kontamination in unsere Vorstellung aufzunehmen, wodurch sich rückwirkend das bislang geformte Bild des Helden wandelt. Daraus ergibt sich zweierlei: Durch die Vorstellung produzieren wir ein Bild des imaginären Gegenstandes, der als solcher im Unterschied zur Wahrnehmung nicht gegeben ist. Doch indem wir uns etwas vorstellen, sind wir zugleich in der Präsenz des Vorgestellten; denn dieses existiert während seines Vorgestelltseins nur durch uns, so daß wir in der Gegenwart dessen sind, was wir hervorgebracht haben. Hier hat dann auch die Enttäuschung unserer Vorstellung beim Sehen der Romanverfilmung ihre Wurzel. Denn im Film geschieht "(the) removing (of) the human agent from the task of reproduction ... The reality in a photograph is present to me while I am not present to it; and a world I know, and see, but to which I am nevertheless not present (through no fault of my subjectivity), is a world passed." [11] Das Bild der Kamera gibt nicht nur ein Wahrnehmungsobjekt wieder, es schließt mich auch von jener Welt aus, die ich sehe und an deren Zustandekommen ich selbst nicht beteiligt bin. Deshalb bildet weniger die Empfindung, sich den Romanhelden anders vorgestellt zu haben, den Grund der Enttäuschung. Vielmehr ist diese nur ein Epiphänomen, in dem sich die Enttäuschung über mein Ausgeschlossensein manifestiert, das mir allerdings auch anzeigt, was es heißt, in der Vorstellung ein Bild nicht gegebener Gegenständlichkeit zu produzieren und so in deren Gegenwart zu sein, wie wenn diese ein Besitz wäre. Was der Film hingegen verdeutlicht, ist "the camera's outsidedness to its world and my absence from it." [12] Die Romanverfilmung hebt die Kompositionsaktivität der Lektüre auf. Alles kann leibhaftig wahrgenommen werden, ohne daß ich etwas hinzu bringen, geschweige denn mich dem Geschehen gegenwärtig machen muß. Deshalb empfinden wir dann auch die optische Genauigkeit des Wahrnehmungsbildes im Gegensatz zur Undeutlichkeit des Vorstellungsbildes nicht als Zuwachs oder gar als Verbesserung, sondern als Verarmung.

IV

Erscheint der imaginäre Gegenstand des literarischen Textes in der Vorstellung, so müssen die Bedingungen näher beleuchtet werden, die für die Vorstellungsbildung konstitutiv sind. Wenn wir den Text pauschal als Ansammlung von Zeichen verstehen, so geschieht im Lesen ein ständiges Gruppieren solcher Zeichen, worin sich eine elementare Aktivität des Strukturierungsprozesses der Lektüre zum Ausdruck bringt. Gruppierungen verkörpern den Versuch, das zusammen zu sehen, was man im jeweiligen Lektüreausschnitt zu übersehen vermag, so daß das Lesen als ein Vorgang der Konsistenzbildung verläuft. "In the reading of images, as in the hearing of speech, it is always hard to distinguish what is given to us from what we supplement in the process of projection which is triggered off by recognition ... it is the guess of the beholder that tests the medley of forms and colours for coherent meaning, crystallizing it into shape when a consistent interpretation has been found."[13] In diesem von Gombrich skizzierten Prozeß, der ursprünglich am Umgang mit Texten abgelesen und dann auf die Bildbetrachtung übertragen worden ist, steckt ein Problem, dessen Verdeutlichung etwas über den Lesevorgang auszusagen vermag. In der Gestaltbildung verbinden sich die unsere Wahrnehmung steuernden Antizipationen mit den Zeichen des Textes zu einem Zusammenhang. Durch die Gruppierungen füllen wir die im Text visierten Zeichenbeziehungen aus. Daraus entspringen Gestalten, die für die Erfassungsakte des Textes notwendig sind.

Damit aber stoßen wir auf ein für das Lesen zentrales Problem. Der Gruppierungseffekt und die von ihm hervorgebrachte Gestalt sind im Text selbst nicht gegeben, sondern nur eine vom Text ausgelöste Operation, durch die die individuellen Dispositionen des Lesers, seine Bewußtseinsinhalte, seine epochalen, schichtenspezifisch bedingten Anschauungen sowie seine eigene Erfahrungsgeschichte in mehr oder minder massiver Weise mit den Zeichen des Textes zu einer Sinnkonfiguration zusammengeschlossen werden. Deshalb spielen im Lesevorgang die Einstellungen, Erwartungen und Antizipationen des Lesers eine nicht unwesentliche Rolle, denn Gestalten können sich erst im Zusammenspiel mit solchen Einstellungen bilden. Sie verkörpern Erfüllungen solcher dem Auffassungsakt vorausliegender Antizipationen.

Erwartungen aber sind die zentrale Bedingung für das Erzeugen von Illusion. Wenn daher der Leser eines literarischen Textes diesen primär durch die Folge von Gestalten überhaupt zu konstituieren vermag, so vollzieht sich die im Lesevorgang immer wieder hergestellte Konsistenz als eine Form der Illusionsbildung. Gombrich meinte einmal dazu: "(Whenever) consistent reading suggests itself ... illusion takes over."[14] Die Illusion aber ist, wie Northrop Frye es einmal formulierte, "fixed or definable, and reality is best understood as its negation."[15] Würde aber das Lesen nur als ungestörte Illusionsbildung verlaufen, so gewönne es einen problematischen Charakter. Statt uns mit Realitäten in Verbindung zu bringen, würde es uns geradezu der Realitäten entwöhnen. Dennoch gilt es, in diesem Zusammenhang die folgende Überlegung zu berücksichtigen. Die Notwendigkeit der Illusion für die Konsistenzbildung des Lesens ist auch dort nicht wegzudiskutieren, wo uns der Widerstand der Texte gegen die Illusionsbildung so unabweisbar erscheint, daß unsere Aufmerksamkeit auf dessen Ursachen gelenkt wird. Das trifft vorwiegend für moderne Texte zu, in denen gerade die Überpräzisierung der Darstellungsraster die Unbestimmtheitsbeträge dieser Texte so anschwellen läßt, daß die Gestalten, die wir uns in den Lektürephasen bilden, immer wieder zu zerfallen beginnen. Dadurch erst vermittelt sich für uns diese Welt, so daß wir festhalten müssen, daß ohne Illusionsbildung die für uns jeweils andere und fremde Welt des Textes weithin transzendent bliebe. Durch die Konsistenzbildung wird sie für uns überhaupt erst verfügbar. Diese aber vollzieht sich gleichsam in einer hermeneutischen Operation. Wir projizieren die vom Text stimulierten Erwartungen soweit in diesen hinein, bis sich durch die Reduktion der polysemantischen Zeichenbeziehungen die Erwartungen erfüllen und damit eine Sinngestalt konstituiert werden kann. Die Polysemie des Textes und die Illusionsbildung der Lektüre sind im Prinzip gegenläufige Bewegungen. Daher vermag auch die Illusionsbildung niemals vollkommen zu sein. Doch gerade diese Unvollkommenheit macht sie im Lektüreakt in einem eigentlichen Sinne produktiv.

Walter Pater bemerkte einmal zu der im Lesen sich einstellenden Erfahrung: "For to the grave reader words too are grave; and the ornamental word, the figure, the accessory form or colour or reference, is rarely content to die to thought precisely at the right moment, but will inevitably linger awhile, stirring a long 'brainwave' behind it of perhaps quite alien associations." [16] Das aber heißt, daß die Konsistenzbildung der Lektüre auch diejenigen Momente im Text mit entfaltet, die sich der Integration in die jeweilige Gestalt entziehen (to die to thought). Die Möglichkeiten, den Text zu realisieren, sind immer reicher als die jeweilige Sinngestalt, die sich im Lesen bildet. Doch dieser Eindruck existiert nicht unabhängig von der Lektüre; er kann immer nur im Lesen erfahren werden. So erweisen sich zwar die Sinnkonfigurationen nur als pars-pro-toto-Realisierungen des Textes, durch die jedoch zugleich der von ihnen abgeblendete Möglichkeitsfächer mit erweckt wird, der zwangsläufig die Stimmigkeit der jeweils realisierten Sinngestalt zu überschatten beginnt. In diesem Sachverhalt stecken einige Konsequenzen, die zum Zweck der Beschreibung voneinander gesondert werden sollen, wenngleich sie in der Lektüre unausgesetzt zusammenwirken.

Die gestaltpsychologischen Experimente, die Gombrich in seiner Darstellung von *Art and Illusion* aufgegriffen hat, machen eines deutlich: "... though we may be intellectually aware of the fact that any given experience *must* be an illusion, we cannot, strictly speaking, watch ourselves having an illusion." [17] Die Illusionsbefangenheit erlaubt es nicht, daß wir uns im Zustand dieser Befangenheit sehen. Wäre aber nun die Illusion nicht ein transitorischer Zustand, so hieße dies, daß wir uns selbst gleichsam in sie einsperren könnten. Erschöpfte sich das Lesen im Herstellen der Illusion – so notwendig diese für das Erfassen einer fremden Erfahrung auch ist – so verfielen wir Täuschungen. Doch gerade im Lesen kommt die transitorische Qualität einer solchen Illusionsbildung deutlich zum Vorschein. Denn die Illusionsbildung wird ständig überschattet von den "alien associations", und d. h. den von den Selektionsentscheidungen des Lesers erweckten, gleichzeitig aber nicht gewählten, oftmals sogar negierten Möglichkeiten der Sinnkonfiguration. Wenn aber die Illusionsbildung ständig von dem überschattet bleibt, was sie selbst erweckt, aber nicht mehr konsistent zu machen vermag, tendiert die von ihr hergestellte Konsistenz immer wieder dazu, geöffnet zu werden. Daraus ergibt sich für den Leser, daß er im Vorgang der Illusionsbildung, die er selbst vollzieht, ständig zwischen Befangenheit und Beobachtung oszilliert. Er erschließt sich die fremde Welt, ohne in ihr gefangen zu sein.

Daraus ergibt sich für den Lesevorgang eine weitere Konsequenz. Befangensein und Beobachtung zeigen an, in welchem Maße die in der Illusionsbildung ausgeschlossenen, aber gerade dadurch mit konstituierten Sinnrichtungen auf die jeweils hergestellte Gestalt zurückwirken. Die Tendenz zur Vereindeutigung rückt daher ständig in den Horizont dessen, was durch die Selektionsentscheidungen beim Lesen mit erweckt, aber durch die hergestellte Sinngestalt nicht mehr umgriffen wird. So ist die gewählte Strukturierungstendenz ständig der Gefahr ausgesetzt, von den nicht gewählten Möglichkeiten durchkreuzt zu werden. Daraus entspringt die notwendige Ausgleichsoperation, die im Lesen unentwegt stattfindet, wobei die in der Lektüre selbst erweckte Gegenläufigkeit zur jeweils gebildeten Konsistenz den Text zu einer ästhetischen Erfahrung werden läßt.

Wie sich solche Ausgleichsoperationen vollziehen, hat B. Ritchie einmal im Blick auf das Erwartungsspiel der Texte beschrieben. Jeder Text baut bereits mit seinem Anfang bestimmte Erwartungen auf, verändert diese in seinem Fortgang, ja erfüllt sie gelegentlich zu einem Zeitpunkt, zu dem wir längst nicht mehr an ihre Einlösung glauben und zu dem sie bereits unserer Aufmerksamkeit entschwunden waren. "Furthermore, to say merely that 'our expectations are satisfied' is to be guilty of another serious ambiguity. At first sight such a statement seems to deny the obvious fact that much of our enjoyment is derived from surprises, from betrayals of our expectations. The solution to this paradox is to find some ground for a distinction between 'surprise' and 'frustration' Roughly, the distinction can be made in terms of the effects which the two kinds of experiences have upon us. Frustration blocks or checks activity. It necessitates new orientation for our activity, if we are to escape the *cul de sac*. Consequently, we abandon the frustrating object and return to blind impulse activity. On the other hand, surprise merely causes a temporary cessation of the exploratory phase of the experience, and a recourse to intense contemplation and scrutiny. In the latter phase the surprising elements are seen in their connection with what has gone before, with the whole drift of the experience, and the enjoyment of these values is then extremely intense. Finally, it appears that there must always be some degree of novelty or surprise in all these values if there is to be a progressive specification of the direction of the total act ... and any aesthetic experience tends to exhibit a continuous interplay between 'deductive' and 'inductive' operations." [18] Daraus folgt, daß die Sinngestalt des Werks weder in den Erwartungen noch in den Überraschungen und Enttäuschungen, geschweige denn in den Frustrationen steckt, die wir im Vorgang der Gestaltbildung durchleben. Diese verkörpern eher Reaktionen, die durch das Aufbrechen, die Störung und das Durchkreuztwerden der von uns im Lesen gebildeten Gestalten zustande kommen. Das aber heißt, wir reagieren im Lesen auf das, was wir selbst hervorgebracht haben, und erst dieser Reaktionsmodus macht es plausibel, weshalb wir den Text wie ein reales Geschehen zu erfahren vermögen. Wir fassen ihn nicht auf wie ein gegebenes Objekt, wir begreifen ihn auch nicht wie einen Sachverhalt, der durch prädikative Urteile bestimmt wird; vielmehr zeichnet er sich unseren Reaktionen ein und ist durch sie gegenwärtig. Der Sinn des Werks hat damit selbst den Charakter des Geschehens und da wir dieses als das Bewußtseinskorrelat des Textes erzeugen, erfahren wir dessen Sinn als Wirklichkeit.

Damit verbindet sich eine letzte Folgerung aus jenem Sachverhalt, den Walter Pater in der zitierten Stelle mit den "alien associations" angesprochen hat. Jeder literarische Text zieht in mehr oder minder großem Umfang und mit mehr oder minder deutlicher Markierung soziale, historische und zeitgenössische Normen sowie eine entsprechende Anspielungsvielfalt aus der literarischen Tradition in sich hinein. Sie bilden das dem Leser bekannte Repertoire des Textes.[19] Da dieses aber nun in einen anderen, ihm ursprünglich fremden Kontext eingerückt ist, kommt es nicht zur Bestätigung und zum bloßen Wiedererkennen des Bekannten. Vielmehr wird in der Entpragmatisierung vertrauter Normen die Bedingung für die Kommunikation des Textes geschaffen. – Ähnliches gilt auch für die Textstrategien, die oftmals Sachverhalte aufeinander beziehen, deren Verbindung uns zunächst Schwierigkeiten bereitet. Man braucht nur an die recht einfache Technik in der erzählenden Literatur zu denken, wo sich der Autor selbst als eine Figur etabliert, um das erzählte Geschehen durch seine Kommentare ständig in Perspektiven zu rücken, die sich aus dem Ablauf der erzählten Geschichte selbst nicht eingestellt hätten. Wayne Booth hat diese Technik einmal als die des "unreliable narrator"[20] bezeichnet, um damit zum Ausdruck zu bringen, in welchem Maße hier eine Textstrategie gegen die vom Text selbst erzeugten Erwartungen läuft. Die Figur des Erzählers funktioniert dann als latentes Dementi unserer aus der Beobachtung der erzählten Geschichte gewonnenen Eindrücke. Es fragt sich, ob diese der Illusionsbildung zuwiderlaufende Tendenz ihrerseits integrierbar ist, damit sie in eine Konsistenz höherer Stufe aufgehoben werden kann. Gewiß wird solches möglich sein, doch ebenso gewiß werden sich Interpretationswiderstände bilden, die als Illusionsdurchbrechungen zurückbleiben.

Was macht man beispielsweise mit jener Stelle in Joyces *Ulysses*, in der Blooms Zigarre auf den Speer des Odysseus anspielt, um nur einen relativ einfachen Fall für die aus dem latenten Dementi erwachsenden Schwierigkeiten der Gestaltbildung zu nennen? Der Kontext (die Zigarre Blooms) ruft ein bestimmtes Repertoire-Element (den Speer des Odysseus) auf. Die Textstrategie bezieht sie so aufeinander, als ob es sich um Gleichartiges handele. Wie organisieren wir aber diese auseinanderlaufenden Elemente, die gerade durch ihre angedeutete Bezogenheit so unverkennbar voneinander wegschwingen? Nun sagen wir vielleicht, es sei Ironie. Wenigstens haben dies eine Reihe beachtenswerter Joyce-Leser so verstanden.[21] Ironie wäre dann die Gestalt, durch die sich die Beziehung der beiden Zeichen identifizieren ließe. Doch was wird hier eigentlich ironisiert? Der Speer des Odysseus oder die Zigarre Blooms? Die mangelnde Eindeutigkeit dieser Frage strapaziert bereits die in der Ironie scheinbar gewärtigte Gestalt. Aber selbst wenn man in der Ironie das zureichende Maß an Konsistenz entdecken zu können glaubt, so ist diese doch von eigentümlicher Natur. Sie läßt nicht ihre geläufige Intention erkennen, daß der formulierte Text das Gegenteil der Formulierung meint. Bestenfalls meint der formulierte Text etwas, das nicht formuliert worden ist. Vielleicht meint er aber auch etwas, das überhaupt nicht formuliert werden kann? Wie immer es sich auch verhalten mag: In jedem Falle produziert die für die Auffassung notwendigerweise geforderte Konsistenz eine Diskrepanz. Diese aber ist mehr als nur eine ausgeschlossene, weil nicht gewählte Möglichkeit. Denn sie wirkt direkt auf die gebildete Gestalt zurück und zeichnet sich ihr ein, indem sie deren Unzulänglichkeit hervortreten läßt. Die Diskrepanz depotenziert die Gestalt zu einer problematischen Möglichkeit, die deshalb bestritten wird, weil es ihr an zureichender Motivationskraft für die Zeichenbeziehung fehlt. Das muß jedoch nicht heißen, daß es sinnlos sei, überhaupt solche unzulänglichen Gestalten zu bilden. Im Gegenteil: Die problematische Möglichkeit wirkt als Verstärkung der Interaktion, um die durch sie nicht gewonnene Stimmigkeit der Zeichenbeziehung durch eine neue Gestalt repräsentierbar zu machen. Das läßt sich immer noch an dem angezogenen Joyce-Beispiel veranschaulichen. Denn die in der Ironie sichtbar gewordene Diskrepanz der Gestalt ist von vielen Joyce-Lesern dann durch das Bild der phallischen Symbolik aufgehoben worden. Doch in diesem Augenblick kommt die problematisierte Gestalt wieder zur Geltung, und zwar in einem Maße, das sie nicht gehabt hat, solange sie nur die wechselseitige Ironisierung homerischer und alltäglicher Anspielungen verkörperte. Die phallische Symbolik des Speers ist mythologisch eindeutig; Blooms Zigarre hingegen bricht sich dann in einem Spektrum von Zweideutigkeiten, die allerdings auf die mythische Vorstellung zurückwirken und diese in ihre Kreatürlichkeit kippen läßt, ohne sie wirklich zu meinen. Nun braucht man dieses Beispiel nicht weiter auszuführen, – denn das würde ohnehin immer stärker in eine bestimmte Konkretisation dieser Textstelle einmünden – um aus ihm eine Verallgemeinerung ableiten zu können. Diskrepanzen ergeben sich im Lektürevorgang als Folge der jeweils hergestellten Konsistenz. Nun aber verschwindet die dadurch problematisierte Gestalt nicht aus unserer Einbildungskraft, da die gesuchte Aufhebung der Diskrepanz von den bestrittenen Möglichkeiten ihren Ausgang nimmt und wir überhaupt erst vor diesem Hintergrund in der Lage sind, die bessere Gestalt, und das heißt jene mit der größeren Motivationskraft, als die bessere überhaupt begreifen zu können.

Da Diskrepanzen gleichsam die Schattenseiten der Erfassungsakte darstellen und daher von ihnen erzeugt, aber nicht mehr von ihnen umgriffen werden, sind sie ihrerseits nicht gänzlich willkürlicher Natur. Sie bewirken letztlich, daß wir im Lesen in die Texte verstrickt werden.

In solchen Verstrickungen gründet ein entscheidendes Moment des Lesens überhaupt. Durch sie werden wir in den Text hineingezogen, den wir dann als ein Geschehen erfahren, in dessen Gegenwart wir sind. In einem solchen Vorgang ereignet sich mehreres zugleich. Unsere vom Text geweckten Antizipationen kommen nicht restlos zur Einlösung, da wir im Vorgang der Konsistenzbildung ständig verdeckte Möglichkeiten hervorkehren, die wir dann als konkurrierende zu jenen erfahren, die scheinbar offenkundig waren. Dadurch kommen die visierten Gestaltkonfigurationen wieder in Bewegung, nicht zuletzt, weil wir die vom Text geweckten Erwartungen oftmals selbst wieder löschen müssen, wodurch freilich dann auch erfüllte Erwartungen einen ganz anderen Hintergrund gewinnen. Indem wir in Texte verstrickt sind, wissen wir zunächst nicht, was uns in solcher Beteiligung geschieht. Deshalb verspüren wir auch immer wieder das Bedürfnis, über gelesene Texte zu reden, weniger um uns von ihnen zu distanzieren, als vielmehr, um in solcher Distanz das zu begreifen, worin wir verstrickt waren.

"Soweit Verstrickung vorliegt, liegt Gegenwart vor." [22] Geraten wir so in die Gegenwart des Textes, so wird das, was wir sind – jedenfalls für die Dauer der Lektüre – zur Vergangenheit. Indem ein literarischer Text die uns beherrschenden Ansichten zur Vergangenheit entrückt, bietet er sich selbst als eine Erfahrung; denn was nun geschieht bzw. geschehen kann, war nicht möglich, solange die uns orientierenden Ansichten selbst unsere Gegenwart bildeten. Erfahrungen indes kommen nicht über das bloße Wiedererkennen des Bekannten zustande. Denn "spräche man nur von Erfahrungen, mit denen man koinzidiert, so spräche man von gar nichts mehr." [23] Das Lesen zeigt insofern die Struktur der Erfahrung, als das Verstricktsein unsere Orientierungen zur Vergangenheit entrückt und damit zugleich deren Geltung für die neue Gegenwart suspendiert. Das heißt jedoch nicht, daß jene in die Vergangenheit zurückgeschobene Erfahrung damit verschwände. Im Gegenteil. Als Vergangenheit ist sie immer noch meine Erfahrung, die nun allerdings in eine Interaktion mit der noch unvertrauten Gegenwart des Textes tritt. Unvertraut ist die neue Gegenwart indes nur, solange die im Lesen zur Vergangenheit gewordene Erfahrung das bleibt, was sie war, als sie noch unsere Orientierung bildete. Nun aber ist der Erfahrungserwerb kein Additionsvorgang, sondern ein Umstrukturieren dessen, worüber wir verfügen. Das bezeugt sich auch in umgangssprachlichen

Wendungen: So sagen wir etwa, daß wir um eine Erfahrung reicher sind, wenn wir eine Illusion verloren haben.

V

Die Betrachtung des Lesevorgangs literarischer Texte hat bisher drei wichtige Aspekte erkennen lassen, die das Verhältnis zwischen Text und Leser begründen. Indem das Lesen den Text durch Vorgriff und Rückkoppelung entfaltet, gewinnt es den Charakter des Geschehens; dieses vermittelt sich in dem Eindruck der Lebensnähe.

Geschehen als solches bestimmt sich durch seine Offenheit, die den Leser zu einer kontinuierlichen Konsistenzbildung nötigt, weil erst dadurch Fremdes erfaßbar gemacht und Situationen geschlossen werden können. Die Konsistenzbildung indes verläuft als ein Vorgang, in dem ständig Selektionsentscheidungen fallen, die ihrerseits die davon ausgeschlossenen Möglichkeiten des Textes wenigstens soweit konstituieren, daß diese als latente Störung der jeweils erstellten Konsistenz wirksam zu werden vermögen. Daraus entspringt das Verstricktsein des Lesers in die von ihm hervorgebrachte Textgestalt.

Die Verstrickung bedeutet, daß wir uns dem Text gegenwärtig machen müssen, wodurch unsere Orientierungen für die Dauer der Lektüre zumindest zur Vergangenheit werden. Darin liegt die Chance, eine Erfahrung zu machen, und zwar in dem Sinne, wie es G. B. Shaw einmal formuliert hat: "You have learnt something. That always feels at first as if you had lost something." [24] Das Lesen zeigt insofern die Struktur der Erfahrung, als in der Lektüre erst die suspendierte Geltung der uns beherrschenden Ansichten die Bedingung dafür abgibt, die unvertraute Welt des literarischen Textes erfahren zu können. In diesem Falle aber geschieht etwas mit uns.

Das muß abschließend noch ein wenig genauer betrachtet werden, zumal die Anverwandlung des Fremden an den eigenen Erfahrungsbereich durch die in der literaturkritischen Diskussion weitverbreitete Meinung getrübt ist, daß eine solche Aneignung auf der Identifikation des Lesers mit dem Gelesenen beruhe. Was würde eine solche Identifikation anzeigen, wenn sie für den Leser nichts weiter wäre, als mit seinesgleichen zur Deckung zu gelangen? Welcher Antrieb sollte darin liegen, sich dem 'Gleichen' gegenwärtig zu machen, geschweige denn, sich in ihm aufzuheben? Dennoch ist nicht zu leugnen, daß im Akt der Lektüre eine Form der Beteiligung entsteht, die den Leser so in den Text hineinzieht, daß er das Gefühl hat, als ob alle Distanz zwischen ihm und den Vorgängen ausgelöscht sei, wie es etwa die folgende Reaktion eines Rezensenten bezeugt, der seine Lektüreerfahrung von C. Brontës *Jane Eyre* in dem Eindruck zusammenfaßt: "We took up *Jane Eyre* one winter's evening, somewhat piqued at the extravagant commendations we had heard, and sternly resolved to be as critical as Croker. But as we read on we forgot both commendations and criticism, identified ourselves with Jane in all her troubles, and finally married Mr. Rochester about four in the morning." [25]

Für den Zugang zu einem solchen 'Erleben' sind die von G. Poulet über das Lesen entwickelten Betrachtungen nachdenkenswert. Bücher, so meint er, kommen erst im Leser zu ihrer vollen Existenz.[26] Zwar bestehen sie aus Gedanken, die ein anderer ersonnen hat, in der Lektüre jedoch wird der Leser das Subjekt dieser Gedanken. Damit schwindet die für alle Erkenntnis, aber auch die für alle Wahrnehmung geltende Subjekt-Objekt-Spaltung, deren Aufhebung das Lesen, so darf man daraus folgern, als eine besondere Kategorie für den möglichen Zugang zu Fremderfahrung erscheinen läßt. In dieser eigentümlichen 'Verschmelzung' liegt dann wohl auch der zentrale Grund dafür, weshalb man die Beziehung zur Welt der Texte so oft als Identifikation mißverstanden hat. Poulet zieht aus der Einsicht, daß wir im Lesen die Gedanken eines anderen denken, den folgenden Schluß: "Whatever I think is a part of *my* mental world. And yet here I am thinking a thought which manifestly belongs to another mental world, which is being thought in me just as though I did not exist. Already the notion is inconceivable and seems even more so if I reflect that, since every thought must have a subject to think it, this *thought* which is alien to me and yet in me, must also have in me a *subject* which is alien to me ... Whenever I read, I mentally pronounce an *I*, and yet the *I* which I pronounce is not myself." [27]

Für Poulet bildet diese Einsicht jedoch nur eine Zwischenüberlegung. Denn das fremde Subjekt, das im Leser die ihm fremden Gedanken denkt, zeigt die potentielle Gegenwart des Autors an, dessen Darstellung deshalb vom Leser im Lektürevorgang 'internalisiert' werden kann, weil der Leser sein Bewußtsein den Gedanken des Autors zur Verfügung stellt. "Such is the characteristic condition of every work which I summon back into existence by placing my consciousness at its disposal. I give it not only existence, but awareness of existence." [28] Demnach würde das Bewußtsein den Konvergenzpunkt bilden, in dem Autor und Leser zur Deckung kämen, wodurch zugleich die zeitweilige Selbstentfremdung aufgehoben wäre, in die der Leser während der Lektüre gerät, wenn sein Bewußtsein die Gedanken des Autors denkt. In diesem Vorgang geschieht für Poulet Kommunikation. Sie ist jedoch von zwei Bedingungen abhängig: die Lebensgeschichte des Autors muß im Werk genauso weggeblendet sein wie die individuellen Dispositionen des Lesers im Akt der Lektüre. Denn erst dann können die Gedanken des Autors im Leser ihr Subjekt finden, das etwas denkt, was es nicht ist. Daraus folgt, daß das Werk selbst als Bewußtsein gedacht werden muß, weil erst dadurch ein zureichender Grund für die Beziehung zwischen Autor und Leser gegeben ist – eine Beziehung, die sich zunächst nur durch die Negation der individuellen Lebensgeschichte des Autors und der individuellen Disposition des Lesers bestimmt. Diese Folgerung wird von Poulet in der Tat auch gezogen, indem er das Werk als die Selbstpräsentation bzw. als die Materialisation des Bewußtseins versteht: "And so I ought not to hesitate to recognize that so long as it is animated by this vital inbreathing inspired by the act of reading, a work of literature becomes (at the expense of the reader whose own life it suspends) a sort of human being, that it is a mind conscious of itself and constituting itself in me as the subject of its own objects." [29]

An diesem Punkt allerdings beginnen nun die Schwierigkeiten. Denn wie ist ein solches hypostasiertes Bewußtsein zu denken, das im literarischen Werk zu sich selbst kommt? Gibt man aber die substantialistische Auffassung des von Poulet postulierten Bewußtseins preis, so lassen sich bestimmte Gesichtspunkte der von ihm geführten Diskussion festhalten, die man allerdings in eine andere Richtung entwickeln muß.

Hebt das Lesen die für die Wahrnehmung und für die Erkenntnis konstitutive Subjekt-Objekt-Spaltung auf, so erfolgt dadurch zugleich eine 'Besetzung' des Lesers durch die Gedanken des Autors, die ihrerseits zur Bedingung für eine neue 'Grenzziehung' werden. Nun stehen sich Text und Leser nicht mehr wie Objekt und Subjekt gegenüber; vielmehr ereignet sich diese 'Spaltung' im Leser selbst. Denkt er die Gedanken eines anderen, dann springt er temporär aus seinen individuellen Dispositionen heraus, denn er macht etwas zum Thema seiner Beschäftigung, das bisher nicht – wenigstens nicht in dieser Form – in seinem Horizont lag. Das hat zur Folge, daß im Lesen eine künstliche Spaltung unserer Person geschieht, indem wir etwas, das wir nicht sind, zum Thema erheben. Die Annahme einer solchen kontrapunktischen Struktur ergibt sich daraus, daß unsere Orientierungen ja nicht völlig verschwinden, wenn wir die Gedanken eines anderen denken. So sehr diese Orientierungen nun auch zur Vergangenheit entrückt sein mögen, so bilden sie doch den Horizont, vor dem die uns beherrschenden Gedanken des Autors zum Thema werden. Folglich entstehen im Lesen immer zwei Ebenen, deren Beziehung zueinander trotz wechselnder Intensität niemals völlig abreißt. Denn wir vermögen die Gedanken eines anderen nur deshalb zu einem uns beherrschenden Thema zu machen, weil diese dabei immer auf den virtualisierten Horizont unserer Person und ihrer Orientierungen bezogen bleiben. Es hat sich lediglich die Gewichtigkeit der Ebenen verschoben, wenn die Gedanken eines anderen und deren Aktualisierung durch uns ausschließlich im Vordergrund stehen. Wäre das nicht der Fall, dann hätte die Rede davon, daß wir im Lesen Fremdes für uns zum Thema erheben, keinen Sinn.

Nun aber legt jeder Text, den wir lesen, einen anderen Schnitt innerhalb der kontrapunktischen Struktur unserer Person, und d.h., die von ihm organisierte Beziehung von Thema und Horizont gewinnt eine jeweils unterschiedliche Ausprägung. Das einzelne Thema ruft nicht den ganzen Horizont unserer Orientierungen und Dispositionen auf, sondern nur bestimmte Ausschnitte daraus, weshalb von Text zu Text der jeweils virtualisierte Horizont unserer Orientierungen anders konstituiert ist. Läßt sich das Thema erst durch seine Beziehung auf einen virtuell gebliebenen Horizont begreifen, der in unterschiedlichen Konfigurationen beansprucht wird, dann können die Auffassungsakte des Fremden für den Haushalt der Person nicht gänzlich ohne Rückwirkungen bleiben.

In diesem Zusammenhang ist eine Bemerkung aufschlußreich, die D.W. Harding als Argument dagegen vorgebracht hat, daß im Lesen eine Identifikation mit dem Gelesenen erfolge: "What is sometimes called wish-fulfilment in novels and plays can ... more plausibly be described as wish-formulation or the definition of desires. The cultural levels at which it works may vary widely; the process is the same ... It seems nearer the truth ... to say that fictions contribute to defining the reader's or spectator's values, and perhaps stimulating his desires, rather than to suppose that they gratify desire by some mechanism of vicarious experience."[30]

Fremdes, das wir noch nicht erfahren haben, im Akt der Lektüre denken zu müssen, bedeutet daher nicht nur, daß wir in der Lage sind, es aufzufassen; es bedeutet darüber hinaus, daß solche Auffassungsakte in dem Maße erfolgreich werden, in dem durch sie etwas in uns formuliert wird. Denn die Gedanken eines anderen lassen sich in unserem Bewußtsein nur formulieren, wenn die vom Text in uns mobilisierte

Spontaneität ihrerseits Gestalt gewinnt. Da eine solche Formulierung der geweckten Spontaneität nun zu den Bedingungen eines anderen geschieht, dessen Gedanken wir im Lesen thematisch machen, formulieren wir unsere Spontaneität nicht zu den für uns geltenden Orientierungen. In diesem Prozeß zeigt sich die dialektische Struktur des Lesens. Der Text erweckt einen Bereich, der unserer Bewußtheit nicht unmittelbar gegenwärtig ist. Die im Lesen erfolgende Sinnkonstitution des literarischen Textes besagt daher nicht nur – wie wir es im Zusammenhang der Gestaltbildung in der Lektüre erörtert haben – daß dadurch das Unformulierte des Textes erst entdeckt wird, um es durch die Vorstellungsakte des Lesers zu besetzen; die Sinnkonstitution besagt darüber hinaus, daß in einer solchen Formulierung des Unformulierten immer zugleich die Möglichkeit liegt, uns selbst zu formulieren und dadurch das zu entdecken, was unserer Bewußtheit bisher entzogen schien. In diesem Sinne bietet Literatur die Chance, durch Formulierung von Unformuliertem uns selbst zu formulieren.

Anmerkungen

* Die vorliegende Fassung ist eine Übersetzung des ursprünglich englisch erschienenen Aufsatzes "The Reading Process. A Phenomenological Approach" in *New Literary History* III (Winter 1971/72), pp. 279–299 (nachgedruckt in *New Directions in Literary History*, ed. Ralph Cohen, London 1974). Da es sich bei dem vorliegenden Aufsatz um eine Problemskizze handelte, wurde auf notwendige Zusätze verzichtet und der Sachverhalt lediglich an ein paar Stellen präzisiert. Das hier angeschnittene Thema habe ich in einem inzwischen nahezu abgeschlossenen Manuskript mit dem Arbeitstitel: *Der Akt des Lesens. Theorie ästhetischer Wirkung* zu entfalten versucht.

1 Vgl. Roman Ingarden, *Vom Erkennen des literarischen Kunstwerks*, Tübingen 1968, pp. 49 ff.

2 Zur Diskussion dieses Begriffs vgl. Roman Ingarden, *Das literarische Kunstwerk*, Tübingen [2]1960, pp. 270 ff.

3 Laurence Sterne, *Tristram Shandy*, II, 11, London 1956, p. 79.

4 Virginia Woolf, *The Common Reader* (First Series), London 1957, p. 174.

5 Ingarden, *Vom Erkennen des literarischen Kunstwerks*, p. 29.

6 Edmund Husserl, *Zur Phänomenologie des inneren Zeitbewußtseins* (Gesammelte Werke 10), Den Haag, p. 52.

7 Ingarden, *Vom Erkennen des literarischen Kunstwerks*, p. 32.

8 Zum Begriff der Leerstellen vgl. Wolfgang Iser, *Die Appellstruktur der*

Texte. Unbestimmtheit als Wirkungsbedingungen literarischer Prosa, Konstanz [4]1974; in diesem Band pp. 234 ff.

[9] Gilbert Ryle, *The Concept of Mind,* Harmondsworth 1968, p. 255.

[10] Vgl. dazu J. P. Sartre, *Das Imaginäre. Phänomenologische Psychologie der Einbildungskraft.* Übers. von H. Schöneberg, Hamburg 1971, p. 281.

[11] Stanley Cavell, *The World Viewed,* New York 1971, p. 23.

[12] Ibid., p. 133.

[13] E. H. Gombrich, *Art and Illusion,* London [2]1962, p. 204.

[14] Ibid., p. 278.

[15] Northrop Frye, *Anatomy of Criticism,* New York 1967, pp. 169 f.

[16] Walter Pater, *Appreciations,* London 1920, p. 18.

[17] Gombrich, p. 5.

[18] B. Ritchie, "The Formal Structure of the Aesthetic Object", in *The Problems of Aesthetics,* ed. Eliseo Vivas and Murray Krieger, New York 1965, pp. 230 f.

[19] Vgl. meinen Beitrag "Die Wirklichkeit der Fiktion", in diesem Band, pp. 298 ff.

[20] Vgl. Wayne C. Booth, *The Rethoric of Fiction,* Chicago 1963, pp. 211 ff. u. 339 ff.

[21] Richard Ellmann, "Ulysses. The Divine Nobody", in *Twelve Original Essays on Great English Novels,* ed. Charles Shapiro, Detroit 1960, p. 247, klassifizierte diese Anspielung als "mock-heroic".

[22] Wilhelm Schapp, *In Geschichten verstrickt,* Hamburg 1953, p. 143.

[23] M. Merleau-Ponty, *Phänomenologie der Wahrnehmung.* Übers. von Rudolf Boehm, Berlin 1966, p. 388.

[24] G. B. Shaw, *Major Barbara,* London 1964, p. 316.

[25] William George Clark, *Fraser's,* December 1849, p. 692. Zitierung erfolgt nach Kathleen Tillotson, *Novels of the Eighteen-Forties,* Oxford 1961, pp. 19 f.

[26] Vgl. Georges Poulet, "Phenomenology of Reading", in *New Literary History* I (1969), p. 54.

[27] Ibid., p. 56.

[28] Ibid., p. 59.

[29] Ibid.

[30] D. W. Harding, "Psychological Processes in the Reading of Fiction", in *Aesthetics in the Modern World,* ed. Harold Osborne, London 1968, pp. 313 f.

Wolfgang Iser

DIE WIRKLICHKEIT DER FIKTION

*Elemente eines funktionsgeschichtlichen Textmodells der Literatur**

1. Voraussetzungen

Textmodelle stellen heuristische Entscheidungen dar. Sie sind nicht die Sache selbst, wohl aber verkörpern sie einen Zugang zu ihr. Der Text als die Sache ist niemals als solcher, sondern immer nur in einer bestimmten Weise gegeben, die durch das Bezugssystem entsteht, das zu seiner Erfassung gewählt worden ist. Der literarische Text ist ein fiktives Gebilde, und damit meint man in der Regel, daß ihm die notwendigen Realitätsprädikate fehlen. Denn literarische Texte erschöpfen sich nicht darin, empirisch gegebene Objektwelten zu denotieren; ja, ihre Darstellungsintention zielt auf das, was nicht gegeben ist. Folglich hat sich in der vergleichenden Zuordnung von Fiktion und Wirklichkeit ein Begriffspaar herausgebildet, das insofern eine heuristische Entscheidung impliziert, als man Fiktion aus dem Blickpunkt der Wirklichkeit als deren polare Entgegensetzung zu bestimmen versuchte. Die Fiktion wurde daher bald als seinsautonomes, bald als seinsheteronomes Gebilde qualifiziert[1], um den Unterschied zum Gegenstandscharakter der Wirklichkeit formulieren zu können. Die von solchen Versuchen erzeugten Probleme sind bekannt. Sie machen die Frage nach dem Bezugsrahmen unabweisbar, der dem Gegensatzpaar Fiktion und Wirklichkeit die ihm angemessenen Prädikate zuweist. Die vielen in eine solche Richtung verlaufenden Bemühungen ermuntern nicht zur Fortsetzung. Daher soll in der folgenden Diskussion die Erkenntnisprämisse aufgegeben werden, durch die Fiktion als das Nicht-Wirkliche bestimmt ist. Damit ist zugleich das ontologische Argument preisgegeben, denn Fiktion als seinsautonom bzw. seinsheteronom zu qualifizieren heißt, Fiktion und Wirklichkeit als ein Seinsverhältnis begreifen zu wollen. Dieses aber erweist sich in der Erörterung eines funktionsgeschichtlichen Textmodells als untauglich, da die Leistung der Fiktion auf ihrer Funktion beruht. Das ontologische Argument muß durch ein funktionalistisches ersetzt werden. Fiktion und Wirklichkeit können daher nicht mehr als ein Seinsverhältnis, sondern müssen als ein Mitteilungsverhältnis begriffen werden. Dadurch löst sich zunächst die polare Entgegensetzung von Fiktion und Wirklichkeit auf: Statt deren bloßes Gegenteil zu sein, teilt Fiktion uns etwas über Wirklichkeit mit. Verblaßt die alte Opposition von Fiktion und Wirklichkeit, dann entfällt auch die Schwierigkeit, eine die Oppositionsglieder umfassende Referenz finden zu müssen, aus der die unterschiedlichen Prädikate ableitbar sind. Als Kommunikationsstruktur schließt die Fiktion Wirklichkeit mit einem Subjekt zusammen, das durch die Fiktion mit einer Realität vermittelt wird. Es ist daher auch bezeichnend, daß das Subjekt kaum eine Rolle spielte, in jedem Falle aber nicht mit reflektiert wurde, solange man Fiktion über ihre kontrastive Absetzung von Wirklichkeit zu fassen versuchte. Wenn Fiktion nicht Wirklichkeit ist, so weniger deshalb, weil ihr die notwendigen Realitätsprädikate fehlen, sondern eher deshalb, weil sie Wirklichkeit so zu organisieren vermag, daß diese mitteilbar wird, weshalb sie das von ihr Organisierte selbst nicht sein kann. Versteht man Fiktion als Kommunikationsstruktur, dann muß im Zuge ihrer Betrachtung die alte an sie gerichtete Frage durch eine andere ersetzt werden: Nicht was sie bedeutet, sondern was sie bewirkt, gilt es nun in den Blick zu rücken. Erst daraus ergibt sich ein Zugang zur Funktion der Fiktion, die sich in der Vermittlung von Subjekt und Wirklichkeit erfüllt.

Aus dieser Sachlage läßt sich der Untersuchungsgegenstand eines funktionsgeschichtlichen Textmodells gewinnen. Er ist an zwei Schnittpunkten angesiedelt, die zwischen Text und Wirklichkeit sowie zwischen Text und Leser liegen. Sie gilt es beschreibbar zu machen, um zu zeigen, in welchem Maße die Fiktion als Relais zwischen lesendem Subjekt und mitgeteilter Realität wirksam wird. Das Interesse gilt daher der pragmatischen Dimension des Textes, wobei unter Pragmatik im Sinne von Morris die Beziehung der Zeichen des Textes auf den Interpretanten gemeint ist. Pragmatische Zeichenverwendung hat immer mit Verhalten zu tun, das im Empfänger bewirkt werden soll. "Such terms as 'interpreter', 'interpretant', 'convention' (when applied to signs), 'taking-account-of' (when a function of signs) ... are terms of pragmatics, while many strictly semiotical terms such as 'sign', 'language', 'truth', and 'knowledge' have important pragmatical components."[2] Damit ist zugleich angedeutet, daß die Pragmatik als eine Dimension der Zeichenverwendung selbstverständlich nicht von der Syntax – der Beziehung der Zeichen untereinander – und der Semantik – der Beziehung der Zeichen auf Objekte – abstrahieren kann. Im Gegenteil, die Pragmatik setzt vielfach Syntax und Semantik voraus und impliziert sie in den Beziehungen der Zeichen auf den Interpretanten.

2. *Das Modell der Sprechakte*

Die 'Philosophie der normalen Sprache' *(ordinary language philosophy)* hat die pragmatische Dimension des Sprachgebrauchs bisher am stärksten thematisiert. Die von ihr entwickelten Vorstellungen – obwohl nicht für fiktionale Texte gedacht – können als Ausgangsüberlegungen für einen Zugang zum pragmatischen Charakter fiktionaler Texte dienen. Denn die aus der Philosophie der normalen Sprache abgeleitete Sprechakttheorie versucht die Bedingungen zu beschreiben, die das Gelingen der Sprachhandlung gewährleisten. Um solche Bedingungen geht es auch in der Lektüre fiktionaler Texte, die insofern eine Sprachhandlung bewirken, als im Lesen eine Verständigung mit dem Text bzw. über den Text mit dem, was er zu vermitteln bestrebt ist, gelingen sollte, aber auch mißlingen kann. Die konstitutiven Bedingungen der Sprechakte aufzusuchen heißt daher, die Aufmerksamkeit auf diejenigen Faktoren zu lenken, durch die ein Verhältnis zwischen Text und Leser entsteht. Es müssen daher der notwendige Bestand gefaßt, der für das Gelingen der Sprachhandlung vorausgesetzt ist, wie auch die Akte verdeutlicht werden, durch die mittels Sprache etwas hervorgebracht wird.

Der von Austin beschriebene und von Searle systematisierte Sprechakt verkörpert eine zentrale Kommunikationseinheit. Searle bemerkte dazu: "The reason for concentrating on the study of speech acts is simply this: all linguistic communication involves linguistic acts. The unit of linguistic communication is not, as has generally been supposed, the symbol, word or sentence, or even the token of the symbol, word or sentence, but rather the production or issuance of the symbol or word or sentence in the performance of the speech act. To take the token as a message is to take it as a produced or issued token. More precisely, the production or issuance of a sentence token under certain conditions is a speech act, and speech acts ... are the basic or minimal units of linguistic communication."[3] Für den Sprechakt als Kommunikationseinheit ist es entscheidend, daß er sowohl die Organisation der Zeichen als auch den intendierten Empfang der übermittelten Äußerung im Empfänger bedingen muß. Daraus folgt: Sprechakte sind nicht bloße Sätze, sondern sind als sprachliche Äußerungen immer schon situierte Sätze; das heißt, solche, die in Situationen bzw. bestimmten Kontexten fallen. Deshalb erhalten die sprachlichen Äußerungen ihren Sinn durch ihre Verwendung. So sind Sprechakte Kommunikationseinheiten der Rede, durch die Sätze in situierte Sätze, also in sprachliche Äußerungen transformiert werden, die ihren Sinn durch den Gebrauch gewinnen.

Wenn das Modell der Sprechakte als Ausgangsbasis für die Diskussion des pragmatischen Aspekts fiktionaler Texte dienen soll, so kann das nur heißen, aus diesem Modell heuristische Voraussetzungen zu gewinnen, durch die sich kommunikative Strukturen fiktionaler Texte in den Blick bringen lassen. Eine dafür maßgebende Orientierung bildet die Feststellung, daß die Sätze des Sprechakts immer kontextsituiert sind, weshalb der Sprechakt niemals mit der bloßen Folge seiner Sätze identisch ist, sondern sich erst über den Situationsbezug sowie über die Voraussetzungen stabilisiert, die durch seine Sätze aufgerufen werden. Dieser Sachverhalt ist für eine Betrachtung fiktionaler Texte insofern beachtenswert, als in der literaturkritischen Analyse die Ausschließlichkeit des Textes noch eine vorherrschende Rolle spielt. Die pragmatische Dimension indes kommt erst dann voll zum Vorschein, wenn man das Augenmerk auf die vielen Kontexte richtet, die der fiktionale Text in sich hineinzieht, bündelt und parat hält, um sie durch den geschriebenen Text hindurch vermitteln zu können. Daß es sich so verhält, wird niemand leugnen wollen. Klärungsbedürftig bleibt dabei allerdings, warum die vielen außertextuellen Bezugnahmen vom Text selbst wiederum nicht so gemeint sind, wie sie in ihrer textunabhängigen Gegebenheit erscheinen. Doch das wird im einzelnen noch zu diskutieren sein. Halten wir für den Augenblick fest, daß der Sprechakt den heuristischen Anhaltspunkt dafür abgibt, daß die geschriebenen Sätze fiktionaler Texte als Äußerung ständig den fixierten Text überborden, um den Adressaten in eine Beziehung zu außertextuellen Realitäten zu setzen.

J. L. Austin unterscheidet zu Beginn seiner postum erschienenen Vorlesungsreihe *How to do Things with Words* zwei Grundformen sprachlicher Äußerungen, die er als *constative* und *performative utterances* bezeichnet.[4] Während die eine durch Feststellungen etwas konstatiert, das nach den Kriterien von wahr und falsch bemessen werden muß, bringt die andere den von ihr gemeinten Sachverhalt erst hervor, für den Gelingen oder Mißlingen mögliche Maßstäbe sind.[5] Diese Unterscheidung ist insofern wichtig, als sie Sprechakte voneinander zu sondern erlaubt. Die konstatierende Äußerung bezieht sich auf Fakten, über die Aussagen getroffen werden. Nach Austins ursprünglicher Unterscheidung sind solche Äußerungen wahrheitsdefinit und damit situationsunabhängig, so daß ihre Geltung allen pragmatischen Zusammenhängen entzogen bleibt: "With the constative utterance ... we use an over-simplified notion of correspondence with the facts... We aim at the ideal of what would be right to say in all circumstances, for any purpose, to any audience." [6]

Sollte es diese Idealfälle gelegentlich auch geben, so bildet die konstatierende Äußerung für Austin nicht das Paradigma des Sprechaktes. Dieses zeigt sich vielmehr in der performativen Äußerung, die etwas hervorbringt, das erst in dem Augenblick zu existieren beginnt, in dem die Äußerung fällt. Sie qualifiziert sich, wie Austin sagt, durch "*doing* something ... rather than *reporting* something" [7]; sie bewirkt eine Veränderung innerhalb der Situation, in der sie sich ereignet. Performative Äußerungen gewinnen folglich ihren Sinn erst durch ihre situative Verwendung. Sie heißen performativ, weil sie eine Handlung bewirken: "The name is derived, of course, from 'perform', the usual verb with the noun 'action': it indicates that the issuing of the utterance is the performing of an action – it is not normally thought of as just saying something." [8]

Damit eine durch Sprache verursachte Handlung gelingt, müssen folgende Bedingungen erfüllt sein, die zugleich den zentralen Bestand der Sprechakte bezeichnen. Die Äußerung des Sprechers muß sich auf eine *Konvention* berufen, die auch für den Empfänger gilt. Die Verwendung der Konvention muß situationsangemessen sein, und das heißt, sie muß von *akzeptierten Prozeduren* gesteuert werden. Schließlich muß die Bereitschaft der Beteiligten, sich auf eine Sprachhandlung einzulassen, in dem gleichen Maße gegeben sein, in dem die *Situation* definiert ist, in der sich eine solche Handlung vollzieht.[9] Fallen bestimmte Bedingungen aus oder sind die vorhandenen Definitionen zu schwach, so daß Fehlberufungen und Fehlausführungen erfolgen, dann läuft die Äußerung Gefahr, leer zu bleiben und gerade das nicht zu leisten, was sie charakterisiert: "to effect the transaction." [10]

Nun hat Austin nur die Fehlerquellen der Sprecherseite benannt, die um jene der Empfängerseite ergänzt werden müssen, wenn es gilt, die Bedingungen abzuschätzen, die das Gelingen bzw. das Versagen der Kommunikation bewirken. Dazu hat von Savigny einige ergänzende Bemerkungen beigesteuert. Die Kommunikation kann fehlschlagen, wenn die Äußerung nicht richtig – d.h. im intendierten Sinne – aufgenommen wird, wenn sie durch fehlende Umstände unbestimmt zu werden droht, bzw. wenn sie durch verdeckte Umstände undeutlich bleibt.[11] Solche Unsicherheiten indes bedeuten keineswegs, daß die Sprachhandlung nur in Ausnahmefällen gelingt. Denn Mißverstehen, Unbestimmtheit und Undeutlichkeit lassen sich vom Empfänger durch Rückfragen abbauen, um die der Rede des Sprechers unterliegende Intention soweit abzuklären, daß die Sprachhandlung am Ende im pragmatischen Kontext eines aktuellen Handlungszusammenhangs aufgehen kann.

Um einen solchen Erfolg zu gewährleisten, genügt die einfache Unterscheidung zwischen konstatierender und performativer Äußerung nicht mehr. Wenn eine performative Äußerung etwas hervorbringt, dann spielt die Qualität des Aktes dabei eine entscheidende Rolle. Darüber hinaus erfordern es die zwangsläufig gegebenen Grenzen der *accepted procedures* –, die eine zentrale Voraussetzung für den Handlungserfolg bilden – innerhalb der performativen Äußerung danach zu unterscheiden, welche ihrer Formen immer eine Konsequenz hat und welche bei aller Entschiedenheit des von ihr Gemeinten die Auswirkungen nicht vollkommen sicherstellen kann.[12] Dadurch beginnen sich die von Austin vorgeschlagenen Unterscheidungen erneut zu differenzieren. Er postuliert drei Sprechakte, in denen jeweils verschiedene Formen der Performanz zur Geltung kommen: "We first distinguished a group of things we do in saying something, which together we summed up by saying we perform a *locutionary act,* which is roughly equivalent to uttering a certain sentence with a certain sense and reference, which again is roughly equivalent to 'meaning' in the traditional sense. Second, we said that we also perform *illocutionary acts* such as informing, ordering, warning, undertaking, etc., i. e. utterances which have a certain (conventional) force. Thirdly, we may also perform *perlocutionary acts*: what we bring about or achieve *by* saying something, such as convincing, persuading, deterring, and even, say, surprising or misleading. Here we have three, if not more, different senses or dimensions of the 'use of a sentence' or of 'the use of language' ... All these three kinds of 'actions' are, simply of course as actions, subject to the usual troubles and reservations about attempt as distinct from achievement, being intentional as distinct from being unintentional, and the like." [13]

Für die Textpragmatik sind der illokutionäre und der perlokutionäre Sprechakt von vorherrschendem Interesse. Dort, wo die Äußerung die von ihr beabsichtigte Wirkung im Empfänger auch sicherzustellen vermag und damit eine Konsequenz hervorbringt, hat sie die Qualität eines perlokutionären Aktes: durch das Gesagte entsteht das Gemeinte. Das aber setzt alle jene Bedingungen und ihre korrekte Befolgung voraus, die Austin als *Konventionen* und *Prozeduren* beschrieben hat. Dagegen besitzt der illokutionäre Akt nur ein Wirkungspotential *(force)*, dessen Signale lediglich die Art des Zugangs *(securing uptake)*, die Aufmerksamkeit *(taking effect)* sowie die geforderte Reaktion des Empfängers *(inviting responses)* mit Sicherheit hervorzubringen vermögen.[14] Wie es um die *illocutionary force* im Sprechakt bestellt ist, vermag der Empfänger in der Regel nur dem situativen Kontext der Äußerung zu entnehmen. Denn erst dieser garantiert das Gewärtigen der vom Sprecher gemeinten Intention, wobei immer vorausgesetzt ist, daß dem Sprecher sowie dem Empfänger das Modell kommunikativen Handelns *(Konventionen* und *Prozeduren)* vorgängig gemeinsam ist und daß ein beharrliches Abweichen davon bzw. dessen unangemessene Anwendung mit Sanktionen belegt wird. Erst wenn der Empfänger durch seine Reaktionen *(responses)* zu erkennen gibt, daß er die Intention des Sprechers bzw. dessen Auswahl aus dem vorgängig gemeinsamen kommunikativen Modell richtig aufgenommen hat, sind die notwendigen Voraussetzungen für das Gelingen einer Sprachhandlung gegeben. E. von Savigny hat daher sicherlich zu Recht Austins Begriff der *illocutionary force* als *illokutionäre Rolle* übersetzt[15], denn die damit gemeinten Sprechakte gelingen in dem Maße, in dem der Empfänger die Rollenintention des Sprechers erkennt und gleichzeitig der damit verbundenen Rollenerwartung entspricht.

Die genannte Differenzierung der Sprechakte ist für Austin so fundamental, daß sie die ursprünglich getroffene Sonderung der sprachlichen Äußerungen in konstatierende und performative zu überlagern beginnt. Der Grund dafür liegt in der vom Sprechakt intendierten Handlungskonsequenz. Diese läßt sich in der Regel nur dann hervorbringen, wenn sie wahre Feststellungen zu ihrer Voraussetzung hat. Daher benötigen der lokutionäre und der perlokutionäre Akt die konstatierende Äußerung als ihre Basis bzw. als notwendige Implikation für ihren Erfolg. Diese Revision der ursprünglich getroffenen Unterscheidungen führt Austin dann am Ende zu folgendem Ergebnis: "What then finally is left of the distinction of the performative and constative utterance? Really we may say that what we had in mind here was this: a) With the constative utterance, we abstract from the illocutionary ... aspects of the speech act, and we concentrate on the locutionary ... we use an over-simplified notion of correspondence with the facts ... We aim at the ideal of what would be right to say in all circumstances, for any purpose, to any audience, etc. Perhaps this is sometimes realized. b) With the performative utterance, we attend as much as possible to the illocutionary force of the utterance, and abstract from the dimension of correspondence with facts."[16] In dieser eingeschränkten Bestimmung bezeichnet die performative Äußerung lediglich einen zentralen Aspekt der Sprachhandlung: die ihr zukommende Qualität des Hervorbringens. Der Akt des Bewirkens kann daher nicht als Korrespondenz zu den Fakten begriffen werden, ja, es kennzeichnet ihn, daß er von einer solchen Zuordnung abstrahiert.

Dieser Form des Sprechakts – so scheint es – läßt sich fiktionale Rede ohne weiteres zurechnen. Austin selbst muß eine solche Ähnlichkeit verspürt haben, da er dort, wo das vom Sprechakt Bewirkte zur Diskussion steht, seine Auffassung durch kontrastive Absetzung von literarischen Beispielen zu profilieren versucht: "... a performative utterance will, for example, be *in a peculiar way* hollow or void if said by an actor on the stage, or if introduced in a poem, or spoken in soliloquy... Language in such circumstances is in special ways – intelligibly – used not seriously, but in ways *parasitic* upon its normal use... All this we are *excluding* from consideration. Our performative utterances, felicitous or not, are to be understood as issued in ordinary circumstances."[17] Wenn die poetische Äußerung leer bleibt, so deshalb, weil sie nach Austin keine Sprachhandlung zu erzeugen vermag. Sie als parasitär zu bezeichnen heißt indes, daß sie über den notwendigen Bestand einer performativen Äußerung verfügen muß, diesen aber unangemessen zu verwenden scheint. Also imitiert fiktionale Rede den Sprachhabitus illokutionärer Sprechakte, ohne mit dem Gesagten das Gemeinte hervorzubringen. Bringt sie dadurch aber überhaupt nichts hervor, oder ist alles von ihr Hervorgebrachte nur als Mißlingen zu qualifizieren?

Wenn Hamlet Ophelia beschimpft, so wäre diese Äußerung im Sinne Austins parasitär, weil der Hamletdarsteller lediglich einen Sprechakt imitiert, der darüber hinaus leer bleibt, weil Hamlet eigentlich Ophelia gar nicht beschimpfen möchte, sondern durch das Gesagte etwas anderes meint. Nun hat aber kein Zuschauer dieses Dramas den Eindruck, daß sich hier lediglich ein parasitärer und folglich leer bleibender Sprechakt ereignete, vielmehr 'zitiert' diese Rede Hamlets für den Zuschauer nahezu den ganzen Kontext des Dramas, der alles das zu wecken beginnt, was der Zuschauer über die Welt der Menschen, ihre Beziehungen zueinander, die Motive ihres Handelns sowie die Eigentümlichkeit ihrer Situationen weiß. Eine Rede, die solches hervorzurufen vermag, bleibt dann sicherlich nicht leer, wenngleich sie als Sprachhandlung nicht in einem pragmatischen Handlungszusammenhang aufgeht. Sie bezieht sich daher auch nicht auf den individuellen Kontext, in dem sich die Zuschauer bei einer Hamletaufführung befinden, zugleich aber wird dieser situative Kontext überschattet – wenn nicht gar suspendiert – durch das, wozu die Rede Hamlets veranlaßt, und es fragt sich, ob auf diese Weise nicht doch etwas bewirkt wird, das freilich von anderer Art ist als jene Performanz, die Austin im Blick hatte.

Stanley Cavell hat in seiner Durchleuchtung zentraler Prämissen der analytischen Sprachphilosophie deutlich gemacht, daß sich die Verständigung nicht ausschließlich über das explizit Gesagte, sondern über das damit implizit Gemeinte vollzieht: "Intimate understanding is understanding which is implicit... Since saying something is never *merely* saying something, but is saying something with a certain tune and at a proper cue and while executing the appropriate business, the sounded utterance is only a salience of what is going on when we talk." [18] Verhielte es sich nicht so, und das heißt, wären alle Sprachhandlungen explizit, dann gäbe es für die Kommunikation lediglich akustische Fehlschläge. Da das Gemeinte niemals vollständig in das Gesagte zu übersetzen ist, entstehen in der sprachlichen Äußerung zwangsläufig Implikationen. Diese sind als das Nicht-Gesagte die zentrale Bedingung dafür, daß der Empfänger das Gemeinte zu produzieren vermag. Somit bilden die 'Aussparungen' der Rede das zentrale Konstituens der Kommunikation. Dialogische Interaktion braucht einen solchen Unbestimmtheitsbetrag, um überhaupt in Gang zu kommen, denn die gelungene Sprachhandlung vollzieht sich als der Abbau dieser unbestimmten Elemente in der kommunikativen Sprachverwendung. Deshalb ist die Sprechakttheorie auch bemüht, solche Elemente durch Konventionen, Prozeduren und Regeln zu kontrollieren, um das Gelingen der intendierten Sprachhandlung sicherzustellen. Doch auch sie kann diese Unbestimmtheit als Antrieb dialogischer Interaktion nicht beseitigen; denn es gäbe keine kommunikative Sprachhandlung, wenn der Ermöglichungsgrund der Kommunikation bereits vorgängig fixiert wäre. Dieser Sachverhalt ist bei Austin insoweit anerkannt, als die entscheidende Deckung der sprachlichen Äußerung in der Aufrichtigkeit des Gesagten ruht. "*... our word is our bond*" [19] lautet sein Pauschalkriterium für das Gelingen der vom Sprecher beabsichtigten Sprachhandlung.[20] Eine solche Garantie macht zweierlei deutlich: 1. Die von der Äußerung mitgeführten Implikationen verkörpern die produktiven Bedingungen des Verstehens; also ist das Verstehen selbst ein produktiver Vorgang. 2. Die von der Äußerung intendierte Eindeutigkeit ist gerade angesichts ihrer Implikationen durch Sprache allein nicht mehr zureichend zu garantieren; für das Gesagte einzustehen heißt aber letztlich, die Äußerung an moralische Folgeverpflichtungen zu binden.

Nun teilt die fiktionale Rede den Sprachhabitus des illokutionären Aktes, unterscheidet sich allerdings von ihm durch ihre andersartige Funktion. Der für das Gelingen der Sprachhandlung notwendige Abbau von Unbestimmtheitsbeträgen ist in handlungspragmatischer Sprachverwendung durch Konventionen, Prozeduren, Situationsangemessenheiten und Aufrichtigkeitsgarantien geregelt. Sie bilden die Referenz dafür, daß Sprache in einem Handlungszusammenhang aufzugehen vermag. Der für das Verstehen eines fiktionalen Textes notwendige Abbau von Unbestimmtheit erfolgt nicht über solche vorgegebenen Referenzen. Vielmehr muß der den Elementen des Textes unterliegende Code erst entdeckt werden, der als Referenz den Sinn des Textes verkörpert. Ihn zu konstituieren, ist insofern eine Sprachhandlung, als durch sie die Verständigung mit dem Text geschieht.

Konnten Austin und Searle[21] die fiktionale Rede aus ihrem Modell nur dadurch ausklammern, daß sie diese in handlungspragmatischer Absicht als leer qualifizierten, so ist es unter Berufung auf die von ihnen vertretene Position, daß Sprache ihre Funktion und daher ihren Sinn durch ihre Verwendung gewinnt, nur legitim, fiktionale und handlungsbezogene Rede durch ihren Verwendungssinn voneinander abzuheben. Folglich müßte fiktionale Rede weniger unter normativen, sondern eher unter funktionalen Gesichtspunkten betrachtet werden. Die Tatsache, daß fiktionale Sprachverwendung nicht im gegebenen Kontext eines aktuellen Handlungszusammenhanges aufgeht, kann noch nicht bedeuten, daß sie nichts bewirkt. Gewiß, ihr 'Gelingen' ist ungleich bedrohter als das einer explizit performativen Äußerung, und das von ihr Bewirkte läßt sich vielleicht auch nicht als Handlung qualifizieren. Doch selbst wenn man diese Umstände als ausreichend erachten würde, um sie als leer zu qualifizieren, so verschwindet damit noch nicht die ihr eigene pragmatische Dimension. Leer heißt für Austin, daß sich fiktionale Rede nicht auf Konventionen und akzeptierte Prozeduren berufen kann; ferner gibt es für sie keinen situativen Kontext, der die Bedeutung des Gesagten zu stabilisieren vermöchte. Also fehlen ihr die zentralen Bestandteile der Rede, die für den Handlungserfolg vorausgesetzt werden müssen. Doch das ist nur in einem sehr eingeschränkten Sinne richtig. Bereits die Qualifikation fiktionaler Rede als parasitär zeigt an, daß sie über Bestände der handlungsbewirkenden Sprechakte verfügt, ja diese offenbar zu 'kopieren' scheint und lediglich in ihrer Verwendung die Unangemessenheit nicht länger verbergen kann. Nun ist fiktionale Rede nicht konventionslos, nur organisiert sie Konventionen anders, als dies für die regelorientierten Sprechakte der performativen Äußerung gilt. Diese scheitert, wenn die exakte Befolgung der Konventionen ausbleibt. Austin verdeutlicht diesen Sachverhalt durch die folgende Frage: "When the saint baptized the penguins, was this void because the procedure of baptizing is inappropriate to be applied to penguins, or because there is no accepted procedure of baptizing anything except humans?"[22] Damit wird zugleich sichtbar, was Austin und mit ihm die

Sprechakttheorie überhaupt unter Konvention und akzeptierten Prozeduren verstehen. Deren Stabilität, und das heißt, ihr Akzeptiertsein ist durch eine vertikale Struktur bedingt. Was vorher galt, gilt auch jetzt; was bisher die Handlungen regulierte, wird jetzt angerufen. In den Sprechakten geschieht folglich nicht eine Berufung auf Konvention überhaupt, sondern auf deren Geltung. Die Geltung der Konvention hat eine vertikale Struktur; sie zieht ihre Funktion daraus, daß sie immer schon gegolten hat. Diese Form der Geltung wird in fiktionaler Rede problematisiert; nicht etwa, weil sie konventionslos wäre, denn dann hätte sie gar keine Beziehung mehr zur Konvention, sondern weil sie die vertikal stabilisierte Geltung von Konvention durchbricht und diese horizontal zu organisieren beginnt. Das heißt, fiktionale Rede selektiert aus den verschiedensten Konventionsbeständen, die sich in der historischen Lebenswelt vorfinden. Sie stellt diese so zueinander, als ob sie zusammengehörten. Deshalb erkennen wir in fiktionaler Rede auch so viele Konventionen wieder, die in unserer bzw. anderen sozialen und kulturellen Umwelten eine regulierende Funktion ausüben; ihre horizontale Organisation bewirkt es allerdings, daß sie nun in unvermuteten Kombinationen auftauchen und dadurch die Stabilität ihrer Geltung verlieren. Folglich erscheinen die Konventionsbestände als sie selbst, weil sie von ihrem lebensweltlichen Funktionszusammenhang abgelöst sind. Sie hören auf, Regulative zu sein, da sie selbst thematisch werden. Damit aber beginnt fiktionale Rede etwas zu bewirken. Durch ihre Selektion aus unterschiedlichen Konventionen entpragmatisiert sie die gewählten Konventionsbestände, so daß sich behaupten ließe: Ein solches Entpragmatisieren ist ihre pragmatische Dimension. Eine vertikal organisierte Konvention rufen wir an, wenn wir handeln wollen; eine horizontal organisierte Kombination verschiedener Konventionsbestände erlaubt uns zu sehen, wovon wir im einzelnen jeweils gelenkt sind, wenn wir handeln.

Für den Rezipienten fiktionaler Texte ergibt sich daraus die Notwendigkeit, die Bedingungen der Selektion von unterschiedlichen Konventionsbeständen entdecken zu müssen. In der kommunikativen Sprachverwendung bildet die Selektion das kontingente Element, dessen Abbau insoweit eine performative Sprachhandlung darstellt, als es die in der Selektion wirksame Referenz für die verschiedensten Konventionsbestände hervorzubringen gilt. Zu diesem Zwecke besitzt die fiktionale Rede ein Lenkungspotential, das sich als die Strategie der Texte bezeichnen ließe. Solche Strategien entsprechen insoweit den *accepted procedures* der Sprechakte, als sie Orientierungen bereitstellen, die ein

Erfassen des Grundes ermöglichen, dem die Selektion der Konventionsbestände entsprungen ist. Sie unterscheiden sich allerdings von den *accepted procedures* darin, daß sie stabilisierte Erwartung oder gar solche, die sie selbst im einzelnen stabilisieren, durch ihren kombinierten Einsatz wieder durchbrechen. Halten wir als Zwischenüberlegung fest: fiktionale Rede verfügt über die zentralen Bestände des illokutionären Sprechaktes. Sie beruft sich auf Konventionen, die von ihr mitgeführt werden; sie besitzt Prozeduren, die als Strategien die Konstitutionsbedingungen des Textes für den Rezipienten vorzeichnen, und sie hat die Qualität der Performanz, da es die Referenz unterschiedlicher Konventionsbestände als den Sinn des Textes hervorzubringen gilt. Aus der horizontalen Organisation unterschiedlicher Konventionsbestände und aus der von den Strategien bewirkten Erwartungsdurchbrechung gewinnt der fiktionale Text seine *illocutionary force*, die als Wirkungspotential die Aufmerksamkeit weckt, die Art des Zugangs lenkt und den Rezipienten zum Reagieren veranlaßt.

3. Die Situationsbildung fiktionaler Texte

Mit der genannten Charakteristik indes scheint die fiktionale Rede noch nicht alle für den illokutionären Sprechakt geltenden Voraussetzungen zu erfüllen. Sprachliche Äußerungen fallen immer in einer Situation. Sie sind daher ebenso Reaktionen auf situative Gegebenheiten, wie sie ihrerseits von solchen verursacht werden. Dieser Situationsrahmen bewirkt und konditioniert die Äußerung zugleich. So ist das, was wir sagen und wie wir es sagen, von dem Situationsbezug gesteuert, in dem sich die Rede ereignet. Situationslose Rede ist für den normalen Sprachgebrauch schwer vorstellbar; sie wird bestenfalls als Störung registriert und damit wiederum einem angenommenen Situationsbezug zugeordnet. Dieser allgemeine Sachverhalt nuanciert sich noch einmal dadurch, daß die von einem Situationsrahmen bedingte Äußerung sich in der Regel an einen Adressaten richtet. Durch diesen Bezug werden die Variablen aktualisiert, die der Situationsrahmen offengelassen hat. Das Bestreben, einen Adressaten durch illokutionäre bzw. perlokutionäre Akte zu erreichen, schlägt sich in der Wortwahl, der Syntax, der Intonation sowie vielen anderen Sprachzeichen nieder und dann noch einmal in der Referenz, der Proposition und der Prädikation, aus denen sich die Äußerung aufbaut. So bildet die Situation mit ihren Begleitumständen einen stark definierten Kontext, durch den Sätze nicht nur in Äußerungen verwandelt werden, sondern als Äußerungen ein dialogisches Verhältnis konstituieren, das die Voraussetzung für eine Kommunikation zwischen Sprecher und Empfänger bildet. Die Sprechakttheorie hat deutlich gemacht, in welchem Maße erst der Kontext Aufschluß über die von der Äußerung gemeinte Bedeutung gibt, ja, inwieweit erst der situative Kontext die Bedeutung des Gemeinten zu stabilisieren vermag.

Die fiktionale Rede, vor allem die der literarischen Prosa, gleicht in ihrer verbalen Struktur der gebrauchssprachlichen Verwendung von Rede oftmals so genau, daß eine Unterscheidung schwerfällt. Folglich wurde sie von Austin und Searle als parasitär qualifiziert. Auch Ingarden empfand diese Ähnlichkeit als ein intrigierendes Problem. Es drängte sich ihm an einer zentralen Stelle seines Schichtenmodells auf, dort nämlich, wo er die Satzkorrelate in literarischen Werken zu bestimmen versucht. Die Sätze bilden für Ingarden die entscheidende Operation im Entwerfen literarischer Gegenständlichkeiten. Nun aber gleichen die Sätze des Kunstwerks dem Sprachhabitus jener Sätze so genau, die bei der Beschreibung realer Gegenstände bzw. der Konstitution idealer Gegenstände jeweils ganz andere Funktionen zu erfüllen haben. Literarische Gegenständlichkeit ist für Ingarden eine intentional entworfene, die ihren Gegenstandscharakter dadurch gewinnt, daß sie dem Bewußtsein eines Empfängers zur Vorstellung und damit zur Erfassung angeboten wird. Wie aber soll der gleiche Sprachhabitus der Sätze ein von Beschreibung und Konstitution unterschiedenes Entwerfen literarischer Gegenständlichkeit leisten? Ingarden nannte daher die Sätze literarischer Texte kurzerhand Quasi-Urteile, womit er die verschiedene Verwendungsfunktion von Sätzen angesichts ihrer sprachlichen Gleichheit bezeichnen wollte.[23] Kein Wunder, daß man sich an dieser Kennzeichnung festgebissen hat, wie es die Auseinandersetzung um den Begriff des Quasi-Urteils zeigt.[24] Die Sätze eines literarischen Kunstwerks Quasi-Urteile zu nennen, soll anzeigen, daß sie den Sprachhabitus von Urteilssätzen haben, ohne jedoch solche zu sein. Denn ihnen fehlt "die Verankerung der Intentionen der Sinngehalte in der betreffenden Realität"[25], und d.h., sie haben keinen Kontext in dem besprochenen Sinne. In welchem Maße Ingarden hier das eigentliche Problem zur Kennzeichnung des literarischen Kunstwerks sah, läßt sich der folgenden Feststellung entnehmen: "Diese große mysteriöse Leistung des literarischen Kunstwerkes hat ihre Quelle in erster Linie in dem eigentümlichen, von uns gewiß nicht erschöpfend erforschten, quasiurteilsmäßigen Charakter der Behauptungssätze."[26]

Da der Behauptung der reale Situationskontext mit seinen Begleitumständen fehlt, wirkt diese so, als ob sie sich von dem frei gemacht hätte, wovon sie bedingt und wodurch sie verursacht worden ist; ja, es scheint, daß mit diesem abgeschnittenen Kontext auch die Bedeutung verlorenzugehen droht, die eigentlich durch die Behauptung angezeigt werden sollte. Mysteriös ist dann vor allem der Eindruck, daß eine solche Rede, die all das verloren hat, was den Sinn gebrauchssprachlicher Verwendung von Rede bewirkt, nicht als Unsinn erscheint.

Die von Ingarden, Austin und Searle getroffenen Feststellungen über fiktionale Rede haben eines gemeinsam: Sie qualifizieren ihren Sprachhabitus nicht als Deviation von der gebrauchssprachlichen Verwendung der Rede, sondern als deren Imitation. Damit entgehen sie zwar dem Problem, die Sprache der Literatur aus der Entgegensetzung von Norm und Normverletzung erklären zu müssen. Zugleich aber entzieht sich der Charakter *dieser* Sprachverwendung dem Zugriff, wenn er bald als parasitär, bald als mysteriös bezeichnet wird. Eine Sprachverwendung, die den umgangssprachlichen Gebrauch nur simuliert, müßte vergleichsweise ähnliche Konsequenzen hervorbringen, die dann allerdings weder parasitär noch mysteriös sein dürften. In dem einen Falle fällt die Simulation hinter das Simulierte zurück, in dem anderen übersteigt sie dieses. Wenn fiktionale Rede beides vermag – und dieses soll für den Augenblick nicht bestritten werden – dann reicht zu ihrer Charakterisierung die Imitation normaler Sprachverwendung ebensowenig aus wie ihre Kennzeichnung als Quasi-Urteilssätze.

Die Gemeinsamkeit des Sprachhabitus von fiktionaler und gebrauchssprachlicher Rede findet an einem entscheidenden Punkt ihre Grenze. Der fiktionalen Rede fehlt der Situationsbezug, dessen hohe Definiertheit im Sprechaktmodell vorausgesetzt ist, wenn die Sprachhandlung gelingen soll. Dieser offensichtliche Mangel indes muß nicht zwangsläufig das Scheitern fiktionaler Rede beinhalten. Er kann vielmehr zum Ansatz einer Verwendungsdifferenzierung werden, durch die sich die Eigentümlichkeit fiktionaler Rede näher fassen läßt.

Ernst Cassirer schrieb in seiner *Philosophie der symbolischen Formen*, "daß die charakteristische 'Einstellung' des Begriffs ... darin besteht, daß er, im Unterschied von der direkten Wahrnehmung, sein Objekt in die Ferne, in eine Art ideeller Distanz rücken muß, um es überhaupt in seinen Blickpunkt zu bringen. Er muß die 'Präsenz' aufheben, um zur 'Repräsentation' zu gelangen." [27] Der Begriff als Fall der Symbolverwendung ermöglicht Erkenntnis durch die Übersetzung des Gegebenen in das, was es nicht ist. Unvermittelte Wahrnehmung gibt es ebensowenig wie unvermittelte Erkenntnis. Vielmehr bedarf es stets einer Spur des Nicht-Gegebenen am Gegebenen, damit dieses – unter welcher Optik auch immer – erfaßt werden kann. Die Symbole sind diese Spur des Nicht-Gegebenen, ohne die es für uns keinen Zugang zu empirischen Daten geben würde. "Der Inbegriff des Sichtbaren erforderte, um sich als Ganzes, als Totalität eines anschaulichen Kosmos konstituieren zu können, bestimmte Grundformen der 'Sicht' – die, wenn sie sich an den sichtbaren Gegenständen aufweisen ließen, doch in keiner Weise mit ihnen verwechselt werden, die nicht selbst als sichtbare Objekte genommen werden durften. Ohne die Beziehung der Einheit und Andersheit, der Ähnlichkeit oder Unähnlichkeit, der Gleichheit oder Verschiedenheit kann die Welt der Anschauung keine feste Gestalt gewinnen: aber eben diese Beziehungen selbst gehören hierbei nur insofern zum Bestand dieser Welt, als sie die Bedingungen für ihn, nicht aber einen Teil von ihm ausmachen."[28] Symbole also werden gerade dadurch zu Konstitutionsbedingungen für das Erfassen gegebener Welt, daß sie weder die Eigenschaften noch Merkmale des Gegebenen verkörpern, da erst durch diese Andersheit die empirische Welt verfügbar gemacht werden kann. Die Erfassung ist keine Eigenschaft, die den Dingen selbst zukäme. Folglich schafft erst die Umsetzung der Welt in das, was sie nicht ist, die Voraussetzung ihrer Anschauung bzw. ihrer Erfassung. Wenn daher Symbole als Ermöglichung von 'Sicht' zunächst vom Sichtbaren unabhängig sind, dann muß es im Prinzip auch möglich sein, durch Symbolorganisationen Vorstellungen zu erzeugen, die eine Vergegenwärtigung von Nicht-Gegebenem bzw. Abwesendem bewirken.

Die fiktionale Rede ist eine solche Symbolorganisation, der im Sinne Ingardens die Verankerung in der Realität, im Sinne Austins die in einem Situationskontext fehlt. Folglich kann sich die von ihrer Symbolorganisation geleistete 'Repräsentation' nicht auf die Vorgegebenheit empirischer Objekte beziehen. Als Organisation von Symbolen indes besitzt sie eine repräsentierende Funktion. Wenn sich diese nun nicht auf die Präsenz eines Gegebenen beziehen läßt, dann kann sich diese nur auf die Rede selbst beziehen. Fiktionale Rede wäre demnach autoreflexiv und ließe sich als Repräsentation von sprachlicher Äußerung bezeichnen, denn mit dieser hat sie die Symbolverwendung, jedoch nicht den empirischen Objektbezug gemeinsam. Wenn sie aber Repräsentation von sprachlicher Äußerung ist, so vermag sie das zur Darstellung zu bringen, was sprachliche Äußerung ist bzw. leistet. Das heißt zum einen, sie repräsentiert durch ihre Symbolorganisation den Erfassungsakt sprachlicher Äußerung, und da dieser in fiktionaler Rede nicht einer identifizierbaren empirischen Gegebenheit gilt, zeigt ihre sprachliche Struktur an, wie das zu produzieren ist, was sie vermeint. Es heißt zum anderen, sie repräsentiert einen illokutionären Sprechakt, der allerdings nicht mit einem gegebenen Situationskontext rechnen kann und folglich alle die Anweisungen mit sich führen muß, die für den Empfänger der Äußerung die Herstellung eines solchen situativen Kontexts erlauben. Wenn man fiktionale Rede im Sinne der von Cassirer gebrauchten Terminologie als Repräsentation von Sprache versteht, dann repräsentiert die Symbolorganisation des fiktionalen Textes die Leistung der Symbolverwendung: sie besteht in der Produktion dessen, was durch das Gesagte vermeint ist. Der autoreflexive Charakter fiktionaler Rede stellt daher Auffassungsbedingungen für die Vorstellung bereit, die dann einen imaginären Gegenstand zu erzeugen vermag. Imaginär ist dieser Gegenstand insofern, als er nicht gegeben ist, sondern in der Vorstellung des Empfängers durch die Symbolorganisation des Textes hervorgebracht werden kann.

Dieser Sachverhalt läßt sich durch Argumente stützen, die in der semiotischen Diskussion entwickelt worden sind. Bekanntlich hat Morris die Zeichenverwendung in Literatur und Kunst als Ikone bzw. ikonische Zeichen qualifiziert, um damit die Selbstbezüglichkeit dieser Zeichen herauszuheben. Selbstbezüglichkeit aber kann nicht Selbstgenügsamkeit bedeuten, denn dann wäre gerade der Zugang zu Kunst und Literatur versperrt. Morris selbst schlug daher vor, die Ikone als eine Totalrepräsentation des bezeichneten Gegenstandes zu verstehen, und das heißt, ikonische Zeichen denotieren nicht mehr, da sie selbst das Bezeichnete sind.[29] Eine solche Definition mag für die darstellenden Künste noch plausibel klingen, für die Literatur indes bietet sie erhebliche Schwierigkeiten. Diese lassen sich erst dann beseitigen, wenn man die von Morris gegebene Definition der Ikone durch die von Eco entwickelte Auffassung ersetzt, die weitgehend auf der Linie der vorangegangenen Argumentation liegt. "*Das ikonische Zeichen konstruiert also ein Modell von Beziehungen ... das dem Modell der Wahrnehmungsbeziehungen homolog ist, das wir beim Erkennen und Erinnern des Gegenstandes konstruieren.* Wenn das ikonische Zeichen mit irgendetwas Eigenschaften gemeinsam hat, dann nicht mit dem Gegenstand, sondern mit dem Wahrnehmungsmodell des Gegenstandes. Es ist konstruierbar und erkennbar auf Grund derselben geistigen Operationen, die wir vollziehen, um das Perzept zu konstruieren, unabhängig von der Materie, in der sich diese Beziehungen verwirklichen."[30] In diesem Sinne läßt sich die von fiktionaler Rede geleistete Repräsentation um einen weiteren Schritt präzisieren. Wenn ikonische Zeichen überhaupt etwas 'abbilden', dann sicherlich nicht Eigenschaften des dargestellten Gegenstandes, da dieser durch sie erst entworfen wird. Vielmehr bilden sie Vorstellungs- und Wahrnehmungsbedingungen ab, damit das von den Zeichen vermeinte Objekt konstituiert werden kann. Unterstellt man die Angemessenheit der von Eco entwickelten Auffassung über ikonische Zeichenverwendung, durch die Elemente eines Vorstellungs- und Wahrnehmungscodes reproduziert werden, dann erlaubt die Zeichenorganisation fiktionaler Texte Aufschlüsse darüber, in welcher Form Vorstellungs- und Wahrnehmungsdispositionen des potentiellen Empfängers beansprucht werden. Die ikonischen Zeichen fiktionaler Texte verkörpern daher eine Organisation von Signifikanten, die weniger der Bezeichnung von Signifikaten dienen, sondern Instruktionen für das Produzieren von Signifikaten darstellen.

Wenn beispielsweise in Fieldings *Tom Jones* Allworthy zu Beginn als der vollkommene Mensch schlechthin eingeführt und sogleich mit einem Heuchler, dem Captain Blifil, konfrontiert wird, auf dessen vorgespiegelte Religiosität er hereinfällt, dann dienen die Signifikanten nicht mehr ausschließlich dazu, Vollkommenheit zu denotieren. Vielmehr sind sie Instruktionen für den Leser, ein Signifikat zu bilden, das nicht eine Eigenschaft der Vollkommenheit, sondern gerade einen entscheidenden Mangel dieser Vollkommenheit darstellt: nämlich das Allworthy fehlende Urteilsvermögen. Folglich bezeichnen die Signifikanten nicht die von ihnen denotierte Vollkommenheit, sondern die Anweisung, ein Denotat in ein Konnotat zu verwandeln. Die mangelnde Urteilsfähigkeit des vollkommenen Menschen bewirkt dann zugleich eine Umcodierung dessen, was unter Vollkommenheit zu verstehen sei. Denn das vom Leser gebildete Signifikat wird seinerseits zu einem Signifikanten, der Erfahrungswerte von Vollkommenheit im Leser aufruft, die angesichts der signifikanten Einschränkung (mangelnde Urteilsfähigkeit des vollkommenen Menschen) zum Bewußtsein gebracht und gegebenenfalls korrigiert werden müssen. Durch solche von den Zeichen des Textes gelenkten Transformationen produziert der Leser den imaginären Gegenstand. Damit ist zugleich gesagt, daß für den fiktionalen Text das Subjekt eine unumstößliche Notwendigkeit bildet. Denn der Text ist in seiner materiellen Gegebenheit bloße Virtualität, die nur im Subjekt ihre Aktualität finden kann. Daraus ergibt sich für den fiktionalen Text, daß dieser vorrangig als Kommunikation, und für das Lesen, daß dieses primär als ein dialogisches Verhältnis zu sehen ist.

Kommunikation und Dialog scheinen nun von der ständigen Gefahr des Mißlingens umlagert zu sein. Zwar führt der fiktionale Text Konventionsbestände mit sich, die ein gewisses Maß an vorgängiger Gemeinsamkeit zwischen Text und Leser verkörpern. Allein die Organisation der Konventionsbestände ist so gehalten, daß durch sie die bekannte Geltung weitgehend gelöscht ist. Denn ein fiktionaler Text bildet nicht die in der Lebenswelt herrschenden Normen- und Orientierungssysteme ab, vielmehr selektiert er nur aus ihren Beständen und erweist sich durch die Anordnung gewählter Elemente gegenüber solchen Systemen als kontingent. Ähnliche Kontingenzbeträge ergeben sich zwischen Text und Leser. So wenig der Text eine homologe Entsprechung zur Realität darstellt, so wenig steht er in homologer Beziehung zum Wert- und Dispositionsrepertoire seiner möglichen Leser.

Doch gerade solche Kontingenzbeträge bringen die Interaktion zwischen Text und Leser in Gang. Denn Kommunikation und Dialog leben vom Abbau der Kontingenz; sie sind Sozialisierungsformen von Unvorhersagbarkeit. Das zu betonen, ist deshalb notwendig, weil das Gelingen von Kommunikation oftmals so beschrieben wird, als ob es sich dabei nur um eingeübte Vorgänge handeln könnte, die immer über hoch definierte kulturelle und soziale Codes ablaufen müßten. Ein Problem bietet sich allerdings bei der Beziehung von Text und Leser: die zum Abbau der Kontingenz notwendige Definiertheit einer gemeinsamen Situation ist hier nicht vorgegeben. Von der Sprechakttheorie wissen wir, daß gerade die Situationsangemessenheit der Rede über ihren Erfolg entscheidet. Streng genommen ist der fiktionale Text situationslos; er 'spricht' bestenfalls in leere Situationen hinein, und streng genommen befindet sich der Leser während der Lektüre in einer unvertrauten Situation, da die Geltung des Vertrauten als suspendiert erscheint. Diese Leere indes wird im Dialogverhältnis von Text und Leser als Antriebsenergie wirksam, nun die Bedingungen der Verständigung zu erzeugen, damit sich ein Situationsrahmen herauszubilden vermag, über den Text und Leser zur Konvergenz gelangen. Was der gebrauchssprachlichen Verwendung der Rede vorgegeben sein muß, gilt es hier erst zu erstellen; das mag den Nachteil haben, daß es nicht zu einer Verständigung kommt, das kann den Vorteil haben, daß sich der Leser mit dem Text über mehr als nur eine pragmatische Sprachhandlung verständigt. In jedem Falle aber wird der zwischen Text und Leser entstehende Situationstyp von anderer Art sein als jener etwa, den die Sprechakttheorie als das hohe Definiertsein der Begleitumstände von Sprachhandlung voraussetzt.

Diese Eigenart läßt sich durch eine Bemerkung Lotmans über den Charakter literarischer Texte einkreisen: "Neben der Fähigkeit, eine enorme Informationsmenge auf dem 'Raum' eines kurzen Textes zu konzentrieren ... hat ein literarischer Text ... noch eine weitere Besonderheit: er gibt an verschiedene Leser jeweils verschiedene Informationen ab – jedem nach Maßgabe seines Verständnisses; und er liefert dem Leser noch dazu auch die Sprache, mit deren Hilfe dieser sich bei einem weiteren Durchlesen die nächste Portion an Daten aneignen kann. Der literarische Text verhält sich wie eine Art lebender Organismus, der mit dem Leser durch eine Rückkoppelung verbunden ist und ihm Unterricht erteilt." [31] Die Rede vom Text als eines lebendigen Organismus, der mit seinem Leser verbunden ist, legt den Schluß nahe, sich das Verhältnis von Text und Leser nach dem Modell selbstgesteuerter Systeme vorzustellen. Der Text verkörperte demnach ein Inventar von impulssetzenden Zeichen (Signifikanten), die der Leser empfängt. Zugleich aber geschieht im Lektüreprozeß eine ständige Rückmeldung von 'Information' über erzielte Wirkung, wodurch der Leser seine Vorstellungen in den Wirkungsvorgang eingibt. Das läßt sich schon dem vorhin angezogenen Fielding-Beispiel entnehmen. Kaum ist Allworthy mit Captain Blifil zusammengetroffen, wird er von diesem getäuscht. Da er sich aber täuschen läßt, erfolgt eine Rückmeldung dieser Information in den Text. Sie lautet: Der sprachlich denotierten Vollkommenheit fehlen entscheidende Attribute, um 'wirklich' vollkommen zu sein. Ein solcher *feed-back* steuert die Unvorhersagbarkeit aus, die sich aus der Denotation der Sprachzeichen ergeben hatte. Wenn diese durch den Namen Allworthy, seine Eigenschaften und seinen Wohnsitz in *Paradise Hall* Vollkommenheit denotieren, dann ist seine partielle Unvollkommenheit zunächst unvorhersehbar. Sie durch Rückmeldung auszusteuern, heißt zweierlei: 1. ein Signifikat zu bilden, das die Signifikanten gerade nicht denotiert haben, um 2. damit eine Rahmenbedingung der Verständigung zu schaffen, die es erlaubt, die Besonderheit der vom Text intendierten Vollkommenheit aufzufassen. Nun aber verändern sich solche vom Leser hervorgebrachten Signifikate im Fortgang der Lektüre. Um im Beispiel zu bleiben: Nachdem der Leser durch das von ihm gebildete Signifikat die von den Sprachzeichen des Textes denotierte Vollkommenheit Allworthys korrigiert hat, muß dieser eine Fehlhandlung des Helden beurteilen. Nun aber urteilt er nicht, wie es zu erwarten steht, nach dem Anschein, sondern erkennt hinter dem Anschein das verdeckte Motiv. Damit erfolgt eine Rückmeldung dieser 'Information' in das vom Leser gebildete Signifikat, das insofern korrigiert werden muß, als die mangelnde Urteilsfähigkeit Allworthys offenbar dort nicht gilt, wo ein edles Motiv durch widrige Umstände verstellt wird. Erneut kommt es darauf an, eine Unerwartbarkeit auszusteuern, die ihr zusätzliches Gewicht dadurch gewinnt, daß sie die Unerwartbarkeit eines vom Leser selbst gebildeten Signifikats ist.

So stabilisiert sich das Verhältnis von Text und Leser über die ständigen Rückmeldeeffekte in den Wirkungsvorgang, durch die die Unvorhersagbarkeiten des Textes ausgeglichen werden. Die Kybernetik bezeichnet einen solchen Vorgang als 'Servomechanismus', dessen Leistung darin besteht, Dauerwirkungen unter wechselnden Bedingungen zu erzielen.[32] Dieser 'Servomechanismus' ist auch zwischen Text und Leser wirksam, da sich der Wirkungsvorgang des Textes über die ständigen Rückmeldungen der im Leser erzeugten Wirkungen entwickelt. Folglich sind Text und Leser in einer dynamischen Situation miteinander verspannt, die ihnen nicht vorgegeben ist, sondern im Lesevorgang als Bedingung der Verständigung mit dem Text entsteht.

Aus diesem Sachverhalt ergibt sich für das Verhältnis von Text und Leser ein Vorteil, der die Nachteile aufzuwiegen scheint, die im Fehlen einer vorgängig gemeinsamen, hochdefinierten Situation bestehen. Funktioniert die Beziehung von Text und Leser nach dem Modell selbstgesteuerter Systeme, dann vollzieht sich dieses Verhältnis in einer von ihm selbst erzeugten dynamischen Situation. Diese besagt, daß im Rückmeldeeffekt ständig Eingaben in den Wirkungsvorgang erfolgen, die eine situative und momentane Verständigung mit dem Text beinhalten. Die vielen situativen Verständigungen werden ihrerseits durch Rückmeldeeffekte korrigiert, um größere integrative Verständnisleistungen erzielen zu können. Verständigung mit dem Text kommt daher über die latente Selbstkorrektur der vom Leser situativ gebildeten Signifikate zustande.

Damit rückt eine entscheidende Qualität der aus der Interaktion von Text und Leser entspringenden und diese zugleich stabilisierenden Situation in den Blick. Die Interaktion erzeugt den Eindruck des Geschehens, das den paradox anmutenden Charakter von Wirklichkeit zu besitzen scheint. Paradox ist dieser Eindruck insofern, als der fiktionale Text weder eine vorgegebene Wirklichkeit denotiert noch das Dispositionsrepertoire seiner möglichen Leser abbildet. Darüber hinaus bezieht er sich auf keinen Text und Leser vorgängig gemeinsamen kulturellen Code, und dennoch vermag dieser defiziente Modus den Eindruck der Realität im Gelesenwerden hervorzurufen. Was sich hinter dieser scheinbaren Paradoxie verbirgt, läßt sich durch eine Beobachtung von A.N.

Whitehead über den Realitätscharakter von Wirklichkeit aufhellen: "One all-pervasive fact, inherent in the very character of what is real is the transition of things, the passage of one to another. This passage ist not a mere linear procession of discrete entities. However we fix a determinate entity, there is always a narrower determination of something which is presupposed in our first choice. Also there is always a wider determination into which our first choice fades by transition beyond itself... These unities, which I call events, are the emergence into actuality of something. How are we to characterise the something which thus emerges? The name '*event*' given to such a unity, draws attention to the inherent transitoriness, combined with the actual unity. But this abstract word cannot be sufficient to characterise what the fact of the reality of an event is in itself. A moment's thought shows us that no one idea can in itself be sufficient. For every idea which finds its significance in each event must represent something which contributes to what realisation is in itself... Aesthetic attainment is interwoven in the texture of realisation." [33] Das Ereignis ist insofern ein Paradigma der Realität, als es keine diskrete Einheit verkörpert, sondern einen Prozeß artikuliert. Es ist die 'Sammellinse' einer Beziehungsvielfalt, die allerdings das Ereignis in dem Augenblick verändert, in dem es seine Gestalt gewonnen hat. Denn als Gestalt markiert es Begrenzungen zum Zwecke ihrer Überschreitung und artikuliert damit Realität als Prozeß der Realisierung. Realisierung aber ist das Prädikat von Wirklichkeit schlechthin. Da sie das Verhältnis von Text und Leser über die Rückmeldung der im Leser erzielten Wirkung in den Wirkungsvorgang vollzieht, entfaltet sich diese Beziehung als ein Prozeß ständiger Realisierungen. Der Prozeß verläuft über die vom Leser hervorgebrachten und von ihm selbst modifizierten Signifikate. Dadurch gewinnt der Geschehenskontext den Charakter einer offenen Situation, die immer zugleich konkret und wandlungsfähig ist. Indem das Lesen den Text als Prozeß der Realisierung entfaltet, konstituiert es den Text als Wirklichkeit, denn was immer Wirklichkeit sein mag, sie ist, indem sie geschieht.

Für Whitehead besitzt diese Fundamentalbestimmung der Wirklichkeit ein ästhetisches Moment. Denn im Ereignis als diskreter Einheit der Realität ist das unablässige Überschreiten seiner Selbstgenügsamkeit angelegt. Ein Gleiches geschieht mit den Signifikaten des Lesers, wenn diese im Vollzug der Lektüre in unterschiedliche Beziehungen einrükken und durch die ihnen widerfahrene Veränderung den Leser in wechselnde Situationsbezüge zum Text bringen. So ist der Leser durch die Realisierung zwar immer schon in einer Situation zum Text, doch diese gewinnt ihre konkreten Züge allein durch den Wechsel der Einstellungen, die über den Rückmeldeeffekt erzielter Wirkung ausgelöst werden. Folglich entsteht im Lesen eine Mannigfaltigkeit von Zuwendungen zum Text, die jeweils perspektivischer Natur sind. Denn das Ganze des Textes ist mit einem Schlage nicht zu realisieren. Der perspektivischen Zuwendung ist die Begrenztheit eingezeichnet, zugleich aber schattet sich in der Perspektive ein Verweisungszusammenhang ab, der die Veränderung von Einstellungen motiviert. Über die wechselnden Situationsbezüge realisiert sich folglich für den Leser eine Gesamtsituation, die ähnliches leistet wie jene Situation, die im Sinne der Sprechakttheorie als vorgängige Gemeinsamkeit von Sprecher und Empfänger gegeben sein muß, damit die Angemessenheit von Empfang und Auffassung der Rede gewährleistet ist. Was der umgangssprachlichen Rede für ihr Gelingen vorgegeben sein muß, gilt es hier zu produzieren. Daher fällt die über die Rückmeldung ausgebildete Situation des Lesers zum Text mit der Auffassung des Textes zusammen. Ein solcher Vorgang macht die von Eco gebrauchte Wendung einsichtig, daß ein fiktionaler Text seinen eigenen Code inszeniert.[34]

4. Das Repertoire fiktionaler Texte

Wenn Text und Leser nur über eine Situation zur Konvergenz gelangen, dann ist im Blick auf die mangelnde Vorgegebenheit einer solchen Situation dem fiktionalen Text eine große Last aufgebürdet, soll die Situationsbildung als Vorgang der Verständigung gelingen. Erinnern wir uns, daß Austin für den Handlungserfolg der Sprechakte drei Postulate aufstellte: Die performative Äußerung setzt gemeinsame Konventionen zwischen Sprecher und Empfänger sowie beiderseits akzeptierte Prozeduren und schließlich die Bereitschaft der Beteiligten voraus, an der Sprachhandlung teilzunehmen. Unterstellt man, daß das Lesen eines Textes die Forderung der Bereitwilligkeit erfüllt, so sind die übrigen Gemeinsamkeiten, die für das Gelingen der Äußerung notwendig sind, nicht mit der gleichen Definiertheit vorhanden. Was in umgangssprachlicher Verwendung der Sprechakte vorab gegeben sein muß, gilt es im Blick auf fiktionale Rede erst aufzubauen. Folglich müssen fiktionale Texte alle jene Elemente mit sich führen, die das Konstituieren einer Situation zwischen Text und Leser erlauben. Im Blick auf die von Austin geforderten Postulate heißt dies, der fiktionale Text muß selbst 'Konventionen' und 'Prozeduren' enthalten, da er sich nicht über stabilisierte Konventionen und eingeübte Prozeduren realisieren läßt. Daraus resultiert dann auch die relativ hohe Strukturiertheit solcher Texte angesichts der von ihnen mitgeführten 'Symbolfracht'. Bekanntlich steigt die Strukturiertheit der Rede immer dort, wo ihre Wirkung auf den Adressaten nicht mehr voll kontrollierbar ist. Die gesteigerte Grammatikalität der am Telefon miteinander Sprechenden ist dafür nur das einfachste Beispiel. Hier fallen Gestik und Mimik als semantische Unterstützung der Rede aus, so daß deren Gelingen nur über ihre zunehmende Geordnetheit zu gewährleisten ist. Nun läßt sich der fiktionale Text weder auf eine Denotierung empirischer Gegebenheiten einschränken, noch ist er mit den Werten und Erwartungen seiner möglichen Leser zu verrechnen. Sowenig der Text Objektmitteilung ist, sowenig bestätigt er die Dispositionen seiner Leser. Diese Negativität ist der Konstitutionsgrund der Beziehung. Wenn der Text weder in der empirischen Welt noch im Habitus des Lesers sein Identisches hat, dann muß der Sinn aus dem von ihm mitgeführten Angebot konstituiert werden.

Die bisher pauschal gebrauchte Rede von den Elementen des Textes gilt es nun in einem ersten Schritt zu differenzieren. Die für das Erstellen einer Situation notwendigen 'Konventionen' sollen im folgenden als das Repertoire, die 'akzeptierten Prozeduren' als die Strategien und die 'Beteiligung' des Lesers als die Realisation bezeichnet werden.

Im Repertoire präsentieren sich insofern Konventionen, als hier der Text eine ihm vorausliegende Bekanntheit einkapselt. Diese Bekanntheit bezieht sich nicht nur auf vorangegangene Texte, sondern ebenso, wenn nicht sogar in verstärktem Maße, auf soziale und historische Normen, auf den sozio-kulturellen Kontext im weitesten Sinne, aus dem der Text herausgewachsen ist – kurz auf das, was die Prager Strukturalisten als die außerästhetische Realität bezeichnet haben.[35] Das Repertoire bildet jenen Bestandteil des Textes, in dem die Immanenz des Textes überschritten wird. Doch das Hineinziehen außertextueller Normen heißt nicht, daß sie abgebildet würden, sondern daß ihnen durch die Wiederkehr im Text etwas geschieht, wodurch zugleich eine wesentliche Bedingung für die Kommunikation entsteht. Die Art, in der Konventionen, Normen und Traditionen im Repertoire fiktionaler Texte auftauchen, kann sehr verschieden sein. Pauschal wird man sagen können, daß solche Repertoire-Elemente immer im Zustand der Reduktion erscheinen. Selbst Texte, die mit Konventionen vorangegangener Literatur oder mit einer entsprechenden Dichte sozialer und historischer Normen der Lebenswelt überfrachtet sind, lassen sich schon deshalb nicht als bloße Reproduktionen solcher Bestände qualifizieren, weil diese nun in eine andere Umgebung eingerückt sind. Daraus ergibt sich, daß wiederkehrende Konventionen sowie gesellschaftliche Normen und Traditionen in der Regel im fiktionalen Text zu einem Interaktionspol herabgestuft werden. Sie sind aus ihrem ursprünglichen Zusammenhang herausgelöst und daher anderer Beziehungen fähig, ohne die alte Beziehung völlig zu verlieren, die ursprünglich durch sie bezeichnet war. Ja, diese muß bis zu einem gewissen Grade gegenwärtig bleiben, um den notwendigen Hintergrund zur Verfügung zu haben, von dem sich die neue Verwendung abheben läßt. So sind die Repertoire-Elemente im Text verschiedenes zugleich. Sie halten den Hintergrund parat, dem sie entnommen worden sind. Gleichzeitig aber setzt die neue Umgebung die Beziehungsfähigkeit der wiederkehrenden Normen bzw. der Konventionsbestände frei, die im alten Kontext durch ihre Funktion gebunden waren. Das Repertoire-Element ist daher weder mit seiner Herkunft noch mit seiner Verwendung ausschließlich identisch, und in dem Maße, in dem ein solches Element seine Identität verliert, kommt die individuelle Kontur des Textes zum Vorschein. Sie ist vom Repertoire überhaupt nicht abtrennbar, weil sie sich zunächst nur in dem zeigt, was mit den selektierten Elementen geschieht.

Der Bestimmtheitsgrad des Repertoires bildet eine elementare Voraussetzung für eine mögliche Gemeinsamkeit zwischen Text und Leser. Denn eine Kommunikation kann nur dort stattfinden, wo diese Gemeinsamkeit gegeben ist; zugleich aber ist das Repertoire nur Material der Kommunikation, und das heißt, daß eine Kommunikation dann zustande kommt, wenn der gemeinsame Besitz nicht in totaler Deckung steht. "Das in der Kunst notwendig Neue läßt sich nicht eindeutig gegen das 'Alte' abgrenzen. Wichtiger als solche Versuche scheint mir die Aufgabe, das Verhältnis des Neuen zur '*Wiederholung*' zu klären. Dieses Verhältnis konstituiert sich nicht in einem linearen Verlauf von Regressionen und Progressionen, es nähern sich in ihm das Neue und die Wiederholung, ohne sich jemals zu einer harmonischen Identität zusammenzuschließen." [36] Im Verzicht auf eine solche Harmonisierung macht sich in der Wiederholung geltend, daß das Bekannte nicht in seinem Bekanntsein interessiert, sondern daß mit dem Bekannten etwas gemeint werden soll, das seiner noch ungekannten Verwendung entspringt. Eine solche Verwendung kann der Text gar nicht formulieren, weil es sich um eine noch unbegriffene 'Bewußtseinsfigur' handelt, die sich nicht mehr an der Geltung vereinbarter Begriffe festmachen läßt. An diesem Ort gewinnt die nicht-diskursive Sprache der Literatur ihre Funktion. Daraus folgt zunächst, daß das Repertoire eines fiktionalen Textes nicht als

Abbild gegebener Verhältnisse zu verstehen ist. Wenn überhaupt, so bildet er bestenfalls gegebene Verhältnisse im Zustand ihres Überschrittenseins ab, und da ein solcher Zustand keine Qualität gegebener Verhältnisse ist, steht der fiktionale Text zwischen Vergangenheit und Zukunft. Seine 'Gegenwärtigkeit' hat insofern den Charakter des Geschehens, als das Bekannte nicht mehr gemeint und das Intendierte nicht formuliert ist. Durch diese dynamische Zwischenlage bringt sich der ästhetische Wert des Textes zur Geltung, und zwar in dem von Robert Kalivoda einmal umschriebenen Sinne: "Für die ausschlaggebende Entdeckung der wissenschaftlichen Ästhetik halten wir die Erkenntnis, daß das Ästhetische ein *leeres* Prinzip ist, das außerästhetische Qualitäten organisiert." [37] Der ästhetische Wert ist als solcher nicht greifbar. Er kann weder aus dem Text ausgemendelt noch als eine positive Größe beschrieben werden, da er sich nur in der Umorganisation außertextualer Realität, und das heißt, in der Veränderung ihres Bekanntseins manifestiert. Der ästhetische Wert ist folglich eine negative Größe, die sich in dem zeigt, was sie bewirkt; im Repertoire eines fiktionalen Textes lassen sich die Auswirkungen dieser Strukturierungsenergie zunächst verdeutlichen.

Wenn dem Repertoire Selektionsentscheidungen zugrunde liegen, durch die bestimmte Normen sozialer und historischer Wirklichkeit, aber auch Bruchstücke vorangegangener Literatur in den Text hineingezogen werden, so darf der Auswahlvorgang bei aller Individualität der damit verfolgten Absicht nicht gänzlich beliebig sein. Denn das vom Text mitgeführte Repertoire ist trotz der Veränderung, die das Bekanntsein seiner Elemente in der 'Wiederholung' erfährt, eine wesentliche Vorbedingung dafür, daß sich eine Situation zwischen Text und Leser herauszubilden vermag. Nun fragt es sich, ob es Kriterien gibt, die eine Einschränkung der Beliebigkeit solcher im Repertoire gefallenen Selektionsentscheidungen ermöglichen.

Bezieht man die Frage zunächst auf das Verhältnis von Text und Wirklichkeit, so ist klar, daß sich der Text nicht auf Wirklichkeit schlechthin, sondern nur auf 'Wirklichkeitsmodelle' beziehen kann.[38] Wirklichkeit als pure Kontingenz scheidet für den fiktionalen Text als Bezugsfeld aus. Vielmehr beziehen sich solche Texte bereits auf Systeme, in denen Kontingenz und Weltkomplexität reduziert und ein je spezifischer Sinnaufbau der Welt geleistet ist.[39] Jede Epoche besitzt die ihr eigenen Sinnsysteme, und die Epochenschwellen markieren dann signifikante Veränderungen, die innerhalb der in hierarchischer Ordnung stehenden bzw. miteinander konkurrierenden Sinnsysteme erfolgen. Systeme indes beziehen sich nicht ausschließlich auf Weltkomplexität. Sie haben auch andere Systeme zu ihrer Umwelt, in denen eine bestimmte Abarbeitung jener Enttäuschungsgefahr geleistet ist, die menschlichem Handeln und menschlichem Erleben aus kontingenten Gegebenheiten droht.[40] "Alle Systeme sind durch selektive Beziehungen mit ihrer Umwelt verknüpft, da sie geringere Komplexität aufweisen, also nie die ganze Welt für sie relevant werden kann ... Die Systemumwelt läßt sich in gewissem Maße dadurch vereinfachen und immobilisieren, daß *bestimmte Formen der Erlebnisverarbeitung* (Wahrnehmungsgewohnheiten, Wirklichkeitsdeutungen, Werte) *institutionalisiert* werden. Eine Vielzahl von Systemen wird an gleiche oder korrespondierende Auffassungen gebunden, so daß dadurch die Unendlichkeit an sich möglicher Verhaltensweisen reduziert und die Komplementarität des Erwartens sichergestellt wird."[41] So erfolgt in jedem System eine Stabilisierung bestimmter Erwartungen, die normative Geltung gewinnen und folglich die Erlebnisverarbeitung von Welt zu regulieren vermögen. In den Systemen verkörpern sich daher Wirklichkeitsmodelle, die eine bestimmte Struktur erkennen lassen. Kommt der Sinnaufbau eines Systems durch die jeweils getroffenen Selektionen zum Vorschein, so kann sich dieser Sinn nur vor dem Hintergrund der nicht gewählten Möglichkeiten stabilisieren. Ein solcher Hintergrund gewinnt insoweit Kontur, als er sich durch virtualisierte und negierte Möglichkeiten weiter differenzieren läßt. Daraus folgt, daß sich die sinndominanten Möglichkeiten des jeweiligen Systems auf einen Horizont abschatten, in dem die virtualisierten und negierten Möglichkeiten stehen und von dem sich die aktualisierten abheben. Die Systemtheorie bezeichnet diesen Sachverhalt als die notwendige Bestandserhaltung, die ein System bei der Reduktion von Komplexität leisten muß, um mit der Bereitschaft ausgerüstet zu sein, auf Veränderung seiner Umwelt durch Umbesetzung von Systemstellen reagieren zu können. Der fiktionale Text wird auf seine Weise in diese 'Bestände' eingreifen, denn er hat in der Regel die im Zeitraum seiner Entstehung herrschenden Systeme zu seiner Umwelt. In diese muß er deshalb eingreifen, weil er sich nicht wie die Systeme auf Weltkontingenz bezieht. Folglich kann er auch nicht jene Erwartungserwartungen hervorbringen[42], die als die Leistung der Systeme gelten. So lebt der fiktionale Text von den vorhandenen Strukturen der Weltbemächtigung. Mit den Systemen teilt er allerdings die Eigenschaft, auch ein sinnkonstituierendes System zu sein. Das heißt, in seinem Aufbau zeigen sich die zur Sinnstabilisierung notwendigen Selektionen, die am gewählten Repertoire ablesbar sind. Desgleichen kennt der fiktionale Text sinndominante, virtualisierte und negierte Möglichkeiten. Da er sich aber nur auf die Systeme seiner Umwelt beziehen kann, müssen die sinnkonstituierenden Operationen des Textes ständig in diese eingreifen. Solche Eingriffe besitzen nicht den Charakter der Abbildung. Die Selektionsstruktur des fiktionalen Textes hat eine andere Zielrichtung und läßt folglich auch andere Konsequenzen erkennen. Durch ihn geschieht keine Reproduktion herrschender Sinnsysteme, vielmehr bezieht sich der Text darauf, was in den jeweils herrschenden Sinnsystemen virtualisiert, negiert und daher ausgeschlossen ist. Fiktional sind diese Texte deshalb, weil sie weder das entsprechende Sinnsystem noch dessen Geltung denotieren, sondern viel eher dessen Abschattungshorizont bzw. dessen Grenze als Zielpunkt haben. Sie beziehen sich auf etwas, das in der Struktur des Systems nicht enthalten, zugleich aber als dessen Grenze aktualisierbar ist.

Daraus ergibt sich das besondere Zuordnungsverhältnis des fiktionalen Textes zu Sinnsystemen bzw. Wirklichkeitsmodellen. Er bildet diese weder ab, noch ist er als Deviation von ihnen zu begreifen, wie es uns die Widerspiegelungstheorie bzw. die Deviationsstilistik immer wieder glauben machen wollen. Vielmehr stellt der fiktionale Text eine Reaktion auf die von ihm gewählten und in seinem Repertoire präsentierten Sinnsysteme dar. Damit ist zugleich die einsinnige Perspektive aufgehoben, die die Widerspiegelungstheorie und Deviationsstilistik gleichermaßen beherrscht. Der Text wird in einer solchen Zuordnung nicht mehr vom Standpunkt einer wie immer dogmatisch fixierten Wirklichkeit als deren Spiegel bzw. als deren Abweichung gesehen, sondern als ein Interaktionsverhältnis begriffen, durch das sich seine elementare Funktion im Wirklichkeitskontext fassen läßt.

Der beschriebene Sachverhalt läßt sich durch ein einfaches Beispiel veranschaulichen. Die empirische Philosophie Lockescher Herkunft verkörpert ein dominantes Sinnsystem der englischen Aufklärung. Dieses enthält eine Anzahl von Selektionsentscheidungen im Blick auf die Erkenntnisfähigkeit des Menschen, die insofern ein zunehmendes Interesse gewann, als die neuzeitliche Problematik menschlicher Selbsterhaltung nach Antworten verlangte. Die Dominanz dieses Systems zeigt sich darin, daß sie andere Systeme der Epoche sich einzugliedern und daher zu Subsystemen zu machen vermochte. Das galt vor allem für die zeitgenössische Theologie, die die Erkenntnisprämissen des Empirismus, den Wissenserwerb durch Erfahrung, so weit übernahm, daß sie in Deismus und natürlicher Theologie ihren eigenen Supranaturalismus abzubauen begann. In dieser Zuordnung theologischer Sinnsysteme sicherte sich der Empirismus die Geltung für seine Annahmen. Die Stabilität der Systeme bedingt aber auch, daß bestimmte Möglichkeiten nicht gewählt, wenngleich mit repräsentiert werden. Der Verzicht auf apriorische Voraussetzungen menschlicher Erkenntnis subjektiviert den Wissenserwerb. Er hatte den Vorteil, die Erkenntnismöglichkeiten des Menschen aus der diesem zugänglichen Erfahrung erklären zu können; er hatte den Nachteil, alle Postulate in Abrede stellen zu müssen, die den zwischenmenschlichen Bereich und damit den des Verhaltens hätten regeln können. "Hence it comes to pass that men's names of very compound *ideas*, such as for the most part are moral words, have seldom in two different men the same precise signification, since one man's complex *idea* seldom agrees with another's, and often differs from his own, from that which he had yesterday or will have tomorrow."[43] Darin kommt die Systemgrenze des Empirismus zum Vorschein, die sich wie alle solche Grenzen in der Regel nur durch Neutralisierungen bzw. Negationen stabilisieren lassen. So schuf die vom System bereitgestellte Generalisierung des Wissenserwerbs aus Erfahrung zugleich eine Mangelsituation, indem sie den Bereich der Moral angesichts der geltenden Erkenntnisprämissen zumindest virtualisieren mußte.

An dieser Stelle entsteht ein Defizit, und es charakterisiert Sinnsysteme überhaupt, daß durch die in ihnen gefallenen Entscheidungen zwangsläufig Defizite produziert werden. Auf diese bezieht sich die Literatur, wie es sich an der massiven Moralisierung von Roman und Drama im 18. Jahrhundert ablesen läßt, die binnen kurzem eine europäische Geltung erlangten. Sie bilanzierten das vom dominanten Sinnsystem der Epoche erzeugte Orientierungsdefizit innerhalb zwischenmenschlicher Beziehungen. Roman und Drama formulierten Möglichkeiten, die im Blick auf die gesamtgesellschaftlich herrschenden Systeme gerade keine waren und sich folglich nur durch die Fiktion in der Lebenswelt unterbringen ließen. Eine solche Funktion der Literatur erklärt dann auch, warum man immer wieder geneigt ist, Fiktion und Wirklichkeit als ein Oppositionspaar zu begreifen, während der Sache nach durch Fiktion eher etwas darüber ausgesagt wird, was die herrschenden Systeme ausklammern und folglich nicht in die von ihnen organisierte Lebenswelt einzubringen vermögen. Konstituiert die Fiktion einen solchen Gesamtzusammenhang der Wirklichkeit, dann ist sie nicht mehr deren Opposition, sondern deren Kommunikation.

Aus diesem Sachverhalt lassen sich ein paar allgemeine Bedingungen ableiten, die für das Repertoire fiktionaler Texte konstitutiv sind. Die

Literatur hat ihren Ort auf den Grenzen der Sinnsysteme, die in den jeweiligen Epochen dominieren. Deshalb gibt die Literatur auch Aufschluß darüber, welches der jeweiligen Systeme im epochalen Kontext die jeweils höchste Stelle der Geltungshierarchie besetzt hielt. Da die Literatur eine Antwort darauf zu geben versucht, was die jeweils historische Gestalt des Sinnsystems als Problem hinterläßt, gibt sie einen wichtigen Aufschluß über die Geltungsschwäche der betreffenden Sinnsysteme und ermöglicht dadurch eine Rekonstruktion des historischen Problemhorizonts. Damit soll nicht ausgeschlossen sein, daß sich Literatur auch auf Systeme von untergeordnetem Rang beziehen kann. Das aber hat Folgen sowohl für die Beteiligung des zeitgenössischen Lesers als auch für jenen, für den das Sinnsystem schon längst in historischer Ferne steht. Doch selbst die Beziehung auf solche Systeme zeigt an, daß diese in der Epoche eine gewisse Bedeutung gehabt haben müssen. Wenn sich die Funktion der Literatur über die Schwächen der Systeme entfaltet, dann kann das Bezugssystem, das ein fiktionaler Text zu seiner Umwelt macht, für den epochalen Rahmen nicht beliebig gewesen sein.

Faßt man das Verhältnis von Sinnsystemen und fiktionalem Text mit dem Schema der Collingwoodschen Frage- und Antwortlogik [44], so wird man sagen müssen, daß der fiktionale Text durch seine Antwort auf die Defizite zunächst das zu rekonstruieren ermöglicht, was die manifeste Gestalt des Systems entweder verdeckte oder nicht zu bewältigen erlaubte. Denn als Artikulation des Problemüberhangs bezieht sich der fiktionale Text auf die virtualisierten und negierten Möglichkeiten des Systems. Indem er daraus auswählt und in seinem Repertoire diese Wahl thematisch macht, muß er in der Regel die dominanten, und das heißt, die realisierten Möglichkeiten des entsprechenden Sinnsystems seinerseits virtualisieren bzw. negieren. Dadurch hält der fiktionale Text sowohl die relevanten Konturen des Systems bzw. der Systeme parat, auf die er antwortet, als auch die Defizite, die er insofern artikuliert, als er eine fiktionale Lösung anbietet. Diese aber kann als solche nur rezipiert werden, wenn die Problemkontur, auf die sie sich bezieht, im Text selbst gegenwärtig gehalten ist. In diesem Sinne ließe sich eine Äußerung von Roland Barthes verstehen: "... das Werk ist wesentlich paradoxer Natur, es ist Zeichen für die Geschichte und zugleich Widerstand gegen sie. Dieses grundlegende Paradoxon tritt in unseren Literaturgeschichten mehr oder weniger deutlich zutage: jedermann spürt deutlich, daß das Werk dem Zugriff entflieht, daß es *etwas anderes* ist als seine eigene Geschichte, als die Summe seiner Quellen, der Einflüsse oder seiner Vorbilder. Es bildet einen harten irreduziblen Kern in der unentschiedenen Masse der Ereignisse, der Bedingungen, der kollektiven Mentalitäten." [45]

Aus der beschriebenen Zuordnung des fiktionalen Textes auf epochale Sinnsysteme ergibt sich eine zentrale Qualifikation des Repertoires. Die in den Text eingekapselten außertextualen Normen und Werte erfahren in diesem Vorgang eine Umcodierung ihrer Geltung. Die sinndominanten Selektionsentscheidungen der Systeme werden zum Hintergrund herabgestuft, um aus dem Hintergrund der Systeme die Möglichkeiten hervorzuholen, die das System abgewiesen hatte. Darin gründet der Signalwert des Repertoires. Denn in der gelöschten Geltung des Bekannten bringt sich die Reaktion des Textes auf seine Umwelt zum Ausdruck. Diese Reaktion ist jedoch aus dem vom Text gewählten Bezugssystem kausal nicht ableitbar, da das vom System bewirkte Defizit der Systemstruktur selbst nicht eingezeichnet ist. Es wird durch die historische Situation hervorgetrieben, die das System zu bewältigen versucht. Nun aber heben angesichts solcher Situationen die Selektionsentscheidungen, die im Repertoire fiktionaler Texte gefallen sind, die Bedingungen heraus, die den vom System erzeugten Mangel verursacht haben. Indem der Text eine defizitäre Funktion des Systems verdeutlicht, stellt er mögliche Einsicht in das Funktionieren des Systems bereit. Das heißt, er deckt auf, worin wir befangen sind.

Im Gegensatz zu den epochal herrschenden Systemen machen fiktionale Texte ihre eigenen Selektionsentscheidungen nicht explizit, so daß der Leser über die angezeigte Umcodierung ihm bekannter Geltungen die im Text gefallenen Selektionsentscheidungen motivieren muß. In diesem Vorgang vollzieht sich Kommunikation als die Sinnkonstitution des Textes, in der sich der Leser mit einer Realität vermitteln muß, die ihm nicht mehr zu den Bedingungen ihres Bekanntseins geboten wird.

Die Beziehung von Text und System zeigt in der Geschichte unterschiedliche Ausprägungen, in denen sich jedoch die spezielle historische Bilanzierungsleistung der Texte fassen läßt. Sie seien durch ein paar Beispiele veranschaulicht.

Der fiktionale Text kann sich direkt auf ein epochales System beziehen. Das gilt etwa für Sternes *Tristram Shandy* im Blick auf das vorhin schon angesprochene System des Empirismus Lockescher Prägung. Bekanntlich sah Locke in der Ideenassoziation die entscheidende Bedingung der menschlichen Erkenntnismöglichkeiten. Denn sie brachte genau den Kombinationsgewinn, der notwendig war, um die einfachen, vom Zufall in den menschlichen Geist getragenen Ideen für die Erweiterung und die Sicherung der Erkenntnis zu nutzen. Die Ideenassoziation verkörpert eine sinndominante Selektionsentscheidung des empiristischen Systems. In *Tristram Shandy* wird sie virtualisiert, um das hervorkehren zu können, was im Lockeschen System entweder abgewiesen wurde oder dunkler Hintergrund geblieben ist.[46] Denn die Assoziation der Ideen hatte ein problematisches Fundament. Sie regelte sich nach dem Lust-Unlustprinzip, das man als eingeboren annehmen mußte, da es die Ideenassoziation bewirkte, obwohl Locke gerade das Eingeborensein apriorischer Prinzipien als einen obsolet gewordenen Erkenntniscode bestritten hatte. Doch um die Verläßlichkeit der Erkenntnis zu sichern, mußte die Ideenassoziation steuerbar sein, sollte sie nicht menschlicher Beeinflussung entzogen werden. In *Tristram Shandy* kehrt die Ideenassoziation als *idée fixe* wieder, durch die eine Umcodierung der sinndominanten Selektionsentscheidung des empiristischen Systems angezeigt ist. Anders als über eine habituelle Verklammerung mit bestimmten Verrichtungen bzw. mit einem bestimmten Sprachgebrauch ist für Sterne die Ideenassoziation überhaupt nicht zu stabilisieren. Die Schrullen der Brüder Shandy verkörpern das Prinzip, nach dem Ideen miteinander verbunden werden. Das erzeugt zwar eine gewisse Stabilität, doch diese gilt nur für die Binnenwelt des Subjekts, was dazu führt, daß die einzelnen Subjekte mit bestimmten Ideen immer etwas ganz anderes assoziieren und folglich das zwischenmenschliche Verhältnis gerade durch Ideenassoziation totaler Unvorhersagbarkeit überantworten.[47]

Damit kehrt Sterne in seinem Roman jene Möglichkeit als sinndominant heraus, die bei Locke virtualisiert, wenn nicht gar im bewußten Verzicht auf zwischenmenschliche Verhaltensregeln pauschal abgewiesen worden war. Locke hat die Möglichkeit der Kombination einfacher Ideen als eine dem menschlichen Habitus eingezeichnete Garantie vorausgesetzt. In der Habitualisierung der Assoziation von Ideen nimmt Sterne Locke beim Wort. Was Sterne jedoch in der Umcodierung dieser Erkenntnisnorm aufdeckt, ist die Kontingenz solcher Ideenverbindungen, wie sie Walter Shandy und Uncle Toby unentwegt vollziehen. So destruktiv sich diese Kontingenz im Blick auf die Erkenntnisnorm des Lockeschen Systems auch ausnehmen mag, so bringt sie doch in diesem Gegenzug die Subjektivität in ihrer Undurchdringlichkeit wie auch in ihrer Unverwechselbarkeit zum Vorschein. Damit ist nicht nur die Geltung einer Lockeschen Norm negiert. Vielmehr entdeckt diese Negation die bei Locke verschwiegene Referenz: nämlich die Subjektivität als Selektions- und Motivationsinstanz der Ideenassoziation. Doch das ist nur die eine Seite der in *Tristram Shandy* erfolgten Umgeltung einer empiristischen Norm. Bricht durch diese Entdeckung die Verläßlichkeit der Erkenntnis zusammen, weil diese bestenfalls – wenngleich in höchst problematischer Form – nur noch in der Binnenwelt des Subjekts stabil zu sein scheint, dann verwandelt sich die problematisierte Erkenntnisnorm zu einem Hintergrund, der den Blick des Lesers für eine neue Aufgabe: die Ausarbeitung zwischenmenschlichen Verhaltens, zu schärfen beginnt. Die von der Subjektivität gegebenen Welterklärungen schrumpfen zur Schrulle. Da dieses Bewußtsein den Figuren des Romans fremd ist, gewinnt der Leser angesichts der gezeigten Naivität eine Perspektive zu den Erklärungsleistungen des empiristischen Systems. Diese ins Bewußtsein zu heben heißt, die Aufmerksamkeit für die sinndominanten Selektionsentscheidungen des Romans zu wecken. Die von Sterne entdeckte Subjektivität kehrt die verschwiegene Referenz empiristischer Ideenassoziation hervor, und zwar so, daß die Subjektivität nach dem Erkenntnisstand dieses Systems scheitern müßte. Indem diese Erwartung durchbrochen wird, stabilisiert sich vor dem Hintergrund des überschrittenen empiristischen Systems die noch unbegriffene soziale Natur des Menschen, die sich nicht durch Erkenntnis, sondern durch Handeln erhält. So treibt die im Repertoire des *Tristram Shandy* erfolgte Umcodierung eines zentralen Konzepts des Empirismus die Begrenztheit des Bezugssystems hervor; die gestrichene Geltung der gewählten Norm deckt das auf, was durch die Norm nicht mehr gedeckt ist.

Texte müssen sich nicht immer in dieser direkten Form auf die dominanten Systeme ihrer Umwelt beziehen, wenngleich der direkte Bezug die prominente Stellung des gewählten Systems im epochalen Kontext anzeigt. Ein wesentlich indirekteres Verhältnis läßt sich etwa in Fieldings *Tom Jones* ausmachen, in dem nach der erklärten Absicht seines Autors ein Bild der menschlichen Natur entworfen werden soll. Dieses Bild verdeutlicht sich über ein Repertoire, das aus sehr unterschiedlichen Systemen der Epoche geschöpft ist. So wird eine Vielfalt zeitgenössischer Normen in den Text eingezogen und als das jeweilige Orientierungprinzip der wichtigsten Figuren vorgestellt. Allworthy verkörpert den Zentralgedanken der latitudinaristischen Moral von der Benevolenz; Square, der eine Erzieher des Helden, die Norm deistischer Philosophie von der natürlichen Geordnetheit der Dinge; Thwackum, der andere Erzieher des Helden, die Norm anglikanischer Orthodoxie von der Verderbtheit der menschlichen Natur; Squire Western das Grundprinzip aufklärerischer Anthropologie von der *ruling passion,* und Mrs. Western schließlich die gesellschaftlichen Konventionen des Kleinadels von der natürlichen Überlegenheit der Hochgeborenen.[48]

Die oppositive Anordnung der Figuren macht die durch sie vorgestellten Normen zu wechselseitigen Blickpunkten, die es dem Leser erlauben, die eine Norm aus der Sicht der anderen jeweils thematisch zu machen. Dabei schält sich eine Gemeinsamkeit heraus; sie alle reduzieren die menschliche Natur auf ein Prinzip und schließen demnach jene Möglichkeiten aus, die sich mit diesem Prinzip nicht harmonisieren lassen. Folglich steht das, was die Normen repräsentieren, und das, was durch diese Repräsentation ausgeschlossen ist, gleichermaßen im Blick des Lesers. Diese Differenzierung wird vom Leser insoweit selbst entfaltet, als die Normen des Repertoires in wechselseitig fremde Beobachtungshorizonte einrücken, die es erlauben, sie in ihrer problematisierten Begrenztheit zu gewärtigen. Eine solche Anordnung des Repertoires besitzt eine horizontale Organisation, und das heißt, hier sind die Normen verschiedener Systeme miteinander kombiniert, die in der historischen Lebenswelt getrennt voneinander existieren. Dadurch gewinnt das Repertoire den Charakter der Information. Denn es zeigt durch die in ihm gewählte Kombination an, über welche Systeme das Bild der menschlichen Natur gewonnen werden soll. Die einzelnen Normen sind insofern umcodiert, als sich die menschliche Natur nicht auf das Prinzip einer konsistenten Definition einschränken läßt, sondern als ein Potential über die von den einzelnen Normen abgewiesenen Möglichkeiten entdeckt werden soll. Diese sind relativ deutlich; sie schließen die Vermittlung des jeweiligen Prinzips mit der Erfahrungswirklichkeit des Menschen aus. Damit konstituiert sich das Thema des Romans, das gerade in dieser Vermittlung liegt. Die Selbsterhaltung ist nicht mehr über die Befolgung von Prinzipien zu leisten, sondern nur über die Selbstverwirklichung menschlicher Potentiale, deren Veranschaulichung allerdings nur von der Fiktion und nicht mehr von der Diskursivität der Systeme zu leisten ist.

Tom Jones bezieht sich daher nicht direkt auf ein dominantes Sinnsystem der Aufklärung, sondern auf den Problemüberhang, den die herrschenden Systeme geschaffen haben. Er macht die Kluft deutlich, die sich zwischen der Prinzipienorientiertheit der Systeme und der Erfahrungswirklichkeit des Menschen aufgetan hat. Die an den Erkenntnismöglichkeiten der menschlichen Vernunft orientierten Systeme ließen die Frage nach dem Verhalten inmitten der situativen Wechselhaftigkeit des Lebens offen. Die in der latitudinaristischen Theologie formulierten Verhaltensnormen setzten eine menschliche Natur voraus, der die Praktizierung der Moral gleichsam eingeboren war. Der jeweilige Problemüberhang hatte Rückwirkungen auf das Weltvertrauen des Menschen, das der Roman insofern wieder zu stabilisieren trachtete, als er seinen Lesern ein Bild der menschlichen Natur zu entdecken gab, aus dem sie die Gewißheit schöpfen konnten, inmitten der Wechselfälle des Lebens der Selbstkorrektur fähig zu sein. So läßt das in *Tom Jones* eingezogene Repertoire den historischen Horizont aufscheinen, dessen Problemkontur in die vom Roman gegebene Lösung deutlich eingezeichnet ist.[49]

Es versteht sich, daß die Literatur im historischen Kontext unterschiedliche Funktionen erfüllen kann. Bezog sich Fielding in *Tom Jones* auf den Problemüberhang der herrschenden Systeme, so deckte Sterne in *Tristram Shandy* die kontingente Fundierung menschlicher Erkenntnis im dominanten System des Empirismus auf. Bei aller Unterschiedlichkeit des Bezugs innerhalb eines verhältnismäßig verwandten historischen Kontexts liegt ihre Gemeinsamkeit in der Gegenstellung zu den von ihnen gewählten Bezugssystemen. Nun zeigt die Geschichte durchaus Situationen, in denen die Bilanzierungsleistung fiktionaler Texte der Bestandserhaltung herrschender Systeme selbst gilt. Dabei muß eine systemstabilisierende Verwendung von Literatur nicht einmal den trivialliterarischen Charakter gewinnen, den man immer dort gewärtigt, wo Literatur bestimmte Normen eines sozio-kulturellen Codes zum Zwecke der Einübung ihrer Leser in diesen Code reproduziert.

Eine im Dienst herrschender Systeme funktionierende Literatur bietet sich etwa im höfischen Roman des Hochmittelalters. Vereinzelung und Reintegration bilden das Schema der Aventüre, durch die Chrestien sowohl den Auszug des Artus-Ritters aus der höfischen Gesellschaft als auch dessen Rückbindung an deren Wertehierarchie vorführt. Im Schema der Aventüre manifestieren sich Lebensverhältnisse, die insofern kontingenter Natur sind, als sie vom gesellschaftlichen System des ritterlichen Lehensverhältnisses nicht mehr gedeckt werden. Die Aventüre trägt durch ihr Schema von Vereinzelung und Reintegration dieser Kontingenz Rechnung, doch nur, um die im System höfischer Gesellschaft problematisierten Situationen gegen die Einbrüche kontingenter Lebenswelt abzudichten.[50] In diesem Falle funktioniert die Fiktion als die Beseitigung einer die Stabilität des Systems bedrohenden Gegebenheit.

Darin zeigt sich eine Ausgleichsoperation, wie sie auch dort zu beobachten ist, wo Literatur die Normen der von ihr gewählten Bezugssysteme umcodiert. In beiden Fällen jedoch gewinnt die Literatur ihre Funktion aus den Geltungsschwächen der Systeme; in dem einen riegelt sie das System von umweltstörenden Einbrüchen ab, in dem anderen deckt sie deren Probleme auf, bzw. reagiert sie auf den von den Systemen erzeugten Problemüberhang. Dadurch entsteht die Beteiligung des Lesers am Text, der im Repertoire einen wenn auch verfremdeten Konventionsbestand geboten erhält, durch den sich eine dialogische Beziehung zu entfalten vermag.

Diese Beteiligung gilt aber nicht nur für den zeitgenössischen Leser, dem die Normen des Repertoires aus seiner Umwelt vertraut sind; sie gilt auch für den historisch späteren Leser. Die geschichtliche Distanz zwischen Text und Leser muß daher nicht bedeuten, daß der Text seinen innovativen Charakter verliert; dieser zeigt sich nur in unterschiedlicher Gestalt. Entstammt der Text der Lebenswelt des Lesers, so hebt er durch die im Repertoire erfolgte Umcodierung geltender Normen diese aus ihrem sozio-kulturellen Funktionszusammenhang heraus und läßt dadurch die Reichweite ihrer Wirksamkeit erkennen. Sind aber die Normen des Repertoires für den Leser durch die zeitliche Distanz zu einer historischen Welt geworden, weil er nicht mehr an dem Geltungshorizont partizipiert, aus dem das Repertoire geschöpft ist, dann bieten sich ihm die umcodierten Normen als Verweisungen auf diesen Geltungshorizont. Dadurch läßt sich die historische Situation wiedergewinnen, auf die sich der Text als Problemlösung bezogen hatte.

In dem einen Fall handelt es sich um eine partizipierende, in dem anderen um eine betrachtende Einstellung des Lesers, die beide selbstverständlich als Typisierungen gemeint sind. Die dadurch bedingten Unterschiede lassen sich durch das vorhin angezogene Fielding-Beispiel veranschaulichen. Für den Zeitgenossen stand das Verhaltensproblem im Vordergrund, wie es die hitzigen Debatten um die scheinbare Amoralität des Helden und seines Autors im 18. Jahrhundert bezeugen. Aus betrachtender Einstellung indes schwenkt die Perspektive über die umcodierten Normen auf den Verweisungszusammenhang, aus dem das Repertoire selektiert worden ist. Dabei rücken die dominanten Sinnsysteme der Epoche in ihrer jeweils defizitären Gestalt in den Blick, deren Mangel der Roman durch seine Antwort auf das, was die menschliche Natur sei, aufzuheben trachtete. In beiden Fällen zeigt die konstituierte Sinngestalt des Romans eine jeweils andere Konfiguration, ohne daß sich die eine bzw. die andere als willkürlich qualifizieren ließe. Denn der Einstellungswechsel ist durch das zeitliche Vergangensein der Geschichte und nicht durch einen selbst gewählten Akt des Lesers bedingt. So bewirkt die Umcodierung wiederkehrender Normen den innovativen Charakter des Textrepertoires, der in den genannten Einstellungen zu unterschiedlichen Konsequenzen führt. In partizipierender Einstellung eröffnet er die Sicht auf das, was in den Handlungsvollzügen selbst nicht gesehen werden kann, und in betrachtender Einstellung ermöglicht er das Begreifen dessen, was für den Leser niemals wirklich war. Daraus folgt zweierlei: 1. Der fiktionale Text erlaubt es seinen Lesern, die jeweilige Position zu transzendieren, an die sie in der Lebenswelt gebunden sind. 2. Der fiktionale Text ist keine Widerspiegelung gegebener Realität, sondern deren Vollendung in einem jeweils bestimmten Sinne. Dazu hat Kosík einmal bemerkt: "*Jedes künstlerische Werk hat in unteilbarer Einheit einen doppelten Charakter: es ist Ausdruck der Wirklichkeit, aber es bildet auch die Wirklichkeit, die nicht neben dem Werk und vor dem Werk, sondern gerade nur im Werk existiert* ... das Kunstwerk ist nicht eine Illustration von *Vorstellungen* über die Wirklichkeit. Als Werk und als Kunst stellt es die Wirklichkeit dar und *bildet* gleichzeitig und untrennbar damit die Wirklichkeit." [51]

Nun besteht das Repertoire fiktionaler Texte nicht bloß aus jenen außertextualen Normen, die den epochalen Sinnsystemen entnommen sind; es zieht in mehr oder minder verstärktem Maße auch vorangegangene Literatur, ja oftmals ganze Traditionen in zitathafter Abbreviatur in den Text hinein. Die Elemente des Repertoires bieten sich immer als eine Mischung aus vorangegangener Literatur und außertextualen Normen. Man wird sogar sagen können, daß in solchen Mischungsverhältnissen elementare Differenzierungen literarischer Gattungen gründen. Es gibt solche, die sich verstärkt auf empirische Gegebenheiten beziehen, wodurch der Anteil außertextualer Normen im Repertoire steigt; dies gilt in erster Linie für den Roman. Es gibt aber auch solche, in denen die vorausliegende Literatur zum Magazin des Repertoires wird, wie es sich etwa in der Lyrik beobachten läßt. Diese Differenzierung bleibt auch dann noch aufschlußreich, wenn sich die Mischungsverhältnisse wie in der Literatur des 20. Jahrhunderts oftmals eklatant verkehren, so daß nun der Roman wie bei Joyce eine große Literaturfracht mit sich führt, während die Lyrik etwa der *Beat-Generation* diese gerade abstößt, um in der Selektion aus den sozio-kulturellen Codes der modernen Industriegesellschaft eine Vielfalt höchst verschiedener Normen in die Verse einzuziehen.

Die in wechselnder Anspielungsdichte parat gehaltene Literatur erscheint im Repertoire des Textes in der gleichen Reduktion, wie sie die selektierten Normen der Sinnsysteme erfahren. Denn auch hier geht es nicht um Reproduktion, sondern um die Funktionalisierung des Wiederholten. Wenn es in dem oben diskutierten Sinne richtig ist, daß fiktionale Texte auf den Grenzen zeitgenössischer Sinnsysteme angesiedelt, sind, um in der Aufdeckung ihrer Geltungsschwäche Antworten auf jene

Fragen zu geben, die durch die Systeme produziert worden sind, dann gibt die Wiederholung vorangegangener Literatur im Repertoire einen wichtigen Aufschluß darüber, wie die vom Text vermeinte Antwort zu konstituieren sei.

Folglich ist das literarische Repertoire nicht ohne Beziehung zu den selektierten Normen der Sinnsysteme, die in den fiktionalen Text eingegangen sind. Doch die Anspielung auf vorausgegangene Literatur erschöpft sich nicht darin, einen bekannten Horizont aufzublenden, so gewiß sie dieses auch bewirkt; sie 'zitiert' darüber hinaus in einer solchen Wiederkehr Problemlösungen, die nun nicht mehr gemeint sind, zugleich aber eine Orientierung setzen, in deren Verfolgung das Gemeinte zu suchen ist. Wie wenig die Wiederkehr literarischer Elemente als bloße Reproduktion gedacht werden kann, geht allein schon daraus hervor, daß der Kontext des wiederholten Elements gestrichen ist; die Wiederholung entpragmatisiert das wiederholte Element und rückt es in eine neue Umgebung ein. Die Entpragmatisierung bedingt zunächst, daß die virtualisierten und negierten Sinnmöglichkeiten der wiederholten Textelemente aus der Zuordnung auf die dort und damals gewählten sinndominanten Möglichkeiten entlassen werden. Wenn Fielding in *Shamela* die von Richardson entwickelte Tugendhaftigkeit Pamelas 'wiederholt', so virtualisiert er die für Richardson geltende Sinndominanz der Standfestigkeit und setzt die von Richardson ausgeschlossenen Möglichkeiten frei, die sich darin zeigen, daß man nur zäh und ausdauernd sein muß, um sich durch die bewahrte Tugend gut verkaufen zu können. Wenn aber der alte Kontext gestrichen und durch einen neuen ersetzt wird, so heißt das nicht, daß er verschwindet; er bleibt gegenwärtig, wenngleich seine Geltung gelöscht ist. Er verwandelt sich dadurch in einen virtuellen Hintergrund, der zur Verdeutlichung der vom Repertoire organisierten Thematik des Textes notwendig ist.

Das Repertoire eines fiktionalen Textes besitzt erkennbare Stufen der Komplexion, die das Bilden der Situation zwischen Text und Leser unterschiedlich beeinflussen. Durch das Einziehen außertextualer Normen und die Wiederholung von Elementen vorausgegangener Literatur sind gewisse Bestimmtheitsgrade markiert; durch sie erfolgt im Text eine Horizontsetzung, die zugleich den Situationsrahmen für den 'Dialog' zwischen Text und Leser bereitstellt.

Die Notwendigkeit, selektierte Normen der Sinnsysteme im Textrepertoire mit einer wechselnden Anspielungsdichte auf vorangegangene Literatur zu durchsetzen, ergibt sich aus der Funktion des Textes,

Antwort zu sein. Je komplexer der Problemüberhang ist, auf den sich der Text bezieht, desto stärker wird sich das Repertoire differenzieren müssen. Denn es gilt, die historische Situation festzuhalten, auf die der Text reagiert. Folglich kommt es zu einer wachsenden Differenzierung innerhalb des Repertoires, das nun allerdings bestimmter Generalisierungen bedarf, soll die Kontur der Antwort nicht verschwimmen. Diese Notwendigkeit bildet einen wesentlichen Grund dafür, daß Elemente der literarischen Tradition in den jeweiligen Text hineingezogen werden. Sie erbringen die geforderte Generalisierungsleistung, die es ermöglicht, die heterogene Vielfalt außertextualer Normen so zu organisieren, daß die Motivation für ihre Wahl mitteilbar wird. Wenn Fielding in *Tom Jones* die Fabel seines Romans aus Elementen konstruiert, die der Romanze und dem Schelmenroman entnommen sind, dann bieten die literarischen Schemata eine Organisationsform an, die es erlaubt, den Helden gegen das Normensystem 'laufen' zu lassen (picaresker plot) und die in solcher Gegenläufigkeit gezeigten Qualitäten der menschlichen Natur gleichzeitig mit einer Erfolgsgarantie (Romanzen-plot) zu versehen.[52] So läßt sich über die selektierten Schemata vorangegangener Literatur das spezifische Maß an Generalisierung erzielen, das für den Antwortcharakter des Textes auf komplexere Verhältnisse unabdingbar ist.

Dieser Sachverhalt gilt auch dort, wo das Textrepertoire – wie etwa in den älteren lyrischen Gattungen – vorwiegend literarischer Herkunft ist. Spensers Eklogen sind dafür ein anschauliches Beispiel. Sie waren als Antwort auf eine historische Problemlage konzipiert, indem sie die Gefahren verdeutlichen wollten, die für England heraufziehen, wenn Elisabeth die bevorstehende Verbindung mit einem Katholiken wirklich eingehen sollte. Spenser stand dafür nur das relativ stark definierte bukolische Inventar zur Verfügung, wenngleich er damit rechnen konnte, daß die Ekloge als Gattung für das höfische Publikum einen Wirklichkeitsbezug signalisierte. Doch um die Besonderheit dieses Bezugs zu verdeutlichen, konnte Spenser nicht einfach bestimmte gesellschaftliche Normen selektieren, vielmehr mußte er die mit den bukolischen Topoi verknüpften Semanteme so umcodieren, daß er die Aufmerksamkeit des Publikums für die gewünschte Einstellung gewann. Nun aber bergen solche weitreichenden Veränderungen bukolischer Topoi die Gefahr in sich, mißverstanden zu werden. Spenser zog daher Schemata anderer Gattungen in die Eklogen hinein, die es ihm erlaubten, bestimmte Bedeutungen des umcodierten bukolischen Inventars abzublenden, um andere akzentuieren zu können. Dadurch vermochte er den Signalwert der umcodierten Topoi für das höfische Publikum im Sinn der von ihm verfolgten Mitteilung entsprechend zu organisieren.[53] Darin kommt die für literarische Repertoire-Elemente charakteristische Doppelheit zum Ausdruck. In der Umcodierung bekannter Schemata erzeugen sie zunächst ein Mitteilungsverhältnis, denn durch die Wiederkehr bestimmter Schemata gewinnt der Text einen Horizont. Sodann aber dienen sie als Generalisierungen dazu, das gesamte Textrepertoire so weit vorzustrukturieren, daß sich die Botschaft organisieren läßt.

Die selektierten Normen außertextualer Realitäten und die literarischen Anspielungen als zentrale Bestandteile des Textrepertoires sind zwei verschiedenen Systemen entnommen. Das eine Element entstammt den epochalen Sinnsystemen, das andere den fiktionalen Problemlösungen, die vorangegangene Texte gegeben hatten. Die selektierten Normen und die selektierten Schemata sind einander nicht äquivalent, und sollte dies gelegentlich der Fall sein, dann schwindet der Informationsgrad des Textes, weil die zitierten Antworten eines wiederholten Textes, die damals galten, auch jetzt noch gelten sollen, obwohl sich die historischen Verhältnisse gewandelt haben. In der Regel jedoch sind die verschiedenen Systemen entnommenen Elemente des Repertoires gerade in ihrem Bekanntheitsgrad einander nicht äquivalent. Zugleich aber signalisiert ihre Zusammenstellung, daß sie aufeinander bezogen werden müssen, und das trifft selbst dort noch zu, wo durch sie Differenzen markiert werden sollen. Wird durch die Selektionsentscheidungen im Text die Äquivalenz des Vertrauten aufgehoben, so ist damit das Prinzip der Äquivalenz im Text selbst noch nicht preisgegeben. Vielmehr zeigt sich das Äquivalenzsystem des Textes dadurch an, daß über das Bekanntsein der Elemente keine Entsprechungen mehr zu konstituieren sind. Daraus ergeben sich zwei Folgen, zunächst eine für den Text, sodann eine für den Leser. Merleau-Ponty sagte einmal: "Eine Bedeutung ist immer dann vorhanden, wenn die Gegebenheiten der Welt durch uns einer 'kohärenten Deformierung' unterworfen werden."[54] Das geschieht im fiktionalen Text mit den aus unterschiedlichen Systemen geschöpften Elementen seines Repertoires. Wenn Joyce beispielsweise in *Ulysses* die Fülle der Homer- und Shakespeareanspielungen auf den Dubliner Alltag projiziert, so durchlöchert er damit die illusionistische Abgeschlossenheit realistischer Darstellung; zugleich aber werden die vielen realistischen Details des alltäglichen Lebens auf die Homeranspielungen zurückgekoppelt, durch die das Verhältnis von Vergangenheit und Gegenwart nicht mehr wie das von Ideal und Wirklichkeit erscheint. Durch die wechselseitige Projektion entstehen Deformationen des Repertoires. Was soll die Überfremdung des Repertoires eines kleinbürgerlichen Alltags durch Literatur, und was soll die Überfremdung eines Archetyps durch die Fülle unstrukturierter Materialien, die den Adreßbüchern und den Tageszeitungen des Jahrhundertanfangs entnommen sind? Beide Elementbereiche irritieren sich gegenseitig; in ihrem Bekanntsein sind sie einander nicht äquivalent. So bildet sich erst über ihre Deformation das Äquivalenzsystem des Textes. Die literarischen Anspielungen sprengen den monotonen Rhythmus des kleinbürgerlichen Alltags durch eine ihm unbekannte Zeitentiefe auf und 'deformieren' seine Unabänderlichkeit zur Illusion. Die realistischen Details machen kenntlich, was der ideale Archetyp der historischen Ferne alles nicht gekannt hat, und 'deformieren' das nicht mehr erreichbare Ideal zu einer historischen Manifestation dessen, was dem Menschen möglich ist.

In der 'kohärenten Deformation' bringt sich das Äquivalenzsystem des Textes zur Geltung; es ist weitgehend identisch mit dem, was man gewöhnlich als Stil bezeichnet und was zu Beginn dieser Diskussion ästhetischer Wert genannt worden ist. Der ästhetische Wert ist das, was der Text nicht formuliert und was im Ensemble des Repertoires nicht gegeben ist. Da er etwas bewirkt, vermag er nicht schon Teil dessen zu sein, worauf er seine Wirkung ausübt. Diese Wirkung läßt sich an zwei Tendenzen ablesen, die in scheinbar unterschiedliche Richtungen zielen, aber dennoch konvergieren. Im fiktionalen Text bedingt der ästhetische Wert die Selektion des Repertoires; er deformiert in diesem Vorgang die Gegebenheit der gewählten Elemente, um dadurch ein textspezifisches Äquivalenzsystem anzuzeigen. In diesem Sinne bildet er die konstitutive Hohlform des Textes. Als 'Strukturierungsenergie' des Textes jedoch ist er ebenso für den Kommunikationsvorgang relevant. Denn die von ihm suspendierte Äquivalenz der im Repertoire zusammengestellten Elemente heißt, daß der Text nicht mehr in Entsprechung zum Dispositionsrepertoire seiner möglichen Leser steht. In diesem Sinne ist der ästhetische Wert die Initiierung des Konstitutionsaktes.

Damit berühren wir die Auswirkungen suspendierter Äquivalenzen innerhalb des Textrepertoires auf den Leser. Das Repertoire erweckt für ihn nur den Anschein des Bekanntseins, denn durch die im Text erfolgte 'kohärente Deformation' haben die wiederkehrenden Elemente ihre Referenz verloren, durch die ihre jeweilige Bedeutung stabilisiert war. Daraus ergibt sich zweierlei: 1. Die Entwertung des Bekannten macht dem Leser allererst die ihm bekannte Anwendungssituation der nun entwerteten Norm bewußt. 2. Die Entwertung des Bekannten markiert einen Scheitelpunkt im Text, der das Bekannte zum Erinnerungsbild entrückt, das die Suche nach dem Äquivalenzsystem des Textes allerdings insoweit orientiert, als dieses gegen das Erinnerungsbild, bzw. vor diesem gewonnen werden muß.

Dieser Vorgang vollzieht sich nach den allgemeinen Voraussetzungen der Kommunikation, die Moles einmal wie folgt umschrieben hat: "Der grundlegende Kommunikationsprozeß zwischen einem Sender und einem Empfänger ... besteht ... darin: erkennbare Zeichen einem Repertoire des Senders entnehmen, sie zusammenfügen und über einen Kommunikationskanal verschicken; der Empfänger hat dann die Identität der empfangenen Zeichen mit denen festzustellen, die er im eigenen Repertoire vorrätig hat. Eine Kommunikation von Ideen findet nur insoweit statt, als die beiden Repertoires gemeinsamer Besitz sind ... In dem Maße aber, in dem ein solcher Prozeß innerhalb von Systemen stattfindet, die wie die menschliche Intelligenz mit Gedächtnis und statistischem Auffassungsvermögen ausgestattet sind, verändert die Wahrnehmung von immer gleichartigen Zeichen ganz langsam das Repertoire des Empfängers und führt schließlich zur vollständigen Verschmelzung mit dem Repertoire des Senders ... Die Kommunikationsakte in ihrer Gesamtheit nehmen also durch ihren fortgesetzten Einfluß auf das Empfänger-Repertoire einen kumulativen Charakter an ... Die vom Sender am häufigsten angebotenen Semanteme fügen sich allmählich in das Repertoire des Empfängers ein und verändern es. Darin besteht der Reiz eines soziokulturellen Kreislaufs."[55] Bildet die Teilüberlagerung der Repertoire-Elemente des Textes mit solchen des Lesers eine Voraussetzung dieses Kreislaufs, so nähert sich diese in fiktionalen Texten einem Nullwert. Denn die identifizierbaren Elemente des Textrepertoires, die dem Leser aus Anwendungssituationen bekannt sind, haben in der Regel ihre Geltung verloren. Die Nicht-Identität des Bekannten bildet dann den minimalen Kontakt, der noch zwischen den beiden Repertoires besteht. Im Extremfall läßt sich die Teilüberlagerung bis auf diesen Punkt auseinanderziehen, wodurch das semantische Potential des Textes steigt.

Die Verschiebbarkeit solcher partiellen Deckungen der Repertoirebestände erlaubt es, Kriterien für die Wirkung der Texte zu gewinnen. Rhetorische, didaktische und propagandistische Literatur nehmen in der Regel das ihrem Publikum vorgängig gemeinsame Sinnsystem in weitgehend intakter Form in ihr Repertoire auf. Das heißt, sie übernehmen auch die vertikal stabilisierten Geltungen des Sinnsystems und verzichten auf eine horizontale Organisation der Repertoire-Elemente, die immer ein Anzeichen für Umgeltung ist. Dieser Sachverhalt läßt sich in der publikumsbezogenen Literatur vom mittelalterlichen Fastnachtsspiel bis hin zum sozialistischen Realismus durchgängig beobachten. Die kommunikative Absicht solcher Texte besteht darin, dem Publikum die Geltung des Bekannten erneut zu vermitteln. Die vorgängige Gemeinsamkeit von Text und Leser zu bestätigen, ist als Kommunikationsvorgang nur dann sinnvoll, wenn solche Geltungen in der Lebenswelt des Publikums angefochten sind. Um Kontingenz auszuschalten, muß das System stabilisiert werden. Daher reproduzieren solche Texte die zentralen Strukturen der Sinnsysteme, um durch die Affirmation ihrer Geltung diese vor Einbrüchen zu schützen. Doch nur wenn lebensweltliche Situationen eine Schwäche der Systemleistung erkennbar machen, gewinnen diese Texte ihren kommunikativen Sinn.

Die Geltungsschwäche herrschender Systeme abzudichten, zeigt jedoch die gleiche Bilanzierungsfunktion, die fiktionale Texte auch dort ausüben, wo sie die Geltungsschwäche herrschender Systeme aufdecken. Je nach der Zielrichtung dieser Funktionen wird sich die Selektion des Repertoires jeweils anders präsentieren. In dem einen Falle herrscht hohe Systemkonformität und daher weitgehende Deckung zwischen den Repertoirebeständen von Text und Leser. In dem anderen Fall herrscht ein hohes Maß entwerteter Geltung und daher eine abnehmende Deckung überlagerter Repertoirebestände.

Diesen Pol auf der Skala der Mischungsverhältnisse repräsentiert etwa Joyce. Das Repertoire des *Ulysses* ist nicht nur einer Vielzahl von Systemen entnommen, sondern auch in einer Dichte geboten, die dem Leser erhebliche Schwierigkeiten bereitet. Diese gründen jedoch weniger in der Unvertrautheit der Elemente, die sich bei entsprechendem Aufwand identifizieren ließen, sondern eher in der gebotenen Massierung, wodurch das Repertoire seine Konturen zu verlieren beginnt. Nicht einzelne Elemente sind in ihrer Geltung umcodiert; sie alle scheinen nichts mehr zu bedeuten, weil sie sich nicht mehr beziehen lassen. Die Teilüberlagerung von Sender- und Empfängerrepertoire ist so angelegt, daß durch die vielen erkennbaren realistischen und literarischen Elemente der Eindruck eines nahezu vollständigen Auseinandergezogenseins der Repertoirebestände von Text und Leser entsteht. Tendiert eine solche Deckung zum Nullwert, dann verändert sich die kommunikative Funktion des Repertoires. Nun enthält es weniger Mitteilungen darüber, wie die Defizite der Bezugssysteme, aus denen es selektiert worden ist, zu bilanzieren seien. Statt dessen wird es als Kommunikationsmedium reflexiv, und das heißt, es macht seine eigentliche Leistung: die Beziehung selbst, thematisch. Das Repertoire des *Ulysses* erscheint deshalb als so verwirrend, weil wir die Beziehbarkeit der Vielzahl so verschiedenen Systemen entnommenen Elemente nicht mehr zu sehen vermögen. Zugleich bietet der Text durch den Stilwechsel der einzelnen Kapitel eine Anzahl von Beziehungsmöglichkeiten an, ohne diese wiederum aufeinander zu beziehen. Dem Reflexivwerden der kommunikativen Leistung des Repertoires entspringen zwei Konsequenzen, die eng miteinander verflochten sind. Zum einen erzeugt die ausgesparte Beziehung einen Leerstellenbetrag unter den Repertoire-Elementen, der nur durch die Vorstellung besetzt werden kann. Zum anderen suggerieren die einzelnen Kapitel andere Beziehbarkeiten, so daß es zu einem beständigen Vorstellungswandel kommt, der bei aller Individualität seiner Inhalte eine intersubjektive Kommunikationsstruktur des *Ulysses* bleibt. Der Vorstellungswandel wird dann zum konstitutiven Modus dafür, die in *Ulysses* entworfene Alltäglichkeit zu einer Erfahrung des Lesers zu machen. Denn Alltäglichkeit als sie selbst läßt sich nur über die inkonsistente Vorstellungsfolge von ihr vermitteln.

Das Reflexivwerden eines Kommunikationsmediums aber besagt auch, daß es die Regeln seines Codes reflektiert. Für den *Ulysses* heißt dies, der Leser gewärtigt angesichts der unverbundenen Detailfülle, wie durchlässig, grobmaschig und selektiv unsere Wahrnehmungs- und Vorstellungsvorgänge sind. Wir müssen immer viel auslassen, um Orientierungen zu gewinnen, und gerade daran hindert uns die Dichte des Repertoires in *Ulysses*. Ferner zeigt der Stilwechsel der einzelnen Kapitel in seiner perspektivischen Gebundenheit, wie sehr Wahrnehmung und Vorstellung nur über Blickpunktkonstellationen zu funktionieren vermögen. Dies wird uns durch das Dementi der Perspektive angezeigt. Schließlich bedeutet die Detailfracht des Repertoires, daß hier unsere habituellen Automatisierungen von Wahrnehmung und Vorstellung versagen und damit die Orientierung schwindet, die wir aus solchen Automatisierungen gewinnen. So läßt sich der Vorstellungswechsel nur über die Suspension der Durchlässigkeit, der Perspektive und der Automatisierung als den Regeln unseres Wahrnehmungscodes in Gang bringen. Die Vorstellbarkeit des Alltags regelt sich nicht mehr über einen Code, sondern erfolgt über das Reflexivwerden des Mediums, das uns zugleich das Funktionieren des Wahrnehmungscodes bewußt werden läßt.

Die Extremwerte auf der Skala partieller Deckung der Repertoirebestände von Text und Leser machen deutlich, daß die Beteiligung des Lesers am Text in unterschiedlicher Weise beansprucht wird. Sie ist dort verhältnismäßig gering, wo der Text eine vorgängige Gemeinsamkeit weitgehend reproduziert, und dort verhältnismäßig intensiv, wo sich die Deckung einem Nullwert nähert. In beiden Fällen jedoch organisiert das Repertoire Einstellungen des Lesers zum Text und damit zu der im Repertoire parat gehaltenen Problemkontur der Bezugssysteme. Das Repertoire bildet somit eine Organisationsstruktur von Sinn, die es im Lesen des Textes zu optimieren gilt.[56] Diese Optimierung ist abhängig vom Kenntnisstand des Lesers und seiner Bereitschaft, sich auf eine ihm fremde Erfahrung einzulassen. Sie hängt aber auch von den hier nicht mehr diskutierten Strategien des Textes ab, die als Lenkungspotential die Bahnen der Realisierung vorzeichnen. Wenn der Leser in der Aktualisierung des Textes das Äquivalenzsystem der Repertoire-Elemente entdecken muß, so ist der daraus entspringende Sinn nicht von beliebiger Natur. Die Repertoire-Elemente haben einen hohen Bestimmtheitsgrad; ihr Äquivalenzsystem ist insoweit unbestimmt, als es nicht formuliert ist. Es läßt sich nur über die Optimierung angebotener Strukturen gewinnen. Da aber das Repertoire durch Umgeltung von Geltung charakterisiert ist, präsentiert sich in ihm immer ein Verweisungszusammenhang, der unterschiedliche Verteilung im Blick auf dominante, virtualisierte und negierte Sinnmöglichkeiten besitzt. Die Optimierung der Struktur zielt auf das Herstellen von Ordnung, die den Verweisungszusammenhang des Repertoires als einen bestimmten Sinn des Textes erfahrbar macht. Dieser hat zwangsläufig pragmatischen Charakter; denn er schöpft die semantischen Potentiale des Textes nicht aus, sondern schafft einen bestimmten Zugang zu ihnen. Dieser ist deshalb nicht arbiträr, weil der Verweisungszusammenhang des Repertoires aus einer abgestuften Organisation besteht, die sich von den sinndominanten Möglichkeiten über die virtualisierten bis zu den negierten erstreckt. Der pragmatische Sinn wird eine solche Stufung jedoch immer nur selektiv realisieren. Doch gerade dadurch zeigt er an, welche Entscheidungen seitens des Lesers im Verweisungszusammenhang des Repertoires gefallen sind und welche Einstellung der Text im Leser zur Problemkontur des Bezugssystems hervorgerufen hat.

Der pragmatische Sinn ist ein Verwendungssinn, der insofern die Funktion des fiktionalen Textes einlöst, als dessen Antwortcharakter einen Komplementarisierungsprozeß in Gang bringt, durch den die Defizite der Bezugssysteme aufgedeckt und bilanziert werden. Der pragmatische Sinn setzt den Leser in ein bestimmtes Reaktionsverhältnis zu der vom Text vermeinten 'Wirklichkeit' mit dem Ziel, diese nun der Verarbeitung aufzugeben. Dabei wird es genauso zur Umschichtung sedimentierter Erfahrung im Habitus des Lesers kommen wie zur pragmatischen Auslegung des gebotenen Verweisungszusammenhangs im Repertoire. Der pragmatische Sinn gibt diesen Spielraum der Aneignung frei, damit das geleistet werden kann, was er intersubjektiv vorzeichnet: die imaginäre Bewältigung defizitärer Realitäten.

Anmerkungen

* Der vorliegende Aufsatz stellt einen relativ geschlossenen Abschnitt eines größeren inzwischen nahezu abgeschlossenen Manuskripts unter dem Arbeitstitel: *Der Akt des Lesens. Theorie ästhetischer Wirkung* dar. Nicht alle Aspekte eines funktionsgeschichtlichen Textmodells sind in der hier gebotenen Fassung erörtert. Vor allem hätte der Komplex der Textstrategien einer ausführlichen Darlegung bedurft, da die Strategien den vom Leser zu leistenden Konstitutionsvorgang regulieren. Für diesen Sachverhalt muß ich auf das in absehbarer Zeit erscheinende Buch verweisen. Ich habe mich deshalb hier auf die Diskussion des Textrepertoires beschränkt, durch das die Beziehung des Textes auf seine Umwelt sowie die Funktionen dieser Beziehung verdeutlicht werden sollen. Manche Implikationen, so fürchte ich, werden erst im Kontext des ganzen Buches ihre volle Deutlichkeit erhalten. Dafür kann ich nur auf Nachsicht hoffen.

1 So u.a. Roman Ingarden, *Das literarische Kunstwerk,* Tübingen [2]1960, pp. 261 ff. – Nach der Niederschrift des vorliegenden Beitrags (1972) fand ich eine sehr verwandte Ansicht zum Fiktionsbegriff in dem Buch von Johannes Anderegg, *Fiktion und Kommunikation,* Göttingen 1973, pp. 97 u. 154 f. Er bezieht seine Betrachtung der Kommunikationsleistung des "Fiktivtextes" hauptsächlich auf dessen immanente Strukturierung, so daß der Sachverhalt von ihm in eine andere Richtung entwickelt wird.

2 Charles Morris, *Writings on the General Theory of Signs* (Approaches to Semiotics 16), The Hague 1971, p. 46.

3 John R. Searle, *Speech Acts,* Cambridge 1969, p. 16.

4 J. L. Austin, *How to do Things with Words,* ed. J. O. Urmson, Cambridge, Mass. 1962, pp. 2–8.

5 Vgl. ibid., pp. 12 f., 16, 25 u. 54.

6 Ibid., pp. 144 f.

7 Ibid., p. 13.

8 Ibid., p. 6 f.

9 Vgl. ibid., p. 14 f., 23 f., 26 u. 34.

10 Ibid., p. 7.

11 Eike von Savigny, *Die Philosophie der normalen Sprache,* Frankfurt 1969, p. 144.

[12] Vgl. Austin, p. 101.
[13] Ibid., pp. 108 f.
[14] Ibid., p. 120.
[15] Vgl. von Savigny, pp. 144 u. 158 ff.
[16] Austin, pp. 144 f.
[17] Ibid., p. 22.
[18] Stanley Cavell, *Must we Mean what we Say?* New York 1969, pp. 12 u. 32 f.
[19] Austin, p. 10.
[20] Zur Funktion der *sincerity rule* vgl. auch Searle, pp. 63 u. 66 f.
[21] Vgl. Austin, p. 22 u. Searle, pp. 78 f.
[22] Austin, p. 24.
[23] Vgl. Ingarden, *Das literarische Kunstwerk*, pp. 169 ff.
[24] Vgl. dazu u. a. Käte Hamburger, *Die Logik der Dichtung*, Stuttgart ^{2}1968, pp. 25 ff.
[25] Ingarden, *Das literarische Kunstwerk*, pp. 181 f.
[26] Ibid., p. 182.
[27] Ernst Cassirer, *Philosophie der symbolischen Formen* III, Darmstadt ^{4}1964, pp. 358 f.
[28] Ibid., p. 350 f.
[29] Vgl. dazu Charles Morris, "Esthetics and the Theory of Signs", in *Journal of Unified Science* 8 (1939), pp. 131–150 sowie die dazu angemerkten Korrekturen in Charles Morris, *Signification and Significance*, Cambridge, Mass. 1964, pp. 68 ff.; ferner Charles Morris, *Signs, Language and Behavior*, New York 1955, pp. 190 ff.
[30] Umberto Eco, *Einführung in die Semiotik* (UTB 105), München 1972, p. 213.
[31] Ju. M. Lotman, *Die Struktur literarischer Texte* (UTB 103), München 1972, pp. 42 f.
[32] Vgl. dazu Norbert Wiener, *Kybernetik*, Düsseldorf und Wien ^{2}1963.
[33] A. N. Whitehead, *Science and the Modern World*, Cambridge ^{12}1953, pp. 116 f.
[34] Vgl. Eco, p. 264 f.
[35] Vgl. dazu Jan Mukařovský, *Kapitel aus der Ästhetik* (edition suhrkamp 428), Frankfurt 1970, pp. 11 ff.
[36] Herbert Malecki, *Spielräume. Aufsätze zur ästhetischen Aktion* (edition suhrkamp 333), Frankfurt 1969, pp. 80 f.
[37] Robert Kalivoda, *Der Marxismus und die moderne geistige Wirklichkeit* (edition suhrkamp 373), Frankfurt 1970, p. 29.
[38] Vgl. Siegfried J. Schmidt, *Texttheorie* (UTB 202), München 1973, p. 45; besonders aber H. Blumenberg, "Wirklichkeitsbegriff und Möglichkeiten des Romans", in *Nachahmung und Illusion* (Poetik und Hermeneutik I), ed. H. R. Jauss, München ^{2}1969, pp. 9–27.
[39] Zur Funktion des Sinnbegriffs als Komplexitätsreduktion vgl. Niklas Luhmann, *Soziologische Aufklärung*, Opladen ^{2}1971, p. 73.

40 Vgl. dazu Jürgen Habermas und Niklas Luhmann, *Theorie der Gesellschaft oder Sozialtechnologie*, Frankfurt 1971, pp. 32 f.

41 Niklas Luhmann, *Zweckbegriff und Systemrationalität* (stw 12), Frankfurt 1973, pp. 182 f.

42 Vgl. Habermas/Luhmann, pp. 63 f.

43 John Locke, *An Essay Concerning Human Understanding* III, 9 (Everyman's Library), London 1968, p. 78.

44 Vgl. R. G. Collingwood, *An Autobiography*, Oxford 1967, pp. 29 ff. u. 107 ff.

45 Roland Barthes, *Literatur oder Geschichte* (edition suhrkamp 303), Frankfurt 1969, p. 13.

46 Da es sich hier lediglich um eine Veranschaulichung einer systematischen Überlegung handelt, sind nicht alle Bezugnahmen Sternes auf das empirische System diskutiert worden. Sie sind zahlreicher, als es die Beschränkung auf den gewiß primären Aspekt der Ideenassoziation nahelegt. Über Sternes Verhältnis zu Locke finden sich wichtige Bemerkungen bei Rainer Warning, *Illusion und Wirklichkeit in Tristram Shandy und Jacques le Fataliste* (Theorie und Geschichte der Literatur und der schönen Künste 4), München 1965, pp. 60 ff.; vgl. dazu ferner John Traugott, *Tristram Shandy' World*, Berkeley und Los Angeles 1954, pp. 3 ff.

47 Vgl. dazu besonders die Situation zwischen Walter Shandy und Uncle Toby, *Tristram Shandy* V, 3 (Everyman's Library), London 1956, pp. 258 ff., in der Walter Ciceros Totenklage rezitiert. Angesichts der für Uncle Toby geltenden Bedingung der Sprachverwendung produziert die Rezitation eine Kettenreaktion von Unvorhersagbarkeiten.

48 Wie das Zusammenspiel dieser von den Figuren repräsentierten Normen sowie deren Absetzung von der gegenläufigen Orientierung des Helden entfaltet wird, habe ich in meinem Beitrag "Die Leserrolle in Fieldings *Joseph Andrews* und *Tom Jones*", in diesem Band, pp. 460 ff., zu skizzieren versucht.

49 Bilanziert der Roman im 18. Jahrhundert die von den dominanten Systemen erzeugte Problematik des zwischenmenschlichen Verhältnisses, so ist es nur zwangsläufig, wenn eine solche Funktion ihrerseits wiederum Probleme hinterläßt. Die Komplementarisierungsleistung des Romans bewirkte das Herauskehren moralischer Potentiale der menschlichen Natur. Diese gewannen folglich eine solche Dominanz, daß andere Seiten dieser Natur völlig verdeckt blieben. In diesem Sinne erzeugt die Bilanzierung der Literatur selbst Problemüberhänge, auf die die Literatur ihrerseits reagiert, wie es sich im Schauerroman und in der vorromantischen Dichtung bezeugt. Nun werden die dunkeln Seiten des Menschen sowie die Abgründigkeit im Verhalten aufgedeckt, die angesichts der von Roman und Drama in der ersten Hälfte des Jahrhunderts zu leistenden Funktion nicht in den Blick kommen konnten. Man muß daher im Kontext der Geschichte immer ein komplexes Reaktionsverhältnis des fiktionalen Textes annehmen, der seine

eigene Historizität in den von seinen Antworten hinterlassenen Problemen besitzt.

50 Vgl. dazu Erich Köhler, *Ideal und Wirklichkeit in der höfischen Epik* (Beihefte zur Zeitschrift Romanische Philologie 97), Tübingen 1956, pp. 66–128. Köhler faßt jedoch die Beziehung von Literatur und Realität als ein mimetisches Abbildverhältnis von Ideal und Wirklichkeit auf, nicht aber als ein solches der Interaktion von Literatur und höfischem System. Daher verkörpert sich für Köhler im höfischen Roman ein Spiegel, der es der Gesellschaft erlaubt, sich in ihrer Vollkommenheit zu gewärtigen. Die interessanten Befunde Köhlers gewinnen indes eine andere Reichweite, wenn man ihre Relevanz als Abdichtung gefährdeter Geltung aus der Sicht des höfischen Systems versteht. Dafür spricht auch die Tatsache, daß die lebensweltlichen Störungen des höfischen Systems sich im Gegenbild des *Renart*-Zyklus versammelten, um im 'Tierepos' vom System höfischer Gesellschaft abgesetzt werden zu können. Als Gegenwelt waren diese Störungen zugleich beherrschbar gemacht und herabgestuft. Zum *Renart*-Zyklus als Gegenbild höfischer Gesellschaft vgl. H. R. Jauss, *Untersuchungen zur mittelalterlichen Tierdichtung* (Beihefte zur Zeitschrift für Romanische Philologie 100), Tübingen 1959.

51 Karel Kosík, *Die Dialektik des Konkreten*, Frankfurt 1967, pp. 123 f.

52 Zur Funktion solcher literarischer Schemata vgl. die demnächst erscheinende Arbeit von G. Birkner, *Wirkungsstrukturen des Romans im 18. und 19. Jahrhundert.*

53 Dieses Problem habe ich in meiner Schrift *Spensers Arkadien. Fiktion und Geschichte in der englischen Renaissance* (Schriften und Vorträge des Petrarca-Instituts Köln 24), Krefeld 1970, näher ausgeführt.

54 M. Merleau-Ponty, *Das Auge und der Geist.* Übers. von Hans Werner Arndt, Hamburg 1967, p. 84.

55 Abraham A. Moles, *Informationstheorie und ästhetische Wahrnehmung.* Übers. von Hans Ronge, Köln 1971, p. 22.

56 Struktur ist hier in dem von Jan Mukařovský, *Kapitel aus der Poetik* (edition suhrkamp 230), Frankfurt 1967, p. 11, skizzierten Sinne verstanden: "Ein weiteres Grundmerkmal der Struktur ist ihr energetischer und dynamischer Charakter. Die Energetik der Struktur beruht darauf, daß jedes der Elemente in der gemeinsamen Einheit eine bestimmte Funktion hat, die es in das strukturelle Ganze eingliedert, die es an das Ganze bindet; die Dynamik des strukturellen Ganzen ist dadurch gegeben, daß diese einzelnen Funktionen und ihre gegenseitigen Beziehungen wegen ihres energetischen Charakters ständigen Veränderungen unterworfen sind. Die Struktur als Ganzes befindet sich daher in einer unaufhörlichen Bewegung, im Gegensatz zu einer summativen Ganzheit, die durch eine Veränderung zerstört wird."

REPLIKEN

1. Wolfgang Iser

IM LICHTE DER KRITIK

I

Eine wirkungsästhetische Betrachtung der Literatur muß sich heute nicht mehr rechtfertigen. Wenn es dafür noch eines Beweises bedurft hätte, so wäre er jetzt durch die marxistische Literaturkritik erbracht, die nun auch den Leser entdeckt hat.[1] Literatur aus der Perspektive ihrer Wirkung zu sehen heißt, ihr einen Praxisbezug wiederzugewinnen; diesen konnte sich die marxistische Literaturkritik trotz aller Probleme, die sie sich dadurch aufbürdete, nicht entgehen lassen. Es hat den Anschein, als ob Fragen der Wirkung und der Rezeption von Literatur eine daniederliegende literaturwissenschaftliche Diskussion wiederbelebt haben. Das zeigt sich nicht zuletzt darin, daß der einer wirkungsästhetischen Betrachtung entgegengesetzte Widerstand heute bereits von einem Fächer konkurrierender Positionen überlagert ist. Wie alle wissenschaftlichen Kontroversen, so gibt auch diese Aufschluß über die Annahmen der an ihr Beteiligten. Deshalb bezieht sich die folgende Antwort vornehmlich auf solche Voraussetzungen, die in der Auseinandersetzung mit meiner Problemskizze zur *Appellstruktur der Texte* deutlich geworden sind. Ich beschränke mich auf jene Einwände, die sich aus den von den Kritikern bezogenen Positionen zwangsläufig ergeben mußten. Es geht mir folglich nicht um bloße Klärung von Mißverständnissen, sondern um Präzisierung der wirkungsästhetischen Perspektive.

Problemskizzen haben es an sich, nicht alles sagen zu können, und das, was sie sagen wollen, mit entsprechender Zuspitzung zu formulieren. Deshalb habe ich die Unbestimmtheitsgrade fiktionaler Texte in den Vordergrund gestellt, nicht, weil ich der Meinung bin, daß diese nur aus solchen bestünden, sondern weil die Dialektik von Zeigen und Verschweigen ein zentrales Antriebsmoment für kommunikative Prozesse darstellt – ein Gesichtspunkt, der übrigens schon seit dem 17. Jahrhundert in der Literatur reflektiert worden ist.[2] Für Gerhard Kaiser bilden die Qualifikationen kommunikativer Aspekte literarischer Texte durch Unbestimmtheitsgrade, Leerstellen und Offenheit ein Ärgernis.[3] Folglich meint er, daß ich literarischen Texten nur deshalb Leerstellen interpoliert habe, damit sie "der Empfänger des Textes durch Auffüllungen mit eigenen Lebenserfahrungen, -erwartungen und Auslegungen auffüllt" (S. 268). In letzter Instanz heißt dies, daß ich dem Leser literarischer Texte die Legitimation einräume, nach Gutdünken seine eigenen Projektionen über die Texte zu ziehen, wie es Kaiser ganz unmißverständlich am Schluß seines Aufsatzes durch ein Zitat Adornos herausstellt (S. 277).

Nun, zunächst ein Wort zur Funktion der Leerstellen, um das Mißverständnis als eine zwangsläufige Konsequenz aus der von Kaiser bezogenen Position ableiten zu können. Leerstellen sind Kommunikationsbedingung des Textes, nicht aber konstituierende Qualitäten seines Kunstcharakters, wie mir unterstellt wird (S. 267). Als Kommunikationsbedingung erfüllen sie im Prinzip zwei Funktionen. 1. Sie markieren das Aneinanderstoßen der Textschemata, indem sie deren Anschließbarkeit aussparen. Wenn ich die Aussparung solcher sprachlich nicht manifestierten Anschließbarkeiten als Leerstellen bezeichnet habe, so ist damit eine Systemreferenz impliziert; denn Leerstellen gibt es nicht als solche, sondern nur innerhalb eines Systems, und der literarische Text ist ein sinnkonstituierendes System. Gleichzeitig ist damit gesagt, daß nicht der Leser seine "eigenen Lebenserfahrungen, -erwartungen" in diese Leerstellen einfließen lassen soll, sondern daß solche Leerstellen als Unterbrechungen die Bedingung dafür bilden, sich das vorstellen zu müssen, was ausgespart ist. Bekanntlich unterscheidet die phänomenologische Psychologie seit Husserl und Sartre zwischen Wahrnehmen und Vorstellen, wobei die Vorstellung jene Aktivität des Rezeptionsbewußtseins verkörpert, durch die ein Nicht-Gegebenes bzw. ein Abwesendes vergegenwärtigt wird. Das Nichtgegebensein einer Beziehung beinhaltet, daß die gegebenen Schemata des Textes als Anweisungen funktionieren, um die sprachlich nicht formulierte Beziehung vorstellbar zu machen. Es kann folglich keine Rede davon sein, daß die "Lebenserfahrungen" und "Lebenserwartungen" des Lesers in die Leerstellen einfließen, da die Schemata, die es miteinander zu verbinden gilt, die Instruktion dafür bilden, wie die sprachlich nicht manifestierte Beziehung vorgestellt werden soll. Eine Anhebung der Leerstellenbeträge verkörpert daher nicht, wie Kaiser meint, die Bedingung dafür, "daß alle Wahrnehmungs- und Deutungsmuster, gerade durch die verwirrende Dichte und Vielfalt, in der sie angeboten werden, einander ad absurdum führen" (S. 268), sondern dafür, die Vorstellungstätigkeit des Lesers zu intensivieren, weil – um einen Begriff der Gestaltpsychologie zu gebrauchen – die *good continuation* der Schemata so unterbrochen ist, daß diese nur über einen raschen Vorstellungswechsel wiedergewonnen werden kann.[4]

Leerstellen solcher Art also initiieren die Vorstellungsaktivität des Lesers; denn es geht schließlich in einem literarischen Text darum, einen imaginären Gegenstand hervorzubringen, der in der Lebenswelt nicht sein Identisches hat und nur über die Instruktionen gebildet werden kann, die die Schemata des Textes bereitstellen.

Damit verbindet sich der zweite Aspekt der Leerstellen, den man als die Eröffnung der Innenperspektiven des Textes bezeichnen könnte. Gemeint ist folgendes: Ein literarischer Text – und darin stimme ich mit Kaiser überein – ist eine perspektivische Hinsicht auf eine Gegenständlichkeit (S. 273). In der erzählenden Literatur entsteht eine solche perspektivische Hinsicht aus einer Reihe wechselnder und miteinander durchschichteter Perspektiven, die durch den Erzähler, die Figuren, die Handlung und oftmals sogar auch durch die Leserrolle gesetzt sind. Nun wird der Leser im Leseprozeß niemals in all diesen Perspektiven gleichzeitig verweilen, sondern jeweils von der einen auf die andere hinblikken und im Fortgang der Lektüre häufige Perspektivenwechsel vollziehen, aus denen sich dann der imaginäre Gegenstand als Vorstellung im Rezeptionsbewußtsein aufbaut. Wenn der Leser etwa aus der Sicht des Erzählerkommentars auf eine Figur blickt, dann ist die Figur für ihn Thema, der perspektivische Ort des Erzählerkommentars hingegen Horizont. Etwas zum Thema machen heißt gleichzeitig, ein bisheriges Thema fallenzulassen, indem man es zum Standpunkt macht. Dieser Vorgang läuft in der Lektüre erzählender aber auch dramatischer Literatur ständig ab, nicht zuletzt, weil fortwährend Perspektivenwechsel zwischen dem Helden und den Nebenfiguren erfolgen. Wird der Held aus der Sicht einer Nebenfigur zum Thema, dann hat die Nebenfigur in einem solchen Augenblick ihre thematische Relevanz verloren. Ein solches Fallenlassen der thematischen Relevanz würde ich mit Alfred Schütz als eine Leerstelle bezeichnen[5], weil ihre Besetzung durch den Leser diesem erlaubt, einen bestimmten Aspekt der jeweils anderen Figur zum Thema zu machen. Durch dieses Wechselspiel von Thema und Horizont wird der wandernde Blickpunkt des Lesers gleichzeitig konditioniert und ist nicht jener scheinbaren Beliebigkeit überantwortet, die alle möglichen Projektionen aus der "Lebenserfahrung" und "Lebenserwartung" des Lesers zulassen würde.[6]

Ein anderer Sachverhalt für die Leerstellen vom Typ der fallengelassenen thematischen Relevanz ergibt sich dort, wo die Literatur mit jenen von Ju. M. Lotman so bezeichneten Minusverfahren arbeitet.[7] Ein Minusverfahren bedeutet, daß durch bestimmte Strategien und Techniken – wie sie sich etwa in einem Roman wie Joyces *Ulysses* finden – gleichzeitig alle jene Verfahren aufgerufen werden, die hier ausgefallen sind, z. B. die Orientierung, die der Leser aus der realistischen Literatur durch die auktoriale Erzählhaltung erwartet. Dadurch gelingt es, Textverfahren selbst zum Thema zu machen, weil durch die Minusverfahren jene Leerstellen markiert sind, die es erlauben, den Leser in einem Text zu steuern, in dem das Darstellungsmedium reflexiv zu werden beginnt.

Die genannten Leerstellentypen unterscheiden sich durch ihre Funktion voneinander. Als Aussparung der *good continuation* initiieren die Leerstellen die Vorstellungsaktivität des Lesers; als Regulativ für den Thema- und Horizontumsprung verkörpern sie ein wichtiges Lenkungspotential für den Leser im Text. Es ist also keineswegs so, daß Leerstellen den literarischen Text der Projektionswillkür ihrer möglichen Leser überlassen, damit sich diese im *sens pluriel* bald zu spiegeln, bald zu bestätigen vermöchten.

Für Kaiser ist ein solches funktionalistisches Modell deshalb nicht annehmbar, weil er den Voraussetzungen der Darstellungsästhetik verpflichtet ist. Diese kann Offenheit und Unbestimmtheit als Antriebsmomente für kommunikative Prozesse wohl nur als ein Manko klassifizieren. Leerstellen erwiesen sich für sie bestenfalls als 'Löcher' im Text, die aus der Sicht der Darstellung das Unvollendetsein des Werks anzeigen.

Wie schwierig es offensichtlich ist, sich vom Boden einer Darstellungsästhetik zu lösen, die das Kunstwerk als symbolische Repräsentation von Ganzheiten auffaßt, zeigt sich selbst noch bei Ingarden, der als erster das Problem der Konkretisation und damit den Rezeptionsvorgang als einen entscheidenden Aspekt in die Wissenschaftsdiskussion eingeführt hat. Auch für ihn sind "Unbestimmtheitsstellen" nur bis zu einem gewissen Grade funktionstüchtig und werden vor allem dort, wo sie einen Hiatus erzeugen, zur Bedingung möglichen Scheiterns.[8] So ist auch Ingardens Schichtenmodell des Kunstwerks noch ganz auf die symbolische Repräsentationsleistung hin konzipiert, die sich in der polyphonen Harmonie der Schichten erfüllt.

Die Kritik Kaisers am Kommunikationsaspekt der Literatur entspringt der Verpflichtung auf die Prämissen der Darstellungsästhetik. Es ist daher aufschlußreich, daß er seine Kritik selbst durch Interpretationen bestimmter Texte vorträgt. So heißt es etwa über Goethes Gedicht *Auf dem See*: "Die Provokation, Sinnmöglichkeiten zu erfahren, die im Gedicht nicht expliziert sind, liegt in deren Implikation in der Totalität der Kunstform und der totalen Definition durch sie, Goethe würde sagen, im symbolischen Charakter der Kunst, der sich bei dem

Gedicht *Auf dem See* im Schlußsymbol zusammenfaßt: Das Symbol enthält die ganze Welt in sich, aber aus einem Punkt gefaßt; so ist es möglich, im Symbol die ganze Welt aus einem Punkt wiederzufinden, und zwar in einer Art monadischer Spiegelung dergestalt, daß die nächstliegenden, für das Verständnis unentbehrlichen Sinngehalte klar und deutlich, die fernerliegenden in abnehmender Klarheit und Deutlichkeit erscheinen. Es ließe sich einwenden, diese Konzeption sei zu idealistisch und eigentlich begrenzt auf die Kunst der deutschen Klassik. Ich meine aber, daß sie sich modifiziert auf alle Dichtung anwenden läßt, auch auf die moderne" (S. 275).

Drei Gesichtspunkte scheinen mir die Position Kaisers zu charakterisieren. Sie herauszustellen heißt zugleich, die Kluft deutlich zu machen, die zwischen den Prämissen einer Darstellungsästhetik und einer Wirkungsästhetik liegen.

1. Zunächst fällt auf, daß eine auf den Darstellungscharakter eingeschworene Interpretation immer mit Pathosformeln arbeitet, die ein Indiz dafür sind, daß der Aura des Kunstwerks nur durch die Kontemplation der gebotenen Vollendung geantwortet werden kann. "Totalität der Kunstform", "totale Definition", "die ganze Welt aus einem Punkt" oder – im weiteren Kontext der zitierten Stelle – das "unaufhörlich sich verfeinernde Verweisungsspiel von Form auf Inhalt" (S. 272), die "unendliche Fülle von Bedeutung", die das Kunstwerk aus sich entlasse (S. 274), all diese Formeln machen deutlich, daß hier zumindest untergründig die Offenheit des Werkes eingestanden ist, ohne sie terminologisch zuzulassen. Denn aus der Sicht der Darstellung gewinnt das Kunstwerk seine Aura durch die Geschlossenheit seines 'unendlichen Verweisungsspiels'. Nun aber liegt der Beschreibung eines Werks aus dem Aspekt seiner Darstellung bereits ein Rezeptionsakt voraus, ja vielleicht sogar ein Wissen von anderen Rezeptionsmöglichkeiten. Sollen die Pathosformeln etwa diesen Sachverhalt mit verdecken helfen?

2. Kaiser spürt zu Recht, daß man ihm vorhalten könnte, die von ihm vorgeschlagene Konzeption sei zu idealistisch und nur der klassischen Kunst angemessen. Ich würde auf diesem Einwand insistieren wollen, und zwar aus folgendem Grund: Wenn sich die Bestimmung des Kunstcharakters eines literarischen Textes, wie Kaiser meint, an den "Kategorien der Notwendigkeit, Einheit und Ganzheit der Momente" (S. 271) zu orientieren hat, dann zeigt sich hier eine klassische Interpretationsnorm. Ihre begrenzte Geltung ist erst mit dem Anbruch moderner Kunst deutlich geworden, in der das Formdementi gerade die klassischen Konnotationen von Einheit, Ganzheit, Versöhnung zu einem historischen

Horizont entrückt hat, gegen den das Formdementi funktioniert. Eine solche Interpretationsnorm war solange selbstverständlich, als die Kunst das Organon für die Erscheinung der Wahrheit verkörperte. Nun aber versteht sich moderne Kunst nicht mehr als die Repräsentation des Ganzen bzw. der Totalität; sie ist partiale Kunst geworden. Damit enthüllt sich zugleich die an der klassischen Kunst gebildete Interpretationsnorm als eine vergangene. Dies mag ein nicht unwesentlicher Grund für die Umorientierung in der Literaturwissenschaft sein, indem man nicht mehr nach den Repräsentationsleistungen der Kunst, sondern nach den Möglichkeiten ihrer Wirkung fragt.

3. Daraus ergibt sich eine weitere Konsequenz, die dann nicht gezogen werden kann, wenn man auf die Darstellungsästhetik festgelegt ist. Nach der Wirkung zu fragen setzt voraus, zwischen Werkstruktur und Interpretationssystem zu unterscheiden. Jede einzelne Interpretation ist die Aktualisierung einer in der Werkstruktur fundierten Sinnmöglichkeit. Diese muß sich nicht, wie Kaiser fordert, einer objektiven Verifikation stellen (S. 271), sie muß der Intersubjektivität zugänglich sein. Diese aber läßt sich nur über die ermittelte Werkstruktur kontrollieren. Dadurch ergibt sich ein hermeneutischer Rahmen, der die Begrenztheit der Darstellungsästhetik zu überschreiten verspricht. Die einzelnen Interpretationen erweisen sich dann als das Zusammenspiel zwischen der historischen Bedingtheit jener Annahmen, durch die alle Interpreten gekennzeichnet sind, und den Werkstrukturen, durch die bestimmte Sinnvollzüge veranlaßt werden. Gerade weil sich hier ein Problem stellt, ist der kommunikative Prozeß literarischer Texte ein vordringlicher Untersuchungsgegenstand. Solange jedoch die Trennung zwischen Werkstruktur und Interpretationssystem nicht vorgenommen ist, kommt dieser Sachverhalt nicht in den Blick. Kaiser hat seine Kritik meiner Problemskizze mit der Frage überschrieben: *Nachruf auf die Interpretation?* Nun, als Nachruf auf die klassische Interpretationsnorm könnte man sie durchaus verstehen.

II

Im Gegensatz zu Gerhard Kaisers kritischer Position gibt sich die umfangreiche Darlegung, mit der sich Hannelore Link auf die *Appellstruktur der Texte* bezieht, als Plädoyer für einen kommunikationsorientierten Paradigmawechsel in der Literaturwissenschaft.[9] Endlich, so könnte man sagen, eine Kritik, die verwandten Ansätzen entspringt; denn daß die wirkungsästhetische Perspektive ein Forschungsgegenstand der Literaturwissenschaft werden sollte, wollte ich ja mit meiner kleinen Schrift behaupten. Daß sie Einwände auch bei jenen hervorrufen würde, die sich mit ähnlichen Gedanken tragen, war mir bewußt. Nicht bewußt war mir allerdings die Möglichkeit, daß meine Gedanken in solchen Einwänden als Karikaturen ihrer selbst wiederkehren würden.

Link beginnt damit, daß sie meinen Textbegriff, den Kaiser gerade wegen seiner funktionalen Orientierung als anstößig empfand (Kaiser S. 271), als einen ontologischen apostrophieren zu müssen glaubt. Kann man derartige Unterstellungen noch als eine Strategie der Polemik verstehen, so gerät die Wiedergabe des von mir skizzierten Begriffs der Unbestimmtheit gar in die Nähe der Komik. Da wird mir bescheinigt, daß ich Unbestimmtheit als mangelnde Deckungsgleichheit von Formulierung und Intention (S. 544) sowie als Unverständlichkeit (S. 545) begriffen habe[10]. Nun machen solche Zuschreibungen natürlich darauf gespannt, wie denn die kritische Auflösung solcher Absurditäten wohl aussehen mag. Dabei entdeckt man dann aber, daß der Begriff der Unbestimmtheit offensichtlich nicht jene eingangs suggerierte Abwegigkeit besitzt; denn im Fortgang der Darlegung gewinnt er für Link selbst eine zentrale Bedeutung. Wenn ich mir diese indes genauer ansehe, dann erkenne ich in vielem wieder, was ich in der *Appellstruktur* vielleicht nur angedeutet, in meinem Buch über den *Impliziten Leser* hingegen als ein historisches Problem dargelegt habe.[11] Auf eine solche historische Situierung des Unbestimmtheitsbegriffs aber kommt es Link an (S. 570–576), wobei sie sich zu einem großen Teil auf jene Beispiele bezieht, die ich in meinem Buch entwickelt habe, wenngleich ich auf den genannten Seiten ihrer Darlegung mit einer sonst nicht beobachteten Ökonomie ausgespart bin. Immerhin sei angemerkt, daß ich an einigen Stellen, wo Link ihre positiven Vorschläge bringt, wenigstens in einer Fußnote als Anreger untergebracht werde.[12] Doch meine Antwort auf ihre Kritik hat andere Gründe.

Wenn ich es in der *Appellstruktur* unterlassen habe, eine historische Reduktion der sicherlich grob skizzierten Kategorien vorzunehmen – andere werfen mir vor, es fehle die empirische Verifikation[13] – so kann ich nur sagen, daß weder die Geschichte noch die empirische Wirklichkeit von sich aus Antworten erteilen, sondern daß es notwendig ist, einen Raster zu konstruieren, wenn man angemessene Fragen stellen will. Mehr als die Konstruktion eines solchen Rasters hatte die Problemskizze nicht im Sinn. Sie implizierte aber zugleich, daß aller historischen und empirischen Forschung die Konstruktion eines Fragehorizonts vorausliegen muß. Die Notwendigkeit eines solchen Vorgehens bestätigt Link unfreiwillig, wenn sie vorführt, wie Dante heute noch zu rezipieren ist: "Wenn Dantes Dichtung trotzdem immer noch mit Anteilnahme gelesen werden kann, so deshalb, weil selbst einer reduzierten gegenwärtigen Rezeption in der Komplexität des Werks noch immer genügend 'allgemeinere' Reizqualitäten entgegenkommen: beispielsweise das Moment des Individuellen, das Dante einen gewissen Ruf von 'Neuzeitlichkeit' eingetragen hat; eine Reihe auch heute geläufiger christlicher Ingredienzien; die Schönheit der Verse oder die Anschaulichkeit der Vergleiche etc." (S. 558). Solchen impressionistisch eingefärbten Urteilen fehlt die Systemreferenz, die aber notwendig ist, wenn man etwas über die Kommunikationsbedingungen eines historischen Textes aussagen möchte. In dem Beispiel sind es gewisse Momente der Affinität, die den Gegenwartsleser mit einem historischen Text verbinden. Über die Systemreferenzen solcher Affinitäten wird aber auch dann noch nichts ausgesagt, wenn Link im Umkreis dieser Stelle für eine historische Aufarbeitung der Realitätskontexte plädiert. So notwendig dieses Vorgehen ist, so bleibt es doch solange alte *background*-Forschung, als es nicht in einen wie immer beschaffenen Raster eingerückt wird. – Es sei hier angemerkt, daß Raster oder Modelle Irrtümer produzieren können; es sei aber ebenfalls unterstrichen, daß ein unreflektierter Zugriff Konfusion erzeugt. Für den Fall, daß Literaturwissenschaft auf dem Wege ist, eine Wissenschaft zu werden, muß sie zwangsläufig Modelle für das Erfassen historischer Sachverhalte konstruieren; denn Irrtümer lassen sich korrigieren, Konfusionen hingegen in der Regel nicht.

Wenn ich in zugespitzter Formulierung behauptet habe, daß sich die Intention der Texte nur in der Einbildungskraft ihrer Leser einzulösen vermag – ein Gedanke, der Link höchst "wunderlich" erscheint (S. 566 u. 545) – so waren für mich sowohl Überlegungen der phänomenologischen Psychologie Husserls als auch der Semiotik Ecos maßgebend. Die Schemata eines literarischen Textes funktionieren – und das hat Ingarden deutlich gemacht – als Möglichkeiten, durch sie hindurch den imaginären Gegenstand des Textes als Vorstellung im Rezeptionsbewußtsein des Lesers zur Erscheinung zu bringen. In dieser Hinsicht funktionieren die Schemata des Textes als Anweisungen, die ein im Leser sedimentiertes Wissen aufrufen bzw. Informationen anbieten. An diesem Punkt berührt sich die phänomenologische Psychologie mit den Argumenten der Semiotik, wie sie Eco im Gegenzug gegen Morris entwickelt hat, indem die ikonischen Zeichen eines Kunstobjekts als dem Modell der Wahrnehmungsbeziehung homolog verstanden sind und folglich Elemente des Wahrnehmungscodes denotieren[14], damit der imaginäre

Gegenstand – nun allerdings in der Einbildungskraft des Lesers – vorgestellt werden kann. Eine wirkungsästhetische Perspektive hat den Vollzug dieser Vorstellungsaktivität zu ihrem Gegenstand und wird in dieser Hinsicht einen Beitrag zur Phänomenologie der Einbildungskraft zu leisten haben.

Was an der Darstellung von Link jedoch am meisten überrascht, ist die Tatsache, daß sie am Unbestimmtheitsbegriff festhält, obgleich doch das von ihr skizzierte Paradigma einer kommunikationsorientierten Literaturwissenschaft gerade das, was ich zum Unbestimmtheitsbegriff gesagt habe, zu einer schlechten Vorgeschichte herabstuft. Ich hätte die Überschreitung eines solchen Begriffs erwartet. Denn Unbestimmtheit vermag für die Wirkungsstruktur der Texte bestenfalls einen Orientierungsrahmen abzugeben und als solchen wollte ich ihn auch verstanden wissen, weshalb ich in der *Appellstruktur* bereits eine bestimmte Konkretisierung von Unbestimmtheit in Form der Leerstelle entwickelt habe. Eine weitere Detaillierung des Unbestimmtheitsbegriffs ist daher für eine kommunikationsorientierte Literaturwissenschaft ein unbedingtes Erfordernis, das sich etwa über die von Negation und Negativität in literarischen Texten geleisteten Modalisierungen einlösen läßt. Die abgestuften Negationen, die sich in literarischen Texten finden, sind eine Bedingung dafür, die Geltung eines aufgerufenen Repertoires als durchgestrichen kenntlich zu machen. Dadurch geschieht eine bestimmte Situierung des Lesers zum Text, weil das ihm Gesagte bzw. das ihm Bekannte seine Geltung verloren hat. So kommen Einstellungslenkungen zustande, die ihrerseits wichtige Antriebselemente für den kommunikativen Vorgang bilden. Schließlich verkörpert die Negativität einen wichtigen Modus der Kommunikation. Denn sie zeigt die vielen Deformationen bzw. die Folge des Mißglücktseins von Situationen im Text an. Sie wirkt aber zugleich auch als Bedingung dafür, die virtuell gebliebenen Verursachungen solcher Deformationen zu gewärtigen. M. Merleau-Ponty hat daher zu Recht die "kohärente Deformierung" [15] als die zentrale Bedingung dafür verstanden, daß die virtuelle Verursachung der angezeigten Deformation vorstellbar wird. Mit Leerstellen, Negation und Negativität hat der Orientierungsbegriff der Unbestimmtheit bestimmte Modalitäten gewonnen, durch die sich Interaktionsprozesse zwischen Text und Leser beschreibbar machen lassen. Die Leerstellen sind Bedingung für die Strukturierungsaktivität des Lesers und bewirken folglich seine Betätigung im Text. Die Negation bringt einen jenseits des Textes stehenden Leser in eine bestimmte Einstellung zum Text. Die Negativität schließlich ist als virtuelle Verursachung der "kohärenten Deformierung" eine zentrale Bedingung für die Sinnkonstitution im Rezeptionsprozeß. Durch sie kann Sinn als mögliche Wende des vorgeführten Geschehens begriffen werden. Da Link für ein kommunikationsorientiertes Paradigma der Literaturwissenschaft plädiert, erstaunt es mich, daß sie sich auf den bloßen Orientierungsbegriff der Unbestimmtheit beschränkt. Noch merkwürdiger indes nehmen sich die von ihr angebotenen Definitionen aus. Denn im Endeffekt gibt es für sie echte und scheinbare Unbestimmtheit (S. 580 f.). Eine solche Unterscheidung macht eine Referenz notwendig, die es gestattet, wahre Feststellungen über die jeweils echte bzw. scheinbare Unbestimmtheit zu treffen. Nun wissen wir aber aus der Sprechakttheorie, – mit deren Begriffen die Arbeit von Link reichlich garniert ist, – daß wahre Feststellungen solche sind, die immer gelten und folglich dem pragmatischen Situationswechsel entzogen sind.[16] Wie aber verträgt sich die Einführung situationsunabhängiger Universalien mit einem Paradigma, das sich der Pragmatik verschrieben hat (S. 583)? Die Konsequenz zeigt sich dann auch, wenn die "*echte Unbestimmtheit*" (S. 581) als eine solche des Autors verstanden wird, "insofern sie prinzipiell unentschlüsselbar bleibt" (S. 581). In dieser abschließenden Feststellung stecken drei Konsequenzen.

1. Die Unbestimmtheit wird auf die Autorenseite verrechnet, was angesichts der zwischen Link und mir herrschenden Übereinstimmung, daß Unbestimmtheit eine Kommunikationsbedingung sei, zwangsläufig dazu führen muß, Unbestimmtheit als Kommunikationsbedingung aufzuheben.

2. "Das Kriterium der Unterscheidung liefert einzig die Intention des Autors, deren Rekonstruktion für eine wissenschaftliche Beschäftigung mit Texten somit unerläßlich zu bleiben scheint" (S. 581). Wieso scheint? Denn offensichtlich ist für Link eine Rekonstruktion der Autorenintention die Bedingung für die Rezeptionsakte überhaupt. Nun, soweit ist noch nicht einmal E. D. Hirsch gegangen, für den die Rekonstruktion der vom Autor intendierten Bedeutung das Ziel literaturwissenschaftlicher Interpretation ist.[17] Hirsch macht aber auch deutlich, in welche Schwierigkeit ein solcher Versuch gerät. Denn die Ermittlung der Autorenintention macht die Erstellung einer Systemreferenz notwendig, die, sollte sie gelingen, eher ein Mißverhältnis zwischen dem wissenschaftlichen Aufwand und dem Erkenntnisertrag produziert.

3. Schließlich – und das ist eine wirkliche Differenz – ist Link der Meinung, daß Unbestimmtheit nur durch Interpretation geklärt werden kann (S. 545 u. 577). Das ist insofern richtig, als sie "echte Unbe-

stimmtheit" als die vom Autor hinterlassene Unentschlüsselbarkeit versteht. Wiederum fragt es sich, von welcher Kraft dann die Interpretation sein muß, wenn sie das Unentschlüsselbare zu durchbrechen hat. Ich habe Unbestimmtheit zunächst nur als ausgesparte Anschließbarkeiten verstanden, durch die eine Vorstellungsaktivität und damit die Kommunikationsbereitschaft des Lesers initiiert werden. In dieser Hinsicht stehe ich auf der Seite jener Wissenschaften, deren Studium Link immer wieder nachdrücklich empfiehlt: der Kommunikationspsychologie und der Sozialpsychologie. Ich beziehe mich auf die Sozialpsychologie von Edward E. Jones und Harold B. Gerard[18] und auf die psychoanalytisch orientierte Kommunikationspsychologie der *Tavistock-School*[19]. In dem einen Falle werden die Kontingenzbeträge der dyadischen Interaktion als Bedingung für Kommunikationsprozesse beschrieben, in dem anderen das *no thing* als die Bedingung zwischenmenschlicher Sprachhandlung[20].

Nun bin ich mit Link sicherlich der Meinung, daß Unbestimmtheit eine sehr undifferenzierte Kategorie und damit bestenfalls ein kommunikationstheoretisches Universale sei (S. 578). Sie zu bestimmen, indem man sie als die vom Autor gesetzte Unentschlüsselbarkeit versteht, heißt jedoch, sie als kommunikationsbedingende Universale aufzuheben. Bei aller Grobmaschigkeit des von mir skizzierten Begriffs würde ich diese Wendung nicht mit vollziehen.

III

Im Horizont einer phänomenologisch orientierten Ästhetik erscheint der literarische Text als ein Beziehungsgeflecht von Wirkungsstrukturen, die der Leser in der Lektüre aktualisiert, um über das Wechselspiel der Schemata den Sinn konstituieren zu können. Dieser Grundgedanke einer wirkungsästhetischen Forschung ist nun auch von der marxistischen Literaturkritik mitvollzogen worden. Welche Probleme sich einem solchen Vorhaben stellen müssen, hat Karl Robert Mandelkow in einer überzeugenden Argumentation aufgezeigt[21], und welche ärgerlichen Postulate dadurch ins Spiel kommen, hat Hans Robert Jauß in seiner Antwort auf den von Wissenschaftlern der DDR verfaßten Band *Gesellschaft – Literatur – Lesen*[22] deutlich gemacht.

Vielleicht gehört es aber auch zu den Schwierigkeiten jener ersten rezeptionsästhetischen Darstellung aus der DDR, daß viele der dort entwickelten Konzeptionen jenen der 'bürgerlichen' Wirkungs- und Rezeptionsästhetik gleichen, die in dem Band Gegenstand der Kritik sind. Nun, es versteht sich, daß die "heutigen bürgerlichen Rezeptionstheorien ... zugleich theoretischer und ideologischer Ausdruck des in den Widersprüchen der bürgerlichen Klassengesellschaft wurzelnden Rezeptionsproblems" (S. 101) sind. Folglich versteht sich die von den Wissenschaftlern der DDR entwickelte Rezeptionstheorie als die konsequente Fortführung von Ansätzen einer marxistisch-leninistischen Literaturwissenschaft (S. 5). Betrachtet man unter der Vorgabe dieses Unterschieds die Leitbegriffe der hier und dort entwickelten Theorien, so überrascht die Ähnlichkeit. Was dort "Rezeptionsvorgabe" heißt und ausdrückt, "welche Funktionen ein Werk potentiell von seiner Beschaffenheit her wahrnehmen kann" (S. 35), ist hier Appellstruktur genannt worden, und wenn es dort heißt, was "unter dem Begriff Leser zusammengefaßt wird, sind in Wirklichkeit konkret-historische Personen, Individuen, deren Merkmale dafür ausschlaggebend sind, daß die Rezeptionsvorgabe des gleichen Werkes auf ganz verschiedene Weise realisiert werden kann" (S. 35), so ist dies hier mit dem Begriff des "impliziten Lesers" bereits umschrieben worden, durch den die Aktualisierungsbedingungen des Textes bezeichnet sind, die von den historischen Lesern in jeweils unterschiedlicher Form konstituiert werden.[23] Demzufolge kann man den methodischen Voraussetzungen des DDR-Unternehmens ungeteilt zustimmen, wenn es heißt: "Wir wollen daher *Leser* bzw. *Rezipient* die wirkliche Person nennen, die liest; das Bild dagegen, das der Autor vom Leser, vom Publikum hat, mit *Adressat* und die ästhetische Vergegenständlichung des Lesers im Werk mit 'Leser' bezeichnen" (S. 53). Wollte man den theoretischen Rahmen kritisieren, der hier als ein heuristischer Zugriff auf das gestellte Problem entwickelt wird, so müßte man sich selbst kritisieren. Ein solcher Fall von Konvergenz indes kann von der vorgelegten Untersuchung wohl nicht beabsichtigt gewesen sein.

Nun ist es vielleicht besser, sich auf die Unterschiede zu konzentrieren. Wenn man der von mir skizzierten Kategorie der Unbestimmtheit entgegenhält: "Man kann sie als rezeptionsästhetische Auslegung der bürgerlichen Meinungsfreiheit interpretieren, die dem Leser das Recht auf Konstituierung von Bedeutungen an Hand literarischer Texte großzügig einräumt und so tut, als gäbe es keine Ideologie der herrschenden Klassen und keine von ihr bestimmte gesellschaftliche Rezeptionsweise" (S. 127), so lese ich mit Befriedigung die als positives Beispiel zitierten Äußerungen des sowjetischen Wissenschaftlers Fortunatow über Tolstoi: "Er gibt dem Leser das Recht, den Autor durch seine eigenen Vorstellungen, die in ihm bei der Rezeption des literarischen Werks geweckt werden, zu 'ergänzen'. Gerade weil der Leser in seinem Bewußtsein das künstlerische Bild zu Ende zeichnet und sich dabei von seinem eigenen Maß der Wahrheitstreue leiten läßt, entsteht bei ihm das Gefühl, daß das Dargestellte lebensecht ist, ein Gefühl, daß man, wie Gorki sagt, das, was uns der Künstler zeigt, mit der Hand 'berühren' möchte. Tolstoi berücksichtigt die Besonderheiten der Kunstrezeption und gibt seinem Leser die Möglichkeit, die Schilderungen des Autors in die Sprache der eigenen Vorstellungen zu übertragen. Der Leser verfolgt jetzt nicht mehr einfach den Gedankengang des Autors, sondern denkt selbst, gestützt auf seine Erfahrungen, auf das von ihm selbst Erlebte und Erfahrene, auf Assoziationen und Vorstellungen, die ihm sein Gedächtnis bereitwillig eingibt" (S. 78). Soweit wiederum hätte ich von der durch Unbestimmtheit ausgelösten Konstitutionsaktivität des Lesers nicht gehen wollen. Denn die Appellstruktur eines Textes ist in der Regel immer so angelegt, daß nicht alle Lebenserfahrungen des Lesers beansprucht und zur 'Ergänzung' herangezogen werden sollen. Im Gegenteil, die Appellstruktur wird zur Bedingung dafür, unter Umständen bestimmte Dispositionen im Rezeptionsverhalten eines Publikums auszusparen, vielleicht gerade deshalb, weil es ideologisch bestimmte Rezeptionsweisen gibt. Folglich veranlaßt die Appellstruktur den Leser oftmals dazu, einen Text gegen die internalisierten Normen jener Gesellschaft zu strukturieren, der er angehört. In dieser Hinsicht bietet die Unbestimmtheit gewisse Freiheitsgrade für die Konstitutionsaktivität an, damit, wie Fortunatow sicherlich zu Recht festgestellt hat, eine Übersetzung des Textes in das Rezeptionsbewußtsein erfolgen kann.

Wird mir unterstellt, daß der Unbestimmtheitsbegriff lediglich dazu diene, eingeübte Rezeptionsweisen der herrschenden Klasse zu kaschieren, so frage ich mich natürlich, wie Rezeptionsweisen aussehen müssen, denen nicht der Vorwurf einer Einübung in Systemkonformität gemacht werden kann. Nun, eine aufschlußreiche Antwort findet sich gleich zu Beginn eines Kapitels, dessen Aufgaben sich als "Beispiel einer Rezeptionsvorgabe" verstehen. "Beim Versuch, das durch das Werk gegebene Potential in ein theoretisches Modell der Aufnahme zu bringen, muß mit einem Bewußtsein in Form einer Idealisierung gerechnet werden. Als subjektiver Bezug der Rezeption werden Möglichkeiten eines nicht fixierten, in Entwicklung befindlichen und entwicklungsfähigen Leserbewußtseins angesetzt, das von der sozialistischen Leseweise unserer Gegenwart bestimmt ist" (S. 354). Die sozialistische Leseweise also funktioniert als Norm, damit durch sie die gewünschte Eindeutigkeit der Rezeption sichergestellt werden kann. Strukturell handelt es sich daher um ein systemkonformes Lesen, zu dem der Leser erzogen werden muß. Wenn aber die Systemkonformität im kritisierten und im gewünschten Prozeß das jeweils Identische ist, dann wird das Problem der Rezeption zu einer politischen Entscheidung hinsichtlich der erstrebten Systemkonformität. Eine politische Entscheidung indes ist noch keine Rezeptionsstruktur. Sie vermag allenfalls Rezeptionsstrukturen zu prädikatisieren.

Dieser Sachverhalt kommt an entscheidenden Stellen des Buches auch deutlich zum Vorschein, zunächst in einer Polemik gegen die "antitransparenten Rezeptionsvorgaben" (S. 73) eines Werks, durch die jene dem Leser abverlangten Konstitutionsakte so verstellt erscheinen, daß sie ihn nicht "zur *richtigen* Wahrnehmung der Dinge nötigt" (S. 74). Es darf folglich nicht zur Erschwerung im Rezeptionsakt kommen, da dies immer der Manipulation verdächtig ist. Was wunder, daß sich die gleiche Polemik gegen eine bestimmte Form moderner Literatur richtet: "Modernistische Versuche, Texte zu produzieren, die sich auf verschiedene Weise der Sinnfindung verweigern, zeigen nur, daß auf diesem vom Irrationalismus begleiteten Wege Literatur als Medium gesellschaftlicher Bewußtseinsbildung nicht entstehen kann" (S. 368 f.). Nun, es stimmt: Systemkonformität läßt sich weder über die Irritationspotentiale moderner Literatur noch über die Erschwerung der Konstitutionsaktivität durch die "Rezeptionsvorgabe" erreichen.

An diesem Punkt kommt ein echter Unterschied zwischen 'bürgerlicher' und marxistischer Rezeptionstheorie zum Vorschein. Wenn der Leser sich auf das Textgeschehen einläßt, so ist er in der Regel mit einer fremden Erfahrung konfrontiert. Sie strukturieren zu müssen, indem er den Instruktionen des Textes folgt, heißt, einen imaginären Gegenstand hervorzubringen, der nur vor dem Hintergrund der den Leser kennzeichnenden Dispositionen aufgefaßt werden kann. Je mehr die "Rezeptionsvorgabe" mit solchen Dispositionen zusammenfällt, desto spannungsloser wird ein solcher Zustand sein. Er wird sich immer dann einstellen, wenn die "Rezeptionsvorgabe" durchsichtig ist. Je mehr Spannungen aber entstehen, – und diese können in der Regel durch die Erschwerung der "Rezeptionsvorgaben" erzeugt werden – desto deutlicher kommt es zu einer Abhebung des Subjekts von sich selbst im Vorgang der Lektüre. Solche Abhebungen, die im Subjekt stattfinden, hat Husserl zu Recht als die Bedingung für die Affektion des Subjekts bezeichnet. Affektionen mobilisieren Spontaneität, durch die der Riß wieder geschlossen werden soll, der im Subjekt durch Abhebung von seinem Habitus entstanden ist. Eine so freigesetzte Spontaneität wird aber nun zu den Bedingungen des Textes formuliert, wodurch eine bisher dem Bewußtsein des Subjekts entzogene Sphäre ans Licht kommt. Die psychoanalytische Kunsttheorie hat solche Sachverhalte sehr deutlich in den Blick gerückt. Hanns Sachs faßte diesen Sachverhalt etwa wie folgt zusammen: “By this process an inner world is laid open to him which is and always has been his own, but into which he cannot enter without the help and stimulation coming from this particular work of art.”[24] Das bedeutet aber, daß der Leser im Lektüreprozeß zumindest vorübergehend von den Bindungen an die internalisierten Normen seines gesellschaftlichen Verhaltens freigesetzt werden kann, um die Möglichkeit einer kritischen Stellungnahme zu ihnen zu gewinnen. Je intensiver das Beteiligungsangebot eines Textes ist, desto mehr wird die Strukturierungsaktivität des Lesers und damit die Mobilisierung seiner Spontaneität in Anspruch genommen. Mit anderen Worten, es kommt im Lektüreprozeß zu einer ganz bestimmten Konstituierung des lesenden Subjekts, das für die Dauer der Lektüre ein anderes zu werden vermag. Dafür finden sich interessante historische Indizien, wenn man etwa in den frühen Tagen des Romans im 17. Jahrhundert dessen Lektüre als eine Form des Wahnsinns empfand, weil man im Lesen ein anderer wurde.[25] Zwei Jahrhunderte später bezeichnete Henry James die gleiche im Lesen erfolgende Verwandlung als die wunderbare Erfahrung, zeitweilig ein anderes Leben führen zu können.[26] Es fragt sich daher, in welchem Maße eine Theorie des Lesens, die auf eine Erziehung zur Systemkonformität abzielt, – wie löblich auch immer eine solche Konformität sein mag, wenn es die richtige ist – in solche Prozesse eingreifen muß. Nun, das Ausflankieren “antitransparenter Rezeptionsvorgaben” sowie die Polemik gegen moderne Literatur in dem zitierten Sinne zeigen die Art solcher Eingriffe an. Das Erzeugen einer “sozialistischen Leseweise” verlangt die Internalisierung der richtigen gesellschaftlichen Normen, damit das Subjekt dieser Gesellschaft angepaßt werden kann. Eine ‘bürgerliche’ Wirkungsästhetik ist stärker an der Erforschung jener Aktivitäten interessiert, die im Leseprozeß ablaufen und freigesetzt werden. Sie zu verdeutlichen, kann auch ein praktisches Ziel haben: den Grad der Bewußtheit zu fördern, der dann ein kritisches Verhältnis zu den internalisierten gesellschaftlichen Normen der Leser erlaubt. Darin aber müssen sich die Erkenntnismöglichkeiten wirkungsästhetischer Forschung ‘bürgerlicher Provenienz’ nicht erschöpfen. Verdeutlichung der Konstitutionsaktivitäten in Leseprozessen eröffnet Einsichten in die spezifischen Weltzugriffe der Einbildungskraft und gibt historischen Aufschluß über die neuzeitliche Subjektivitätsthematik.

Beides wäre auch für eine marxistische Rezeptionstheorie nicht uninteressant, wenn sie das von ihr visierte Ziel realisieren möchte.

In der Subjektivitätsthematik konvergieren historische und anthropologische Fragestellungen. Man braucht zu ihrer Aufklärung dann auch nicht mehr "mit einem Bewußtsein in Form einer Idealisierung" (S. 354) zu arbeiten. Man kann historisch argumentieren. Bereits Husserl hatte das kartesianische cogito als die Selbstvergewisserung des Ich in der Bewußtheit seines Denkens dahingehend modifiziert, daß er die Diskrepanzen herausstellte, die sich zwischen den Gewißheitsgraden des cogito und den Ungewißheitsgraden des Bewußtseins ausspannen. Seit der Psychoanalyse wissen wir, daß es einen großen Bereich im Subjekt gibt, der sich in einer Vielfalt von Symbolen artikuliert und dabei gänzlich dem Bewußtsein verschlossen ist. Solche Schranken im Subjekt machen dann die Implikationen des Freudschen Merksatzes: "Wo Es war, soll Ich werden" plausibel. Denn sie besagen, wie es Ricoeur einmal formuliert hat, daß Freud nun "an die Stelle von *Bewußt-sein* das *Bewußt-werden*" setzt. "Was Ursprung war, wird zur Aufgabe oder zum Ziel".[27]

Nun ist das Lesen keine Therapie, die die vom Bewußtsein abgesprengten und exkommunizierten Symbole in die Kommunikation wieder zurückzubringen hätte. Dennoch läßt es erkennen, wie wenig das Subjekt eine Selbstgegebenheit, und sei es auch nur eine solche der eigenen Bewußtheit, ist. Wenn aber die Gewißheit des Subjekts nicht mehr ausschließlich in seiner Bewußtheit gründet, ja, noch nicht einmal in jener kartesianischen Minimalbedingung, daß es das ist, als was es sich im Spiegel seiner Bewußtheit wahrnimmt, dann gewinnt die Lektüre fiktionaler Literatur als Mobilisierung von Spontaneität eine nicht unwichtige Funktion im "Bewußt-werden". Denn diese Spontaneität des Subjekts erscheint vor dem Hintergrund vorhandener Bewußtheit, deren marginale Stellung im Lesen nur noch dazu dient, diese zu anderen als den eigenen Bedingungen geweckte und formulierte Spontaneität ins Bewußtsein aufzunehmen. Dieser Vorgang wird die vorhandene Bewußtheit selbst nicht unberührt lassen; denn das Aufnehmen erfolgt in dem Maße, in dem die Bewußtheit eine andere Form anzunehmen beginnt.

Vor diesem Hintergrund wird auch das Problem deutlich, in dem die marxistische Rezeptionstheorie des vorgelegten Bandes steckengeblieben ist. Wenn in ihr vom Leser als einer historischen Person die Rede ist, der zu einer "sozialistischen Leseweise" erzogen werden soll, so ergibt sich für die in diesem Band immer wieder als kritisches Instrument gebrauchte Abbildtheorie[28] folgende Aporie: Wenn der Leser zu etwas erzogen werden soll, was er noch nicht ist, so kann das Medium, das diesen Prozeß zu befördern hat, nicht die Abbildung seiner gegebenen Verhältnisse sein. Er könnte nur erzogen werden, wenn mit ihm etwas geschieht. Doch um ein solches Geschehen auszulösen, bedarf es mehr als der Abbildung seiner wirklichen Verhältnisse. Es fragt sich daher, ob sich diese Rezeptionstheorie durch den von ihr festgehaltenen Abbildrealismus das visierte Ziel nicht verstellt.

Anmerkungen

1 Vgl. dazu Manfred Naumann u. a., *Gesellschaft – Literatur – Lesen. Literaturrezeption in theoretischer Sicht,* Berlin und Weimar 1973.

2 Dafür habe ich einige Beispiele in dem hier wieder abgedruckten Aufsatz "Die Leserrolle in Fieldings *Joseph Andrews* und *Tom Jones*" zitiert.

3 Gerhard Kaiser, "Nachruf auf die Interpretation?" in *Poetica* 4 (1971), pp. 267–278.

4 Diesen Sachverhalt habe ich ausgeführt in *Der implizite Leser. Kommunikationsformen des Romans von Bunyan bis Beckett* (UTB 163), München 1972, pp. 342 ff.

5 Vgl. Alfred Schütz, *Das Problem der Relevanz,* Frankfurt 1971, pp. 228 ff.

6 Wie ein solches Verhältnis von Thema und Horizont zu denken und auf die Analyse von Texten anzuwenden sei, habe ich in dem *Tom Jones*-Beispiel skizzenhaft ausgeführt; vgl. "Die Leserrolle in Fieldings *Joseph Andrews* und *Tom Jones*", in diesem Band, pp. 460 ff.

7 Ju. M. Lotman, *Die Struktur literarischer Texte* (UTB 103), München 1972, pp. 144 ff.

8 Vgl. dazu die Hinweise auf Ingarden in dem hier abgedruckten Aufsatz "Der Lesevorgang".

9 Hannelore Link, "'Die Appellstruktur der Texte' und ein 'Paradigmawechsel in der Literaturwissenschaft'?" in *Jahrbuch der deutschen Schillergesellschaft* 17 (1973), pp. 532–583.

10 Da es mir nicht vordringlich um die Entzerrung der Wiedergabe meiner Ansichten zum Unbestimmtheitsbegriff geht, habe ich auf einen Katalog der Entstellungen verzichtet. Stellvertretend für weitere sei nur die folgende zitiert: "Kommunikationstheoretisch gesprochen: der Autor wendet im Text gewisse Strategien an, um Unbestimmtheit hervorzubringen. Der Leser macht mit dieser Unbestimmtheit, was er will und kann" (S. 577).

11 Dieses Buch ist Link nicht unbekannt, wie aus ihrer verschiedentlichen Zitierung hervorgeht.

12 Vgl. dazu etwa Link, pp. 551 f.

[13] Vgl. dazu etwa Georg Jäger, "Die Wertherwirkung. Ein rezeptionsästhetischer Modellfall", in *Historizität in Sprach- und Literaturwissenschaft. Vorträge und Berichte der Stuttgarter Germanistentagung 1972*, hrsg. von Walter Müller-Seidel, München 1974, pp. 392.

[14] Vgl. Umberto Eco, *Einführung in die Semiotik* (UTB 105), übers. von Jürgen Trabant, München 1972, pp. 212 ff. Eco ist für Link allerdings ein problematischer Autor, da er ein Buch über die *Offenheit des Kunstwerks* geschrieben hat. Von Offenheit aber heißt es bei Link: "Die Offenheit ist keine Eigenschaft der Texte, sondern eine Eigenschaft ihrer Geschichte" (S. 563).

[15] M. Merleau-Ponty, *Das Auge und der Geist*, übers. von Hans Werner Arndt, Hamburg 1967, p. 84.

[16] Vgl. dazu J. L. Austin, *How to do Things with Words*, ed. by J. O. Urmson, Cambridge, Mass. 1962, pp. 144 f.

[17] E. D. Hirsch, *Validity in Interpretation*, New Haven 1967.

[18] Vgl. Edward E. Jones and Harold B. Gerard, *Foundations of Social Psychology*, New York 1967.

[19] Vgl. R. D. Laing, H. Phillipson, A. R. Lee, *Interpersonal Perception. A Theory and a Method of Research*, London and New York 1966.

[20] Vgl. R. D. Laing, *The Politics of Experience* (Penguin Books), Harmondsworth 1968, p. 34.

[21] Vgl. Karl Robert Mandelkow, "Rezeptionsästhetik und marxistische Literaturtheorie", in: Müller-Seidel (Hg.), siehe Anmerkung 13.

[22] Siehe Anmerkung 1.

[23] Vgl. W. I., *Der implizite Leser*, pp. 8 f.

[24] Hanns Sachs, *The Creative Unconscious. Studies in the Psychoanalysis of Art*, Cambridge, Mass. 1942, p. 197.

[25] Vgl. Michel Foucault, *Wahnsinn und Gesellschaft*, Frankfurt 1969, pp. 378 f.

[26] Henry James, *Theory of Fiction*, ed. by James E. Miller, Jr., Nebraska 1972, p. 93, schrieb dazu: "The success of a work of art . . . may be measured by the degree to which it produces a certain illusion; that illusion makes it appear to us for the time that we have lived another life – that we have had a miraculous enlargement of experience."

[27] Paul Ricoeur, *Hermeneutik und Strukturalismus*, München 1973, p. 142.

[28] Es wird mir daher auch der Vorwurf gemacht, daß ich von der falschen Behauptung ausgegangen sei, daß literarischen Werken "keine Widerspiegelungsfunktion zukommt" (S. 126).

2. Hans Robert Jauß

ZUR FORTSETZUNG DES DIALOGS ZWISCHEN 'BÜRGERLICHER' UND 'MATERIALISTISCHER' REZEPTIONSÄSTHETIK

Eine Theorie der Literaturrezeption gehört nicht zufällig zu den spätesten Errungenschaften der marxistischen Ästhetik. Ihre Geschichte in der DDR, die bisher zu einem guten Teil noch die Geschichte ihrer Hindernisse ist, hat unlängst Karl R. Mandelkow untersucht.[1] Demnach war es zunächst eine Schriftstellerin, Christa Wolf, die 1956 die Hoffnung aussprach, "daß die Wirkung des Kunstwerks eines der Kriterien der noch zu schaffenden marxistischen Ästhetik sein wird." Diese Hoffnung scheint sich indes bis 1968 noch nicht erfüllt zu haben, wie wiederum ein Schriftsteller, Günter de Bruyn in seinem Roman *Buridans Esel*, durch den Mund einer fürwitzigen Bibliothekarin bezeugt. Inzwischen hatte sich 1963 zwar Georg Lukács über die *Katharsis* und *Das Nachher des rezeptiven Erlebnisses* geäußert und war 1965 von Walter Hohmann in der Zeitschrift *Der Bibliothekar* die Erforschung der literarischen Wirkung als ein unbefriedigender Rückstand der marxistischen Literaturwissenschaft festgestellt worden. Doch Lukács' *Ästhetik* griff das Problem der Wirkung nur auf, um das aufnehmende Subjekt wieder ganz im Sinne der klassisch-bürgerlichen Ästhetik in die passive Rolle einsamer Kontemplation zu verweisen und so – auch darin päpstlicher als der eigens bemühte Goethe – die Autorität des Werks vor aller Anfechtung durch emanzipierte Rezipienten zu bewahren. Und Hohmanns programmatischer Vorstoß blieb nicht nur in den Grenzen einer Lesersoziologie zum Nutzen bibliothekarischer Kulturpolitik, sondern hatte auch einen unschönen Pferdefuß: "Wirkungsforschung als additive Erweiterung einer auf dem Primat der Produktionsästhetik beruhenden Literaturtheorie mit dem Ziel, die Mechanismen und die Gesetze einer auf Identifikation gründenden 'richtigen' Wirkung von Kunst zu ergründen, um sie aufgrund dieser Kenntnis besser lenken, beeinflussen und korrigieren zu können".[2] Der Zusammenhang dieser Theorie mit der Praxis einer autoritären Kunstpolitik liegt auf der Hand. Die marxistische Wirkungsforschung der DDR mußte sich darum von der westdeutschen Literaturwissenschaft in besonderem Maße provoziert fühlen, als diese daran ging, eine Rezeptionsästhetik zu entwickeln, die dem Leser eine aktive Rolle bei der

Konstituierung des Sinns der Werke wie bei der Traditionsbildung und gesellschaftlichen Funktion der Literatur zuerkennt. In den Worten von Karl R. Mandelkow: "Offenheit eines Textes für die Möglichkeit aktiver Mitbeteiligung des Rezipienten scheint auf der Werkseite die Bedingung für eine nichtautoritäre Wirkungsform. Ein solches demokratisches Verhältnis von Werk und Wirkung schließt allerdings die Gefahr der – um mit Benjamin zu sprechen – 'Parteiung' des Publikums ein. Dies aber und nichts anderes ist die eigentliche Herausforderung der Rezeptionsästhetik für die marxistische Literaturtheorie".[3]

Auf diese Herausforderung hat seit 1970 eine Gruppe von Literaturwissenschaftlern um Robert Weimann, Manfred Naumann und Claus Träger von einer höheren Ebene der Argumentation aus geantwortet. Im Mittelpunkt des seither geführten Dialogs steht die Klärung der Problemkreise Produktion und Konsumtion, Wirkung und Rezeption, Tradition und Selektion; bei allen Differenzen besteht eine Gemeinsamkeit des Forschungsinteresses in der Frage, wie Literatur wieder in ihrer kommunikativen Funktion und damit als geschichtsbildende Kraft verstanden werden kann. Auf meine letzte Stellungnahme in dieser Debatte *(Die Partialität der rezeptionsästhetischen Methode)*[4] folgte 1973 von Manfred Naumann u. a.: *Gesellschaft – Literatur – Lesen: Literaturrezeption in theoretischer Sicht.*[5] Es ist dies der erste nennenswerte Versuch einer materialistischen Theorie der Literaturrezeption von deutscher Seite, auch wenn sie zu ihrem Schaden nahezu alles ignoriert (oder ignorieren muß?), was auf diesem Feld von der Prager Schule gleichfalls in materialistischer Sicht erarbeitet worden ist. Der neuen Rezeptionstheorie dient eine berühmte, hier neu ausgewertete Marx-Stelle aus der *Einleitung zur Kritik der politischen Ökonomie* von 1857 zur Legitimation. Die Verfasser leiten aus der dort beschriebenen Dialektik von Produktion und Konsumtion, Kunstgegenstand und *schönheitsgenußfähigem Publikum* im besonderen den Begriff der "Rezeptionsvorgabe" ab, mit welchem sie den Anspruch erheben, die subjektivistischen, will sagen: idealistischen Schwächen der bürgerlichen Rezeptionsästhetik überwunden zu haben. Kann sich dieser Gegenentwurf zu den Kategorien des 'Erwartungshorizonts' und der 'Appellstruktur', auf die man die sogenannte 'Konstanzer Schule' gerne festnagelt, unter Berufung auf Marx' *Einleitung* von 1857 zu Recht materialistisch nennen? Wie werden seine Verfasser mit der idealistischen Implikation fertig, die auch in diesem Kontext wieder an dem von Marx selbst gewählten Paradigma des Kunstgegenstandes zutage tritt?[6]

Manfred Naumann, der Verfasser des einleitenden Grundsatzartikels, kann sich für die 'Entdeckung', daß Produktion und Rezeption von Literatur nurmehr zwei Seiten eines dialektischen Vorgangs, nämlich nichts als "ein Spezialfall der allgemeinen Dialektik der Aneignung" sei (S. 86/7), auf die folgende Ausführung von Marx berufen: *Die Produktion liefert dem Bedürfnis nicht nur ein Material, sondern sie liefert dem Material auch ein Bedürfnis. Wenn die Konsumtion aus ihrer ersten Naturroheit und Unmittelbarkeit heraustritt – und das Verweilen in derselben wäre selbst noch das Resultat einer in der Naturroheit stekkenden Produktion –, so ist sie selbst als Trieb vermittelt durch den Gegenstand. Das Bedürfnis, das sie nach ihm fühlt, ist durch die Wahrnehmung desselben geschaffen. Der Kunstgegenstand – ebenso jedes andre Produkt – schafft ein kunstsinniges und schönheitsgenußfähiges Publikum. Die Produktion produziert daher nicht nur einen Gegenstand für das Subjekt, sondern auch ein Subjekt für den Gegenstand. Die Produktion produziert die Konsumtion daher, 1. indem sie ihr das Material schafft; 2. indem sie die Weise der Konsumtion bestimmt; 3. indem sie die erst von ihr als Gegenstand gesetzten Produkte als Bedürfnis im Konsumenten erzeugt. Sie produziert daher Gegenstand der Konsumtion, Weise der Konsumtion, Trieb der Konsumtion. Ebenso produziert die Konsumtion die* Anlage *des Produzenten, indem sie ihn als zweckbestimmendes Bedürfnis sollizitiert* (MEW, Bd. 13, S. 624).

In der Tat ist es nur konsequent, die eingeführten Kategorien Produktion und Konsumtion auch in bezug auf geistige Tätigkeiten zu verwenden, die bei Marx ohnedies unter den Begriff von Arbeit als Aneignung der Natur fallen. Insoweit gibt Naumann Marx' Position von 1857 ganz zutreffend wieder, wenn er seine These (die in dieser Formulierung auch schon die meine war): das Kunstwerk bedürfe des Lesers, um ein wirkliches Werk zu werden, wie folgt erläutert: "da die Produktion nämlich darauf gerichtet ist, nicht nur schlechthin 'Naturstoff', sondern diesen in einer für die Menschen brauchbaren Form anzueignen, bewährt sich das Produkt, ist das Produkt ein 'wirkliches' Produkt 'nicht als versachlichte Tätigkeit', sondern nur als Gegenstand 'für das tätige Subjekt'. Als 'versachlichte Tätigkeit' ist das Produkt ein Produkt nur 'der Möglichkeit nach'. Ein Produkt der 'Wirklichkeit nach' wird es erst als Gegenstand 'für das tätige Subjekt', d. h. in der Konsumtion. Erst hier erhält es 'den letzten finish', wird es vollendet" (S. 84). So weit, so gut. Doch das darin verborgene Kuckucksei wird ignoriert. Es liegt darin, daß der Kunstgegenstand ein zunächst noch gar nicht vorhandenes Bedürfnis bei seinem erst zu schaffenden Publikum schwerlich sollizitieren könnte, wenn dem Schönen nurmehr eine materialistisch abbildende Funktion zukäme. Das ästhetische Paradigma in Marx' Dialektik von Produktion und Konsumtion impliziert die transzendierende ('idealistische') Funktion des Schönen. Aber damit nicht genug: auch das Publikum, das als "tätiges Subjekt" der Konsumtion "das Bedürfnis als inneren Gegenstand, als Zweck für die Produktion schafft" (MEW 13, S. 625), ist hier von Marx zum selbst wieder aktiven Moment eines übergreifenden Prozesses erhöht, der die Statik des Bildfelds von Überbau und Basis transzendiert. Wie immer man den Text auch auslegt, die zur Rechtfertigung der neuen, materialistischen Theorie der Literaturrezeption herangezogene Theorie von 1857 steht offensichtlich quer zu allen Abbild-Theorien, näherhin zu dem an späterer Stelle auch von Naumann wieder apostrophierten, "für jede materialistische Kunsttheorie elementaren Grundsatz, daß auch das Ideelle, das in der Kunst in Erscheinung tritt, 'nichts anderes als das im Menschenkopf umgesetzte und übersetzte Materielle' ist; daß auch diejenigen 'Begriffe unseres Kopfes', die bei der Formierung von Kunstwerken eine Funktion haben, 'die Abbilder der wirklichen Dinge' sind" (S. 39). Wenn der schöne Kunstgegenstand, ein neues, noch nicht gegebenes Bedürfnis sollizitieren soll, kann es schwerlich zugleich ein Abbild materiell vorgegebener Dinge sein. Und ebenso können die "Gesetze der Schönheit", nach denen der Mensch nach einer anderen berühmten Marx-Stelle von 1844 im Unterschied zum nur sich selbst produzierenden Tier formiert (d. h. "die ganze Natur reproduziert"), sofern er "überall das inhärente Maß dem Gegenstand anzulegen weiß", schwerlich aus einem vorgegebenen Materiellen entnommen sein, an welches ja allererst – man weiß nicht recht woher – ein Maß angelegt werden muß, damit durch die ästhetische Aktivität des Menschen diesem "die Natur als *sein* Werk und seine Wirklichkeit" erscheint.[7]

Nur nebenbei sei erwähnt, daß Naumann auch anderweitig (S. 24 ff.) den Widerspruch zwischen der Position des frühen Marx, Kunst als *Aneignung* der Natur und als Medium zur Bildung der Sinne zu verstehen, und der Leninschen Abbild-Theorie überhaupt nicht bemerkt. Kunst als Paradigma von Arbeit (mit der von Marx nicht ausgeschöpften Möglichkeit, Paradigma nicht-entfremdeter Arbeit zu sein), als eine gleich ursprüngliche Weise der Aneignung oder Reproduktion von Natur, gibt dem Produkt künstlerischer wie dem Produkt materieller Arbeit einen Rang, der nicht mehr metaphysisch einem höheren, geistigen Sein nachgeordnet ist. Die spätere marxistisch-leninistische Erkenntnistheorie hingegen, die das Kunstprodukt als Abbild der wirklichen Dinge oder Übersetzung von Materiellem in Ideelles ansieht (S. 26), fällt hinsichtlich der Kunst unfreiwillig in einen materialistischen Platonismus zurück, insofern sie das Kunstprodukt dem Produkt materieller Arbeit als Abbild nachordnet, ihm also nurmehr eine dritte Stelle nach der ökonomischen Wahrheit zubilligt. An keiner Stelle wagt uns Naumann zu sagen, was denn das Relative an der "relativen Eigenständigkeit der Kunst" (S. 30) sei und ob diese relative Eigenständigkeit Kunst aus dem Ideologieverdacht ausnimmt (S. 31 attestiert er den zur Herrschaft strebenden Besitzklassen freundlicherweise sogar "ein Maximum an relativer Wahrheit über das gesellschaftliche Sein").

Tröstlich angesichts des Rückgangs der bürgerlichen Bildung ist es zu erfahren, daß in der entwickelten sozialistischen Gesellschaft der DDR "das Lesen für die Mehrzahl der Menschen allmählich zu einer 'Lebensgewohnheit' wird" (S. 13). Ein gewisses Mißtrauen, ob der sozialistische Leser denn auch mündig genug sei, scheint indes bei Naumann tief zu sitzen. Das zeigt sich dort, wo er in der Polemik gegen Roland Barthes und mich sich zu folgender Äußerung versteigt: der realistisch schreibende, revolutionäre Schriftsteller "will nicht nur, daß die Lektüre den Leser 'aus Adaptationen, Vorurteilen und Zwangslagen' freisetzt, 'indem sie ihn zu neuer Wahrnehmung der Dinge nötigt'; er will, daß sie ihn zur *richtigen* Wahrnehmung der Dinge nötigt" (S. 74). Auf der gleichen Linie liegt der Angriff von D. Schlennstedt auf die Theorie Wolfgang Isers: "Sie sieht durch die Öffnung der Bedeutungssuche die Freiheit des Lesers garantiert, in der schwebenden Unbestimmtheit ein poetisches Ziel. Wir wollen dagegen festhalten, daß die pluralistische Abwehr der Manipulation, die sich solchermaßen äußert, nur deren Kehrseite ist. Die Feier der Beliebigkeit hilft nicht, die kritisierten Verhältnisse aufzuheben, sondern ist deren Ausdruck, eine Stütze für die Unterwerfung der Individuen unter die Zufälligkeit. Eine mit dem gesellschaftlichen Fortschritt verbundene Ästhetik setzt deshalb einen Akzent auf Bestimmtheit" (S. 373). Daß es sich in diesen drei Fällen nicht um bloßen Übereifer oder um eine beiläufige Anpassung an die Parteilinie handelt, zeigt die Theorie der Rezeptionsvorgabe.

Die theoretische Begründung von Manfred Naumann läßt nicht in aller wünschenswerten Klarheit erkennen, was die praktische Anwendung von Schlennstedt unmißverständlich bekundet: die marxistische Variante der Rezeptionsästhetik ist primär an der "Gegenstandsbestimmtheit der rezeptiven Tätigkeit" interessiert. Nach der materiellen Bestimmtheit der Rezeptionsseite, d. h. nach dem selbst wieder "tätigen Subjekt" der rezipierenden Aktivität wird nicht eigens gefragt: sie wird – trotz aller Polemik gegen Isers "impliziten Leser" und gegen das mir angekreidete "Publikum schlechthin" (S. 136) – als idealisiertes Bewußtsein angesetzt (vgl. Schlennstedt, S. 354: "Beim Versuch, das durch das Werk gegebene Potential in ein theoretisches Modell der Aufnahme zu bringen, muß mit einem Bewußtsein in Form einer Idealisierung gerechnet werden"). Desgleichen betont Naumann gleich eingangs: "die Eigenschaft des Werkes, die Rezeption zu steuern, fassen wir unter den Begriff *Rezeptionsvorgabe* zusammen. Diesen Begriff gebrauchen wir wertfrei; eine Rezeptionsvorgabe ist jedes beliebige Werk. Es handelt sich um eine Kategorie, die ausdrückt, welche Funktionen ein Werk potentiell von seiner Beschaffenheit her wahrnehmen kann" (S. 35).

Zwar finden sich in der theoretischen Grundlegung M. Naumanns ständig Bestimmungen, die den Prozeß der Rezeption von der Seite des Werkes (Rezeptionsvorgabe) wie von der Seite des Lesers (gesellschaftliche Rezeptionsweisen, S. 91) benennen und sich von meiner Theorie so wenig unterscheiden, daß angesichts der Priorität meiner Schrift von 1967 durchaus von 'dialektischer Aneignung' geredet werden könnte. Doch dabei zeigt sich immer wieder, daß von einer Interaktion der beiden Systeme oder Horizonte, dem Werksystem oder literarischen Erwartungshorizont einerseits ('Rezeptionsvorgabe') und dem Interpretationssystem oder lebensweltlichen Erwartungshorizont andererseits bei Naumann nicht die Rede sein kann: dem Leser als "tätigem Subjekt" wird kein eigener, gesellschaftlich bedingter Horizont des Verstehens, kein sich wandelnder Code der Interpretation zugebilligt. Wenn Naumann (mit mir) davon ausgeht, "daß die Rezeptionsvorgabe des gleichen Werkes auf ganz verschiedene Weise realisiert werden kann" (S. 35), weiß er diese 'ganz verschiedene' Weise nicht kategorial und intersubjektiv zu bestimmen; es fehlt ihm Vodičkas Begriff der *literarischen Öffentlichkeit*, wie sich gerade dort zeigt, wo er von gesellschaftlichen Institutionen spricht, die literarische Werke auswählen, zugänglich machen und bewerten, bevor sie in die Hand der Leser gelangen (S. 90). Wenn Naumann (mit mir) bemerkt, daß "also die Rezeption nicht nur einen Endpunkt darstellt, sondern auch einen Ausgangspunkt für neue literarische Produktion" (S. 37), so weiß er dazu nur zu sagen, daß selbstverständlich die literarische Produktion das übergreifende Moment bleibe, wobei er allerdings nicht ohne den "Begriff eines ästhetischen Grundbedürfnisses" (S. 38) auskommt, der sich in einer marxistischen Anthropologie merkwürdig platonisch ausnimmt. Wenn er (mit mir) unterscheidet, daß der Begriff Rezeption vom Leser aus gebildet sei, während der Begriff Wirkung die Werk-Seite akzentuiere,[8] soll sich die Vermittlung zwischen beiden herstellen "durch die wertende

Beziehung, die der Leser mit Notwendigkeit zum Werk eingeht, wenn er es rezipiert" (S. 87/8). Daß diese "Notwendigkeit" nicht allein von der Werk-Seite gegeben, sondern gleichermaßen durch einen institutionellen Horizont auf der Rezeptionsseite bedingt sein kann, vermag er nicht 'dialektisch' zu sehen, wie auch aus der vagen Alternative der folgenden Ausführung erhellt: "Manche Werke zwingen auf Grund ihrer gegenständlichen Eigenschaften die Leser dazu, sich mit ihnen immer wieder auseinanderzusetzen; andere wiederum, und das sind die meisten, bewirken aus denselben Gründen, daß die Leser sie nach einer gewissen Zeit als Rezeptionsgegenstände verwerfen" (S. 87). Vor allem fehlt Naumann der Begriff der *Konkretisation*, verstanden als die jeweilige, von einer literarischen Öffentlichkeit bestätigte Rezeptionsgestalt, die aus einer Horizontverschmelzung von 'Rezeptionsvorgabe' des Werks und 'Erwartungshorizont' des 'tätigen Subjekts' hervorgeht. Wo Naumann von "gesellschaftlichen Rezeptionsweisen" spricht, bleiben sie als "objektive gesellschaftliche Funktionen ... oder als Konkretisierungen des Bewußtseins" (S. 91) unvermittelt mit dem Rezeptionsprozeß von Literatur. Intersubjektive Kategorien auf der Rezeptionsseite fehlen ganz, so daß der Anschein entsteht, als ob der Rezeptionsvorgabe (die wie bei mir sprachbedingt oder genrebedingt sein kann, S. 46) die individuelle Werkrezeption eines *allgemeinen* Lesers gegenüberstünde (vgl. S. 88/97).

Das Beispiel einer Rezeptionsvorgabe, Brechts Gedicht *Der Rauch*, vorgeführt von D. Schlennstedt, bestätigt die Einseitigkeit der neuen marxistischen Rezeptionstheorie. Was an dieser Interpretation durchaus gelungen ist, unterscheidet sich von einer Analyse der Appellstrukturen (vgl. S. 356) mitnichten, wie sie auf der Basis der Iser'schen Theorie auszuführen wäre. Im Hinblick auf seine Theorie vermisse ich vor allem die Rekonstruktion der spezifischen Rezeptionsvorgaben der Gattung 'lyrisches Gedicht' und im besonderen der Tradition des lyrischen Lakonismus.[9] Ferner bleibt die Rezeptionsseite im Gang der Untersuchung stets ein idealisierter 'impliziter Leser', ohne daß dieser – sehr im Unterschied zu Isers Theorie – verschiedene Interpretationsweisen oder "Sinngebungen" (S. 367 ff.) zu aktualisieren vermag. Zwar wird zugegeben, daß die vom Werk verlangte Arbeit der Sinngebung zu "durchaus speziellen Ausprägungen im Aufsuchen des Sinns poetischer Gestalten" (S. 369) führen kann. Doch zu solchen Ausprägungen dringt die Analyse an keiner Stelle vor. Vielmehr rekonstruiert sie ein von Brecht impliziertes betrachtendes und urteilendes "lyrisches Subjekt", demgegenüber sich der von der Untersuchung geforderte reale Leser konform zu verhalten hat[10]. Zwar heißt es gegen Ende: "ob der Leser sich das lyrische Subjekt gegenständlich macht und als eine ihm gegenüberstehende Subjektivität erfaßt, ist abhängig von der Nähe oder Ferne des Evozierten zur eigenen Subjektivität, abhängig auch von bestimmten rezeptiven Intentionen" (S. 378). Aber diese Nähe oder Ferne zur "eigenen Subjektivität" (wiederum fehlt die intersubjektive Kategorie des Erwartungshorizonts oder Codes des Verstehens) bleibt unreflektiert, obschon auf S. 375 die "Welthaltung" eines sozialistischen Lesers proklamiert und von der bürgerlichen Einstellung zur Natur abgehoben wird. Diese Welthaltung, "in der der andere Mensch zum Bedürfnis geworden ist" (S. 375), als spezifischer, gesellschaftlich bedingter Rezeptionshorizont hätte gegenüber der Rezeptionsvorgabe von vornherein thematisiert werden müssen, wenn anders das Postulat einer marxistischen Rezeptionstheorie eingelöst werden soll, die – leider nur programmatisch – "auf den veränderlichen Kontext der geschichtlichen und aktuell individuellen Situation des *Lesers* bezogen ist" (S. 378).

So aber bleibt die eingangs proklamierte Erhöhung des Lesers zum "tätigen Subjekt" im Prozeß von Produktion und Konsumtion der Literatur am Ende in bescheidenen Grenzen, um nicht zu sagen: vorerst noch metaphorisch. Ein weniger ängstliches Ausschöpfen der ästhetischen Implikationen der Marx'schen Dialektik von Produktion und Konsumtion hätte dazu führen können, die in dieser materialistischen Ästhetik noch vorhandene Sperre gegen die gesellschaftsbildende Funktion von Kunst zu überwinden ("Die Produktion produziert daher nicht nur einen Gegenstand für das Subjekt, sondern auch ein Subjekt für den Gegenstand"). Denn daß nach Marx "die Produktion der wirkliche Ausgangspunkt und darum auch das übergreifende Moment ist" (MEW 13, S. 625), schließt für ihn nicht aus, sondern ein, daß die Konsumtion selbst wieder zum tätigen Subjekt, d. h. zum "Moment der Produktion" werden kann (ib., S. 626). Diesen dialektischen Umschlag dürfte die künstlerische Produktion wohl besser verdeutlichen als die materielle. Denn von der letzteren sagt Marx: "In der Gesellschaft aber ist die Beziehung des Produzenten auf das Produkt, sobald es fertig ist, eine äußerliche und die Rückkehr desselben zu dem Subjekt hängt ab von seinen Beziehungen zu andren Individuen. Es wird desselben nicht unmittelbar habhaft." Unmittelbar seiner habhaft wird offenbar am ehesten der Künstler als der am wenigsten entfremdete Arbeiter, in Wechselwirkung mit dem Leser als dem am wenigsten entfremdeten Konsumenten, wie aus dem korrelativen Satz von Marx erhellt: "Das Individuum produziert einen Gegenstand und kehrt durch dessen Konsumtion wieder in sich zurück, aber als produktives Individuum, und sich selbst reproduzierendes. Die Konsumtion erscheint so als Moment der Rezeption" (MEW 13, S. 626).

Wer sich auf die raren Bruchstücke der ästhetischen Theorie des frühen Marx beruft, muß gewärtig sein, daß die erhoffte Legitimation einer materialistischen Ästhetik zugleich an deren unerkannte oder verschwiegene idealistische Prämissen rührt. Gleichviel ob man diese Prämissen als Ärgernis unterdrücken oder als 'Erbe' vereinnahmen will, die materialistische Ästhetik kommt nicht ohne sie aus, wenn sie die Wirkung vergangener Werke auf spätere Zeiten oder auch nur den klassentranszendierenden Charakter der Kunstform erklären, wenn sie angesichts der Entfremdung des Menschen unter der Herrschaft des Kapitalismus die Möglichkeit freier, aus der Abhängigkeit von der Teilung der Arbeit gelöste Tätigkeit als Prozeß der ästhetischen 'Bildung der Sinne' beschreiben und wenn sie den Konsumenten nicht immer nur als Opfer materieller Verhältnisse, sondern auch als 'tätiges Subjekt' und damit die Möglichkeit einer solidarisierenden, gesellschaftsbildenden Funktion der Kunst begreifen will. Andererseits kommt aber auch die bürgerliche Ästhetik nicht ohne materialistische Prämissen aus, wenn sie Literatur und Kunst nicht mehr als eine ideale Geschichte oder andere Welt vom realen geschichtlich-gesellschaftlichen Prozeß absondern, sondern ihre vergangenen und möglichen Funktionen in der Geschichte und Gesellschaft begreifen und das Ärgernis nicht länger unterdrücken will, daß jedes Kunstwerk als schöner Schein sowohl der Freisetzung von Möglichkeiten und sonst unerfüllten Bedürfnissen als auch der Verschleierung von herrschenden Interessen dienen kann. Mit der Anerkennung des wechselseitigen Ärgernisses wäre für den Fortgang der Debatte zwischen 'bürgerlicher' und 'marxistischer' Literaturtheorie vielleicht ein neuer Ausgangspunkt gewonnen. Ich denke dabei auch an eine längst überfällige Korrektur der Sprachregelung. Das Feld der Politik kann mit unübersehbaren Gründen scharf nach einem 'bürgerlichen' und einem 'marxistischen' Standpunkt geschieden werden, im Feld der Philosophie mag es eine 'idealistische' und eine 'materialistische' Theorie der Erkenntnis geben – im Feld der Ästhetik hingegen erwies sich der so etikettierte Gegensatz immer wieder als unbegründbar oder rein ideologisch, dank der Eigenart ästhetischer Erfahrung, die sich in ihrer gewaltlosen, nicht beherrschbaren und darum 'subversiven' Wirkung aller ideologischen Botmäßigkeit und Herrschaft gesellschaftlicher Instanzen seit ehedem immer wieder entzog.[11]

Anmerkungen

1 *Rezeptionsästhetik und marxistische Literaturtheorie*, in: *Historizität in Sprach- und Literaturwissenschaft – Vorträge und Berichte der Stuttgarter Germanistentagung 1972*, hg. von W. Müller-Seidel, München 1974, S. 379–388.

2 Zusammenfassung von Mandelkow, ib., S. 381.

3 Ib., S. 384.

4 In diesem Band, S. 380 ff.; sie findet sich zwar in der Bibliographie, nicht aber in dem ausführlichen Forschungsbericht, mit dem Peter U. Hohendahl den Reader: *Sozialgeschichte und Wirkungsästhetik – Dokumente zur empirischen und marxistischen Rezeptionsforschung*, Frankfurt 1974 (Fischer Athenäum Taschenbücher Literaturwissenschaft 2072) eingeleitet hat. Das Mindestmaß an Fairness wäre doch wohl gewesen, den Leser dieses Readers wenigstens auf meine Replik an Bernd J. Warneken hinzuweisen, nachdem dessen Kritik: *Zu Hans Robert Jauß' Programm einer Rezeptionsästhetik* das letzte Wort in der Reihe der abgedruckten Dokumente eingeräumt und Hohendahls eigene Auseinandersetzung mit mir allein auf der Grundlage meiner Veröffentlichungen vor 1972 geführt wird.

5 Berlin und Weimar, 1973.

6 Auf weitere idealistische Implikationen der materialistischen Ästhetik gehe ich in einer demnächst zu publizierenden Abhandlung: *Das idealistische Ärgernis – Bemerkungen zur marxistischen Ästhetik* ein, deren dritten Teil das hier vorgelegte Stück bildet.

7 *Ökonomisch-philosophische Manuskripte*, zitiert nach K. Marx: *Die Frühschriften*, ed. S. Landshut, Stuttgart 1971, S. 237–240.

8 S. 87, in fast wörtlicher Aufnahme von Formulierungen meines Nachworts *Die Partialität der rezeptionsästhetischen Methode*, in diesem Band S. 380 ff.

9 Vgl. S. 358, wo nur ganz pauschal von Normen die Rede ist, die am literarischen Erbe gewonnen seien, und S. 366, wo kein Wort über die Differenz zwischen Goethes und Brechts Variante des Lakonismus fällt.

10 Vgl. S. 366: "seine Aktivität als unsere Aktivität wiederholen"; S. 378: "Perspektive ... durch die hindurch er die dargestellten Dinge 'sieht'."

11 Hierzu verweise ich auf meinen Beitrag zu *Poetik und Hermeneutik VI: Negativität und Identifikation – Versuch zur Theorie der ästhetischen Erfahrung* (hg. von H. Weinrich, bei Fink, München 1975).

Hans Robert Jauß

RACINES UND GOETHES IPHIGENIE

Mit einem Nachwort über die Partialität der rezeptionsästhetischen Methode

I

Wenn es Goethes "Iphigenie" nicht verdient, auf dem Friedhof so zeitloser wie vergangener Meisterwerke vergessen zu werden, muß eine neue Interpretation gerade in der Gegenwartsferne und Fremdheit dieses Werkes der Weimarer Klassik ihren Ansatz suchen.

Gilt Goethes "Iphigenie" in unserer Zeit zu Recht als der Inbegriff vollkommener vergangener Kunst? Können wir sie noch anders sehen denn als Erinnerung an eine abgeschiedene Kunst, deren Idealität für uns längst historisch geworden ist und darum nur noch einer sentimentalen Philologie als Maß und Muster aller Kunst gelten kann? Sollen wir darum – wie Martin Walser forderte – die "Iphigenie" wie überhaupt die Stücke der Klassiker nur noch als "Spiele der Vergangenheit" aufführen, zur geschichtlichen Belehrung: "So war es einmal. Das bedingt uns. Aber es liegt hinter uns. Wir sind vielleicht nicht weiter. Aber wir sind später. Es geht da um unsere, aber um unsere vergangene Sache" (R 101)?[1]

Niemand kann heute mehr übersehen, wie sehr gerade jenes Drama, das recht eigentlich als Evangelium des deutschen Humanismus (Gundolf) galt und das an deutschen Gymnasien Generationen von Schülern den Geist der Weimarer Klassik vermittelte, Goethes "Iphigenie", an klassischer Autorität eingebüßt hat. Es steht in der Spitzengruppe der Werke, die von Primanern als Pflichtlektüre abgelehnt werden, wie unlängst eine Befragung westdeutscher Studienanfänger wieder bestätigte.[2] Wir haben hier den interessanten Fall, wie das lange Zeit wirkungsmächtige Werk eines Autors der Weltliteratur vor unseren Augen die Aura seiner Vollkommenheit verliert. Eine simple Erklärung dafür liegt nur für Ideologen beider Lager auf der Hand. Für die einen beweist die Inaktualität der "Iphigenie" einmal mehr, daß der Kunstbegriff des Bildungsbürgertums passé ist und daß klassische Werke, in denen es nicht mehr um unsere gegenwärtige Sache geht, zu Recht in das Museum vergangener Kunst gehören. Für die andern beweist das gegenwärtige Unverständnis der "Iphigenie" nur, daß unsere Zeit dem Anspruch, den Goethes Werk an alle Nachkommenden stellt, eben nicht mehr gewachsen ist und daß die moderne Literatur nicht ohne Schaden (für Emil Staiger nur um den Preis der moralischen Dekadenz) der Autorität des Klassischen sich entziehen konnte.

Wer sich mit diesem schroffen Gegensatz von Aktualismus und Traditionalismus nicht zufrieden geben kann, muß die Mühe auf sich nehmen, nach den historischen und ästhetischen Bedingungen zu fragen, die dem gegenwärtigen Verständnis oder Unverständnis der "Iphigenie" in der Geschichte ihrer Aufnahme und Wirkung vorausliegen. Eine neue Interpretation, die sich der Herausforderung stellen und prüfen will, ob die klassische "Iphigenie" für uns noch – oder wieder – aktualisierbar ist, kann ihre offensichtliche Gegenwartsferne nicht ignorieren und sich nicht auf eine vorgeblich objektive Deutung des 'ursprünglichen Sinns' zurückbeziehen. Denn abgesehen davon, daß auch die früheren Interpreten glaubten, etwas vom ursprünglichen Sinn der "Iphigenie" erkannt zu haben, daß also der jetzige Interpret schwerlich einen Fortschritt zu höherer Objektivität für sich allein beanspruchen kann, steht ja heute gerade in Frage, ob der 'ursprüngliche', sagen wir genauer: der mit dem Erscheinen von Goethes Werk zutage getretene oder von seinen Zeitgenossen so wahrgenommene Sinn der "Iphigenie" auch unserer Zeit noch oder wieder etwas zu bedeuten vermag.

Wir haben demnach zunächst zu klären, welche Deutungen diesen historisch ursprünglichen Sinn von Goethes "Iphigenie" überlagert haben, aus der Geschichte ihrer Aufnahme und Wirkung in unser Vorverständnis eingegangen sind und möglicherweise einer neuen Rezeption entgegenstehen. Ist die festgestellte Ablehnung der "Iphigenie" bei deutschen Primanern nicht einfach auf den Mißbrauch des Dramas als Schullektüre und Übungsstoff zurückzuführen? Oder handelt es sich um den – längst überfälligen – Protest gegen einen sakrosankten, von Neuhumanismus und dem Bildungsbürgertum des 19. Jahrhunderts geprägten ästhetischen Kanon? Genügte es dann nicht, die Normen dieses Bildungskanons abzubauen, um das klassische Stück von einer falschen Patina zu befreien und wieder aktualisierbar zu machen? Diese Fragen erfordern einen kritischen Blick auf seine Rezeptionsgeschichte.

Eine solche Retrospektive bedarf nicht notwendig der Vollständigkeit einer Wirkungsgeschichte, wenn es gelingt, diejenigen Rezeptionsgestalten oder "Konkretisationen" des Werkes aufzudecken, die sein gegenwärtiges Verständnis als zutage liegende, nicht selten aber auch als verdeckte Vorgeschichte erhellen können. Zur Methode und Terminologie sei hier nur soviel vorweg bemerkt: mit der phänomenologischen und semiologischen Theorie der Kunst setze ich im Anschluß an W. Iser einen Begriff des *Werkes* voraus, der die vorgegebene Struktur des *Textes* (Zeichencharakter des Artefakts) und seine *Aufnahme* oder Wahrnehmung durch Leser/Zuschauer (ästhetisches Objekt als Korrelat im Bewußtsein des oder der Rezipienten) zusammenschließt[3]. Die virtuelle Struktur des Textes bedarf der *Konkretisation,* d. h. der aneignenden Erfahrung durch seine Empfänger, um sich als Werk zu entfalten; das Werk "aktualisiert die Spannung zwischen seinem 'Sein' und unserem 'Sinn'"[4] derart, daß sich *Bedeutung* erst in der Konvergenz von Text und Rezeption konstitutiert[3], mithin der *Sinn* des Kunstwerks nicht mehr als überzeitliche Substanz, sondern als historisch sich bildende Totalität zu fassen ist. Den Begriff "Konkretisation" verwende ich nicht im engeren Sinne von R. Ingarden, als Ergänzung der Lücken und imaginative Auffüllung von Unbestimmtheitsstellen in der schematischen Werkstruktur[5], sondern bezeichne damit im Einklang mit der ästhetischen Theorie des Prager Strukturalismus den immer neuen Charakter, den das Werk in seiner ganzen Struktur unter veränderten geschichtlich-gesellschaftlichen Rezeptionsbedingungen erhalten kann[6]. Der historische Wandel der Konkretisationen eines so wirkungsmächtigen Werkes wie der "Iphigenie" ließe sich sowohl gesellschaftsgeschichtlich oder ideologiekritisch im Rückgang auf Verhältnisse und Interessenlagen der Leser- und Bildungsschichten begründen als auch funktionsgeschichtlich im Blick auf ästhetische Normen und imaginatives Bedürfnis wechselnder Generationen des Publikums ausschöpfen. Mein Frageinteresse ist auf das bescheidenere hermeneutische Ziel gerichtet, aus dem Wandel der Konkretisationen der "Iphigenie" den Horizont von Frage und Antwort zu rekonstruieren, der sowohl den Rezeptionsprozeß sich wandelnden Verstehens bedingt als auch auf der Seite der Produktion immer wieder den Anstoß gegeben hat, das Ungenügen an der Lösung des Vorgängers in eine neue literarische Gestalt oder 'Antwort' umzusetzen.

II

Die rezeptionsgeschichtliche Analyse kann zeigen, wie der historische Klassizismus der Goethezeit ('antiker Form sich nähernd') in einen ästhetischen Klassizismus überging, der den ursprünglich auch von Goethes Iphigenie geforderten Horizontwandel der ästhetischen Erfahrung vergessen ließ, anders gesagt: die ursprüngliche Negativität des Werkes in die Verbürgtheit des nunmehr Vertrauten umwandelte.

Wie sehr die deutsche Bildungsgeschichte des 19. Jahrhunderts bis in unsere Tage das unbefragte Vorverständnis der "Iphigenie"-Interpretation bestimmt, kann unschwer an einem erfolgreichen Arbeitsheft gezeigt werden, das dem Deutschlehrer "sachliche und wissenschaftliche Grundlagen" für die "gemäße Interpretation" bieten soll[7]. Gesichtspunkte, nach denen "Gedanken und Probleme zur 'Iphigenie'" geordnet sind, lauten etwa: "Seelendrama (Daimon und Ananke), Iphigeniens Glaube, Der mythische Grund, Durchbruch der Humanität, Die Macht des sittlichen Genius, Iphigenie als Bekenntnisdichtung Goethes, Götter und Gebete, Sprache der Frömmigkeit, Der Heilschlaf des Orestes, Iphigenisches Griechentum, Von der Religion der Humanität". Der letzte Gesichtspunkt: "Zur Interpretation der 'Iphigenie' in unserer Zeit" macht die vorgenannten, die allesamt auf Rezeptionsstufen des 19. Jahrhunderts zurückführbar sind, scheinbar fragwürdig. Hier wird festgestellt, daß man nach den Kriegen und Vernichtungsorgien des 20. Jahrhunderts diese Dichtung nicht mehr einfach "als traditionell geheiligtes Drama der Humanität" hinnehmen könne. Doch fragwürdig ist dem Verfasser weniger das klassische Drama als solches, dem er genau genommen nur den theologischen Vorwurf macht, "daß eine Humanität vom Range Iphigeniens den Menschen viel zu sehr erhöht und ihm heilende und ordnende Wirkungen zuerkennt, die zumindest erst durch eine Rückbeziehung auf Christus, seine Offenbarung und seinen Erlösungstod, fruchtbar werden könnten". Fragwürdig ist ihm vor allem die jüngste Phase der europäischen Zivilisation, die mit ihren "Abgründen menschlichen Versagens" den "sittlichen Forderungen der Iphigenie und ihrer Humanität" nicht mehr gerecht werden kann. Unerschüttert bleibt für ihn, daß diese Forderungen "den höchsten Anspruch enthalten, der je an einen Menschen gestellt worden war". Als Zugeständnis an unsere Zeit findet sich danach nur die Empfehlung, im Unterricht den "dunklen Untergrund" des Atridenmythus, der wiedergebe, "was uns als geschichtliches Schicksal maskenlos deutlich wurde", herauszuholen, ferner in der iphigenischen Humanität eine Aufgabe zu sehen, "deren Lösung bis zum letzten Augenblick gefährdet bleibt", insbesondere "das Wagnis Iphigeniens herauszuheben", notfalls ihren "sittlichen Triumph" als ein "Wunschbild" oder "weithin leuchtendes Versprechen" auszulegen, und so das Iphigenie-Ideal wenn nicht für die geschichtliche und gesellschaftliche Wirklichkeit, so doch für den "bescheidenen Bezirk des persönlichen Lebens" zu retten, wo "in der Begegnung einzelner Menschen miteinander die Wirkung des Iphigenie-Geschehens sich immer wieder beglückend ereignet".

Die letzte Empfehlung mit der Rücknahme des Humanen in die rein private Existenz ist ein unfreiwillig ironisches Echo auf das erste Zeugnis der Iphigenie-Rezeption, Goethes Tagebucheintrag vom 6. April 1779: *'Iphigenie' gespielt. Gar gute Wirkung davon, besonders auf reine Menschen* (R 45). *Reinheit* gehörte mit *Harmonie* (R 47, 51, 45), *heiliger Ruhe* (R 48), *Einfalt und stiller Größe* (R 57) zu den Zügen der griechischen *Simplizität*, der sich der Weimarer Klassizismus – *das Land der Griechen mit der Seele suchend* – in diesen Jahren verschrieb. Die erste Aufnahme der "Iphigenie" ist eine Konkretisation des Winckelmannschen Antikebilds und seiner berühmten Formel der *edlen Einfalt und stillen Größe* (die Winckelmann übrigens in höherem Maße der französischen Ästhetik verdankt, als es der deutsche Bildungsstolz wahrhaben wollte)[8]. Das griechische Kostüm des mit Euripides wetteifernden Schauspiels hat nicht allein das Leitbild der deutschen Griechensuche gezeitigt. Der deutsche Klassizismus, aus dem aufgeklärt historischen Wissen von der Antike hervorgegangen, die der französische Klassizismus Racines oder Poussins noch ungebrochen als zeitloses Vorbild gesehen hatte, setzt seit seiner Weimarer Prägung einen Grad an historischer, wenn nicht klassischer Bildung voraus, der seine Wirkung auf gebildetere Kreise, um nicht zu sagen: "auf reine Menschen" (Schleiermacher, R 68) beschränkte.

Der "Zauber dieser Täuschung", in Goethes "Iphigenie" sei ein Werk im Geiste der Alten wiedererstanden, wurde schon von Zeitgenossen wie Schiller und Wieland (R 57) durchschaut. Nicht das heroische Zeitalter der Griechen, sondern "die schönere Humanität unsrer neueren Sitten" sei es, die Goethe in eine griechische Welt eingeschoben und zum Ideal erhoben habe (Schiller, R 59). Diese zweite Konkretisation, das 'Drama der Humanität', schließt ein, "daß dasjenige, was man eigentlich Handlung nennt, hinter den Koulissen vorgeht, und das Sittliche, was im Herzen vorgeht, die Gesinnung, darin zur Handlung gemacht ist" (Schiller, R 62). Damit wird der Zug, der im griechischen Mythus fehlt: Iphigeniens Vertrauen auf die Überzeugungskraft des wahren Worts, zur eigentlichen und *unerhörten Tat*. Wie aber, wenn das Drama der Gesinnung den Solidaritätskreis der human Gesinnten überschreiten müßte? Daran rührt die Kritik, die wohl zuerst Grillparzer 1841 auf die Pointe gebracht hat: "daß dieser König Thoas nicht darnach aussieht, daß ein neues Menschenopfer irgend von ihm zu befürchten stünde" (R 69). Martin Walser zielte 1965 wieder in dieselbe Richtung, als er die zeitlose Gültigkeit des Weimarer Klassizismus mit dem Argument in Frage stellte: "In Goethes klassischen Stücken treten nur noch Weimaraner auf. Iphigenies Salto ins pure Wahrhaftige, mit dem sie immerhin auch das Leben von zwei weiteren, sagen wir einmal, Menschen riskiert, dieser Salto wäre in jedem anderen Raum schlimmster leutnantshafter Leichtsinn. Aber Thoas ist Weimaraner. Darauf kann Iphigenie zählen. Insofern ist es dann doch kein so großes Risiko" (R 104).

Auf die fatalen Zweifel hat sich die Iphigenie-Rezeption nicht ausdrücklich eingelassen. Sie entging ihm dadurch, daß das Prinzip der Humanität durch das eigentümlich Nationale und durch die "Schönheit des Gemüthes" (R 68), das Sittliche durch die Sublimation des Sinnlichen ersetzt[9], das Dramatische überhaupt preisgegeben und aus der Not, geschichtliches Handeln zu begründen, die wahre Tugend ästhetischer Bildung gemacht wurde. Diese Wendung zeigt sich etwa bei Tieck mit den Worten an: "Indem das Werk ganz auf dem Gemüthe ruht, Entschluß und Entwicklung aus diesem hervorgeht und ein Unsichtbares darstellt, das gleichsam aller That und Handlung entgegengesetzt ist, so ist es eben durch seine größte Schönheit undramatisch, wenn auch manche Scenen von dramatischer Wirkung sind" (1828; R 68). Aus diesem neuen Verständnis ging eine dritte und vierte Konkretisation hervor: die 'heilige Iphigenie der Humanität' und das 'Seelendrama'.

Das "Unsichtbare", das "aller That und Handlung entgegengesetzt" ist, inkarniert sich in dem frommen Wesen der Iphigenie, die durch "Wirkungen reiner Weiblichkeit" das "sittliche Wunder" der Entsühnung des fluchbeladenen Geschlechts vollbringt (Immermann, R 69). Der "schöne Frauencharakter" wird "ein und alles für den Eindruck des Stücks. Fast alles andere ist uns Griechentum, unserer Bildung vielleicht vertrauter, unserer Empfindung fern" (Laube, R 70). Diese Konkretisation, aus dem geheimnisvollen Paradox gespeist, daß gerade "das hinreißendste Bild der edelsten, zartesten Weiblichkeit" (R 63) alle erotischen Gefühle zum Schweigen bringt und Iphigenie in ihrer Lauterkeit etwas wie eine "Christusthat" vollbringt (Kuno Fischer, R 74), hatte die erstaunlich faszinierende Gewalt, so verschiedene Geister wie Immermann, Laube, Kuno Fischer, Friedrich Gundolf (der den Mythus der ewigen Iphigenie über Charlotte von Stein als Symbol der in Goethe "selbst wirksamen Läuterungskräfte" noch ins Biographische zog), Walter Rehm, wie noch den Verfasser der jüngsten Empfehlung für den Deutschunterricht in ihren Bann zu schlagen (R 69–70, 73–74, 77).

Dieser Rezeptionsgestalt der "Iphigenie", die nunmehr als mythisches Idealbild über der Geschichte steht (A. Beck, D 43), folgt eine neue Bestimmung ihrer Form, das Seelendrama. So hat Wilhelm Scherer 1883

Goethes "Iphigenie" genannt und zu einer "neuen Gattung des Schauspiels" erhoben, "worin Deutschland, das seit der Reformation und dem Pietismus so stark nach innen gezogen wurde, seine Eigentümlichkeit zur Geltung bringt" (R 74). In dieser Konkretisation, die durch viele Handbücher geistert, hat sich der geschichtliche Gehalt der "Iphigenie" ganz in die Innerlichkeit des deutschen Gemüts aufgelöst. Das Humanitätsideal in Goethes "Iphigenie" war indes nicht von Anbeginn einer "Weimarer Reduktion" (Walser, R 104), einer bloßen Flucht aus Geschichte und Gesellschaft entsprungen. Zwar wäre es eine vergebliche sozialistische Liebesmüh, wollte man in der "Iphigenie" eine Spiegelung gesellschaftlicher Verhältnisse auffinden. Die neuerdings oft beschworene Äußerung Goethes: *Der König von Tauris soll reden, als wenn kein Strumpfwürker in Apolde hungerte* (an Frau v. Stein, 6. 3. 1779) weist auf eine geschichtliche Wirklichkeit, die aus dem *gräzisierenden Schauspiel* völlig ausgeschlossen blieb. Wenn der Klassizismus Goethes gleichwohl für den Weimarer Hof und für sein erstes Publikum nicht weltlos und gesellschaftsfern war, so darum, weil Goethe – wie zuletzt Adorno zeigte – mit seinen 'Zivilisationsdramen' "Iphigenie" und "Tasso" gegen den Subjektivismus der Geniezeit Position ergriff.

Dieser historische Gehalt der "Iphigenie" ist auf der Rezeptionsstufe des ästhetischen Klassizismus ohne Rest in die Innerlichkeit des 'Seelendramas' verflüchtigt worden. Für die ästhetische Einstellung hat das Werk seine horizontverändernde Kraft eingebüßt: was in der ersten Konkretisation der Goetheschen "Iphigenie" als Risiko der zu leistenden klassizistischen Form und als moralische Problematik der Humanität noch greifbar war, erscheint in der letzten Konkretisation des klassischen Seelendramas als schon vertraute, hinfort verbürgte und ästhetisch genießbare Lösung. Das Moralische bleibt nunmehr – um Gundolf zu zitieren – "nicht bei der Gesinnung, sondern es tritt heraus in die Sinnlichkeit, es spricht zur Empfindung als Schönheit" (D 34). Und in dem Maße, wie das idealische Seelendrama hinter der inhumanen Wirklichkeit der Geschichte zurückbleibt, gerät auch die Rezeption der "Iphigenie" mehr und mehr in die Retrospektion: der ästhetische Klassizismus lebt "in der Kunst als in der Erinnerung an die wahre Kunst" (Nietzsche, R 72).

Aus diesem – gewiß nur umrißhaften – Versuch, die Rezeptionsgeschichte der deutschen "Iphigenie" aufzuhellen, ergeben sich zwei Folgerungen. Wenn die derzeitige Fremdheit und Gegenwartsferne der "Iphigenie" nur die Folge ihrer bisherigen Rezeption wäre, deren Einseitigkeit uns die gegenwärtige Krise der bürgerlichen Bildung bewußt macht, dann hinge die Aktualisierbarkeit des Werkes nur davon ab, ob es heute auch einmal 'gegen den Strich', d.h. gegen die eingewöhnte Erfahrung des ästhetischen Klassizismus gelesen werden könnte. Dabei müßte es sich zeigen, ob in der bisherigen Geschichte der Rezeption Bedeutungsmöglichkeiten unausgeschöpft blieben oder unterdrückt wurden, die gleichfalls in Goethes "Iphigenie" angelegt waren. Man darf diese Vermutung wagen, wenn man sich an die irritierende Äußerung Goethes zu Schiller erinnert, sein *gräcisierendes Schauspiel sei ganz verteufelt human* und *die Wirkungen eines solchen Wagestücks* (seien) *für uns und das Ganze incalculabel* (19.1.1802, R 52). Wie reimt sich dieses Urteil mit dem "geheiligten Drama der Humanität", mit dem "Mythus des rein Weiblichen" oder mit der Idealität des "Seelendramas"? Man muß Goethes "Iphigenie" offenbar aber zugleich von der Hülle des antikisierenden Klassizismus befreien, wenn man dem Zeugnis Schillers Gewicht zumessen will, der in einem Brief an Körner fand, Goethes "Iphigenie" sei "so erstaunlich modern und ungriechisch, daß man nicht begreift, wie es möglich war, sie jemals einem griechischen Stück zu vergleichen" (21.1.1802, R 61).

Indes darf man bei dem Versuch, eine vergangene historische Aktualität hinter der sie verdeckenden späteren Rezeption wiederzufinden, nicht erwarten, daß die früheste Konkretisation des Werks zugleich diejenige Bedeutung erschließt, unter der es für uns wieder aktualisierbar werden kann. Die historische Reihe der Konkretisationen eines Kunstwerks ist gleichermaßen von der sich verändernden Disposition der aufnehmenden Publikumsgenerationen wie von der vorgegebenen formalen und thematischen Struktur des aufgenommenen Werkes bedingt. Die neue Deutung muß, wenn sie den Prozeß der Rezeption aufarbeiten will, auch darüber Rechenschaft ablegen, ob in der modernen Gestalt, die Goethe dem antiken Mythus von Iphigenie gab, selbst schon Gründe lagen, die sein weiteres Schicksal im Wandel von Verständnis und Kritik bedingt haben – Gründe, die auch jedem gegenwärtigen Versuch der Aktualisierung eine nicht überschreitbare Grenze setzen können.

III

Um sich den "erstaunlich modernen und ungriechischen" Anblick der "Iphigenie" gemäß der Intention Goethes wieder zu verschaffen, empfiehlt es sich, auf die Gestalt zurückzublicken, in der die klassische französische Tragödie den Iphigenie-Mythos der deutschen Klassik hinter-

ließ. Für diesen Gang der Interpretation muß auch Racine erst von der Hülle des antikisierenden wie von der Patina des ästhetischen Klassizismus befreit werden.

Für Racine hat in jüngster Zeit vor allem Roland Barthes die Kritik an seiner akademischen Deutungstradition vollzogen und eine Revision des klassizistischen Verständnisses in Gang gebracht. Dabei wurden die jedem französischen Schüler vertrauten Ruhmestitel der klassischen Tragödie in Frage gestellt: ihre 'simplicité', die Poesie der Racineschen Verse, die Wahrheit der Charaktere, die Feinheit in der Schilderung der Leidenschaften, die Wahrheit und Natürlichkeit des Spiels. Der so verstandene Racine sei ein spezifisch bürgerlicher, von Voltaire geschaffener Mythus, eine Anpassung der tragischen Dimension des Racineschen Theaters an die Psychologie des bürgerlichen Schauspiels, die dem bürgerlichen Geschmack ermöglichte, "im noblen Salon der klassischen Kunst und doch 'en famille' mit Racine umzugehen" [10]. Dem Mythus des 'tendre Racine', der traditionellen Konkretisation der bürgerlichen Kritik, setzte Barthes provokativ einen 'cruel Racine' entgegen. Seine Interpretation macht hinter der aristokratischen Welt der Tragödienfiguren eine archaische gesellschaftliche Situation sichtbar, wie sie Siegmund Freud an der Urhorde verdeutlicht hat. Racines Theater wäre demnach nicht mehr ein 'théâtre d'amour', sondern ein 'théâtre de la violence': alle Verhältnisse zwischen den Personen manifestieren die Grundbeziehung zwischen dem Mächtigen und dem Schwachen, zwischen dem Tyrannen und dem (oder der) Gefangenen, zwischen der Übermacht der Väter und der Auflehnung der Söhne und damit in letzter Instanz zwischen einem alttestamentarischen Willkür-Gott und dem Menschen als dem ihm preisgegebenen unschuldigen Geschöpf. Diese Grundkonstellation, auf der Barthes seine Deutung der Racineschen Tragödie aufbaut, erscheint weniger schockierend und dem Geist der Zeit Racines fern, wenn man sich daran erinnert, in welcher Tiefendimension schon Erich Auerbach die Darstellung der Leidenschaften bei Racine gesehen hatte [11]. In Racines Tragödie sei die irdische Begierde wie nie zuvor "zum Range eines selbständigen, prinzipiellen und autonomen Seeleninhalts, zu etwas an sich bewunderungswürdigem und erhabenem aufgestiegen" und drohe, "an die Stelle des Christentums und überhaupt jeder frommen Demut eine Art Metaphysik der Leidenschaften zu setzen." Selbst in dem scheinbar christlichen Drama der "Athalie" finde sich "nicht eine Spur von dem überlieferten und lebendigen Wesen des Christentums", sondern "aus dem finstersten Winkel des Alten Testaments wird ein grauenhaftes Kapitel hervorgeholt", in welchem Athalie "das Äußerste an unchristlicher und schlechthin unmenschlicher Selbstbehauptung" leiste. In diesem Zusammenhang gebraucht schon Auerbach die Wendung, daß hier, um 1700 und in Frankreich, "das ganze Grauen eines Stammeskampfes in Urzeiten" erstehe.

Die Racine-Deutungen Auerbachs und Barthes illustrieren wiederum, wie in der Rezeptionsgeschichte eines klassischen Textes die ursprüngliche Negativität, hier die wenn nicht für das Publikum von 'la cour et la ville', so doch für Port Royal oder die kirchliche Kritik provokative Darstellung tragischer Leidenschaften [12], mit dem Horizontwandel zur rein ästhetischen Einstellung mehr und mehr in Vergessenheit geraten kann. Im Falle Racines hat die sogenannte klassische Dämpfung: die Reinheit der Diktion, Eleganz des Ausdrucks und Stilhöhe der Verbildlichung noch das Ihrige dazu beigetragen, für eine ästhetische oder erbauliche Rezeption den ursprünglich provokativen Gehalt in der Klassizität der Form verschwinden zu lassen. Der Versuch Roland Barthes', der klassizistischen Deutung Racines eine archaische Tiefenstruktur seiner Tragödie entgegenzustellen, läßt sich demnach sehr wohl in die geschichtliche Situation der französischen Klassik zurückübersetzen. Der Prozeß, der nach Barthes in der Tragödie Racines zwischen Gott und Mensch spielt, gewinnt erst seine ganze Schärfe, wenn man bedenkt, daß er als eine Umkehrung der Erlösungstheologie des Jansenismus verstanden werden konnte:

"Tout Racine tient dans cet instant paradoxal où l'enfant découvre que son père est mauvais et veut pourtant rester son enfant. A cette contradiction il n'existe qu'une issue (et c'est la tragédie même): que le fils prenne sur lui la faute du père, que la culpabilité de la créature décharge la divinité" [13].

Die tragische, in christlicher Sicht schon fast blasphemische Umkehrung, daß das unschuldige Kind die Verfehlung des Vaters auf sich nimmt, spielt in Racines "Iphigénie" zwischen Agamemnon und Iphigenie. Gerade diesem Stück wird indes Barthes am wenigsten gerecht, weil er die tragische Grundbeziehung zwischen Agamemnon und Iphigénie übersieht und allein Eryphile die tragische Rolle zubilligt, so daß bei ihm die übrige Handlung und ihre Konflikte im Spannungsfeld der Familie Agamemnons auf die Ebene eines prosaischen, schon Molière nahen bürgerlichen Dramas herabsinken [14]. Daß der nichttragische Ausgang indes das tragische Dilemma in Racines "Iphigénie" nur überdeckt, aber nicht gelöst hat, wird sogleich sichtbar, wenn wir uns nun wieder der Frage zuwenden, worin Goethe seinen Ansatzpunkt zur Wiederaufnahme des Iphigenie-Mythus gesehen haben könnte.

IV

Da der geschichtliche Einsatz der deutschen Klassik nicht ohne ihren Widerstreit mit der noch ungebrochenen Autorität der französischen Klassik zu denken ist, kann auch angenommen werden, daß die Begründung eines deutschen Dramas in klassizistischer Form für Goethe eine Absetzung von dem konkurrierenden Vorbild Racines erforderte. Goethes "Iphigenie", die man genetisch zumeist als eine Nachahmung des euripideischen Vorbilds erklärt, läßt sich auch als eine neue Lösung der formalen und inhaltlichen Probleme verstehen, die Racines "Iphigénie" für eine bestimmte Position des aufgeklärten Denkens hinterließ.

Man pflegte Goethes "Iphigenie" vornehmlich gegen ihr antikes Vorbild abzusetzen. Wenn aber die deutsche "Iphigenie" im Wetteifer Goethes mit Euripides entstanden ist, so folgt daraus keineswegs, daß auch der Anstoß zur Umformung der euripideischen Vorlage allein in dem antiken Vorbild lag. Dagegen spricht, daß die deutsche Klassik bereits aus einer historischen Distanz, die der französischen Klassik noch nicht bewußt war, auf das mythische Zeitalter der griechischen Tragödie zurückblickte. Dafür kann Hegel als Zeuge angeführt werden, der in seiner "Ästhetik" gerade am Beispiel der Iphigenie die "Umwandlung solcher bloß äußerlichen Göttermaschinerie in Subjektives, in Freiheit und sittliche Schönheit" erläutert hat[15].

Die Verinnerlichung des mythischen Verhältnisses zwischen Göttern und Menschen tritt bei Hegel als eine neue Deutung des antiken Mythus hervor, die dem deutschen Idealismus wohl am gemäßesten war. Goethes Wendung zur Unmittelbarkeit der religiösen Subjektivität war indes schwerlich allein durch die euripideische Gestalt des historisch fernen, antiken Mythus herausgefordert. Nicht die als tiefsinniges Spiel der poetischen Einbildungskraft wieder entdeckten und geschätzten antiken Mythen, sondern der bittere Ernst und die intrikate Zweideutigkeit göttlicher Willkür, die Racines Tragödie auf den Gipfel trieb, dürften Goethes moderne Iphigenie herausgefordert haben.

Der Polytheimus des griechischen Mythus scheint in Racines "Iphigénie" ganz in einen alttestamentarischen Monotheismus zurückübersetzt zu sein. An die Stelle des mythischen Einvernehmens zwischen Göttern und Menschen ist hier ein bis ins Äußerste verschärftes Verhältnis von göttlicher Willkür und menschlicher Ohnmacht gesetzt. Doch über der ganzen Handlung lastet nicht allein das drohende, höchste Verwirrung stiftende und am Ende doch nur durch bare Willkür gelöste Orakel. Hier verkörpert auch im Innenraum der Handlung die herrschende königliche Gewalt, Agamemnon, im mehrfachen Widerruf ihrer Entscheidungen die grausame Allmacht einer gottgleichen Instanz. Derselbe Agamemnon aber, der einerseits als Statthalter des abwesenden Gottes handelt, ist andererseits durch die Unvereinbarkeit seiner Rollen als heerführender König, Sippenoberhaupt, Gemahl und Vater in ein ständig sich steigerndes Dilemma gebracht, das alles Wollen und Handeln ins fahle Licht tragischer Ironie rückt.

Die unaufhebbare Zweideutigkeit, mit der hier ein unmenschliches Schicksal sein grausames Spiel mit der Ohnmacht des menschlichen Willens treibt, steigert Racine im Gang der Tragödie von Szene zu Szene. Die abgefeimte List Agamemnons, der das geforderte Opfer Iphigénies mit der Zurüstung ihres Hochzeitsaltars bis zuletzt verbergen will, schlägt in höhnischer Ironie immer wieder auf ihn selbst zurück. So wenn die Dienerin Eurybate Agamemnon die Rückkehr der Tochter ankündigt und ohne zu ahnen, daß damit Agamemnon wieder zum Vollzug des Opfers genötigt ist, ihm mit dem naiv gemeinten, doch den schwärzesten Abgrund aufreißenden Satz huldigt: *Jamais père ne fut plus heureux que vous l'êtes* (v. 355); so wenn später Iphigenie in ihrer Unschuld den bekümmerten Vater mit den Worten begrüßt: *Quel bonheur de me voir la fille d'un tel père!* (v. 545), oder wenn sie angesichts seines Kummers den liebevoll gemeinten, für Agamemnon aber zynisch klingenden Vorwurf erhebt: *N'osez-vous sans rougir être père un moment?* (v. 560). Die Ironie des tragischen Geschehens reißt hier und anderweitig einen Abgrund zwischen menschlichem Handeln und göttlichem Wollen auf, der weder durch eine fromme Hinnahme des Verhängten noch durch ein freies Aufbegehren überwunden wird. Racines Iphigenie selbst ist ferne davon, die Rolle einer Vermittlerin zwischen Göttern und Menschen zu übernehmen. Wenn sie in IV,4 mit den Worten:

Mon père,
Cessez de vous troubler, vous n'êtes point trahi.
Quand vous commanderez, vous serez obéi.
Ma vie est votre bien. Vous voulez le reprendre:
Vos ordres sans détour pouvaient se faire entendre.
D'un œil aussi content, d'un cœur aussi soumis
Que j'acceptais l'époux que vous m'aviez promis,

Je saurais, s'il le faut, victime obéissante,
Tendre au fer de Calchas une tête innocente,
Et, respectant le coup par vous-même ordonné,
Vous rendre tout le sang que vous m'avez donné.
(vv. 1174–84)

in das Opfer einwilligt, unterwirft sie sich dabei nicht etwa dem göttlichen Orakel, sondern einzig und allein der väterlichen Autorität[16]. Dem gegenüber muß die Antwort Agamemnons, der sich mit dem Willen der Götter herauszureden sucht, unglaubwürdig werden und seine empörend wohlfeile Ermahnung:

Montrez, en expirant, de qui vous êtes née;
Faites rougir ces Dieux qui vous ont condamnée.
(vv. 1245–46)

mit der göttlichen ineins die väterliche Autorität kompromittieren. Hier ist die von Roland Barthes beschriebene Verkehrung der Erlösungstheologie eingetreten: die unschuldige Tochter nimmt den Opfertod als eine Entscheidung väterlicher Willkür auf sich und macht damit den richtenden Vater schuldig. Das wiederkehrende Bild der zum Erröten gebrachten väterlichen Autorität, erst von Iphigénie auf Agamemnon bezogen (v. 560), dann von Agamemnon auf die Götter weitergeschoben, schließt hintergründig den argumentativen Kreis und kompromittiert am Ende nicht mehr Agamemnon oder die Götter je für sich, sondern das Vaterbild der Autorität überhaupt.

Wenn man in diesem tragischen Zirkel einen Akt der Auflehnung gegen die mythische Allmacht des Deus absconditus der jansenistischen Theologie und seine willkürlich gegebenen und wieder entzogenen Gnadenerweise sehen will, so ist es die Auflehnung mit der Waffe des Schwächeren, die sich im Zweideutigen verbirgt und zu keiner Lösung führen kann. Daran ändert auch nichts, daß Racine am Ende Iphigénie durch einen verborgenen Doppelsinn des Orakels rettet, der Eriphile zum Sündenbock werden läßt. Denn diese vielleicht absichtlich zum 'coup de théâtre' stilisierte Lösung vermag den tragischen Knoten aller Verwirrungen nur zu durchschneiden, nicht aber das damit gestellte Problem menschlicher Ohnmacht gegenüber väterlich-göttlicher Autorität zu lösen. Die aufgeklärte Religiosität zumal konnte sich mit einem so willkürlichen wie umständlichen göttlichen Willen nicht mehr zufrieden geben, der in Racines Tragödie weder als Erprobung menschlicher Tugend noch als Bestätigung göttlicher Autorität zu begreifen war.

Schon in der zeitgenössischen Kritik fehlt nicht die Stimme, die das Ungenügen an der religiösen Hintergrundsproblematik der Racineschen "Iphigénie" auf der Ebene ihrer 'Verstöße gegen die Wahrscheinlichkeit' zur Sprache bringt[17]. Der undurchschaubare Wille der Götter, das aus blanker Willkür *(par un pur caprice)* verhängte Sühneopfer und die Zweideutigkeit des Orakels erscheinen im Lichte der rationalistischen Mythenkritik nicht mehr als glaubwürdig; folgerichtig werden dann auch Racines Agamemnon alle edleren Beweggründe abgestritten und sein Dilemma allein auf maßlosen Ehrgeiz zurückgeführt[18]. Vor dem Richterstuhl der sich durchsetzenden bürgerlichen Moral kann Racines Vaterrolle nicht mehr bestehen[19]. Auch Voltaire, der Racines "Iphigénie" als Gipfelwerk der dramatischen Kunst Europas rühmte, unterdrückt nicht den Vorwurf, *que dans une tragédie où un père veut immoler sa fille pour faire changer le vent, à peine aucun des personnages ose s'élever contre cette atroce absurdité*[20]. Wohl aber blieb die 'rührende Einfachheit' von Szenen wie dem ersten Zusammentreffen von Tochter und Vater, dem Kniefall Klytemnestras vor Achill oder ihrem Ungehorsam gegenüber dem Gatten und König zu rühmen und zu bewundern, wie Racine die Charaktere der anderen Mitglieder der Familie im Ausdruck lange verborgener Gefühle: die ergreifende Verzweiflung der Mutter, den rührenden Edelmut der Tochter, die stolze Empörung des Schwiegersohns zu zeichnen wußte[21]. Der Konkretisation des 'tendre Racine' ging demnach eine Reduktion der Racineschen Tragödie auf das voraus, was sich an ihr noch bewundern und mit der Psychologie des bürgerlichen Schauspiel vereinen ließ, nachdem ihre intrikate Zweideutigkeit gegenüber Religion und Autorität unverständlich oder, anders gesagt, nachdem die Frage, auf die sie ursprünglich antworten sollte oder die Antwort verweigerte, uneinsichtig geworden war.

Damit ist unsere Analyse so weit gediehen, daß versucht werden kann, den Horizont von Frage und Antwort zu rekonstruieren, der das hier in den Blick genommene Stück Rezeptionsgeschichte des Iphigeniemythus und im besonderen die Situation, auf die auch Goethes "Iphigenie" Bezug nahm, zu erhellen vermag. Auch wenn die zeitgenössische Kritik wie auch Racine selbst darüber ausdrücklich nichts verlautet, läßt sich die implizierte Frage seiner "Iphigénie" im Anschluß an R. Barthes etwa so formulieren: was bleibt zu tun, wenn der Mensch entdeckt, daß das Vaterbild der Autorität unglaubwürdig geworden ist, und wenn er gleichwohl als gutes Kind dem schlimmen Vater nicht den Gehorsam aufkündigen will? Die implizierte Antwort: die unschuldige

Iphigénie kann als gehorsames Opfer die willkürliche Entscheidung Agamemnons auf sich nehmen, damit den wankelmütigen Vater schuldig machen und so die richtige Autorität kompromittieren, hat Racine durch die Sündenbock-Lösung mit Eriphile verdeckt und damit entschärft. Das Ungenügen der bürgerlichen Moral an dieser Antwort und Scheinlösung artikulierte sich in der Frage: kann und darf ein *père pénétré de sentiments naturels* überhaupt soweit gebracht werden, seine unschuldige Tochter einem öffentlichen Interesse zum Opfer zu bringen[22]? Wer diese Frage verneint, wie es die aufgeklärte Iphigenie-Kritik impliziert, bedarf der Vorgabe des Iphigenie-Mythus schon gar nicht mehr und würde sich in Schwierigkeiten bringen, wollte er den in die Frage beschlossenen möglichen Konflikt mythisch durch ein tragisches Verhängnis motivieren. Voltaires Tragödienversuche kranken bekanntermaßen eben daran und illustrieren, wie schwer sich die kritische Auflösung von Mythen mit der Form der Tragödie verknüpfen läßt. Waren Inhalte der Aufklärung überhaupt noch in die klassische Form der Tragödie zu bringen? Konnte der antiken Mythologie zu einer Zeit, als man sie schon 'historisch' zu sehen begann, noch einmal eine tragische Funktion zurückgewonnen werden?

Erkennt man in diesen Fragen das formale Problem, welches Schauspiel und Kunstkritik der französischen Aufklärung für Goethe und die deutsche Klassik hinterließen, so kann im Blick auf den überkommenen Stoff der Iphigenie nunmehr auch das inhaltliche Problem umrissen werden, das sich für Goethe angesichts der so erfolgreichen Tragödie der französischen Klassik gestellt und die neue Lösung seiner deutschen Iphigenie herausgefordert haben mag. Racines "Iphigénie" vertiefte die Kluft zwischen göttlicher Willkür und menschlichem Handeln – wie konnte ein neues Einvernehmen zwischen Menschlichem und Göttlichem hergestellt, zwischen dem mündig gewordenen Menschen und der göttlichen Autorität ein neues Verhältnis begründet werden? Racines Tragödie beließ den Menschen im gnadenlosen Zustand seiner Verstrickung in Leidenschaften oder in seiner Erbschuld – mußte nun angesichts der von Racine selbst ersonnenen Sündenbock-Lösung nicht die Frage gestellt werden, die Goethes Iphigenie angesichts des Schicksals der Tantaliden erhebt:

> *Soll dieser Fluch denn ewig walten? Soll*
> *nie dies Geschlecht mit einem neuen Segen*
> *sich wieder heben? (v. 1694/96)*

Welche neue Kraft aber sollte ein neues Einvernehmen zwischen

Menschlichem und Göttlichem herstellen, wer konnte die neue Gegenwart vom naturhaft-mythischen Verhängnis der Vergangenheit lösen, wie sollte eine neue Iphigenie diese befreiende Wendung herbeiführen?

V

Die euripideische Iphigenie stellte Racine wie Goethe vor das Problem, ob sich die antike Mythologie so in ein modernes Schauspiel umsetzen ließe, daß ihr über die Bedeutung eines fiktiven Rahmens oder eines metaphorischen Bildfelds hinaus wieder eine tragische Funktion zukommen konnte. Während der antike Mythus Racine dazu dient, den Konflikt archaischer Leidenschaften in der geschlossenen Konstellation der Familie bis ins Ausweglose zu steigern, gebraucht ihn Goethe, um vor seinem Hintergrund den Prozeß der Befreiung des Menschen aus Erbschuld oder naturhafter Unmündigkeit einzuleiten.

Gemeinhin wird der Mythologie im humanistischen Drama eine nur mehr rhetorische Funktion zugesprochen. Mit der Wiederaufnahme antiker Stoffe in der Renaissance wurde die nicht mehr geglaubte, zur Fiktion abgesunkene und nur noch historisch interessante antike Mythologie zumeist als poetisches Bedeutungspotential benutzt und gerechtfertigt. Gerade die ihre Zeit überlebenden Stücke des humanistischen Dramas zogen indes aus der antiken Mythologie mehr als nur rhetorische Wirkung. Welche Überlegungen dazu gehörten, die Fabel eines antiken Mythus für ein modernes Publikum wieder wahrscheinlich zu machen, zeigt Racines Vorwort zu "Iphigénie". Das barbarische Opfer der so tugendhaften wie liebenswürdigen Iphigenie sei für seine Zeitgenossen so unerträglich, wie ihnen die Rettung Iphigenies durch eine von Diana bewirkte Metamorphose absurd erschiene. Racines Lösung, die er durch eine höchst umständliche Mythenkompilation rechtfertigt, ist die Einführung Eriphiles, nach R. Barthes der allein tragischen Person, die sterben müsse, um dem tragischen Dilemma, ob Iphigenie geopfert werden soll oder nicht, einen untragischen Ausgang zu geben. Eriphile verkörpert indes nicht in ihrer Person allein das Tragische.

Ihr Erscheinen bringt erst den Konflikt zwischen den Mitgliedern der Familie Agamemnons auf den Gipfel tragischer Verwirrung, bevor sich im Horror der letzten Opferszene der verborgene Sinn des Orakels gegen sie kehrt. Nicht allein flammen durch das Eindringen Eriphiles in den Solidaritätskreis der Familie noch andere Leidenschaften:

die Eifersucht Iphigenies, der Haß ihrer Nebenbuhlerin, die rasende Wut Achills empor, verschärfen den inneren Konflikt zur tragischen Zerrüttung aller Bande der Pietät zwischen Tochter, Schwiegersohn und *père homicide*, Gemahlin und *barbare époux* (v. 736/40). Erst Eriphiles Intrige trägt im V. Akt den Konflikt in das ganze Lager der Griechen und beschwört Zwietracht und Blutbad herauf, bevor sich mit dem 'coup de théâtre' des Onkels ihre *noire destinée* (v. 1757) vollendet. Dieser Ausgang ist ein Sündenbock-Ritual. Er ist es auch darin, daß den Verbleibenden zwar der Makel des barbarischen Opfers erspart bleibt, sie darum aber zweifellos nicht in den früheren Zustand der Unschuld zurückkehren können. Was sich zwischen Iphigenie und Agamemnon, zwischen Agamemnon und Klytemnestra, zwischen Agamemnon und Achill und wiederum zwischen Achill und Iphigenie während der Tragödie ereignet hat: die radikale Erschütterung der geheiligten autoritativen Bindungen, kann auch nach der Tragödie nicht wieder rückgängig gemacht werden. Für "Iphigénie" gilt, was Giraudoux für die ganze Racine'sche Tragödie so eindrucksvoll gezeigt hat: ihre wahre Einheit, die ungleich strenger ist als die akademischen 'drei Einheiten', ist eine Einheit, die den Personen jeden Ausgang zur Freiheit benimmt – die 'Einheit der Familie'. Deren Hauptregel lautet: "en tout lieu, en tout temps, à toute phase, l'intrigue serait la même pour ces personnages, qui n'ont pas les souvenirs d'enfance et d'innocence, les aventures courantes communes aux hommes, qui n'ont jamais vécu dans le domaine où s'opère la réconciliation et se manifeste l'égalité, qui n'ont que des souvenirs de passion" [22a]. Die Familie als unentrinnbare Konstellation von Personen, die einander bis ins letzte durchschauen, ohne sich und ihr Verhältnis zueinander ändern zu können, ist darum bei Racine nicht der bürgerliche Solidaritätskreis, sondern das tragische Milieu vor allen andern [23]. Und da der antike Mythus durch seine Personen, die keine 'Erinnerungen an Unschuld und Kindheit' haben, den Konflikt der Leidenschaften in der 'Einheit der Familie' am reinsten darzustellen erlaubt, erscheint die antike Mythologie bei Racine als archaischer Horizont, der den Bereich menschlichen Handelns wie ein Bannkreis umschließt.

Goethes "Iphigenie" rückt die antike Mythologie in ein ganz anderes Licht. Die neue Wendung zeigt sich in der Frage an, die bei Racine nicht denkbar wäre, der Frage Iphigenies, ob der Fluch auf den Tantaliden denn ewig walten soll. Goethe hat hier den antiken Mythus nicht einfach übernommen und abgewandelt. Er hat in seiner "Iphigenie" am wiedererzählten Mythus zugleich dargestellt, wie die Verhaftung des Menschen in mythische Abhängigkeit überwunden werden kann. Wo Racine durch die Einführung der Eriphile und ihr Ende im Sündenbock-Ritual die Handlung in den Bannkreis des Mythischen zurückführt, öffnet Goethe den mythischen Horizont zu einer neuen Tat, die vom Mythischen befreit. So stützt auch die Retrospektive auf Racine die These, unter die Th. W. Adorno seine aktualisierende Deutung der "Iphigenie" gestellt hat: "Leicht dürfte man (Goethes Werk) als einen einzigen Prozeß mit der mythischen Schicht auffassen. Sie ist bei ihm kein Symbol für Ideen, sondern leibhaftige Verstricktheit in Natur. Blinde, naturwüchsige Verhältnisse überdauern auch in der Gesellschaft des aufgeklärten Zeitalters" [24].

Adorno wollte indes Orest in den Mittelpunkt dieses Prozesses stellen; er findet seine antimythologische Haltung "schroffer sowohl wie reflektierter" als die seiner Schwester [25]. Dagegen spricht schon die Erlösung Orests im Heilschlaf, wie auch die übergreifende Motivation des ganzen Dramas. Der Prozeß der Befreiung des Menschen aus seiner mythischen Verstricktheit in Natur wird nicht von Orest selbst getragen, sondern mittelbar an seiner Heilung sinnfällig gemacht: erst der in Gegenwart Iphigenies geheilte und durch ihr Wagnis befreite Orest vermag die lösende Deutung des Orakels zu finden.

Adorno konnte sich für seine Auffassung einer antimythologischen Haltung Orests denn auch nur auf Äußerungen von Pylades stützen [26] und vor allem auf die eine Episode der Unterweltsvision, in der Orest die tantalidischen Ahnen von aller Feindschaft erlöst zu sehen glaubt. Doch diese chiliastische Vision einer Befriedung des Mythus in der Erlösung selbst des radikal Bösen wird durch Orest selbst gleich wieder als unmögliche Utopie enthüllt, wenn diese Vision am Ende in das grausame Bild des ewig unerlösten Tantalus umschlägt. Die von Tantalus verkörperte Opposition gegen die Götter vermag den mythischen Fluch des Vergangenen nicht zu brechen. Goethe hat die Tantaliden, die nach dem Zeugnis von "Dichtung und Wahrheit" immer schon seine "Heiligen" und Urbilder des wahrhaft Tragischen waren, zwar im Hintergrund seiner "Iphigenie" als *Glieder einer ungeheuren Opposition* (R 53) gezeigt. Aber die antimythologische Wendung seines Dramas geht nicht von dieser selbst wieder mythischen und ewigen Opposition, sondern von rationaler Einsicht aus, die Goethe zuerst den Pylades formulieren läßt, der sie bezeichnenderweise aber selbst nicht in die Tat umzusetzen vermag.

Gleich Pylades' erstes Argument: *Der Götter Worte sind nicht doppelsinnig, / wie der Gedrückte sie im Unmut wähnt* (v. 613) kündet ein neues Verhältnis zu den Göttern an, das sich gegen die unaufhebbare Zweideutigkeit des Götterwillens in Racines Tragödie absetzt. Und noch an einer zweiten Stelle bringt Pylades ein Postulat der aufgeklärten Religiosität im Gewand einer Aussage über das Wesen göttlicher Gerechtigkeit vor:

Die Götter rächen
der Väter Missetat nicht an dem Sohn;
ein jeglicher, gut oder böse, nimmt
sich seinen Lohn mit seiner Tat hinweg.
Er erbt der Eltern Segen, nicht ihr Fluch. (v. 713/17)

Die aufklärerische Vernunft vermag in Goethes Drama für sich allein indes die Wendung von den gefürchteten zu den hilfreichen Göttern nicht herbeizuführen (vgl. v. 1166). Diese Wendung erfordert eine neue, weder in der griechischen noch in den französischen Tragödie vorgegebene Instanz, die Goethe allein eigentümlich ist.

VI

Die Schritte, mit denen Goethes Iphigenie die Kluft zwischen Mensch und Göttern überwindet, sind paradigmatisch für die Umwandlung der mythischen Abhängigkeit in die subjektive Freiheit und Mündigkeit des Menschen. Die Forderung der aufgeklärten Vernunft, die Pylades den Göttern gegenüber erhebt, kann in Goethes Drama erst Iphigenie, 'der reinen Schwester Segenswort', herbeiführen.

Kommt man von Racine zu Goethes "Iphigenie", so scheint sich in diesem Drama der tragische Knoten der Racine'schen Theologie zu lösen, insofern sich durch und an Iphigenie die Umwandlung der alten, mit der "äußerlichen Göttermaschinerie" bedeuteten Religion "in Subjektives, in Freiheit und sittliche Schönheit" (Hegel, R 67) vollzieht. Iphigenie, die als Priesterin auf Tauris der Diana in herkömmlicher Weise, wenn auch *mit stillem Widerwillen* (v. 36) dient und durch Segen für das Land der Skythen belohnt wird (v. 283), ruft beim Bekenntnis ihrer Zugehörigkeit zu den Tantaliden das alte Verhältnis zu den Göttern in Erinnerung:

... aber Götter sollten nicht
mit Menschen wie mit ihresgleichen wandeln;
das sterbliche Geschlecht ist viel zu schwach,
in ungewohnter Höhe zu schwindeln (v. 315).

Doch mit der Folgerung, die das später zitierte Lied der Parzen daraus zieht: *es fürchte die Götter das Menschengeschlecht* (v. 1726) gibt sich Goethes moderne Iphigenie nicht mehr zufrieden. Der Abstand zwischen Mensch und Gott, den ihre Ahnen nicht ungestraft überschreiten konnten, ist für Iphigenie überwindbar. Für sie reden die Götter *nur durch unser Herz zu uns* (v. 494). Vor dem Herzen als Instanz und Stätte göttlicher Vermittlung erscheinen die Götter im anderen Licht, wie Iphigenie den Barbaren Thoas belehrt: *der mißversteht die Himmlischen, der sie / blutgierig wähnt; er dichtet ihnen nur / die eignen grausamen Begierden an* (v. 523). Der überkommene Brauch der Menschenopfer für Diana, auf den sich Thoas beruft, wird im Sinne der aufgeklärten Vernunft als eine menschliche Projektion enthüllt. Als Priesterin, die den Willen der Götter im humanen Sinne auslegt, bestreitet Goethes Iphigenie der Institution des religiösen Kults das nur autoritative Recht des Gewordenen. Und als Thoas weiter auf dieses Recht pocht, um Iphigenies Einwilligung in die Ehe zu erzwingen, ruft sie Diana mit einem Gebet zu Hilfe, das an die Liebe der Unsterblichen für die Menschen appelliert und nur ein gemeinsames Maß des glücklichen Daseins kennt:

Denn die Unsterblichen lieben der Menschen
weitverbreitete gute Geschlechter,
und sie fristen das flüchtige Leben
gerne dem Sterblichen, wollen ihm gerne
ihres eigenen, ewigen Himmels
mitgenießendes fröhliches Anschaun
eine Weile gönnen und lassen (v. 554).

Diese neue Einsicht vom Wesen der Götter hat den Charakter einer Wahrheit, die umgekehrt auch die Götter dem Menschen gegenüber auf ihr Idealbild verpflichtet. Darin liegt eine List der aufklärerischen Vernunft, von der schon Pylades Gebrauch machte. Iphigenies Vertrauen auf ein neues Einvernehmen von göttlicher Autorität und Humanität wird indes mit dem Erscheinen Orests auf die Probe gestellt. Orests Erzählung von den jüngsten Greueln nach der Rückkehr des Agamemnon weckt in ihr den alten Zweifel, doch nur ein wehrloses Opfer des alten Göttertrugs zu sein (v. 1039). Die Szene des Wiedererkennens scheint sodann das neue Einvernehmen mit den Göttern zeichenhaft zu bestätigen (*So kennt man euch, ihr Götter, an gesparten, lang' / und weise zubereiteten Geschenken*, v. 1102). Doch die eigentlich dramatische Bewährung steht erst bevor.

Der letzte Schritt in diesem Prozeß, der Mensch und Gott wechselseitig auf ihr Idealbild verpflichtet, das sich im menschlichen Gemüt unmittelbar offenbart, ist Iphigenies *unerhörte Tat.* Diese Wendung, Goethes eigenste Zutat zum Iphigenie-Mythus, ist noch nicht zureichend erklärt, wenn man – Adorno folgend – das Wagnis Iphigenies darin sieht, daß sie in einer Vorwegnahme des kategorischen Imperativs der praktischen Vernunft allein dem Gebot von Wahrheit folgt und "wie sie selbst die Ihren (verrät), die einzig dank der Humanität des Barbaren gerettet werden" [27]. Iphigenies Wagnis ist kein Handeln aus rein menschlicher Autonomie. Es ist durch das neue Einvernehmen von Mensch und Gott gefordert. Würde Iphigenie der Not der Lüge folgen, so kehrte diese *ein losgedrückter Pfeil, von einem Gotte / gewendet und versagend sich zurück / und trifft den Schützen* (v. 1409). Das humane Vertrauen, das die Wahrheit allein und auch gegen alle Logik des eigenen parteilichen Interesses zu befreien vermag, bindet umgekehrt aber auch die in den Göttern verbildlichte, reale Autorität. Darauf zielt das Kühnste, was Goethes Iphigenie in ihrem letzten Monolog (IV, 5) den Göttern gegenüber auszusprechen wagt:

So legt die taube Not ein doppelt Laster
Mit ehrner Hand mir auf: das heilige,
Mir anvertraute, viel verehrte Bild
Zu rauben und den Mann zu hintergehn,
Dem ich mein Leben und mein Schicksal danke.
O daß in meinem Busen nicht zuletzt
Ein Widerwillen keime! der Titanen,
Der alten Götter tiefer Haß auf euch,
Olympier, nicht auch die zarte Brust
Mit Geierklauen fasse! Rettet mich
Und rettet euer Bild in meiner Seele! (v. 1707/17).

In diesen Versen vollzieht sich eine doppelte, höchst dramatische Wendung. An die Stelle der Götterstatue, des äußerlichen Götterbildes des alten Kults, tritt das *Bild in meiner Seele,* die verinnerlichte Beziehung zum Göttlichen im menschlichen Gemüt. Bevor Iphigenie aber an das neue Prinzip der religiösen Subjektivität appelliert, zitiert sie noch einmal das alte Verständnis, den tiefen Haß zwischen Göttern und Titanen. So kann das Wagnis des Schrittes, der sie als Nachfahrin der Titanen aus dem tiefen Haß der alten Götter befreien soll, in seiner ganzen Größe ans Licht treten und eben damit den nun auch von der göttlichen Autorität zu leistenden Schritt herausfordern: das humane

Wagnis soll umgekehrt die göttliche Autorität verpflichten, dem neuerkannten Gesetz zu genügen. Der christliche Ton dieser Verse darf nicht darüber hinwegtäuschen, daß hier ein altes mystisches Bild von der menschlichen Seele als Ebenbild Gottes in seinen gegenläufigen Sinn gewendet wird – daß die zur Mündigkeit gelangte menschliche Subjektivität nunmehr durch ihr höchstes Bild die göttliche Autorität anruft, um diese durch die Identität in der Ebenbildlichkeit auf das gemeinsame Gesetz des Guten zu verpflichten[28].

Sieht man die *deutsche* Iphigenie in der Perspektive dieses Prozesses, so löst sich in Goethes Wiederaufnahme des antiken Mythus das Ungenügen an der tragischen Verstrickung und mythischen Unmündigkeit der Personen in der *französischen* Iphigenie. Dann erscheint Iphigenies Monolog nicht allein als ein großes Zeugnis der verinnerlichten Religiosität, sondern auch als eine denkwürdige Anwendung der List der aufgeklärten Vernunft. Dieser emanzipatorische Aspekt der Iphigenie ist nicht – wie man dem Interpreten entgegenhalten könnte – ein bloßes Zugeständnis an den gegenwärtigen Zeitgeschmack, der die emanzipatorische Leistung der Literatur besonders hoch schätzt, sondern etwas von ihrem verlorengegangenen Chrakter als *verteufelt humanes Wagestück*. Für dieses Verständnis, das sich in der Rezeptionsgeschichte nicht als 'Konkretisation' durchsetzte, gibt es zwar nur einen, dafür aber einen sehr bedeutenden Kronzeugen unter den Zeitgenossen Goethes. Es ist Hegel, der gerade an Goethes Iphigenie die Umwandlung des alten, institutionellen in ein neues verinnerlichtes Verhältnis von Mensch und Gott mit den folgenden Worten beschrieb: "Das macht überhaupt die Heiterkeit der Homerischen Götter und die Ironie in der Verehrung derselben aus, daß ihre Selbständigkeit und ihr Ernst sich ebenso sehr wieder auflösen, insofern sie sich als die eigenen Mächte des menschlichen Gemüts dartun und dadurch den Menschen in ihnen bei sich selber sein lassen"[29].

VII

Mit der Umwandlung der gefürchteten in liebende Götter, des naturverfallenen, in Mythen verstrickten Menschen in den mündigen Stand seiner Humanität wird in Goethes Iphigenie die vermittelnde Kraft selbst wieder zum Mythus – dem Mythus des reinen, erlösenden Weiblichen. Dieser neue Mythus hat entscheidend dazu beigetragen, daß Goethes im Ansatz aufklärerisch-humanitäres Drama seit dem 19. Jahrhundert mehr und mehr in den schönen Schein eines zeitlos wahren Klassizismus geraten ist.

Goethes "Iphigenie" hat die von Racine im antiken Mythus hervorgekehrte Problematik von göttlicher Autorität und menschlicher Autonomie nicht ohne einen folgeschweren Rest gelöst. Daß hier die Götter als die *eigenen Mächte des menschlichen Gemüts* erwiesen werden und dadurch *den Menschen zu sich selbst* kommen lassen, ist um einen Preis erkauft, den Hegel noch nicht zu sehen vermochte, als er Goethe mit dem emanzipatorischen Argument über Euripides stellte: *bei Goethe dagegen wird Iphigenie zur Göttin und vertraut der Wahrheit in ihr selbst, in des Menschen Brust.* Denn Goethes Iphigenie wird nicht nur metaphorisch, sondern auch auf der Handlungsebene, kraft der ihr allein beschiedenen Rolle und der einzig durch ihre reine Weiblichkeit lösbaren Aufgabe, das neue Einvernehmen zwischen Mensch und Gott herzustellen, zur *Göttin*, anders gesagt: zum neuen Mythus.

Der deutsche Idealismus hat zur gleichen Zeit das Problem der menschlichen Autonomie auf der Ebene der Geschichtsphilosophie in radikalerer Weise zu lösen versucht: indem der Mensch selbst als verantwortliches Subjekt für die Geschichte aufkommt, entlastet er Gott vom Bösen in der Welt; damit kann der Fortschritt in der Geschichte als ein Rechtsprozeß oder als Fortschritt in menschlichen Rechtsverhältnissen verstanden und das Problem der göttlichen Heteronomie suspendiert werden [30]. Da Goethe ein neues, in der Subjektivität begründetes Einvernehmen zwischen Mensch und Gott anstrebte und die menschliche Autonomie mit der göttlichen Heteronomie zu versöhnen suchte (wie auch im Faust, wo er den Weg menschlicher Selbstbefreiung mit der 'Erlösung von oben' verknüpft), mußte er in seinem Drama der Humanität Iphigenie, die vermittelnde Instanz, mit der Funktion ausstatten, die er der heteronomen Instanz der Götter nicht mehr einseitig zubilligen konnte.

Unter 'neuer Mythus' verstehen wir eine neue Antwort auf eine elementare, das Ganze der Welt betreffende Frage, die in einer Erzählung oder auch in einer dramatischen Verkörperung verbildlicht werden kann; der Inkarnation des neuen Mythus fließt dabei all die suggestive Kraft zu, die der Funktion des alten, durch sie ersetzten Gottes im mythischen System der Welterklärung innewohnte. Goethes "Iphigenie" antwortet auf die Frage, durch welche Kraft der Mensch aus der Verstrickung in Natur und der Abhängigkeit von göttlicher Willkür befreit und zum Bewußtsein seiner Humanität erhoben werden kann. Die Antwort, die Goethes Schauspiel gibt, beschränkt sich nicht auf das Wagnis, daß seine Iphigenie blindlings der befreienden und verbindenden Kraft der Wahrheit menschlicher Rede vertraut. Die Antwort, die Goethes Schauspiel gibt, ist nicht allein die *unerhörte Tat,* sondern daß es *Iphigenie* ist, die sie vollbringt und die *allein sie* zu vollbringen vermag. Was Pylades schon eingangs ahnen läßt: *Wohl uns, daß es ein Weib ist! Denn ein Mann, / der Beste selbst, gewöhnet seinen Geist / an Grausamkeit und macht sich auch zuletzt / aus dem was er verabscheut, ein Gesetz* (v. 786), die über alle Vernunft hinausreichende Kraft des rein Weiblichen oder weiblich Reinen, offenbart am Ende die Schlußrede Orests: *Gewalt und List, der Männer höchster Ruhm, / Wird durch die Wahrheit dieser hohen Seele / beschämt* (v. 2142). Im Rückgang vom humanen Wagnis der wahren Rede auf die erlösende Gewalt des rein Weiblichen kehrt der überwundene Mythus in Goethes Zivilisationsdrama zurück.

So kommt es zu der von Racines Tragödie wie vom Denken der Aufklärung gleich weit entfernten, geheimnisvollen Überhöhung der Iphigenie der deutschen Klassik, die in Goethes Schauspiel mehr und mehr in den mythischen Bereich hinausragt. Zu den Anzeichen ihrer mythischen Funktion gehören die in ihrer Person hervortretenden, wechselnden, oft sogar in Gegensätze umschlagenden Eigenschaften oder 'Rollen': daß Iphigenie als hoheitsvoll strenge Priesterin, aber auch als opponierende Tantalidentochter und als liebevolle Schwester erscheinen, daß sie in hausbackenen Sentenzen wie die getreue Bürgersfrau in Schillers "Glocke" *(Wie eng-gebunden ist des Weibes Glück! / Schon einem rauhen Gatten zu gehorchen, / ist Pflicht und Trost* (v. 29) reden und dann wieder Züge der christlichen Heiligen annehmen kann, deren Urbild Goethe in der Sankt Agatha von Raphael gefunden zu haben glaubte[31], und schließlich daß gerade diese heilige Iphigenie der Humanität ihren Triumph keineswegs nur der Lauterkeit ihres reinen Herzens, sondern nicht weniger den rein weiblichen Reizen der schönen Griechentochter verdankt. Es ist darum bei der *unerhörten Tat* Iphigenies nicht auszumachen, wieviel ihr Gelingen dem beispielhaft kühnen Vertrauen in die erhellende Kraft der Wahrheit und wieviel es der beispiellosen Gewalt einer mythischen Erlösung verdankt, die zugleich dem *angeborenen Recht* der weiblichen Natur (v. 1909) gegen die Realität der geschichtlichen, von *Gewalt und List* der Männer durchherrschten Welt Geltung verschaffen soll. Der Ausgang des Stücks löst darum das Problem des Zivilisationsdramas, den Schritt aus Barbarei in Humanität, nur um den Preis, daß an die Stelle der überwundenen Mythen der heteronomen Natur hinfort ein neuer Mythus der weiblichen Natur getreten ist, um die Verwirklichung des Ideals der Humanität zu gewährleisten[32]. Ob dieser Preis nicht zu hoch war, anders gesagt: ob die neue Überlistung der mit der Männerwelt bedeuteten *Geschichte* durch eine in Iphigenie inkarnierte höhere *Natur* nicht das Prinzip der Humanität selbst wieder korrumpieren mußte, ist ein hinterlassenes Problem von Goethes "Iphigenie", das ihre bisherige Rezeption – wie schon gezeigt – bedingt und ihrer Aktualisierbarkeit eine unabdingbare Grenze setzen dürfte.

VIII

Auch wenn eine rezeptionsgeschichtliche Deutung Goethes "Iphigenie" heute als Drama der menschlichen Autonomie, d. h. als "Prozeß mit der mythischen Schicht" (Adorno) und als Weg zur Befreiung der religiösen Subjektivität interpretieren und damit vielleicht etwas von dem ursprünglichen Ansatz des ‚verteufelt humanen Wagestücks' freilegen kann, bleibt sie doch notwendig partiell und unbefriedigend. Denn der mögliche emanzipatorische Sinn wird im Werk selbst durch eine inhaltliche wie formale Schranke des nicht mehr Aktualisierbaren wieder aufgefangen: durch den gegenläufigen Mythus des erlösend Weiblichen, der die geschichtliche Problematik der Humanität harmonisiert, wie durch die nicht weniger vollendete Harmonie der klassizistischen Sprache und Form, mit der Goethe die in Racines 'klassischer Dämpfung' noch gewahrte Spannung von Form und seelischem Inhalt eingeebnet hat. Soll Goethes "Iphigenie" nicht weiter zum "Spiel der Vergangenheit" (Walser) absinken, so müßte die harmonische Klassizität preisgegeben und der verdeckte Konflikt von Humanität und geschichtlicher Wirklichkeit in das Drama hereingeholt, mithin die geschlossene Form der Klassik aufgesprengt werden, um den Ausgang wieder offen und das zeitlose Thema weiterspielbar zu machen.

Zu dieser letzten These sollen abschließend noch drei Erläuterungen, einmal zur Harmonisierung des Konflikts zwischen Humanität und Geschichte, zum andern zur Einebnung der Spannung von klassizistischer Form und seelischem Inhalt, und schließlich zur Frage der Aktualisierbarkeit durch eine Preisgabe der geschlossenen Form, gegeben werden.

Der nicht ausgetragene Konflikt des Zivilisationsdramas wird durch die Harmonie der Schlußszenen nur mühsam verschleiert. Zunächst will es scheinen, als ob sich nun auf der politischen Ebene zwischen Iphigenie und Thoas wiederholt, was sich auf der religiösen Ebene zwischen dem Menschen und den zu fürchtenden Göttern abspielte: das unfreie Subjekt und die souverän herrschende Macht sollen sich in der mündigen

Humanität als idealer Mitte zu neuem Einvernehmen finden. Doch auch die berühmten Abschiedsworte können trotz aller Sublimierung – wofür Adornos Deutung die Augen öffnete – das Gefühl einer Ungerechtigkeit nicht ganz unterdrücken. Es entspringt daraus, "daß der Skythenkönig, der real weit edler sich verhält als seine edlen Gäste, allein, verlassen übrig ist. Der Einladung wird er schwerlich folgen. Er darf, eine Sprachfigur Goethes anzuwenden, an der höchsten Humanität nicht teilhaben, verurteilt, deren Objekt zu bleiben, während er als ihr Subjekt handelte"[33]. Dieses Ärgernis, über das sich ein gegenwärtiger Interpret schwerlich hinwegzusetzen vermag, glaubte Adorno nicht mehr Goethe allein, sondern der Aufklärung überhaupt anlasten zu müssen: "Aufklärung, die sich selbst entläuft; die den Naturzusammenhang, von dem sie durch Freiheit sich scheidet, nicht in Selbstreflexion bewahrt, wird zur Schuld an der Natur, einem Stück mythischen Naturzusammenhangs"[34]. Goethe hat indes die von Adorno geforderte Versöhnung mit dem Mythus oder anders gesagt, die "Sänftigung der Natur" ja gerade versucht, doch – wie Adorno übersah – nur um den Preis eines noch unerkannten neuen Mythus. War dieser Preis unabdingbar? Entspringt das Dilemma der Aufklärung notwendig dem, was Adorno unsere "Schuld an der Natur" nennt? Muß uns nicht gerade die Vorstellung einer "Schuld an der Natur" unweigerlich selbst wieder in einen neuen Mythus verstricken? Wie immer man diese Fragen beantwortet, bezeugen sie für unsere Sicht zur Genüge, daß der Umschlag von Aufklärung in Mythologie zu den durchaus noch aktuellen Problemen gehört, die uns Goethes "Iphigenie" hinterließ.

Bringt man den Klassizismus der Form auf Spitzers Begriff der 'klassischen Dämpfung', so zeigt sich, daß Goethe den seit Lessing in Deutschland so verrufenen französischen Klassizismus mitnichten durch eigene Mittel der dramatischen und sprachlichen Form 'überwunden' hat, sondern die klassischen drei Einheiten wie vielfach auch analoge Stilmittel der klassischen Dämpfung (wie z. B. Abstraktheit der dramatischen Rede, Personifikation von Gemütszuständen, distanzierende Metaphorik, verallgemeinernde Sentenz) verwendet. Der Unterschied vom klassizistischen Stil Racines zu dem Goethes tritt erst vor allem dort hervor, wo in Racines "Iphigénie" die geläuterte Form der Sprache und die "élégance de l'expression" in einer Spannung zur barocken Gewalt des Inhalts stehen, während bei Goethe der vollendet harmonischen Form auch eine harmonische Klassizität des seelischen Inhalts entspricht. Die Stilmittel der klassischen Dämpfung haben Goethes wie Racines Sprache dem unmittelbaren Verständnis gleichermaßen ferngerückt. In

Frankreich ist indes mit dem Horizontwandel zur modernen Poetik und ihrer Abkehr von den romantischen Normen der Unmittelbarkeit und Gefühlsaussprache gerade aus der Abstraktion und Reflektiertheit der dramatischen Rede ein neues Verständnis Racines erwachsen: der Zwang der klassischen Regel steht im umgekehrten Verhältnis zu der Fülle des Abwesenden, das sie für die Imagination freisetzt. Wie gerade die Einheit des Ortes dem Zuschauer gestattet, sich "eine Unendlichkeit des Raumes vorzustellen" [35], so können auch die Beschränkungen der klassizistischen Redeweise der barocken Gewalt dargestellter Leidenschaften und zwischenmenschlicher Verstrickungen eine Tiefe der Suggestion verleihen, die der unmittelbare Ausdruck nicht erreicht. Für Goethes Klassizismus wäre dieser neue Zugang darum erschwert, weil die Sprache seiner "Iphigenie" wie ein idealisierender Filter wirkt, die erschreckenden Sachverhalte der mythischen Fabel abschwächt, den Ausbruch der Leidenschaften mildert und allen seelischen Inhalt zu einer *Würde* und einem *schönen Ernst* emporläutet (Schiller, R 58), die uns den elementaren Konflikt der Personen und Mächte oft nur noch als einen edlen Gedankenaustausch erscheinen lassen.

Wenn der harmonisierende Klassizismus Goethes heute sowohl im ideellen Gehalt wie in der sprachlichen Gestalt einem aktuellen Verständnis entgegensteht, ziehe ich daraus die – zunächst wohl paradox klingende – Folgerung: eine Rettung der "Iphigenie" ist nur unter Preisgabe der geschlossenen klassischen Form, ihre Übersetzung in eine neue Gegenwart nur durch die Aufnahme von Fragen möglich, die uns das Ungenügen an Goethes Lösung aufgibt. Die "Iphigenie" der deutschen Klassik wird nicht schon dadurch wieder *erstaunlich modern,* daß man ihre Sprache modernisiert, der dramatischen Form durch Inszenierungskünste ein aktuelles Gewand umhängt oder vermeintlich zeitgemäße Untertöne wie den "dunklen Untergrund" mythischen Schicksals, das utopische Bild einer idealen Gesellschaft oder den "Sieg der Lebenskräfte über die Verzweiflung am Leben" heraufspielt [36]. Solche Aktualisierung, die das Werk in seiner vollendeten Ganzheit unangerührt läßt, bringt uns die vergangene "Iphigenie" nicht näher als es das umgekehrte, von Martin Walser empfohlene Verfahren einer entschiedenen Historisierung vermöchte. Wenn Goethes "Iphigenie" nicht nur von unserer vergangenen Sache, sondern auch wieder zu uns sprechen soll, muß der Schein ihrer klassischen Vollendung aufgebrochen und sichtbar gemacht werden, was uns heute an der idealistischen Lösung des mit dem Iphigenie-Mythus gestellten Problems nicht mehr befriedigen kann. Und zwar nicht etwa darum, weil uns heute der Sinn von Iphigenies *unerhörter Tat,* ihr Vertrauen auf die lösende und verbindende Kraft der Wahrheit menschlicher Rede verloren gegangen wäre. Sondern weil sich dieses Vertrauen heute gerade an dem von Goethe unterdrückten oder verschleierten Problem bewähren muß, wie sich das ethische Prinzip des Humanen in der geschichtlichen Wirklichkeit Geltung verschaffen kann und ob die Überwindung der Mythen naturhafter Unfreiheit durch die aufgeklärte Vernunft notwendig in neues Unrecht führen oder in eine neue Mythologie umschlagen muß.

Wenn die Antwort unserer Gegenwart auf diese Frage das klassische Werk so weit verändern müßte, daß am Ende eine weitere, wiederum *erstaunlich moderne* Iphigenie daraus entstünde, erwiese dies einmal mehr die noch erstaunlichere Kraft des alten Mythus, dessen unvordenkliche Lösung jeder Epoche der Menschheit neue Fragen aufgibt. Auch eine mythenferne und aufgeklärte Zeit wie die unsrige wird sich angesichts der klassischen "Iphigenie" und ihrer Folgen zumindest dem einen Problem nicht entziehen können: in welchen Mythen wir – wie Goethe im Mythus vom erlösend Weiblichen – verhaftet sind, ohne dessen gewahr zu werden. Anders gesagt: ob der Umschlag der Aufklärung in Mythologie auch bedeuten kann, daß die aufgeklärte Vernunft den alten Mythus der Natur nur um den Preis überwand, uns dem neuen Mythus der Gesellschaft als einer unentrinnbaren zweiten Natur zu überliefern.

Nachwort

Die Partialität der rezeptionsästhetischen Methode

Rezeptionsästhetik, vor fünf Jahren noch kaum beachtet, so daß es angebracht schien, die in ihr liegenden Möglichkeiten zur Erneuerung der darniederliegenden Literaturgeschichte aufzuzeigen[37], erfreut sich heute nicht allein eines regen Forschungsinteresses, das eine erste Welle von 'Wirkungsgeschichten' zeitigte. Als noch ungesicherte Methode ist sie auch in das Kreuzfeuer der Debatte zwischen bürgerlicher und marxistischer Theorie der Kunst geraten, von der einen Seite als traditionsfeindliche Demokratisierung abgewehrt oder der Anpassung an den historischen Materialismus verdächtigt, von der anderen Seite als subtiler Anti-Kommunismus entlarvt oder als "bequemes Sofa zwischen den Stühlen einer politisch kompromittierten bzw. unbrauchbar gewordenen und einer historisch-materialistischen Literaturwissenschaft" diskriminiert[38]. Zu diesen politischen Aspekten eines wissenschaftsgeschichtlichen Prozesses, bei dem noch nicht abzusehen ist, ob es sich um die Geburtswehen eines neuen Paradigmas geschichtlicher Erkenntnis oder um die Agonie der historischen Bildung überhaupt handelt, will ich hier nicht politisch Stellung nehmen, sondern mit dem Versuch einer Klärung dessen antworten, was die rezeptionsästhetische Reflexion für die Kunst, ihre Geschichtlichkeit und ihr Verhältnis zur Geschichte leisten und was sie nicht *allein* leisten kann.

Die Vorfrage, warum Wirkungsgeschichte und Rezeptionsästhetik in der ästhetischen Theorie von Friedrich Schlegel bis zum New Criticism unterdrückt blieb und gerade im letzten Jahrzehnt auf ein neues Frageinteresse stieß, hat K. R. Mandelkow bereits hinlänglich beantwortet[39]. Der Begriff des autonomen Kunstwerks schließt die Frage nach seiner Wirkung und gesellschaftlichen Funktion aus seiner Wesensbestimmung aus. Der Schritt zur Autonomie des ästhetischen Bewußtseins, durch den sich die Ästhetik des deutschen Idealismus von der Wirkungsästhetik der Aufklärung absetzte, hatte einen fortschreitenden Praxisverlust der ästhetischen Erfahrung zur Folge, demgegenüber heute die Forderung unübersehbar wird, in Theorie und Praxis der Kunst "aus der Not der Gegenwart eine Tugend der Geschichte zu machen" [40], worunter ich verstehe: den zur Institution erstarrten Kanon autonomer Kunst wieder der Geschichtlichkeit des Verstehens zu unterwerfen und ineins damit der ästhetischen Erfahrung die verlorene gesellschaftliche und kommunikative Funktion zurückzugeben.

Sieht man die Aufgaben der sich gegenwärtig neu formierenden Theorie und Geschichte der Kunst in diesem Rahmen, so kann die Rezeptionsästhetik zu ihrer Lösung zwar eine inaugurierende, mit den herrschenden Konventionen des wissenschaftlichen Betriebs brechende Rolle übernehmen, nicht aber den Rang eines autonomen methodischen Paradigmas beanspruchen. Die Rezeptionsästhetik ist keine autonome, sich selbst für die Lösung ihrer Probleme genügende axiomatische Disziplin, sondern eine partiale, anbaufähige und auf Zusammenarbeit angewiesene methodische Reflexion. Ob im Bereich hermeneutischer und sozialer Wissenschaften das Eingeständnis solcher Partialität als Schwäche oder als Stärke einer Methode zu bewerten ist, möge der unbeteiligte Dritte entscheiden. Im Unterschied jedenfalls zu den idealistischen und materialistischen Theorien, die unter entgegengesetzten Vorzeichen – endogene oder exogene Bestimmung der Kunst in ihrer Konstitution und Tradition – methodische Totalität beanspruchen, entspricht die Rezeptionsästhetik in ihrer Partialität der Erkenntnis, daß weder das Kunstwerk in seiner Struktur noch die Kunst in ihrer Geschichte als eine Substanz oder Entelechie verstanden werden kann. Wenn das geschichtliche Wesen eines Kunstwerks für uns nicht mehr unabhängig von seiner Wirkung und die Tradition der Werke nicht mehr unabhängig von ihrer Aufnahme als Geschichte einer Kunst zu bestimmen ist, muß die herkömmliche Produktions- und Darstellungsästhetik rezeptionsästhetisch fundiert werden. Diese Fundierung soll und kann keineswegs dazu dienen, für Literatur und Kunst wieder eine selbständige Geschichte zu retten. Der Partialität der Rezeption gegenüber Produktion und Darstellung entspricht vielmehr die Partialität der Geschichte der Kunst im Verhältnis zur und innerhalb der allgemeinen Geschichte. Eine rezeptionsästhetisch fundierte Geschichte der Literatur oder Kunst setzt die Anerkennung dieser Partialität oder 'relativen Autonomie' der Kunst voraus; eben darum kann sie dazu beitragen, die Interaktion von Kunst und Gesellschaft oder anders gesagt: von Produktion, Konsumtion und Kommunikation im übergreifenden Prozeß der geschichtlichen Praxis zu begreifen.

In der bisherigen Diskussion zeichneten sich vornehmlich drei Problemkreise ab, die aus meiner Sicht einer Klärung bedürfen: *Rezeption und Wirkung,* oder die Frage, welche Rolle dem Verhältnis von Frage und Antwort beim Übergang von einer monologischen zu einer dialogischen Konstitution des Sinns zukommt, *Tradition und Selektion,* oder die Frage, wie die Dialektik von bewußt wählender Aneignung und unbewußter Sedimentierung im Erwartungshorizont ästhetischer Erfahrung zusammenspielen, *Erwartungshorizont und kommunikative Funktion,* oder die (von Claus Träger zurecht als entscheidend angesehene) Frage: "wie kann Literatur ... in ihrer Gegenwärtigkeit verstanden, als eine geschichtsbildende Kraft begriffen werden?" [41] Im Blick auf diese Fragen kann das vorstehende Exempel der *Iphigenie* Goethes und Racines selbst nur partiale Aspekte verdeutlichen. Es kann als rezeptionsgeschichtliche Deutung eines klassischen mythischen Sujets vor allem nicht eine Horizontalanalyse ersetzen, die wiederum zu einer Beschreibung der gesellschaftlichen Situation weiterzuführen wäre, wohl aber einige Schritte rezeptionsästhetischer Reflexion erläutern, die von der Rezeption des Einzelwerks zur Kanonbildung, Aktualisierung und Totalisierung, und schließlich aus der Immanenz der ästhetischen Erfahrung zur lebensweltlichen Praxis führen soll.

Rezeption und Wirkung

Das vorstehende Exempel dürfte wohl hinlänglich gezeigt haben, daß eine rezeptionsästhetische Interpretation die Struktur des Kunstwerks nicht einseitig auf seine Wirkung reduziert. Bestimmt man den Werkcharakter als Konvergenz von Text und Rezeption, mithin als eine dynamische, im historischen Wandel ihrer Konkretisationen faßbare Struktur, so kann Wirkung unschwer von Rezeption abgegrenzt werden [42]. Wirkung benennt dann das vom Text bedingte, Rezeption das vom Adressaten bedingte Element der Konkretisation oder Traditionsbildung. Die Wirkung eines Kunstwerks setzt den Anstoß (oder: die Ausstrahlung) des Textes, aber auch die Disposition (oder: die Aneignung) des Adressaten voraus. Der Begriff "Wirkungsgeschichte" ist insofern mißverständlich, als er den Anschein erweckt, die Wirkung eines Kunstwerks sei monologisch, d. h. von ihm allein ausgelöst und getragen. In der historiographischen Gattung vom Typ 'Geschichte des Ruhms von' oder schlichter 'des Einflusses von' bleibt dieser Schein selbsttätiger Tradition undurchschaut (wie noch in vielen Untersuchungen vom Typ: Ovid in der Romania, das Rabelaisbild in der französischen Literatur, usw.). Der Anspruch einer Rezeptionsgeschichte wird erst mit dem Erkennen und Anerkennen des dialogisch-intersubjektiven Charakters sinnkonstituierender Prozesse eingelöst – einer Erkenntnis übrigens, die schon in der alten hermeneutischen Maxime steckt: *quidquid recipitur, recipitur ad modum recipientis.* Wo ein vergangenes Werk weiterwirkt, bedarf es des latenten oder reflektierten Interesses von Nachkommenden, es noch oder wieder zu rezipieren. Auf die dabei notwendige Unterscheidung von latenter Traditionsbildung und bewußter Kanonbildung komme ich noch zurück. Hier geht es zunächst um die Frage der Vermittlung zwischen Wirkung und Rezeption, Vergangenheit des Kunstwerks und Vergegenwärtigung im Verstehen.

Der dialogische Charakter der Sinnkonstitution setzt im Prozeß ästhetischer Erfahrung Vermittlung auf der Formebene wie auf der Sinnebene, mithin sowohl den Kunstcharakter (literarisch: Poetizität) als auch den Antwortcharakter des ästhetischen Mediums voraus. Wenn das Kunstwerk die stumm gewordenen Relikte der Vergangenheit überragt und den Nachkommenden noch 'etwas zu sagen' vermag, so nicht einfach dank seiner 'zeitlosen Form' (der antikisierende Klassizismus allein würde Goethes "Iphigenie" nicht vor dem Vergessen bewahren). Das Werk der Vergangenheit erscheint uns darum als 'noch sprechend', weil die *Form,* verstanden als Kunstcharakter, der die praktische Funktion als Zeugnis einer bestimmten Zeit überschießt, über den Wandel der Zeiten hinweg die *Bedeutung*, verstanden als implizite Antwort, die das Werk für uns sprechend macht, offen und damit gegenwärtig hält. Auf dem *impliziten* Charakter von Antwort und Frage in der historischen Hermeneutik des Kunstwerks muß ich im Anschluß an meine frühere Kritik an H. G. Gadamer und R. Barthes [43] besonders insistieren. Der Prozeß der Vermittlung von Wirkung und Rezeption eines Kunstwerks ist ein Dialog zwischen einem gegenwärtigen und einem vergangenen Subjekt, in dem das letztere dem ersteren erst wieder 'etwas sagen' kann (nach Gadamer: etwas so sagen kann, als sei es eigens ihm gesagt), wenn das gegenwärtige Subjekt die in der vergangenen Rede implizierte Antwort als Antwort auf eine jetzt und von ihm zu findende Frage erkennt und stellt. Auch für die Erfahrung vergangener Kunst gilt, was Jörg Drews auf die lapidare Formel gebracht hat: "Die Geschichte sagt nichts, aber sie antwortet" [44]. Wer wie G. Kaiser die "Substanz klassischer Literatur" darum für so reich hält, weil sie "über Jahrhunderte hinweg immer die gleichen, aber auch immer neue Fragen an den Leser stellt, die dieser vernimmt, sobald er die Ohren öffnet und sich um einen Zugang bemüht, während andere Werke, indem sie vertraut werden, veralten, weil ihr Potential an Fragen erschöpflich ist und weil die Fragen, die es beantwortet hat, ad acta gelegt sind" [45], kann sich nicht ungestraft über die Problematik von Zeitenabstand und Horizontverschmelzung hinwegsetzen. Die Fragerichtung der aneignenden Rezeption verläuft vom Leser zum Text; wer sie verkehrt, fällt nicht allein in den Substantialismus monologisch sich selbst fortzeugender ewiger Fragen und bleibender Antworten zurück (bei Kaiser noch variiert durch eine Art von Parthenogenesis "immer neuer Fragen an den Leser"), sondern verkennt auch, daß die Potentialität des Kunstcharakters die unmittelbar gestellte und vernehmbare Frage ausschließt.

Der poetische Text ist kein Katechismus, der Fragen mit vorgegebener Antwort an uns richten soll. Im Unterschied zur religiösen Erfahrung im Umgang mit autoritativen Texten, deren Sinn vernehmen kann, wer 'Ohren hat zu hören', ist der poetische Text auf den freieren Spielraum eines dialogischen Verstehens angelegt, in dem sich ein nicht schon 'geoffenbarter' Sinn im vermittelnden Horizont von Frage und Antwort von Rezeption zu Rezeption weiter konkretisiert. Wie dieser sinnkonstituierende Prozeß verlaufen kann, wenn die meist unausdrücklich vollzogene Vermittlung bewußt durchgespielt wird, sollte mein Exempel zeigen – in den Schritten einer hermeneutischen Reflexion, die mit der eigenen Frage zu der überkommenen Antwort der Deutungstradition in Gang kam, zu der rekonstruierten oder hypothetischen Ausgangsfrage zurück und durch den Horizontwandel der Konkretisationen an die damit revidierte, gegenwärtig zu stellende oder 'für uns implizierte' Frage heranführte, auf die der Text implizit für uns antworten oder auch die Antwort schuldig bleiben kann.

Das Verfahren der Rezeptionsästhetik, den Prozeß der Vermittlung zwischen Werk und Adressat, Wirkung und Rezeption mit Hilfe der hermeneutischen Logik von Frage und Antwort aufzuklären, kann auch von einer marxistischen Ästhetik nicht erübrigt werden, die B. J. Warneken mit der These vertritt, "Produktion und Konsumtion seien Momente eines Prozesses, worin die Produktion der wirkliche Ausgangspunkt und darum auch das übergreifende Moment sei" [46]. Produktivkräfte und Produktionsweisen können ökonomisch analysiert oder poetisch besungen, Produktionsverhältnisse beklagt oder verbessert, nicht aber die ökonomischen Vorgegebenheiten an vergangener Kunst einfach abgelesen oder ihr vermöge geheimnisvoller "Analogien" oder "Homologien" aus den 'nicht mehr sprechenden' Dokumenten der Wirtschafts- und Sozialgeschichte einfach unterlegt werden. Die marxistische Erkenntnistheorie weiß hier keinen Rat, weil die Überzeugung vom Primat der ökonomischen Basis bekanntlich keine Innenansicht davon hergibt, *wie* die "Produktionsweise des materiellen Reichtums" dereinst den "Charakter der literarischen Produktion ... vorgezeichnet" hat. Will B. J. Warneken die Frage beantworten, die bei mir "ungefragt", aber darum nicht ausgeschlossen bleibt: "inwiefern das aufnehmende Bewußtsein Veränderungen der Werkbedeutung, die denen des wesentlich bewußtlos vollzogenen Gesellschaftsprozesses folgten, dem Inhalt nach bloß ratifiziert" [47], so wird auch ihm die produktive Seite des stumm ("wesentlich bewußtlos") vollzogenen Gesellschaftsprozesses erst dann Aufschlüsse geben, wenn er über die rezeptive Seite der uns noch zugänglichen ästhetischen Erfahrung den situativen Bedingungshorizont der Fragen und sozialen Probleme rekonstruiert, auf die das Kunstwerk in seiner vergangenen Situation – gleichviel ob affirmativ oder emanzipativ – geantwortet hat. Als implizierte Antwort und erst damit als Moment des gesellschaftlichen Prozesses kann der Sinn von Racines oder Goethes Iphigenie nur beim aufnehmenden Bewußtsein über nachprüfbare Schritte der Reflexion "erfragt" werden; erst die so zutage gebrachte Kompromittierung der väterlichen Autorität bei Racine und die Remythisierung der befreienden Instanz bei Goethe erschließt, was die "Klassenlage" der beiden Autoren, Racines Auflehnung gegen den Jansenismus und Goethes Verhältnis zum aufgeklärten Absolutismus, im besonderen charakterisiert. Kurzum: auch wenn die produktive Seite das übergreifende Moment des Gesellschaftsprozesses ist, kann die Erkenntnis der Bedeutung, die dem Kunstwerk in diesem Prozeß zufällt, nur von der rezeptiven Seite aus gewonnen werden, sollen nicht wieder hypostasierte Wesenheiten einer anonymen Entwicklung[48], sondern deren gesellschaftliche Träger und Subjekte Gegenstand der Erkenntnis sein.

Tradition und Selektion

Das vorstehende Exempel sollte ferner zeigen, daß die rezeptionsästhetische Reflexion – weit entfernt, sich am Relativismus aller Standorte zu begeistern, einer unbegrenzten Auslegbarkeit aller Texte zu huldigen und die "historische Objektivität des literaturgeschichtlichen Prozesses" zu überspringen[49] – vielmehr die Einsicht in Begrenzung und Spielraum unseres gegenwärtigen Verständnisses von der Aufklärung der Vorgeschichte abhängig macht, die unser Vorverständnis bedingt. Die aufzuarbeitende Vorgeschichte gegenwärtiger Erfahrung von Kunst liegt aber im vergegenständlichten Zusammenhang von Daten der Kunstgeschichte nicht vollständig und offen zutage. Unser Vorverständnis ist gleichermaßen von ereignishafter Kanonbildung und von latenter Institutionalisierung, von gewählter und von gewordener Tradition bedingt. Das Fehlen dieser Unterscheidung ist ein Mangel meines bisherigen theoretischen Konzepts. Insofern ist meine Formulierung: "Tradition vermag sich indes nicht selbst zu tradieren. Sie setzt Rezeption voraus, wo immer eine 'Wirkung' des Vergangenen erkennbar wird"[50] zu revidieren. Nicht alle Reproduktion von Vergangenem setzt bewußte Aneignung und Übersetzung in einen neuen Erfahrungshorizont voraus. Kunstwerke, die durch einen Konsensus der literarischen Öffentlichkeit zum Vorbild erhoben oder in den Kanon der Schullektüren übernommen wurden, können als ästhetische Normen unmerklich in eine Tradition eingehen und als vorgegebene Erwartung die ästhetische Einstellung späterer Generationen normieren. Auch solches Weiterwirken ästhetischer Normen ist indes nicht eine kontingente Folge im Sinne historisch-politischer Tatsächlichkeit. Denn das Kunstwerk muß seinen singularen Ereignischarakter abstreifen, um nachahmbares Vorbild zu werden, die lange Geschichte der Werke einer Kunstgattung muß erst auf einen Regelzusammenhang[51], die Vielfalt der Werke einer

Epoche auf einen Stil oder verschiedene Stilrichtungen reduziert sein, um kanonisch zu werden, d. h. um aus der Diachronie individueller Ereignisse in die Synchronie normgebender Erwartungen eingehen zu können. Meine neue Formulierung muß also lauten: Tradition im Bereich der Kunst ist kein organisch-selbsttätiges Werden, substantielles Sich-Erhalten oder bloßes 'Bewahren des Erbes'. Tradition setzt *Selektion* voraus, wo immer eine Wirkung vergangener Kunst in gegenwärtiger Rezeption erkennbar wird.

Die Partialität der Rezeptionsästhetik gründet demnach nicht allein auf der Korrelation von Produktion, Darstellung und Rezeption, sondern auch auf der Erfahrung, daß alle Reproduktion des Vergangenen im Bereich der Kunst partial bleiben muß. Sie tritt damit in Widerspruch zum objektivistischen Selbstverständnis der Methoden, die Verstehen entweder auf eine Totalität zeitlosen Sinns oder auf die Totalität des geschichtlichen Prozesses zwischen Entstehung und Rezeption eines Kunstwerks [52] beziehen. Die rezeptionsästhetische Maxime, daß nachprüfbares Verstehen die Erkenntnis seiner Partialität einschließen muß, erstreckt sich sowohl auf die Rezeption gegenwärtiger wie vergangener Kunst. Sie gilt zum einen für das einzelne Kunstwerk, das auch bei thematisierter Vieldeutigkeit nur die Wahl bestimmter Deutungsmöglichkeiten unter Verzicht auf andere zuläßt: der Philologe, der sich dieser sinnkonstituierenden Reduktion [53] nicht bewußt ist und 'möglichst alles' beschreiben will, büßt das an bestimmte Erwartungsrichtungen gebundene ästhetische Interesse ein. Sie gilt zum andern für den 'naturwüchsigen', d. h. ohne bewußtes Zutun der subjektiven Träger sich vollziehenden Prozeß der Tradition: was an unreflektiert weitergegebenen Normen von vergangener Kunst in die Gegenwart gelangt, ist keinem Schneeball zu vergleichen, der alles mitnimmt, sondern unterliegt jener Ökonomie ständiger Verkürzung, Vereinfachung und Unterdrückung des Heteronomen, die aller Kanonisierung eigentümlich ist. Sie gilt zum dritten für den bewußt vollzogenen Horizontwandel ästhetischer Erfahrung (das von mir bisher einseitig bevorzugte Paradigma): wo die geschichtliche Bewegung vom rezipierenden Subjekt in Gang gehalten, die Reproduktion des Vergangenen durch die Produktion des Neuen bestimmt, der verfestigte Horizont einer Tradition durch Antizipationen möglicher Erfahrung durchbrochen wird, tritt auch die Partialität der Rezeption in das schärfste Licht. Solcher Horizontwandel, der eine Umwertung der kanonisierten Vergangenheit, Wahl autoritativer Vorgänger und 'Erlösung' vergessenen 'Erbes' mit sich führen kann, pflegt aus einer Negation der bislang herrschenden Tradition hervorzugehen: die vergessene Antike, die von den Humanisten der Renaissance zur Legitimation einer neubeginnenden Epoche der Kunst rezipiert wurde, ist so ausschließend als Negation der letztvergangenen Epoche verstanden worden, daß die Kunst des Mittelalters für Jahrhunderte einem nicht weniger tiefen Vergessen preisgegeben war.

Die Rezeptionsästhetik kann sich darum die von J. Habermas an die philosophische Hermeneutik gerichtete Forderung zu eigen machen, nicht auf ein im Überlieferungsgeschehen der Kunst waltendes 'tragendes Einverständnis' zu bauen, sondern damit zu rechnen, daß der vorverstandene Konsensus einer Tradition "pseudokommunikativ erzwungen" sein kann[54]. Sie wird sich anderer, systematischer oder ideologiekritischer und tiefenhermeneutischer Methoden bedienen, wenn die kritische Aufhellung des Vorverständnisses nicht hinreicht, die von der zutage liegenden Rezeptionsgeschichte verschwiegenen oder unterdrückten Konkretisationen aufzudecken. Solche Rezeptionskritik darf indes nicht mit dem heute so beliebten wie wohlfeilen Vergnügen der 'Entlarvung falschen Bewußtseins' verwechselt werden. Die Partialität rezeptionsästhetischer Reflexion schließt das supponierte 'wahre Bewußtsein' des alles hinterfragenden Ideologiekritikers aus; sie erfordert, gerade auch den Konkretisationen, die gegenwärtigem Frageinteresse als Antwort nicht mehr genügen, ihr historisches Recht widerfahren zu lassen. Mein Exempel mag den Anschein erweckt haben, die herausgehobenen vier historischen Konkretisationen von Goethes *Iphigenie* und im besonderen die aufgedeckte 'pseudokommunikative', weil remythisierte Lösung durch die erlösende weibliche Instanz seien gegenüber der Deutung Hegels, die in der Rezeptionsgeschichte nicht zur Geltung gelangte, zu Gestalten falschen Bewußtseins herabgewürdigt und dem Bildungsbürgertum des 19. Jahrhunderts einseitig zur Last gelegt worden. Müßte die gewiß nicht allein auf Willkür des Zeitgeschmacks oder Mißbrauch von Autorität zurückführbare Rezeptionsgeschichte der *Iphigenie* am Ende nicht mit historischen Gründen vor der Rezeptionskritik wieder gerechtfertigt werden können?[55] In der Tat läßt sich der Schritt vom Drama der Humanität zum 'Seelendrama' und im besonderen das in Goethes *Iphigenie* inkarnierte Prinzip der gewaltlosen Einigung auch gegenläufig zu der Entwicklung sehen, die im 19. Jahrhundert dazu führte, daß die Idee des Weltbürgertums in der Machtpolitik des Nationalstaats unterging. Auch sieht meine Kritik an der unterschwellig mythisierten Lösung von dem in Thoas sich abspielenden Prozeß einer Aufklärung ab, an der nichts Geringeres hängt als die emanzipatorische Änderung einer Rechts- und Gesetzeslage. Der prekäre Charakter dieser Revolution der Denkungsart in dem edlen Skythen, die der *unerhörten Tat* Iphigenies gleichzustellen wäre, ist indes im Gang der Rezeption zum selbstverständlichen Sieg der humanitären Idee harmonisiert worden. Und da das heimliche Instrument dieser Harmonisierung der neue Mythus des erlösend Weiblichen war, mußte das kritische Verstehen dort auf sie stoßen, wo die aktualisierende Frage möglichen Gründen für das gegenwärtige Ungenügen an Goethes Lösung nachging.

Aktualisierung ist ein Begriff, der hier einer Klärung bedarf. Ich meine damit weder die naive Modernisierung, die einem gegenwärtigen Geschmack zuliebe ein altes Sujet in ein modernes Gewand steckt, noch den berühmten "Tigersprung ins Vergangene", mit dem W. Benjamin das revolutionäre Verhältnis zum Kontinuum der Geschichte: die dezidierte, alles 'Dazwischen' negierende Wahl einer paradigmatischen Vergangenheit zur Legitimation gegenwärtigen Neubeginns, erläutert hat. Im Bereich der Kunst muß sich Aktualisierung durch reflektierte Vermittlung zwischen vergangener und gegenwärtiger Bedeutung legitimieren. Aktualisierende Rezeption setzt eine Aufarbeitung des Prozesses voraus, der zwischen dem rezipierten Werk und dem rezipierenden Bewußtsein liegt – eine Aufarbeitung, die notwendig wählend und verkürzend sein muß, aus dieser Not aber die Tugend der Belebung und Verjüngung des Vergangenen gewinnt. Aktualisierende Rezeption vergangener Kunst kann darum als ein Aspekt der Totalisierung der Vergangenheit angesehen werden, wenn man mit K. Kosík unter *Totalisieren* einen "Prozeß der Produktion und Reproduktion, des Belebens und des Verjüngens" versteht[56]. Marxistische Theorien, die neuerdings wieder vor der Aufgabe stehen, die "Aneignung des Erbes" als Voraussetzung der sozialistischen Kultur mit dem Objektivismus einer gesetzmäßigen Entwicklung der ökonomischen, sozialen und kulturellen Geschichte zu vereinen, geraten bei der Rezeption der 'bürgerlichen' Rezeptionsästhetik in Schwierigkeiten, für die das bemerkenswerte jüngste Buch von R. Weimann repräsentativ ist[57].

Weimann, der eine Reihe von Prämissen zum Verhältnis von Literatur und Geschichte mit mir teilt[58], hat meiner Theorie vor allem vorzuwerfen, daß sie die Geschichtlichkeit der Literatur nicht aus der "historisch-ästhetischen Korrelation von Entstehung und Wirkung" begreife (S. 31) und eine Kluft zwischen Tradition als vermeintlich substantieller Eigenbewegung und Geschichte als Horizontwandel ästhetischer Erfahrung aufreiße, über die ein historisch-dialektisch fundierter Traditionsbegriff längst hinaus sei (S. 56/458). Diese methodologische Malaise sei symptomatisch für eine bürgerliche Literaturwissenschaft, die "wo sie geschichtlich gesonnen ist, das Bewußtsein von Tradition, und wo sie um Tradition bemüht ist, das Geschichtsbewußtsein verloren hat" (S. 51). Den zweiten Vorwurf glaube ich inzwischen mit der vorgeschlagenen Korrelierung von Tradition und Selektion auf den beiden Ebenen latenter Institutionalisierung und bewußter Kanonbildung ausgeräumt zu haben. Vermutlich aber nicht im Sinne von R. Weimann, denn seine Vorstellung, wie aus einem (beneidenswert) "funktionierenden Geschichtsverständnis heraus" (S. 29) Tradition wieder als Geschichte und solche Geschichte "aus der Einheit von Vergangenheit und Gegenwart" zu verstehen sei (S. 50), läßt an entscheidender Stelle[59] gerade die Bestimmung der bei mir als Selektion, Totalisierung und Verjüngung beschriebenen menschlichen Tätigkeit vermissen, die doch wohl auch auf dem Boden einer historisch-materialistischen Theorie die reproduktive Vermittlung zwischen Vergangenheit und Gegenwart leisten muß. Der erste Vorwurf dürfte darum auf seinen Urheber zurückfallen, der Wirkung und Rezeption ungeschieden läßt[60], der fordert, Entstehungsgeschichte und Wirkungsgeschichte methodologisch zu verklammern, als ob unser Wissen von der Entstehung eines Werkes die Erfahrung seiner Wirkung begründen, seine Nachgeschichte kontinuierlich aus seiner Vorgeschichte erklärt werden könne[61], und der Geschichte und Tradition um den Preis wiedervereinigt, daß er sie im Rückgang auf das Programm des 'Kulturerbes' ungewollt resubstantialisiert. Die wieder als Geschichte begriffene Tradition R. Weimanns ist nichts anderes als die "Idee eines geschichtlichen Erbes, in dem die Vergangenheit darin beständig ist, daß sie das Künftige antizipiert" (S. 17).

Mit dieser materialistischen Metaphysik, die erlaubt, eine derart vorweggenommene, aber dann doch auch wieder "stets neue, gleichsam ungeahnte ... Wahrheit der Wirkung" als schon im Zeitalter ihrer Entstehung begründete anzusehen (S. 47), läßt sich indes die Frage nicht beantworten, wie die von Engels und Lenin geforderte Aneignung des Erbes zu begründen wäre, da sie ja unweigerlich eine Auswahl dessen erfordert, was "in der mehr als zweitausendjährigen Entwicklung des menschlichen Denkens und der menschlichen Kultur wertvoll war" (Lenin, S. 41). In einer marxistischen Geschichtsphilosophie der Kunst darf es nur Erkennen als Wiedererkennen vorgegebener gesetzmäßiger Prozesse, nicht aber Selektion als Instanz der Freiheit menschlichen Bewußtseins geben, so daß im Prozeß der reproduktiven Erfahrung vergangener Kunst dem gegenwärtigen Bewußtsein auch nicht die dominante Rolle zugebilligt werden kann. Walter Benjamin hat daraus für den historischen Materialismus die eschatologische Folgerung gezogen: "Freilich fällt erst der erlösten Menschheit ihre Vergangenheit vollauf zu. Das will sagen: erst der erlösten Menschheit ist ihre Vergangenheit in jedem ihrer Momente zitierbar geworden" (Geschichtsphilosophische Thesen, III).

Wer dieses berühmte Wort für sich beansprucht (S. 45), aber die verheißene Totalität nicht abwarten kann, sondern sich jetzt schon das Erbe aneignen und darum entscheiden muß, was "wirklich wert ist, erhalten zu werden" (Engels, S. 40), kommt als Marxist selbst nicht ohne jenen Relativismus und Dezisionismus aus, den er der 'bürgerlichen Rezeptionsästhetik' unterstellte. Er wird sich dem Vorwurf des Dezisionismus nur entziehen können, wenn er bereit ist, den objektivistischen Schein der beanspruchten Totalität, will sagen: der gesetzmäßigen Entwicklung vom Erbe zum Alleinerben, zu hinterfragen und die Schritte seiner partialen Totalisierung des Vergangenen hermeneutisch aufzuklären. Vor diesem Dilemma, angesichts dessen sich die sonst eher rhetorisch gebrauchte dialektische Formel von "Einheit und Widerspruch" für die Kontinuität von Entstehung und Wirkung großer Literatur (S. 14/47) bewähren müßte, greift Weimann zu einem Prinzip, das seiner im Ursprung antizipierten Wahrheit stracks entgegengesetzt ist und die davon hergeleitete objektive Einheit von Vergangenem und Gegenwärtigem wieder aufbricht. Es handelt sich um Schillers Empfehlung an den Universalhistoriker, er solle die Frage nach dem geschichtlichen Prozeß als Ganzes suspendieren und *von der neuesten Weltlage aufwärts rückend,* mithin in selektiver Verjüngung, die Begebenheiten herausheben, die als Vorgeschichte gegenwärtiger Erfahrung Weltgeschichte partial zu schreiben erlauben (S. 16/38). Ich habe diese Empfehlung, die auch in meiner Theorie einen Ehrenplatz einnimmt, bisher für idealistisch gehalten; sollte sie auch dialektisch und materialistisch sein, so entfällt ein guter Teil des Streits und hat R. Weimann mutmaßlich im nächsten Schritt mehr zu revidieren als ich im letzten.

Erwartungshorizont und kommunikative Funktion

Die Partialität der Rezeptionsästhetik bleibt noch unter einem dritten Aspekt zu erörtern. Sie kann erstens gegenüber der produktiven und der darstellenden Funktion ästhetischer Praxis nur eine hermeneutische

Priorität beanspruchen. Sie bleibt zweitens bei der Aufhellung und Kritik von Rezeptionsprozessen auf historisches Wissen und analytische Erklärung angewiesen, wenn Konkretisationen auf geschichtlich-gesellschaftliche Rezeptionsbedingungen zurückgeführt werden sollen. Sie erfordert drittens eine Öffnung auf die Kommunikations-, Handlungs- und Wissenstheorie, wenn Kunst in der gesellschaftlichen Dimension als geschichtsbildende Kraft begriffen werden soll. Die Geschichtlichkeit von Kunst und Literatur geht in der Tat nicht im Dialog zwischen Betrachter oder Leser und Werk, Gegenwart und Vergangenheit auf. Der Leser steht gewiß nicht "schlichtweg als lesendes Individuum" einsam im gesellschaftlichen Raum[62]. Durch die Erfahrung, die ihm seine Lektüre vermittelt, hat er an einem kommunikativen Prozeß teil, in dem die Fiktionen der Kunst praktische Relevanz für die Präformation und Motivation gesellschaftlichen Verhaltens gewinnen. Diese gesellschaftsbildende Funktion der Kunst müßte sich rezeptionsästhetisch erschließen und als Normensystem objektivieren lassen, wenn es gelingt, die ästhetische Vermittlung habituellen Wissens und kommunikativer Verhaltensmuster dort zu fassen, wo sie sich im Erwartungshorizont einer Lebenspraxis konkretisieren.

Gegen diese "zwar richtige, aber nichts ausrichtende Theorie" sind Einwände erhoben worden, die letztlich wohl erst durch eine praktische Erprobung ausgeräumt werden können[63]. Einerseits wird an meiner Bestimmung des 'Erwartungshorizonts' ausgesetzt, daß sie einer soziologischen Differenzierung bedürfe und auch im innerliterarischen Bereich solange eine heuristische Fiktion bleibe, als die faktische Pluralität verschiedener Erwartungsfolien, die einen Rezeptionsvorgang bestimmen können, nicht berücksichtigt werde[64]. Zur Kritik steht andererseits, daß die Erfahrung, welche in meinen Beispielen Erwartung konstituieren soll, zumeist innerliterarisch gefaßt sei und im übrigen gesellschaftliche Erfahrung auf den ethischen Bereich beschränke, daß ich ferner den Begriff Erwartung, der besser durch den des Interesses oder Bedürfnisses zu ersetzen sei, nur mehr "als wertfreie Hypothese übers Kommende" verstehe und letztlich verkenne, daß der heutige Kapitalismus mit seiner Kulturindustrie "ein durch Literatur im Sinne realer Humanität verändertes Verhalten des (lesenden) Individuums gar nicht duldet"[65].

Ich brauche nicht zu bestreiten, daß meiner Einführung des Begriffs 'Erwartungshorizont' die innerliterarische Herkunft noch anhaftet, daß der so rekonstruierbare ästhetische Normenkanon (Code) einer bestimmten literarischen Öffentlichkeit soziologisch in die Erwartungsebenen verschiedener Gruppen, Schichten oder Klassen aufgeschlüsselt und auch auf Interessen und Bedürfnisse der sie bedingenden historischen und ökonomischen Situation zurückbezogen werden könnte und sollte. (Da sich – nebenbei bemerkt – Interessen und Bedürfnisse in *Erwartungen* gesellschaftlicher Subjekte zu artikulieren pflegen, gleichviel ob offen oder versteckt, lassen sie sich hermeneutisch nicht durch unartikulierte *Determinanten* ersetzen.) Diese Aufgliederung des ästhetischen Code einer bestimmten Epoche auf die konkurrierenden Interessen ihrer gesellschaftlichen Träger, gewiß ein genuines und noch wenig bearbeitetes Feld der Kunstsoziologie, löst indes das entscheidende Problem noch nicht, an dem die Rezeptionsästhetik genuin interessiert ist: wie sich im Erwartungshorizont einer Lebenspraxis ästhetische Erfahrung in kommunikative Verhaltensmuster umsetzen kann.

Man könnte dieses Problem auch als das synchronische Korrelat zu der diachronischen Horizontverschmelzung bezeichnen, die H. G. Gadamer in der historischen Hermeneutik eingebürgert hat. Hier wie dort macht sich die Partialität aller Horizonte thematisierter Erfahrung geltend: wie bei der Reproduktion des Vergangenen nur ein selektiv oder verjüngend konkretisierter Sinn in den begrenzten Horizont des Gegenwärtigen eintreten kann, so bleibt auch ästhetische Erfahrung wie eine "Sinnenklave" [66] vom Erwartungshorizont der Alltagsrealität umgrenzt, was aber nicht ausschließt, sondern gerade ermöglicht, daß habitualisierte oder zu Normen verfestigte Erwartungen durch ästhetische Erfahrung eingelöst oder überschritten, dadurch thematisiert, bestätigt oder problematisiert werden können. Das Verhältnis von ästhetischer zu praktischer Erfahrung ist demnach primär noch keine Frage der Umsetzung eines Erfahrungsinhalts aus einem ungegenständlichen (fiktiven) in einen gegenständlichen (realen) Horizont oder Vollzugsrahmen einer Handlung. Im Verhalten der ästhetischen Einstellung wird vielmehr ein latenter Horizont nicht mehr oder noch nicht bewußter Erwartungen der Lebenspraxis thematisiert und damit dem einsamen Leser die Möglichkeit eröffnet, eine Welt zu übernehmen, "in der Andere schon leben" [67]. Die kommunikative und damit gesellschaftsbildende Funktion der Kunst beginnt also nicht erst dort, wo der einsame Leser "durch die Assoziierung mit anderen gleichstrebenden Individuen" zur "geschichtlichen Kraft" wird [68]. Sie setzt bereits mit der impliziten Übernahme von Erwartungen und Normen, aber auch von Einsichten in die Erfahrung und Rollen anderer ein, die sein gesellschaftliches Verhalten präformieren, aber auch motivieren und ändern können.

Der besondere Status der ästhetischen Erfahrung im Kommunikationsprozeß der gesellschaftlichen Praxis läßt sich danach in drei Leistungen aufgliedern: die präformative oder *normgebende*, die motivierende oder *normbildende* und die transformative oder *normbrechende* Funktion. Die gegenwärtige ästhetische Theorie bürgerlicher oder (neo) marxistischer Provenienz (mein bisheriges Konzept nicht ausgenommen) hat die normbrechende Funktion aus einem vorherrschenden Interesse an der emanzipatorischen Rolle der Kunst fast ausschließlich in den Vordergrund gerückt, sie mit der normgebenden Funktion konfrontiert und die Auszeichnung der ästhetischen Erfahrung vornehmlich im Vorrang des ereignishaft Neuen über das prozeßhafte Gewordensein, der Negativität oder Differenz über alle Affirmation und institutionalisierte Bedeutung gesehen. Zwischen den Extremen der *normbrechenden* und der *normerfüllenden* Funktion, zwischen progressivem Horizontwandel und Anpassung an eine herrschende Ideologie liegt indes ein ganzes Spektrum von praktischen, in der säkularen Geschichte der vorautonomen Kunst realisierten Leistungen der Kunst, die man im engeren Sinne als kommunikativ, nämlich als *normbildend* bezeichnen kann. Dazu gehört sowohl die normstiftende (begründende, initiierende, erhöhende, rechtfertigende) Rolle der heroischen Kunst als auch die unübersehbare Leistung der lehrhaften Kunst in der Vermittlung, Verteilung und Erläuterung des von Generation zu Generation weiterzureichenden Wissens der Lebenspraxis, wie schließlich das auf freiem Konsensus und Identitätsbildung (Nachfolge statt Nachahmung) angelegte Exemplarische einer vom Ästhetizismus wie von der engagierten Literatur gleichermaßen abgewerteten Kunst[69]. Vor der Wahl, die kommunikative Funktion der Kunst auf einen Appell zur "höchsten individuellen Selbstbestimmung" reduziert zu sehen[70] oder sie erst einmal völlig zu suspendieren, bis ein "in nicht nur literarischer Erfahrung herausgebildetes Klassenbewußtsein" die Bedingungen für eine neue, herrschaftsfreie Kommunikation durch Kunst erst einmal hergestellt hat[71], ziehe ich – 'Prophete rechts, Prophete links' – das apostrophierte, vielleicht doch nicht nur bequeme Sofa einer methodischen Position vor, die dank ihrer Partialität dazu einladen kann, den Dialog über die Frage, ob und wie heute der Kunst die fast verlorene kommunikative Funktion zurückgewonnen werden kann, gemeinsam fortzuführen.

Anmerkungen

1 Zitiert nach: Erläuterungen und Dokumente: Johann Wolfgang Goethe, Iphigenie auf Tauris, hg. von J. Angst und F. Hackert, (Reclam) Stuttgart 1969, S. 101; auf diese verdienstliche Dokumentation in der Reclam-Reihe wird im folgenden mit der Abkürzung R unmittelbar verwiesen.

2 Enquete von G. Blitz (Fachbereich Literaturwissenschaft der Universität Konstanz), die sich auf den normativen und privaten Lektürekanon erstreckt (erscheint 1973) und für Goethes "Iphigenie" ergab, daß der von 62,5 % der Befragten als Schullektüre gelesene Text von 63 % der Nichtphilologen bzw. von 54 % der Philologen mit negativen Prädikaten (abgelehnt, uninteressant oder gleichgültig) beurteilt wurde. – Den Konstanzer Kollegen Gerhard Blitz und Ulrich Gaier danke ich seit einem gemeinsamen Kurs über deutsche und französische Klassik (WS 1969/70) manche Anregung und Kritik.

3 W. Iser, The Reading Process: A Phenomenological Approach, in: New Literary History 3, 1971/72, S. 279 [deutsche Fassung in diesem Band S. 253 ff.]: "... the literary work has two poles, which we might call the artistic and the aesthetic: the artistic refers to the text created by the author, and the aesthetic to the realisation accomplished by the reader. (...) The convergence of text and reader brings the literary work into existence."

4 M. Jankovič, Das Werk als Geschehen des Sinns (1967), zitiert nach H. Günther, Grundbegriffe der Rezeptions- und Wirkungsanalyse, in: Poetica 4, 1971, S. 228.

5 Vom Erkennen des literarischen Kunstwerks, Tübingen 1968, S. 49 ff.

6 F. Vodička, Struktur der Entwicklung (1969), zitiert bei H. Günther, a. a. O., S. 229.

7 Grundlagen und Gedanken zum Verständnis klassischer Dramen: Goethe, Iphigenie auf Tauris, bearbeitet von R. Ibel, (Diesterweg) 7. Aufl. Frankfurt 1968 (im folgenden mit der Abkürzung D zitiert). – Einen kritischen Abriß der Schulrezeption von Goethes Schauspiel gibt M. Wespel, Erstarrte Humanität, in: Schulwissen – Probleme der Analyse von Unterrichtsinhalten, hg. von H. Rumpf, Göttingen 1972, S. 133–149. Man kann dort die Rezeptionsgeschichte bis an die Grenzen der Groteske verfolgen, wie z. B. im Blick auf die Autoren Henze und Schröder, die nicht weniger als 386 Aufsatzthemen aus der "Iphigenie" herausschlugen (S. 149).

8 Siehe dazu M. Fontius: Winckelmann und die französische Aufklärung, (Akademieverlag) Berlin 1968.

9 Die Polemik gegen eine "abstrakte Humanität" hat sich bis in unsere Tage durchgehalten; s. dazu die Rezension von G. Hensel über eine Inszenierung Herings am Landestheater in Darmstadt 1966 (R 78–81): "Das Drama des 'Sittlichen' ist in dieser Inszenierung ein sinnlich erfaßbares Drama konkreter einfacher Gefühle. Die Humanität als Nebenprodukt der Liebe – ein

für Schiller nicht einsehbarer, ein skeptischer, sehr realistischer 'moderner' Zug bei Goethe."

10 R. Barthes, Sur Racine, Paris 1963, S. 143.

11 Gesammelte Aufsätze zur romanischen Philologie, Bern 1967, S. 196–203 (1927).

12 Zur jansenistischen Kritik am Theater (*un poète de théâtre est un empoisonneur public, non des corps, mais des âmes des fidèles*) und zu Racines Zerwürfnis und Aussöhnung mit Port Royal s. Racine, Oeuvres complètes, Paris 1952, Bd. I, S. 41–45, 64–68, 765; Bd. II, S. 13–14. – Meine folgende Interpretation tritt gegen L. Goldmann (Le Dieu caché, Paris 1959) der Racine-Deutung von Ch. Mauron (L'inconscient dans l'œuvre et la vie de Racine, 1957) und von J. Starobinski (L'œil vivant, 1961) zur Seite, denen zufolge Racines Tragödie unter dem Aspekt einer Wiederkehr des Verdrängten gegen den Jansenismus (Starobinski: als ein verbotenes Theater unter dem strafenden Blick des jansenistischen Gottes) entstanden sei.

13 R. Barthes, a. a. O., S. 54.

14 R. Barthes, a. a. O., S. 109.

15 "Bei Euripides raubt Orest mit Iphigenien das Bild der Diana. Dies ist nichts als ein Diebstahl. Thoas kommt herzu und gibt Befehl, sie zu verfolgen und das Bildnis der Göttin ihnen abzunehmen, bis dann am Ende in ganz prosaischer Weise Athene auftritt und dem innezuhalten befiehlt (...) Thoas gehorcht sogleich (...) Wir sehn in diesem Verhältnis nichts als einen trockenen äußerlichen Befehl von Athenes, ein ebenso inhaltloses bloßes Gehorchen von Thoas Seite. Bei Goethe dagegen wird Iphigenie zur Göttin und vertraut der Wahrheit in ihr selbst, in des Menschen Brust" (ed. Bassenge, Berlin 1955, S. 245).

16 An dieser Rede Iphigenies hat schon Péguy erläutert, daß die Tochter hier kaum einen Satz, ja kaum ein Wort vorbringe, das ihren Vater nicht ins Unrecht setze, und daß bei Racine die Opfer oft grausamer seien als die Henker bei Corneille, vgl. L. Spitzer, Die klassische Dämpfung in Racines Stil, in: Romanische Stil- und Literaturstudien I, Marburg 1931, S. 252–254.

17 *An.*, Remarques sur l'Iphigénie de Monsieur Racine (1675), in: Recueil de dissertations sur plusieurs tragédies de Corneille et de Racine, Paris 1740, Bd. II, S. 313–350. – Auf diese Quelle und den im folgenden skizzierten Rezeptionszusammenhang wird Roland Galle, dem ich die Hinweise verdanke, in einer Konstanzer Dissertation zur Problematik von Aufklärung und Tragödie (besonders im Blick auf Voltaire) ausführlicher zurückkommen.

18 A. a. O., S. 315–325.

19 *Est-il possible que tant de pères ayant vu la représentation de cette pièce sans se récrier sur la violence qu'elle fait à la nature & à la vraisemblance?* (a. a. O., S. 317).

20 Art. *Art dramatique,* Oeuvres complètes, éd. Moland, Bd. XVII, S. 406, Anm. 1.

21 Vgl. Remarques, S. 322, mit Voltaire, a. a. O., S. 409–413, und Diderot, Lettre à Mlle Volland (6 nov. 1760).

22 Remarques, S. 326–327.

22a Tableau de la littérature française XVIIe–XVIIIe siècles, Paris 1939, S. 163.

23 Wie R. Barthes, a. a. O., S. 114, entgegenzuhalten ist.

24 Th. W. Adorno, Zum Klassizismus von Goethes Iphigenie, in: Neue Rundschau 78, 1967, S. 586.

25 A. a. O., S. 597.

26 A. a. O.

27 A. a. O., S. 596.

28 Gegen K. Wais, der sich zu der Deutung bekennt: "Zugleich wird ein christlicher Ton aufgefangen: Die Humanität bedarf göttlicher Hilfe, nur durch die betende Verbindung mit dem Himmel ('rettet euer Bild in meiner Seele') setzt sich Iphigenie gegenüber den drei leidenschaftsgebundenen Männern durch" (DVJS 23, 1949, S. 497).

29 Ästhetik, a. a. O., S. 244 f.

30 Nach O. Marquard: Idealismus und Theodizee, in: Philosophisches Jahrbuch 73, 1965, S. 33–47.

31 Tagebuch für Charlotte von Stein, 19. Oktober 1786 (R 48); genetisch interessant ist, daß Goethe dieses mythische Urbild seiner Iphigenie erst während der italienischen Reise fand, auf der er die Graezisierung seiner ursprünglichen Prosafassung weiterführte.

32 Von den Belegen für diesen neuen Mythus, der im Nationalstaat des 19. Jhs. den günstigsten Nährboden fand ("die sittliche That Iphigenies kann nur eine deutsche That sein, weil nur in Deutschland die Selbstüberwindung, wie sie hier sühnend und reinigend geübt wird, möglich erscheint", P. Klaucke, Deutsche Aufsätze und Dispositionen, Berlin 1881, S. 281), sei hier nur noch ein Zeugnis des so einflußreichen Fr. W. Foerster angeführt: "... die Frau befreit sich aus der dumpfen Weiblichkeit nur dadurch, daß sie Priesterin des Ewig-Weiblichen wird ..., daß sie gegenüber allen Befleckungen des weltlichen Machtkampfes und der weltlichen Schlauheit in unberührter Reinheit und in heroischer Konsequenz überall die große Politik der Menschlichkeit vertritt", zit. bei M. Wespel, a. a. O., S. 136.

33 A. a. O., S. 596.

34 A. a. O., S. 598.

35 L. Spitzer, a. a. O., S. 159.

36 Vgl. R. Ibel, a. a. O., S. 60–62, und G. Hensel (R 78–81).

37 Vf., Literaturgeschichte als Provokation der Literaturwissenschaft, Konstanzer Antrittsvorlesung 1967, erschienen als Nr. 3 der Reihe: Konstanzer Universitätsreden [in diesem Band S. 126 ff.], ausgebaut zu: Literaturgeschichte als Provokation, Frankfurt 1970 (ed. suhrkamp 418). Hier beziehe ich mich auf die Kritik in folgenden Besprechungen oder Abhandlungen: E. Bonora, Dalla storia della letteratura alla scienza della letteratura, in: Giornale storio della lett. ital. 148, 1971, S. 163–177; Ch. Grivel, in: Het Franse Boek, 38,

1968, S. 130ff.; H. G. Günther, Grundbegriffe der Rezeptions- und Wirkungsanalyse im tschechischen Strukturalismus, in: Poetica 4, 1971, S. 224–243; D. Harth, Begriffsbildung in der Literaturwissenschaft, in: Deutsche Vierteljahresschrift 45, 1971, S. 397–433; G. Kaiser, in: Fragen der Germanistik, bei Fink/München 1971, S. 59–65; M. Kesting, Krise und Neubeginn, in F.A.Z. 10. Nov. 1970, S. 9; R. Mandelkow, Probleme der Wirkungsgeschichte, in: Jb. für internat. Germanistik 2, 1970, S. 71–84; F. Meregalli, in: Annali di Ca' Foscari 9, 1970, 1–7; M. Nerlich, Romanistik und Anti-Kommunismus, in: Das Argument 14, 1972, S. 276–313; E. Pasquini, in: Studi e problemi di critica testuale 4, 1972, S. 266–276; A. Pizzorusso, in: Belfagor 25, 1970, 614ff.; C. Träger, in: Weimarer Beiträge 18, 1972, S. 19ff.; A. Varvaro, Einl. zu der ital. Ausgabe meiner Schrift: Perché la storia della letteratura, Napoli 1969; B. J. Warneken, in: Das Argument 14, 1972, S. 360–366; R. Weimann, Literaturgeschichte und Mythologie, Berlin und Weimar 1971, bes. S. 27–46, 55ff.; M. Wehrli, Literatur und Geschichte, in: Jahresbericht der Univ. Zürich, 1969/70.

38 B. J. Warneken, S. 366.

39 1970 (s. Anm. 37).

40 R. Mandelkow, S. 78.

41 A. a. O., S. 20.

42 Zu R. Mandelkow, S. 83; zum Werkcharakter als Konvergenz von Text und Rezeption siehe W. Iser (Anm. 3).

43 Literaturgeschichte als Provokation, S. 185ff., 240ff.

44 In seiner Wiedergabe des Inhalts einer Diskussion zwischen E. Lämmert, W. Müller-Seidel, K. Sontheimer, M. Wehrli, H. Weinrich und H. R. Jauß, über das Thema: "Überdruß an der Geschichte", die von der Deutschen Akademie für Sprache und Dichtung am 7. Mai 1971 in München abgehalten wurde, vgl. Süddeutsche Zeitung vom 10. Mai 1971.

45 S. Anm. 1, S. 64.

46 S. 363.

47 S. 362.

48 Wie z. B. in B. J. Warnekens Satz: "Daß Literatur auch als bloßer Ausdruck von Realität doch Bewußtwerden über sie bedeuten und antizipativ ebenfalls nur als Ausdruck ökonomisch fundierter Gesellschaftstendenzen sein kann, geht aus Jauß' Darstellung nicht hervor" (S. 366).

49 R. Weimann, S. 30–34.

50 Literaturgeschichte als Provokation, S. 173/234.

51 Gegen G. Kaiser, S. 65.

52 So bei R. Weimann, S. 13 ("aus dem geschichtlichen Prozeß als Ganzem..."), 34 ("die gesamte Bewegung der vergangenen Weltgeschichte"), 37 ("wo das wirkungsgeschichtliche Bewußtsein aus der totalen Entstehungsgeschichte schöpft").

53 Hier und im folgenden bediene ich mich des begrifflichen Instrumentariums der Systemtheorie von N. Luhmann (in: Theorie der Gesellschaft oder

Sozialtechnologie – Was leistet die Systemforschung? Theorie-Diskussion, Frankfurt 1971, bes. S. 25 ff.), jedoch mit der Einschränkung, daß die Traditionsbildung im Bereich der Kunst geeignet ist, gegen die unbestimmte Offenheit der Systemtheorie die Partialität aller Erfahrungshorizonte zur Geltung zu bringen: Selektion im sinnkonstituierenden Verhalten steht einer immer schon vorselegierten Welt gegenüber, die sich schwerlich anders als historisch erklären läßt.

54 Der Universalitätsanspruch der Hermeneutik, in: Hermeneutik und Ideologiekritik, Theorie-Diskussion, Frankfurt 1971, bes. S. 153 ff.

55 Hier nehme ich einen Einwand und Vorschlag von H. J. Neuschäfer (Saarbrücken), im folgenden kritische Anregungen von S. Häusling (Würzburg), U. Gaier und G. Blitz (Konstanz) auf.

56 Die Dialektik des Konkreten, Frankfurt 1967, S. 148.

57 Noch 1965 stellte W. Hohmann fest, daß die marxistische Literaturwissenschaft der Erforschung der literarischen Wirkung keine Beachtung geschenkt habe (vgl. R. Mandelkow, S. 75); die einschlägigen Aufsätze von R. Weimann erschienen seit 1969; der programmatische Band: Revolution und Literatur – Zum Verhältnis von Erbe, Revolution und Literatur, hrsg. von W. Mittenzwei und R. Reisbach, Leipzig 1971 ("1970 geschrieben"), geht auf ein Kolloquium des Zentralinstituts für Literaturgeschichte der Dt. Akademie der Wissenschaften zurück.

58 Die Verknüpfung von "geschichtlicher Rekonstruktion und lebendiger Rezeption" (S. 6), die "bildende Funktion der Literatur", die nunmehr neben die "abbildende" tritt (S. 12), die zu reflektierende Bindung des Literarhistorikers an seinen historischen Standort (S. 15), die "Stellung zu Ursprung und Tradition historischen Denkens" von der *Querelle des anciens et des modernes* über Schiller und Humboldt bis Gervinus und Ranke (S. 15–22, 45).

59 Zwar finden sich bei Weimann auch Formulierungen wie "geschichtliche Bewegung im Werden und Wählen der Tradition" (S. 70) oder "die tatsächliche Dialektik von Tradition und Revolution, von Gewordenem und Gewähltem" (S. 86), die aber seine im f. kritisierte Hauptthese nicht tangieren. Gleichwohl wahrt sein Versuch, das neue Programm des Kulturerbes in einer Theorie der Kontinuität von Enstehungs- und Wirkungsgeschichte zu fundieren, ein anderes Niveau als z. B. M. Naumann, der in dem Band: Revolution und Literatur (s. Anm. 57) aus Lenins "Theorie des Erbes" einen Alleinvertretungsanspruch ableitet und mit der "Tatsache" begründet: "daß sich die sozialistische Kultur als 'gesetzmäßige Fortsetzung' der progressiven Leistungen der menschlichen Kulturgeschichte betrachtet, ist die Konsequenz aus einer anderen Tatsache, nämlich der, daß die bürgerliche Kultur in ihrem Verfallsstadium sich ebenso 'gesetzmäßig' von dieser Linie der kulturgeschichtlichen Entwicklung wegbewegt" (S. 395).

60 Vgl. S. 37: "(Der Historiker) kann die Wirkung des literarhistorischen Werkes in *unserer* Zeit am besten dadurch fördern, daß er dessen Ent-

stehung in *seiner* Zeit erforscht." Oft bleibt unklar, ob Weimann mit 'Entstehungsgeschichte' die Vorgeschichte (auch Quellengeschichte) eines Werkes oder die Prägung durch die Zeit seiner Entstehung meint (vgl. etwa S. 14, 31, 43, 54).

61 A. a. O., S. 147, 152.

62 C. Träger, S. 21.

63 C. Träger, S. 21; B. J. Warneken, S. 364/5. – Eine Querschnittsanalyse für das Epochenjahr 1857 der französischen Literatur, die den ästhetischen Code wie die in verschiedenen Gattungen faßbaren Muster kommunikativen Verhaltens systematisch beschreiben soll, bereite ich mit einer Arbeitsgruppe Konstanzer Studenten vor.

64 Der Vorschlag von R. Mandelkow, zwischen Epochenerwartung, Werkerwartung und Autorerwartung zu unterscheiden (S. 79), erscheint mir für das innerliterarische Feld sinnvoll, wobei die gattungsbedingte Erwartung noch aus der Epochenerwartung (Stil, Kanon führender Autoren) ausgegrenzt werden könnte.

65 C. Träger, S. 21.

66 Zum Begriff der "Sinnenklave" der ästhetischen und der religiösen Erfahrung in der Wirklichkeit der Alltagswelt s. P. L. Berger – T. Luckmann: Die gesellschaftliche Konstruktion der Wirklichkeit – Eine Theorie der Wissenssoziologie, 2. Aufl. Frankfurt 1971, S. 28; die folgenden Ausführungen schließen an die von Luckmann weitergeführte phänomenologische Theorie der Relevanzsysteme von A. Schütz (Das Problem der Relevanz, Frankfurt 1971) an.

67 Siehe dazu das Kapitel: Die Internalisierung der Wirklichkeit, in P. L. Berger – Th. Luckmann, S. 139 ff., und W. Iser, Der implizite Leser: Kommunikationsformen des Romans von Bunyan bis Beckett, München 1972 (Uni-Taschenbücher 163), bes. S. 8: "Normen sind gesellschaftliche Regulative, deren Transponierung in den Roman zunächst ihre Entpragmatisierung zur Folge hat. Sie rücken in einen neuen Kontext ein, der insofern ihre Funktion verändert, als sie nun nicht mehr – wie im gesellschaftlichen Zusammenhang – als Regulative wirken, sondern selbst thematisch werden."

68 C. Träger, S. 21.

69 Diesen Ansatz habe ich zu einer Abhandlung ausgebaut, die unter dem Titel: Negativität und Identifikation – Versuch zur Theorie der ästhetischen Erfahrung, im Band VI der Reihe: Poetik und Hermeneutik: Positionen der Negativität (bei Fink, München 1975) erscheint.

70 G. Kaiser, S. 56/57.

71 B. J. Warneken, S. 363/65; aber auch C. Träger, S. 22: "Wenn sie (Jauß' These) in dieser Form bestritten wird, dann nicht, um etwa die Möglichkeit praktischer Wirkung von Literatur in Frage zu stellen. Gesagt sein soll, daß Literatur allein auf der Grundlage und als Teil des praktischen Kampfes der zur Klasse organisierten Individuen zum Fortschritt und realen Humanismus Wirkung zu zeitigen vermag."

Hans Robert Jauß

LA DOUCEUR DU FOYER
LYRIK DES JAHRES 1857 ALS MUSTER DER VERMITTLUNG SOZIALER NORMEN

I

Die Lyrik war immer schon ein Stiefkind der Literatursoziologie; sie ist es auch – trotz der Torso gebliebenen Baudelaire-Studien Walter Benjamins – für die neue materialistische Literaturtheorie geblieben. Ob es sich um das mimetische Verhältnis von Darstellung oder Form und Realität, um den Erkenntnisbezug der Literatur auf einen gesellschaftlichen Zustand oder um die kommunikative Funktion der Dichtung handelt, zumeist war es bisher der Roman, der für solche Fragen als Paradigma bevorzugt wurde. Als 'reine Sprachhandlung' scheint sich die Lyrik von Haus aus am meisten aller Mimesis oder 'referentiellen Illusion' zu entziehen. Schon darum verdient der Versuch von Michael Riffaterre besondere Aufmerksamkeit, die darstellende oder auch beschreibende Leistung lyrischer Dichtung mit Hilfe der strukturalen Stilistik zu erfassen.[1] Da Riffaterres Methode schon vor Jahren die Wendung nahm, die strukturale Stilistik auf das Verhältnis von Text und Leser zu öffnen, steht auch dieser Versuch unter dem Grundsatz: "Le poème n'est pas un aboutissement, mais un point de départ".[2] Dieser Grundsatz und seine interpretatorische Anwendung trifft mit dem Forschungsinteresse der von mir vertretenen rezeptionsästhetischen Theorie zusammen. Die beiden Methoden sollen hier indes nicht aneinander gemessen, sondern gemeinsam zu der Frage weitergeführt werden, ob und wie in der darstellenden Leistung von Lyrik kommunikative Funktionen aufgedeckt werden können. Diese Frage berührt ein Problem, das auch die Soziologie interessiert und für welches ihr ein Angebot aus dem Bereich der ästhetischen Praxis schwer ersetzbar sein dürfte: das Problem der Vermittlung, Bildung und Legitimierung sozialer Normen.

Riffaterres Ausgangspunkt ist die Feststellung, daß sich der gewöhnliche Leser wie übrigens auch die traditionelle Kritik keineswegs nach dem Maßstab autonomer Kunst richten: Unterhalb des Höhenkamms ästhetischer Reflexion wird das Gedicht durchaus an erlebter Realität gemessen, seine Authentizität bewundert oder Wirklichkeitstreue vermißt. Gleichwohl sei aus dieser Rezeptionsgewohnheit des Normallesers nicht zu folgern, daß er die sprachlichen Zeichen des Gedichtes naiv mit vorgegebenen Dingen gleichsetze: Auch die durchschnittliche Erfahrung von Lyrik geht nicht von einer äußeren Realität, sondern "von Worten" aus, die etwas *gerade so* sehen und damit "poetisch" erscheinen lassen.[3] Die Treue der Darstellung eines Gedichtes bemißt sich an dem sprachlichen Klischee oder der 'Mythologie', einfacher gesagt: der *Vorstellung*, die der Leser von der dargestellten Welt hat, nicht also an realer Kenntnis ihrer Wirklichkeit. Die poetische Darstellung wirkt überzeugender als eine einfache Versprachlichung, weil sie "überdeterminiert", nicht weil sie ähnlich oder wahrscheinlich ist. *Überdetermination* als Kategorie, mit der die strukturale Analyse den Effekt poetischer Darstellung zu erfassen sucht, entspringt nach Riffaterre aus der Kombination von drei Elementen: des linguistischen Codes, der thematischen Struktur und interferierenden Beschreibungsmustern. Der erstere bedarf erst der Erklärung, wenn der linguistische Code des Autors so weit in historische Ferne abgerückt ist, daß der spätere Leser einer Übersetzung in den Code seiner gegenwärtigen Sprache bedarf. Die thematische Struktur bildet die syntagmatische Ebene: Sie wird in dem Maße effektiv und wahrnehmbar, wie der Leser als 'décodeur' nacheinander die Abweichungen gegenüber erwarteten Konventionen registriert, mit denen der Autor als 'encodeur' die Aufmerksamkeit zukünftiger Leser auslöst.[4] Das Beschreibungssystem bildet die paradigmatische Ebene: Es sind die interferierenden 'Bildfelder' (wie sie Harald Weinrich einmal getauft hat),[5] d.h. von bestimmten Wörtern, denen ein hinreichendes konnotatives Potential eignet, ausgehende Assoziationen; diese rufen im Leser jeweils einen geschlossenen Vorstellungskreis wach, den er oft schon wiedererkennt, wenn ihm *ein* Bestandteil des Systems vor Augen tritt (z.B. *carillon* für das ganze Bildfeld *horloge*).

Was die strukturale Stilistik leisten kann, wenn sie die Interferenz dieser drei Strukturen aufdeckt, hat Riffaterre beispielhaft an Victor Hugos Gedicht *Ecrit sur la vitre d'une fenêtre flamande* demonstriert. Der Gang der Analyse geht nicht von einer dargestellten Realität zu ihrer Darstellung oder Beschreibung im Gedicht, sondern kann umgekehrt zeigen, "comment la représentation crée la chose représentée, comment elle la rend vraisemblable, c'est-à-dire reconnaissable et satisfaisante à la lecture".[6] Die Interpretation kann im Horizont syntagmatischer Systementfaltung und Systemkorrektur verfolgen[7], wie sich von Wort zu Wort, genauer: von Bildfeld zu Bildfeld, für den Leser der Sinn der thematischen Struktur zwischen *surprise* und *rétroaction* entschlüsselt.[8] Und da der Kontext erlaubt, die implizierte Norm aus ihrer

Veränderung oder Erfüllung zu erschließen, kann die Überdetermination ohne Rekurs auf historisches Wissen oder ästhetische Werte festgestellt werden, so daß die Analyse des Rezeptionsvorgangs objektivierbare Daten gewinnt ("le contraste résultant de cette interférence est le stimulus stilistique").[9]

Wenn wir uns danach wieder der Frage zuwenden, wie die darstellende Leistung eines Gedichts eine kommunikative Funktion erlangen und die rezeptive Erfahrung dem einsamen Leser ein Interaktionsmuster des gesellschaftlichen Lebens vermitteln kann, muß Riffaterres Verfahren über das einzelne Gedicht und über die aus dem Kontext abgelesene ästhetische Norm hinausgeführt werden. Der poetische Text, der durch seine überdeterminierten Elemente oder Interferenzen die Aufmerksamkeit des Lesers in Bann schlägt und seine kontrollierte Decodierung sichert, muß sich nun auch als Träger einer Bedeutung oder 'Botschaft' auszeichnen. Soll das Gedicht nicht allein durch seine poetische Form, sondern auch durch seinen Inhalt Aufmerksamkeit erzwingen, so muß sich die poetische Botschaft von bloßer Information abheben. Sie könnte etwa eine Antwort oder Lösung von besonderer Plausibilität enthalten, die offen oder verdeckt, autoritativ oder ambivalent gegeben sein kann, aber immer so viel Resonanz haben muß, daß sie den okkasionellen Anlaß überdauert. Gewiß enthält nicht jeder lyrische Text eine Botschaft, die der Leser als Antwort auf eine implizierte Frage oder als empfohlene Lösung einer lebensweltlichen Situation verstehen und damit als ein Interaktionsmuster übernehmen kann. Doch wo einer poetischen Botschaft dieser Antwortcharakter eigen ist, der den puren ästhetischen Genuß des Gedichtes überschießt, kann auch die strukturale Analyse nicht länger im kontextimmanenten Zirkel von induzierter Norm und Abweichung, Beschreibungssystem und Interferenz verbleiben. Dann muß nach der Norm gefragt werden, die als *Erwartung* schon vorgängig die thematische Struktur bedingt und die als *Vorstellung* in die Erfahrung eines Lesers eingehen kann, der sie mit der Rezeption des Gedichtes kennen lernte. Denn wenn die literarische Beschreibung der Wirklichkeit auch nicht unmittelbar auf die *Dinge* verweist, nimmt sie doch Bezug auf unsere *Vorstellung* von den Dingen, sei es daß sie uns die Evidenz des Wiedererkennens bereitet, sei es daß sie einem jungen oder noch unerfahrenen Leser diese Vorstellung zum ersten Mal verschafft und damit seine künftige Erfahrung präformiert. Insofern ist es nicht ganz richtig zu sagen: "Qui n'a jamais veillé au chevet d'un mourant n'en est pas moins sensible à la force évocatrice du mot *râle*".[10] Wer schon an einem Sterbebett wachte, dem kann die evokatorische Kraft des Wortes *râle* noch eine zusätzliche, aus der Erinnerung kommende Resonanz erbringen; wem andererseits das Gedicht die erste Vorstellung einer Sterbeszene vermittelt, der wird durch die ästhetische Norm in seiner Erwartung vororientiert sein, wenn ihm diese Situation in der Lebenspraxis begegnet. Ästhetische Erfahrung erscheint als eine Welt für sich und kann gleichwohl auf dieselbe Sache bezogen sein wie der praktische Umgang. Darum ist im Blick auf die darstellende Funktion der Lyrik zu fragen, was die ästhetische Einstellung hinzubringt, wenn sie die Vorstellung eines Gegenstands, einer Handlung oder einer Situation vermittelt, inauguriert oder wiedererkennen läßt.

Diese Frage kann uns hier nur im Blick auf die Bildfelder interessieren, die für die Ermittlung lebensweltlicher Normen relevant sind. Riffaterre hat seine Beschreibungssysteme noch nicht nach solchen Relevanzen geordnet. Er geht vom semantischen Potential (den *Semen* und ihren entsprechenden Codes) solcher Begriffe aus, die fähig sind, ein Beschreibungssystem (oder mehrere) zu generieren, zeigt wie die Entfaltung beschreibender Sequenzen in der Poesie gewissen Regeln (z. B. der tautologischen oder der oxymorischen Generierung) folgen kann und bezieht rhetorische Muster, allegorische Schlüsel, Mythologeme und Symbole ein. Solche Beschreibungssysteme oder Bildfelder können sich demnach vom kleinsten Umkreis des klassischen Epithetons bis zum mehrfach gliederbaren Bedeutungspotential traditionsreicher Symbolwörter erstrecken. Die Schwelle vom Bildfeld in darstellender Funktion zum beschreibenden Muster in kommunikativer Funktion ist dort erreicht, wo sich das System lexikalischer Assoziationen in ein Modell einfügt, das eine Situation evoziert. Zur Probe, ob ein Bildfeld ein Interaktionsmuster enthält, kann dienen, ob sich das Beschreibungsmuster als 'Sprachspiel' formulieren läßt. Als Beispiel kann die Aufgliederung von *carillon* nach verschiedenen semantischen Codes in Riffaterres Analyse dienen. Mit der Aufnahme bestimmter Adjektive zu 'Läuten der Glocke' ist für den Leser die Bedeutungsrichtung des Beschreibungsmusters schon vorentschieden: "Si la sonnerie était un tocsin appelant aux armes, les sons de la cloche seraient de *bronze* ou d'*airain*, métaux des armes poétiques. Si la cloche tintait dans un clocher de village, elle serait *enrouée* comme le gosier d'un rustre. Si la cloche n'est que la clochette toute prosaique d'un portail de jardin bourgeois, le *fer* vulgaire suffirait".[11] Als Sturmgeläute, Stundenschlag oder Bimmeln kann das Bildfeld von *carillon* metonymisch für den Leser je nachdem die Situation des warnenden Aufrufs, des dörflichen Stundenreigens oder des Signals einer Ankunft evozieren. Die Situationsbeschreibung wird zum

Interaktionsmuster, wenn sie als Sprachspiel auf Regeln verweist, solche Regeln benennt oder legitimiert, die dem Leser sagen, was dazu gehört und was zu tun ist, wenn z.B. zu den Waffen gerufen wird, wenn die Kirchturmuhr den Tageslauf regelt oder wenn die Glocke an der Gartentür einen Besucher ankündigt (berühmt geworden als Szene der Ankunft Swanns im *Combray* Marcel Prousts!).

Die Beschreibungssysteme der strukturalen Stilistik sind gegenüber dem lexikalischen Code einer Umgangssprache eine erste Reduktion auf diejenigen Worte, die im poetischen Code der Lyrik als Kern normhafter Vorstellungen fungieren können. Sie sind nicht geradezu aus der lexikalischen Gliederung einer Sprache ableitbar, sondern setzen außersprachliche, nur historisch erklärbare Selektionen und damit einen wandelbaren Konsens ihrer mit dem poetischen Code vertrauten Benutzer voraus.[12] Gegenüber dieser ersten Reduktion ist eine zweite vorzunehmen, wenn in und hinter den beschreibenden Subsystemen eines Gedichtes jene Interaktionsmuster oder Sprachspiele ermittelt werden sollen, durch welche die als literarische Gattung von Hause aus eher auf Kundgabe als auf Mitteilung oder Darstellung angelegte Lyrik nun auch kommunikative Funktion zu erlangen vermag. Solche Interaktionsmuster, die im gesellschaftlichen Dasein durch Habitualisierung von Handlungen entstehen, schlagen sich in Erwartungen nieder, die sich zu sozialen Normen verfestigen und von Generation zu Generation weitergegeben werden können, ohne daß sie darum – wie gesetzliche Regelungen, religiöse Gebote oder ethische Maximen – ausdrücklich formuliert oder kodifiziert sein müßten. Es handelt sich um habituelles, durch das Handeln selbst oder nach Vorbildern erlernbares Wissen oder Rollenverhalten, das der von außen kommende Fremde oder der distanzierte Historiker eher beobachten kann als der darin Stehende, dem die ihn umgebende institutionale Welt zwischenmenschlichen Verhaltens gemeinhin so selbstverständlich oder undurchsichtig ist, daß ihm ihre Normen und Spielregeln erst zu Bewußtsein kommen, wenn eine Störung eintritt. Es sei denn, Kunst und Literatur mache sie ihm bewußt. Denn es ist eine der wichtigsten, obschon noch wenig ausgeschöpften Leistungen der Kunst für die gesellschaftliche Praxis, daß sie die stummen Institutionen der gesellschaftlichen Welt zur Sprache bringt, sich bewährende Normen thematisiert, überkommene vermitteln und rechtfertigen, aber auch den Zwang der institutionalen Welt problematisieren, die Rollen anderer verständlich machen, Konsens über neu sich bildende Normen herbeiführen und so den Gefahren der Verdinglichung und Ideologisierung entgegenwirken kann.

Die Wissenssoziologie, deren begriffliches Instrumentarium ich im vorstehenden benutzte,[13] hat die Funktion der ästhetischen Erfahrung für die Konstitution der gesellschaftlichen Wirklichkeit offenbar noch kaum gewürdigt.[14] Diese Funktion an einem historischen Beispiel zu beschreiben und damit eine Brücke von der rezeptionsästhetischen Theorie der Literatur zur wissenssoziologischen Theorie der Lebenswelt zu schlagen, ist die Absicht der hier begonnenen Untersuchung.[15] Diese kann von der Wissenssoziologie zwar keine fertige Systematik aller Interaktionsmuster übernehmen, die der Alltagswirklichkeit einer schon historisch abgerückten, aber noch in die Vorgeschichte unserer Gegenwart gehörenden bürgerlichen Lebenswelt – dem Erscheinungsjahr von Baudelaires *Fleurs du Mal* (1857) – zugrunde liegen. Doch kann sie von ihr mit Gewinn die Theorie vom Aufbau der gesellschaftlichen Welt übernehmen. Dieser läßt sich sowohl prozeßhaft in Phasen der Habitualisierung, Institutionalisierung, Legitimierung und Internalisierung (durch primäre und sekundäre Sozialisation) aufweisen, als auch resulthaft in einer gestuften Relevanz von sozialen Rollen, Institutionen und Subsinnwelten begreifen. Was wir bisher Interaktionsmuster (oder Sprachspiel) nannten, kommt in der gesellschaftlichen Praxis nicht isoliert vor, sondern erscheint in einem geschlossenen Horizont von Erwartungen: Einzelne *Verhaltensnormen* ordnen sich durchgängigen Rollenerfordernissen unter, genormte *Rollen* fügen sich durch wechselseitige Typisierung in *Institutionen* ein, deren Ordnung wird durch Weisen der *Legitimation* gesichert, die "ihren pragmatischen Imperativen die Würde des Normativen" geben[15a] und ihr schließlich den Charakter – oder wenn man so will: den ideologischen Schein – einer für sich bestehenden *Subsinnwelt* verleihen können. Da die Wirklichkeit der Alltagswelt zumeist in solchen fest umzirkelten Bedeutungs- und Erfahrungsweisen hingenommen wird, muß sich die hier unternommene Analyse zum Ziel setzen, das einzelne Interaktionsmuster im Kontext der Subsinnwelt zu erfassen, die es als Horizont der Lebenswelt umschließt und legitimiert. Wie solche Subsinnwelten im kollektiven Denken gegeneinander abgegrenzt sind, zeigen die Dokumente der Sozialgeschichte selten ausdrücklich an. Um so mehr dürfte es sich verlohnen, zu untersuchen, welche Aufschlüsse über Subsinnwelten und deren Grenzen in der bürgerlichen Lebenswelt des 19. Jahrhunderts aus lyrischen Repräsentanten kommunikativer Muster zu gewinnen sind.

II

Encore la plupart n'ont-ils jamais connu
La douceur du foyer et n'ont jamais vécu!

Was der Feierabend für die bürgerliche Familie bringt, wenn der Himmel die Stadt nach vollbrachter Arbeit 'wie ein großer Alkoven' umschließt, hat Baudelaire auf dem Höhenkamm der Lyrik des Jahres 1857 gewiß am mächtigsten vor Augen gerufen. In *Le crépuscule du soir* gewinnt das schon triviale Thema vom Glück am häuslichen Herd dadurch, daß es Baudelaire aus der Sicht der Ausgeschlossenen – der Prostituierten, der Kriminellen, der Spieler, der Insassen des Hospitals – evoziert, mit dem Pathos des Verneintseins wieder eine schmerzhaft eindringliche, poetische Kraft. Die *douceur du foyer,* schon in der unübersetzbaren Wortverbindung gesellschaftliches Idealbild, sakralen Ursprung und Poesie des Alltags verschmelzend, kehrt auf allen Stilebenen der Lyrik dieses Jahres als eigenständiges, zitiertes oder impliziertes Thema wieder. Die zugrunde liegenden sozialen Normen, die dieses kommunikative Muster zur Subsinnwelt zusammenschließt und in die Lebenspraxis vermittelt, sollen durch eine synchronische Analyse der folgenden Texte [16] ermittelt werden:

Victor Hugo: *Les Contemplations*

1. *La vie aux champs* (I, vi)
2. *Le rouet d'Omphale* (II, iii)
3. *Paroles dans l'ombre* (II, xv)
4. *Il lui disait* (II, xxi)
5. *Aimons toujours* (II, xxii)
6. *Intérieur* (III, xviii)
7. *Elle avait pris ce pli* (IV, v)
8. O *souvenirs! printemps, aurore!* (IV, ix)
9. *A Mademoiselle Louise B.* (V, v)

Charles Baudelaire: *Les Fleurs du Mal*

10. *Les bijoux*
11. *Le balcon*
12. *Je n'ai pas oublié, voisine de la ville*
13. *Le crépuscule du soir*

Andere Autoren von Gedichten des Jahres 1857:

14. Louis Bouilhet: *Démolitions*
15. Blaze de Bury: *Chaperon-Rouge (Intermède romantique)*
16. L. Damey: *Le Grillon*

17. Alfred Lemoine: *La veuve*
18. André Lemoyne: *Où sont-ils?*
19. André Lemoyne: *Stella maris*
20. Léon Magnier: *Rêve agreste*

a) Das situative Grundmuster (Rollen, Ort und Zeit)

La mère, dans son fils, croit trouver ton image.
La moitié de son cœur est là, dans un berceau

LE MARIN
Et son autre moitié? ...

L'ETOILE
L'autre moitié voyage,
Essayant sur les mers de suivre ton vaisseau.

LE MARIN
Quand Dieu laissera-t-il les heureux vivre ensemble? ...

In diesem Dialog zwischen dem fernen Matrosen und der *stella maris* wird im rührseligen Ton schon vergilbter Romantik die Ursituation beschworen, die dem lyrischen Muster zugrunde liegt. Gegenstand der Sehnsucht ist der kleinste Kreis, der den Bestand bürgerlichen Glücks gewährt: Vater, Mutter, Kind oder – mythologisch gefaßt – die 'heilige Familie'. Das Gedicht Lemoynes (Nr. 19) läßt auch erkennen, daß es die Mutter ist, die in der Trinität der bürgerlichen Familie aus der Sicht dieser Quellen die stärkste, weil vermittelnde Rolle innehat. Die 'eine Hälfte ihres Herzens' gehört dem Knaben in der Wiege, die andere weilt beim fernen Gatten, dem es beschieden ist, auf dem Meer heroisch 'mit seinem Kapitän' für das Vaterland und die Seinen unterzugehen. Das situative Grundmuster zeigt damit auch eine symmetrische Teilung der Rollen und Pflichten an: Die Mutter repräsentiert die Autorität der Familie nach innen, der Vater nach außen; 'Innen' und 'Außen' verhalten sich wie Geborgenheit und Gefahr, Raum des Glücks und Feld der Bewährung.

Der Glücksraum des *foyer* ist das sanfte Reich der Frau. Ihre beherrschende Rolle verrät sich im mythologischen Gewand von Hugos *Rouet d'Omphale* (Nr. 2) am schönsten. Im prunkvollen Atrium hält das stillstehende Spinnrad, archaisches Attribut des bürgerlichen Foyer, nicht allein die von der Keule des Herkules gezeichneten Monster in Bann.

Denn der tiefere Sinn dieser Ekphrasis ist: "die Ungeheuer werden von dem männlich-kräftigen Helden, dieser aber von der Sanftmut der Frau gebändigt".[17] Der Frau bleibt diese beherrschende Rolle auch gewahrt, wenn die bürgerliche Trinität auf das Paar verringert oder auf mehrere Kinder erweitert wird. Baudelaire setzt dem familiären Glück – wie unsere synchronische Analyse unverkennbar macht – die sich selbst genügende Zweiheit des Paars, dem trauten *foyer* das *intérieur* des Künstlers, den stillen Freuden des ersteren die Ekstasen sinnlicher Kommunikation oder sublimierter Erinnerung des letzteren entgegen. Doch auch im Interieur von *Les Bijoux* (Nr. 10) deutet schon die erhöhte Stellung der Geliebten *(du haut du divan)* dieselbe verführende Gewalt an, die sich durch Omphale den Helden unterwarf. Und wenn in *Le balcon* (Nr. 11) die *douceur du foyer* provokativ für das einsame Paar beansprucht wird, tritt die Geliebte als *mère des souvenirs* in die beherrschende Rolle ein, nun aber um zu bedeuten, daß erst die harmonisierende Kraft der Erinnerung den vollkommenen Einklang selbstgenügsamen Glücks zu schaffen vermag.

Diese erst und nur der Erinnerung entspringende Aura fehlt den Stücken, in denen Hugo Situationen vergangenen familiären Glücks evoziert. Quelle der Melancholie ist das Unglück mit der jungvermählten Tochter Léopoldine; um ihre Gestalt, der Hugo auch gerne Mutterpflichten überträgt (Nr. 8, v. 24), belebt sich die Szene mit den *quatre douces têtes* der Geschwister, einer bekümmerten Mutter, dem lesenden Großvater, zu denen sich der Freund des Hauses gesellen kann. Hugo thematisiert ihn in *La vie aux champs* als Dichter, romantisch unbehaust und wissend ineins (*le poète en tout lieu / se sent chez lui*, Nr. 1, v. 3). Doch überträgt ihm Hugo zugleich die Rolle, die Kinder in die Erfahrungen des Lebens einzuführen. Der Dichter tritt damit als der von außen Kommende dem sanften Gesetz der Frau und erziehenden Prinzip der Mutter gegenüber und nimmt die Stelle der väterlichen Autorität ein. Bedenkt man, daß diese im lyrischen Grundmuster der *douceur du foyer* sonst verschwiegen bleibt, so scheint es, als ob Hugo der geschwächten Position des Vaters durch einen Rollentausch mit dem Dichter hätte aufhelfen wollen.

Das situative Grundmuster der *douceur du foyer* ist sowohl zeitlich wie räumlich von der Praxis der Arbeitswelt abgerückt:

O soir, aimable soir, désiré par celui
Dont les bras, sans mentir, peuvent dire: Aujourd'hui
Nous avons travaillé! ...

Den zeitlichen Rahmen bildet *le soir charmant, le soir qui soulage* (Nr. 13), die Zeit nach den Verrichtungen der täglichen Arbeit, in der sich die Familie oft schon im Schein der Lampe zum Souper, zum Plaudern und Singen *(Chants du soir, souper de famille / Où chacun babille / A propos de rien*, Nr. 16), kurzum zu alledem versammelt, was das unübersetzbare deutsche Wort 'Feierabend' einbegreift. Die Lampe ist die wahre Mitte des Foyer. Die Stunde ihres Entzündens eröffnet die Situation des Erzählens (Nr. 1, v. 30). Ihr Lichtkreis symbolisiert die Vertrautheit der für sich bleibenden familiären Welt (Nr. 19). In Baudelaires Interieur hingegen erlischt sie, so daß der Leib der Geliebten im Flackern des Kaminfeuers einen phantastischen Reiz des Unheimlichen dazugewinnt (*Il inondait de sang cette peau couleur d'ambre*, Nr. 10).

Die weiteren Attribute des Foyer als Mittelpunkt der bürgerlichen Lebenswelt können an dem Gedicht *Où sont-ils* von Lemoyne (Nr. 18) abgelesen werden. Die elegische Betrachtung eines verlassenen Hauses vereint und poetisiert Spuren abwesenden Lebens: das offenstehende Fenster, das aufsteigende Rauchband, den Saitenklang einer Harfe oder eines Pianos aus dem Salon, die stummen Ahnenbilder, den leeren Lehnstuhl und das Zirpen der Heimchen, die sich einen andern Herd suchen müssen, wenn mit dem Feuer das Leben einer Familie erlischt. Sinnbild der in sich beschlossenen Welt des bürgerlichen Foyer ist auch die Fensterscheibe. Sie setzt der Neugier von außen wie von innen die Grenze (Nr. 16, v. 24), birgt und enthüllt das Glück der Inwohnenden, kann es aber auch vortäuschen. Baudelaire benutzt das Motiv in dem einzigen Gedicht der *Fleurs du Mal*, in dem er die Mutter gegenwärtig sein läßt, obschon er sie auch hier nicht nennt: Die Abendsonne muß ihr natürliches Licht auf Tischtuch und Vorhang in kerzenartige Reflexe verwandeln, denn sie bricht sich hinter der Scheibe, erscheint als *grand œil ouvert dans le ciel curieux* (Nr. 12) und ist so zum ausgeschlossenen Augenzeugen für das stille Glück der Dinierenden geworden. Die Umkehrung dieser Symbolik findet sich in Hugos *Intérieur* (Nr. 6): Hier läßt die Abendsonne das Stubenfenster einer Arbeiterwohnung aufleuchten und verbirgt dem Passanten, daß sich im Innern zwischen den drei Personen einer durchaus unheiligen Familie eine abscheuliche Streitszene abspielt. Auf die ideologische Funktion dieses Gedichts wird noch zurückzukommen sein.

b) Das normative Grundmuster (Maximen, Werte, Sanktionen)

Je leur parle de tout. Mes discours en eux sèment
Ou l'idée ou le fait. Comme ils m'aiment, ils aiment
Tout ce que je leur dis. Je leur montre du doigt
Le ciel, Dieu qui s'y cache, et l'astre qu'on y voit.
Tout, jusqu'à leur regard, m'écoute. Je dis comme
Il faut penser, rêver, chercher.

Lyrik in ihrer lebensweltlichen Funktion evoziert das situative Grundmuster und poetisch überhöhte Wunschbild der *douceur du foyer* nicht um seiner selbst willen. Das lyrische Thema mit seinen Variationen vermittelt als gesellschaftliches Paradigma immer auch Erfahrungen, Verhaltensweisen und Normen des Alltagswissens. Die zumeist unausgesprochene oder verborgene Funktion poetischer Muster für den Prozeß der sogenannten 'primären Sozialisation' ist in Hugos *La vie aux champs* offen thematisiert. Dort sagt der Dichter den Kindern in der Erzählsituation des Foyer nicht allein, *comme il faut penser, rêver, chercher* (Nr. 1). Er erteilt auch mehr oder weniger handfeste Ratschläge, wem man Almosen geben (*Donnez l'aumône au pauvre humble et penché*, v. 60) und wie man Belehrung oder Tadel aufnehmen soll. Er verankert alle moralischen Weisungen in der Verheißung: *Qu'être bon, c'est bien vivre* (v. 67) und überbaut sie durch eine kleine Theodizee: Gott bedarf des Bösen nicht, also kann der Mensch sogar noch in Schmerz und Tränen *la bonté* finden! Der Umkreis der offen ausgesprochenen oder implizierten Verhaltensnormen reicht in den Varianten des Grundmusters vom Geschick der weiblichen Hand, die noch in der ärmsten Hütte *contentement, lumière, propreté* zu verbreiten weiß (*Au dedans, ah, c'est là qu'une main économe / Arrange toute chose avec activité*, Nr. 15), bis zu der rührenden Mahnung an den über seine Bücher gebeugt arbeitenden Mann, er möge derjenigen, die er liebe, doch dann und wann einen Blick schenken (Nr. 2). Im übrigen sind die thematisierten Tätigkeiten im Foyer der Situation des 'Feierabends' angemessen. Arbeitsvorgänge bleiben aus dem Glücksraum des Foyer ausgeschlossen; einzig das Spinnrad deutet im Inventar auf eine archaische Phase häuslicher Produktion zurück (Nr. 2, 15, 19). Wo der Arbeitsvorgang am Spinnrad einmal ausdrücklich beschrieben wird wie in Lemoines *La Veuve* (Nr. 17), gehört er in den traurigen Anblick zerstörter Harmonie, zu den Attributen der Verlassenheit einer Witwe, für die das kurze Glück gemeinsamen Lebens in eine lange Qual umgeschlagen ist:

Dans son grand fauteuil assise,
Tandis que se doigts courants
Tirent l'aiguille, indécise,
Sa voix s'éteint dans son chant.

Der Lehnstuhl begegnet auch anderweitig als vertrautester Zeuge der Freuden und Schicksalsschläge eines Foyer (Nr. 15). In Lemoines Gedicht wird dem Idealbild der *plaisirs du foyer* das in der Lyrik seltenere Gegenbild seiner *vicissitudes* vorgehalten – das traurige Geschick einer Hinterbliebenen, der Mann und Kinder nacheinander wegsterben, so daß sie das so oft angelegte Trauergewand am Ende schon gar nicht mehr ablegt (Nr. 17). Diese gegenbildliche Variante ist weder eine echte Grenzüberschreitung noch irgendwie realitätshaltiger als die positiven Varianten, sondern ein Fall dessen, was man ein Verfahren der *Konteridealisierung* nennen könnte. Es ist auf die negative Seite einer Erscheinung gerichtet; doch da es nurmehr die gegenbildliche 'Kehrseite derselben Medaille' beschreibt, werden die implizierten positiven Normen durch die negativen weder in Frage gestellt noch durchbrochen, sondern als Prädikate der Fülle durch solche des Mangels noch vereindringlicht und insgeheim gestützt. Die Reihe dieser positiven Normen und ihrer gegenbildlichen negativen Entsprechungen kann wie folgt aufgestellt werden (vornehmlich aus Nr. 16 und 17):

gaîté – *tristesse*
compagnie – *solitude*
rêverie – *souci*
douceurs – *tourment*
plaisirs – *travail*
bonheur – *malheur*

Lyrik in der Funktion, soziale Normen kommunizierbar zu machen, arbeitet nicht allein mit idealisierenden Mitteln der Verbildlichung und poetischen Suggestion. Sie kann offen oder insgeheim auch eine soziale Sanktion androhen. Hierzu sei ein Glanzstück unserer Sammlung, *Le Grillon* von Damey (Nr. 16; s. im Anhang), angeführt. Es handelt sich um ein gelungenes Pastiche der La Fontaine'schen Fabel, einer Gattung also, die ihren literarhistorisch gerne ans Ende des Ancien Régime verlegten Tod offenbar in der Trivialliteratur des 19. Jahrhunderts überlebt hat. In Dameys Stück läßt sich der jüngste Springinsfeld erst tagtäglich von *Mère Grillon* sagen: *Enfants, sachez-le bien, le bonheur est dans l'âtre.* Dann aber kann er der Neugier doch nicht mehr widerstehen, macht einen kleinen Ausflug zum Fenster, findet diese Schwelle zu der Welt der andern unversehens offen, gerät auf die sonnenbeschienene Flur und tummelt sich mit den dort lebenden Grillen, bis ihn mit einem Mal eine schreckliche Angst befällt. Der leichtsinnige Ausflug in die Welt jenseits des Stubenfensters endet im Heimweh: *Oh! qui me donnera d'en retrouver la route!* Und die Moral von der Geschicht': Manch einer lernt die *douceurs de la famille* erst schätzen, wenn er sie nicht mehr genießen kann *(Heureux qui les comprend, plus heureux qui les goûte!)*.

c) *Die Subsinnwelt und ihre geschlossenen Grenzen*

Voyant rouler ainsi qu'une onde
Nos longs jours aux flots bleus,
Nous formerons un petit monde
De sages et d'heureux. (Nr. 20)

Die Wissenssoziologie geht davon aus, daß wir die Wirklichkeit der Alltagswelt in "umgrenzten Sinnprovinzen", als "Enklaven in der obersten Wirklichkeit" erleben, deren Grenzen durch "fest umzirkelte Bedeutungs- und Erfahrungsweisen" markiert sind.[18] Um uns den umgreifenden, all ihren Bewohnern gemeinsamen Horizont der Alltagswelt ansichtig zu machen, bedarf es also immer schon einer Anstrengung des Bewußtseins, eines Heraustretens aus der unmittelbaren Zuwendung zu einer Welt beruflicher Tätigkeit, des Spiels, des religiösen Kults usf., sei es im Übergang aus einer "Enklave" in eine andere, sei es durch die Interpellation eines allgemeinen Interesses (z.B. beim Anhören von Rundfunknachrichten) oder durch Infragestellung des Eigenrechts solcher Sinnenklaven überhaupt. Wie die Subsinnwelten unserer Alltagswelt gegeneinander abgegrenzt sind, läßt schon die bisherige Betrachtung des Paradigmas *La douceur du foyer* erkennen. Ästhetische Erfahrung hat vor anderen sozialgeschichtlichen Quellen den Vorzug, daß sie das durch Routine selbstverständlich gewordene Wissen der Alltagswelt thematisiert. Lyrik als Muster kommunikativer Interaktion zeigt, wie die Grenzen einer Subsinnwelt *(petit monde)* im kollektiven Denken befestigt, idealisiert und und sanktioniert sind. Sie kann das jeweils Ausgegrenzte aber auch gegen den Zwang verfestigter Institutionen durch appellative oder ironische Mittel wieder ins Bewußtsein rufen.

In der Grillen-Fabel von Damey erscheint die Grenze zwischen der vertrauten und der fremden Welt zunächst dadurch verharmlost, daß der grenzüberschreitende Ausreißer 'draußen' auch wieder auf seinesgleichen trifft. Aber dann genügt schon der kleine Unterschied zwischen den Subsinnwelten der Haus- und der Feldgrillen, um das hohe Risiko des fremden Lebens jenseits der eigenen vier Wände zu bedeuten, das nur der Neugier in den verlockenden Farben eines freieren Daseins vorschweben konnte. Die fürwitzige Grenzüberschreitung zieht unweigerlich ihre Sanktion nach sich. Denn 'draußen' ist nicht allein alles anders; 'draußen' wird der Ausreißer zum Fremdling, dem sich aller erhoffte Lebensgenuß in Reue und die zu späte Einsicht verkehrt, daß ihm nur 'drinnen' *plaisirs sans regrets et sans indiscrets* (v. 13) beschieden waren.

Daß die Erkenntnis, die sich aus der Struktur und expliziten Lehre dieser poetischen Fabel gewinnen läßt, kein zufälliges Ergebnis ist, bestätigt die literarische Semiotik Jurij Lotmans.[19] Eines ihrer wichtigsten Begriffspaare für die Organisation einer räumlichen Struktur ist die Opposition "offen – geschlossen": "Der geschlossene Raum, im Text unter verschiedenen vertrauten Bildern wie Haus, Stadt, Heimat vertreten und mit bestimmten Merkmalen ausgestattet wie: 'heimisch', 'warm', 'sicher' – steht dem offenen 'äußeren' Raum gegenüber und dessen Merkmalen: 'fremd', 'feindlich', 'kalt'." Dabei gewinnt die Grenze als topologisches Merkmal besondere Bedeutung: "Die Art, wie ein Text durch eine solche Grenze aufgeteilt wird, ist eines seiner wesentlichsten Charakteristika. Ob es sich dabei um eine Aufteilung in Freunde und Feinde, Lebende und Tote, Arme und Reiche oder andere handelt, ist an sich gleich. Wichtig ist etwas anderes: Die Grenze, die den Raum teilt, muß unüberwindlich sein und die innere Struktur der beiden Teile verschieden." Lotman hat aus dieser Topologie dessen, was er den "künstlerischen Raum" nennt, sowohl die Zuordnung bestimmter Raumtypen zu bestimmten Heldentypen, als auch seinen Ereignisbegriff ("die Versetzung einer Figur über die Grenze eines semantischen Feldes") und schließlich sein Kategorienpaar sujetloser und sujethaltiger Texte gewonnen. Es dürfte nach dem Vorgesagten ohne weiteres einleuchten, daß Lotmans Topologie nicht zuletzt darum so ergiebig ist, weil der um eine Grenze organisierte "künstlerische Raum" die Struktur der abgegrenzten Subsinnwelten abbildet oder besser gesagt: in die Vorstellung erhebt. Die ästhetische Einstellung bringt gegenüber der Situationswelt der Lebenspraxis hinzu, daß sie die latenten Sinngrenzen der semantischen Felder ausdrücklich macht, als selbstgenügsame Subsinnwelten thematisiert und zu modellhafter Vollkommenheit ausgestaltet.

Das Interaktionsmodell *La douceur du foyer* kennt – mit Lotman zu sprechen – nur Figuren des geschlossenen, inneren Raums, keinen Helden der äußeren, offenen Welt. Es sei denn, daß im sicheren Bannkreis des heimischen Herdes ein Gast aus der Ferne einkehrt. Wer seine Sehnsucht nach der Ferne befriedigen und doch die Sicherheit seiner heimischen Welt nicht aufgeben will, kann sich von einem welterfahrenen oder weitgereisten Gast *Von fremden Ländern und Meeren* erzählen lassen. Das Klavierstück, an das ich mit diesem Titel erinnere, weil es in dieselbe Subsinnwelt gehört, ist eine der berühmt gewordenen *Kinderszenen* von Robert Schumann (gestorben 1856); es thematisiert das Verlangen nach der Ferne aus der Perspektive des inneren Raums, nicht als Erfahrung von 'draußen', sondern als Sehnsucht *nach* 'fremden Ländern und Meeren', wie sie diesseits der Schwelle, im Bannkreis der *douceur du foyer,* sich ohne Gefahr äußern kann. Zur idealen Geschlossenheit dieser Subsinnwelt gehört auch die ihr eigentümliche Aura der Ferne – eine Vorstellung des Fremden, die den Schock des Andersartigen, Unerwartbaren, Furchterregenden immer schon aufgefangen hat. Victor Hugo übernimmt dieses Thema in *La vie aux champs* (Nr. 1) für die Rolle des unbehausten Dichters. Der abendliche Gast gibt sich als verständiger Freund der Kinder, weiß sie mit *contes charmants qui vous font peur la nuit* (v. 31) zu bezaubern und sie dabei halb erzählend, halb belehrend in die Erfahrung des räumlich wie zeitlich Fernen einzuführen. Es fallen Namen, die das Schicksal großer Völker, der Juden, Griechen und Römer, auf der weltgeschichtlichen Szene verbildlichen; dann wird das zeitlich fernste Volk, *l'antique Egypte et ses plaines sans ombre* (v. 73), auf seinem noch gegenwärtigen Schauplatz evoziert, und dieser als eine unheimliche Landschaft des Todes ausgemalt; sie läßt den *voyageur de nuit* erschauern, als welchen sich der Dichter selbst am Ende in sein Kolossalgemälde plaziert. Was im heimeligen Lichtkreis der Lampe begann (v. 30), endet in der nächtlichen Vision der Sphinx, einem Kabinettstück der Mischung des 'Grotesken mit dem Erhabenen'. Gleichwohl bleibt für die Zuhörer der Effekt des Unheimlichen in der angenehmen Empfindung eines Schauderns aufgefangen, das selbst noch die makabre Metaphorik von Leichentuch und Totenmaske ästhetisch genießbar finden kann, solange die sonst aus dem Glücksraum des Foyer ausgeschlossene Vorstellung des Todes an die äußerste Grenze der räumlichen Ferne verbannt bleibt.

Es gehört offenbar zu den Mitteln der Idealisierung einer Subsinnwelt, daß die Beziehung von Nähe und Ferne in eine Balance gebracht wird, die im vorliegenden Fall dazu dient, die Öffnung des Blicks über die Grenze insgeheim wieder der Verherrlichung des heimatlichen Glücksraumes dienstbar zu machen. Aus der Ferne kann die vertraute Welt der Nähe selbst auratisch werden, d. h. zur "einmaligen Erscheinung einer Ferne, so nah sie sein mag".[20] So in *Stella maris*, wo der Matrose mit dem Sehnsuchtsbild des *cher pays que toujours voit mon âme* vor Augen auf dem fernen Meer heroisch untergeht (Nr. 19). Wenn die poetische Form in solchen trivialen Varianten die Sinnprovinz des *foyer paternel, abri de la sagesse* (Nr. 16, v. 47) affirmativ idealisiert, kann sie den Blick auf eine heimatliche Ferne öffnen und ineins damit die Nähe anderer, aus dem Glücksraum der bürgerlichen Existenz ausgeschlossener Subsinnwelten vergessen machen. Darum wirkt es in der Synchronie der hier gesammelten lyrischen Texte nicht nur wie eine kühne Metapher oder poetische Lizenz, sondern wie eine Überschreitung tabuierter Grenzen, wenn ein Abendgedicht mit den provokativen Versen beginnt:

Voici le soir charmant, ami du criminel;
Il vient comme un complice, à pas de loup ...

Baudelaire beschwört in *Le crépuscule du soir* (Nr. 13) gegen die Erwartung seiner Leser mit dem Anbruch des Feierabends, an dem sich die bürgerliche Familie glücklich und 'ohne Haß von der Welt verschließt', die glücklose großstädtische Existenz all derer, für die um diese Stunde auf den Straßen oder Vergnügungsstätten ihr 'Tagewerk' beginnt oder im Spital die Qualen einer Nacht anheben. Der gemeinsame Nenner für die Existenz der Prostituierten, Kriminellen, Spieler und Kranken in ihren ausgeschlossenen Subsinnwelten ist, daß sie nicht von sich sagen können: *Aujourd'hui nous avons travaillé* und damit das Anrecht auf das Glück der *douceur du foyer* verwirkt haben. Damit rührt Baudelaire an die Frage der Legitimation und der ideologischen Funktion dieses kommunikativen Musters.

d) Legitimation und ideologische Funktion

Oh! de la mère-grand vénérable demeure,
Cher cadre où, dans le buis et l'ébène enchassé,
Nous sourit gravement le tableau du passé;
Eden où notre enfance a célébré son heure,
théâtre fortuné de nos plus doux émois,
Où, dans la profondeur des sentiers et des bois,

Au murmure de l'herbe, au chant des sources vives,
S'éveille dans nos cœurs pour la première fois
Le sentiment sacré des croyances naives;
Oh! je te reconnais, séjour calme et béni,
De la paix domestique humble et dernier asile,
Que la main du Seigneur protège comme un nid,
Des orages lointains qui grondent sur la ville!

Diese bukolische Variante unseres Themas aus Blaze de Burys *Chaperon-Rouge* (Nr. 15) enthält einen guten Teil jener Topik, derer ein kommunikatives Muster bedarf, um die überkommene Geltung sozialer Normen zu erklären und offen oder versteckt zu rechtfertigen. Auch wenn das Muster *douceur du foyer* im Kommunikationssystem der Alltagspraxis den besonderen, biographisch bedingten Vorzug hat, daß es eine Subsinnwelt normiert, die für Kinder in der Phase der primären Sozialisation *die* Welt überhaupt bedeutet, muß es doch auch von Generation zu Generation weitergegeben, den Nachkommenden erklärt und gegen Ansprüche anderer Gruppen oder benachteiligter Klassen mit ihren konkurrierenden Subsinnwelten verteidigt werden. Das kann offen, durch Beweise, durch Sinnbilder oder auch durch Berufung auf Instanzen der Legitimation geschehen. Die poetische Begründung kann aber auch willentlich oder unwillentlich dazu dienen, ein unausgesprochenes Interesse zu verbergen. Dann übernimmt die poetische Legitimation eine ideologische Funktion.

Eine erste Legitimation ergibt sich im vorstehenden Text aus der Berufung auf altbewährte Tradition: Der Foyer hat die Aura der Ehrwürdigkeit eines *cher cadre,* in dem uns das Bild des Vergangenen entgegenlächelt, eines *saint héritage,* das bereit steht und von der nächsten Generation nur noch in Besitz genommen zu werden braucht. Eine zweite Legitimation liegt in der Anspielung auf *Eden* als Paradies der Kindheit – eine Vereinnahmung des längst 'säkularisierten', von allen politischen Glaubenslehren beanspruchten Hauptstücks des populären christlichen Geschichtsbilds. Es gewinnt mit der sentimentalischen Rückwendung auf die allen erinnerliche erste Jugendzeit ein emotional unerschöpfliches Beglaubigungspotential. So preist auch Hugo das Feriendasein seiner Familie in *O souvenirs! printemps! aurore!* als ein Stück auf Erden geholtes Paradies (*J'entrevoyais un coin des cieux,* v. 52). Eine dritte Legitimationsinstanz ist die Natur selbst. Die Klischees des 'locus amoenus' im vorstehenden Text deuten an, daß auf dem Foyer der Segen der Natur liegt, daß sie ihn von der feindseligen Welt abschirmt und zu einem letzten Hort des einfachen und friedlichen Lebens werden läßt. Victor Hugo macht andererseits die Natur zur konkurrierenden Instanz, wenn er ein ländliches Familienidyll – die *douceur du foyer* auf den Landsitz verlagernd – mit dem Anspruch krönt, ein solches Leben sei eine Schöpfung des Menschen, auf die er gegenüber der Natur stolz sein dürfe:

Et, dans l'hymen obscur qui sans fin se consomme,
La nature sentait que ce qui sort de l'homme
Est divin et charmant (Nr. 9, v. 76).

Die Schönheit der Natur kann bei Hugo aber auch zur Instanz werden, vor der sich der Mensch ob seiner *laideur sociale* zu schämen hat. In *Intérieur* (Nr. 6), der schon erwähnten negativen Variante unseres Grundmusters, hat Hugo gegenläufig zu den Konnotationen der Harmonie und Intimität, die der Titel des Gedichts erwarten läßt, ein für die Zeit seiner Entstehung (1841) ungewöhnliches Maß an unpoetischer Realität aufgeboten: Ein proletarisches Milieu, einen *mauvais ouvrier*, der betrunken aus der Schenke kommt und sein zankendes Weib mit *prostituée* beschimpft, ihren Wortwechsel in abgerissenen Ausrufen und Satzfetzen, ein erschreckt weinendes, hungriges Kind. Obschon als soziale Anklage gemeint, bleibt diese doch in den für Hugo charakteristischen Grenzen. Die Umrahmung der provokativen Szene wirkt als Konteridealisierung und bestätigt insgeheim die Idealität des bürgerlichen Foyer, dem das Intérieur der *pauvre demeure* Zug um Zug, in der Umsetzung der 'heiligen' in die 'unheilige' Trinität von Vater, Mutter und Kind wie in der Verzerrung von 'schön' in 'häßlich', gegenbildlich vollkommen entspricht. Das Naturgleichnis im Ausgang, das wie schon im Eingang die virgilische Allegorie der *discordia demens*, den sozialen Zündstoff der Mittelszene entschärft, ist zweideutig. Zunächst will es scheinen, als sei die Instanz der gütigen Natur eigens aufgeboten, um einen menschlichen Schandfleck vor den Augen des Außenstehenden zu verbergen und den Anschein zu erwecken, die Welt im ganzen erstrahle nach wie vor in ihrer gottgeschaffenen Schönheit:

Et leur vitre, où pendait un vieux haillon de toile,
était, grâce au soleil, une éclatante étoile
Qui, dans ce même instant, vive et pure lueur,
Eblouissait au loin quelque passant rêveur!

So verstanden würde das Gedicht die romantische Theodizee à la Chateaubriand als eine Täuschung decouvrieren und wäre die Fensterscheibe geradezu als eine metaphorische Konkretisierung des ideologischen Scheins zu bewerten. Doch solche ideologiekritische Absicht liegt Hugo fern. Die vorangehenden Verse geben dem Gegensatz zwischen dem schönen Abglanz der untergehenden Sonne und dem häßlichen Anblick des *couple hideux, que rend deux fois infâme / La misère du cœur et la laideur de l'âme* (v. 19) nur mehr einen moralisch-erbaulichen Sinn: Gerade in ihrer Schönheit ist die Natur das Maß, an welchem der Mensch erkennen soll, wie weit er im 'Elend seines Herzens' und in der 'Häßlichkeit seiner Seele' von der gottgewollten Ordnung abgefallen ist, die sich in der Schönheit der äußeren Natur manifestiert und auch in der inneren Harmonie eines Foyer walten sollte.[21]

Eine vierte, noch mehr zum Klischee abgesunkene Legitimation bietet der vorstehende Text aus dem *Chaperon-Rouge* mit dem Bild des Nestes, über das Gott seine schützende Hand hält. Der Verfasser des *Intermède romantique* betitelten Stücks hat diese Metaphorik offenbar wörtlich genommen. Er läßt den am Ende der Geschichte auftretenden Jäger geradezu als *justicier* des göttlichen Schutzherrn in Szene treten und den unerhörten Frevel sühnen *(Ce que les temps avaient de respect entouré, l'aieule centenaire au cœur évangélique et la vierge innocente, il a tout dévoré)*. Das ist dieses Mal aber merkwürdigerweise dem Rotkäppchen wie seiner Großmutter nichts mehr nütze, denn ihre obligate Wiederauferstehung bleibt aus. Warum darf sie im Jahre 1857 nicht mehr ohne weiteres stattfinden? Vielleicht deutet sich auf dieser trivialen Ebene im regelwidrig definitiven Ende von *Chaperon-Rouge* etwas von der wachsenden Einsicht des öffentlichen Bewußtseins an, daß der Foyer als Glücksraum und letztes Asyl der Bourgeoisie *(de la paix domestique humble et dernier asile)* in der historischen Realität so bedroht war wie die Häuser des alten Paris von dem unbarmherzigen Fortschritt der großstädtischen Zivilisation. Was sich hier und vielleicht auch in dem Vers: *Des orages lointains qui grondent sur la ville* andeuten mag, der das Gleichnis vom 'Nest in Gottes Hand' beschließt, hat Louis Bouilhet (Nr. 14) offen ausgesprochen und zum Gegenstand einer Anklage erhoben:

Ah! pauvres maisons éventrées
par le marteau du niveleur!
Pauvres masures délabrées,
Pauvres nids qu'a pris l'oiseleur!

Das zerstörte Nest steht hier am Anfang der Beschreibung des Anblicks, den die Stadt bietet, nachdem die Arbeitsbataillone Viollet-le-Ducs begonnen haben, die breiten Boulevards der Weltstadt Napoléons III. freizulegen. Spitzhacke und Axt durchschneiden nicht allein den durch Jahrhunderte gewachsenen, in Monumenten gegenwärtigen Zusammenhang von vergangenem und zukünftigem Dasein. Sie haben auch die Innenseite dieses Daseins, die *secrètes anatomies* (v. 11) des bürgerlichen Foyer aufgerissen und sein wohlbehütetes Leben, von der *chambre aux agonies* bis zu den *alcoves de l'amour*, schamlos vor den Augen der Menge profaniert. Die makabre Folge von Bildern der Anatomie, des Schlachthofs und der Grabstätte, die Bouilhet für die *carcasses nues* der alten Bürgerhäuser am Rande der neuen Boulevards findet, endet elegisch in einer Gebärde der Hilflosigkeit:

Pour les couvrir, montez, o lierres!
Brisez l'asphalte des trottoires!
Jetez sur la pudeur des pierres
Le linceul de vos rameaux noirs!

Hier wird die romantische Instanz der Natur noch einmal pathetisch gegen die überlegene Zivilisation aufgeboten, damit aber die Subsinnwelt der *douceur du foyer* auch schon sentimentalisch in die Ruinenschönheit des 'Nicht mehr' entrückt.

Es darf kaum verwundern, daß allein im letzten Zeugnis ein zeithistorischer Bezug greifbar wurde. Interaktionsmuster unterliegen im Bereich ästhetisch vermittelter Erfahrung einem Prozeß der Entzeitlichung und Idealisierung, der ihre Einprägsamkeit erhöht und ineins damit ihre normbildende oder normtragende Macht poetisch legitimiert. Der Schein überzeitlicher Geltung macht solche kommunikative Muster aber auch als Mittel ideologischer Verschleierung geeignet. Ideologie läßt sich in diesem Kontext dadurch kennzeichnen, daß sich hinter der Rede ein Machtinteresse verbirgt, daß Kommunikation durch ein Behaupten verzerrt ist, das zugleich verschweigt, und daß ein Gruppeninteresse für seine partikulare Welterklärung den Anspruch auf universale Wahrheit erhebt. Unser Paradigma zeigt den Umschlag von poetischer Legitimation in eine ideologische Stützfunktion auf verschiedener Ebene.

In ideologiekritischer Perspektive ist die Funktion der beschwichtigenden Maxime: *Eh! palais ou chaumine, / Qu'importe à qui se trouve bien?* (Nr. 16) am raschesten im Blick auf das Interesse der Aufrechterhaltung des bürgerlichen Besitzstandes durchschaubar. Weniger durchsichtig ist der Satz, den Hugo in *La vie aux champs* den Kindern in den Mund legt, um den Dichter als Hausfreund, der sie in die bürgerliche

Moral einführt, zu loben: *'Il est du même avis que monsieur le curé'* (Nr. 1, v. 48). Dieser so verräterisch ideologisch klingende Satz kann vorschnell auf der falschen Seite verbucht werden, wenn man übersieht, daß die *Contemplations* durch alle Stücke religiöser Thematik hindurch einen Laienkatechismus entwickeln, dem ein orthodoxer *Monsieur le curé* schwerlich zustimmen dürfte. Wenn schon ideologisch, dann verrät dieser Satz im ganzen Kontext gesehen nicht ein Bündnis von 'Thron und Altar', sondern eine laizistische Position. Am interessantesten für die ideologische Funktion des Interaktionsmusters *La douceur du foyer* ist das, was es durch den Anschein sich selbst genügender Idealität wie durch die implizierte Würde des Normativen, die es dem vermittelten Wissen verleiht, ausschließt, unterdrückt oder verschweigt.

Baudelaires Abendgedicht, das die glücklose Existenz der Gruppen evoziert, die aus der *douceur du foyer* ausgeschlossen bleiben, machte die Abdichtung, wenn nicht sogar stillschweigende Tabuierung der Grenze zu anderen Subsinnwelten bewußt, die durch die geschlossene poetische Form erhöht werden kann. Ideologische Abschließung lag auch im Falle von Hugos *Intérieur* vor, das die Norm der Harmonie des bürgerlichen Foyer durch sein Gegenbild bestätigt, als ob es nur an der *laideur de l'âme* und nicht auch an Bedingungen sozialen Elends läge, wenn einem Arbeiterhaushalt diese Harmonie versagt bleibt. Die ideologische Funktion poetischer Interaktionsmuster braucht sich aber nicht allein auf das Ausschließen, Verschweigen oder Nichtanerkennen anderer Subsinnwelten zu erstrecken; sie kann auch dazu dienen, ein eigentliches Machtinteresse innerhalb der tabuierten Grenzen einer Subsinnwelt selbst zu verbergen. Ein Fazit dieser Untersuchung war, daß die Lyrik des Jahres 1857 den Foyer als Glücksraum der bürgerlichen Welt so darstellt, als sei er das sanfte Reich der Frau, in welchem dem Mann und Vater nurmehr eine untergeordnete Rolle zufalle, deren mythologischer Archetyp im Rotkäppchen-Intermezzo die Wand über dem Bette der Großmutter schmückt: *une image grossière / représentant Joseph et la Nativité* (Nr. 15, v. 17). Verschweigt das Muster *La douceur du foyer* in ideologischer Absicht die Autorität, die dem Vater und Familienoberhaupt in der bürgerlichen Schicht des Zweiten Kaiserreichs faktisch zukam? Diese Frage macht einen Rekurs auf die Sozialgeschichte der Familie und einen Ausblick auf angrenzende Interaktionsmuster und Subsinnwelten notwendig, soweit sich ihre synchronische Aufteilung bei der ersten Untersuchung des gesamten lyrischen Kommunikationssystems schon in vorläufiger Weise feststellen ließ.[22]

III

Die Familie als soziale Institution ist im Frankreich des 19. Jahrhunderts bekanntlich von den Reformdekreten der ersten Revolutionsjahre wie von Bestimmungen des Code civil geprägt, die den emanzipatorischen Elan zum Teil wieder auffingen.[23] Der revolutionäre, den Prinzipien der Freiheit und Gleichheit gemäße Schritt lag in der Säkularisation der Ehe: Als ein ziviler Vertrag zwischen freien Partnern aufgefaßt, folgte aus ihr sowohl die Auflösbarkeit (Scheidungsrecht) als auch die Gleichheit innerhalb der Familie (Gleichheit der Ehegatten, Abbau des Primats der väterlichen Autorität, Gleichstellung der Kinder im Erbrecht). Der Code civil bewahrte Säkularisation und Auflösbarkeit, schränkte lediglich die Scheidungsgründe ein, stellte aber das Prinzip der väterlichen Autorität zu einem guten Teil wieder her: "L'idée de protection est marquée par le fait que l'autorité paternelle s'exerce jusqu'à la majorité et cesse par l'émancipation et le mariage mais elle s'exerce sans limites, avec un droit de correction, survivance des lettres de cachet, et une administration des biens sans contrôle. Bref la famille apparaît tout entière dans la main du père de famille qui jouit d'une autorité quasi-romaine sur la personne de son épouse et de ses enfants ainsi que sur leurs biens." [24]

Von solcher Machtfülle der väterlichen Autorität ist in dem Familienportrait, das die Interaktionsmuster der Subsinnwelt *La douceur du foyer* vermitteln, nirgends die Rede. Daraus ist nun aber gerade nicht zu schließen, daß unser Corpus lyrischer Texte schon einer fortgeschrittenen Phase der Emanzipation entspräche. Von den Ideen der individuellen oder der sozialen Emanzipation, wie sie George Sand oder die Frühsozialisten vertraten, findet sich in der Synchronie der lyrischen Interaktionsmuster des Jahre 1857 keine Spur. Die restaurierte Allmacht des bürgerlichen Ehemanns und Familienoberhaupts wird im thematisierten Glücksraum der Bourgeoisie stillschweigend ausgespart, aber implizit vorausgesetzt, als ob die Institution der bürgerlichen Ehe und Familie zu dieser Zeit nicht durch die industrielle Revolution und Proletarisierung der Massen, die vor allem auch an veränderten Arbeits- und Lebensgewohnheiten eines nicht mehr gemeinsamen familiären Tageslaufs greifbar wird,[25] mehr und mehr ihre normative Geltung eingebüßt hätte. Daß die väterliche Autorität, die das lyrische Interaktionsmuster unter dem Anschein verschweigt, der bürgerliche Foyer sei das sanfte Reich der Frau, für die bürgerliche Literatur dieser Zeit in Wahrheit eine unangefochtene Machtfülle einnahm, ist an den Zeugnissen einer anderen literarischen Gattung, dem Roman von seinem Höhenkamm bis herunter zu seinen 'trivialen' Ebenen, abzulesen. Ob diese Funktionsaufteilung der kommunikativen Muster zwischen Lyrik und Roman mehr als formale Gründe hat (die Behauptung und Anfechtung der Rolle des Sujet oder 'agent fondateur' erfordert offenbar Geschichten!), kann hier noch nicht entschieden werden. Wie reich die Interaktionsmuster der väterlichen Autorität im französischen Roman des 19. Jahrhunderts vertreten sind, zeigt eine Dokumentation *Le père dans le texte* auf das eindrucksvollste, die von der Zeitschrift *Manteia* in ideologiekritischer Absicht unternommen wurde.[26] Im Vordergrund steht das Vater-Sohn-Verhältnis. Die klassische Situation zeigt den Sohn, der gegen den Vater rebelliert, ineins damit die väterliche Autorität in Gang setzt, hernach auf den 'rechten Weg' gebracht wird, um am Ende selbst 'sein Vater' zu werden. Die moderne Umkehrung dieser Situation wäre das Leiden des Sohns ohne Vater, nach dem psychoanalytischen Schema: "que la souffrance du fils 'sans père' le libère de cette mort, la lui fait expier ... et très fortement l'y rattache (à ce qui en Lui ne saurait périr)."[27] Die Analyse zeigt vorzüglich, wie innerhalb des Interaktionsmusters Macht und Nimbus der Autorität durch eine Balance von Aussprechen und Verschweigen (z. B. des ökonomischen Interesses) befestigt wird;[28] sie läßt lediglich die Interaktionsmuster väterlicher Liebe und im besonderen die Dulderrolle des Père Goriot *(ce Christ de la paternité)* vermissen, welch letzterer hier offenbar einen erneuten Vatermord erdulden mußte.

Ist das Interaktionsmuster *La douceur du foyer* im Hinblick auf die verschwiegene Vaterrolle ideologisch regressiv, so scheint es andererseits im Blick auf die Rolle des Kindes eine progressive Tendenz der bürgerlichen Oberschicht zu rechtfertigen. Unser Muster beschränkt die Familie auf die Trinität von Mutter, Vater und Kind; wo einmal mehr Kinder erwähnt sind, bleibt ihre Zahl auf eine kleine Schar (*ces quatre douces têtes,* Nr. 8, v. 41) beschränkt. Diese Beschränkung der Personen impliziert eine Norm, die erst in der diachronischen Betrachtung zutage tritt. Während des 19. Jahrhunderts hatte sich in der gesellschaftlichen Struktur Frankreichs eine Änderung vollzogen, die für den sozialen Habitus der Familie nicht weniger revolutionär war wie das Prinzip der *Egalité.* Es ist die Wendung von der patriarchalischen Familie mit unkontrollierter, naturhaft hingenommener Kinderzahl zu der bürgerlichen Kleinfamilie, die sich seit dem Ende des 18. Jahrhunderts mit der gewollten Beschränkung auf zwei Kinder durchzusetzen begann.[29] In der ersteren war das Familienleben durch den ununterbrochenen biologischen Zyklus von Geburt und Tod (hohe Kindersterblichkeit), durch die meist lebenslange Bindung der Frau an die Mutterrolle und durch die ungleiche Behandlung der Kinder bedingt (nur der Erbe blieb länger im Foyer, die anderen Kinder mußten möglichst rasch über Heirat, Armee, Kloster usw. versorgt werden).[30] Das neue, durch die Verbreitung der Kontrazeption ermöglichte Ideal eines Haushalts mit zwei Kindern kam einer Denaturalisation der Familie gleich: Die familiäre Gemeinschaft wurde nicht mehr hingenommen, sondern gewählt. Das schloß ein, daß sie nunmehr auch durch die rechtliche Institution der Scheidung wieder aufgelöst oder durch deren Seitenstück, die Adoption ergänzt, mithin über alle sakramentalen und blutmäßigen Schranken hinweg verändert werden konnte.[31] Die soziologische Untersuchung von Ph. Ariès zeigt, wie mit diesem Wandel der Familienstruktur, die sich zuerst in bürgerlichen Schichten ausbildete, seit etwa 1880 aber auch in das bäuerliche und Arbeitermilieu Eingang fand, die Ehefrau wie das Kind ein neues soziales Ansehen erlangte. Ineins damit wurde ein bislang unbekanntes affektives Potential entbunden. Die seit Rousseau in ihrem Eigendasein beachteten Kinder wuchsen in einer Sphäre neuer Intimität auf, sie blieben länger zu Hause, ihre Erziehung diente nicht mehr nur der beruflichen Etablierung, sondern auch der intellektuellen und moralischen Bildung. Die aus der Sklaverei ständiger Schwangerschaften befreite Frau nahm, gefördert durch den fortschreitenden Ausbau des Schulunterrichts, einen aktiveren Anteil an der Bildung und am häuslichen Leben, vor allem aber an den häuslichen Angelegenheiten, deren Leitung ihr mehr und mehr anvertraut wurde. Im Blick auf diesen gesellschaftlichen Prozeß scheint dem 'sanften Reich der Frau' im lyrischen Muster der *douceur du foyer* eine soziale Realität zu entsprechen. Das schließt keineswegs aus, daß die literarische Idealisierung dieser Realität wiederum jede faktische und ökonomische Abhängigkeit von der väterlichen Autorität verschweigt. Denn so konnte im Idealbild: *Le bonheur est dans l'âtre* sowohl der Glaube der Frau und Mutter an ihren Vorrang befestigt als auch das latente Interesse des Ehemanns und Vaters an dieser Projektion vom harmonischen Glück im Foyer verheimlicht werden.

Auf die literarische Vorgeschichte des Motivs *la douceur du foyer* kann hier nicht eingegangen werden, so verlockend es wäre, seine Ausprägung als Interaktionsmuster der arrivierten bürgerlichen Gesellschaft mit einem literarischen Zeugnis der aufsteigenden bürgerlichen Klasse im 18. Jahrhundert zu vergleichen – man denke nur an die auffälligen Analogien in der im 19. Jahrhundert so trivialisierten *Glocke*

Schillers. Statt dessen soll abschließend noch ein Ausblick auf das übergreifende Kommunikationssystem der französischen Lyrik des Jahres 1857 gegeben werden, in welchem unser Paradigma steht. Bei der Erstellung dieses synchronen Systems wurden ausgewertet: Victor Hugos *Contemplations*, Baudelaires *Fleur du Mal*, Pierre Duponts *Chants et chansons* und etwa 200 einzelne lyrische Stücke aus Zeitschriften des Jahrgangs 1857, also insgesamt etwa 700 Gedichte. Als allgemeiner Interpretationsrahmen zur Ermittlung der faktischen Gliederung des supponierten Kommunikationssystems in seinen Subsystemen oder 'Relevanzachsen' diente die wissenssoziologische Theorie von A. Schütz und Th. Luckmann.

Demnach ist bei der Konstitution der Lebenswelt im menschlichen Handeln davon auszugehen, daß sich ihre Dimensionen um das 'Hier' meines Körpers und um das 'Jetzt' meiner Gegenwart zentrieren und daß ich die Wirklichkeit der Alltagswelt dabei als eine intersubjektive Welt erfahre, die ich mit anderen teile.[32] Die Hier-dort-Situation organisiert die Lebenswelt für mich als *Umwelt*, die Vis-à-vis-Situation als *Mitwelt;* die Zeitgrenze des Jetzt kann jede dieser beiden Situationen auf die Dimensionen des Nicht-mehr oder des Noch-nicht öffnen, Vergangenes und Zukünftiges einbeziehen. In diesen Dimensionen lassen sich die fundamentalen Erfahrungen der gesellschaftlichen Praxis und damit die sie repräsentierenden und vermittelnden Interaktionsmuster auf drei Relevanzachsen erfassen und wiedergeben: Die Hier-dort-Situation begründet das Verhältnis von Ich und Umwelt und staffelt sich vom Nahen zum Fernen, vom Milieu über die Natur zum Kosmos; die Vis-à-vis-Situation begründet das Verhältnis von Ich und Mitwelt und staffelt sich als Prototyp aller gesellschaftlichen Interaktion von der Erfahrung des anderen von Angesicht zu Angesicht über das Du und Wir bis zum kollektiven Subjekt der Menschheitsgeschichte; zwischen diesen beiden Relevanzen kann der Lebenslauf des Individuums als ein integrativer Prozeß verstanden werden, der in der Abfolge institutionell vorformulierter Phasen das Ganze einer bestimmten Umwelt und Mitwelt subjektiv plausibel und sinnvoll macht.[33] Diese drei Relevanzachsen der Alltagsrealität überwölbt als objektive Instanz der Legitimation eine symbolische Sinnwelt, die sich kultisch, ästhetisch oder theoretisch in Formen der Religion, der Kunst oder der Wissenschaft manifestieren kann.

Bei der Untersuchung der Funktion, die ein spezifisches Medium der ästhetischen Erfahrung wie die Lyrik für das Kommunikationssystem einer historischen Lebenswelt haben kann, ist die diesem Medium eigentümliche Selektion oder Horizontbegrenzung zu beachten. In unserem Fall ist die Relevanzachse der Umwelt reicher, die Mitwelt ärmer besetzt, während die biographischen Relevanzen überraschende Lücken aufweisen und die legitimierende symbolische Sinnwelt die Gestalt eines Laienkatechismus annimmt.

Die Hier-dort-Situation, von der aus sich die Alltagswirklichkeit als Umwelt organisiert, erscheint in der Lyrik des Jahres 1857 primär noch in Interaktionsmustern romantischer Herkunft: Sie baut sich aus dem Grundverhältnis von *Ich-Einsamkeit* und *Einklang mit der Natur (Correspondances)* über die Nähe des erlebten Raums *(Promenade/Paysage)* und der erlebten Zeit *(les heures du jour, les saisons)* zur räumlichen Ferne (Baudelaire: *L'invitation au voyage; Any where out of the world)* bis zum kosmologischen Horizont (Hugo: *A la fenêtre pendant la nuit)* auf. Doch tritt der als Natur erfahrenen Umwelt nunmehr die neue Wirklichkeit der großstädtischen und industriellen Zivilisation gegenüber, von der Lyrik einerseits in Mustern der Poesie der Stadt (Baudelaires *Tableaux parisiens*) aufgenommen, andererseits elegisch als Untergang des *vieux Paris* beklagt. Die Arbeitswelt als solche wird zumeist noch in altväterlichen Berufsrollengedichten gesehen; eine Ahnung vom Milieu und normierten Leben der Fabrikarbeit vermittelt allenfalls Pierre Duponts Preislied auf die Seidenindustrie in Lyon *(La Soie)*.[34] Die Subsinnwelt *La douceur du foyer* verschweigt – wie wir schon sahen – die Wirklichkeit beruflicher Arbeit; der bürgerliche Foyer gehört noch zum romantischen Substrat naturhaft erfahrener Umwelt und wäre als nächste und vertrauteste 'Welt in meiner Reichweite' auf dieser Relevanzachse der Lyrik einzuordnen.

Die Vis-à-vis-Situation, von der aus sich die Alltagswirklichkeit als Mitwelt organisiert, beschränkt sich in der Lyrik des Jahres 1857 zumeist noch auf jenes Ich-Du-Verhältnis, das die Wissenssoziologie den "privilegierten Anderen" nennt. Unser Corpus erweitert das romantische Grundverhältnis von Dichter und Geliebter, *amant* und *amante*, auf die familiären Beziehungen von Vater, Mutter und Kind und läßt in deren Gesichtskreis dann und wann Randexistenzen der gesellschaftlichen Hierarchie wie den Bettler, den Blinden, den Chiffonnier, die Prostituierte auftauchen. Das Ich-Wir-Verhältnis findet sich vornehmlich in Mustern festlichen Lebens (Hugo: *La fête chez Thérèse*, Duponts dörfliche Feste, P. Véron: *Un mardi gras à Saint Cloud*) oder in politisch engagierter Lyrik (Dupont: *Le chant des ouvriers*). Die kollektive Erinnerung artikuliert sich in Abbreviaturen der Menschheitsgeschichte, die im Bilderbogen großer Ereignisse, in Vorbildern (Dupont: *Le cuirassier de Waterloo*), positiven und negativen Beispielfiguren oder auch Märtyrerreihen (Hugo: *Les Malheureux*) normiert sein können. Dieser noch ganz auf das Ordnungsideal und Interesse der herrschenden bürgerlichen Schicht begrenzte Horizont wird wenigstens dort überschritten, wo Baudelaire das Thema *La Foule* für die Lyrik entdeckt, genauer gesagt: die von Hugo noch moralisierend beschriebene, wenn nicht als bedrohlich abgewehrte Existenz der großstädtischen Menschenmasse als neues Interaktionsmuster der *modernité* aus der Sicht des Flaneur *(l'homme de la foule)* legitimiert.

Fragt man nach der symbolischen Sinnwelt, die als Horizont und Instanz der Legitimation die Interaktionsmuster im Gesichtsfeld der Umwelt und der Mitwelt überhöht, so stößt man auf einen Funktionswandel des literarischen Mediums, der bereits von der zeitgenössischen Kritik registriert wurde. Was früher eine der vornehmsten Aufgaben des Epos gewesen sei: *parler de Dieu*, habe nunmehr die Lyrik übernommen.[35] Und in der Tat antwortet nicht allein ein Gedicht wie Victor Hugos *A Villequier* in der Art einer Theodizee auf alle Fragen, die ein von unverdientem Leid getroffener Vater an den *père auquel il faut croire* (v. 21) zu stellen vermag. Es ließe sich aus vielen erbaulichen Gedichten der *Contemplations* wie aus Stücken mit gegenläufiger Tendenz der *Fleurs du Mal* eine Art von laizistischem Katechismus zusammenstellen, der auf die vorentschiedenen Fragen der christlichen Unterweisung kaum eine Antwort schuldig bliebe.

Das Interaktionsmuster *La douceur du foyer* idealisiert mit der evozierten Subsinnwelt Normen und Werte des bürgerlichen Lebenslaufes zu einer innerweltlichen Glücksvorstellung. Die institutionell vorge-

Phase	Schwelle	Norm
Geburt		
	enfant	Mutterliebe, *väterliche Liebe/Autorität*
Kindheit		
	amant, amante	Liebespaar
Jugend		
	Hochzeit	
Lebensmitte		Ehe / douceur du foyer
Alter		
Tod		

zeichneten Phasen und Initiationsschwellen der biographischen Relevanzachse lassen sich durch die vorstehenden, oft in Gegensatzpaaren artikulierten lyrischen Interaktionsmuster darstellen (fehlende Besetzungen sind kursiv bezeichnet).

Die einzelnen Stichwörter benennen zunächst nur Bereiche der Erfahrung, für welche nach dem hier erprobten Verfahren aus mehrfachen lyrischen Belegstücken erst noch artikulierte oder implizierte Normen zu ermitteln wären. Für die Frage nach dem Stellenwert unseres Paradigmas ist eine im 19. Jahrhundert eingetretene Verschiebung der biographischen Phasen zu beachten. Die ganze biographische Spanne zwischen Geburt und Tod *(C'est l'existence humaine sortant de l'énigme du berceau et aboutissant à l'énigme du cercueil)*[36] wird nicht durch chronologische Zäsuren in den Lebensjahren untergeteilt, sondern immer noch durch die traditionelle symbolische Entgegensetzung von 'Jugend' und 'Alter' gegliedert, wobei *Jeunesse* nun aber selbst wieder von *Enfance* abgesetzt ist. Dem entsprechen Interaktionsmuster, die zwei Schwellen zwischen Kind und Jüngling, *fille* und *amante* einerseits und zwischen dem *âge riant des amours* und der Ehe, *amante* und *mère* andererseits normieren.[37] Die biographische Relevanzachse bezeugt demnach nicht nur die Normierung einer eigenen Welt des Kindes, deren Entdeckung für die Pädagogik auf Rousseau und für die Lyrik auf Victor Hugo zurückgeht. Sie bezeugt auch, daß die Pubertät, die Rousseau noch als die Schwelle einer 'zweiten Geburt' ins Bewußtsein der Öffentlichkeit gebracht hatte, inzwischen als ausgedehnter, eigener Lebensabschnitt angesehen und normiert wurde.[38] Die Ausdehnung dieser Adoleszenz erscheint in den lyrischen Mustern uneinheitlich: Sie reicht von der Poesie der 'ersten Liebe' über die Schwelle der Hochzeit[39] bis zur Prosa der Ehe, kann aber auch die gegensätzlichen Register eines *vert paradis des amours enfantines* und einer *jeunesse (qui) ne fut qu'un ténébreux orage* umfassen und mit dem 'Abschied vom Traum der Jugend' eines Dreißigjährigen enden.[40] Das letzterwähnte Zeugnis, *Après trente ans* von Henri Cantal, beschreibt die Schwelle, als handle es sich sogleich um den Übergang in die Phase des Alters. Die Lebensmitte wird weder hier noch anderweitig als Phase der Erfüllung, des Lebensernstes, der Siege und der Niederlagen beschrieben. Ihr auffälliges Fehlen auf der Axe der biographischen Relevanzen wird durch das uns wohlbekannte Muster der *douceur du foyer* überdeckt. Dem entspricht, daß im Medium der Lyrik auf der biographischen Axe zwar das Verhältnis von Mutter und Kind als 'Mutterliebe' normiert ist,[41] nicht aber das konfliktsträchtige Verhältnis von Vater und Sohn. Solche Lükken bestätigen dieselbe poetische Funktion wie zuvor schon das Verschweigen der väterlichen Autorität: Poetisch vermittelt als Subsinnwelt der *douceur du foyer* vermag dieses Interaktionsmuster der bürgerlichen Gesellschaft im Zweiten Empire solche Lücken zu kompensieren, weil dem Begriff *foyer* mit seinen Konnotationen der Wärme und Sicherheit, der befriedigten Bedürfnisse (auch der ökonomischen), der selbstgenügsamen Gemeinschaft, des mit dem Feuer evozierten Rituals, eine Idealität eignet, die mächtiger und hintergründiger wirken kann als eine bloße Fiktion oder Utopie harmonischen Zusammenlebens. Denn sie scheint im Gegenwärtigen ältere Wünsche zu erfüllen, die durch einen unvordenklichen, sakralen Ursprung legitimiert sind.[42]

Anhang, aus:

Fables et Contes par M. Louis Damey, in: Revue Contemporaine 1857, p. 578 f.

LE GRILLON

C'était un grillon familier
Eclos aux rayons du foyer;
Pour monde il avait la cuisine,
Pour gîte un terrier spacieux,
Héritage des bons aïeux.
Quel palais! direz vous. Eh! palais ou chaumine,
Qu'importe à qui se trouve bien?
De la gaieté toujours, pas la moindre castille,
Chants du soir, souper de famille
Où chacun babille
A propos de rien,
Douce rêverie,
Plaisirs sans regrets
Et sans indiscrets;
Où mieux, je vous prie,
Dans l'incognito
Passer la journée
Que sous le manteau
De la cheminée?

Mère grillon disait, redisait chaque jour:
"Enfants, sachez-le bien, le bonheur est dans l'âtre".
Mais le plus jeune, hélas! capricieux, folâtre,
Leur faussa compagnie; il voulait faire un tour,
  Un petit tour a la fenêtre,
Rien qu'un tour. Le destin voulut qu'en ce moment
Elle fût grande ouverte. Or quand il vit paraître
Aux splendeurs du soleil tout un monde charmant,
Fleurs, herbes, fruits enfin un pays de cocagne,
La tête lui tourna, si bien qu'en un clin d'œil
  Il sautillait dans la campagne.
Là les grillons forains lui firent bon accueil
  Tout en se gaussant de sa mine
  Et de ses parfums de cuisine;
On alla grillonant et par monts et par vaux;
Le fuyard admira ces spectacles nouveaux,
  Rit beaucoup, jasa davantage.
  Quand il eut bien ri, bien jasé,
  Il se prit à penser; Le sage,
  A ce qu'on dit, fait l'opposé.
  Ce regard jeté sur lui-même,
  Hélas! dans une angoisse extrême
  Plongea le grillon familier.
Plus de chants, plus de ris, plus de jeux dans la plaine;
Sous les feux du soleil il se trainait à peine.
Ses joyeux compagnons regagnant leur terrier
Lui dirent: qu'as tu donc? – J'ai le mal du foyer.

Au foyer paternel, abri de la sagesse
D'où le vent du caprice exila ma jeunesse,
Ainsi le souvenir me ramène, mes sœurs.
Oh! qui me donnera d'en retrouver la route!
Douceurs de la famille, ineffables douceurs,
Heureux qui les comprend, plus heureux qui les goûte!

Anmerkungen

1 *Le Poème comme représentation*, in: *Poétique* 4 (1970), 401–418; vgl. ferner *Sémantique du poème*, in: *Cahiers de l'Assoc. intern. des études françaises* 23 (1971), *The Stylistic Approach to Literary History*, in: *New Literary History* 2 (1970). *Modèles le la phrase littéraire*, in: Problèmes de l'analyse textuelle, ed. P. Léon et al., Montreal und Paris (Didier) 1971.

2 *Le poème comme représentation*, p. 403.

3 Ib. p. 403 und 418: "La description littéraire de la réalité ne renvoie donc aux choses, aux signifiés, qu'en apparence; en fait, la représentation poétique est fondée sur une référence aux signifiants." Das besagt, daß sich die Analyse von M. Riffaterre nach der Terminologie Hjelmslevs auf die Inhaltsform (forme du contenu) erstreckt, vgl. die Diskussion zu *Modèles de la phrase littéraire* (p. 197).

4 *Critères pour l'analyse du style*, in: *Essais de stylistique structurale*, Paris 1971, p. 33.

5 Harald Weinrich, *Münze und Wort. Untersuchungen an einem Bildfeld*, Festschrift für G. Rohlfs, Halle 1958, S. 508–521.

6 *Le poème comme représentation*, p. 404.

7 Nach W. D. Stempel, *Pour une description des genres littéraires*, in: *Actes du XIIe congrès intern. de linguistique romane*, Bukarest 1968.

8 *Essais de stylistique structurale*, p. 58.

9 Ib. p. 57.

10 *Le poème comme représentation*, p. 407.

11 Ib. p. 408.

12 Das erläutert am besten ein von M. Riffaterre selbst gebrachtes Beispiel für die Überschneidung deskriptiver Systeme: "Le système *mère* dont l'hyperbole est *jeune mère* s'oppose au système *vieille mère*. Dans ce dernier, p. e., le rapport 'mère-enfant' est inverti, puisque c'est l'enfant qui protège et nourrit, ou ne le fait pas. Situation compliquée dans la négative: s'il y a ingratitude, *fils prodigue* est lié à *père* plutôt qu'à *mère*, et s'il y a mort, la relation relève du système *mater dolorosa*" (*Modèles de la phrase littéraire*, p. 144, n. 34). Diese Beschreibungssysteme bilden offensichtlich ursprüngliche Interaktionsmuster oder tradierte soziale Normen ab, sind also nicht nur "bâtis sur les signifiants et non sur les référents".

13 Nach P. L. Berger und Th. Luckmann, *Die gesellschaftliche Konstruktion der Wirklichkeit – Eine Theorie der Wissenssoziologie*, Frankfurt 1971[2] (amerikan. Originalausgabe: *The Social Construction of Reality*, New York 1966).

14 Berger/Luckmann, op. cit., p. 28, wo Kunst als *Sinn-Enklave* eingeführt, damit aber noch nicht in ihrer eigentlich sozialen Funktion der Vermittlung, Bildung und Legitimierung von Normen gesehen wird.

15 Die vorliegende Untersuchung soll schrittweise auf das ganze, in der französischen Lyrik des Jahres 1857 repräsentierte Kommunikationssystem er-

weitert werden; sie ist ein Teil der von mir geplanten Querschnittsanalyse durch die literarische Produktion des Epochenjahres der *Fleurs du Mal* und der *Madame Bovary*. – Über die Möglichkeiten der Zusammenarbeit von Literaturwissenschaft und Wissenssoziologie siehe jetzt H. U. Gumbrecht, *Soziologie und Rezeptionsästhetik*, in: *Neue Ansichten einer künftigen Germanistik*, ed. H. Kolbe, München 1973, 48–74.

15a Berger/Luckmann, op. cit., p. 100.

16 Sie stammen aus einem Corpus von etwa 700 lyrischen Stücken, die in einem Konstanzer Seminar (vgl. Anm. 22) für die Querschnittsanalyse von 1857 gesammelt, klassifiziert und als Repräsentanten kommunikativer Muster interpretiert wurden. Nicht alle Texte in diesem Corpus sind im Jahre 1856/57 entstanden. Insbesondere stammen viele Gedichte, die Victor Hugo 1856 in seinem Recueil *Les Contemplations* vereint und veröffentlicht hat, aus zum Teil erheblich früheren Jahren. Da meine rezeptionsästhetische Fragestellung nicht auf einer magischen Symbolik des Gleichzeitigen, sondern auf einer Theorie der Ungleichzeitigkeit des Gleichzeitigen beruht, kam es mir gerade darauf an, in dieser Querschnittsanalyse verschiedene Quellenschichten zu repräsentieren: den Kanon der voraufgegangenen lyrischen Tradition durch das erfolgreiche Werk Victor Hugos, die avantgardistische Provokation durch Baudelaires *Fleurs du Mal* und die zum alsbaldigen Konsum bestimmte Tagesproduktion lyrischer Stücke in Zeitschriften des Jahres 1857. Von der letzteren ist wenigstens ein Probestück, L. Damay's *Le Grillon*, im Anhang abgedruckt.

17 Nach der Interpretation von L. Spitzer, in: *Interpretationen zur Geschichte der französischen Lyrik*, Heidelberg 1961, p. 134.

18 Berger/Luckmann, op. cit., p. 28.

19 *Die Struktur literarischer Texte*, übersetzt von R.-D. Keil, München 1972, p. 327–340.

20 Nach der Definition W. Benjamins, *Schriften I*, Frankfurt 1955, p. 372.

21 Daran läßt die folgende Stelle aus *Quatrevingt-treize* (III,vii, 6) keinen Zweifel: *La nature est impitoyable; elle ne consent pas à retirer ses fleurs, ses musiques, ses parfums et ses rayons devant l'abomination humaine; elle accable l'homme du contraste de la beauté divine avec la laideur sociale* (zitiert im Kommentar der éd. Garnier, p. 594).

22 Die Untersuchung wurde in meinem Seminar: *Lyrik als Kommunikationssystem* im Fachbereich Literaturwissenschaft der Universität Konstanz während des Sommersemesters 1972 begonnen, dem Thomas Luckmann beratend zur Seite stand. Ihm wie Charles Grivel, damals Gastprofessor im Konstanzer Fachbereich, meinen Mitarbeitern H. U. Gumbrecht und R. Grimm und den studentischen Arbeitsgruppen sei hier mein Dank für ihre Beiträge und ihre Kritik abgestattet.

23 Dazu und zum folgenden (éd.) R. Prigent, *Renouveau des idées sur la famille*, Paris 1954 (Inst. nat. d'études démographiques, Travaux et documents, Cahier n° 18), bes. p. 50 sq.

24 G. Desmottes, ib. p. 57.

25 J. Stoetzel, *Les changements dans les fonctions familiales*, cf. Anm. 23, p. 343–369.

26 *Manteia*, Revue trimestrielle, XII/XIII, Marseille 1971, p. 13–138.

27 Ib. p. 19.

28 "Donc le père (son corps: ce qu'il touche, consomme, arpente) apparaît derrière la parade faite de son 'âme' (sa dignité, son honneur, son 'sens de l'être') indissolublement lié à la structure économique dont it tait l'existence", ib. p. 18.

29 Ph. Ariès, *Le XIXe siècle et la révolution des mœurs familiales*, cf. Anm. 23, p. 112–118. Einer der schönsten Belege findet sich in Balzacs *Mémoires de deux jeunes mariées:* "On peut avoir en mariage une douzaine d'enfants, en se mariant à l'âge où nous commes, écrit Mme de l'E. à son amie Louise de Ch.; et si nous les avions, nous commettrions douze crimes, nous ferions douze malheurs. Ne livrerions-nous pas à la misère et au désespoir de charmants êtres? Tandis que deux enfants sont deux bonheurs, deux bienfaits, deux créations en harmonie avec les mœurs et les lois actuelles." (Lettre XVIII; zit. cf. Anm. 23, p. 69).

30 "Aussi, le gouvernement paternaliste de la famille était-il un compromis entre les fonctions reproductrices du couple et, d'autre part, la nécessité de conserver le patrimoine, d'élever la condition de l'héritier, désigné par la coutume ou par le testament, sans qu'il vint à l'esprit de vaincre d'insurmontables difficultés sociales et financières en réduisant le nombre", ib. p. 115.

31 "Ainsi, la famille est-elle devenue de moins en moins sacrée, sociale et institutionelle: plus personnelle, construite et voulue. Rien d'étonnant donc, dans ce nouveau climat, qu'on ait tenté de la défaire, puisqu'on avait admis qu'on pouvait la faire. Le divorce apparaît alors comme le revers de l'adoption", ib. p. 116.

32 A. Schütz, *Das Problem der Relevanz*, Frankfurt 1971, bes. p. 208, und P. L. Berger/Th. Luckmann, op. cit., p. 25–34.

33 Cf. Berger/Luckmann, op. cit., p. 99.

34 Interessant ist der Versuch von Pierre Dupont, die Eisenbahn – das epochale Symbol des technischen Fortschritts – in einem Gedicht zu besingen. Er greift dazu auf die noch der vorindustriellen Welt zugehörige Gattung des Berufsrollengedichts zurück und beschreibt in *Le chauffeur de locomotive (Chants et Chansons*, II 25) die Lokomotive im Bildfeld des Pferdes, da ihm offenbar noch keine andere Metaphorik als eine naturhafte zu Gebote steht:

Donne l'avoine à ton cheval!
Sellé, bridé, siffle! et qu'on marche!
Au galop, sur le pont, sous l'arche,
Tranche montagne, plaine et val;
Aucun cheval n'est ton rival.

[35] *... ni l'épopée ni le drame ne peuvent plus parler de Dieu; c'est la poésie lyrique qui élèvera désormais vers le ciel ses inspirations sublimes, c'est elle qui fera prédominer la vie du cœur sur celle de l'intelligence, et préparera ainsi ce règne de l'amour, ébauché par le moyen-âge,* zitiert aus einem Artikel der *Revue française* aus dem Jahre 1857 (vol. XI, p. 299).

[36] Victor Hugo, *Les Contemplations*, Préf.

[37] Pierre Dupont, *La mère Jeanne* (II, 1):

Dans la vie on ne reste guères
A l'âge riant des amours,
...
Du jour qu'on est mère et fermière,
On a d'autres chiens à fouetter.

[38] Dazu sei verwiesen auf J. H. van den Berg, *Metabletica ou la psychologie historique*, Paris 1962, p. 31 und chap. 4.

[39] Victor Hugo hat diese Schwelle in dem Hochzeitsspruch auf den 15. Februar 1943 (*Contemplations* IV, ii) als Übergang von einer Familie zur andern thematisiert:

Aime celui qui t'aime, et sois heureuse en lui,
– Adieu! – sois son trésor, ô toi qui fus le notre!
Va, mon enfant béni, d'une famille à l'autre.
Emporte le bonheur et laisse-nous l'ennui!

[40] Baudelaire: *Moesta et errabunda* und *L'ennemi;* Henri Cantal: *Après trente ans.*

[41] Hugo: *L'enfance* (I, xxiii); im übrigen steht in den *Contemplations* aus biographischen Gründen das Verhältnis von Vater und Tochter im Vordergrund.

[42] Dieser besondere Charakter von Idealität wird auch in der ausgezeichneten soziologischen Analyse von J. Stoetzel, cf. Anm. 23, p. 344, ans Licht gerückt: "La valeur fondamentale de la famille s'exprime par la notion du foyer. (...) Elle implique d'abord une idée de chaleur et de sécurité. Elle se réfère aussi au rôle économique de la famille: la famille est une organisation de consommation. Le foyer est aussi un centre, et, par là, on voit que la famille exprime une idée de rassemblement, une intégration hiérarchique. De plus, le feu ayant besoin d'être entretenu, la famille considérée comme foyer suppose une collaboration incessante de tous, un loyalisme de tous ses membres. Enfin, est attachée traditionellement dans notre culture, à la notion du feu, une idée religieuse: un foyer est aussi un autel domestique. Ainsi voit-on le foyer prendre un sens à chaque étage de la hiérarchie des valeurs: valeurs de l'agréable et du désagréable, de la vie et de la santé, valeurs sociales et spirituelles, valeurs religieuses enfin, sont réunies dans la notion de foyer."

Wolfgang Iser

DIE LESERROLLE IN FIELDINGS *JOSEPH ANDREWS* UND *TOM JONES*

I

Wenn Fielding für seinen Roman beansprucht, er sei eine *new province of writing*[1], so fragt es sich, wie das, was ohne Beispiel ist, überhaupt verstanden werden kann. Bekanntlich sind Innovationen als solche nicht begreifbar; erst wenn sie vor einem bekannten Hintergrund erscheinen, ergibt sich die Möglichkeit, sie wahrzunehmen. Setzt sich das Neue vom Gewohnten ab, so entsteht eine Differenz, die allein schon deshalb voller Spannung ist, weil ihr die Bestimmtheit des Vertrauten ebenso fehlt wie die unmißverständliche Benennung dessen, was das Neue sei. Denn dieses kommt in der Veränderung geläufiger Ansichten zur Geltung und verlangt oftmals deren Revision. Als Autor kann Fielding diese Revision schwerlich selbst formulieren, da er ja das Neue und nicht die bloße Revision eines Alten bieten wollte.

Um das Neue thematisch zu machen, bedarf es der Kooperation mit demjenigen, für den es ein Neues ist, im Falle des Romans also der Zusammenarbeit mit dem Leser; ihm soll es erschlossen werden. Kein Wunder, daß der Roman Fieldings wie der des 18. Jahrhunderts überhaupt mit so vielen Leserapostrophen durchsetzt ist, die man allerdings auf ihre ohne Zweifel auch gemeinte rhetorische Funktion weithin hat einschränken wollen. Diese Tendenz zeigt sich noch in dem gerade erschienenen Buch von John Preston, der dem Problem der Leserrolle im Roman des 18. Jahrhunderts eine erste Darstellung gewidmet hat: "I make no attempt to provide a 'rhetoric of reading', though no doubt this would be worth doing. Rather I trust that the rhetorical principles in question will provide a unifying point of view for these four novels *(Moll Flanders, Clarissa, Tom Jones* und *Tristram Shandy)*, and yet not seem unduly arbitrary or restrictive. And I should be glad to feel that such an approach might prompt other more radical enquiries into the nature of the reader's role in fiction"[2].

Die Empfehlung, radikaler zu fragen, leitet die folgenden Erörterungen, und zwar nicht zuletzt deshalb, weil die Rolle, die der Fieldingsche Roman seinen Lesern zuschreibt, sich nicht in Appellen der Überredung erschöpft. So gewiß der Leser dieser Romane im Akt der Lektüre eine Verwandlung erfahren soll – etwa in dem Sinne, in dem es W. Booth für fiktionale Prosa überhaupt beschrieben hat: "The author creates, in short, an image of himself and another image of his reader; he makes his reader, as he makes his second self, and the most successful reading is one in which the created selves, author and reader, can find complete agreement"[3], – so gewiß kommt eine solche Wandlung des Lesers in das vom Autor visierte Bild nicht durch Rhetorik allein zustande. Dem Leser müssen vielmehr Aktivitäten zugemutet werden, die – wenngleich durch rhetorische Signale vorgesteuert – etwas in Gang bringen, das sich nicht mehr auf Rhetorik zurückführen läßt. Denn zu deren Erfolg bedarf es der deutlichen Formulierung eines Zieles, auf das hin die Überredung erfolgen soll.

Das Neue indes, das Fielding seinen Lesern erschließen möchte, ist eher ein Versprechen und vermag nur dann die notwendigen Erwartungen für seine Wirksamkeit zu erwecken, wenn es zunächst nicht eindeutig formuliert ist. Es gilt vielmehr, den Sinn des Neuen in der Lektüre zu erschließen, und diese Tätigkeit bildet eine wesentliche Bedingung dafür, daß Kommunikation überhaupt zustande kommt. Dazu bedarf es ohne Zweifel rhetorischer Signale, doch diese lenken nur die verschiedenen Akte, in deren Verlauf der Leser den Sinn des Textes konstituiert, und eine solche, dem Leser abverlangte Beteiligung ist nicht mehr mit den durch die Rhetorik bereitgestellten Steuerungsmechanismen identisch. Northrop Frye zitiert einmal eine Polemik gegen Jakob Böhme, in der die Voraussetzungen für diesen Konstitutionsakt gut benannt sind: "It has been said of Boehme that his books are like a picnic to which the author brings the words and the reader the meaning. The remark may have been intended as a sneer at Boehme, but it is an exact description of all works of literary art without exception."[4]

Die Romanciers des 18. Jahrhunderts hatten für dieses Zusammenspiel mit dem Leser ein ausgeprägtes Bewußtsein. So bemerkte schon Richardson – freilich noch in der Korrespondenz und nicht im Text des Romans selbst –, daß die Fabel dem Leser etwas zu tun übriglassen müsse.[5] Laurence Sterne deckt dann in *Tristram Shandy* dieses für den Roman notwendige Verfahren mit der gleichen Unmißverständlichkeit auf, mit der er die Prinzipien der Fiktion, wie sie im Roman der ersten Hälfte des 18. Jahrhunderts praktiziert worden sind, bloßlegte. Im zweiten Buch des *Tristram Shandy* schreibt er: ... *no author, who understands the just boundaries of decorum and good-breeding, would presume to think all: The truest respect which you can pay to the reader's understanding, is to halve this matter amicably, and leave him something to imagine, in his turn, as well as yourself. For my own part, I am eternally paying him compliments of this kind, and do all that lies in my power to keep his imagination as busy as my own.*[6] Die Beteiligung des Lesers könnte sich gar nicht entfalten, wenn ihm alles vorgesetzt würde. Und das bedeutet doch, daß sich der formulierte Text über Andeutungen und Suggestionen in das von ihm Nicht-Gesagte, aber dennoch Gemeinte abschattet. Denn erst hier kommt die Einbildungskraft des Lesers zu ihrem Recht; der geschriebene Text stattet sie mit Anweisungen aus, sich das vorzustellen, was er selbst verschweigt.

Auch Fielding spricht des öfteren von dem Beteiligungsangebot, das dem Leser gemacht werden muß, damit er das vollziehen lerne, wozu ihn der Roman anleiten möchte. Ein deutlicher Hinweis auf die dem Leser abgeforderte Aktivität findet sich in *Tom Jones*:

Bestir thyself therefore on this occasion; for, though we will always lend thee proper assistance in difficult places, as we do not, like some others, expect thee to use the arts of divination to discover our meaning, yet we shall not indulge thy laziness where nothing but thy own attention is required; for thou art highly mistaken if thou dost imagine that we intended, when we began this great work, to leave thy sagacity nothing to do; or that, without sometimes exercising this talent, thou wilt be able to travel through our pages with any pleasure or profit to thyself.[7]

Dieser für Fieldings Roman charakteristische Appell an den Scharfsinn seiner Leser zielt darauf ab, den Sinn für Unterscheidungen zu wecken. Das Gewärtigen von Differenzen empfiehlt sich daher als Vergnügen, weil es dem Leser erlaubt, seine Fähigkeiten zu erproben. Und es verspricht auch noch Nutzen, weil der praktizierte Scharfsinn einen Lernprozeß anstößt, in dessen Verlauf sich das Urteilsvermögen zu differenzieren vermag. Damit wird der Umriß einer Leserrolle sichtbar, die sich in fortwährenden Stellungnahmen sowie im Nachdenken darüber erfüllt. Wird der Leser durch den Roman in eine solche Position manövriert, so heißt dies, daß er durch seine von den Signalen des Textes vorstrukturierten Reaktionen den Sinn des Romans hervorbringt, oder besser, daß sich der Sinn des Romans erst in diesen Reaktionen ereignet, da er als solcher expressis verbis nicht gegeben ist.

II

Diese gewiß grobe Kontur der Leserrolle gilt es nun im Blick auf *Joseph Andrews* und *Tom Jones* auszuarbeiten, um die dem Leser zugemutete Tätigkeit für die jeweilige Sinnkonstitution des Romans verdeutlichen zu können. Bereits im ersten Satz des *Joseph Andrews* spricht der Autor davon, daß der *mere English reader*[8] sicherlich andere Vorstellungen, gewiß aber andere Erwartungen im Blick auf die ihm nun bevorstehende Lektüre habe. Denn seine Lesegewohnheiten sind von Epos, Tragödie und Komödie geprägt, deren Prinzipien ihm ins Gedächtnis gerufen werden, um das Unternehmen des Autors davon absetzen zu können. So gewiß die Verquickung des Romans mit den traditionsgeheiligten *genera* der antiken Literatur von Fielding auch – und vielleicht sogar in erster Linie – als Nobilitierung seiner Prosaerzählung gedacht war, so unverkennbar bleibt die Tendenz, die Form seines von den antiken Mustern her klassifizierten *comic epic poem in prose*[9] durch einen ganzen Katalog als Abweichung von eben diesen Mustern zu beschreiben. Folglich wird der *classical reader*[10] sein Vergnügen gerade aus den *parodies or burlesque imitations*[11] gewinnen, die als Umkehrung oder karikierende Nachzeichnung immer zugleich die virtuellen Vorbilder gegenwärtig machen, als deren Verwandlung sie gedacht waren.

Was hier geschieht, läßt sich zunächst mit dem von Gombrich in die kunstwissenschaftliche Diskussion eingeführten Begriffspaar von Schema und Korrektur fassen.[12] Fielding erinnert an ein bekanntes Repertoire literarischer Gattungen, um in der Anspielung auf den vertrauten Kanon bestimmte Erwartungen aufzurufen, von denen sein Roman nun abzuweichen beginnt. In diesem Sinne schaffen die herausgestellten Unterschiede eine erste Voraussetzung für die Erwartungslenkung des Lesers.

Sind im Vorwort die Differenzen zwischen Fieldings Roman und den klassischen Mustern noch benannt, so schwinden solche verdeutlichenden Hinweise, je mehr sich der Leser auf das Buch einzulassen beginnt. Dies zeigt sich bereits im ersten der romantheoretischen Essays, in dem ebenfalls ein bekanntes Repertoire wiederkehrt. Hier ist es jedoch weniger die ältere als vielmehr die zeitgenössische Literatur, die als Folie in den Roman eingezogen wird. Zwar spielt Fielding noch auf die antiken und mittelalterlichen Viten an[13], doch im Vordergrund stehen nun die Autobiographie von Colley Cibber und Richardsons *Pamela,* die beide ganz im Sinne der von Fielding in seinem Roman verfolgten Absicht auch eine Lebensbeschreibung geben.[14] Nun aber heißt es nicht mehr, daß sich Fieldings Unternehmen von den angespielten Mustern unterscheiden möchte. Vielmehr wird deren Vorbildlichkeit herausgestellt, der Fielding mit seinem *Joseph Andrews* nachzueifern vorgibt[15], und dies geschieht ungeachtet dessen, daß die eine Biographie eine fiktive, die andere eine wirkliche ist, wenngleich die Ironiesignale dieses Kapitels anzeigen, daß in der wirklichen Lebensbeschreibung viel Fiktion und in der fiktiven viel angemaßte Vorbildlichkeit für das wirkliche Leben steckt.

Hatte die Eingangspassage des Vorworts die Unterschiede zum zitierten Repertoire noch benannt, so wird nun die Gleichartigkeit herausgestellt, um den Leser die Unterschiede entdecken zu lassen, die durch die Ironiesignale auch dann noch deutlich bleiben[16], wenn man nicht mehr die Vertrautheit zeitgenössischer Leser mit den angespielten 'Vorbildern' besitzt. *Joseph Andrews* ist dann weder als Selbstglorifizierung des Helden im Sinne der Cibberschen Autobiographie noch als ein moralisches Vademecum für weltlichen Erfolg im Sinne des Richardsonschen Romans zu lesen. Auch hier werden Schemata korrigiert, doch die Korrektur selbst ist nicht benannt. Folglich entsteht eine Leerstelle, durch die die Beziehung der eigenen Absicht auf das im Roman parat gehaltene Repertoire gerade ausgespart wird.

Solche Leerstellen bilden Signale für eine gesteigerte Aufmerksamkeit; ihre Wirkung gründet darin, daß sie etwas vorenthalten, worauf es ankommt. Im Gegensatz zum Vorwort, das die Unterschiede zum angespielten Repertoire herausstellt, ist der Leser hier zusätzlich gehalten, die Unterschiede zwischen der ironisch behaupteten Gleichartigkeit von *Joseph Andrews* und dem eingezogenen Repertoire selbst zu entdecken. Zwar scheint die dem Leser zugemutete Entdeckung vergleichsweise einfach zu sein. Besagt doch die Ironie als Stilfigur, daß der formulierte Text das Gegenteil von dem meint, was er sagt; eine solche Einfachheit indes beginnt sich zu komplizieren, wenn man danach fragt, wie denn das Gegenteil zu Richardsons *Pamela* und Cibbers Autobiographie aussehen müßte. Es wird keinesfalls sofort in die Augen springen, so daß sich die ironische Anspielung nicht mehr als bloße Umkehrung des Gesagten fassen läßt.

Hier negiert die Ironie vielmehr das im Roman parat gehaltene Repertoire, um in der Verneinung des Bekannten zu bedeuten, daß nun etwas mitgeteilt werden soll, von dem es bisher noch keine zureichende Vorstellung gibt. Die Negation zeigt an, daß diese Vorstellung – wie sich aus einer Lebensbeschreibung, die zwangsläufig privater Natur ist, allgemeine Vorbildlichkeit ableiten läßt – aus den Biographien, die einem solchen Anspruch nahezukommen scheinen, überhaupt nicht zu gewinnen ist. Demzufolge wirkt die Negation als Anstoß, eine solche Vorstellung jenseits der vertrauten Muster aufzusuchen, und dies bedeutet, daß der Bruch mit den Erwartungen des Lesers, die das Repertoire noch einmal eigens aufruft, die Voraussetzung dafür wird, den Leser zu Vorstellungsakten zu veranlassen.

Zum Repertoire des *Joseph Andrews* gehören indes nicht nur die in den Anspielungen gegenwärtig gehaltenen literarischen Muster, sondern auch die verschiedenen Normen, die der zeitgenössischen Vorstellungswelt entnommen sind. Die Transponierung solcher Normen in den Roman bewirkt deren Veränderung, da sie hier anders organisiert werden, als es ihrer Gegebenheit im 'Kollektivbewußtsein' der Epoche entspricht.[17] Diese ästhetische Organisation epochaler Normen ist für den Leser nicht folgenlos. Das zeigt sich etwa bei der Vorstellung von Abraham Adams, dem eigentlichen Helden des Romans. Der von Fielding entrollte Tugendkatalog umfaßt nahezu alle Eigenschaften, die zum Ideal des vollkommenen Menschen zählen. Und doch macht gerade ihr Besitz Adams absolut untauglich für das Handeln in der Welt, wie es Fielding im Zusammenhang seiner Aufzählung eigens bemerkt.[18]

Der Tugendkatalog wird nicht mehr aus dem Blickpunkt seiner christlich-platonischen Verankerung, sondern aus dem der Welt gesehen. Durch diesen Umsprung der Perspektive scheint die Geltung der Tugenden aufgehoben zu sein; sie wirken so, als ob sie der Vergangenheit angehörten, da sie das Verhalten in der Gegenwart nicht mehr zureichend zu orientieren vermögen. Heißt dies aber nun, daß ein unmoralisches Verhalten als das der Welt angemessene plakatiert werden soll, oder bedeutet der Perspektivenwechsel als ästhetische Organisation zeitgenössischer Normen nicht viel eher, daß es nun erst ein Verhältnis zwischen Norm und Welt zu finden gilt? Dann aber wären Norm und Welt nur Pole einer Beziehung, deren Ausarbeitung sich dem Leser insofern aufdrängt, als die ihm vertrauten Vorstellungen – die zeitgenössischen Normen und die Gegebenheit der Welt – sich unablässig negieren. Die Tugenden können nur vor dem Hintergrund der Welt, und diese wiederum nur vor dem der Tugenden wahrgenommen werden. Indem sie sich wechselseitig stören, erhebt sich die Frage, wie ihre Beziehung zu motivieren sei, um diese Störung aufzuheben. Die Motive indes sind nicht benannt, sie bilden die Leerstellen im Text und eröffnen dadurch einen Motivationsspielraum, der es dem Leser erlaubt, die jeweils einander negierenden Pole so zu verbinden, daß sich daraus ein Sinn ergibt.

Darin gründet eine erste Einsicht in die vom Roman mobilisierte Aktivität seiner Leser. Das in den Text eingezogene Repertoire – sei dieses nun der literarischen Tradition, der epochalen Vorstellungswelt oder der sozialen Wirklichkeit entnommen – setzt den Horizont des Romans. Im Text kehrt Bekanntes wieder, doch indem es wiederholt wird, bleibt es sich nicht gleich. Denn das erneute Auftauchen ist keine Eigenschaft des Vertrauten, so daß in der Wiederkehr das Wiederholte zwangsläufig anders erscheint. Die Elemente des Repertoires sind verändert, ihr Bezugsrahmen ist weggeblendet, ihre Geltung oftmals negiert. Bietet sich aber der vom Repertoire gesetzte Horizont des Romans in abgestufter Negation, so heißt dies, daß seine Intention – oder sollte man hier vielleicht besser sagen: sein 'Positives' – jenseits dieses Horizontes liegt, den es im Lesevorgang zu rekonstruieren gilt. Eine solche im Repertoire vorstrukturierte Aktivität bezeichnen wir daher im folgenden als die Realisation des Textes, die zugleich die dem Leser abverlangte Leistung umfaßt.

Wie sehr Fielding diesen Aspekt der Leserrolle im Blick hatte, läßt sich wiederum von den Bemerkungen des Vorworts bis hinein in die Anweisungen der romantheoretischen Essays verfolgen. Nachdem er seinen Roman von den bekannten Mustern abgegrenzt hat, fährt er fort: *Having thus distinguished Joseph Andrews from the productions of romance writers on the one hand and burlesque writers on the other, and given few very short hints (for I intended no more) of this species of writing, which I have affirmed to be hitherto unattempted in our language; I shall leave to my good-natured reader to apply my piece to my observations.*[19] Dem Leser wird die Aufgabe zugespielt, die ihm gegebenen Hinweise auf das vom Autor erzählte Romangeschehen anzuwenden; die Anwendung selbst stellt der Text nicht mehr dar. Sie fällt weitgehend mit der Realisation zusammen; der Anwendungsbereich indes wird im Vorwort skizziert. Fielding verspricht dem Leser, daß ihm die Quellen des Lächerlichen erschlossen werden sollen, die – wie er meint – dem Entdecken von Affektiertheit und Heuchelei entspringen.[20] Nicht Darstellung von Affektiertheit und Heuchelei also ist die Intention des Romans, sondern das Entdecken ihrer Lächerlichkeit, die sich immer dann einstellt, wenn der falsche Anschein durchschaut ist, durch den sich gesellschaftliche Laster tarnen.

Ein solches Entdecken indes vermag sich in bloßer Entlarvung nicht zu erschöpfen. Daher beschränkt sich Fielding auch nur auf den Hinweis, daß die durchschauten Verstellungen der Lächerlichkeit verfallen, ohne damit etwa zu sagen, daß die Lächerlichkeit bereits das richtige Verhalten anzeige. Mehr als eine Überlegenheit ist mit dieser Reaktion noch nicht bedeutet, und es fragt sich, worin eigentlich die Überlegenheit gründet, die sich im Gelächter zur Geltung bringt. Bestenfalls ist die Einsicht in das richtige Verhalten potentiell gegenwärtig, ohne damit auszuschließen, daß die gezeigte Überlegenheit auch auf einem Mißverständnis beruhen kann. Der Leser muß daher nicht nur den falschen Anschein durchschauen, sondern in verstärktem Maße die Voraussetzungen des richtigen Verhaltens entdecken, damit die in der Lächerlichkeit der Laster aufscheinende Überlegenheit nicht ihrerseits zum falschen Anschein wird. In diesem Vorgang zeigt sich ein beachtenswerter Funktionswandel des Lächerlichen; es hört auf, soziales Stigma niederer Gesellschaftsschichten zu sein, und wird zum Anstoß für die Reflexion des Lesers, die in der entlarvten Verstellung virtuell enthaltene Moral zu konkretisieren. Um eine solche Bewußtseinsoperation auszulösen, darf die vom Roman verfolgte Zielvorstellung nicht Gegenstand des Erzählens werden. Denn erst die Rekonstruktion des Nicht-Erzählten – des richtigen Verhaltens also – macht dieses für den Leser zur Realität.

Wie diese Realität zu konstituieren sei, hat Fielding in seinem letzten theoretischen Essay (III, 1), der etwa in der Mitte des *Joseph Andrews* steht, angedeutet. Er möchte den Roman als Spiegel verstanden wissen, damit sich die Leser in denjenigen Figuren wiederentdecken, über die sie in scheinbarer Überlegenheit gelacht haben. Es sei daher seine Absicht gewesen, *not to expose one pitiful wretch to the small and contemptible circle of his acquaintance; but to hold the glass to thousands in their closets, that they may contemplate their deformity, and endeavour to reduce it, and thus by suffering private mortification may avoid public shame.*[21] Wenn der Blick in den Spiegel dem Leser die Möglichkeit zur Selbstkorrektur bietet, dann wird die Rolle faßbar, die ihm hier zugedacht ist. Wahrt er seine Chance, so kann das nur heißen, daß er Seiten an sich selbst gewärtigt, von denen er bisher nichts wußte, oder – schlimmer noch – von denen er nichts hatte wissen wollen, um schließlich zu erkennen, daß sich das richtige Verhalten erst aus der Überwindung des gewohnten ergibt. Das aber besagt: richtiges Verhalten vermag sich zunächst nur als potentielle Gegenläufigkeit gegen das alltägliche Situationsverhalten des Menschen einzustellen; es ist gegenwärtig in der Störung habitueller Reaktionen. Deshalb stattet Fielding auch die Figuren seines Romans mit nahezu mechanisch ablaufenden, durch nichts zu erschütternden Reaktionen aus, um dem Leser ständig die Frage aufzudrängen, wie das Verhalten der Figuren ummotiviert werden muß, damit sie aus der oft fatalen Einförmigkeit ihres Reaktionsschemas befreit werden können.

Der Text indes spart diese Motivation aus, wenngleich es nicht schwerfällt, sie zu finden. Solche Leerstellen wird der Leser durch seine Vorstellungsakte besetzen. Verlockt ihn der Text dazu, sich die Motivation des richtigen Verhaltens im Blick auf die erzählte Situation selbst vorzustellen, so macht sich der Leser die notwendige Korrektur bewußt, die als solche nicht ohne Rückwirkungen auf seine eigene Bewußtheit bleiben kann. Nötigen die Leerstellen des Textes den Leser dazu, die Motivationen des richtigen Verhaltens selbst zu entdecken, so führen die daraus gewonnenen Vorstellungen zu Einsichten, die schwerlich von der Gewohnheit des eigenen Verhaltens zu isolieren sind. Im Gegenteil, die Entdeckungen des Lesers überschatten seine bisherigen Selbstverständlichkeiten mit der – wie Fielding hofft – unausbleiblichen Konsequenz, sich plötzlich als den zu sehen, der man ist. Deshalb gilt es, den Leser der ihm zugedachten Rolle anzuverwandeln, um ihm die Möglichkeit zur Selbsterziehung zu schaffen.

III

Soll diesem Ziel Erfolg beschieden sein, so darf die angestrebte Verwandlung nicht in das Belieben des Lesers gestellt, er muß vielmehr durch die Anweisungen des Textes entsprechend gelenkt werden, ohne allerdings das Gefühl zu erhalten, als ob ihn der Autor gängeln wolle. Wird der Leser jedoch zu den Bedingungen des Autors tätig, dann ergibt sich die Chance, daß er die ihm zugedachte Rolle annimmt. Um eine solche Tätigkeit zu steuern, sind bestimmte Strategien notwendig. Eine davon ist die im Blick auf das Repertoire bereits diskutierte Negation. Durch sie werden Erwartungen negiert, die sich im Leser aus Anspielungen auf ein bekanntes Repertoire einstellen; sie macht ferner deutlich, daß nun eine Erweiterung der aufgerufenen Vorbilder und Muster – allerdings nicht mehr zu deren Bedingungen – erfolgen soll. Diese bilden lediglich den Vergangenheitshorizont des Textes, und was nun geschieht, kann nicht mehr gesetzt, sondern muß realisiert werden. Die Negation erweist sich damit als der eigentliche Antrieb der Realisation, die als das Hervorbringen der Sinngestalt des Textes durch den Leser verläuft. Sie initiiert die Vorstellungsakte, durch die der Leser den virtuellen Bereich aktualisiert, der sich vom Vergangenheitshorizont des Textes bis zur Sinnkonfiguration spannt. Darin gründet zugleich der Eindruck, daß wir im Lesen oftmals die erzählte Geschichte wie ein Geschehen erleben.

Eine solche Erfahrung setzt voraus, daß die Distanz zwischen der erzählten Geschichte und dem Leser wenigstens zeitweilig schwindet, um aus dem privilegierten Zuschauer einen Akteur machen zu können. Die dafür charakteristische Strategie findet sich gleich zu Anfang des Romans, als Joseph das Liebesverlangen seiner Herrin und ihrer Domestike über sich ergehen lassen muß. Lady Booby ermuntert ihren Diener, den sie schon dazu bewegen konnte, sich auf ihr Bett zu setzen, zu allerlei Zärtlichkeiten, vor denen der keusche Joseph schließlich unter Berufung auf seine Tugend zurückschreckt. Statt das Entsetzen der 'Potiphar' zu beschreiben, fährt Fielding auf dem Höhepunkt der 'Krise' fort: *You have heard, reader, poets talk of the statue of Surprise; you have heard likewise, or else you have heard very little, how Surprise made one of the sons of Croesus speak, though he was dumb. You have seen the faces, in the eighteen-penny gallery, when, through the trap-door, to soft or no music, Mr. Bridgewater, Mr. William Mills, or some other of ghostly appearance, hath ascended, with a face all pale with powder, and a shirt all bloody with ribbons; – but from none of these, nor from Phidias or Praxiteles, if they should return to life – no, not from the inimitable pencil of my friend Hogarth, could you receive such an idea of surprise as would have entered in at your eyes had they beheld the Lady Booby when those last words issued out from the lips of Joseph. 'Your virtue!' said the lady, recovering after a silence of two minutes; 'I shall never survive it'.*[22] Indem die Erzählung auf die Darstellung der Reaktion verzichtet, entsteht eine Leerstelle, die der Leser im Blick auf die gegebenen Anweisungen auffüllen soll. Diese sind in zweierlei Hinsicht aufschlußreich. Sie lassen zunächst gewisse soziale Differenzierungen des vom Roman intendierten Publikums erkennen. Die bereits im Vorwort getroffene Unterscheidung zwischen dem *mere English reader* und dem *classical reader* kehrt wieder. Der eine kann seine Phantasie durch Erinnerungen an gruselige Überraschungseffekte bekannter zeitgenössischer Schauspieler anregen lassen, der andere hingegen kann seine Vorstellung durch klassische Reminiszenzen beleben. Solche Stellen machen deutlich, daß Fielding nicht nur ein differenziertes Publikum vor Augen hatte, sondern auch bestrebt war, bildungsspezifische Begrenzungen zu überschreiten, weil sein Roman menschliche Dispositionen aufdecken wollte, die sich aus der jeweiligen Standeszugehörigkeit nicht mehr ableiten lassen.

Doch diese Differenzierung möglicher Lesertypen bildet allenfalls ein Hintergrundsmoment für die dem Leser gegebenen Anweisungen, sich das Entsetzen von Lady Booby vorzustellen. Die Anweisungen bestehen aus einer Folge "schematisierter Ansichten"[23], die aus wechselnden Blickpunkten auf das gleiche Ereignis gerichtet sind. Ihr Streubereich ist so groß, daß sie deutlich als 'Ansichten' zu erkennen sind, und d.h., der hier gewählte Darstellungsmodus ist als solcher so weit kenntlich gemacht, daß er mit dem Dargestellten – man müßte hier vielleicht besser sagen, dem von der Darstellung Ausgesparten – nicht zusammenfällt. Der Verzicht darauf, die "schematisierten Ansichten" mit dem intendierten Sachverhalt zur Deckung zu bringen, erlaubt es, die Unvorstellbarkeit des Entsetzens zu evozieren, um damit dem Leser zu bedeuten, er solle sich nun ein Bild von dem machen, was die gegebenen Bilder nicht mehr zu fassen vermögen.

Die ausgesparte Überraschung der Lady Booby sowie die Plakatierung ihrer Unvorstellbarkeit konturieren die Leerstelle in zweifacher Weise. Die Erzählung bricht ab, um dadurch einen Spielraum für die Beteiligung des Lesers zu eröffnen. Die "schematisierten Ansichten" lenken dann die Einbildungskraft. Damit jedoch diese Lenkung nicht als Einschränkung wirksam wird, erfolgt das Eingeständnis ihrer Unzulänglichkeit. Damit ist das Vorstellungsvermögen des Lesers freigesetzt, sich die Szene 'auszumalen'. Statt eines bestimmten Bildes indes wird sich in der Phantasie viel eher der Eindruck einer gewissen Lebendigkeit einstellen. Ja, diese Lebendigkeit vermag sich überhaupt erst zu bilden, weil sie durch kein genaues Bild einzufangen ist. Dies ist der Grund, weshalb in diesem Augenblick die Figur im Leser plötzlich zu leben beginnt. So werden die entsprechend konturierten Hohlräume der Erzählung zur Bedingung dafür, daß der Leser die Lebendigkeit von Figuren und Szenen selbst zu erzeugen vermag.

Bringt der Leser in solchen Momenten das leibhaftige Verhalten der Romanfiguren durch seine Vorstellung hervor, so geschieht dies nicht ohne Vorbedacht. Zwei Gesichtspunkte verdienen in diesem Zusammenhang unsere Aufmerksamkeit. Wenn in der vorliegenden Szene die "schematisierten Ansichten" im Blick auf die zu visierende Reaktion der Lady Booby auch zu kurz greifen, so fragt es sich doch, ob ihre recht präzisen Verweisungen für die inhaltliche Lenkung des Vorstellungsvermögens völlig irrelevant sind. Klassische Reminiszenzen durchschichten sich mit solchen zeitgenössischer Gruseleffekte; die klassischen Anspielungen machen die Entgeisterung der Lady Booby pathetisch, die zeitgenössischen jedoch komisch, wenn nicht sogar trivial. Dem Pathos die Komik beizumischen, bewirkt das Zerplatzen des falschen Anscheins, durch den Lady Booby ihre Lüsternheit zu drapieren versuchte. Daraus ergibt sich die Chance für eine Entdeckung, und diese wird desto intensiver genutzt werden können, je mehr der Leser die Lebendigkeit solcher Szenen selbst hervorbringt.

In die gleiche Richtung weist der zweite Gesichtspunkt. Fielding hatte der Szene mit Lady Booby eine ganz ähnliche vorgeschaltet, in der Joseph den Liebeswallungen der Slipslop ausgesetzt war, und wie im Falle der Herrin, so erhält der Leser auch im Falle der Domestike lediglich Anweisungen, sich die nicht erzählten Attacken 'auszumalen'.[24] Am Übergang der beiden Szenen bedeutet Fielding allerdings seinem Leser: *We hope, therefore, a judicious reader will give himself some pains to observe, what we have so greatly laboured to describe, the different operations of this passion of love in the gentle and cultivated mind of the Lady Booby, from those which it effected in the less polished and coarser disposition of Mrs. Slipslop.*[25] Fielding postuliert eine Differenz, derzufolge sich die Liebesleidenschaft in jedem sozialen Stand unterschiedlich auswirke. Die Szene mit Lady Booby erscheint daher unter dem Vorzeichen, sich die Leidenschaft einer Aristokratin anders als die einer Domestike vorstellen zu sollen. Der Zusammenbruch eines solchen Erwartungsschemas wird dann um so wirkungsvoller sein, je intensiver die Vorstellung des Lesers an der Beseitigung der postulierten Differenz beteiligt ist; am besten also, man überantwortet ihm die Produktion der ganzen Szene, um die dadurch bewirkte Lebendigkeit in der Schärfung des eigenen Urteils gipfeln zu lassen.

Zu der hier sichtbar werdenden Leserregie hat sich Fielding in *Joseph Andrews* verschiedentlich geäußert. Zwei Bemerkungen sind für die von ihm verfolgte Intention beachtenswert. Im zweiten romantheoretischen Essay spricht er davon, daß das Lesen seines Buches einer Wanderung gleiche, in deren Verlauf die vom Autor in den Roman eingestreuten Reflexionen für den Leser als Rastplatz zu verstehen seien, der ihm Gelegenheit zum Überdenken des bisher Erfahrenen geben soll. Da solche Kapitel die Erzählung unterbrechen, nennt Fielding sie folgerichtig *vacant pages*[26]. Die 'leeren Seiten' also bieten die Bedingung dafür, über das bisher im Roman vorgeführte Geschehen zu reflektieren. Solche Leerstellen sind insofern ein Reflexionsantrieb, als sie die Punkte markieren, an denen sich der Leser auf das Geschehen einlassen kann; indem er ausgesparte Beziehungen bilanziert, schafft er die Voraussetzung für die Sinnkonfiguration des Textes. Die Leerstellen erlauben ihm, wichtige Gelenke des Geschehens selbst zu motivieren, und diese Motivationen sind die Bedingung dafür, daß der Leser das Geschehen überhaupt erfahren kann. Eine solche Erfahrung verläuft als Gestaltbildung in der Lektüre, und es ist höchst aufschlußreich, daß sich auch dazu ein Hinweis Fieldings in *Joseph Andrews* findet.

Als Adams gegen Ende des Romans seinen vermeintlich ertrunkenen Sohn wieder in den Armen hält und im Überschwang der Freude die Tugenden der Mäßigung und Beherrschung vergißt, die er ansonsten immer zu predigen pflegte, da interveniert Fielding zugunsten seiner Hauptfigur mit folgender Bemerkung: *No, reader; he felt the ebullition, the overflowings of a full, honest, open heart, towards the person who had conferred a real obligation, and of which, if thou canst not conceive an idea within, I will not vainly endeavour to assist thee.*[27] Sich eine Gestalt von Ereignissen zu bilden, die sich nicht am Augenschein orientiert, sondern hinter diesen zurückgeht, um ihn schließlich durchbrechen zu können, erweist sich als der konkrete Inhalt der Leserrolle in diesem Roman. Damit ist zugleich angedeutet, in welcher Form der Leser durch die Gestaltbildung den Sinn des Geschehens überhaupt produziert.

Dieser Vorgang läßt sich am besten an der Figur des Parson Adams und an ihrer Konfrontation mit der Welt einsichtig machen. Hat das Beispiel der Lady Booby bereits gezeigt, wie der Leser aktiviert werden muß, damit in einer solchen Szene das Gefühl der Lebensnähe entsteht, so bedarf es dieses Eindrucks in verstärktem Maße dort, wo es den Sinn zu erzeugen gilt.

Die Lebendigkeit des Parson Adams entspringt zunächst den Überraschungen, die er dem Leser bereitet. Bereits sein Name, Abraham Adams, bezeichnet antagonisierende Seiten in ihm.[28] Die Unerschütterlichkeit seines Glaubens, die den biblischen Abraham auszeichnete, gilt für alle Überzeugungen des Pfarrers, und dennoch werden diese in bestimmten Augenblicken von dem Adam in ihm durchkreuzt. Diese kontrastierenden Schemata beeinträchtigen sich wechselseitig, ja drängen einander oftmals zurück, so daß die Figur weder als Abraham noch als Adam zu fassen ist; sie scheint sich von ihren charakteristischen Eigenschaften ständig zu emanzipieren. Zurückgedrängte Schemata indes bilden elementare Bedingungen des individuellen Ausdrucks[29], der im Blick auf die Schemata ein Element der Karikatur, im Blick auf den Leser etwas Unerwartetes enthält. Karikaturen rufen ein virtuelles Bild mit der Absicht auf, ihm eine Veränderung einzuzeichnen. So wird in die aufgerufene Unerschütterlichkeit des Abraham die Menschlichkeit des Adam und in das Weltverhalten des Adam die abstrakte Entschlossenheit des Abraham eingeblendet. Diese Kollision der Schemata produziert singuläre Mischungsverhältnisse, deren – von Situation zu Situation – wechselnde Schattierungen den individuellen Ausdruck des Charakters hervorbringen, auf den wir insofern spontan reagieren, als die einander negierenden Schemata den Hintergrund dafür abgeben, den individuellen Ausdruck der Figur als Unerwartetes überhaupt begreifen zu können. Erst durch das Unerwartete erhält der Charakter sein Leben, und dieses teilt sich uns dadurch mit, daß wir es durch unsere Reaktionen einzufangen versuchen.

Wir schauen daher aus zwei gegeneinander laufenden Perspektiven auf Parson Adams. Und immer dann, wenn sie zusammenstoßen, blitzt dessen unverwüstliche Lebendigkeit auf, an deren Erscheinen wir nicht unbeteiligt sind, da wir diesen Eindruck nicht durch eine im Text gegebene Beschreibung erhalten, sondern durch die Notwendigkeit empfangen, oftmals durch beide Perspektiven gleichzeitig schauen zu müssen.

Diese Lebendigkeit ist jedoch kein Selbstzweck. Sie bindet vielmehr den Leser an ein Geschehen, dessen Sinn er zu entfalten hat. Die in der Hauptfigur angelegte Doppelpoligkeit ist ihr selbst nicht bewußt. Daraus ergeben sich Folgen für die Romanhandlung. Parson Adams wird in Unkenntnis dessen, was er ist, in den verschiedensten Konfrontationen mit der Welt immer spontan, und das heißt zumindest nicht immer situationsangemessen reagieren. Der Leser hingegen ist 'im Bilde', er kennt nicht nur die Doppelpoligkeit der Figur. Er weiß auch durch die zahlreichen Hinweise des Autors, wie untauglich die idealen Eigenschaften von Adams für das Handeln in der Welt sind. Was aber macht der Leser mit diesem Wissen? Die Episoden des Romans wachsen sich oftmals zu einem Test für die Erprobung seiner Fähigkeiten aus. Er blickt durch die Augen des Helden genauso auf die Welt, wie ihm der Held immer wieder unter der Optik empirischer Situationen erscheint. Daraus ergeben sich kontrastierende Bilder, deren Gemeinsamkeit ihr durchgängig negativer Charakter ist. Aus der Sicht von Adams erscheint das Weltverhalten der Menschen als verschlagen, eigensinnig und niederträchtig, aus der Sicht der Welt wirkt Adams einfältig, borniert und naiv. Worauf es im Leben der Menschen anzukommen scheint, verschwindet in der Ausschließlichkeit der jeweils dominierenden Perspektive nahezu vollständig. Dieser Eindruck intensiviert sich für den Leser noch dadurch, daß in der Begegnung der Figuren keinerlei Bewußtsein davon herrscht, daß die Weltklugheit sich oft recht schamlos und die Idealität bisweilen höchst unpraktisch ausnehmen.

So trägt die erzählte Romanhandlung ausgesprochen negative Züge, die allerdings nicht darauf hinauslaufen können, die Niedertracht der Welt und die Torheit der Tugend zu bestätigen. Das geht allein schon daraus hervor, daß der hohe Eindeutigkeitsgrad, den die negativ gezeichneten Pole des Geschehens besitzen, zwangsläufig das von ihnen Ausgesparte mitkonturiert. Diese Kontur des Ungeschriebenen öffnet sich in der Lektüre auf den Leser hin, der nun die virtuelle Dimension des Textes zu entfalten beginnt. Virtuell ist diese Dimension insofern, als von ihr im Text nichts geschrieben steht; eine Dimension des Textes ist sie insofern, als es in ihr zum Ausgleich, wenn nicht gar zur Konvergenz der Pole kommt, die in der Romanhandlung immer aufeinanderprallen, um sich wechselseitig zu negieren. So ist die virtuelle Dimension zunächst die vom Text geforderte Gestaltbildung, in der die kontrastierenden Positionen zur Konsistenz gebracht werden; sie ist sodann die Sinnkonfiguration des Textes, in der die unformulierte Bedeutung konkret wird, und sie ist schließlich der Ort, an dem sich der Text im Leser ereignet.

Auf den ersten Blick scheint hier die Sinnkonfiguration dem Leser keinerlei Schwierigkeiten zu bieten; zeigt doch die polare Zuordnung der Hauptfigur auf die Welt allzu deutlich, was dem moralischen Verhalten von Adams und dem Weltverhalten der Menschen jeweils fehlt. Adams sollte lernen, sich besser auf die Welt einzustellen, und den Menschen in der Welt sollte aufgehen, daß die Moral kein Vorwand für die Verbrämung der Laster ist. Der Leser gewärtigt die Unangemessenheit des jeweiligen Verhaltens. Diese scheinbare Symmetrie wechselseitiger Ergänzung indes verschiebt sich im Laufe der Romanhandlung und beginnt, die virtuelle Dimension zu dramatisieren. Hindern die unerschütterlichen Tugenden Adams daran, sich auf Situationen einzulassen, so ist damit noch nicht gesagt, daß ein fortwährendes Eingehen auf alle sich bietenden Umstände bereits der gesuchte virtuelle Ausgleich wäre. Denn alle jene Figuren, die sich jeder neuen Lage anpassen, demaskieren sich in ihrer Weltverfallenheit.[30] So vermittelt sich zwar in der virtuellen Dimension die Gegenläufigkeit der im Text markierten Positionen, jedoch nicht im Sinne einer wechselseitigen Ergänzung – denn das hieße, Unerschütterlichkeit mit Wankelmut und Pfiffigkeit mit Tugend zu versöhnen –, sondern im Sinne einer Konvergenz, in der beide Pole überstiegen sind. Eine solche Konvergenz besteht darin, daß nun der Leser über das verfügt, was den in dieser Polarität gezeigten Figuren gleichermaßen fehlt, aber gleichermaßen nottun würde: die Einsicht in das, was sie sind. Das Erwerben von Einsicht entspricht der von Fielding verfolgten Intention, denn erst sie ermöglicht die Demaskierung der Verstelltheit menschlichen Verhaltens.

Wenn der Lesevorgang mit dem Herausbilden der virtuellen Dimension des Textes zusammenfällt, so könnte der Anschein entstehen, als ob dem Leser durch das von ihm bewirkte Aufheben der verschiedensten Oppositionen eine graduelle Überlegenheit über die Figuren zuwachsen würde. Geschähe dies wirklich, dann könnte der Roman nicht mehr in dem von Fielding beabsichtigten Sinne zum Spiegel werden, der dem Leser die eigenen Verstelltheiten zurückwirft; und es wäre ferner unmöglich, Einsicht zu erwerben, da sich diese erst im Gewärtigen eigener Unzulänglichkeit, nicht aber in der Affirmation der eigenen Überlegenheit einzustellen vermag. Demzufolge muß die Strategie des Romans so angelegt sein, daß der Leser in der Aktualisierung der virtuellen Dimension zugleich in das verstrickt wird, was er hervorbringt. Erst dadurch gewinnt der Lesevorgang seine Dramatik, die insofern notwendig ist, als das vom Roman intendierte Verhalten ja nicht durch die Figuren abgebildet werden, sondern sich im Leser ereignen soll.

Das macht Strategien erforderlich, die von unterschiedlicher Zielrichtung sein müssen, um den Leser möglichst allseitig engagieren zu können. Zunächst soll ihm durchaus das Gefühl einer gewissen Überlegenheit gegeben werden. Der Autor zeigt sich daher auch bemüht, den Leser mit zusätzlichem, den Figuren nicht zur Verfügung stehendem Wissen auszustatten, damit seine Einsicht in die Vorgänge entsprechend zu wachsen vermag. Diese Privilegierung des Lesers ist aus zwei Gründen notwendig. Soll er der ihm zugedachten Rolle anverwandelt werden, so gilt es, ihn für die Dauer der Lektüre aus dem herauszulösen, was er ist. Das einfachste Mittel, um den Leser zu verlocken, sich dem erzählten Geschehen gegenwärtig zu machen, bietet sich in der ihm gewährten Überschau über die Vorgänge. Ihre dramatische Bedeutung indes gewinnt diese Privilegierung erst durch einen graduellen, ja oftmals sogar abrupten Entzug. Es gibt eine Reihe von Stellen, die solches bewirken. Ihr Kompositionsprinzip beruht auf der einfachen Tatsache, daß Adams in Situationen gestellt ist, die er nicht zu durchschauen vermag. So heißt es noch am Ende von ihm, als er Peter Pounce, dem Gutsverwalter Lady Boobys, begegnet: *... Peter was an hypocrite, a sort of people whom Mr. Adams never saw through.*[31] Ausgerechnet diejenige Figur also, die über ein Höchstmaß an Aufrichtigkeit verfügt, verfehlt die von Fielding im Vorwort plakatierte Intention des Romans: das Durchschauen der Heuchelei.

Diese eigens benannte Unfähigkeit von Adams durchzieht die Episoden des Romans in so unverkennbarer Weise, daß sich ein deutliches Gefälle zwischen dem Leser und dem moralischen Repräsentanten des Geschehens herausbildet. Der Leser, so scheint es, vermag die Situationen, in die Adams gerät, ungleich besser einzuschätzen, als dies dem aus seiner Überzeugung heraus handelnden Pfarrer je zu gelingen vermag; folglich beginnt die Überlegenheit des Lesers zu wachsen. Doch das Erkennen des von Adams gezeigten unangemessenen Situationsverhaltens ist zweischneidig, denn es manövriert den Leser in die Position des Weltklugen und rückt ihn in die Nähe der Charaktere, für die Adams deshalb eine lächerliche Figur ist, weil ihm jeglicher Sinn für die pragmatische Opportunität des Lebens fehlt. So findet sich der Leser unversehens auf der Seite jener Figuren, deren Prätentionen es vornehmlich zu durchschauen gilt und die für ihn kaum die geeignete Perspektive zur Beurteilung von Adams abgeben dürften.

Folglich wird die dem Leser zugewachsene Einsicht ambivalent. Mit dem Blickwinkel der Weltklugen kann er sich nicht identifizieren, denn das hieße, diejenigen Einsichten wieder preiszugeben, die er aus ihrer vornehmlich durch Adams' Haltung bewirkten Demaskierung gewonnen hat. Wenn ihm aber Adams selbst in einer Reihe von Situationen oftmals so wie den Weltklugen erscheint, deren Sicht ihn nicht leiten kann, dann hängt der Leser dazwischen; seine Überlegenheit wird ihm zum Problem. Eine solche Problematisierung ist notwendig, um ihn in die von ihm hervorgebrachte Sinnkonfiguration des Geschehens zu verstricken; erst wenn das geschieht, vermag sich die Wirkung des Romans im Leser zu entladen.

Erscheint das von Adams gezeigte Verhalten dem Leser vielfach als naiv, so drängt eine solche Einsicht Adams in eine negative Position, und es fragt sich, ob der Leser in der Lage ist, die von ihm erzeugte Negativität aufzuheben. Denn der Grund für die empfundene Inopportunität der Reaktionen liegt doch in Adams' moralischer Unerschrockenheit; auf diese aber stößt der Leser in all den Situationen, in denen ihm seine Einsicht die unangemessenen Handlungen der Hauptfigur offenkundig macht. Sollte die Moral Bedingung des Fehlverhaltens sein, oder entdeckt der Leser erst jetzt, wie wenig seine Einsicht moralisch orientiert ist, obgleich er doch zu wissen meint, daß die Opportunität nicht ihr Maßstab sein kann? In solchen Momenten fehlt ihm die Orientierung, über die Adams ohne jeden Selbstzweifel verfügt; er fällt aus seiner Überlegenheit heraus, und die Sinnkonfiguration des Geschehens gewinnt dramatische Züge. Denn nun ereignet sich der moralische Konflikt des Romans – von dem die Figuren wie auch ihr Zusammenspiel nicht zuletzt durch die vielen providentiellen Zufälle weithin entlastet sind – im Leser selbst.

Die Lösung kann nur in der Konkretisierung der virtuellen Moral liegen. Sie ist durch die Strategien des Textes insoweit vorgezeichnet, als die dem Leser zugewachsene Einsicht ihn von der Gesellschaft der Weltklugen trennt und in seiner vermeintlichen Überlegenheit über Adams gewärtigen läßt, daß erst die ihm fehlende moralische Entschiedenheit die Einsicht überhaupt zu gründen vermöchte. So bewirkt die Überlegenheit des Lesers seine Verstrickung. Fühlt er sich den Weltklugen überlegen, weil er sie durchschaut, so kann er im Blick auf Adams eigentlich nur sich selbst durchschauen, weil er in den entsprechenden Situationen nicht so wie Adams, sondern anders reagiert hätte. Will er aber nicht sich, sondern Adams durchschauen, um seine Überlegenheit zu wahren, so teilte er die Sicht derer, die er ständig demaskiert. Fehlt den Weltklugen die Moral und den Moralisten die Reflexion auf ihr Verhalten, so zeigen die negativen Pole zugleich die virtuelle Idealität der Sinnkonfiguration an, die den Leser schon deshalb nötigt, sich an ihr zu messen, weil dieser Ausgleich das Produkt seiner Einsicht ist, hinter das er selbst nicht zurückfallen darf. Indem der Leser die virtuellen Brennpunkte entdeckt und zur Gestalt verbindet, formuliert er den ungeschriebenen Sinn des Textes. Zugleich aktiviert dieser Vorgang das unformulierte Entzifferungsvermögen des Lesers, das nun zu den Bedingungen des Textes beansprucht wird, um den zu formulierenden Sinn zu einer Erfahrung des Lesers machen zu können.

"A book is a machine to think with"[32], hat I. A. Richards einmal gesagt, und es scheint so, als ob Fieldings *Joseph Andrews* einer der ersten Romane der Aufklärung sei, auf den eine solche Charakteristik zuträfe. Die dem Text eingezeichnete Leserrolle macht deutlich, daß sich der Roman nicht mehr in der Darstellung paradigmatischer Vorbilder erschöpft, die in dem etwa von Richardson noch beabsichtigten Sinne zur Nachfolge aufriefen; vielmehr bietet sich der Text als ein Instrument der Einsicht, das es dem Leser erlaubt, durch die ihm während der Lektüre ermöglichten Entdeckungen eine verläßliche Orientierung zu erwerben. Für eine solche Auffassung des Romans spricht das in *Joseph Andrews* thematisierte Verhältnis von Buch und Welt.

Es gibt eine Reihe von Situationen, in denen Adams die ausgebrochenen Kontroversen und ihre dringlich gewordenen Klärungen durch Berufung auf Bücher – vor allem auf Homer[33] und Aischylos – allen Ernstes zu schlichten glaubt. Denn für ihn fallen Buch und Welt zusammen; ihn beherrscht noch die traditionsgeheiligte Ansicht, daß die Welt ein Buch und daß folglich im Buch die Bedeutung der Welt gegenwärtig sei. Für Adam ist es unbefragte Selbstverständlichkeit, daß die Literatur als Nachahmung der Natur das große Arsenal des richtigen Verhaltens verkörpert[34], weshalb die tatsächlichen Erfahrungen der Menschen immer nur an dieser Vorbildlichkeit gemessen werden können, hinter die sie ständig zurückfallen. Den Wert der Literatur in dieser Form zu affirmieren aber heißt, ein Leben in Phantasiegebilden zu führen, die das richtige Einschätzen empirischer Lagen geradezu verhindern. Die Welt ist längst über den Umfang der Bedeutung hinausgewachsen, auf die sie die alte Identifikation mit dem Buch festgelegt hatte. Hört dieses aber auf, Kodex der Weltbedeutung zu sein, dann muß sich die Funktion des Buches ändern. Demzufolge macht Fielding seinen Helden immer dort zu einer unverkennbar komischen Figur, wo Adams empirische Probleme literarisch reduziert in dem Glauben, sie dadurch lösen zu können.

In Ausnahmesituationen allerdings scheint sich Adams spontan von seinen Vorbildern zu trennen, wie es jene Szene erkennen läßt, in der er seinen geliebten Aischylos ins Feuer wirft. Dazu hat Mark Spilka in einem anderen Zusammenhang einmal bemerkt: "Here Adams has literally stripped off an affectation while revealing his natural goodness – the book is a symbol, that is, of his pedantry, of his excessive reliance upon literature as a guide to life, and this is what is tossed aside during the emergency. Later on, when the book is fished out of the fire, it has been reduced to its simple sheepskin covering – which is Fielding's way of reminding us that the contents of the book are superficial, at least in the face of harsh experience."[35] In dieser spontanen Geste manifestiert sich die Inkongruenz von Buch und Welt, von der Adams noch nichts weiß, obgleich er in Ausnahmefällen bereits danach handelt. Dem Leser aber ist die Negation der alten Gleichung bewußt, durch die die neue Funktion des Buches angezeigt wird.

Statt die ganze Welt abzubilden, bildet der Roman Zugänge zur Welt ab, und dazu bedarf es für den Leser einer bestimmten Optik, damit er durch das Buch die Welt zu sehen lerne, um sich auf sie angemessen einstellen zu können. Ist die Welt über den Umfang des Buches hinausgewachsen, so vermag das Buch nicht mehr die Geltung von Vorbildern zu plakatieren, sondern muß repräsentative Zugänge zur Welt erschließen, die sich der Leser aneignen kann. Darin gründet die didaktische Absicht des Fieldingschen Romans, deren Notwendigkeit durch eine empirisch differenziertere Welt gegeben ist. Sie kontrollierbar zu machen, erfordert ein richtiges Verhalten, dessen Erwerb der Roman durch die Einstellungen und die dadurch möglichen Entdeckungen anbietet. Wenn aber das richtige Verhalten durch den Text nicht mehr dargestellt, sondern dem Leser als mögliche, wenngleich notwendige Entdeckung angeboten wird, dann heißt dies, daß Sinn nicht mehr in einer objektivistischen Weise gegeben ist, sondern vom Leser konstituiert werden muß. Dieser Sachverhalt ist durch die inzwischen zur Vergangenheit gewordene Identifikation von Buch und Welt herausgehoben. Solange die Gleichung galt, formulierte das Buch den Sinn in seiner Vorbildlichkeit, den der Leser zu kontemplieren hatte; jetzt aber, wo der Sinn konstituiert werden muß, entfaltet der Roman seine Positionen in abgestufter Negation, die über den Erwartungsbruch die Reflexion des Lesers so weit mobilisiert, daß eine kontrafaktische Aufhebung der dem Roman eingezeichneten Negativität erfolgen kann. In diesem Vorgang geschieht die Sinnkonstitution des Romans.

Historisch gesprochen, liegt vielleicht einer der wichtigen Unterschiede zwischen Richardson und Fielding gerade darin, daß in *Pamela* der Sinn deutlich gegeben, in *Joseph Andrews* hingegen unmißverständlich aufgegeben ist.

IV

Bringt der Leser die Sinnkonfiguration des Romans hervor, so sind Kontrollen notwendig, die es verhindern, daß der gewährte Aktualisierungsspielraum beliebig ausgeweitet werden kann. Dieser Kontrollfunktion dient das Autor-Leser-Gespräch, das sich bei Fielding in dem Maße zu differenzieren beginnt, in dem die Komplexität des erzählten Geschehens steigt. Das ist in *Tom Jones* ohne Zweifel der Fall. Der fingierte Dialog mit dem Publikum verzichtet zwar darauf, dem Leser Beurteilungsnormen vorzuschreiben; dennoch gibt er ständig Leitlinien für die Betrachtung der Vorgänge an. Dem Leser werden Rahmenbedingungen für die Realisation geboten, die sich nicht allein auf die romantheoretischen Essays beschränken, sondern oftmals als Beobachtungsdirektive mitten im Geschehen selbst gegeben werden. Dieser ganze Signalkomplex ließe sich als die explizite Steuerung des Lesers bezeichnen; er ist darauf abgestimmt, die implizite Steuerung zu voller Wirksamkeit zu bringen. Die Komplexität des *Tom Jones* entspringt seiner Thematik, der Darstellung der menschlichen Natur, in deren Entfaltung das Durchschauen von Verstelltheit – die Thematik des *Joseph*

Andrews also – nur noch einen Aspekt verkörpert; statt zu durchschauen, gilt es jetzt zu erkennen. Das hat John Preston im Blick auf die Fabel des *Tom Jones* deutlich gemacht: "The plot of *Tom Jones,* then, may be best understood in terms of the way it is read. Its structure is the structure of successive responses to the novel. It exists in the reader's attention rather than in the written sequences. This means that its effect is epistemological rather than moral. It helps us to see how we acquire our knowledge of human experience; it is a clarification of the processes of understanding" [36]. Fällt das Abklären eines solchen Wissens mit der Einsicht in die menschliche Natur zusammen, so fragt es sich, wie der Leser zu dieser Realisation gebracht werden kann.

Die folgende Diskussion beschränkt sich auf die Entfaltung des Prinzips, das der Leserrolle in *Tom Jones* unterliegt. Das Interesse richtet sich vornehmlich darauf, wie die von einer Darstellung der menschlichen Natur verursachte Komplexität in der Sinnkonfiguration erhalten, zugleich aber in eine von den Strategien des Textes kontrollierte Gestalt umgesetzt werden kann.

Dafür liefert zunächst der fingierte Dialog mit dem Leser einige Aufschlüsse. Als Fielding die Gründe für die zahlreichen romantheoretischen Essays erläutert, benennt er ein zentrales Prinzip, das seinen Roman strukturiert: *And here we shall of necessity be led to open a new vein of knowledge, which if it hath been discovered, hath not, to our remembrance, been wrought on by any antient or modern writer. This vein is no other than that of contrast, which runs through all the works of the creation, and may probably have a large share in constituting in us the idea of all beauty, as well natural as artificial: for what demonstrates the beauty and excellence of anything but its reverse? Thus the beauty of day, and that of summer, is set off by the horrors of night and winter. And, I believe, if it was possible for a man to have seen only the two former, he would have a very imperfect idea of their beauty.*[37] Wie wichtig Fielding das Kontrastprinzip dünkt, läßt sich an seinem Anspruch ablesen, es erstmals praktiziert zu haben. Sollte dies auch nur eine kühne Selbsteinschätzung sein, so ist dem Leser zumindest bedeutet, daß er mit der Kontrastrelation einen Schlüssel zum Geschehen in Händen hält. Vielleicht lassen sich am Ende sogar Gründe finden, die den von Fielding erhobenen Anspruch wenigstens plausibel machen.

Das skizzierte Kontrastprinzip enthält wichtige Hinweise für die dem Leser des *Tom Jones* zugedachte Rolle. Läßt sich ein Phänomen erst über einen Kontrast zureichend vermitteln, so besagt dies, daß der Leser die Differenz der Kontrastrelation zu überbrücken hat, wodurch er in einem eminenten Maße in die zur Erfassung des intendierten Phänomens notwendige Vorstellungsbildung eingeschaltet wird. Der von Fielding benannte Umkehrkontrast macht deutlich, daß eine Idee, eine Norm oder ein Ereignis sich erst dann im Leser mit zureichender Vollständigkeit zu konstituieren vermag, wenn eine Opposition hergestellt ist, in der das intendierte Phänomen und seine Negativform mehr oder minder zugleich erscheinen. Der Umkehrkontrast bringt folglich das heraus, was im Blick auf die bloße Gegebenheit des Phänomens noch verdeckt ist, so daß erst die Negativform durch ihren kontrafaktischen Charakter erkennen läßt, was das Phänomen bzw. die Idee wirklich beinhaltet, indem sie das von ihr Ausgeschlossene konturiert. Daraus entsteht eine Interaktion, in der die aus der Opposition entstandene Differenz dynamisch wird. Diese Dynamik entfaltet sich jedoch nicht im Text selbst, der nur die Anordnung der Opposition organisiert, sondern in der Vorstellung des Lesers, in der ein Bild des über den Umkehrkontrast gebotenen Phänomens entsteht. Dieses Bild deckt sich mit keiner der beiden Oppositionen vollständig; vielmehr besetzt es die Leerstelle[38], die zwischen den kontrastiven Positionen entsteht, und macht dadurch etwas gegenwärtig, das im Text nicht explizit gegeben ist: die Auffassung des intendierten Phänomens. So bewirkt die Negativform eines Phänomens zweierlei: Sie bringt eine Opposition hervor und schafft durch die entstehende Differenz die zentrale Bedingung für das Begreifen des Phänomens. Fielding sah in diesem Verfahren zu Recht einen entscheidenden Zugang zum Wissen.

Das Kontrastprinzip ermöglicht aber nicht nur das Verstehen. Es verkörpert darüber hinaus eine wichtige Strategie der Leserlenkung, die das Verstehen in dem vom Autor beabsichtigten Sinne weithin sichern kann. Kontrastpaare lassen eine relativ klar umrissene Ansicht des intendierten Phänomens entstehen, und das heißt, der Autor vermag das Bilden dieser Ansicht über die Kontrastrelation entsprechend zu kontrollieren. Darüber hinaus schärft die kontrastive Opposition die Beobachtung, die zu einem genaueren, wenn nicht sogar einem reflektierten Lesen führt. Denn es kommt dadurch im Verlauf der Lektüre zu vielen Vergleichswertungen, die sich nicht allein auf die kontrastive Absetzung der Phänomene von ihren Negativformen beziehen, sondern noch einmal auf die inzwischen im Gedächtnis des Lesers bewahrten Bilder, durch die die vorhergehenden Kontrastrelationen ausgeglichen worden sind und die nun einen kontrastiven Hintergrund für das im Lektüreprozeß jeweils entstehende Bild abgeben. In diesem Vorgang entfaltet sich die virtuelle Dimension des Romans[39], die durch kontrastive Oppositionen angestoßen wird und zugleich so weit vorstrukturiert ist, daß der Leser die Absicht des Ganzen zu realisieren vermag.

Die Kontrastrelationen des *Tom Jones* besitzen nun keineswegs einen monotonen Charakter, sie sind zureichend differenziert, um ein gleichermaßen differenziertes Bild der menschlichen Natur in der Phantasie des Lesers hervorzurufen. Dabei gilt es allerdings eines zu bedenken: Das Kontrastprinzip ist primär eine Strategie des Romans, nicht aber die Entelechie der menschlichen Natur selbst, die bei aller kontrastiven Vielfalt einen virtuellen Konvergenzpunkt besitzt. Der Umkehrkontrast läßt sich auf den verschiedensten Ebenen des Romans beobachten: am massivsten auf der Ebene der Fabel, differenzierter bereits im Zusammenspiel der Figuren.

Die menschliche Natur, so meint Fielding zu Beginn des Romans, soll vor kontrastive Folien gebracht werden: ... *we shall represent human nature at first to the keen appetite of our reader, in that more plain and simple manner in which it is found in the country, and shall hereafter hash and ragoo it with all the high French and Italian seasoning of affectation and vice which courts and cities afford. By these means, we doubt not but our reader may be rendered desirous to read on for ever.*[40] Die menschliche Natur in der Verspannung sozialer Kontraste zu zeigen, kann zweierlei bedeuten: Zunächst die Bezugnahme auf ein sozial differenziertes Publikum, in dem unterschiedliche Grade der Vertrautheit im Blick auf die polare soziale Entgegensetzung von Stadt und Land herrschen. Wiederum zeigt sich – wie bereits in *Joseph Andrews* –, daß Fielding die Disposition seiner Leser über standesspezifische Orientierungen zu fassen versucht, um sie dann durch die Darstellung der menschlichen Natur zu überschreiten. Denn diese wird sich im Verlauf des Romans vor dem jeweiligen Hintergrund immer anders ausnehmen, so daß erst der Umkehrkontrast die verdeckten Seiten zum Vorschein bringt, die den Leser zwangsläufig stimulieren, die Identität der menschlichen Natur entdecken zu wollen. Deshalb, so meint Fielding, wird der Leser für immer weiterlesen wollen. Sodann aber deutet sich hier bereits ein Schema an, das die Kontraste der Fabel strukturiert.[41] Erscheint die menschliche Natur zunächst vor dem Hintergrund des Landlebens, so wird der Leser eine Reihe von Aspekten an ihr gewärtigen, die bei ihrer Transponierung in das Stadtleben verdeckt, wenn nicht sogar restlos unterdrückt werden. Damit aber verfügt der Leser über eine virtuelle Orientierung, die ihm zweierlei erlaubt. Er kann zunächst die menschliche Natur gegen ihren Anschein, den sie durch das Stadtleben gewinnt, gewärtigen, wodurch er zu einer verschärften Beobachtung derjenigen Umstände angehalten wird, die eine Entstellung des bereits gewonnenen Bildes von der menschlichen Natur verursachen. Nun entdeckt er nicht nur die virtuelle Güte in der korrumpiert erscheinenden Natur des Menschen, wie sie der Held zur Anschauung bringt; er begreift darüber hinaus die Bedingungen, die für diese Verkehrung verantwortlich sind.

Um diese Aktivität des Lesers zureichend zu sichern, sind in bestimmte Abschnitte der Fabel Verstärker eingebaut. Ein solcher ist die Geschichte des *Man of the Hill*, den ursprünglich eine dem Helden verwandte Disposition auszeichnete, die sich allerdings unter dem Eindruck von Erfahrungen in eine völlige Misanthropie gewandelt hat, so daß er nur noch an die Schlechtigkeit der menschlichen Natur zu glauben vermag.[42] Diese in das Romangeschehen interpolierte Geschichte ist ein Stück cervantesischen Erbes, das hier noch die gleiche Funktion wie in *Don Quijote* erfüllt: eingelegte Geschichten verkehren die Intention der Haupthandlung in ihr Gegenteil, um dadurch den Blick des Lesers unmißverständlich auf das zentrale Thema zu lenken. Reduziert der *Man of the Hill* die menschliche Natur auf eine durch nichts aufzuhebende Verderbtheit, so begreift sie der Held gerade in diesem Augenblick als *utmost diversity*.[43] Je mehr die Positionen auseinanderschnellen, um Entgegensetzungen zu markieren, desto unverkennbarer wird der Leser angehalten, sie selbst zusammenzubringen. Die Überschärfe des Kontrasts fordert die Veränderung der Pole, die sich in einer Ansicht von der menschlichen Natur aufheben, in der die Reduktion auf eine Eigenschaft genausowenig dominieren kann wie die unkontrollierte Vielfalt. Wenn die eingelegte Geschichte des *Man of the Hill* langweilt, wie es viele Fieldingleser bezeugt haben, so liegt der Grund dafür in der Überdeutlichkeit der dem Leser nahegelegten Schlußfolgerung.

Anders verhält es sich mit jenen Kontrasten der Fabel, in denen die Pole nicht auseinandergezogen, sondern ineinander teleskopiert sind. Dafür finden sich vorwiegend zum Schluß des Romans eine Reihe von Beispielen, das schlagendste wohl dort, wo der Held durch das Rendezvous mit Lady Bellaston endgültig zu fallen droht. Doch bevor Tom der ominösen Einladung folgt, wird ein Kapitel vorgeschaltet[44], das ihn mit jenem *highwayman* zusammenbringt, dem er einst das Leben gerettet hatte. Der Leser sieht folglich die einzige, kaum entschuldbare Fehlleistung des Helden durch die Blende einer selbst in prekären Lagen nicht zu verschüttenden Güte. Der teleskopierte Kontrast hat eine Bremswirkung, die den Augenschein der nun folgenden Ereignisse problematisiert, um den Blick für die Umstände zu schärfen, die das hervorkehren, was an der menschlichen Natur verdeckt bleibt, so lange der Leser dem Helden in sympathisierender Anteilnahme folgt: die gerade in der Integrität liegende Gefährdung. Denn die menschliche Natur wäre unvollkommen, wenn sie im Sinne ethischer Postulate vollkommen wäre.

So wird dem Leser nicht einfach eine Geschichte erzählt; er muß vielmehr ständig beobachten und folgern. Fielding bemerkt deshalb gleich zu Beginn, daß er seine Geschichte nicht vollständig ausgebreitet, sondern auf bedeutsame Ereignisse hin gerafft habe, damit der Leser die entstehenden Pausen zum Nachdenken nutzen könne: *... that by these means we prevent him (d.h. den Leser) from throwing away his time, in reading without either pleasure or emolument, we give him, at all such seasons, an opportunity of employing that wonderful sagacity, of which he is master, by filling up these vacant spaces of time with his own conjectures.*[45] Die Leerstellen des Textes sind die dem Leser angebotenen Denkpausen. Sie geben ihm die Chance, sich so auf das Geschehen einzulassen, daß er dessen Sinn zu konstituieren vermag. Wie notwendig diese Aktivität erscheint, läßt sich dem Zusammenspiel der Figuren entnehmen. Zwei dem Leser gegebene Hinweise, die in die gleiche Richtung zielen, deuten ihm die Schwierigkeit an, vor die er sich hier gebracht sieht. In einem langen Exkurs über die unreflektierten Dispositionen der Leser fällt die Bemerkung: *... life most exactly resembles the stage, since it is often the same person who represents the villain and the heroe.*[46] Diese Feststellung wird in einem anderen Zusammenhang nur variiert, wenn es heißt: *For though the facts themselves may appear, yet so different will be the motives, circumstances, and consequences, when a man tells his own story, and when his enemy tells it, that we scarce can recognize the facts to be one and the same.*[47]

Wenn es sich so verhält, dann darf sich der Scharfsinn, den Fielding seinen Lesern unentwegt bescheinigt, weder auf die bloße Gegebenheit berichteter Tatsachen noch auf die widersprüchlichen Handlungen der betreffenden Personen beziehen; er muß vielmehr hinter diese zurückgreifen. Geschieht dies, dann produziert der Leser selbst einen Umkehrkontrast. Denn die erfahrene Unstimmigkeit ruft jene Erinnerungen auf, von denen sich die überraschenden Tatsachen wie auch die unerwarteten Handlungen abheben. Dadurch wird eine Ausgleichsoperation in Gang gebracht, und diese zielt auf einen Konvergenzpunkt hin, der es erlaubt, Überraschungen und Widersprüche zu motivieren. Entdeckt der Leser die durch die Unstimmigkeit ausgesparte, jedoch erst durch sie zur Geltung kommende Motivation, so wird er nicht nur die

Gründe für deren Deformation erkennen, sondern auch in den Verzerrungen eine entsprechend konturierte Negativform gewärtigen, die es ihm ermöglicht, das ursprünglich gehegte, aber durch die Situation verdeckte Motiv zu seiner Gestalt zu erwecken. Dieser Sachverhalt besitzt für die Beziehung des Lesers zum Helden eine nicht zu unterschätzende Bedeutung. Je mehr der Leser die verschütteten Handlungsmotive freilegt, desto größer wird seine Sympathie für den Helden, die allein deshalb notwendig ist, weil in ihm die menschliche Natur *in actu* gezeigt wird. Daraus folgt für die dem Leser zugedachte Beobachterrolle, daß er durch sie den Sinn für eine entsprechende Trennschärfe zwischen Motiv und Handlung erwirbt.[48]

Diesen Sinn befördert das reichhaltige Repertoire zeitgenössischer Normen, das in den Roman eingezogen ist und als das jeweilige Orientierungsprinzip der wichtigsten Figuren vorgestellt wird. In der Regel sind diese Prinzipien als mehr oder minder explizite Oppositionen angeordnet. Das gilt für Allworthy *(benevolence)* im Verhältnis zu Squire Western *(ruling passion)* ebenso wie für die zwei Pädagogen (Square: *the eternal fitness of things;* Thwackum: *the human mind* [*as*] *sink of iniquity*) untereinander und für beide zusammen wiederum in ihrem Verhältnis zu Allworthy. Aber auch andere Bereiche des Romans sind kontrastiv abgebildet; so etwa die Liebe in der Reihe Sophia (als Idealität natürlicher Neigung), Molly Seagrim (als Verführbarkeit) und Lady Bellaston (als Verwerflichkeit). Nach diesem Muster ließen sich noch andere Kontrastrelationen angeben; sie bilden aber vielfach nur den Hintergrund für die Absetzung des Helden, die sich in eine Spannung transformiert. Diese wird noch einmal über das Verhältnis Tom–Blifil kontrastiv interpretiert: Blifil befolgt die Normen seiner Erzieher und wird korrumpiert; Tom hingegen verletzt sie und gewinnt an Menschlichkeit.

Die dem Roman immer wieder nachgerühmte Komplexität erweist sich zunächst darin, daß der Held in die sehr verschiedenartigen Horizonte der im Repertoire repräsentierten Normen eingerückt wird. Die daraus entstehenden Situationen zeigen in der Regel eine Diskrepanz: Das Verhalten des Helden läßt sich nicht unter die Normen verrechnen, während diese zu einem verdinglichten Aspekt der menschlichen Natur schrumpfen. Das aber ist bereits eine Beobachtung des Lesers, denn im Text des Romans werden solche 'Synthesen' nur in den seltensten Fällen wirklich gegeben. Die Diskrepanzen drängen zu einem Ausgleich, und dieser zeigt an, daß die kontrastierenden Positionen offenbar nicht gleichzeitig im Blick des Lesers bleiben können; dieser springt vielmehr zwischen den Ebenen der jeweiligen Situation um. Ein solches Umspringen zeichnet sich allerdings dadurch aus, daß im Wechsel der Ebenen die verlassene nicht völlig verschwindet. Geschwunden ist lediglich die thematische Dominanz der einen Position. Sie ist virtualisiert und folglich als Leerstelle gegenwärtig, in die die von Fielding apostrophierten *conjectures* des Lesers einrücken, damit die thematisch gebliebene Position begriffen werden kann. Diese Textstruktur steuert die unterschiedlich geforderte Aufmerksamkeit des Lesers, ja, sie vermittelt oftmals den Anschein, als ob der Leser durch den Umsprung der Ebenen die Perspektiven seiner Betrachtung selbst reguliere.

Verstößt der Held gegen die vorgestellten Normen – was außerordentlich häufig geschieht –, dann ergeben sich alternative Beurteilungen für die daraus resultierende Situation. Entweder erscheint die Norm als drastische Reduktion der menschlichen Natur – dann bildet der Held die virtuelle Ebene der Betrachtung –, oder die Verletzung läßt erkennen, was der menschlichen Natur zu ihrer vollen Entfaltung noch fehlt – dann wird die Norm zum virtuellen Blickpunkt.

Aus dieser Strategie ergeben sich Konsequenzen für die Art, durch die die menschliche Natur dem Leser vermittelt werden soll. Für diejenigen Figuren, die eine Norm repräsentieren – das gilt vornehmlich für Allworthy, Squire Western, Square und Thwackum –, zieht sich die menschliche Natur auf ein Prinzip zusammen, durch das zwangsläufig die anderen Möglichkeiten, die sich nicht mit diesem Prinzip harmonisieren lassen, als negativ gesetzt werden. Das trifft selbst auf Allworthy zu[49], dessen allegorischer Name eine moralische Redlichkeit anzeigt, die in ihrer Vereinseitigung allerdings seine Einsicht, ja oftmals sogar sein Urteil erheblich trübt. Das aber heißt, daß die von der Reduktion als negativ gesetzten Möglichkeiten der menschlichen Natur auf das Prinzip selbst zurückschlagen und es proportional zu seiner Begrenztheit problematisieren. So ergibt sich aus der Negation der anderen Möglichkeiten durch die jeweilige Norm eine virtuelle Differenzierung der menschlichen Natur, die in dem Maße Kontur gewinnt, in dem sie die Norm als eine restriktive Bestimmung der menschlichen Natur erkennen läßt. Die Negation zeigt hier jene imperativische und ermahnende Tendenz, die Kenneth Burke ihr als ein Charakteristikum zugeschrieben hat[50], denn sie konzentriert die Aufmerksamkeit des Lesers auf das in der vorgestellten Norm virtuell gebliebene Spektrum der menschlichen Natur.

Soll nun aber eine Ansicht der menschlichen Natur im Gegenzug gegen die herrschenden Normen gewonnen werden, so kann diese selbst keinen normativen Charakter besitzen. Denn dies würde die gleiche Verdinglichung zur Folge haben, die eigentlich durch die implizite Negation geltender Normen vermieden werden soll. Für die Strategie der Darstellung bedeutet dies, daß Fielding nicht einfach einen bestimmten Wert als das unverlierbare Kennzeichen der menschlichen Natur plakatieren kann, da dieser in affirmativer Dastellung genauso reduktionistisch wirken müßte wie die in abgestufter Negation präsentierten Normen. Zwar postuliert Fielding einen Wert – den des guten Herzens –, doch dieser wird erst über bestimmte Brechungen vorstellbar. Im Blick auf die Normen gewinnt das gute Herz des Helden eher den Anschein der Verderbtheit, weil es sich nur durch die Verletzung der Normen zur Geltung bringen kann.[51] Darüber hinaus wird der gute Kern noch einmal durch die verschiedenartigen Umstände gebrochen, in die der Held gerät. Nun befinden empirische Situationen darüber, in welcher Form sich dieser Wert überhaupt manifestieren kann. Die in solchen Situationen vorhandenen Beschränkungen lassen dann den Wert nicht als solchen, sondern viel eher in den situationsbedingten Deformationen erscheinen, so daß ein zureichendes Bild seiner virtuellen Gestalt erst über viele verzerrte Manifestationen erschlossen werden kann.

In diesem Verfahren wird die für die Vermittlung der menschlichen Natur wichtige Strategie des *Tom Jones* faßbar. Im Blick auf die Nebenfiguren wirkt die jeweils verkörperte Norm als Restriktion, die zugleich einen Fächer negierter Möglichkeiten der menschlichen Natur entstehen läßt; im Blick auf den Helden wirken sowohl die Normen als auch die empirischen Umstände als Restriktionen, die den guten Kern erst über den Fächer seiner in den Manifestationen erfahrenen Verzerrungen faßbar machen. Daraus ergibt sich eine deutlich differenzierte Negativform der menschlichen Natur, die durch den Leser aus ihrer Virtualität 'erlöst' wird.

Wenn es zur Realisierung der menschlichen Natur des von Fielding so häufig apostrophierten Scharfsinns bedarf, so heißt dies, daß ihr situatives und perspektiviertes Erscheinen auf ihre Motivation hin durchleuchtet werden muß, um in der Entdeckung des virtuell gebliebenen Motivs die Situation einschätzen, korrigieren und über das daraus resultierende Urteil die Situationsüberlegenheit der menschlichen Natur als ihr Kennzeichen zur Geltung bringen zu können. Was der Held erst noch zu lernen hat: *prudence* und *circumspection*[52], macht Fielding zum Thema seiner Übung, die er mit dem Scharfsinn des Lesers veranstaltet. In ihr verbindet sich dann auch die ästhetische mit der didaktischen Absicht des Romans: Die dem Leser angebotene Möglichkeit, zu entdecken und zu erschließen, bildet die zentrale Bedingung des ästhetischen Vergnügens; doch die Betätigung seiner Vermögen ist für den Leser nicht als Selbstzweck gedacht, vielmehr dient sie der Ausbildung seiner Urteilsfähigkeit.

Kein Wunder, daß Fielding seinen Lesern an kritischen Punkten die Rolle von Advokaten zuschreibt, *as I am convinced most of my readers will be much abler advocates for poor Jones*[53], und diese Rolle erhält der Leser gerade in kontrastiver Absetzung gegen die beiden Pädagogen, die Toms Verhalten ständig durch ihre eigenen Fehlurteile zensieren. Der wiederkehrende Gebrauch einer solchen Rechtsmetaphorik[54] unterstreicht die den Roman bestimmende Tendenz: den Leser zu abgewogenen Urteilen zu veranlassen. Denn nur so wird es möglich, die vielen in *Tom Jones* gebotenen Facetten der menschlichen Natur in ein perspektivisches Modell von ihr zu integrieren. Die individuelle Vielfalt des Menschen, die sich durch die Negation geltender Normen bildet, läßt sich ihrerseits nicht mehr durch Subsumtion unter Normen vermitteln. Der Leser muß folglich immer von Fall zu Fall über sie urteilen, da sich erst durch die Kette solcher Urteile die differenzierte Vorstellung von ihr herauszubilden vermag. Das situative Erscheinen der menschlichen Natur fordert vom Leser ein 'Denken in Situationen', durch das sich zugleich ein historischer Reflex der Epoche zur Geltung bringt: die im 18. Jahrhundert erfolgte Aufwertung empirischer Wirklichkeit gegenüber dem universalen Erklärungsanspruch normativer Systeme.

Die dem Roman eingezeichnete Leserrolle muß als Bedingung möglicher Wirkung verstanden werden; sie determiniert keinesfalls die Reaktionen, sondern hält einen Rahmen mit Selektionsentscheidungen parat, die – werden sie getroffen – zu individuellen Spielarten der Realisation führen, wie es sich dann auch in der Rezeptionsgeschichte des Fieldingschen Romans bezeugt.[55] Fielding war sich bis zu einem gewissen Grade bewußt, daß sich dieser Spielraum der Realisation trotz des dirigierenden Autor-Leser-Gesprächs sowie der impliziten Rollenzuweisung vielleicht am Ende doch nicht vollkommen kontrollieren läßt. Er sprach daher gelegentlich von der Skepsis des Lesers[56], durch die manche seiner Absichten an ihrer Entfaltung gehindert werden. Darüber hinaus war er überzeugt, daß er mit seinem Roman dem Leser Einsichten anbietet, die diesem zunächst aufgrund seiner eigenen Erfahrung fremd sein müssen: *For though every good author will confine himself within the bounds of probability, it is by no means necessary that his characters, or his incidents, should be trite, common, or vulgar; such as happen in every street, or in every house, or which may be met with in the home articles of a newspaper. Nor must he be inhibited from showing many persons and things, which may possibly have never fallen within the knowledge of great part of his readers. If the writer strictly observes the rules above-mentioned, he hath discharged his part; and is then intitled to some faith from his reader, who is indeed guilty of critical infidelity if he disbelieves him.*[57] Wenn in der Rezeptionsgeschichte diese *critical infidelity* passiert, dann erfolgt immer eine Reduktion des Romans auf die Dispositionen seiner Leser, während die Leserrolle des Romans – trotz notwendiger Selektionen aus dem Angebot – dazu gedacht war, daß sich der Leser dem Geschehen gegenwärtig und folglich seine Dispositionen für die Dauer der Lektüre zur Vergangenheit macht.

Anmerkungen

1 Henry Fielding, *Tom Jones,* II, 1 (Everyman's Library), London 1957, p. 39.
2 John Preston, *The Created Self, The Reader's Role in Eighteenth-Century Fiction,* London 1970, p. 3.
3 Wayne C. Booth, *The Rhetoric of Fiction,* Chicago [4]1963, p. 138.
4 Northrop Frye, *Fearful Symmetry, A Study of William Blake,* Princeton [3]1967, p. 427 f.
5 Vgl. Samuel Richardson, *Selected Letters,* ed. by J. Carroll, Oxford 1964, p. 296.
6 Laurence Sterne, *Tristram Shandy,* II, 11 (Everyman's Library), London 1956, p. 79.
7 *Tom Jones,* XI, 9, p. 95.
8 Henry Fielding, *Joseph Andrews,* Author's Preface (Everyman's Library), London 1948, p. XXVII.
9 Ibid.
10 Ibid., p. XXVIII.
11 Ibid.
12 Vgl. E. H. Gombrich, *Art and Illusion,* London [2]1962, p. 99.
13 Vgl. *Joseph Andrews,* I, 1, p. 1.
14 Vgl. ibid., p. 2.
15 Ibid.
16 Ibid.
17 Der Normbegriff ist hier und an den anderen Stellen des Aufsatzes so verstanden, wie ihn Jan Mukařovský, *Kapitel aus der Ästhetik* (edition suhr-

kamp), Frankfurt 1970, p. 43 ff. umschrieben hat. Zur Beschreibung des 'Kollektivbewußtseins' als eines sicherlich noch definitionsbedürftigen Hilfsbegriffs, vgl. ibid., p. 30 ff.

18 Vgl. *Joseph Andrews*, I, 3, p. 5.

19 Ibid., Author's Preface, p. XXXII.

20 Vgl. ibid., p. XXX f.

21 Ibid., III, 1, p. 144.

22 Ibid., I, 8, p. 20.

23 Vgl. zu diesem Begriff Roman Ingarden, *Das literarische Kunstwerk*, Tübingen [2]1960, p. 270 ff. [vgl. auch S. 50 ff. in diesem Band].

24 Vgl. *Joseph Andrews*, I, 6, p. 14.

25 Ibid., I, 7, p. 15.

26 Ibid., II, 1, p. 60.

27 Ibid., IV, 8, p. 249.

28 Vgl. dazu Ian Watt, "The Naming of Characters in Defoe, Richardson and Fielding" in: *Henry Fielding und der englische Roman des 18. Jahrhunderts*, hg. von Wolfgang Iser, Darmstadt 1972, p. 361 ff.

29 Vgl. hierzu auch Gombrich, p. 279 ff., bes. p. 302 f.

30 Diesen Vorgang hat Irvin Ehrenpreis, "Fielding's Use of Fiction: The Autonomy of *Joseph Andrews*", in: *Henry Fielding* ... (siehe Anm. 28), p. 236 f., am Beispiel von Lady Booby treffend analysiert.

31 *Joseph Andrews*, III, 12, p. 212.

32 I. A. Richards, *Principles of Literary Criticism*, London 1960 ([1]1924), p. 1.

33 Vgl. dazu u. a. *Joseph Andrews*, II, 17, p. 138 ff.

34 Vgl. ibid., II, 9, p. 100 und III, 2, p. 151 f.

35 Mark Spilka, "Comic Resolution in Fielding's *Joseph Andrews*" in: *Henry Fielding* ..., p. 94, (siehe Anm. 28).

36 Preston, p. 114.

37 *Tom Jones*, V, 1, p. 153.

38 Zur Funktion der Leerstelle für die Sinnkonstitution vgl. Wolfgang Iser, *Die Appellstruktur der Texte – Unbestimmtheit als Wirkungsbedingung literarischer Prosa*, Konstanz [4]1974 [in diesem Band p. 235 ff.].

39 Zu diesem Begriff vgl. ibid., p. 24 ff. [in diesem Band p. 241 ff.].

40 *Tom Jones*, I, 1, p. 3,

41 Diesen Gesichtspunkt hat auch R. S. Crane, "The Concept of Plot and the Plot of *Tom Jones*", in: *Henry Fielding* ..., p. 69, (siehe Anm. 28), im Auge, wenn er die verschiedenen Gegensätze der Romanhandlung, die sich immer wieder entspannen lassen, in die Formulierung zusammenfaßt: "... we may say that the plot of *Tom Jones* has a pervasively comic form".

42 Vgl. *Tom Jones*, VIII, 15, p. 386.

43 Ibid.

44 Vgl. ibid., XIII, 10, p. 192 ff.

45 Ibid., III, 1, p. 71.

46 Ibid., VII, 1, p. 254.

[47] Ibid., VIII, 5, p. 333.

[48] Diesen Sachverhalt hat Fielding, *Tom Jones,* III, 1, p. 72 eigens herausgestellt: *Now, in the conjectures here proposed, some of the most excellent faculties of the mind may be employed to much advantage, since it is a more useful capacity to be able to foretel the actions of men, in any circumstance, from their characters, than to judge of their characters from their actions. The former, I own, requires the greater penetration; but may be accomplished by true sagacity with no less certainty than the latter.*

[49] Vgl. dazu Michael Irwin, *Henry Fielding, The Tentative Realist,* Oxford 1967, p. 137, der daraus bestimmte Funktionen für die Leserlenkung ableitet.

[50] Kenneth Burke, *Language as Symbolic Action,* Berkeley and Los Angeles 1966, p. 423.

[51] In *Tom Jones* III, 2, p. 73 heißt es daher auch von dem Helden: ... *it was the universal opinion of all Mr Allworthy's family that he was certainly born to be hanged.*

[52] Vgl. u. a. ibid., III, 7, p. 92 u. XVIII, Chapter the Last, p. 427.

[53] Ibid., III, 9, p. 95.

[54] Vgl. dazu besonders die Beschreibung des Gewissens als *Lord High Chancellor* und die 'Rechtsprechung', die es als die zentrale moralische Instanz des Romans ausübt; ibid., IV, 6, p. 118 f.

[55] Vgl. dazu F. T. Blanchard, *Fielding the Novelist, A Study in Historical Criticism,* New Haven 1926 u. Heinz Ronte, *Richardson und Fielding, Geschichte ihres Ruhms* (Kölner Anglistische Arbeiten 25), Leipzig 1935 (Nachdruck 1966).

[56] Vgl. *Tom Jones* VIII, 1, p. 317.

[57] Ibid., p. 321. Preston, p. 198 bemerkt zur Fieldings Vorstellung vom Leser: "Thus the reader, who only matters to Fielding in so far as he *is* a reader, is being defined by what the book will demand of him."

Rainer Warning

OPPOSITION UND KASUS – ZUR LESERROLLE IN DIDEROTS *JACQUES LE FATALISTE ET SON MAÎTRE*

Der unzuverlässige Erzähler

Die Lektüre eines Romans[1] beginnt mit dem Titel. Ein Titel erweckt Spannung auf die Art seiner Einlösung. Bisweilen gibt er selbst schon erste Hinweise, beginnt bereits mit ihm die Konstitution der Romanwelt. In unserem Fall ist im Titel ein literarhistorischer Topos zitiert: der Topos 'Herr und Diener'. Er läßt sich in der Geschichte des Romans zurückverfolgen bis zu den mittelalterlichen Ritterromanen, er erscheint im pikaresken Roman der Renaissance, vor allem aber dort, wo mittelalterliche Traditionen ihre für den neuzeitlichen Roman entscheidende Umprägung empfingen: bei Cervantes. Dort freilich nennt der Titel nur den Ritter Don Quijote, nicht auch seinen Knappen Sancho Panza. Diderot hingegen will offenbar die Akzente anders setzen: an erster Stelle erscheint der Diener, von dem der Leser außer dem Namen Jacques auch noch erfährt, daß er offenbar ein Fatalist ist, wohingegen der Herr als namen- und eigenschaftsloses Anhängsel präsentiert wird. Was hat es mit dieser Umkehrung des traditionellen Verhältnisses und was hat es mit dem ominösen Fatalismus des Dieners auf sich?

Mit diesen Fragen wird der Leser an die Geschichte herangeführt. Diese Geschichte aber beginnt sehr merkwürdig: *Comment s'étaient-ils rencontrés? Par hasard, comme tout le monde. Comment s'appelaient-ils? Que vous importe? D'où venaient-ils? Du lieu le plus prochain. Où allaient-ils? Est-ce que l'on sait où l'on va? Que disaient-ils? Le maître ne disait rien; et Jacques disait que son capitaine disait que tout ce qui nous arrive de bien et de mal ici-bas était écrit là-haut*[2]. Was wir hier vor uns haben, ist ein Dialog zweier Romanfiguren: eines fiktiven, also nicht etwa mit dem Autor Diderot zu verwechselnden Erzählers und eines ebenfalls fiktiven Lesers, der dem realen Leser seine Fragen abnimmt – freilich nicht genau die Fragen, die mit dem Titel geweckt werden. Denn der fiktive Leser fragt nicht gezielt nach dem Verhältnis von Herr und Diener oder nach Jacques' Fatalismus, sondern allgemein nach Herkunft, Namen und Ziel der beiden. Damit wird erneut ein Topos zitiert:

der Topos der Präsentation des epischen Helden und des epischen Anfangs. Cervantes hatte diesen Topos zwar parodiert aber in der Parodie doch eingelöst: vorgestellt wird der heruntergekommene Hidalgo aus der Mancha und sein Auszug in eine Welt, die nur noch in seiner Narrheit den Charakter epischer Idealität annimmt. Bei Diderot hingegen werden primär gar nicht mehr die Figuren exponiert, um die es laut Titel geht, sondern die Dialogpartner, die sich über diese Figuren unterhalten: ein Leserdouble und ein Erzähler, der auf dessen Fragen nichtssagend, unwirsch, fast belästigt antwortet: als ob es darauf ankäme. Viel wichtiger ist er selbst, der Erzähler, der sich als souveräner Vermittler vor das Vermittelte stellt, und viel wichtiger ist die kritische Distanz des realen Lesers, der sich mit den naiven Fragen seines romanimmanenten Stellvertreters gerade nicht identifizieren soll: der Text beginnt mit einer Frage des fiktiven Lesers, die eine bereits im Gang befindliche Erzählsituation voraussetzt und damit den realen Leser vom ersten Satze an auf Distanz bringt.

Dies aber bewirkt, daß die vom Titel insinuierten Fragen in der Brechung eines fiktiven Dialogs angegangen werden, der dem Autor Diderot die Möglichkeit gibt, sich für die Antworten seines Erzählers aus der Verantwortung zu ziehen, dem realen Leser dagegen die Bürde auferlegt, die Auskünfte, mit denen sein Double abgespeist wird, weiterzubefragen. Jakob ist ein Fatalist, aber getroffen haben sich die beiden *par hasard, comme tout le monde*. Ist damit der Fatalismus ironisiert? Und warum weiß man nicht, wohin man geht? Weil alles vom Zufall abhängt, oder weil alles, wie Jacques meint, zwar am Himmel geschrieben steht, auf Erden aber verhüllt ist? *Le maître ne disait rien; et Jacques disait que son capitaine disait* ... Der Herr hat keine Meinung, das erwartet man vom Titel, der Diener ist der Beweglichere, aber ist nicht das dreimalige *disait* Ironiesignal [3]? Sollte es auf dasselbe hinauskommen, ob man soviel von Vorherbestimmung redet wie Jacques, oder ob man überhaupt nicht redet wie der Herr? Was genau aber wäre dann ironisiert, der Fatalismus selbst oder Jacques, der ihn aus zweiter Hand hat, von seinem Hauptmann nämlich, der seine Philosophie auf die Kurzformel zu bringen pflegte *que chaque balle qui partait d'un fusil avait son billet?*

Der Erzähler hat mittlerweile den solchermaßen kräftig verunsicherten Leser völlig im Stich gelassen: unmerklich hat er den Eingangsdialog überführt in ein scheinbar szenisches Gespräch zwischen Jacques und seinem Herrn. Diderot traut seinem Leser offenbar viel zu. Es ist nämlich nicht ganz einfach, sofort zu erkennen, daß hier nur der Eingangsdialog in neuer Besetzung fortgeführt wird: Jacques erscheint in der Rolle des Erzählers, der Herr in der des fragenden Lesers. Was er erfragt, ist Jacques' Liebesgeschichte, die *histoire de ses amours*. Jacques aber zweifelt in fatalistischer Ergebenheit, ob die Stunde gekommen ist, die sie zu erzählen erlaubt: er spielt mit dem Herrn das Eingangsspiel des Erzählers mit dem Leser weiter, und der Erzähler selbst läßt denn auch bald erkennen, daß er für kurze Zeit lediglich in ein anderes Kleid geschlüpft war: *Vous voyez, lecteur, que je suis en beau chemin, et qu'il ne tiendrait qu'à moi de vous faire attendre un an, deux ans, trois ans, le récit des amours de Jacques en le séparant de son maître et en leur faisant courir à chacun tous les hasards qu'il me plairait. Qu'est-ce qui m'empêcherait de marier le maître et de le faire cocu? d'embarquer Jacques pour les îles? d'y conduire son maître? de les ramener tous les deux en France sur le même vaisseau? Qu'il est facile de faire des contes!* [4] In aller Deutlichkeit gibt sich der Erzähler hier in seiner auktorialen [5] Souveränität zu erkennen: *Il ne tiendrait qu'à moi, (...) qu'est-ce qui m'empêcherait?* Er ist nicht nur der Vermittler, er ist der Schöpfer des Geschehens. Auf all die unwahrscheinlichen Zufälle, auf die man normalerweise in Romanen gefaßt ist, will er verzichten, er will, wie er hier und später immer wieder betont, keinen *conte*, keinen *roman* schreiben, sondern eine *histoire*, eine wahre Geschichte. Aber natürlich könnte er, wenn er wollte, auch in die Klischeekiste der traditionellen Abenteuer- und Liebesromane greifen – was er zur größten Verwirrung des Lesers tatsächlich auch noch tun wird. Seiner Berufung auf die *vérité de l'histoire* kann man nicht recht trauen, wenn es gleich darauf heißt: *Il est bien évident que je ne fais pas un roman, puisque je néglige ce qu'un romancier ne manquerait pas d'employer. Celui qui prendrait ce que j'écris pour la vérité, serait peut-être moins dans l'erreur que celui qui le prendrait pour une fable* [6]. Die Entgegensetzung von lügenhaftem Roman und wahrer Geschichte wird aufgehoben in einem alles offenlassenden *peut-être*. Verlassen kann man sich auf diesen Erzähler ganz offensichtlich nicht. Die Funktion eines getreuen Historikers ist nur eine Rolle, die er je nach Laune annimmt und wieder ablegt. Er ist wesentlich unzuverlässig, er repräsentiert jenen Typ des Erzählers, den W. C. Booth den "unreliable narrator" [7] genannt hat.

Dieser unzuverlässige Erzähler hat eine lange Tradition, die wiederum auf Cervantes zurückgeht. Was hingegen nach Cervantes die Geschichte des europäischen Romans bis ins 18. Jahrhundert hinein bestimmte, die auf Heliodor zurückgehende Tradition des sogenannten heroisch-galanten Romans, kennt überhaupt keinen persönlichen, geschweige denn einen den Leser systematisch verunsichernden Erzähler. Der Roman des 18. Jahrhunderts konstituiert sich gegen diese Tradition und beruft sich zu diesem Zweck auf das große Vorbild Cervantes: so Wieland, Fielding, Sterne, Marivaux, so Diderot[8]. Jacques und sein Herr werden einmal ausdrücklich mit Don Quijote und Sancho Panza verglichen, und so sind denn auch die Abenteuer, mit denen sie der Erzähler auf ihrem angeblich so unromanesken Weg gleichwohl konfrontiert, bisweilen implizite Zitate des Vorbilds. Wir wollen uns ein besonders aufschlußreiches Beispiel etwas näher anschauen: die Episode mit dem *char funèbre*[9].

Herr und Diener begegnen auf ihrem ziellosen Weg einem Leichenzug. Jacques erkennt auf dem Sarg die Embleme seines früheren Hauptmanns und Unterweisers in fatalistischer Ergebenheit. Die den Zug begleitenden Domestiken berichten, daß der Tote nach seiner Familiengruft übergeführt werde. Kurze Zeit später bemerken die beiden Reisenden, daß der Trauerzug kehrtgemacht hat und sich ihnen wieder nähert, diesmal zusätzlich begleitet von Gendarmen, die Priester, Kutscher und Domestiken gefesselt haben. Jacques will sich ihnen nähern, sieht aber die Gewehre der Gendarmen auf sich gerichtet: *Jacques s'arrêta tout court, consulta le destin dans sa tête; il lui sembla que le destin lui disait: Retourne sur tes pas: ce qu'il fit.* Tatenlos muß er zusehen, wie der mysteriöse Zug ein zweites Mal an ihnen vorbeizieht. Er ist so ratlos, daß er nicht einmal auf seine sonst so geliebte Trostformel *cela était écrit là-haut* zurückgreifen kann. Wenn der Herr das Rätsel mit der Vermutung zu lösen versucht, daß der Sarg gar keinen Toten, sondern vielleicht Schmuggelware oder gar eine entführte Schöne enthalte, so verbirgt sich dahinter der Erzähler, der dem ratlosen Leser einige Requisiten des traditionellen Romans ironisch zuspielt. Warum aber, so fragt sich Jacques – und mit ihm wiederum der Leser – trägt der Sarg die Embleme seines Hauptmanns? Hierin liegt das Provozierende: das Geschehen ist so angelegt, daß Jacques es auf sich beziehen muß, es verharrt dann aber, nachdem es sich zunächst scheinbar gelöst hat, in geheimnisvoller Distanz.

Vergleichen wir nun damit ein Abenteuer des letzten Ritters. Im 19. Kapitel wird berichtet, wie Don Quijote und Sancho Panza in finsterer Nacht eine Anzahl Lichter erblicken, die sich ihnen nähern. Bald erkennen sie etwa zwanzig in weiße Gewänder gehüllte, berittene Gestalten, die Fackeln tragen und eine Tragbahre mit sich führen. Don Quijote glaubt, hier werde ein toter oder verwundeter Ritter entführt, den zu rächen ihm bestimmt sei. Also stellt er sich dem Zug in den Weg.

Die Angehaltenen wollen ihn zunächst beiseite drängen, bekommen aber bald seine Entschlossenheit in Form von derben Hieben zu spüren und flüchten nach allen Seiten. Nur der Lizentiat Alonso López bleibt mit gebrochenem Bein zurück und besorgt den *desengaño*: Die Geflüchteten waren harmlose Priester, die die Gebeine eines in Baeza beigesetzten Ritters nach seiner Geburtsstadt Segovia überführen wollten. Wie bei allen anderen Begegnungen, so hat Don Quijote also auch hier die indifferente Welt auf närrische Weise in eine sinnerfüllte verwandelt.

Jacques dagegen hat sich im entscheidenden Moment von seiner Narrheit, dem Fatalismus, losgesagt und läßt es nicht zu einer ernsthaften Begegnung kommen. Der Versuch, der kontingenten Welt den Stempel providentieller Notwendigkeit aufzuprägen, setzt immer erst ein, wenn das Ereignis als indifferente Begebenheit stattgefunden hat: *Lorsque l'accident était arrivé, il en revenait à son refrain; et il était consolé*[10]. Im Gegensatz zum letzten Ritter also läßt sich Jacques nur in der nachträglichen Interpretation, nicht aber im Handeln von seinem System bestimmen. Dies hat zur Folge, daß Held und Situation, im Ritterroman realiter, bei Cervantes noch in der Narrheit des Quijote aufeinander bezogen, keinen Kontakt mehr bekommen. Das Abenteuer findet nicht statt. Damit aber sieht sich der Leser, für den zunächst die typische Abenteuersituation evoziert wird, um eine Erwartung betrogen. Der wahre Narr ist bei Diderot nicht Jacques, sondern der sich in der Sicherheit traditioneller Romankünstlichkeit wähnende Leser. An Stelle der deutenden Phantasie des Helden wird die deutende Phantasie des Lesers ad absurdum geführt: *Vous voyez, lecteur, combien je suis obligeant; il ne tiendrait qu'à moi de donner un coup de fouet aux chevaux qui traînent le carrosse drapé de noir, d'assembler, à la porte du gîte prochain, Jacques, son maître, les gardes des Fermes ou les cavaliers de maréchaussée avec le reste de leur cortège; d'interrompre l'histoire du capitaine de Jacques et de vous impatienter à mon aise; mais pour cela il faudrait mentir, et je n'aime pas le mensonge, à moins qu'il ne soit utile et forcé. Le fait est que Jacques et son maître ne virent plus le carrosse drapé*[11].

Damit aber ist der hier wieder sich in Szene setzende "unreliable narrator" einen entscheidenden Schritt über den *Quijote* hinausgegangen. Auch bei Cervantes bleibt kein Zweifel, daß die vom Historiker veröffentlichte Geschichte in Wahrheit Erfindung ist. Aber diese Erfindung wahrt gleichwohl die Geschlossenheit einer Geschichte, die das Deutungsbedürfnis des Lesers auf sich zieht. Bei Diderot hingegen wird der Leser durch eine vorgebliche Geschichte hindurch mit sich selbst, mit seinen eigenen Erwartungen von einer Geschichte konfrontiert. Freilich gilt es hier wieder zu unterscheiden: zur selbstkritischen Reflexion veranlaßt werden soll der reale Leser, und damit dieser Prozeß einsetzt, muß jener fiktive *lecteur*, dem der Erzähler scheinbar entgegenkommt, so deutlich das Objekt eines in Wahrheit ironischen Spiels werden, daß der reale Leser immer wieder das Bedürfnis hat, sich von ihm abzusetzen. "The author creates", so heißt es bei Booth, "an image of himself and another image of his reader; he makes his reader, as he makes his second self, and the most successful reading is one in which the created selves, author and reader, can find complete agreement" [12]. Die Rolle, die der Leser im Roman zu spielen aufgefordert wird, ist also nicht schon mit der des thematisierten Lesers identisch – ebensowenig wie das "second self" des Autors mit dem thematisierten Erzähler gleichgesetzt werden kann. Booth unterscheidet daher zu Recht den "implied author" vom realen Autor einerseits und vom Erzähler andererseits, und entsprechend ist auch ein impliziter Leser vom realen ebenso wie vom thematisierten fiktiven Leser abzusetzen. Booth nennt ihn den "postulated reader" [13], den man definieren könnte als ein vom impliziten Autor gefordertes Leserkonstrukt, als den Empfänger aller Signale, über die der Sender, also der implizite Autor, seine Botschaft vermittelt. Impliziter Autor und impliziter Leser kommunizieren also nicht auf demselben Code wie fiktiver Erzähler und fiktiver Leser.

Dies zu signalisieren eignet sich Ironie besonders gut. Bei der Ironie nämlich spalten sich, wie H. Weinrich formuliert, die sprachlichen Mitteilungen: "eine Informationskette geht zum angesprochenen Hörer und sagt Ja, während die zweite, begleitende Informationskette zu einem mitangesprochenen Dritten geht und Nein sagt" [14]. Dieser mitangesprochene Dritte aber ist kein anderer als der implizite Leser. Was ihm bedeutet wird, ist nicht ausformuliert, die Botschaft ist implizit wie Sender und Empfänger. Damit erklärt sich, weshalb dort, wo ein Autor den Erzählvorgang selbst thematisch macht, fast immer Ironie im Spiel ist. Diderot hat den ironisierten Leser, der keineswegs immer als Person auftreten muß, ausdrücklich als Instanz eingeführt, er konfrontiert ihn mit einem ebenfalls ausdrücklich eingeführten unzuverlässigen Erzähler, und über dieses ironische Spiel hinweg verständigt sich der implizite Autor mit seinem Leser über die Art, in der man Romane zu rezipieren hat: Diderots Beitrag zum Roman der Aufklärung ist Aufklärung des Lesers über den Umgang mit Fiktionen.

Dem Barockroman war solche Selbstreflexivität fremd. Er kannte keinen sich selbst thematisierenden Erzähler und erst recht keinen auf kritische Distanz zu sich selbst gebrachten Leser. Vielmehr ließ er sich gerade umgekehrt von Geschmack und Erwartungen des Publikums bestimmen, und er folgte hierin der klassisch-klassizistischen Poetik, die im Anschluß an Aristoteles das in einem Kunstwerk Zulässige an die Schiedsinstanz der "opinion commune" band[15]. Man hat diese antithetische Selbstkonstitution des aufklärerischen Romans geistesgeschichtlich erklärt mit dem Aufkommen einer Ära der 'Empfindsamkeit'[16], und ebenso hat man sozialgeschichtliche Hintergründe genannt: die Entstehung eines neuen Lesepublikums in den unteren Schichten des bürgerlichen Mittelstandes[17]. Bei den meisten großen Romanen der Epoche, in Frankreich vor allem bei Marivaux, steht denn auch die Leserlenkung in aufklärerischer Absicht in direktem Zusammenhang mit der Ausbildung frühbürgerlichen Selbstverständnisses. In unserem Fall scheinen diese Verquickungen weniger bedeutsam. Diderot hat seinen Romanen ganz offensichtlich nicht zugetraut, was er im wesentlichen vom Theater erwartete. Nicht einmal eine Veröffentlichung von *Jacques le Fataliste* hat er selbst betrieben, und sein erstes Publikum waren die Abonnenten der Grimmschen *Correspondance littéraire*, also europäische Fürstenhöfe[18]. Ob er im Blick auf eine soziologisch näher bestimmbare Leserschaft geschrieben hat, muß also bezweifelt werden. Seine Aufklärung ist fast schon eine systematische, ein früher Traktat über die Phänomenologie des Lesens, und hierin hat er in der Epoche der Aufklärung selbst wohl nur ein Vorbild, von dem er sich denn auch neben Cervantes vor allem hat inspirieren lassen: Sternes *Tristram Shandy*.

Er knüpft dabei unmittelbar an jene Episode an, wo Trim dem seines Steckenpferds beraubten Toby mit der Geschichte des Königs von Böhmen und seiner sieben Schlösser die Zeit vertreiben will (VIII, 12–22) – eine Geschichte, bei der ständig durch Zwischenfragen Tobys unterbrochen wird und die schon bald einmündet in seine Liebesabenteuer mit einer jungen Begine, deren Erzählung ihm besser gelingt. Anders Jacques: er beginnt sogleich mit der *histoire de ses amours*, und es ist diese Liebesgeschichte, mit der er auf Grund der Zwischenfragen des Herrn, der Scheinabenteuer der Reise, vor allem aber seiner eigenen, provozierend langatmigen Erzählweise nicht vorankommt: als er nach vielen Umwegen über eine Knieverwundung, eine ihn pflegende Bauersfrau und Wein trinkende Chirurgen endlich bei seiner geliebten Denise ankommt, ist er so heiser, daß er abbrechen muß[19]. Deutlicher kann der Erzähler nicht signalisieren, daß er das Kleid Jacques' angenommen und den Leser in das des Herrn gesteckt hat, daß er also den erwarteten *conte d'amour* nur deshalb vom Hauptgeschehen in die Distanz eines vom Protagonisten erzählten Parallelgeschehens abdrängt, um hier das gleiche Spiel durchkreuzter Erwartungen nochmal zu spielen.

Aber auch damit nicht genug: eine weitere Metamorphose vollzieht er dort, wo der Herr mit seiner eigenen Liebesgeschichte des Dieners Heiserkeit überbrücken will. In ihr erscheinen all jene Spanungsmomente, auf die Herr bzw. Leser in Jacques' Geschichte vergeblich warteten: Wucherer, Betrüger, Schuldverschreibungen, Verkleidungen, nächtliche Rendezvous, unverhoffte Entlarvungen usw. Sie werden hier nun aber in solcher Dichte und in derart ungeschickter Weise vorgebracht, daß Jacques alles scheinbar Mysteriöse sofort durchschaut und sich dafür den Tadel zuzieht: *Tu vas anticipant sur le raconteur, et tu lui ôtes le plaisir qu'il s'est promis de ta surprise; en sorte qu'ayant, par une ostentation de sagacité très déplacée, deviné ce qu'il avait à te dire, il ne lui reste plus qu'à se taire, et je me tais*[20]. Der Erzähler hat durch den Mund des Herrn einen traditionellen *conte d'amour* zum besten gegeben und Jacques, der eben noch den traditionellen Leser mit seiner Geschichte provozierte, fungiert jetzt selbst als aufgeklärter Leser: er nimmt alle Pointen vorweg und läßt sich ausgerechnet in dem Augenblick vom Schlaf übermannen, da der Herr und seine Agathe sich nächstens vereinigen: *Tu dors, ... maroufle, au moment le plus intéressant de mon histoire! ...*[21]

Die Geschichte des Herrn wie die Jacques' sind also Fiktionen *ad hoc*, daran bleibt angesichts derart deutlich eingesetzter Signale kein Zweifel, und damit ist auch schon vorgängig eine ironische Auflösung jener höchst romanesken Art geleistet, in der Diderot diese Liebesgeschichte zu guter Letzt in das Hauptgeschehen einmünden läßt und das ganze zu Ende bringt. Bei den Pflegeeltern des ihm unterschobenen Kindes trifft der Herr, wie sollte es in einem zünftigen Roman anders sein, auf seinen Rivalen Saint-Ouin, die Liebesgeschichte des Herrn findet eine unerwartete Fortsetzung, sie wird zu einer Vorgeschichte, die aber – in ironischer Umkehrung des klassisch-epischen Schemas – nicht als nachgeholte Vorgeschichte eine bereits im Gang befindliche Liebeshandlung enträtselt[22], sondern der Haupthandlung nachträglich noch die Verwicklungen einer Liebesgeschichte verleiht: es kommt zu einem Duell, der Herr tötet seinen Rivalen und flieht, während Jacques gefesselt und ins Gefängnis gebracht wird. Schließlich ist also doch noch das eingetreten, was der Erzähler eingangs als romanesk verworfen hatte: die Trennung der beiden Protagonisten. Ausgerechnet an dieser Stelle aber läßt der Erzähler das Manuskript, auf das er sich angeblich stützt, abbrechen, und dem Leser, der auf den Fortgang der *amours de Jacques* wartet, wird empfohlen, sie selbst nach eigener Phantasie fortzusetzen. In der Tat: *avec un peu d'imagination et de style, rien n'est plus aisé que de filer un roman* [23], so hatte der Erzähler schon an früherer Stelle gemeint, und das beweist er nun zum Schluß selbst, wenn er, in überdeutlicher Persiflage jener Historiker-Attitüde, die er selbst immer wieder für sich selbst reklamiert hatte, schließlich doch noch drei Schlußvarianten anbietet. Zweimal wird dem Leser die so sehnsüchtig erwartete Vereinigung der Liebenden nicht gewährt, beim dritten Male aber, ganz wie im Märchen, kommt sie zustande: ein wunderbarer *hasard* schenkt Jacques nicht nur seinen Herrn wieder, sondern zugleich auch seine liebe Denise, sie heiraten, und wenn sie nicht gestorben sind, währt ihr Glück noch heute – wofern nicht, wie der Erzähler in erneut ironischer Wendung abschließend andeutet, Denise ihrem Jacques mit seinem Herrn oder dem Schloßherrn, dem sie alle zu Diensten sind, untreu wurde. So legt er am Schluß alle Masken ab, die er abwechselnd angenommen hatte, ausdrücklich auch die des Historikers, um sich als jener "unreliable narrator" zu verabschieden, der er von Anfang an war.

Herr und Knecht

Die meisten Interpreten unseres Romans beginnen mit seinen 'Themen': mit Jacques' Fatalismus, den sie als eine Auseinandersetzung Diderots mit Spinoza, oder mit dem Verhältnis von Herr und Diener, das sie als antizipierten Hegel deuten. Sinnvoller scheint es, bei den Modalitäten des Erzählens einzusetzen, ist doch das offenbar Entscheidende an einem 'Thema' wie dem Fatalismus seine höchst vermittelte Präsentation durch einen "unreliable narrator". Wir erinnern uns an Weinrichs Beschreibung ironischer Kommunikation: dem mitangesprochenen Dritten wird Nein signalisiert, wo dem Dialogpartner Ja bedeutet ist. Es kann nun Kommunikationssituationen geben, wo dieses Nein das genaue Gegenteil des Gesagten meint, so z.B. in Shakespeares berühmtem *But Brutus is an honorable man* (*Julius Caesar* III, 2). Das ist der rhetorische Gebrauch der Ironie, ein souveränes Spiel mit den Möglichkeiten eines institutionalisierten Code. Es gibt aber auch jene andere, sokratische Ironie, die einen solchen Code erschüttern, in Frage stellen will, die also zwar Nein signalisiert, dem mitangesprochenen Dritten qua impliziten Leser aber die Möglichkeit einer binären Ja/Nein-Entscheidung gerade entzieht. Die strukturale Semantik verwendet für eine solche binäre Wahlmöglichkeit den Begriff der Opposition: Bedeutung konstituiert sich mittels oppositiver Differenzen *(écarts différentiels)* innerhalb eines semantischen Feldes, durch Unterscheidung zweier Elemente auf der Basis einer Gemeinsamkeit, einer 'semantischen Achse'[24]. In der Entgegensetzung von lügenhaftem *roman* und wahrer *histoire* haben wir eine solche Opposition kennengelernt, genauer: ihre ironische Auflösung. Denn wo der fiktive Leser an eine *vérité de l'histoire* verwiesen wird, da ist dem impliziten Leser auch im Blick auf diese vorgebliche 'Wahrheit' ein Nein signalisiert. Dieses Nein also liegt außerhalb der binären Ja/Nein-Alternative des fiktiven Lesers, es ist auf keine semantische Achse beziehbar und insofern eine negative Botschaft: nicht darum geht es, den Leser aus einer traditionellen Romanillusion in die einer 'wahren Geschichte' zu locken, sondern eher darum, ihn auf kritische Distanz zu seinem eigenen Illusionsbedürfnis zu bringen.

Die meisten Reiseabenteuer sind so angelegt, daß sie mehrere semantische Achsen zugleich außer Kraft setzen: Lüge/Wahrheit, Herrschaft/Knechtschaft, Freiheit/Notwendigkeit. Immer geht es um Personen, Handlungen, Ereignisse, Situationen, die sich oppositiver Semantisierung entziehen und das heißt: die den impliziten Leser, statt ihm eine binäre Wahl zu ermöglichen, mit der Unentscheidbarkeit eines Falles, eines Kasus konfrontieren. Der implizite Autor verwandelt die vom Erzähler gesetzten Oppositionen in Kasus, die dem impliziten Leser 'aufgegeben' werden.

Ein solcher Kasus ist auch Jacques' Verhältnis zu seinem Herrn. Bezogen auf die Achse Herrschaft/Knechtschaft konnotiert Fatalismus jene schicksalhafte Ohnmacht des Dieners, die Jacques gleich zu Beginn des Romans erfährt: *La nuit les surprit au milieu des champs; les voilà fourvoyés. Voilà le maître dans une colère terrible et tombant à grands coups de fouet sur son valet, et le pauvre diable disant à chaque coup: 'Celui-là était apparemment encore écrit là-haut ...'*[25]. Allein, diese Willkür des Herrn zeigt bereits an, daß es um die überkommene Legitimation seiner Herrschaft schlecht bestellt ist. Eine uralte, auf Platons *Staat* zurückgehende und im 18. Jahrhundert noch über Hobbes und Leibniz präsente Tradition definiert das Verhältnis von Herr und Diener oppositiv, mittels einer schichtenmäßigen Zuordnung der Vernunft: der Herr hat sie, der Diener hat sie nicht, er hat aber Kräfte, mit denen er für den Herrn arbeitet, der ihn dafür unterhält. Für Leibniz ist dieses Verhältnis eine der von ihm so genannten *natürlichen Gemeinschaften*, eine naturgewollte *Vereinung unterschiedener Menschen zu einem ge-*

meinsamen Absehen. Nach Ehe und Familie erscheint an dritter Stelle die von Herr und Knecht: *Die dritte natürliche Gemeinschaft ist zwischen Herr und Knecht, welche der Natur gemäß, wenn eine Person Mangel an Verstand hat, nicht aber Mangel an Kräften, sich zu ernähren. Denn eine solche Person ist ein Knecht von Natur, welcher arbeiten muß, wie es ihm ein anderer vorschreibt, und hat davon den Unterhalt, der Überschuß ist des Herrn. Denn alles, was der Knecht ist, ist er seines Herrn wegen, und dieweil alle anderen Kräfte nur des Verstandes wegen sind: nun ist der Verstand im Herrn, andere Kräfte aber nur noch im Knecht*[26].

Was an einer so definierten Gemeinschaft natürlich sei, wird bei Diderot zur Diskussion gestellt. Der Herr ist zwar Herr, aber ihm fehlt die traditionelle Legitimation: die Vernunft. *Il a peu d'idées dans la tête,* so heißt es ausdrücklich, er ist ein *automate,* der bewußtlos dahinlebt und dessen ganze Existenz um seine Tabaksdose, seine Taschenuhr und seinen Diener Jacques zentriert ist[27]. Und ebenso ist Jacques zwar Knecht, aber nicht, weil er keine Vernunft hätte. Weniger mit seinen physischen Kräften arbeitet er für den Herrn als vielmehr mit seinen geistigen, mit dem Erzählen all jener Geschichten, auf die der Herr so gespannt ist und in deren Darbietung Jacques seine geheime Überlegenheit ausspielt. Als diese Überlegenheit in der Liebesgeschichte mit Denise selbst sinnfällig wird, kommt es zum Konflikt. *Préférer un Jacques*[28], so entrüstet sich der Herr über Denise, die dem Diener den Vorzug gab, und damit ist das Stichwort gefallen, mit dem Diderot die traditionelle Opposition von Herr und Knecht zitiert, um sie nunmehr als Kasus zu entfalten: wer ist wirklich Herr, wer Knecht? Zunächst bietet sich die Wirtin als kasuistischer *arbitre* an. Jacques sei zwar kein schlechter Diener, der Herr aber ein sehr guter, ja ein zu guter Herr, und wenn sich zwischen beiden im Laufe der Zeit eine *égalité* eingestellt habe, so entbinde das doch Jacques nicht von seiner prinzipiellen Gehorsamspflicht: *Voulons que l'un ordonne et que l'autre obéisse, chacun de son mieux; et qu'il soit laissé, entre ce que l'un peut et ce que l'autre doit, la même obscurité que ci-devant.* Die Wirtin also hat den Kasus tranchiert, sie hat eine Scheinlösung gesucht, für die sie keine Rechtfertigung zu geben vermag. Jacques aber will sich mit dieser *obscurité* nicht bescheiden, er will die traditionelle Opposition wieder als Kasus entfalten. Der Herr, so stellt er fest, könne ihn nicht entbehren, er, Jacques, sei ihm wesentlich, er könne sich daher auch Unverschämtheiten herausnehmen, die der Herr in Kauf zu nehmen habe: *Il fut arrêté que vous auriez le titre, et que j'aurais la chose. Si vous vouliez vous opposer à la volonté de nature, vous n'y feriez que de l'eau claire.* Es sei sinnlos, so wird der Herr belehrt, sich gegen dieses unvordenkliche Naturgesetz aufzulehnen, und sinnlos sei es vor allem, die Stelle des Dieners einnehmen zu wollen. Dabei nämlich würde er nur den Titel verlieren, ohne doch die Herrschaft über die Dinge zu gewinnen.

So wird die *volonté de nature* für das genaue Gegenteil dessen bemüht, was 'natürlich' bei Leibniz konnotiert. Gleichwohl bleibt der Herr nominell Herr und kommt der Knecht, wiewohl Herr über die Dinge, doch nicht auf die scheinbar naheliegende Idee, nun auch die Titel zu übernehmen, im Gegenteil: *Restons comme nous sommes,* so schlägt er vor, *nous sommes fort bien tous deux.* Jacques und sein Herr bleiben, zusammen mit ihren Pferden, *deux paires d'amis*[29], und was diese Freundschaft zusammenhält, ist ein Moment, mit dem schon Leibniz selbst seinen Begriff der 'natürlichen Gemeinschaft' von Herr und Knecht eingeschränkt hatte: die moralische Verantwortung des Herrn.

Leibniz nämlich zweifelt, ob angesichts der Unsterblichkeit der Seelen *ein Exempel einer solchen Knechtschaft zu finden, darin der Knecht gänzlich sei um seines Herrn willen.* In strengem Wortsinn habe natürlich Knechtschaft nur statt zwischen Mensch und Vieh, gegen unverständige Menschen hingegen nur, *sofern sie nicht durch die Regeln der Gottesfurcht (davon hernach) beschränket wird.* Wenn bei Diderot der Diener seinem Herrn *tendrement attaché* bleibt, so aufgrund der von diesem eingelösten moralischen Verantwortung. *Je te veille,* so tröstet er den erkrankten Jacques, *tu es mon serviteur, quand je suis malade ou bien portant; mais je suis le tien quand tu te portes mal.* Darauf Jacques: *Je suis bien aise de savoir que vous êtes humain; ce n'est pas trop la qualité des maîtres envers leurs valets*[30]. Herrschaft kann sich allein noch moralisch legitimieren, sie muß bestehen vor jener Schiedsinstanz, deren Ausbildung der absolutistische Staat mit seiner Trennung von Moral und Politik dem Bürgertum überlassen hatte[31] und die sich nun gegebenenfalls gegen ihn wenden kann. Was mag, so fragt der Diener an einer späteren Stelle, eines Tages aus dem Bastard werden, den man dem Herrn unterschoben hat? Der Herr selbst will ihn auf alle Zeiten – gemäß der 'natürlichen Gemeinschaft' – an einer Drehbank werkeln lassen, aber warum sollte nicht, so Jacques, dort droben geschrieben stehen, daß aus der Werkstatt eines Drehers ein neuer Cromwell hervorgehen könne[32]?

Jacques' Philosophie birgt damit freilich noch nicht, wie man in einer hegelianisch inspirierten Interpretation lesen kann, die "revolutionärste Ideologie, die der Diener angesichts der scheinbar unabänderlichen Zustände ausbilden konnte"[33]. Zwar hat Hegel Diderot gekannt und sich bei seinen Ausführungen über Herrschaft und Knechtschaft in der *Phänomenologie des Geistes* wahrscheinlich auch von ihm inspirieren lassen[34]. Aber so verlockend es sein mag, unseren Roman als erzählerische Gestaltung der dort formulierten historischen Bewußtseinsdialektik zu interpretieren, so sehr muß betont werden, daß der Bezugsrahmen, in dem Diderot selbst dieses Thema erörtert, kein geschichtsphilosophischer, sondern ein moralischer ist. Diderot entzieht der *natürlichen Gemeinschaft* ihre überkommene Basislegitimation, die Vernunftlosigkeit des Knechts, beläßt ihr aber die Möglichkeit moralischer Rechtfertigung. Herrschaft wird damit, und das entspricht ziemlich genau der noch weitgehend ungeschichtlichen Aufklärungsideologie der Bourgeoisie des 18. Jahrhunderts, zu einem Kasus vor der Schiedsinstanz bürgerlicher Moral. Freilich setzt das die Existenz oder zumindest die Möglichkeit einer Ethik voraus, und diese Voraussetzung kann nur gegen Jacques' philosophische Grundüberzeugung gewonnen werden. Denn bezogen auf die Achse Freiheit/Notwendigkeit konnotiert Fatalismus kausale Determination, Schicksalsergebenheit, Passivität, Verantwortungslosigkeit, Amoral. In der Praxis aber, und diese Inkonsequenz spielt die Reisefabel in immer neuen Variationen durch, handelt dieser Fatalist *comme vous et moi*, ist er gütig, hilfsbereit und umsichtig: *La distinction d'un monde physique et d'un monde moral lui semblait vide de sens. Son capitain lui avait fourré dans la tête toutes ces opinions qu'il avait puisées, lui, dans son Spinoza qu'il savait par cœur. D'après ce système on pourrait imaginer que Jacques ne se réjouissait, ne s'affligeait de rien; cela n'était pourtant pas vrai. Il se conduisait à peu près comme vous et moi. (...) Il tâchait à prévenir le mal; il était prudent avec le plus grand mépris pour la prudence. Lorsque l'accident était arrivé, il en revenait à son refrain*[35].

So bezeugt auch das Herbergsabenteuer mit den Banditen[36] zwar eine Herrschaft über die Dinge, die dem Herrn nicht gegeben ist, aber es erweist, indem es Jacques' theoretisch geleugnete *prudence* in Szene setzt, zugleich die Inkonsequenz seiner Praxis gegenüber seiner Theorie. Dieser Klippe kann keine hegelianische Interpretation entgehen: Jacques' vermeintliche Bewußtseinsdialektik ist ein offensichtlich ironisiertes Bewußtsein. Wer daher in seinem Fatalismus die Geschichtsphilosophie des vorrevolutionären Bürgertums gewärtigen zu können glaubt, der muß absehen von einem der am auffälligsten signalisierten Stilmerkmale des ganzen Romans. Jacques' Philosophie ist, wie bei den Figuren in Diderots Vorbild *Tristram Shandy*, ein Steckenpferd, ein *tour de tête fataliste*[37], und man tut gut daran, in jeder Bezugnahme auf den *grand rouleau* zunächst einmal ein Ironiesignal zu vermuten. Jacques ist Herr in dem Maße, in dem er sich die Freiheit des Handelns von seiner Philosophie gerade nicht nehmen läßt – wie umgekehrt der Herr in dem Maße Diener ist, wie ihn seine Philosophie der Freiheit nicht aus dem Dasein eines *automate* zu erlösen vermag.

Freiheit und Notwendigkeit

Bis zur Undurchschaubarkeit verschränkt ist damit der Kasus von Herrschaft und Knechtschaft mit dem anderen von Freiheit und Notwendigkeit. Denn so sehr auch Jacques' Verhalten seine Philosophie dementiert – dementiert ist damit noch nicht die Lehre Spinozas, die hier für einen universalen kausalen Determinismus einsteht. Unübersehbar sind nämlich auch hier wieder die Ironiesignale, mit denen Jacques' Überzeugungen von dieser Lehre selbst abgesetzt werden. Das zeigte sich schon gleich am Romanbeginn, und das zeigt sich vor allem auch an der eben zitierten Stelle, wo von Spinoza selbst die Rede ist. Spinoza nämlich gerät nur über Jacques' Hauptmann in den Blick: *fourré dans la tête – toutes ces opinions – son Spinoza, qu'il savait par cœur* – wem das noch nicht deutlich genug ist, der mag auf Diderots Vorlage blicken, um festzustellen, daß bei Sterne Trims Lehrmeister in fatalistischer Ergebenheit kein Geringerer als König Wilhelm war. Bei Diderot ist es nur noch ein Hauptmann, der Spinoza auswendig gelernt hat, und sein Wissen sozusagen an die Truppe weitergibt. Nur in dieser ironisch-distanzierten Form also ist Spinoza hier zitiert, und dieser Abstand verbietet es von vornherein, den Roman unvermittelt auf das philosophische *système* zu beziehen, sozusagen als eine Antwort auf gleicher Ebene.

Vielmehr wird das Problem immer wieder ostentativ mit überdeutlichem Ironiesignal abgeschnitten. Als zum Beispiel der Herr sich fragt, ob Jacques' Wohltäter Hahnrei geworden wäre, weil es droben geschrieben stand, oder aber ob es droben geschrieben stand, weil Jacques ihn zum Hahnrei gemacht hätte, beschließt der Erzähler diesen Dialog, der sich schon in sich selbst philosophisch disqualifiziert hat, mit dem Hinweis auf die offensichtliche Unergiebigkeit eines Themas, mit dem man seit zweitausend Jahren nicht einen Schritt weitergekommen sei[38]. Eine andere Möglichkeit, das Problem abzuschneiden, besteht darin, einen der Dialogpartner gleichsam aus dem Spiel zu nehmen – etwa dadurch, daß er sich betrinkt. Das passiert in der Szene, wo die Wirtin des Gasthofs zum Hirschen ihre arme Nicole beklagt und Jacques sich entgegen seiner Philosophie für die vermeintlich malträtierte Dienerin einsetzt. Vom Herrn in die Enge getrieben, gesteht er die Inkonsequenz seines Handelns ein: *Je pense d'une façon et je ne saurais m'empêcher de faire d'une autre*[39]. Das ist eine fast wörtliche Übernahme aus der *Réfutation d'Helvétius*, wo Diderot feststellt: *On est fataliste, et à chaque instant on pense, on parle, on écrit comme si l'on persévérait dans le préjugé de la liberté*[40]. Allein, dieses Selbstzitat ist mit wiederum unübersehbarem Ironiesignal in einen ihm inadäquaten Kontext gestellt, denn gerade als Jacques zu einer Explikation seiner deterministischen Philosophie weiter ausholen will, da unterbricht ihn der Herr, wie schon dreimal zuvor, mit einem weiteren *à boire*... Und ähnlich wird auch im letzten Disput anläßlich des von Jacques so sorgfältig vorbereiteten Beweises einer nur vermeintlichen Willensfreiheit des Herrn mit einem viermaligen *mon capitaine disait*[41] wiederum jene ironische Distanz signalisiert, die der Qualität des Beweises durchaus angemessen scheint: der Herr hält sich für frei, er stürzt unfreiwillig vom Pferd, aber dieser Sturz ist Jacques' Werk, der sich mit einem gleichen Streich von seinem Hauptmann überzeugen ließ und sich nunmehr für einen subtilen Raisonneur hält. *Jacques disait*, so hieß es an früherer Stelle, *ce qui était écrit là-haut; son maître, ce qu'il voulut, et ils avaient tous deux raison*[42]. Das ist keine Antwort auf Spinoza, sondern ein Abschneiden des metaphysischen Problems von Freiheit und Notwendigkeit. Die Begebnisse der Reisefabel demonstrieren nicht einen *préjugé de la liberté* bei gleichzeitigem Nachweis durchgängiger kausaler Determination, sondern sie sind so angelegt, daß eine sinnvolle Anwendung dieser kategorialen Opposition nicht mehr möglich ist. Wieder wird die Opposition selbst durch einen "unreliable narrator" erschüttert und mit der ironischen Formel *ils avaient tous deux raison* als Kasus an den Leser weitergegeben.

Was ist Wahrheit, was ist Lüge, was ist Freiheit, was Notwendigkeit, was Herrschaft, was Knechtschaft? "A book is a machine to think with", so hat einmal I. A. Richards gesagt[43], und unser Roman ist sicherlich eine ganz besonders komplizierte dieser Maschinen – so kompliziert vielleicht, daß der Leser in der ironischen Erzählhaltung mit Hegel eine *unendliche absolute Negativität*, ja eine *Scheu vor der Wirklichkeit* gewahren könnte[44], womit der Konsens zwischen implizitem Autor und implizitem Leser, in dem Booth den Lektüreprozeß kulminieren läßt, in Frage gestellt wäre. Wenn aber der implizite Autor zu bestimmen ist als "the sum of his own choices"[45], dann gehören zu dieser Summe auch die eingelegten Geschichten, mit denen an die Stelle der *ad hoc*, nämlich zur Bloßlegung systematischer Aporien gesetzten Reiseabenteuer eine kasuistische Erfahrungswirklichkeit tritt: lebenswahre Geschichten, in denen ein ironisches Geschehen selbst die 'Fälle' aufgibt, die in der Reisefabel der Erzähler konstruiert.

Wirklichkeit als Kasus

Einen solchen 'Fall' bietet die von Jacques erzählte Geschichte seines Bruders Jean[46]. Ihr Anlaß ist eine in den Bericht über die Liebesabenteuer beiläufig einfließende Bemerkung über Jeans tragisches Ende im Erdbeben von Lissabon. Der Herr will wissen, wie es dazu kam. Jean war Karmelitermönch, in der Ordenslaufbahn erfolgreich und im Dorf beliebt. Mit ihm schien der Segen des Himmels zu sein. Wo immer er eintrat, war er gern gesehen, zumal es als ausgemacht galt, daß er heiratsfähige Töchter spätestens zwei Monate nach seinem Besuch an den Mann gebracht hatte. Aber der so wohltätige Jean hat auch eine andere, weniger positive Charaktereigenschaft: einen allzusehr ausgebildeten Ehrgeiz, der ihn dazu treibt, mit unlauteren Manipulationen die Verwaltung der Ordensgelder zu erlangen. Zur Strafe wird er von den Patres zum Likörbrauen abgestellt. Eine ebenso harte Demütigung erfährt der im gleichen Kloster tätige Père Ange. Er hat bei seinen weiblichen Beichtkindern einen ähnlich durchschlagenden Erfolg wie Jean und zieht den Zorn der beschäftigungslos gewordenen übrigen Patres auf sich. Sie sinnen auf Rache und bezichtigen ihn unzüchtigen Verhaltens einer Devoten gegenüber. Was daran stimmt, bleibt offen: *Peut-être cela était-il vrai, peut-être cela était-il faux: que sait-on?* Jedenfalls wird ihm der Aufenthalt im Kloster ebenso verleidet wie Jean, und beide beschließen, nach Lissabon zu fliehen. Auf der Flucht kehren sie noch einmal in Jacques' Elternhaus ein, wo Jean den Bruder mit fünf Louisdors beschenkt und weitere fünf zurückläßt *pour la dernière des filles du village, qu'il avait mariée et qui venait d'accoucher d'un gros garçon qui ressemblait à frère Jean comme deux gouttes d'eau.* Damit aber gerät seine zunächst so ungetrübt erscheinende Wohltätigkeit aus der Rückschau vom Ende her in ein ironisches Licht. Denn dieser Ausgang insinuiert, daß die *bénédiction du ciel*, welche er in die Häuser trug, von einer Art war, die es geraten sein ließ, die Töchter spätestens zwei Monate nach seinem Besuch zu verheiraten: *Peut-être cela était-il vrai, peut-être cela était-il faux: que sait-on?* Diese Frage gilt für Jean ebenso wie für seinen Leidensgenossen. Hier wie dort bleibt sie offen. Erschienen die beiden zunächst als mehr oder weniger unschuldige Opfer der *méchanceté des moines*, so fragt man sich jetzt, wieweit sie selbst an dieser *méchanceté* teilhaben. Damit aber erhält auch ihr grauenvolles Ende in Lissabon einen ambivalenten Charakter. Einerseits steht es offenbar in keinem angemessenen Verhältnis zu ihren – nicht einmal gewissen – Verfehlungen. Andererseits aber läßt sich die Deutung ihres Schicksals als wirkliche – wenn auch nicht exemplarische – Strafe nicht ganz von der Hand weisen: die charakterliche Undurchschaubarkeit der beiden Mönche verschränkt sich mit der geschehnishaften Undurchschaubarkeit ihres Schicksals. Der Leser wird in der Fragesituation des *que sait-on?* belassen.

Diese Verschränkung von charakterlicher und geschehnishafter Undurchschaubarkeit findet sich in allen eingelegten Geschichten wieder. Ihren höchsten Komplexionsgrad erreicht sie in denen der Mme de La Pommeraye[47] und des Père Hudson. Mme de La Pomeraye ist eine tugendhafte, begüterte und stolze Witwe, die erst nach langem Zögern den sie umwerbenden Marquis des Arcis erhört und seine Maîtresse wird. Nach einigen Jahren aber sieht sie sich von seiner Liebe verlassen. Um sich hierüber Gewißheit zu verschaffen, gibt sie vor, ihn ihrerseits nicht mehr zu lieben, und entlockt ihm damit ein entsprechendes Geständnis. Scheinbar geht sie auf seinen Vorschlag ein, die Liebe durch eine vollkommene Freundschaft zu ersetzen. In Wahrheit stellt sie das ihr entgegengebrachte Vertrauen in den Dienst einer diabolischen Racheintrige mit dem Ziel, den Marquis zur Heirat der ihr bekannten Mlle Duquênoi zu bringen. Nachdem dies geschehen ist, öffnet sie dem Ahnungslosen die Augen: er hat eine Dirne geheiratet. Durch eine unerwartete Wendung aber verfehlt die Intrige ihren Zweck: der Marquis verzeiht der ihm Angetrauten und führt mit ihr eine glückliche Ehe.

Von ihrem Beginn an eignet dieser Geschichte eines *mariage saugrenu* der Charakter des Außergewöhnlichen. Außergewöhnlich ist die anfängliche Liebe der beiden Protagonisten, die im Zeichen eines *amour extrême* zwischen einer tugendhaften Frau und einem vollkommenen Liebhaber steht, dessen constantia schließlich belohnt wird. Außergewöhnlich soll die Freundschaft sein, mit welcher der Marquis die schwindende Liebe ersetzen will: *nous serons uniques dans notre espèce.* Noch außergewöhnlicher als diese vermeintliche Freundschaft indes ist die Raffinesse, mit der Mme de La Pommeraye das ihr entgegengebrachte Vertrauen des Marquis für ihre Racheintrige ausnutzt. Er ahnt nicht, daß seine vermeintliche Freundin die 'Kristallisation' seiner Liebe zu

Mlle d'Aisnon alias Duquênoi nach der ersten Begegnung beobachtet, steuert und forciert, daß sie ihn vorbereitet für ein zweites Treffen, das seine Leidenschaft weiter steigert, daß sie die Aisnon zwingt, alle Geldangebote zurückzuweisen, und ihn solchermaßen zu jenem Heiratsentschluß treibt, mit dem er sich aus einer ihm unerträglichen Situation zu befreien glaubt. Plan und Ausführung dieser Rache sind derart vollkommen, daß die Protagonistin ihr ahnungsloses Opfer in versteckter Ironie wiederholt vor seinem Schicksal warnen kann. Es ist vor allem diese perfide Ironie, in der die *supériorité der* Mme de La Pommeraye ihren sichtbarsten Ausdruck findet und die Jacques dazu hinreißt, die Erzählung der Wirtin mit Exklamationen über die *méchanceté* der Pommeraye zu unterbrechen. Für ihn ist es ausgemacht, daß die Hölle nicht schlimmer sein kann als diese teuflische Frau. Doch der Herr ist anderer Ansicht: *Jacques, c'est bientôt dit. Sa méchanceté, d'où lui vient-elle? Du marquis des Arcis. Rends celui-ci tel qu'il avait juré et qu'il devait être, et trouve-moi quelque défaut dans Mme de La Pommeraye. Quand nous serons en route, tu l'accuseras, et je me chargerai de la défendre*[48]. Durch diese Gegenargumentation wird aus dem vermeintlichen Exempel einer *femme méchante*, als welches die Wirtin ihre Geschichte angekündigt hatte, ein Kasus: *est-elle bonne? est-elle méchante?*[49] Während der Herr in der Protagonistin eine *honnête femme* sieht, die zu verführen und dann zu verlassen durchaus die dem Marquis zuteil gewordene Strafe verdiene, erscheint Jacques die Art der Rache nicht hinreichend motiviert. Als Mme de La Pommeraye Mlle d'Aisnon zwingt, das angebotene halbe Vermögen des Marquis auszuschlagen, fragt er: *Quoi! un refroidissement d'amour n'est pas assez puni par le sacrifice de la moitié d'une grande fortune?* Jacques' Argumentation rückt mehr als die des Herrn den im Grunde unerklärbaren Charakter der Protagonistin in den Blick. Unerklärbar insofern, als die Intrige in ihrer diabolischen Perfektion ein derartiges Eigengewicht erlangt, daß die Treulosigkeit des Marquis schließlich nur noch als auslösendes Moment, nicht aber als hinreichende Motivation erscheint. Wie sehr es Diderot auf diesen Motivationsentzug ankam, zeigt auch eine Selbstbeobachtung der Pommeraye noch vor der ersten Begegnung des ihr vertrauenden Marquis mit Mlle d'Aisnon: *... ce qu'elle n'aurait jamais imaginé, elle éprouvait qu'un ami tel que lui suffisait au bonheur de la vie.* Wenn sie trotzdem ihren Plan durchführt, so wird damit nur noch deutlicher, daß ihr Verhalten bei allem darin bezeugten Scharfsinn letztlich in blinder Determination gründet. Als die Wirtin von der Heirat und damit dem erfolgreichen Abschluß der Intrige berichtet und Jacques halb bewundernd, halb schaudernd ausruft: *Quelle trame et quelle vengeance!*, fällt aus dem Munde des Herrn das entscheidende Wort: *Elle est incompréhensible*[50]. Dieses *incompréhensible* kann man synonym setzen mit einem Epitheton, das die Wirtin eingangs bei der Einführung der Protagonistin verwendet hatte und das in fast allen Geschichten als Schlüsselwort wiederkehrt: *bizarre*. Die Frage nach der *méchanceté* bleibt in bizarrer Unlösbarkeit belassen. Damit erübrigt sich im Grunde jene vom Herrn für die weitere Reise angekündigte Diskussion, in der er die Pommeraye verteidigen, Jacques hingegen sie anklagen wollte. In der Tat findet sie in der angekündigten Form nicht statt. Vielmehr wird sie auf eine andere Ebene verlagert.

In einem Anhang zur Erzählung der Wirtin macht sich der Leser das Urteil Jacques' zu eigen, wohingegen der Erzähler in Fortführung der Ansicht des Herrn sich um eine Apologie der Mme de La Pommeraye bemüht[51]. Diese Verlagerung erschiene unmotiviert, würde sich der Erzähler lediglich nochmals des bereits vom Herrn vorgebrachten Arguments der *honnête femme* bedienen, um die Rache zu rechtfertigen. Bezeichnenderweise erscheint diese Argumentation aber erst an zweiter Stelle. Primär stützt sich die Apologie auf ein Argument, das Diderot schwerlich dem Herrn in den Mund hätte legen können: *Il se fait tous les jours des actions plus noires, sans aucun génie.* Das bizarre Verhalten der Protagonistin erscheint hier nicht in einem moralischen, sondern in einem ästhetischen Aspekt. Wenn der Erzähler sich auf den *génie* beruft, mit dem Mme de La Pommeraye zu Werke gegangen ist, so verbirgt sich dahinter die Bewunderung einer Intrige, die in ihrer Vollkommenheit einem Kunstwerk gleicht. Diese Bewunderung bedeutet zwar nicht, daß für den impliziten Autor der *génie* jenseits von Gut und Böse steht, wohl aber, daß der ästhetische Reiz eines Charakters bisweilen dessen moralische Problematik verdecken kann. Mme de La Pommeraye, *cette merveilleuse Mme de La Pommeraye,* wie er sie wenig später nennt, war außergewöhnlich in ihrer Tugendhaftigkeit, und sie ist außergewöhnlich in ihrer *méchanceté*. Seine Bewunderung dieses *caractère merveilleux* läßt ihn indes nicht von *méchanceté* sprechen, sondern in einer argumentativen Kehrtwendung das Objekt der Kritik wechseln: ... *son ressentiment ne vous indigne que parce que vous êtes incapable d'en éprouver un aussi profond.* Statt die Pommeraye nach den Normen konventioneller Moral zu beurteilen, spielt er umgekehrt die Einmaligkeit ihres Charakters gegen eine alles Große nivellierende Konvention aus. Die Figur verdeutlicht somit in exemplarischer Form jene von H. Dieckmann aufgezeigte Diskrepanz zwischen dem Ästheten und dem

Moralisten Diderot, die für seine Suche nach einem moralischen System in dem Maße bestimmend wurde, in dem er sich vom Platonismus Shaftesburys abwandte: "L'intérêt qu'il porte à l'individu a-moral, son admiration esthétique de l'empreinte originale, voire du grand crime, rendaient un tel système impossible. L'établissement des normes, la déduction des lois morales, doivent ignorer la complexité du cas moral particulier, et ne peuvent qu'évaluer négativement ou rejeter l'individu a-moral" [52]. Dieses Dilemma verdichtet sich im Begriff des Bizarren. Das Bizarre bezeichnet den ästhetischen Reiz eines Verhaltens, das sich auf keine verbindliche moralische Norm reduzieren läßt.

Damit ist zugleich gesagt, daß die Schilderung solcher Charaktere nicht schon im Zeichen romantischer Apotheose einer einmaligen, über die gesellschaftlichen Konventionen sich erhebenden Individualität steht. Vielmehr bleibt auch in diesem Falle wieder die charakterliche *incompréhensibilité* verschränkt mit einer geschehnishaften. Beruhte jene auf der unerbittlichen Konsequenz der Pommeraye, so beginnt diese genau dort, wo die so perfekte Intrige dennoch ihr Ziel verfehlt. Der Marquis erscheint nicht einfach als Opfer einer gelungenen Rache, sondern er entdeckt an der scheinbar eindeutigen Situation eine neue Seite. Er erkennt, daß er die ihm angetraute Dirne noch immer liebt und wird wider alles Erwarten glücklich mit ihr: *En vérité je crois que je ne me repens de rien; et que cette Pommeraye, au lieu de se venger, m'aura rendu un grand service.* Die Rache ist mißlungen, die in ihrer Dämonie so großartige Protagonistin erscheint nur noch als *cette Pommeraye,* als die Gescheiterte, die Geschlagene, vielleicht auch: die Gestrafte. Wie in den Geschichten der beiden Karmeliter rückt auch hier der Ausgang in den Aspekt eines ambivalenten Geschehens, das sich in dem Maße als Bestrafung interpretieren läßt, in dem man von einer wirklichen *méchanceté* der Pommeraye ausgeht. Letztlich aber bleibt beides, ihr Charakter wie ihr Geschick, in beunruhigendes Dunkel gehüllt.

Die Geschichte des Père Hudson [53] ist als Pendant zu der der Pommeraye angelegt, wenn auch ihr Aufbau wesentlich einfacher ist. Père Hudson wird vorgestellt als ein *caractère extraordinaire.* Das Außergewöhnliche gründet wiederum in einer bizarr-kasuistischen Ambivalenz: einerseits ist er klug, geistreich, fleißig und ordnungsliebend, andrerseits seinen Leidenschaften unterworfen, intrigant, despotisch. Mit drakonischer Strenge führte er in dem heruntergekommenen Kloster wieder ein mustergültiges Ordensleben ein, was ihn jedoch nicht daran hindert, selbst einem ausgedehnten Libertinage zu frönen. Dadurch provoziert er den ihm ohnehin feindlich gesonnenen Ordensvorgesetzten zu einer Intrige, der er sich jedoch nicht einfach entzieht, sondern die er mit einer raffinierten Gegenintrige beantwortet. Zwei Beauftragte des Vorgesetzten, die sein Treiben beobachten sollen, bringt er in eine Situation, in der nicht er, sondern die beiden Mönche als wahre Libertins erscheinen. Mit der Empfehlung, sie entsprechend zu bestrafen, schickt er sie dem verhaßten Vorgesetzten zurück. Wie die Geschichte der Pommeraye hat auch die Hudsons eine Koda. Richard, das eine der beiden Opfer, trifft seinen Verfolger später in Begleitung einer hübschen Witwe wieder. Hudson versucht, eine Sinnesänderung zu heucheln, wird aber von Richard durchschaut und gibt sich daraufhin als der alte zu erkennen: *Mon cher Richard, vous vous f... de moi, et vous avez raison.*

Die bizarre Geschehniswendung, mit der die vorhergehende Geschichte schloß, bleibt also aus. Wenn der Marquis des Arcis, der Jacques' Herrn die Geschichte Hudsons erzählt, dennoch von einer *aventure bizarre* spricht, so ist die bizarre Pointe offenbar an anderer Stelle zu suchen. In der Tat findet sie sich nicht am Ende, sondern bereits in der die Intrige auslösenden Konstellation, der Verfolger gerät an eine Person, von der er selbst verfolgt und überlistet wird. Mit Recht bezeichnet der Marquis daher Richard und nicht Hudson selbst als das Objekt dieser *aventure*. In dem Maße aber, in dem die Zuordnung dieser geschehnishaften *bizarrerie* zum Protagonisten gedämpft wird, gewinnt dessen außerordentlicher Charakter an Prägnanz und Eigengewicht. Die unausgesprochene Bewunderung dieser starken, einmaligen Persönlichkeit geht hier noch weiter als im Fall der Mme de La Pommeraye. Während dort die Frage der moralischen Beurteilung durch Jacques' Einwürfe stets erneut gestellt wurde, ist der Störenfried hier bezeichnenderweise nicht anwesend. Alleiniger Zuhörer des Marquis ist der Herr, der keine Zwischenbemerkungen macht. Als einzige aller eingelegten Geschichten läßt Diderot die Hudsons ohne jegliche Unterbrechung ablaufen. Die Frage nach der *méchanceté* wird überhaupt nicht gestellt. Im Gegensatz zur Geschichte der Pommeraye wird Hudsons *génie de l'intrigue* nicht mehr als apologetisches Argument verwandt. Der ästhetische Reiz des Charakters wird autonom, läßt die moralische Problematik in den Hintergrund treten.

Es ist um so bezeichnender, daß Diderot der ersten Koda, in der Hudson als der alte Libertin erscheint, dem offenbar stets neue Erfolge beschieden sind, eine zweite folgen läßt, die den ehrwürdigen Pater in Begleitung zweier dürftig bekleideter Dirnen einem umgestürzten Fiaker entsteigend und auf der Flucht vor den Schaulustigen zeigt. Der überlegene, weltgewandte, raffinierte Hudson sieht sich hier plötzlich dem

Gespött der Leute ausgesetzt. Immer also geht er doch nicht ungestraft aus. Diderot baut die ästhetische Bewunderung des *caractère extraordinaire* ab, um zum Schluß doch noch den moralischen Aspekt ins Licht zu rücken. So leitet die Szene mit dem umgestürzten Fiaker über zu jener Frage an den Leser, mit der die Erzählung schließt: *... j'aurais une petite question à vous proposer à discuter sur votre oreiller: c'est ce qu'aurait été l'enfant né de l'abbé Hudson et de la dame de La Pommeraye? – Peut-être un honnête homme. – Peut-être un sublime coquin*[54]. Hier wird die Figur des Père Hudson verklammert mit der der Mme de La Pommeraye zu einem hypothetischen Kasus, der beide Geschichten erneut öffnet und in die undurchschaubare *bizarrerie* einer Wirklichkeit überführt, die alle Erwartungen durchkreuzen und aus dem Kind zweier genialer Intriganten ebensogut einen ehrbaren Menschen werden lassen kann wie auch einen ausgemachten Schurken.

Der Leser als Kasuist

Diese kasuistische Grundstruktur, die wir hier nur an wenigen Beispielen verdeutlichen konnten, ließe sich auch in den übrigen eingelegten Geschichten und darüber hinaus in Diderots erzählerischem Werk generell nachweisen. So ist z. B. im *Neveu de Rameau* der Amoralismus Rameaus die provozierende Gegenposition zur moralisch-normativen Argumentation des erzählenden Ichs. Alle im Gang des Gesprächs auftauchenden Themen – Erziehung, Tugend, Glück, Kunst, Genie – sind in diese Polarität eingespannt, ohne indes im Sinne einer prozessualen Dialektik Lösungen zugeführt zu werden. Die Grundstruktur des Werkes ist eher die eines nie entschiedenen, sondern immer nur aus einer neuen und überraschenden Perspektive beleuchteten Kasus. Höhepunkt und Pointe sind die der Musik gewidmeten Passagen, wo Diderot dem genialen Schurken seine Apologie der italienischen Oper in den Mund legt. Die den ganzen Dialog tragende und die Satire in ihr Gegenteil überführende Bewunderung einer in ihrer Verworfenheit einmaligen Individualität wird hier als moralisch-ästhetisches Dilemma eigens thematisiert. Im *Entretien d'un père avec ses enfants* verweist schon die Begrifflichkeit ausdrücklich auf die Fälle, um die es auch dort geht: *cas, casuiste, arbitre, délibérer, peser,* u. a.[55]. Unser Roman kann also als Paradigma Diderot'schen Erzählens genommen werden, insofern hier der Bezug der Fälle auf systematische Aporien mitthematisiert ist. Die Fiktion muß leisten, was die Theorie nicht mehr zu leisten vermag.

Das kann man in dreierlei Hinsicht explizieren. Zum einen läßt sich das erzählerische Werk Diderots bestimmen als die ästhetische Kompensation einer Moralphilosophie, die schon an ihrer Prämisse, der postulierten Identifikation von Glück und Tugend scheiterte. Die Problematik des Bösen, die Beobachtung, daß auch der Lasterhafte gerade im Laster sein Glück zu finden vermag, durchzieht als Ärgernis und Hemmnis die gesamte moralphilosophische Reflexion Diderots. Was aber systematisch nicht integrierbar ist, kann als moralischer 'Fall' erzählt und in der schillernden Ambivalenz von moralischer Verwerflichkeit und ästhetischer Faszination belassen werden. Im Zeichen dieses Dilemmas von System und Erfahrungswirklichkeit steht – und das wäre die zweite Explikation – die Gattung des sogenannten *conte philosophique*. In ihm wird eine philosophische Lehre nicht etwa popularisiert und propagiert, sondern problematisiert. Solche Problematisierung kann sich der verschiedensten Mittel bedienen. Sie kann die Systeme mit der Erfahrungswirklichkeit konfrontieren, sie kann sie auch, wie das z.B. Voltaire häufig tut, der Unangemessenheit einer Märchenatmosphäre aussetzen – immer ist der *conte philosophique* der Ort, wo die Aufklärung die großen Metaphysiken der Vergangenheit ironisiert und wo sie ihre eigenen Systementwürfe zur Diskussion stellt. Der *conte philosophique* veranschaulicht damit zugleich die Lösung dessen, was das 18. Jahrhundert selbst 'Ästhetik' taufte, aus der überkommenen platonischen Trias des Guten, Wahren und Schönen. Diderots gesamte ästhetische Reflexion steht im Zeichen dieses Lösungsprozesses, seine Erzählungen machen ihn sinnfällig, *Jacques le Fataliste* stellt sein Paradigma. Die eingelegten Geschichten konfrontieren die in der Rahmenfabel ironisch aufgelösten Oppositionen mit einer kasuistischen Erfahrungswirklichkeit; Oppositionen konstituieren Systeme, Systeme dienen zur Semantisierung des Universums. Was diese Semantisierung nicht erfaßt, gilt vom System aus als ein ausgegrenztes Nichtiges, ein Negatives. Diderot nimmt sich dieses Nichtigen an, er gewahrt in ihm ein Scheitern des Systems, er verdichtet es zu konkreten 'Fällen', er positiviert es zu einer neuen Erfahrung, die in der Fiktion ihren Ort findet. In diesem Sinne könnte man die Formel einer 'Positivierung von Negativität' zugleich als funktionales Modell[56] und – in der beschriebenen Füllung – als den historischen Index dieser neuen Fiktion ansetzen.

Worin sie sich von der in der Reisefabel parodierten unterscheidet, sagt der Erzähler selbst anläßlich der Geschichte der beiden befreundeten und trotzdem ständig sich duellierenden Hauptleute: *Voilà, me direz-vous, deux hommes bien extraordinaires! – Et c'est là ce qui vous met en défiance? Premièrement, la nature est si variée, surtout dans les instincts et les caractères, qu'il n'y a rien de si bizarre dans l'imagination d'un poète dont l'expérience et l'observation ne vous offrissent le modèle dans la nature*[57]. Das Bizarre hat allemal ein *modèle dans la nature*, seine Darstellung ist Nachahmung von Wirklichkeit. Für eine Reihe von Figuren und Schicksalen haben manche Interpreten denn auch Vorbilder in Diderots Bekanntenkreis ausfindig machen zu können geglaubt. Aber auf solche Biographismen kommt es, wie unser Zitat zeigt, offensichtlich nicht an. Die dichterische Imagination braucht sich nicht zu verleugnen, wo sie ein romanesk sich fügendes und hierin lügenhaftes Außergewöhnliches ersetzt durch ein Außergewöhnliches, das gerade nicht sich fügt, das in bizarrer Unlösbarkeit verharrt und in eben dieser Unlösbarkeit seinen Reiz findet. Ihr Recht hat diese Fiktion darin, daß sie nicht mehr das Besondere zu einem Allgemeinen sein will, sondern ein irreduzibles Besonderes bleibt. Hierin liegt das provozierende Moment dieser Geschichten, ihre Offenheit. Sie bieten keine Exempel, aber auch keine imaginäre Fluchtwelt, der Leser kann ebensowenig eine 'Moral' aus ihnen gewinnen, wie er sich in sie verlieren kann.

Dem entspricht, daß in jeder dieser Geschichten und in jeder ihrer Phasen das Erzählte aufs engste mit der Erzählsituation verquickt bleibt. Bericht und Kommentar, *passé simple* und historisches Präsens wechseln in oft abrupten und verfremdenden Übergängen einander ab. Die Erzählerrolle wird mit jeder Geschichte neu besetzt, zum eigentlichen Erzähler gesellen sich Jacques, die Wirtin, der Marquis des Arcis. Mit dem Erzähler vervielfältigen sich die Hörerrollen und damit die Reaktionen auf die Rätselhaftigkeit der 'Fälle' selbst. Gerade die Geschichte der Pommeraye ist hierfür eines der schönsten Beispiele. Der Gasthof, die Gäste, Jacques, sein Herr, die Wirtin als Erzählerin, sie alle gehören ebenso zur Geschichte wie deren Protagonisten selbst. Die einzig konsistente Illusion, die sich hier und andernorts bilden kann, ist nicht die Illusion einer Geschichte, sondern die Illusion einer Erzählsituation. Die Geschichten selbst erscheinen immer nur in der Vermittlung thematisierter Erzählsituationen, die den Leser provozieren, in das *pour et contre*[58] der Kasus und damit in seine Rolle als impliziter Leser einzutreten.

Anmerkungen

1 Textgrundlage bildet *Jacques le fataliste et son maître,* Hg. Y. Bélaval, Paris 1953 (Club français du livre). Zitiert wird nach der leichter zugänglichen Ausgabe Diderot, *Œuvres romanesques,* Hg. H. Bénac, Paris 1959 (Classique Garnier). Die Zitate wurden anhand der Ausgabe Bélaval überprüft. – Innerhalb der Sekundärliteratur sei hingewiesen auf: R. J. Loy, *Diderot's determined fatalist,* New York 1950; H. Dieckmann, *Cinq leçons sur Diderot,* Genève/Paris 1959, L. G. Crocker, "Jacques le fataliste, an 'expérience morale'", in: *Diderot Studies* 3 (1961), S. 73–99; R. Laufer, "La structure et la signification de Jacques le fataliste", in: *Revue des Sciences Humaines* 1963, S. 517–535; R. Warning, *Illusion und Wirklichkeit in Tristram Shandy und Jacques le fataliste,* München 1965; E. Köhler, "'Est-ce que l'on sait où l'on va?' – Zur strukturellen Einheit von Diderots Jacques le fataliste et son maître", in: *Romanistisches Jahrbuch* 16 (1965), S. 128–148; J. Fabre, "Jacques le fataliste: problèmes et recherches", in: *Studies on Voltaire and the 18th century* 56 (1967), S. 485–495; M. Butor, "Diderot le fataliste et ses maîtres", in: *Répertoire III,* Paris 1968, S. 103–158.

2 S. 493.

3 Der Begriff des Ironiesignals stammt von H. Weinrich, *Linguistik der Lüge,* Heidelberg 1966, S. 60 ff.

4 S. 495.

5 Vom auktorialen Roman spricht F. Stanzel in seiner Typologie der Erzählsituationen (*Typische Formen des Romans,* Göttingen 1970, S. 18 ff.).

6 S. 505.

7 a. a. O. (siehe Anm. 1), S. 149 ff.

8 Zur Cervantesrezeption im Roman des 18. Jahrhunderts siehe N. Miller, *Der empfindsame Erzähler,* München 1968, insbes. S. 95 ff.

9 S. 536 ff.

10 S. 671.

11 S. 551.

12 a. a. O., S. 138.

13 a. a. O., S. 157.

14 a. a. O., S. 65.

15 Siehe hierzu R. Bray, *La formation de la doctrine classique en France,* Paris 1963, S. 208 ff.

16 Siehe hierzu die oben (Anm. 8) zitierte Arbeit von N. Miller.

17 Siehe hierzu J. Habermas, *Strukturwandel der Öffentlichkeit,* Neuwied/Berlin 1971, insbes. Kapitel II.

18 Geschrieben wurde *Jacques le fataliste* wahrscheinlich zwischen 1771 und 1774. In der *Correspondance littéraire* erschien er von 1778 bis 1780 (siehe hierzu R. Mortier, *Diderot in Deutschland,* Stuttgart 1967, S. 190 ff.). Die Pariser Erstausgabe stammt aus dem Jahre 1796.

[19] S. 717.
[20] S. 737.
[21] S. 747.
[22] Siehe hierzu Cl. Lugowski, *Wirklichkeit und Dichtung*, Frankfurt 1936, insbes. Kap. I: "Die märchenhafte Enträtselung der Wirklichkeit im heroisch-galanten Roman".
[23] S. 731.
[24] Siehe hierzu A. J. Greimas, *Sémantique Structurale*, Paris 1966, insbes. S. 20 ff.
[25] S. 495.
[26] Zitiert nach Leibniz, *Philosophische Schriften*, hg. und übersetzt von H. H. Holz, Band I, Darmstadt 1965, S. 401 ff. Siehe hierzu auch H. H. Holz, *Herr und Knecht bei Leibniz und Hegel*, Neuwied/Berlin 1968.
[27] S. 515.
[28] S. 659 ff.
[29] S. 508.
[30] S. 559.
[31] Siehe hierzu R. Koselleck, *Kritik und Krise: Ein Beitrag zur Pathogenese der bürgerlichen Welt*, München 1959.
[32] S. 768.
[33] Köhler S. 140 (siehe Anm. 1).
[34] Ausgabe J. Hoffmeister, Leipzig 1949, S. 146 ff. (Philosophische Bibliothek, Band 114).
[35] S. 670 f.
[36] S. 499–505.
[37] S. 669.
[38] S. 499.
[39] S. 579.
[40] *Œuvres complètes*, Hg. Assézat/Tourneux, Paris 1875–77, Band 2, S. 373.
[41] S. 757 f.
[42] S. 513.
[43] *Principles of Literary Criticism*, London 1924, Preface.
[44] *Ästhetik*, Hg. Fr. Bassenge, Frankfurt o. J., Band I, S. 77, 161.
[45] a. a. O., S. 74–75.
[46] S. 529 ff.
[47] S. 598 ff. Diese Geschichte wurde bereits 1785 von Schiller unter dem Titel *Merkwürdiges Beispiel einer weiblichen Rache* ins Deutsche übersetzt (siehe hierzu Näheres bei Mortier, a. a. O., S. 194 f.).
[48] S. 637.
[49] *Est-il bon? Est-il méchant?* lautet der Titel einer späten Komödie Diderots, in dem die Kasuistik seines Denkens auf die kürzeste Formel gebracht ist. (Erstausgabe Paris 1834, krit. Neuausgabe von J. Undank, in: *Studies on Voltaire and the 18th century* 16 (1961); dazu siehe Verfs. Kurzinterpretation in G. von Wilpert, Hg., *Lexikon der Weltliteratur*, Band II, S. 509).

50 S. 644.

51 S. 651 ff.

52 a. a. O. (siehe Anm. 1), S. 66.

53 S. 672 ff.

54 S. 584.

55 Diderot, *Contes,* Hg. H. Dieckmann, London 1963, S. 88, 91, 97.

56 Zu diesem Modell siehe Näheres bei Verf., "Komik und Komödie als Positivierung von Negativität", in: *Positionen der Negativität,* Hg. H. Weinrich, München 1975 (*Poetik und Hermeneutik,* Band 6).

57 S. 553.

58 Diese Formel findet sich nicht in *Jacques le fataliste,* wohl aber im *Neveu de Rameau* (éd. Bénac, S. 401) und in der Erzählung *Sur l'inconséquence du jugement public* (ebd., S. 830).

DRUCKNACHWEISE

Roman Ingarden: "Konkretisation und Rekonstruktion" [Titel des Herausgebers], Auszüge aus Ingarden, *Vom Erkennen des literarischen Kunstwerks*, Tübingen 1968, S. 11–12, 49–63, 300–311.

Felix V. Vodička, "Die Rezeptionsgeschichte literarischer Werke"; in: Vodička, *Struktur der Entwicklung*, München 1975, S. 60 ff.

Felix V. Vodička: "Die Konkretisation des literarischen Werks – Zur Problematik der Rezeption von Nerudas Werk"; gekürzte Fassung des gleichnamigen Aufsatzes in: Vodička, *Struktur der Entwicklung*, München 1975, S. 87 ff.

Hans Georg Gadamer: "Wirkungsgeschichte und Applikation" [Titel des Herausgebers]; Auszüge aus Gadamer, *Wahrheit und Methode – Grundzüge einer philosophischen Hermeneutik*, 3. erw. Aufl. Tübingen 1972, S. 284–295.

Hans Robert Jauß: "Literaturgeschichte als Provokation der Literaturwissenschaft"; gekürzte Fassung des gleichnamigen Aufsatzes in: Jauß, *Literaturgeschichte als Provokation*, Frankfurt 1970, S. 168–206.

Michael Riffaterre: "Kriterien für die Stilanalyse", in: Riffaterre, *Strukturale Stilistik*, München 1973, S. 29–59 (Französische Originalausgabe: *Essais de stylistique structurale*, Paris 1971).

Stanley Fish: "Literatur im Leser: Affektive Stilistik"; gekürzte Fassung von "Literature in the Reader: Affective Stylistics", in: *New Literary History* 1 (1970), S. 123–162; aus dem Englischen übersetzt von D. Palluch, J. Schläger und W. Matzat.

Wolfgang Iser: "Die Appellstruktur der Texte – Unbestimmtheit als Wirkungsbedingung literarischer Prosa", Konstanz [4]1974 (Konstanzer Universitätsreden 28).

Wolfgang Iser: "Der Lesevorgang"; deutsche Fassung von "The Reading Process: A Phenomenological Approach", in: *New Literary History* 3 (1972), S. 279–299.

Wolfgang Iser: "Die Wirklichkeit der Fiktion – Elemente eines funktionsgeschichtlichen Textmodells"; Originalbeitrag.

Wolfgang Iser / Hans Robert Jauß: "Repliken"; Originalbeiträge.

Hans Robert Jauß: "Racines und Goethes Iphigenie – Mit einem Nachwort über die Partialität der rezeptionsästhetischen Methode"; in: *Neue Hefte für Philosophie*, H. 4 (1973), S. 1–46.

Hans Robert Jauß: "La Douceur du foyer – Lyrik des Jahres 1857 als Muster der Vermittlung sozialer Normen"; deutsche Fassung von "La Douceur du foyer: The Lyric of the Year 1857 as a Pattern for the Communication of Social Norms", in: *Romance Philology* 65 (1974), S. 201–229.

Wolfgang Iser: "Die Leserrolle in Fieldings *Joseph Andrews* und *Tom Jones*", in: Iser, *Der implizite Leser*, München 1972.

Rainer Warning: "Opposition und Kasus – Zur Leserrolle in Diderots *Jacques le fataliste et son maître*"; Vorabdruck aus *Der französische Roman*, hg. K. Heitmann, Düsseldorf, erscheint demnächst.

PERSONENREGISTER

Adorno, Th. W. 9, 40, 326, 359, 370, 373, 377 f., 397
Albert, E. 100, 103
Anderegg, J. 321
Apollinaire 191
Arbes, J. 97, 102
Ariès, Ph. 424, 433
Aristoteles 36, 473
Auerbach, E. 157, 162, 361 f.
Austen, J. 254
Austin, J. L. 226, 231, 250, 279–286, 289–291, 321 f., 342

Bailey, R. W. 190
Bally, Ch. 191 f.
Balzac, H. de 136, 192, 423, 433
Barbey d'Aurevilly, J. 136
Barthes, R. 155, 305 f., 323, 347, 361 f., 365 f., 368 f., 384, 396 f.
Baudelaire, Ch. 135 f., 158, 161, 180, 406 f., 409 f., 416, 421, 425–427, 432, 434
Baumgart, R. 252
Beardsley, M. C. 196, 200, 205
Beck, A. 358
Beckett, S. 40, 247
Bender, K. H. 157
Benjamin, W. 9, 40, 154 f., 344, 389, 401, 432
Berg, J. H. van den 434
Berger, P. L. 400, 431 ff.
Betti, E. 123, 125
Beylin, P. 157
Birkner, G. 324
Blanchard, F. T. 466
Blitz, G. 395
Bloomfield, L. 173, 192
Blumenberg, H. 147, 160, 322
Böhme, J. 436
Boileau, N. 137, 160
Bonora, E. 397
Booth, W. C. 32, 40, 217, 252, 268, 276, 436, 464, 469, 472, 481
Bouilhet, L. 407, 419, 420
Bray, R. 491
Brecht, B. 153, 349
Breuer, D. 32, 40
Bridgman, P. W. 226
Brontë, Ch. 272
Browne, Th. 203
Brück, R. 36, 40
Bruneau, Ch. 189, 193
Bruyn, G. de 343
Buck, G. 156, 161 f.
Bühler, K. 13, 40
Bulst, W. 126
Burke, K. 461, 466
Burton, D. M. 190
Bury, B. de 407, 417

Cantal, H. 428, 434
Cassirer, E. 290, 292, 322
Cavell, S. 276, 284 f., 322
Cervantes, M. de 132, 467–471
Chateaubriand, F. R. de 135, 418
Chevalier, J.-Cl. 180
Chomsky, N. 213 f., 226
Chrétien de Troyes 129, 310
Cibber, C. 438 f.
Collingwood, R. G. 128, 138, 305, 323
Conrad, J. 69
Coseriu, E. 36, 40
Crane, R. S. 465
Croce, B. 110
Crocker, L. G. 491

Damay, L. 407, 412 f., 429
Dante 90, 332
Dehennin, E. 193
Desmottes, G. 433
Dickens, Ch. 236 f., 240, 251 f.

Diderot, D. 132, 397, 467 f., 470–475, 477,–481, 484–490, 492 f.
Dieckmann, H. 485, 491, 493
Dilthey, W. 19–21
Donne, J. 208
Drews, J. 384
Dupont, P. 425 f., 433 f.
Dyk, V. 98, 104

Eco, U. 10, 40, 292 f., 298, 322, 332, 342
Ehrenpreis, I. 465
Eichenbaum, B. 162
Ellmann, R. 276
Engels, Fr. 390 f.
Enkvist, N. E. 190
Erlich, V. 159 f., 190
Escarpit, R. 134, 157
Euripides 357, 363, 375

Fabre, J. 491
Fant, M. 192
Faulkner, W. 60
Feydeau, E. A. 135 f.
Fieguth, R. 10, 40, 252
Fielding, H. 242 f., 245, 261, 293, 295, 310 f., 313 f., 435–444, 446 f., 450, 452–457, 459, 461–465, 466, 470
Firbas, J. 30
Fischer, K. 358
Fish, St. 29, 494
Flaubert, G. 135 f., 151, 153, 158, 162, 177 f.
Flydal, L. 192
Focillon, H. 160
Fodor, J. A. 212
Foerster, F. W. 397
Ford, G. H. 158, 250–252
Forster, J. 251
Fortunatow, N. M. 336 f.
Foucault, M. 342
François, A. 193
Freud, S. 340
Frey, E. 180
Frič, J. V. 96
Frye, N. 148, 242, 252, 276, 436, 464

Gadamer, H.-G. 19–24, 40, 138–140, 159, 384, 393, 494
Galsworthy, J. 60
Geiger, M. 61
George, St. 70
Gerard, H. B. 335, 342
Gide, A. 160
Giraudoux, J. 369
Goethe, J. W. von 65, 111, 328, 343, 349, 353–360, 362 f., 366–380, 382 f., 385 f., 388 f., 395–397
Goldmann, L. 396
Gombrich, E. H. 246, 252, 264, 266, 276, 464 f.
Gongora, L. de 144
Gorki, M. 337
Gougenheim, G. 193
Grebeníčková, R. 112
Greimas, A. J. 492
Grice, P. 226
Grillparzer, F. 357
Grimm, H. 113
Grimm, J. 137
Grivel, Ch. 397
Günther, H. 395, 398
Guiette, R. 155 f.
Guiraud, P. 190 f., 193
Gumbrecht, H. U. 432
Gundolf, F. 113, 353, 358
Gunnar, C. 192

Habermas, J. 23, 37, 40, 323, 388, 491
Hackert, F. 395
Hálek, V. 108
Halle, M. 191 f.
Hamburger, K. 68, 322
Harding, D. W. 274, 276
Harmer, L. C. 194

Harth, D. 398
Hartmann, N. 86
Hass, H. E. 155
Hatzfeld, H. 189 f., 192
Hegel, G. W. F. 22, 115, 139, 145, 363, 371, 374 f., 388, 475, 479, 481
Heidegger, M. 19, 140
Heliodor 469
Hennequin, E. 76, 103
Hensel, G. 395, 397
Herder, J. G. 111
Hess, G. 149
Hettner, H. 85, 103
Hirsch, E. D. 334, 342
Hjelmslev, L. 431
Hobbes, Th. 476
Hockett, C. F. 191, 194
Hölderlin, F. 61, 160
Hohendal, P. U. 352
Hohmann, W. 343, 399
Holz, H. H. 492
Homer 110, 452
Hora, J. 83
Horaz 110, 185
Hugo, V. 160, 402, 407–411, 415, 417, 421, 425–428, 432, 434
Husserl, E. 11, 115, 156, 256, 275, 326, 332, 338, 340
Hytier, J. 193

Ibel, R. 395, 397
Imdahl, M. 157, 162
Immermann, K. 358
Ingarden, R. 10–15, 31, 40, 90 f., 112, 234 f., 250, 253, 256, 258, 275, 277, 289 f., 321 f., 328, 341, 355, 465, 494
Irwin, M. 466
Iser, W. 10, 31–37, 40, 157, 160, 252, 275, 342, 349, 395, 398, 400, 465, 494

Jacques, E. 193
Jäger, G. 342
Jakobson, R. 13, 26 f., 40, 130, 154, 161, 191 f., 218, 224
Jakubec, J. 93
James, H. 339, 342
Jankovič, M. 395
Jaspers, K. 125
Jauß, H. R. 10, 23–25, 28, 157, 322, 324, 335, 494
Jespersen, O. 195
Jones, E. E. 335, 342
Joyce, J. 35, 60, 203, 235, 242, 245, 252, 268 f., 312, 315, 318, 327
Juilland, A. G. 181, 189, 193 f.

Kafka, F. 180
Kaiser, G. 325 f., 328–331, 341, 384, 398, 400
Kalivoda, R. 301, 322
Karásek, J. 100, 103
Katz, J. J. 212
Kendziorra, E. 37
Kesting, M. 398
Klaucke, P. 397
Klopstock, F. G. 111
Köhler, E. 324, 491, 492
Körner, Ch. G. 360
Koselleck, R. 162, 492
Kosík, K. 312, 324, 389
Kracauer, S. 145 f.
Krásnohorská, E. 100, 102
Krauss, W. 155
Krejči, F. V. 100, 103
Kubler, G. 160
Kuhn, H. 37, 40

Lämmert, E. 158
Laing, R. D. 342
Lamartine, A. de 160
Langer, S. K. 250
Lanson, G. 85 f.
Laube, H. 358
Laufer, R. 491
Le Bidois, R. 195
Leibniz, G. W. 476, 478, 492

Lemoine, A. 408, 412
Lemoyne, A. 408, 410
Lenin, W. I. 346, 390, 399
Leo, U. 155
Leuniger, H. 30, 40
Lévi-Strauss, Cl. 148 f., 161, 218, 224
Link, H. 330–335, 341
Locke, J. 303 f., 306 f., 323
Lodge, D. 193
Lotman, J. L. 295, 322, 327, 341, 414
Loy, R. Y. 491
Luckmann, Th. 400, 425, 431–433
Lützeler, H. 68
Lugowski, Cl. 492
Luhmann, N. 34 f., 37, 40, 322 f., 398
Lukács, G. 343

Mácha, K. H. 72, 78, 83 f., 95, 101 f., 108
Machar, J. S. 102, 108
Magnier, L. 408
Malecki, H. 322
Mallarmé, S. 144, 160, 180, 191
Malraux, A. 155
Malý, J. 96, 101
Mandelkow, R. 335, 342–344, 352, 381, 398–400
Mann, Th. 60
Mannheim, K. 149, 161
Marivaux, P. 470, 473
Marouzeau, J. 190 f., 195
Marquard, O. 397
Marx, K. 344–346, 350–352
Mauron, Ch. 396
Melville, H. 186
Meredith, G. 60
Meregalli, F. 398
Merleau-Ponty, M. 276, 315, 324, 333, 342
Mikovec, F. B. 96
Milic, L. T. 190
Miller, N. 473, 491
Milton, J. 215, 217
Mittenzwei, W. 399
Mitterand, H. 195
Moles, A. A. 317, 324
Montégut, E. 158
Morris, Ch. 31, 40, 278, 292, 321 f., 332
Mortier, R. 491 f.
Morus, S. 125
Mukařovský, J. 13 f., 17 f., 40, 72, 76, 88–90, 94, 106, 130, 159, 193, 219, 322, 324, 464
Müller-Seidel, W. 342, 352
Musset, A. de 160

Naumann, M. 341, 344–348, 399
Nerlich, M. 398
Neruda, J. 15, 72, 84, 92–98, 100, 102–108
Nerval, G. de 132, 160
Neuschäfer, H. J. 156
Nietzsche, F. 115, 117, 125, 359
Nisin, A. 27, 40, 155 f., 158
Novák, A. 76, 93–95, 100, 103, 108
Novalis 160

Ohmann, R. 215

Palacký, F. 96
Pannenberg, W. 21, 40
Pasquini, E. 398
Pater, W. 203, 205–207, 265, 267, 276
Péguy, Ch. 396
Perrault, Ch. 110
Petersen, J. 86
Pflegr, G. 96
Picon, G. 155 f.
Pizzorusso, A. 398
Polák, M. M. Z. 88
Popper, K. R. 149 f., 161
Pos, H. J. 195
Posner, R. 27, 41
Poulet, G. 272 f., 276
Preston, J. 435, 455, 464–466
Prigent, R. 432
Proust, M. 60, 405

Quis, L. 98

Racine, J. 357, 361–371, 375–379, 382, 385, 396
Rambach, J. J. 120, 125
Rehm, W. 358
Reisbach, R. 399
Richards, I. A. 130, 219, 224, 452, 465, 481
Richardson, S. 242, 313, 436, 438 f., 454, 464–466
Ricoeur, P. 340, 342
Riffaterre, M. 26–29, 218–224, 226, 401–405, 431, 494
Rilke, R. M. 61
Ritchie, B. 266, 276
Ronte, H. 466
Rothacker, E. 125
Ryle, G. 260–262, 276

Sabina, K. 112
Sachs, H. 339, 342
Šalda, F. X. 73, 76, 84, 94, 98, 100, 103–108
Sand, G. 422
Sartre, J. P. 276, 326
Saussure, F. de 13 f., 41, 192
Savigny, E. von 281, 283, 321 f.
Sayce, R. A. 190, 193
Schalk, F. 157
Schapp, W. 276
Scheler, M. 125, 247
Scherer, W. 358
Schiller, F. 111, 153, 357, 360, 376, 379, 396, 492
Schlegel, F. 381
Schleiermacher, F. D. E. 123, 357
Schlennstedt, D. 347–349
Schmidt, S. J. 249, 322
Schütz, A. 341, 400, 425, 433
Schulz, A. 102
Searle, J. R. 36, 41, 226, 279, 289 f., 321
Seidler, H. 191
Sengle, F. 155, 160
Šerech, Y. 191
Shakespeare, W. 45, 48, 65, 89, 475
Shaw, G. B. 194, 271, 276
Sidney, Ph. 249, 252
Sienkiewicz, H. 54
Šklovskij, V. 150, 159, 162
Šmilovský, A. V. 96
Sontag, S. 228, 250
Spencer, J. 190
Spenser, E. 314
Spilka, M. 453, 465
Spinoza, B. de 475, 480 f.
Spitzer, L. 174 f., 190, 192 f., 378, 396 f., 432
Spitzbard, H. 191
Staiger, E. 354
Stanzel, F. 491
Starobinski, J. 396
Stempel, W. D. 131, 156, 431
Stepanow, A. B. 190
Sterne, L. 254, 275, 306 f., 323, 436, 464, 470, 473, 480
Stierle, K. H. 156
Stoetzel, J. 433 f.
Storost, J. 155 f.
Strich, F. 111
Striedter, J. 7, 17, 41, 154, 159 f., 162
Szondi, P. 156

Taine, H. 103, 107
Thackeray, W. M. 242–245, 252
Thibaudet, A. 98
Tieck, L. 358
Tillotson, K. 250, 252, 276
Todorov, T. 157, 191
Tolstoi, L. N. 162, 337
Tomaševskij, B. 157
Träger, C. 344, 382, 398, 400
Trakl, G. 61
Traugott, J. 321
Trunz, E. 155
Tynjanov, J. 159, 161

Uitti, K. D. 191
Ullmann, St. 190 f., 194 f.

Valéry, P. 156, 160
Varvaro, A. 398
Véron, P. 426
Vigny, A. de 160
Vinaver, A. 159
Vlček, J. 110
Vodička, F. 13–18, 22, 158, 348, 395
Voltaire 183, 361, 366 f., 397, 489
Vrchlický, J. 94, 100, 103

Wagner, R. L. 191
Wais, K. 397
Walser, M. 353, 357, 359, 379
Wardhaugh, R. 211–215, 226
Warneken, B. J. 352, 385, 398, 400
Warning, R. 156, 323, 491
Warren, A. 193
Watt, I. 465
Wehrli, M. 398
Weimann, R. 344, 389–391, 398–400
Weinrich, H. 37, 157, 402, 431, 472, 475, 491, 493
Wellek, R. 130, 138, 154, 156, 159 f., 193
Wespel, M. 395
Whatmough, J. 192
Whitehead, A. N. 206 f., 297, 322
Wieland, Ch. M. 357, 470
Wiener, N. 322
Wimsatt, W. K. 196, 200, 205
Wind, E. 153
Wolf, Ch. 343
Woolf, V. 254 f., 275
Wunderlich, D. 31, 35 f., 38 f., 41

Zeromski, S. 53
Zeyer, J. 83
Zola, E. 60

SACHREGISTER

Aktualisierung 50–56, 59, 62, 64–67, 99, 110, 129 f., 165, 170, 215, 229 f., 259, 360, 379, 389, 454
Antizipation 21, 147, 257, 264, 270
Applikation 20 f., 120–122, 124 f.
Archileser (super-reader)
→ Leser
Ästhetik
klassische – 9, 150, 329 f., 381 f.
marxistische – 126, 325, 335–341, 343–351, 380 f., 385, 389–391
Darstellungs- 9, 126–128, 149, 328 f., 382
Produktions- 9, 126–128, 382
Wirkungs- 127 f., 130, 325, 328, 381
ästhetisches Objekt 13–16, 18, 71, 75, 81, 87–91, 112, 355
Automatisierung 107 f., 141 f., 146, 319
Autor
impliziter – 472, 476, 481
-intention 83, 92, 94, 97 f., 134, 167, 334, 446
Äußerung (konstativ/performativ)
→ Sprechakt

Bestimmtheit, kommunikative 12, 14, 17 f., 32 f., 45–47, 57, 63, 90, 236, 242, 262, 313
Bilanzierung 34, 36 f., 304, 306, 310, 318, 320, 323

Distanz, ästhetische 24, 133

Einstellung, ästhetische 11, 47, 59, 62, 145, 359, 362, 393, 414
Erfahrung, ästhetische 24, 31, 47, 128, 130 f., 133 f., 139, 147 f., 156, 198 f., 249, 266, 270 f., 383, 387, 393 f., 404, 406, 413
Erwartung
-senttäuschung 24, 150, 153, 220, 288, 440
-shorizont 23–25, 28, 127, 130–133, 135 f., 149, 153, 348, 391–393
-sschema 438 f., 446
Erzählerrolle 32, 132, 252, 268, 467–472, 475, 481, 490
Evolution, literarische 14, 71 f., 75, 79, 98 f., 107–110, 141–144, 147 f.

Faktum, literarisches 101, 126, 128 f., 144
Fiktion 33–37, 132, 231 f., 277 f., 304, 488–490
Frage/Antwort
→ Hermeneutik
Funktion
ästhetische – 13, 26, 61, 76 f., 81, 88, 90, 132
gesellschaftliche – 9, 17 f., 83, 87, 126, 148–151, 154, 304, 318, 344, 350 f., 381 f., 391–394, 401, 403, 405, 420–429
Funktionalismus (s. auch Systemtheorie) 34, 37, 277 f., 304–306, 310–313

Gattung 17, 38 f., 46, 48, 60, 85, 102, 130–132, 141, 146, 159, 164, 216, 312
Gegenstand, intentionaler 11, 44
Geschichtsphilosophie 16, 18 f., 21 f.
Gestalt / Gestaltpsychologie 260, 266–270

Handlungstheorie 24, 31, 36, 392
Hermeneutik 16, 19–24, 27, 30, 35, 86, 113–117, 119–125, 127, 133, 135 f., 138–140, 162, 176, 228, 243, 257, 384 f.

Horizont
-stiftung 131, 441
-verschmelzung 20, 24, 139, 384, 393, 419 f.
-wandel 131, 133–135, 137, 139, 147, 362, 387

Identifikation 32, 132, 271 f., 274, 394
Illusion 32, 178, 207, 246, 264–266, 268, 270 f., 476
Innovation 142–144, 146, 247, 260, 311, 435 f.
Institution, literarische (s. auch Gattung) 37–39, 302
Interpretationssystem 16, 18, 25, 330
Ironie 32, 95, 131, 268 f., 439, 468, 472, 475 f.

Kanon / Kanonbildung / Kanonisierung 128, 142, 144, 354, 386 f.
Klassik / Klassizität 12, 15, 17, 19, 22 f., 110 f., 134, 139 f., 148, 353–355, 357, 359 f., 363, 377–380
Kompetenz 29, 35 f., 39, 211–213, 215, 226
Konkretisation 10–12, 14–19, 22, 24 f., 32, 39, 43 f., 47–54, 56 f., 59–68, 70, 74–77, 80–82, 90–94, 96–99, 101–112, 253, 328, 349, 354 f., 357–360, 383, 388, 392
Autor- 18, 101–103, 107 f., 112
Epochen- 18, 50, 65
Konnotation 167, 179, 255
Konsistenzbildung
→ Illusion
Konstitution
→ Sinnkonstitution
Kontext
situativer / außerliterarischer – 30, 33, 99–101, 104, 106 f., 284, 286, 288 f., 291 f., 297, 299
stilistischer / literarischer – 17, 27 f., 171, 183–185, 220 f.
Konvention (s. auch Repertoire) 14, 33, 36, 38 f., 73, 77, 79, 91, 132, 216, 228, 281 f., 285–288, 294, 298–300, 311
Konvergenz (stilistische)
→ Stilistik
Kritik / Kritiker 15–18, 63, 70, 73, 75 f., 80–82, 87, 89, 93 f., 96–98, 100, 103, 106, 126, 129 f., 133, 196, 210 f., 216, 221

Leerstelle (s. auch Unbestimmtheitsstelle) 31 f., 235 f., 238–241, 245 f., 249, 254, 257–259, 261, 319, 325–328, 333, 434 f., 439 f., 446 f., 456, 459
Leser
realer – 26, 32, 39, 44–48, 51, 59, 61, 126, 467 f., 472
fiktiver – 132, 467 f., 472
impliziter – 32, 157, 349, 472, 476, 481
Archi- (super-reader) 26–28, 176–182, 184, 188 f., 193, 195, 223
idealer – 29, 215
informierter – 29, 215–217, 223
geforderter – (postulated reader) 32, 472
-erwartungen 28, 72, 131, 133–136, 237, 257, 264, 267, 471 f.
-lenkung 25, 131, 218, 238, 240 f., 252, 257, 320, 435, 438, 441–447, 450–452, 454–456, 459–464, 473
-psychologie 25, 176
-soziologie 15, 25
Lesevorgang 29, 32 f., 201, 214 f., 220 f., 234, 242 f., 256–258, 260, 264, 270–272, 295 f., 338–340
Literaturkritik
→ Kritik
Literatursoziologie 134 f., 148, 154, 401

materielles Artefakt 13 f., 16, 18, 89

Metakompetenz
→ Kompetenz
metaphysische Qualitäten 11 f., 14 f., 18, 31, 56

Negation / Negativität 13 f., 32, 34, 37, 95, 133 f., 139, 156, 299, 304, 307, 333 f., 362, 439–441, 443, 448 f., 451, 454, 456, 461 f., 476, 488
Norm
ästhetische – 14 f., 17–19, 72–82, 87 f., 91–93, 95, 99, 101 f., 104, 107–110, 126 f., 132, 135–137, 160, 169, 386, 392 f., 403 f.
gesellschaftliche – 18, 34, 76 f., 152, 268, 294, 299–301, 306, 308, 312–314, 400 f., 404–407, 412, 427 f., 440 f., 460–463
linguistische – 28, 181–183, 194, 212, 220

Öffentlichkeit, literarische 16, 71, 81, 87, 110, 348, 392

Phänomenologie 10–13, 31, 253, 332 f.
Pragmatik 30, 35 f., 39, 278–290, 294, 334

Reihe (literarische / nichtliterarische) 14 f., 72, 81, 131, 141, 143, 146
Rekonstruktion 10–12, 31, 52, 55, 57
Repertoire
außertextuales – 33 f., 300, 440, 460–463
literarisches – 33 f., 78 f., 238, 268, 298–306, 308–320, 438 f.

Schema / schematisch / schematisierte Ansichten 11, 43 f., 50, 52, 70, 81, 90 f., 110 f., 234 f., 253 f., 261, 326, 332, 445, 447 f.
Schichtenaufbau (des Kunstwerks) 10–12, 42–45, 48–51, 55–58, 90, 253, 289, 328
Selektion 32, 246, 259, 266, 271, 287 f., 294, 301–303, 306–308, 312, 314–316, 382, 387, 390
Sinn
-enklave (s. auch Subsinnwelt) 393, 413, 431
-konstitution 15, 29, 34, 37, 236, 243, 246 f., 249 f., 255, 264–266, 275, 299, 301–306, 309–313, 315, 317–320, 327, 332–334, 383 f., 387, 436 f., 447, 449–452, 454
pragmatischer – 253, 257 f., 279, 286, 320 f.
virtueller – 24, 139 f., 143, 355, 443 f., 449 f., 452, 456 f., 461 f.
Sinnsystem
→ Sinnkonstitution
Situation
-sbezug 33, 280, 288, 290, 297
-sbildung 33, 288, 296, 298, 301, 313
-slosigkeit 33, 249, 294
Sprachhandlung
→ Sprechakt
Sprechakt (s. auch Pragmatik) 33, 35 f., 38, 279–288, 290, 292, 294, 298
Sprechakttheorie 279, 285, 287, 289, 294, 298, 334
Stilistik
Deviations- 27, 181, 219, 303
Kontext- 28
stilistischer Kontrast 27 f., 171, 177, 184 f., 187, 220
stilistische Konvergenz 187 f., 195, 224
stilistischer Stimulus 26–28, 173–176, 184, 188 f., 217–220
Subsinnwelt 406 f., 413–416, 421 f., 427–429
Substantialismus 9, 12, 14, 19, 22 f., 115, 140, 147, 273, 384
System
-entfaltung 131, 402

(System)
-korrektur 131, 402
-theorie 34 f., 37, 302, 398 f.

Text
-intention 232, 235 f., 240, 243 f., 248
-strategie (s. auch Leserlenkung) 29, 197, 214, 237, 241, 245, 268, 297, 299, 320 f., 443–446, 450–452, 456, 459–462
Tradition / Traditionsbildung 72, 77, 88 f., 91–93, 95, 97, 101, 107, 110, 112 f., 119 f., 122, 127, 139 f., 144, 147, 299 f., 314, 382 f., 386–391
Transformationsgrammatik 29 f., 214 f.
Trivialliteratur 35, 133, 157, 236

Unbestimmtheit, kommunikative 12, 14, 17 f., 31–33, 58, 68, 230–238, 240 f., 243, 245–248, 250, 265, 280 f., 325, 331, 333–337
Unbestimmtheitsstelle (s. auch Leerstelle) 11 f., 43–49, 57–61, 65 f., 68, 90, 328
Ursprungsemotion 11 f., 15, 18, 31, 251

Virtualität / virtuelle Dimension
→ virtueller Sinn

Wahrnehmung, ästhetische 26 f., 50–52, 68, 71, 73, 76–78, 81 f., 131, 150, 158, 173, 187, 194
Werksystem 15 f., 25, 46, 80, 87, 90, 99, 330
Wert, ästhetischer 12, 18, 35, 43, 48–50, 52, 62–67, 70–76, 88 f., 91 f., 94, 104, 106, 112, 127, 131, 301, 316
Wertung 47, 67 f., 71–73, 75–81, 85, 93, 99, 109
Widerspiegelung 34, 230, 233, 303, 312, 340 f., 346
Wirkung
-sgeschichte 20, 23, 86, 106, 113–115, 120, 138–140, 148, 355–360, 383, 388, 390, 463 f.
-spotential 82 f., 170, 258
Wissenssoziologie 392, 406, 425

Zeichen
ästhetisches – 13 f., 17, 71, 77, 89
ikonisches – 292 f., 332

Theorie und Geschichte der Literatur und der Schönen Künste
Texte und Abhandlungen

Herausgegeben von Max Imdahl, Wolfgang Iser, Hans Robert Jauß, Wolfgang Preisendanz, Jurij Striedter

1. **Wolfgang Preisendanz: Humor als dichterische Einbildungskraft**
   347 S. Ln. DM 54,–

3. **Alexander Gerard: An Essay on Genius**
   Zus. 515 S. Ln. DM 60,–

4. **Rainer Warning: Illusion und Wirklichkeit in "Tristram Shandy" und "Jacques le Fataliste"**
   123 S. Ln. DM 22,80

5. **Karlheinz Stierle: Dunkelheit und Form in Nervals "Chimères"**
   123 S. Ln. DM 22,80

6. **Jurij Striedter/Wolf-Dieter Stempel, Hrsg.: Texte der russischen Formalisten**
   Bd. I: Texte zur allgemeinen Literaturtheorie und zur Theorie der Prosa. Zus. 584 S. Ln. DM 54,–; kart. DM 42,–
   Bd. II: Texte zur Theorie der poetischen Sprache und der Lyrik. Zus. 503 S. Ln. DM 44,–; kart. DM 32,–

7. **Heinz Buddemeier: Panorama, Diorama und Photographie**
   352 S. (davon 4 Kunstdrucktafeln), Ln. DM 54,–

8. **Hans-Jörg Neuschäfer: Boccaccio und der Beginn der Novelle**
   145 S. Ln. DM 28,–

9. **Werner Kraus: Fontenelle und die Aufklärung**
   299 S. Ln. DM 54,–

10. **Manfred Smuda: Becketts Prosa als Metasprache**
   93 S. Ln. DM 19,–

WILHELM FINK VERLAG MÜNCHEN

26. **Emil Utitz: Grundlegung der allgemeinen Kunstwissenschaft**
Zus. 838 S. mit 24 Abb., Ln. DM 112,–

27. **Moritz Geiger: Ästhetische Schriften**
Ca. 500 S. kart. ca. DM 78,–

28. **Hans Ulrich Gumbrecht: Funktionswandel und Rezeption**
227 S. Ln. DM 54,–

30. **Jürgen Schlaeger: Imitatio und Realisation**
144 S. kart. DM 38,–

31. **Wolfgang Iser: Der implizite Leser**
420 S. Ln. DM 44,–

32. **Umberto Eco: Einführung in die Semiotik**
474 S. und 4 Kunstdrucktafeln, Ln. DM 54,–

33. **Alfred Adler: Epische Spekulanten**
207 S. kart. DM 36,–

34. **Felix Vodička: Die Entwicklung der Struktur**
Ca. 320 S. kart. ca. DM 36,–

35. **Rainer Warning: Funktion und Struktur**
272 S. Ln. DM 48,–; kart. DM 36,–

36. **Miroslav Červenka: Der Bedeutungsaufbau des literarischen Werkes**
Ca. 240 S. kart. ca. DM 36,–

37. **Reinhart Herzog: Die Bibelepik der lateinischen Spätantike**
Ca. 248 S. kart. ca. DM 38,–

38. **Heinz Jatho: Bildsemantik und Helldunkel**
122 S. mit 24 Kunstdrucktafeln, kart. ca. DM 28,–

39. **Hans Ulrich Gumbrecht: Funktionen politischer Rhetorik in der französischen Revolution**
Ca. 240 S. kart. ca. DM 48,–

40. **Franz Koppe: Literarische Versachlichung**
Ca. 208 S. kart. ca. DM 36,–

WILHELM FINK VERLAG MÜNCHEN